Creating
Botanical Art

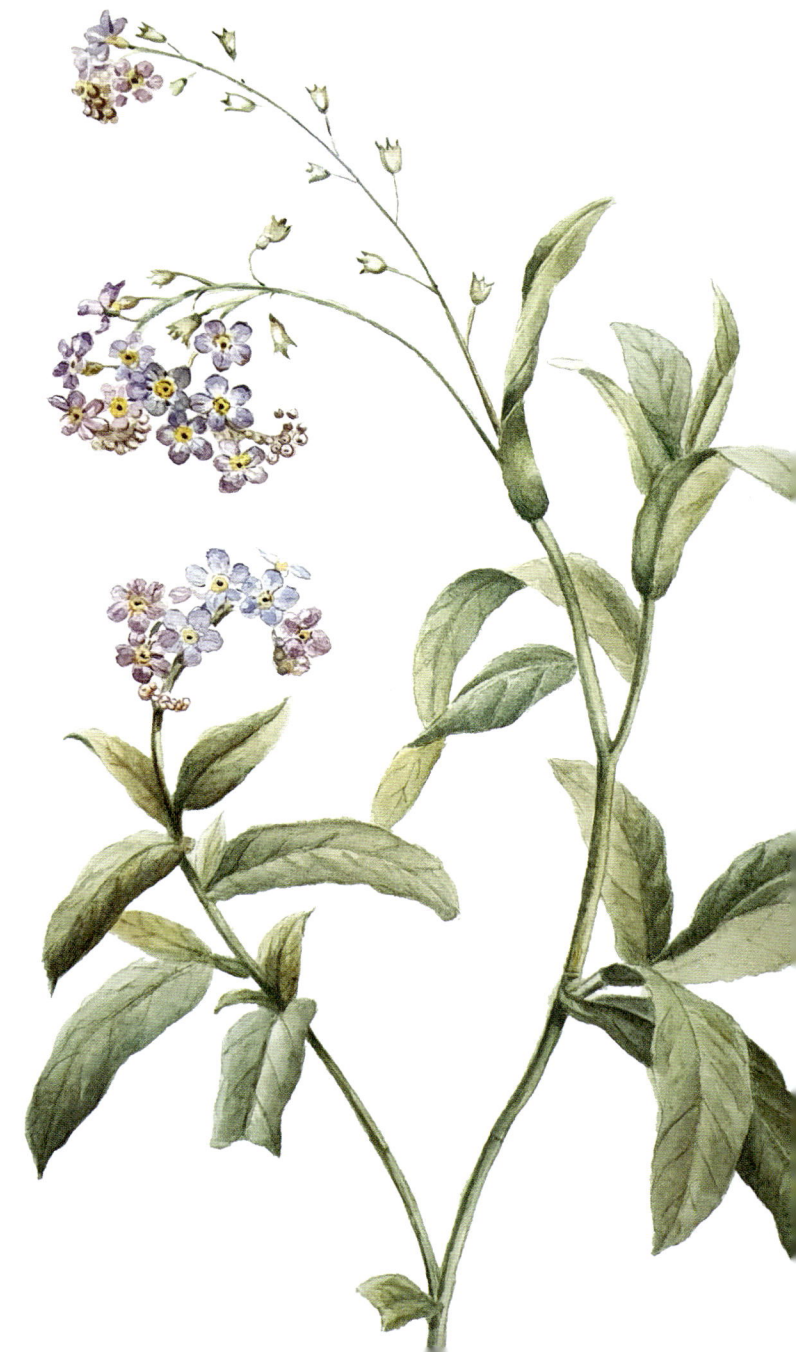

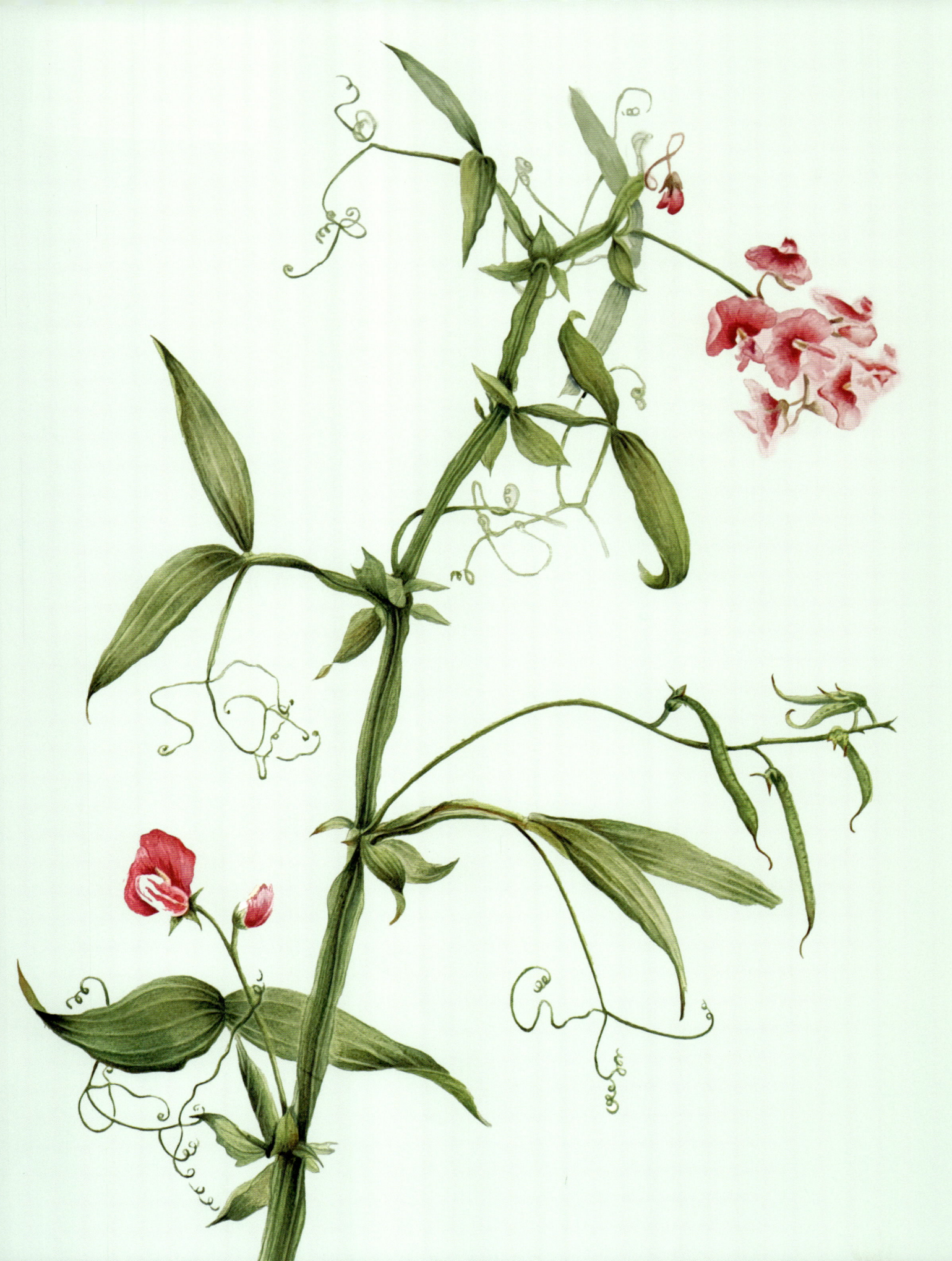

Creating Botanical Art

LEARN TO DRAW AND PAINT FLOWERS AND PLANTS IN THE STYLE OF THE GREAT MASTERS

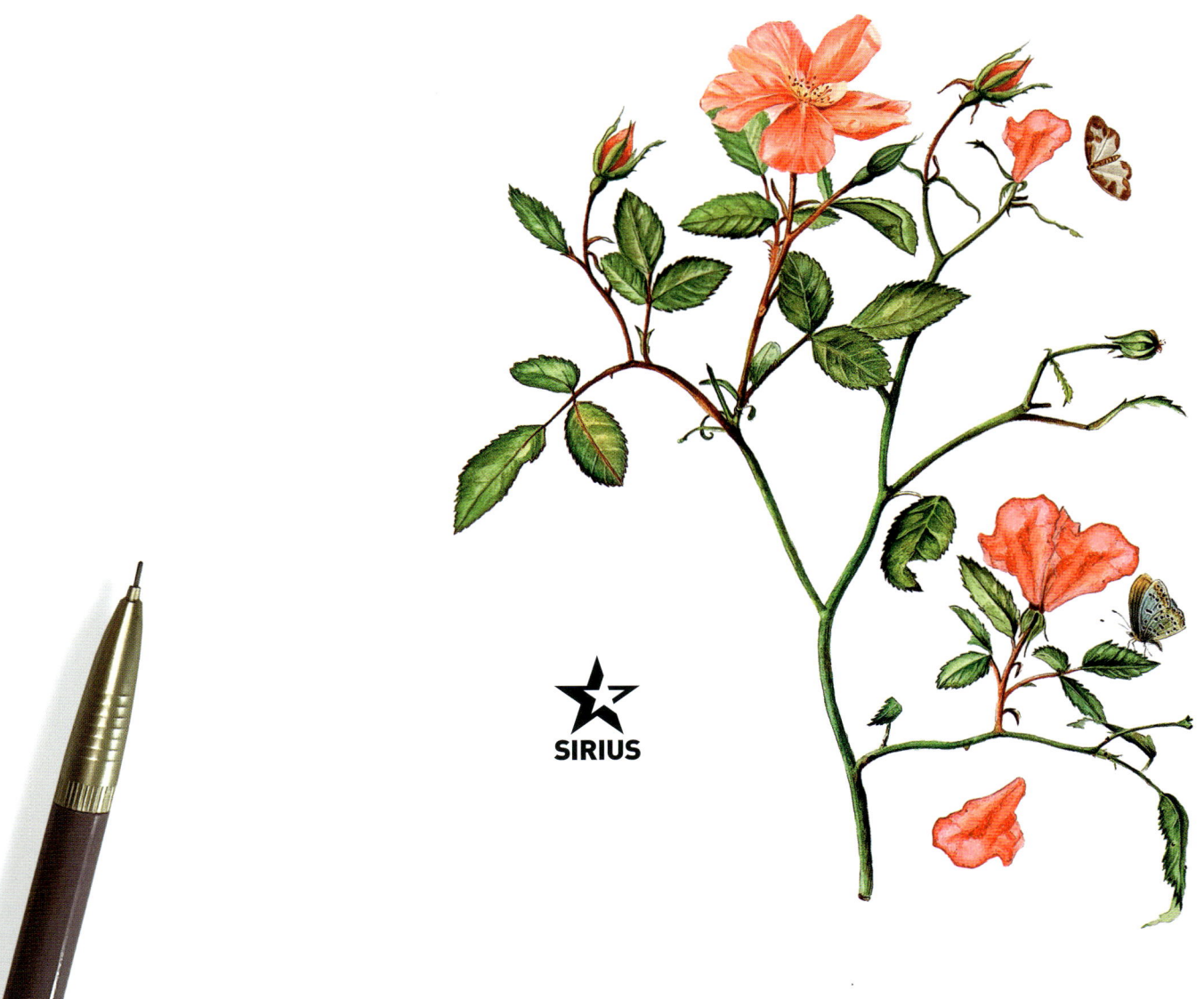

SIRIUS

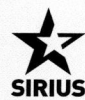
SIRIUS

This edition published in 2026 by Sirius Publishing, a division of
Arcturus Publishing Limited,
26/27 Bickels Yard, 151–153 Bermondsey Street,
London SE1 3HA

ISBN: 978-1-3988-6678-2
AD012434US
Supplier 29, Date 1125, PI 00011602

Printed in China

— TABLE OF CONTENTS —

— INTRODUCTION —

A student must first accustom his hand
to copying the drawings of good masters
— **Leonardo da Vinci**

Who hasn't wanted to copy the magnificent illustrations discovered in botanical works? But how should you proceed? Which technique should you use? It can be confusing if you try to copy the great masters, such as Leonardo da Vinci, Albrecht Dürer, Francis Bauer, Georg Dionysius Ehret, Maria Sibylla Merian, and Pierre-Joseph Redouté etc.

Having turned to the masters to train myself in botanical watercolor, I studied their techniques through drawings and paintings (especially those that were unfinished, allowing me to better understand their process).

After my first book, *The Kew Gardens Botanical Artist*, I decided to create this book that focuses on the main drawing and painting skills used in botanical illustration.

You can explore these through the step-by-step exercises presented in the following sections. The first part concentrates on the main tools and techniques, while the second offers projects that copy the works of the masters and which will help you develop your own artistic style. Gradually, you will progress from simple illustrations to more complex creations.

I worked from photographs of the original botanical works (see the Bibliography for titles that I referred to). Most painters prepared their own colors and the recipes were kept secret: only a chemical analysis could determine with certainty the materials used. I have used modern tools which you can find today in fine art shops, while keeping as much resemblance as possible to the materials of yesteryear, the aim being to make the process easier without betraying the original results.

At the end of the book, you will find line drawings that you can trace. Some illustrations can be copied directly, particularly for the first chapters, which will allow you to improve your drawing technique. Copying is traditionally a key part of the learning method used in painting workshops.

Botanical illustration lies between art and science. Even if the approach places great importance on aesthetics, this should not be to the detriment of the realistic study of plants.

Whether you love nature, botanical illustration or painting, I hope you take the same great pleasure that I have had in admiring and copying the works of these masters.

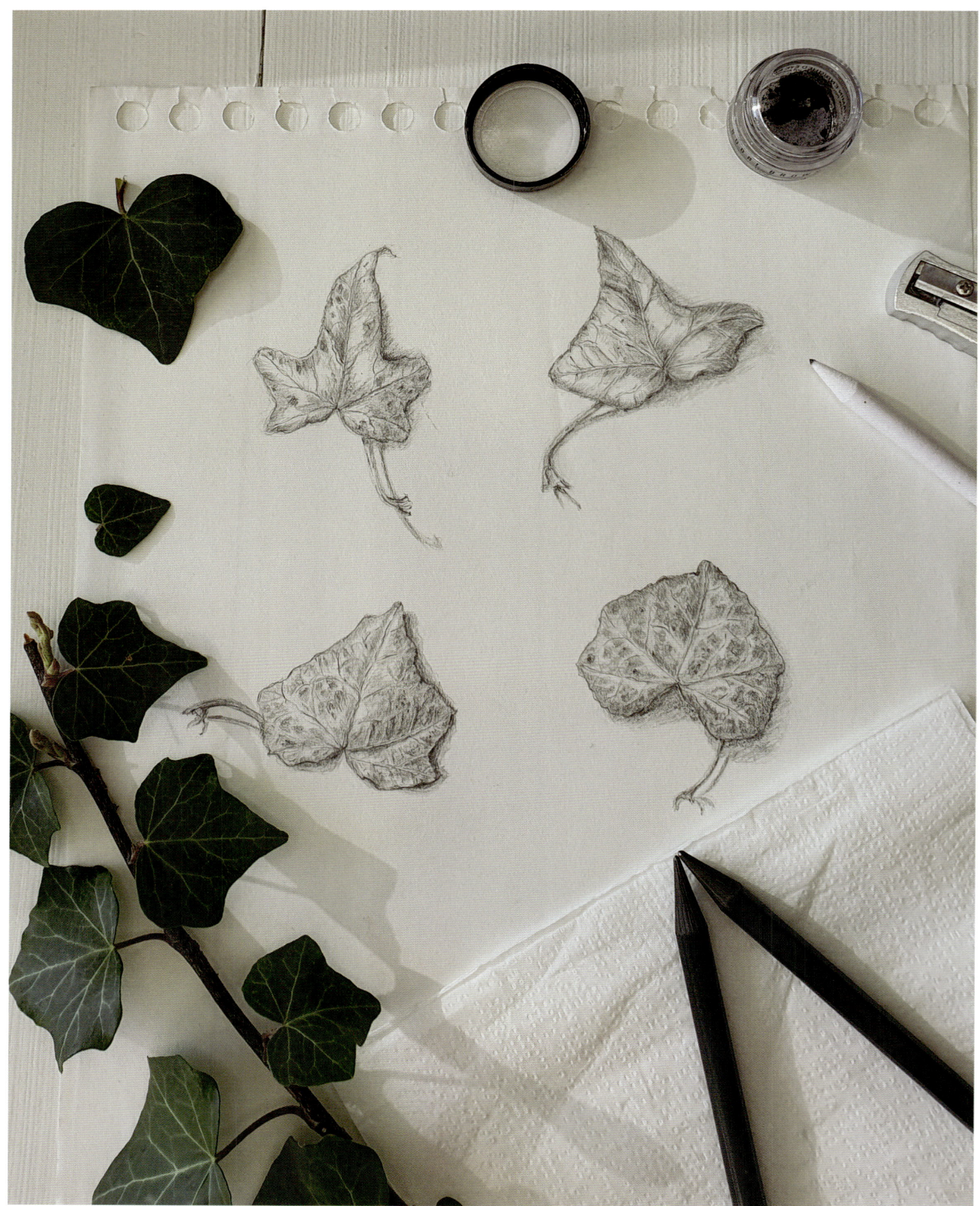

— BOTANICAL DRAWING TECHNIQUES —

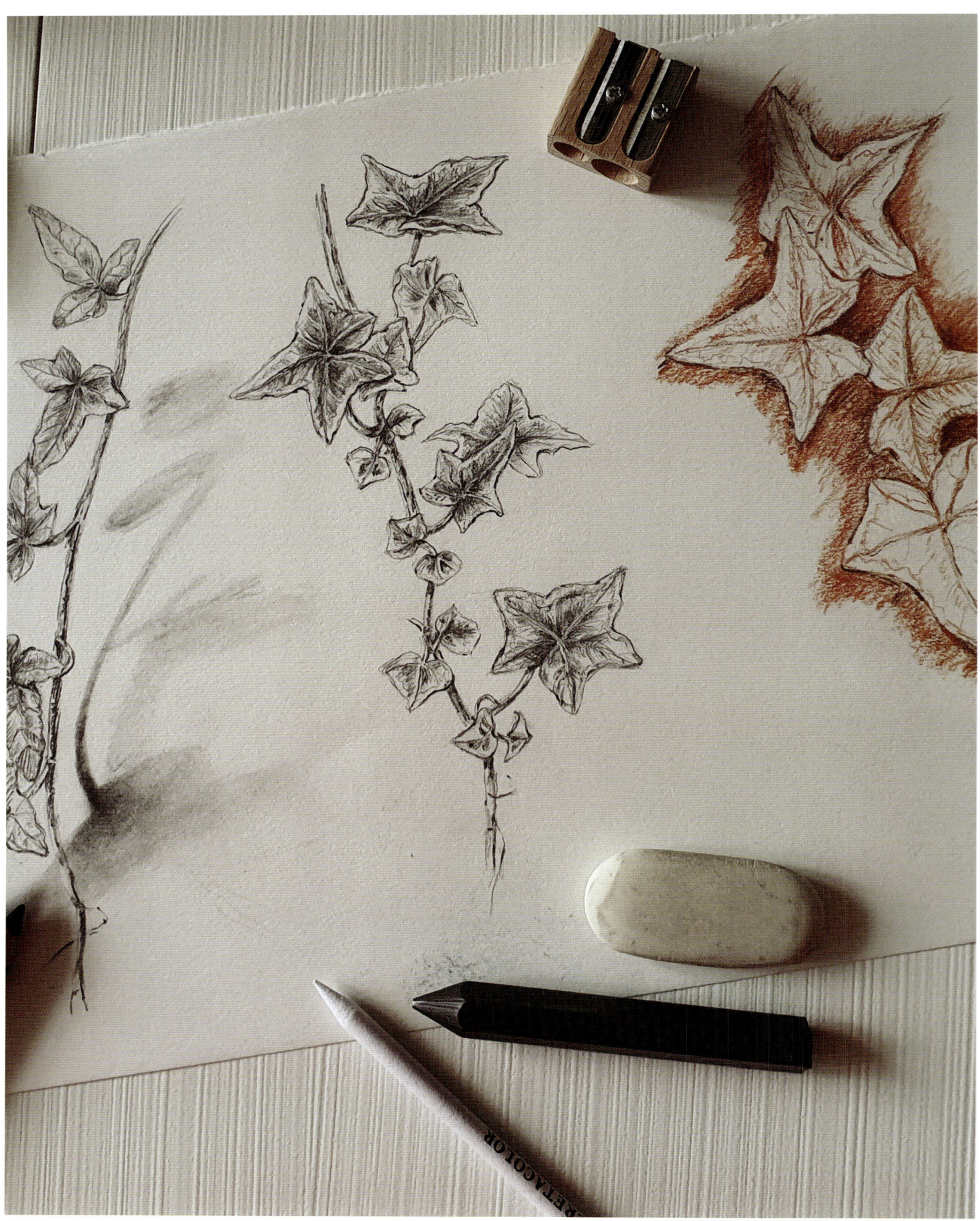

Humans have always sought to represent nature. Even before writing, during the prehistoric period, they drew animals on the walls of caves. The drawings include shapes made using points, lines, or surfaces from various materials: ferruginous clay which was later called red chalk, coal, and ash.

Later, in the ancient Egyptian period, people used red ocher. In Rome, the metalpoint stylus was used to engrave images. The medium (wooden tablets or parchment) was prepared with a mixture of pigments, white chalk, bone powder, and gum arabic.

During the Renaissance, metalpoints (silver or lead) were the only form of pencils available and the artist also had to prepare the parchment or paper. This metal-tip method did not allow for errors in the outline: the artist drew a light preliminary sketch with charcoal, then engraved the contours with the tip, without pressing. When paper from China became widespread in Europe, drawing was set free. Artists like Leonardo da Vinci (1452–1519) and Albrecht Dürer (1471–1528) recorded flora and fauna to study or as an aid to memory. They also used charcoal, especially for preparatory studies.

Leonardo da Vinci wrote: "You will be happy to have with you a small collection of sheets of paper prepared with crushed bone and to write down ideas there with a silver point. When they are full, keep them so that they can be used for your future projects".[1]

1. Quoted by Susan Lambert, *Carnets*, Paris, 1986, p. 88.

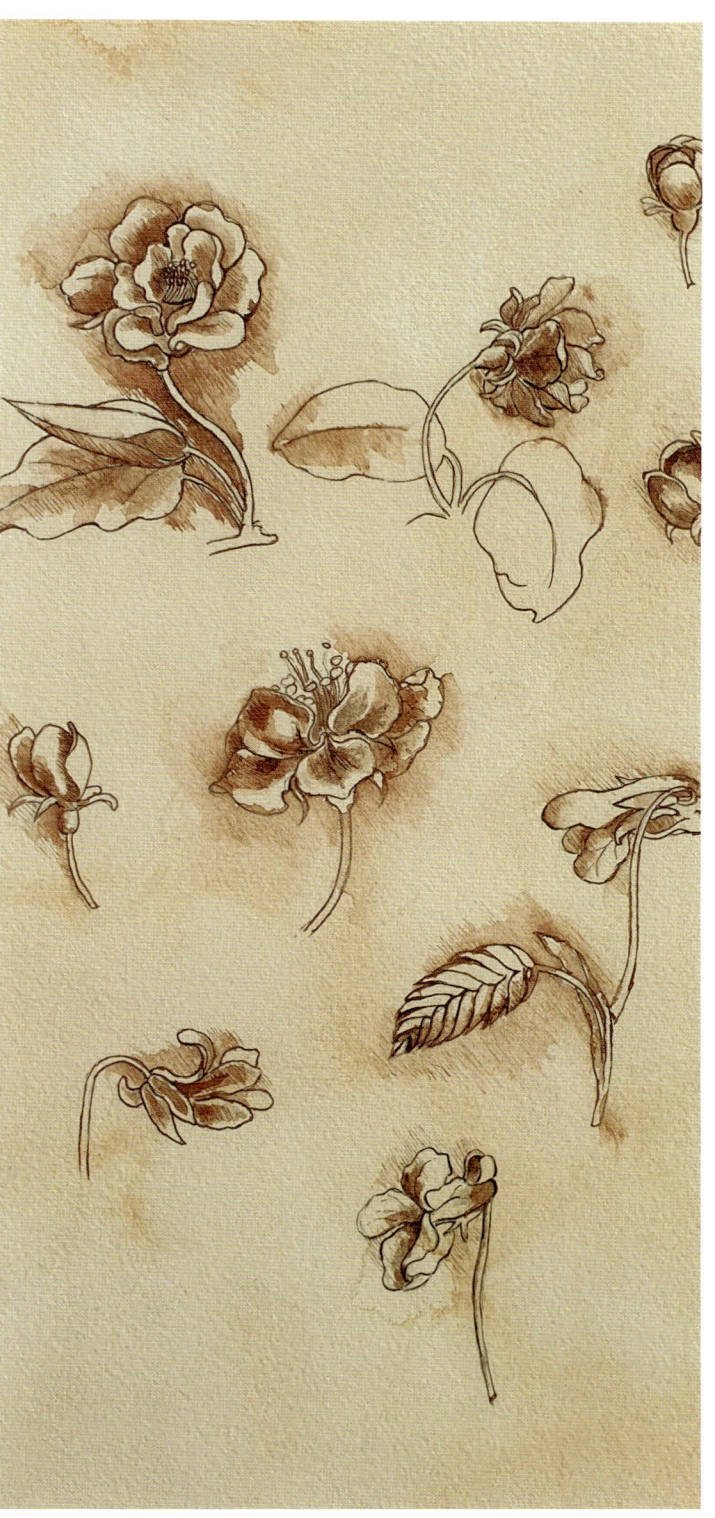

A copy of Leonardo da Vinci's *Study of Flowers*, ink wash and pen sketches on brown paper, 7 × 8 in (18 × 20 cm).

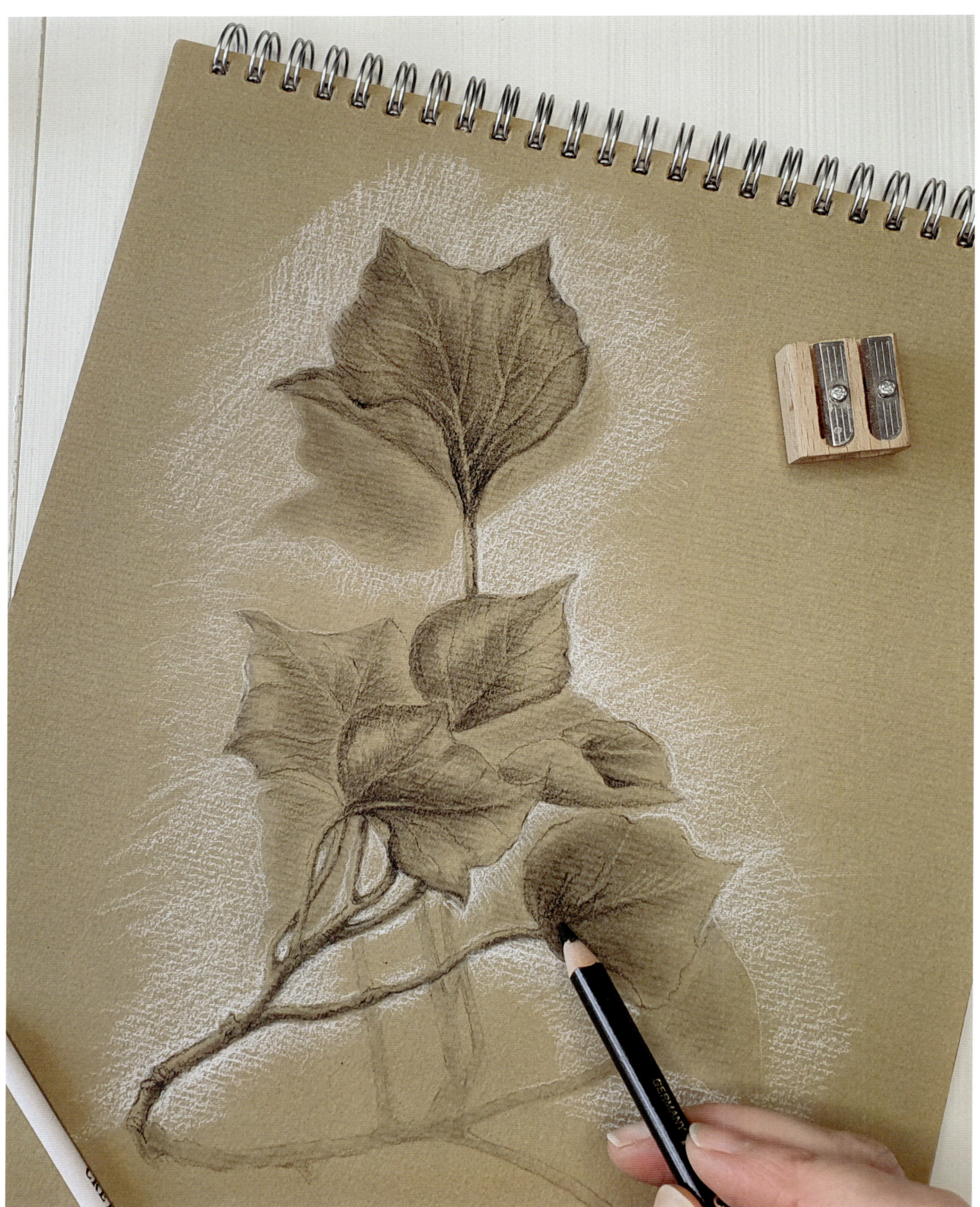

CHAPTER 1

THE CHARCOAL PENCIL

Charcoal is organic, a form of carbon, colored from brown to black depending on the degree to which it was heated in formation. It comes as a stick or, today, a pencil. Easily erased with a cloth or by hand, it leaves a light mark which can be a very deep black. It is rarely used in botanical illustration because it is too erratic, powdery, and can taint watercolor washes. Artists prefer to draw with lead pencil or graphite pencil. Charcoal is sometimes used for preliminary drawing, however, as in Leonardo da Vinci's lily (see page 89).

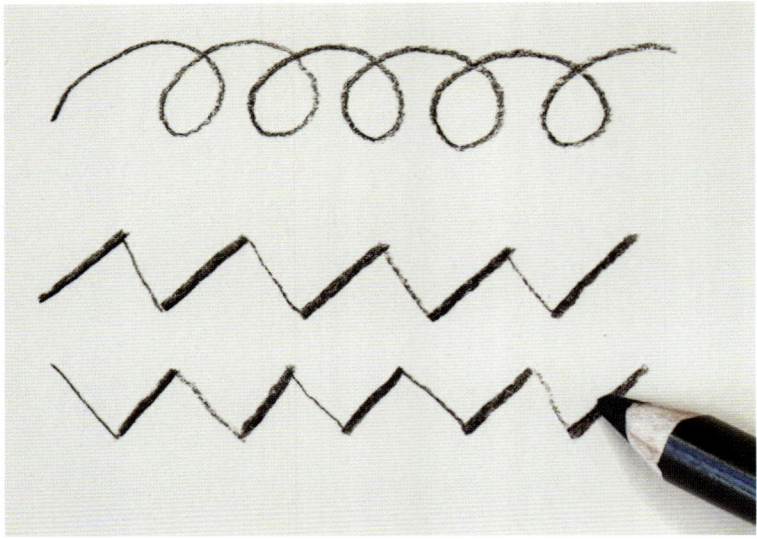

PRACTICE DIFFERENT LINES

First draw loops, then draw a few zig-zag lines, pressing alternately strongly and more lightly on the charcoal.

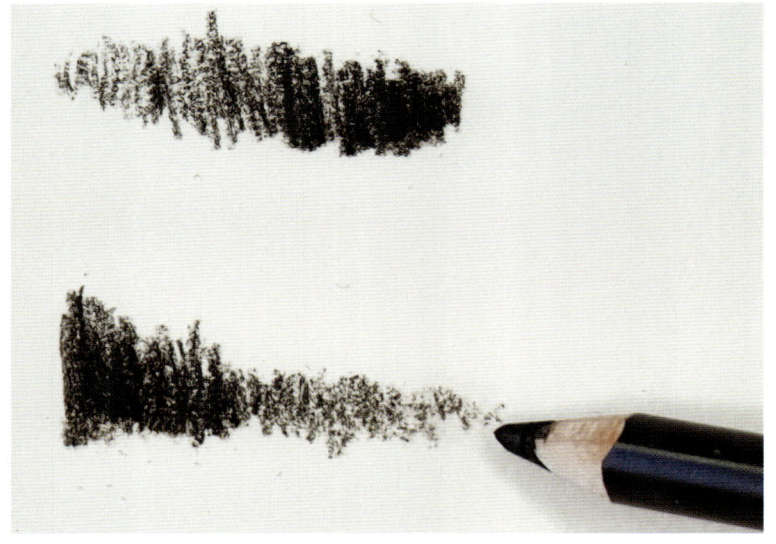

GRADIENTS

Extend the charcoal mark, pressing harder and harder as you go; then do the opposite: starting by pressing hard on the charcoal then releasing the pressure.

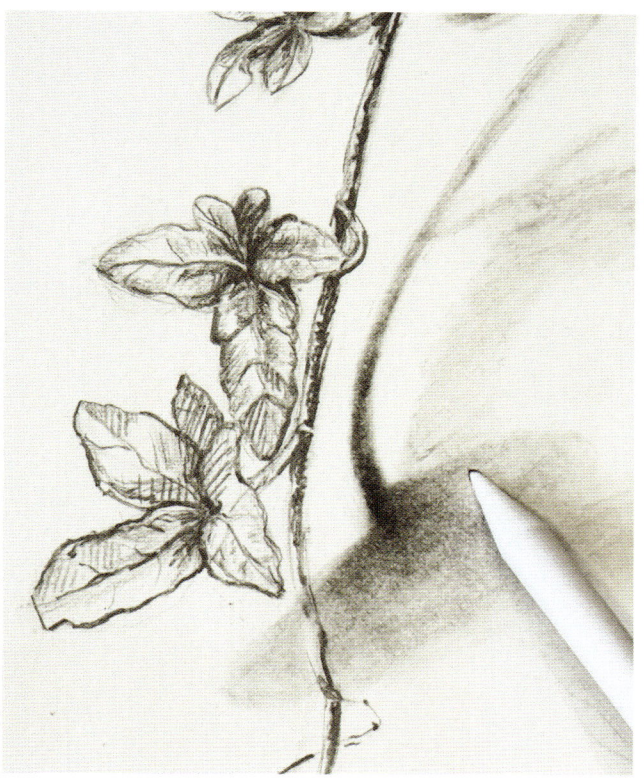

SHADING

To soften and create a delicate blend that moves from strong to light shading, use the stump to spread the charcoal. In this drawing, I used the stump to form the shadow of the ivy.

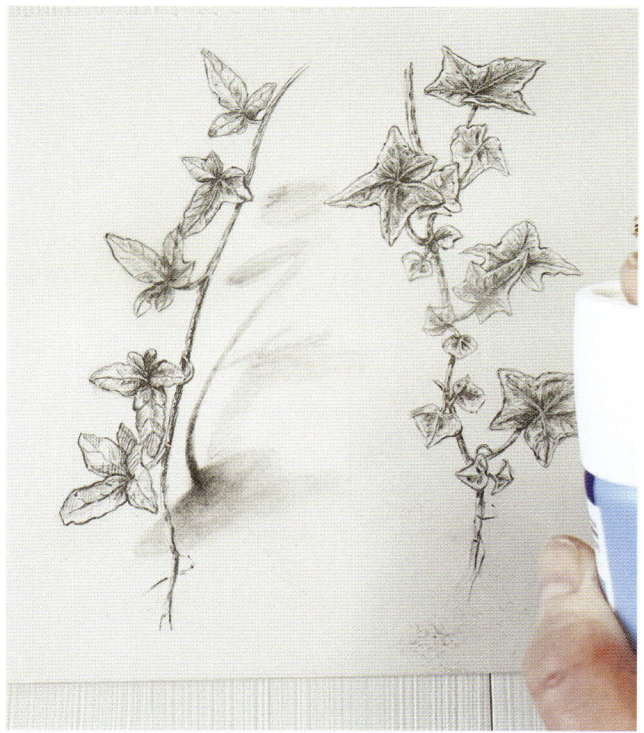

FIX THE DRAWING

When the charcoal drawing is finished, fix it with a special drawing spray or hairspray. However, there is no point in fixing the drawing if you are going to apply washes later.

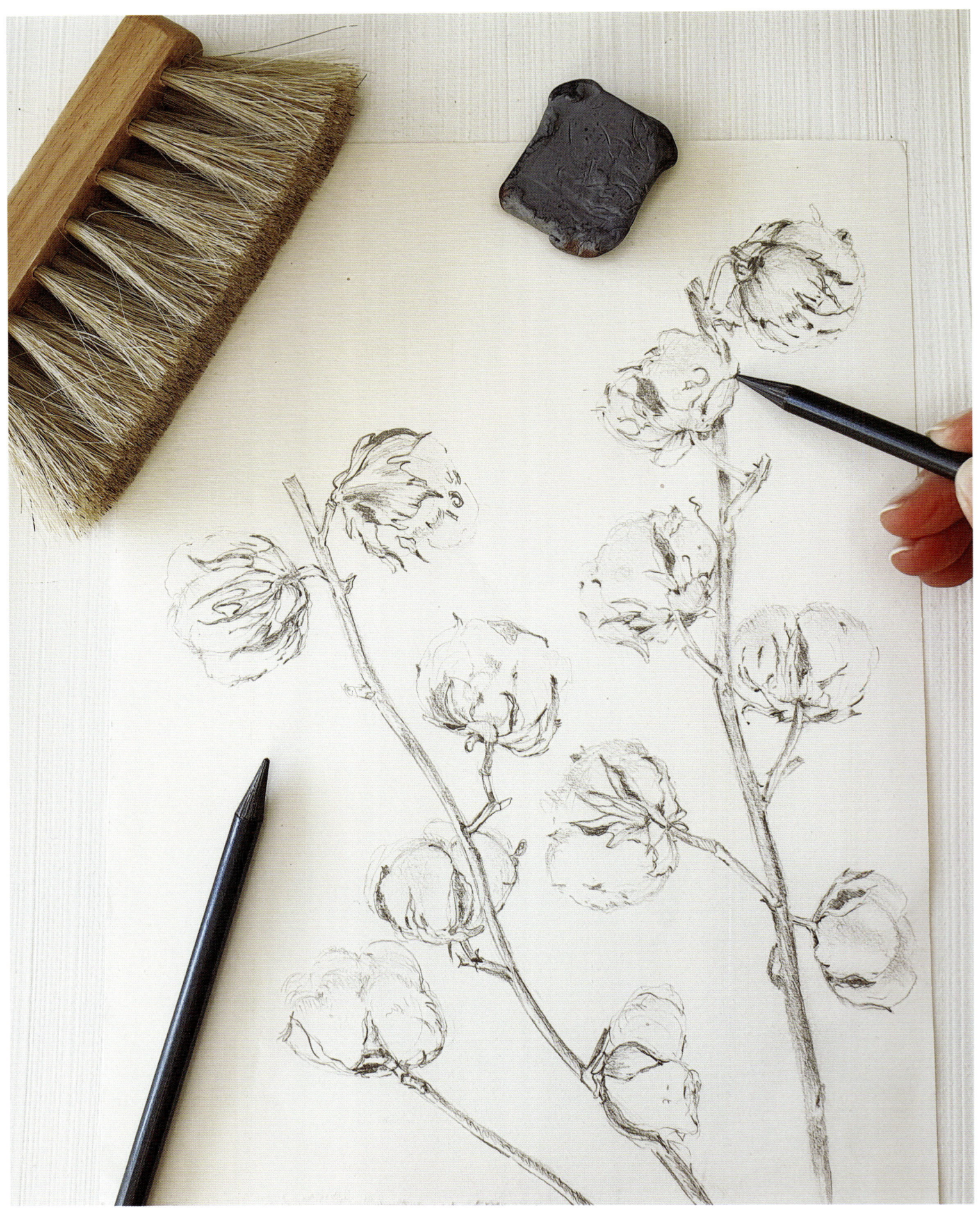

CHAPTER 2

LEAD PENCIL, SILVERPOINT, AND GRAPHITE PENCIL

Used by goldsmiths in ancient times, silverpoint is the oldest of these three techniques. It was succeeded by lead pencil, which appeared during the Renaissance. The silverpoint required prior preparation, whereas the first lead "pencils" were used directly on any medium. At the end of the 18th century, Nicolas-Jacques Conté (1755–1805) invented the graphite pencil, composed of graphite and clay, fired under high pressure. Graphite was soon used for all detailed studies: technical studies, anatomical plates, and botanical studies. The subtlety of its lines is exceptional.

For our botanical studies, we will use a graphite pencil, of which there are several hardnesses—HB, 2B, 4B. Lead pencils have a high concentration of pure graphite. Without a wooden casing, these graphite pencils can create a fine or broad line and are easier to work with on surfaces. Depending on the pressure on the pencil, the lines will be more or less opaque. As it is very stable, the graphite pencil does not contaminate watercolor or ink washes. Indeed, unlike charcoal, the graphite, being a fatty material, adheres to all forms of paper.

SMALL SKETCH AND GRADIENTS

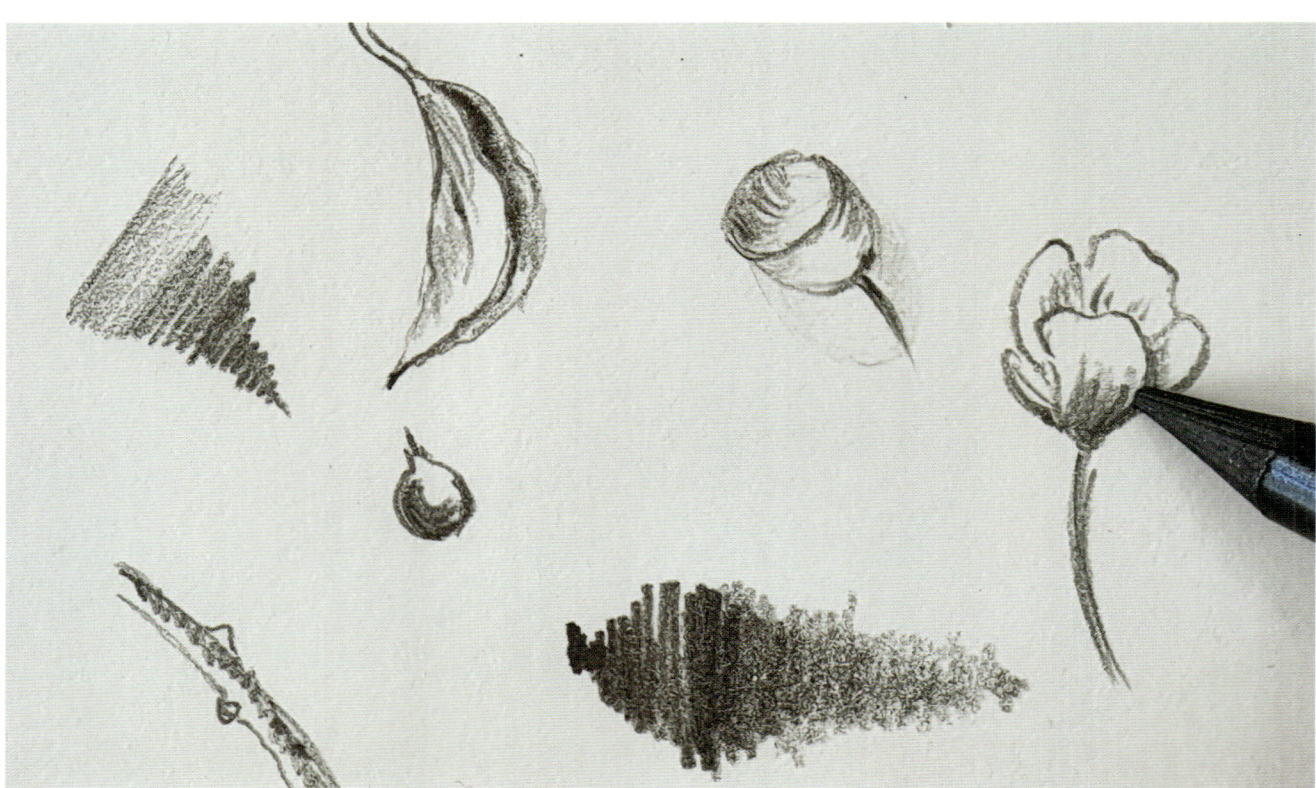

On scrap paper, experiment with the graphite pencil: use very tight hatching to form gradients, then draw flowers, small leaves, and stems.

SKETCHES OF THISTLES

This study of thistles drawn from life features darker and lighter shading depending on the pressure. At the bottom of the drawing, the thistles are drawn with a very light pressure, thus placing these flowers in the background.

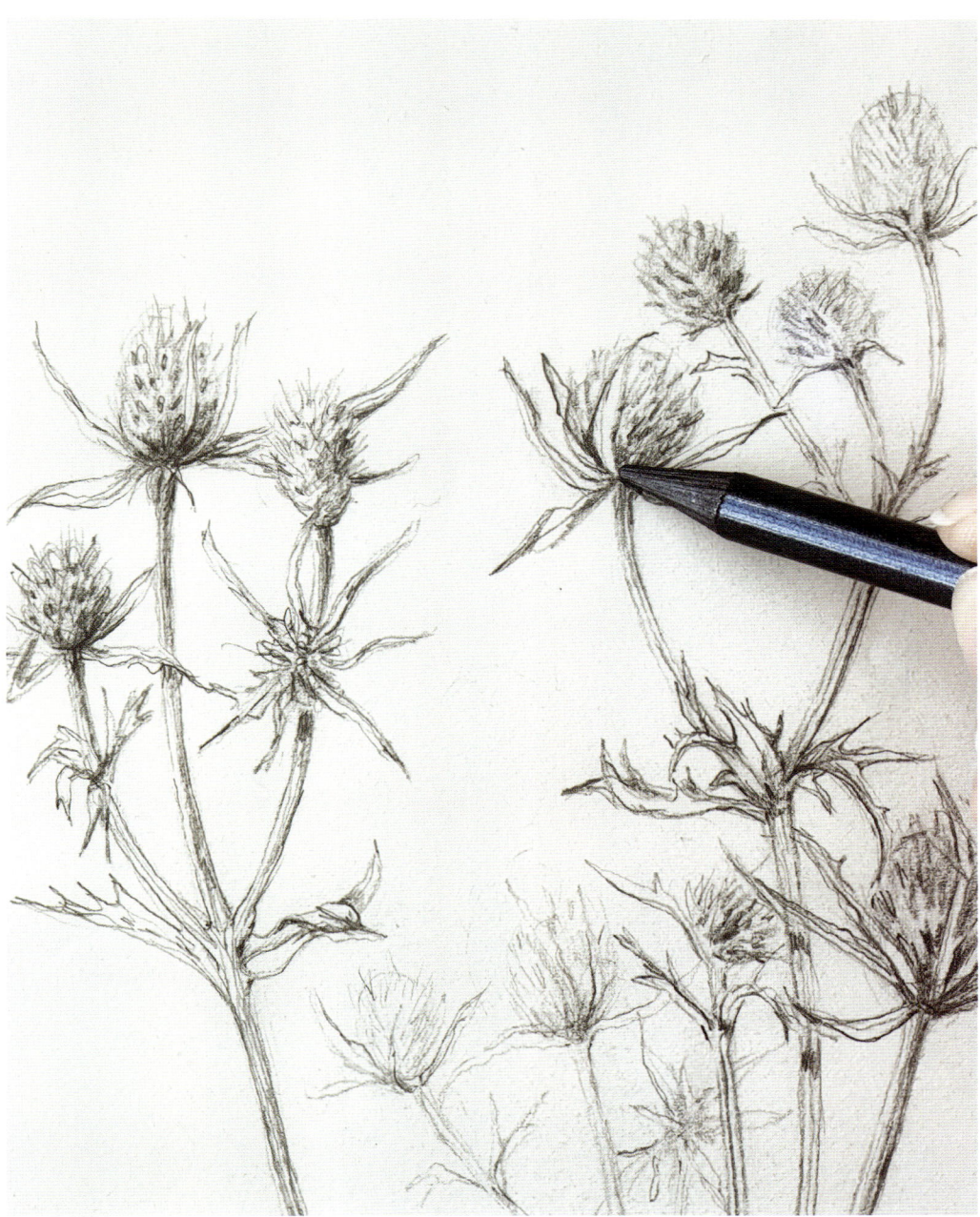

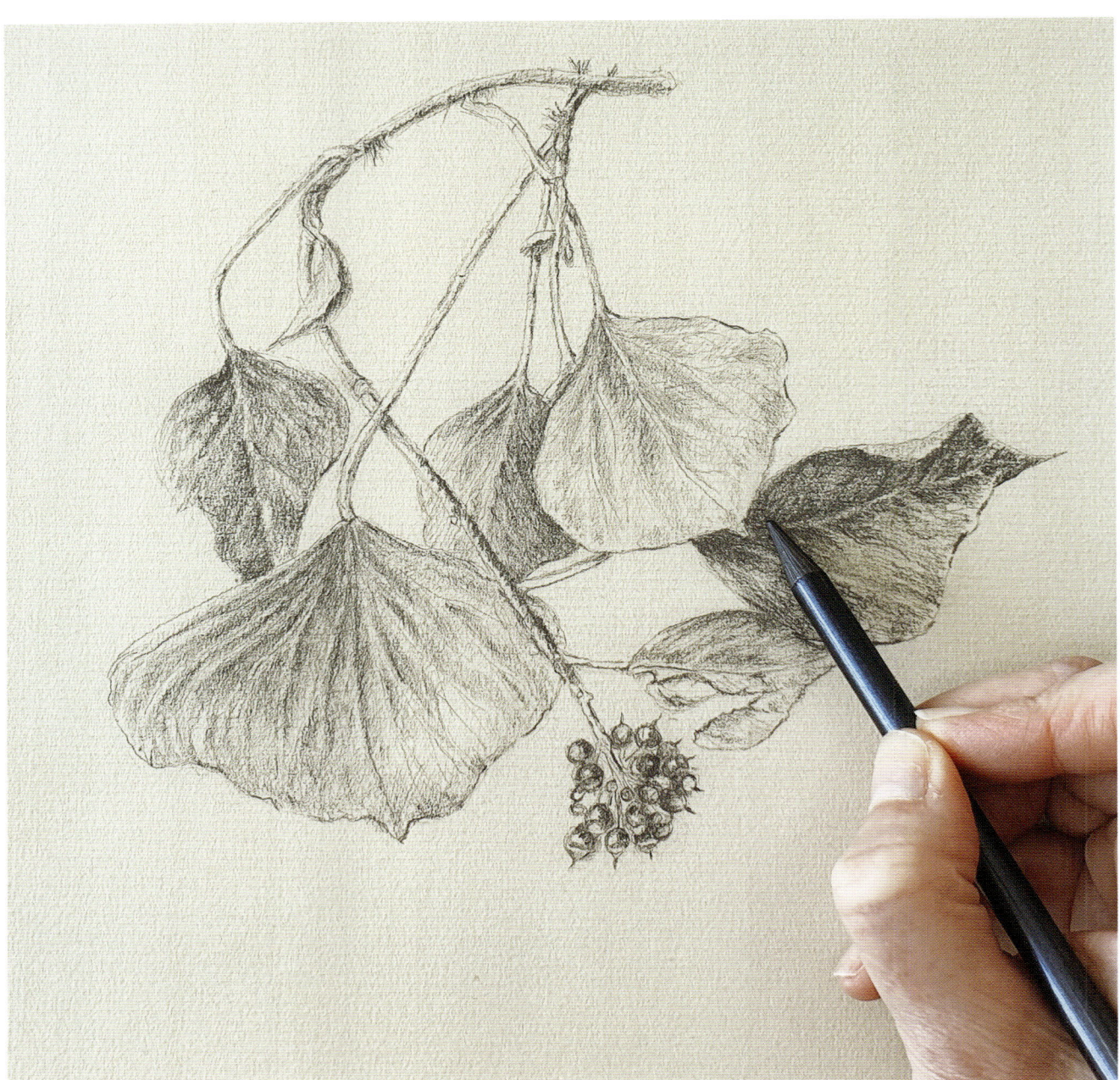

SHADOWS ON A LEAF

By pressing very hard on the graphite pencil, you can create very dark shadows. In this drawing, the contrast is very strong between the leaf on the right in the light, whose shadows are barely marked, and the one below which I have darkened a lot.

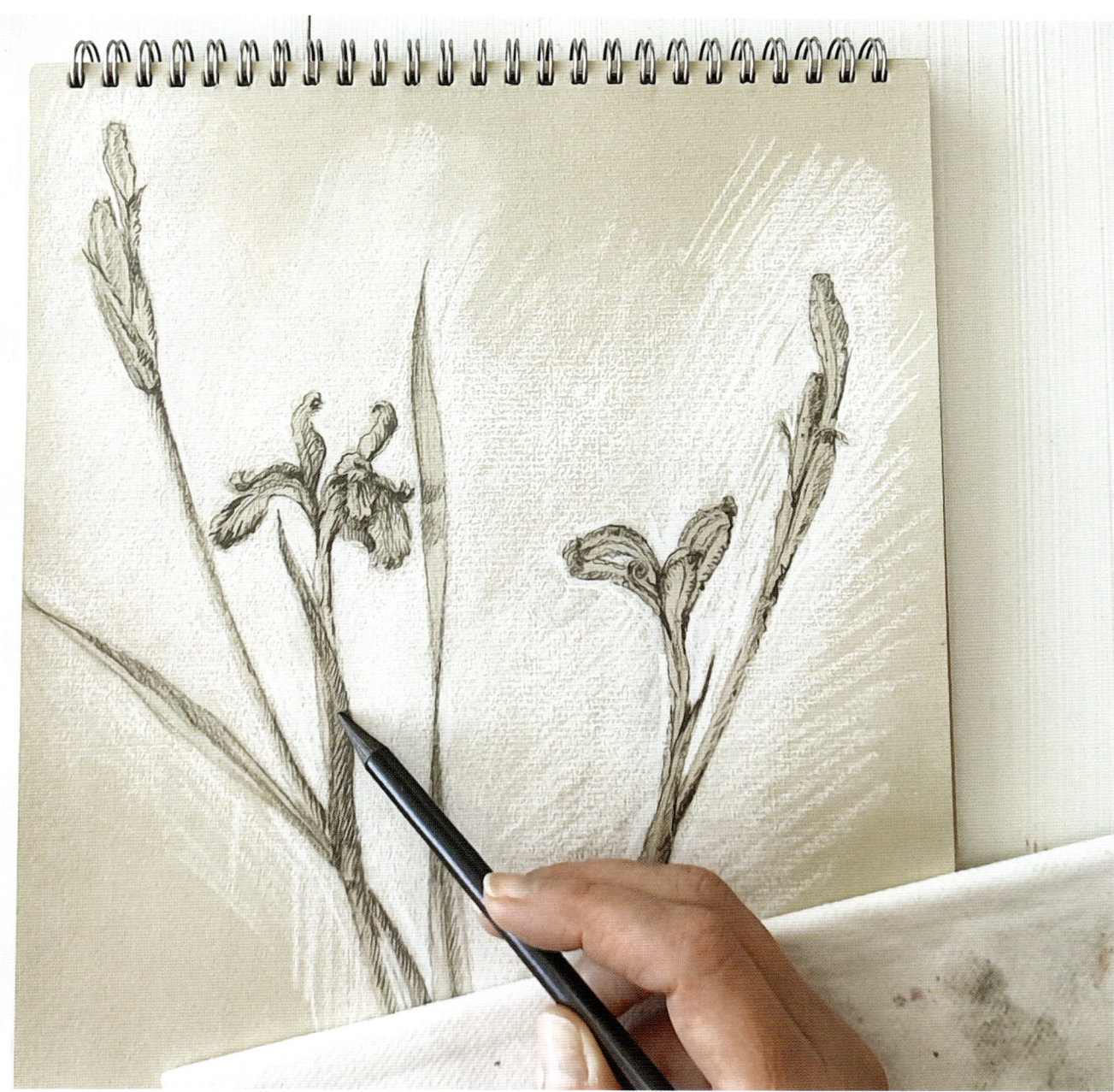

HATCHING

Hatching is very useful for quickly shading a petal, leaf, or stem. Here, I have worked on colored paper and, to highlight the flowers, I have used white chalk to create a very light background. Place a piece of paper or cloth under your hand to protect the drawing.

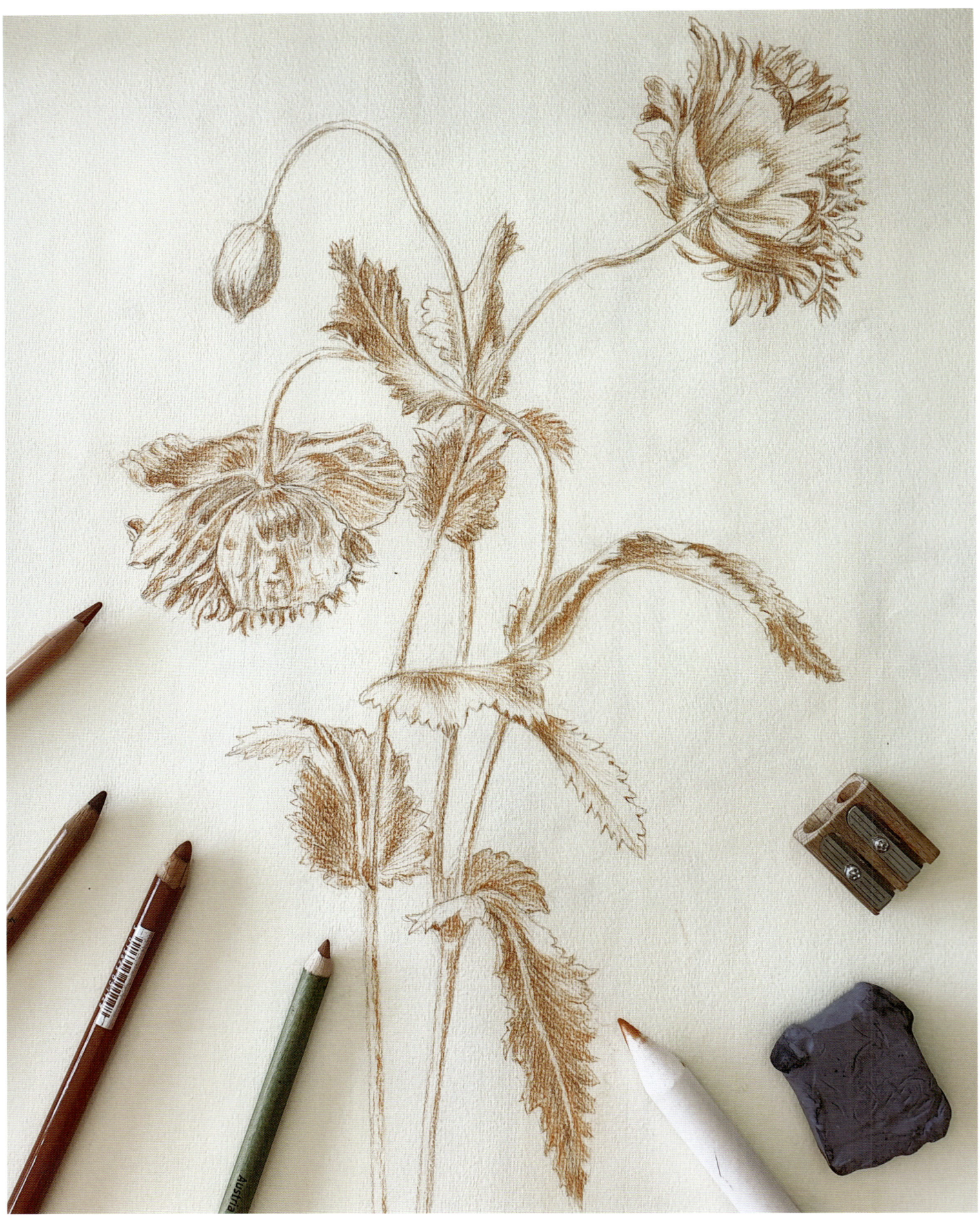

CHAPTER 3

RED CHALK

Sanguine is a red-colored chalk, composed of iron oxide. It comes in the form of pencils or sticks, and has shades from orange to red, up to very dark brown. It is a very interesting material which has, however, been little used for botanical studies. You can use it to draw, employing the same processes as the graphite pencil: tracing, blending, shading. Its shades are very subtle, since sanguine can be very nuanced. The red chalk gives incomparable depth and warmth to illustrations.

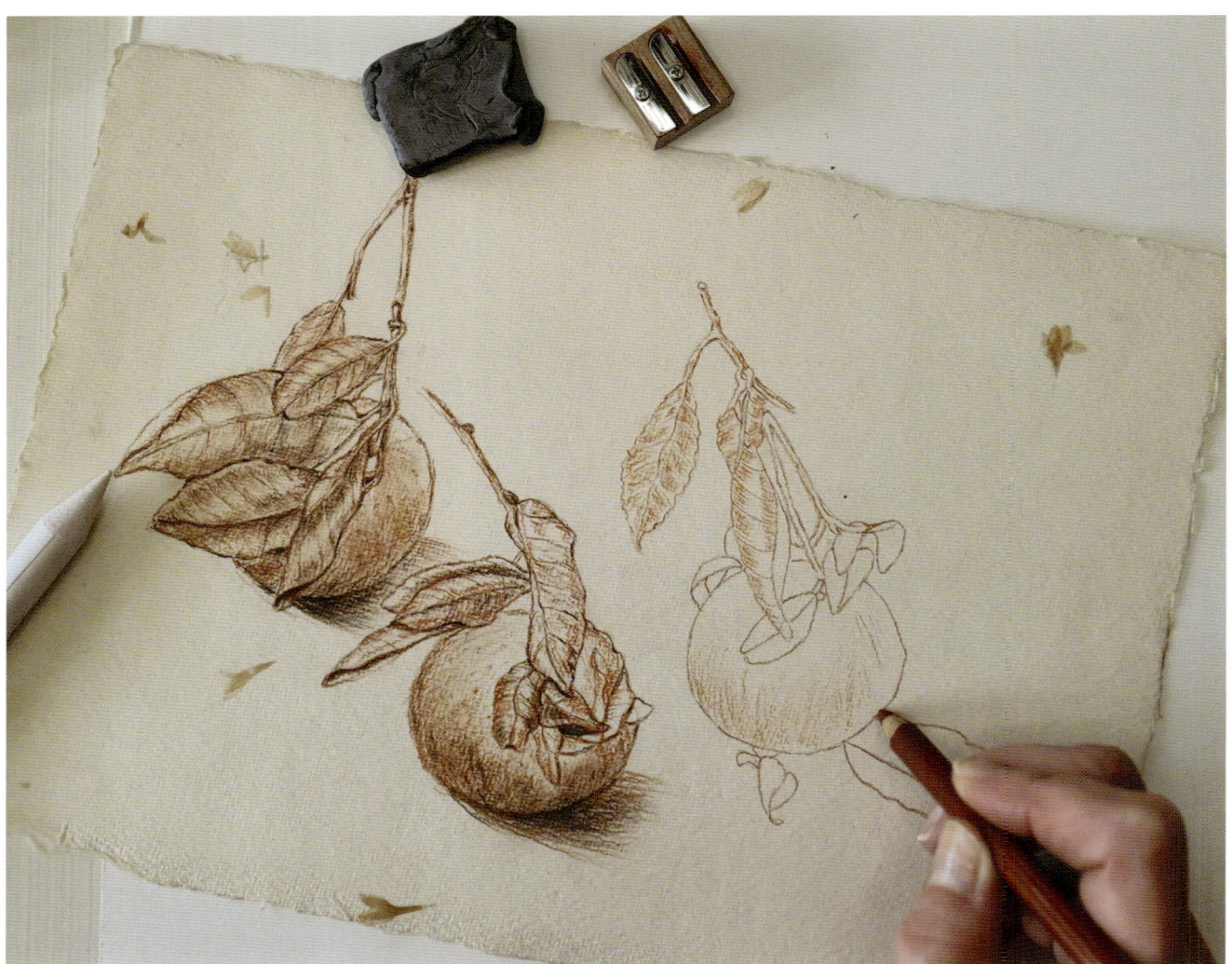

For this study, I drew three tangerines at different stages of the drawing process. On the right, for the contour lines of the fruit, I used orange-red sanguine.

Page 22: A copy of Nicolas Robert's *Papaver somniferum L., Opium Poppy,* Sketchbook A, 1650.

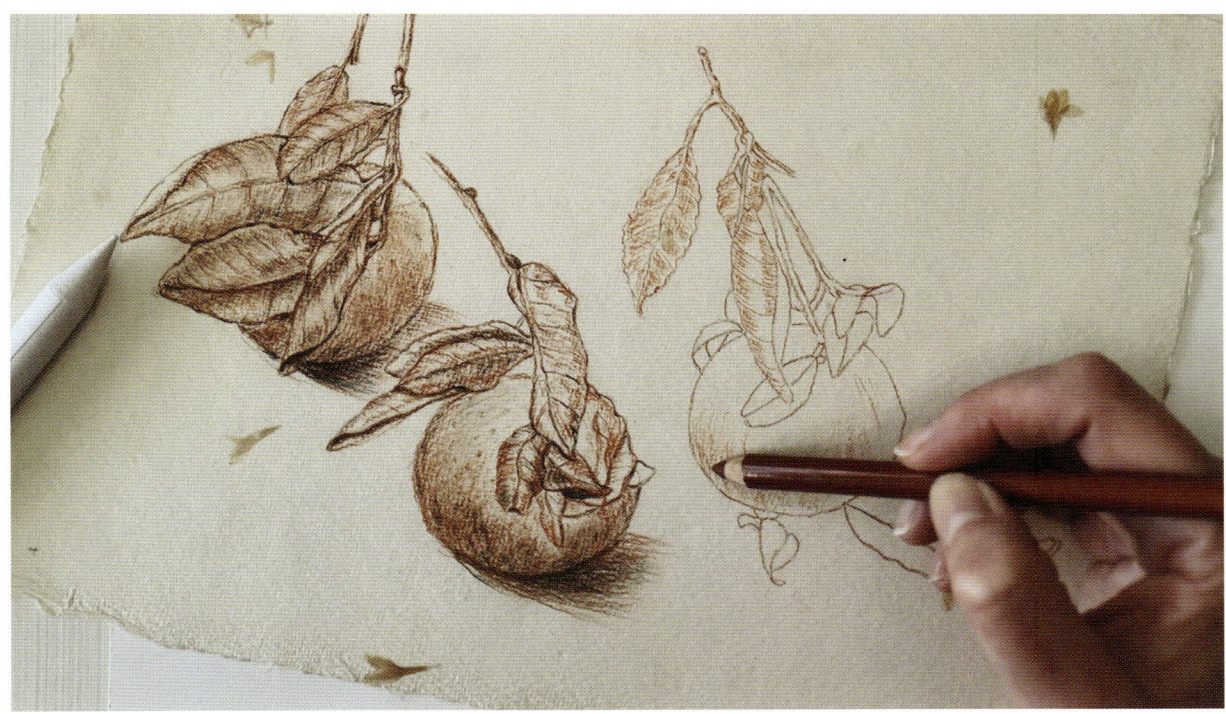

Next, I added hatching to mark the shadows.

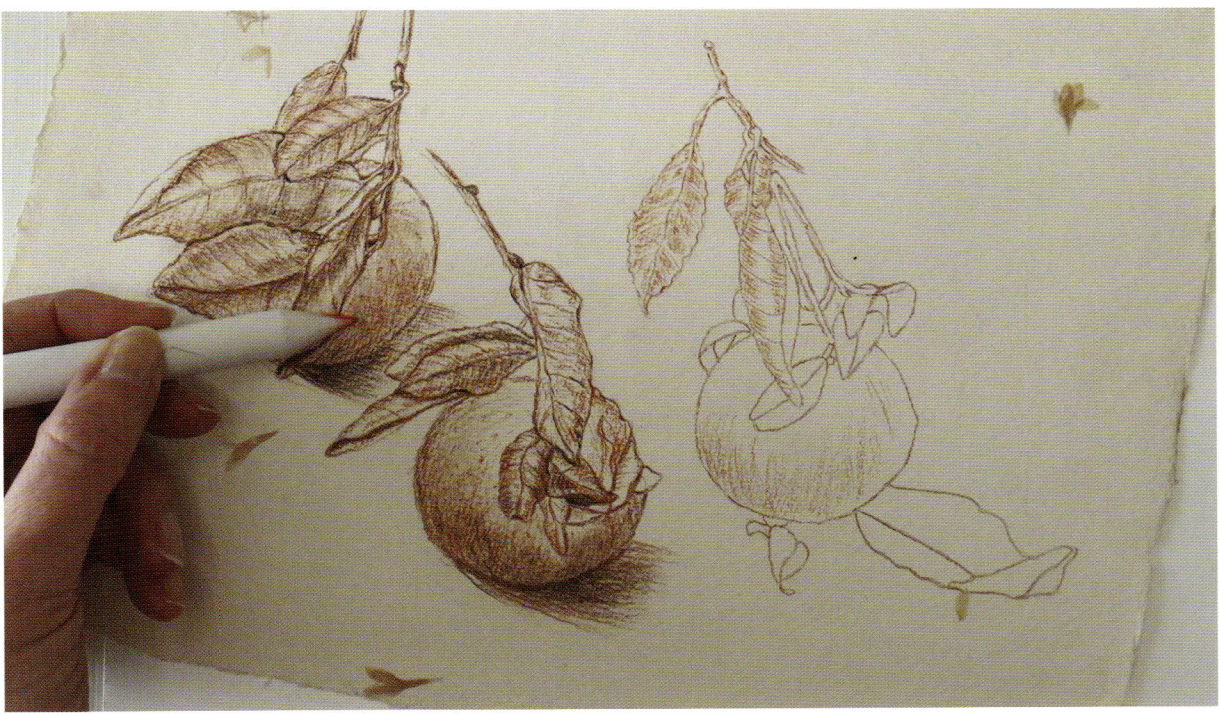

I then blended the red chalk into the grain of the paper and softened the shadows.

I accentuated the lines with darker chalk to give more strength to the drawing.

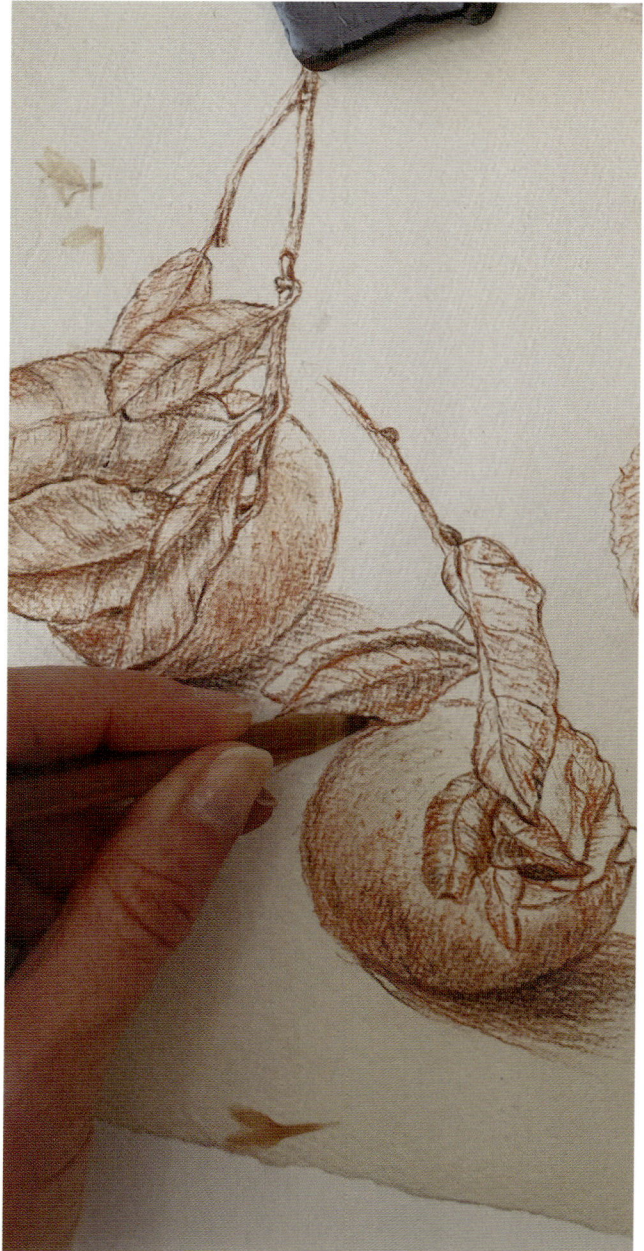

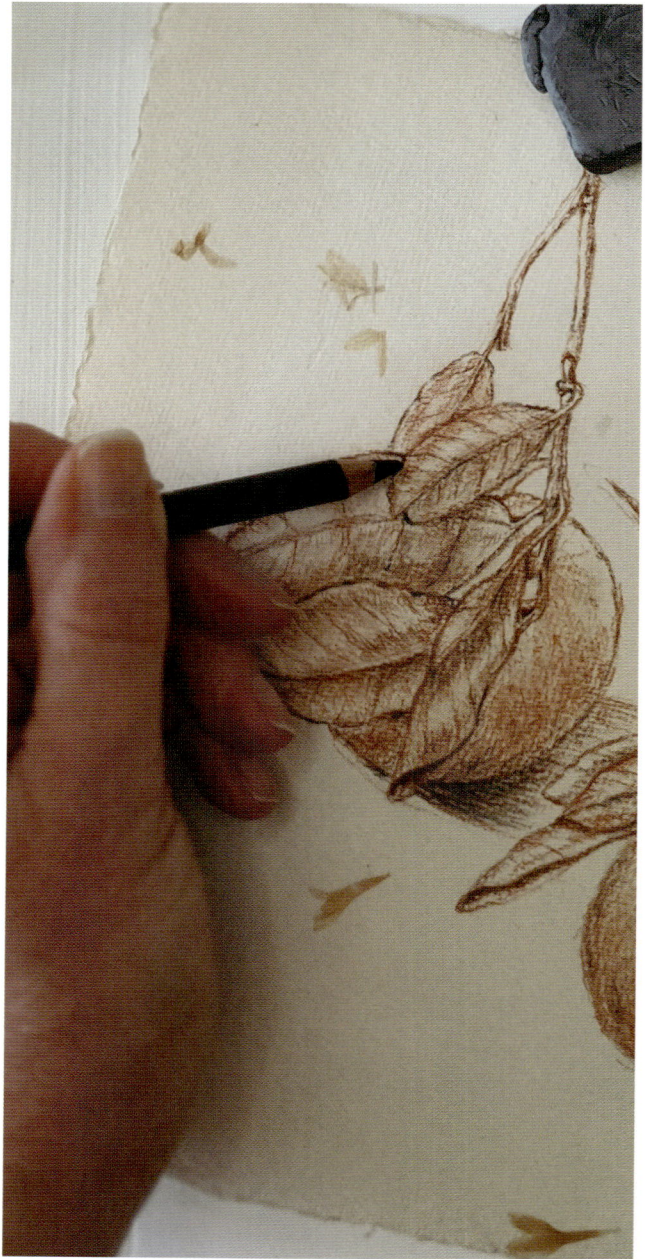

To finish, I added some very dark accents with the charcoal pencil.

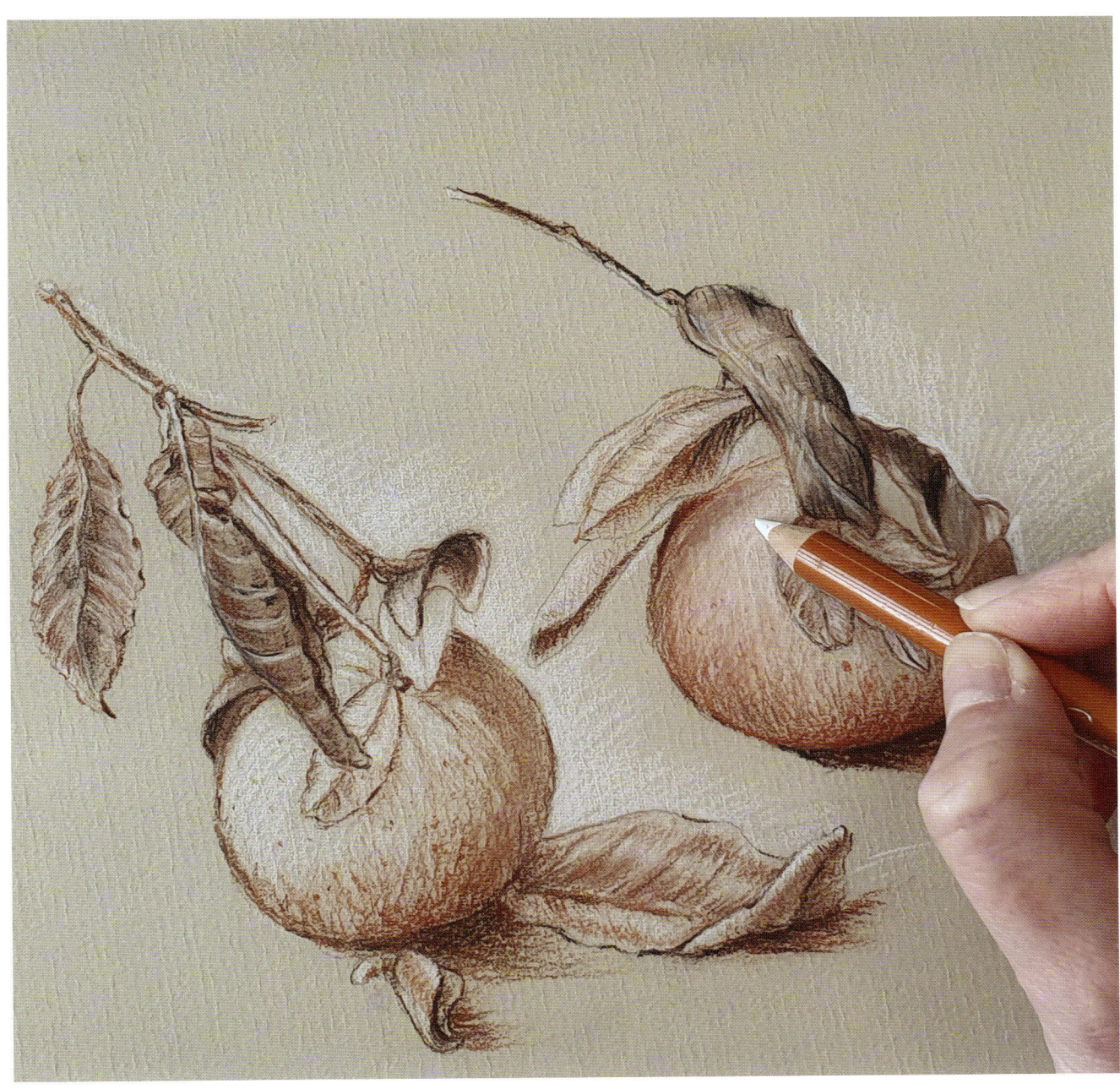

I modified the drawing a little, and this time I used white chalk to mark the highlights and charcoal pencil to darken certain parts. Finally, I created a background with white chalk on the beige-colored paper. This technique, called three-pencil drawing, was widely used in fine arts in the 18th century. It allows remarkable graphic effects. Illustrators used it infrequently because botanists preferred black-and-white studies which had greater scientific merit.

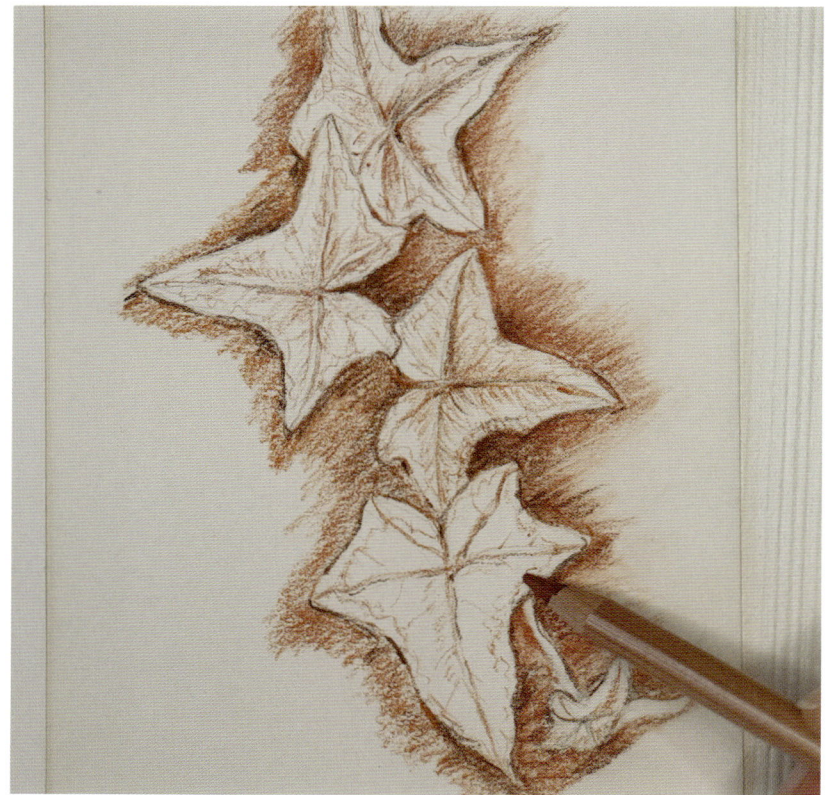

On this ivy leaf, I have drawn the details with a very sharp red chalk. I used a light touch so as not to weigh down the drawing. The background is dark because I have pressed the lead very hard; the leaves are thus projected forward, creating a greater relief effect.

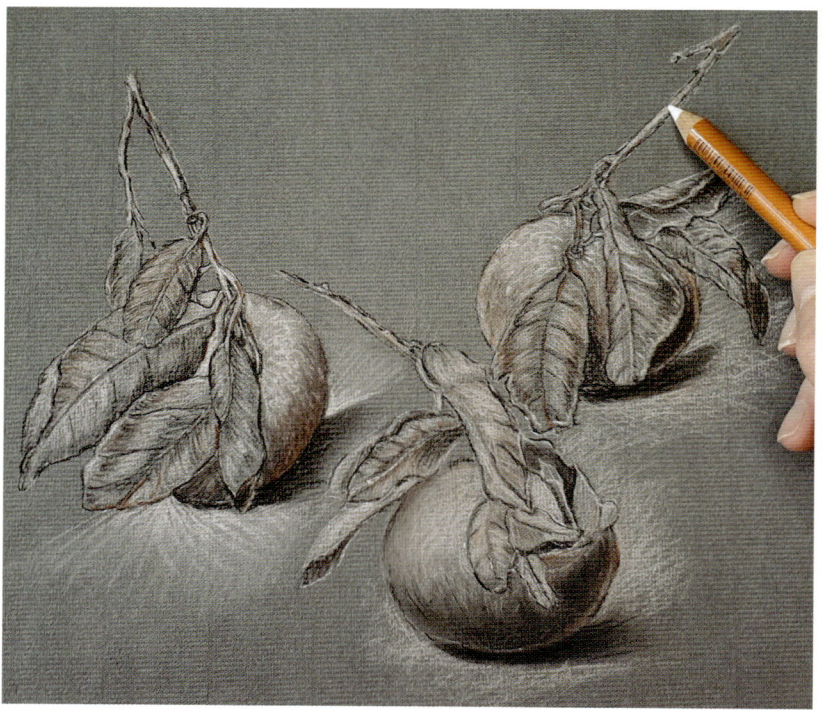

On a very dark, gray-colored paper, do not hesitate to put more pressure on all the tones, in order to accentuate the contrasts.

Finally, use a cloth to blend the background. In this instance, I used chalk on colored paper.

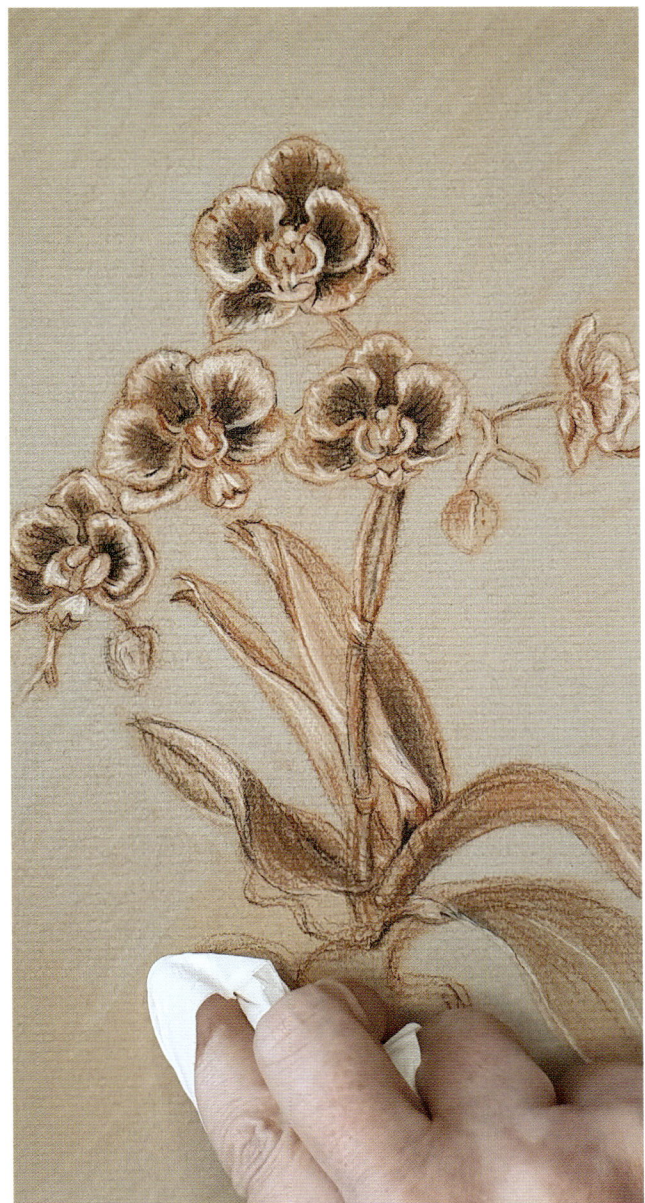

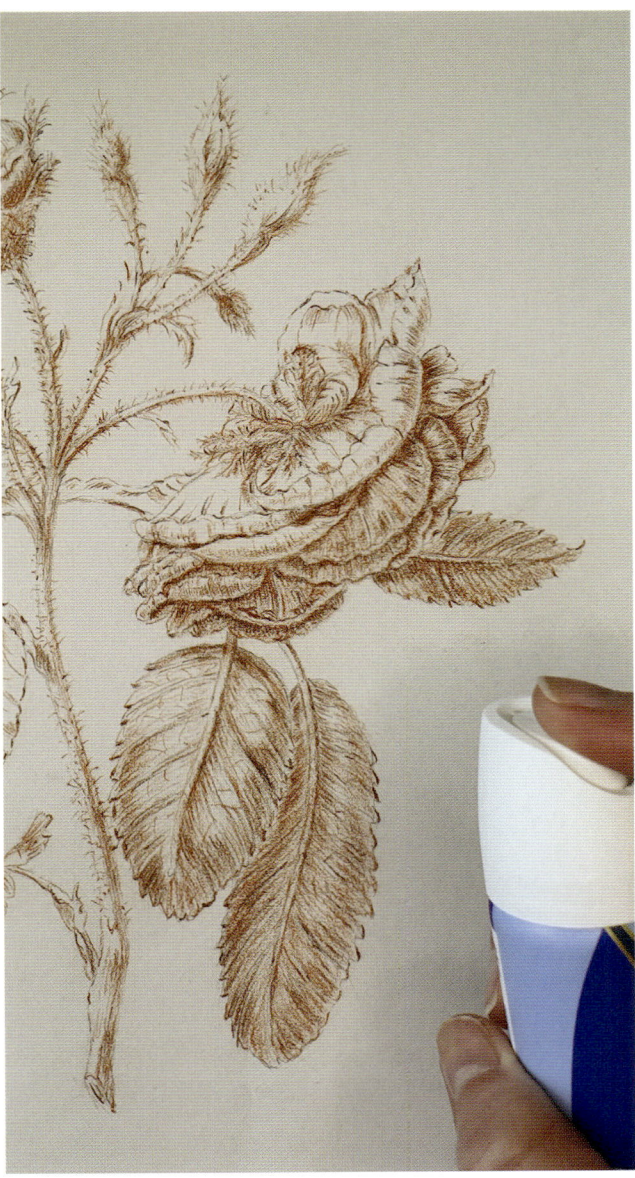

Don't forget to fix the drawing with fixative or hairspray.

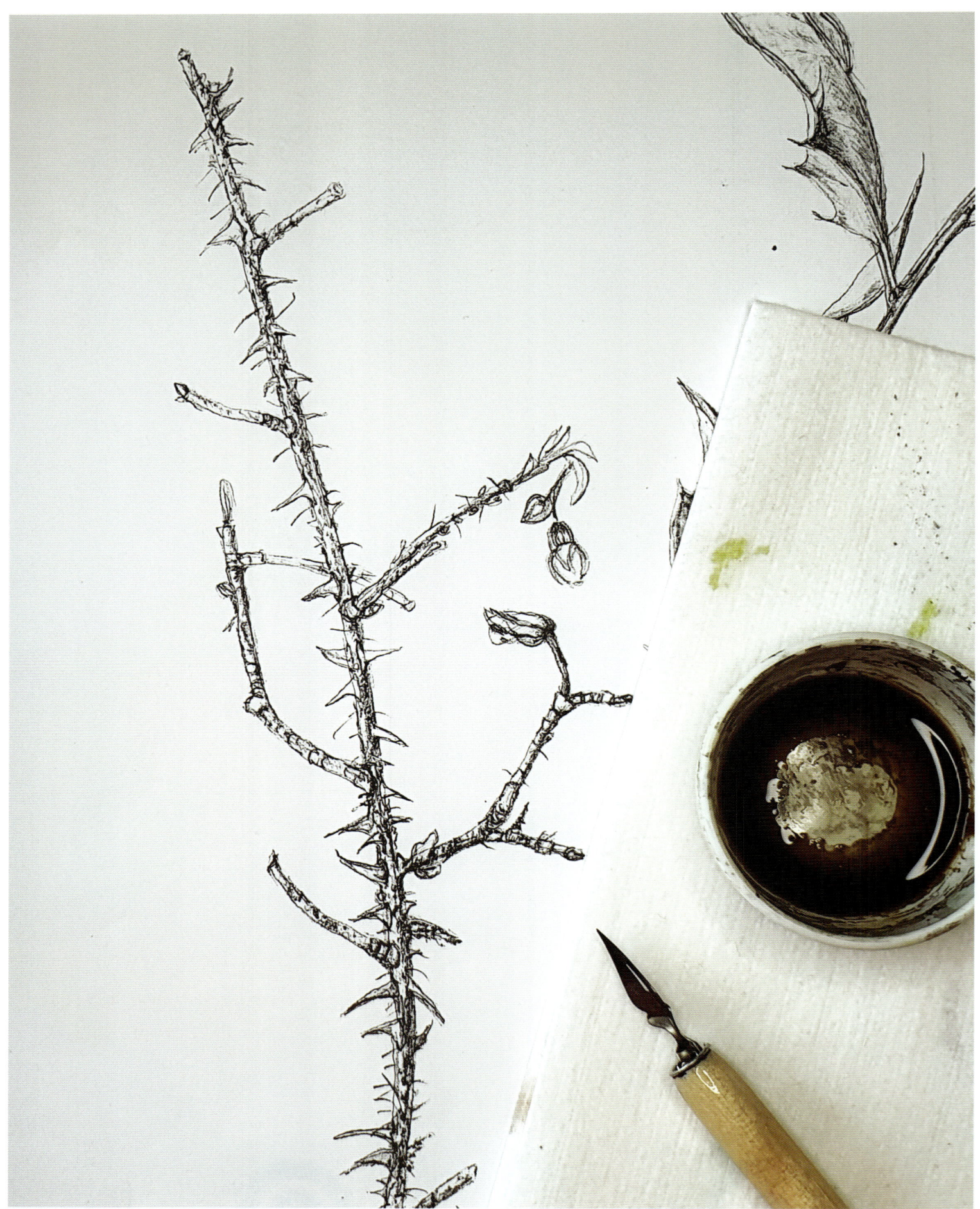

CHAPTER 4

INK PEN WORK

Ink was originally applied via a calamus (reed) pen; this was replaced by a bird's feather, then by a metal nib, which allows you to store a small quantity of ink. The deposit on the paper varies depending on the pressure exerted on its tip: full and thin lines, hatching, long lines, short lines, dashes, commas.... You can practise on smooth or grained paper that is more or less absorbent. The pen is a demanding technique, difficult to reverse or adjust. It is best to draw first with a pencil and then go over it with a pen.

Top row, from left: practice drawing thin, oblique lines, then draw curved lines, and finally form a grid.

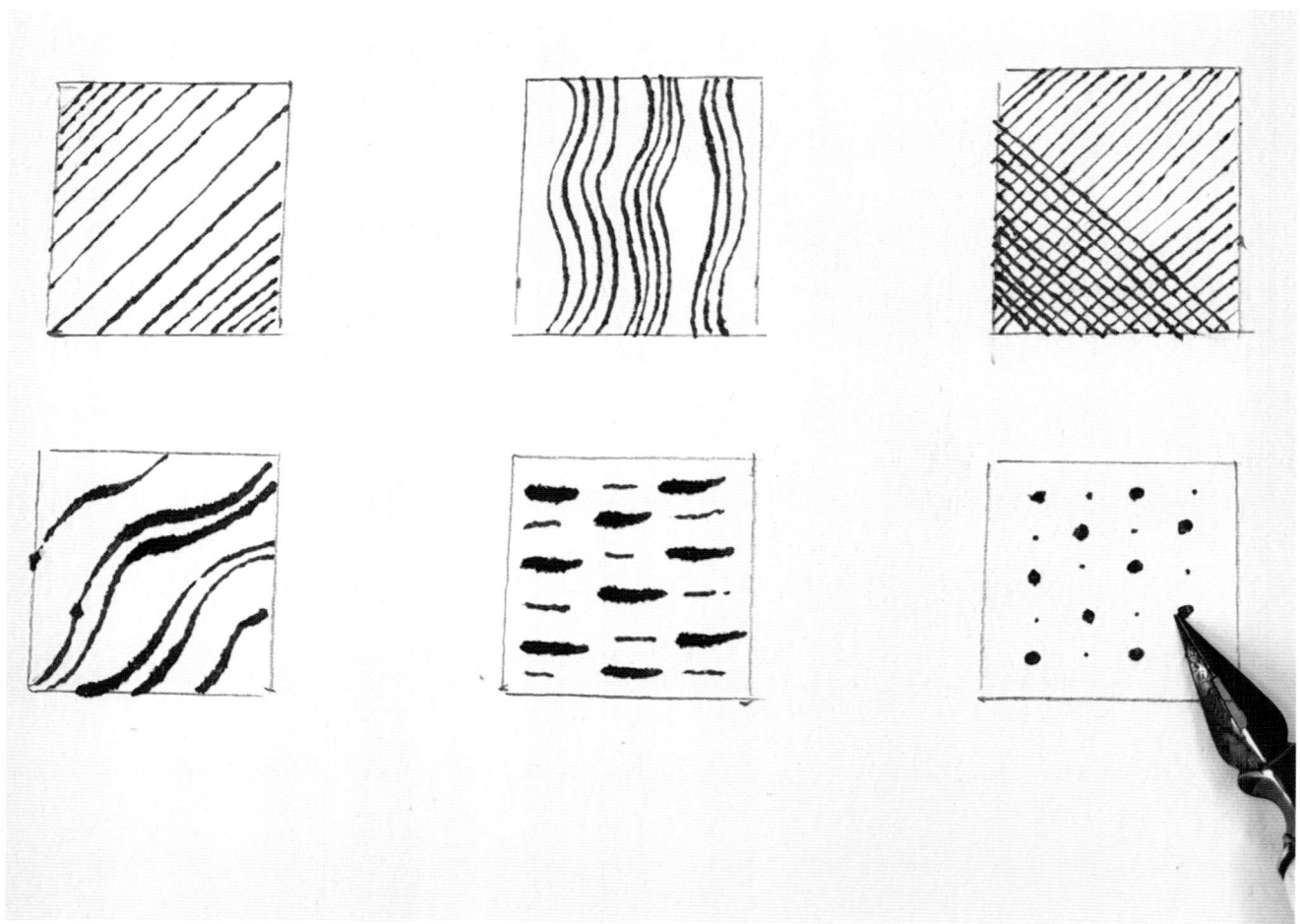

Bottom row: practice full and smooth curved lines, pressing lightly on the pen so the line is thin (hairline), then pressing more strongly to make it wider (fuller). Draw dashes, alternating thick and thin, and finally dots of different thicknesses.

A DRAWING OF A DEAD BRANCH

After drawing a dead branch with a pencil, go over the lines with the pen. Use small dots and small lines to mark the shadowed area.

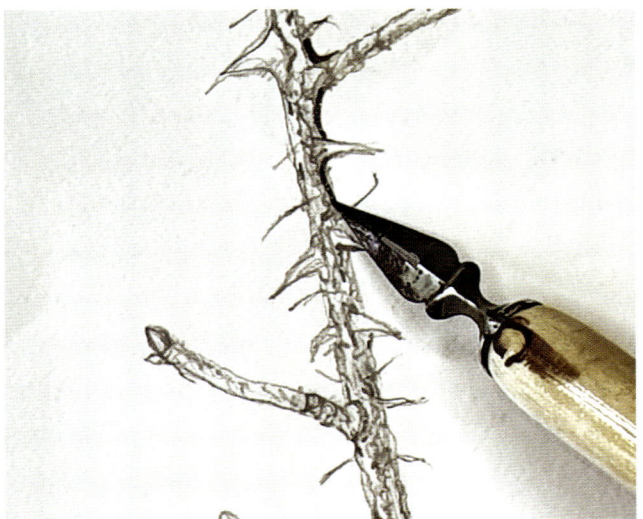 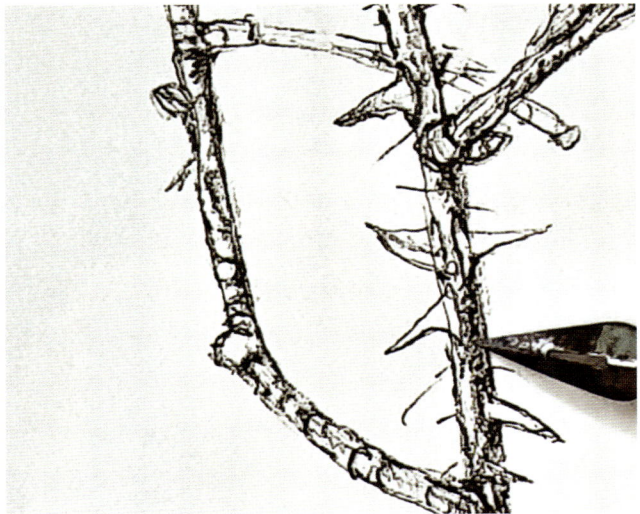

This very graphic dead branch lends itself well to the exercise.

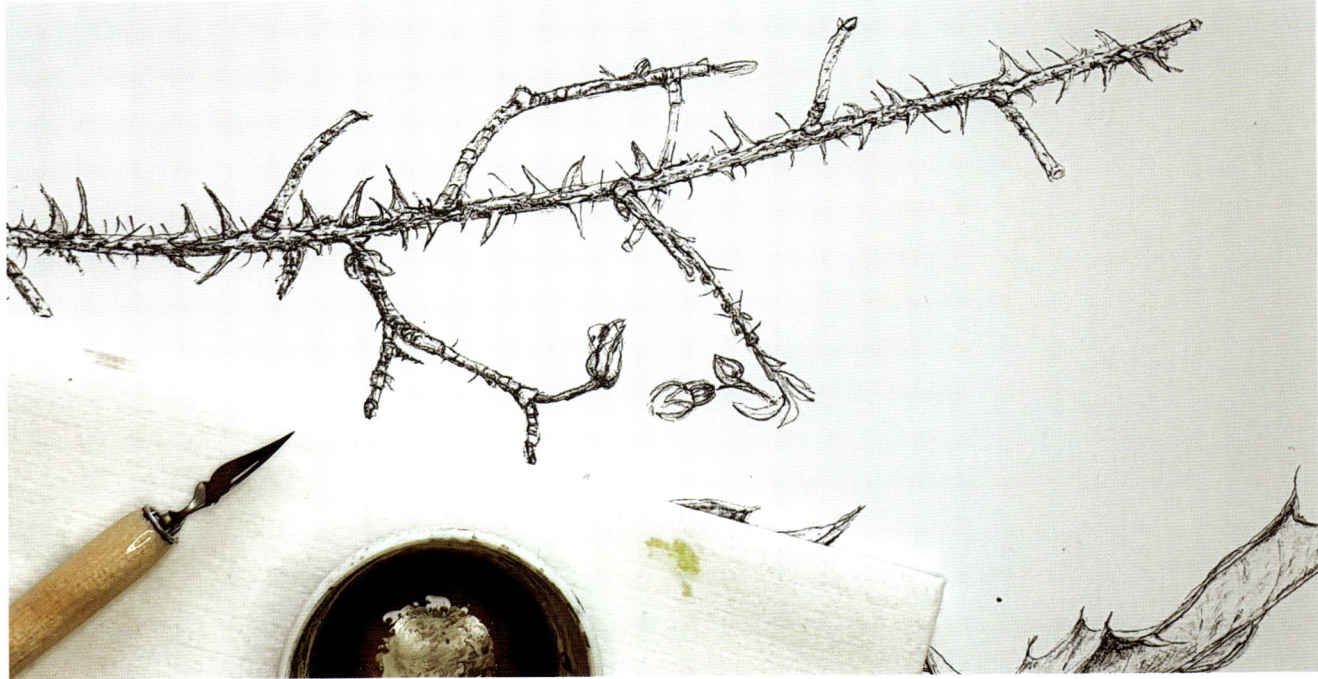

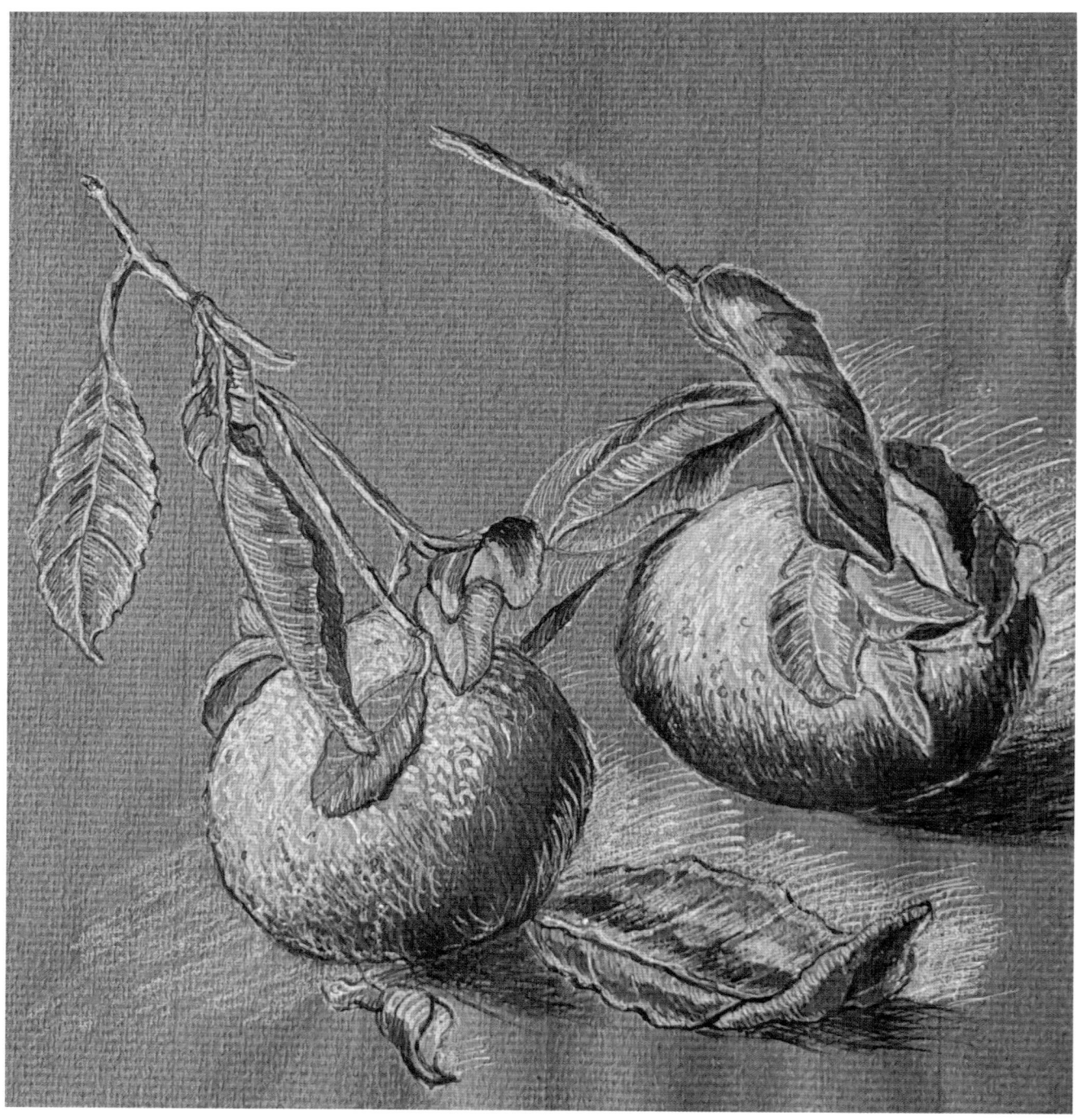

In this pen drawing of tangerines, I used gray-tinted paper for the half tone, then I used small commas and dots to mark the shadows with very dark ink and put in the highlights with white ink. Finally, I added hatching to give contrast in the background.

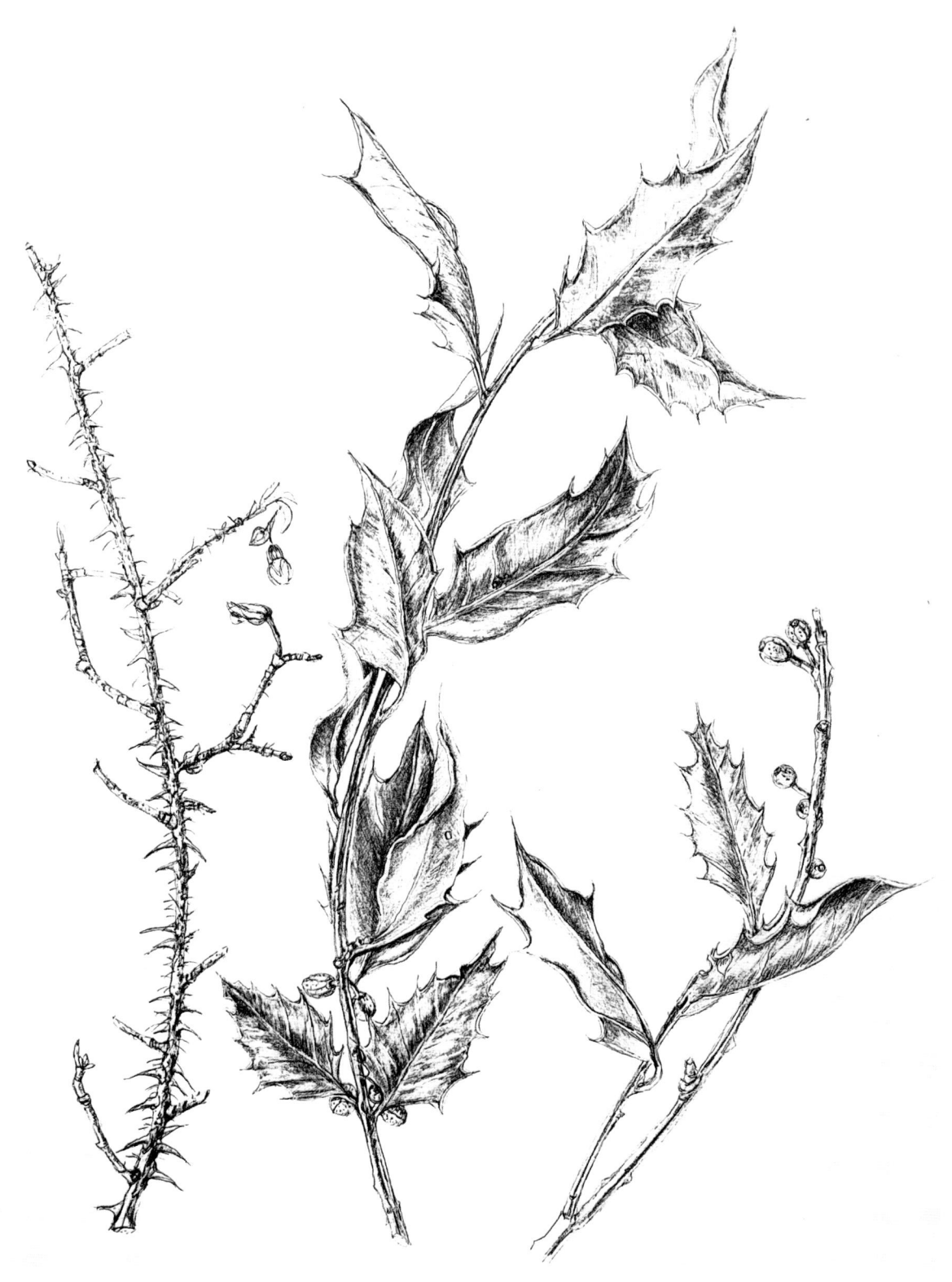

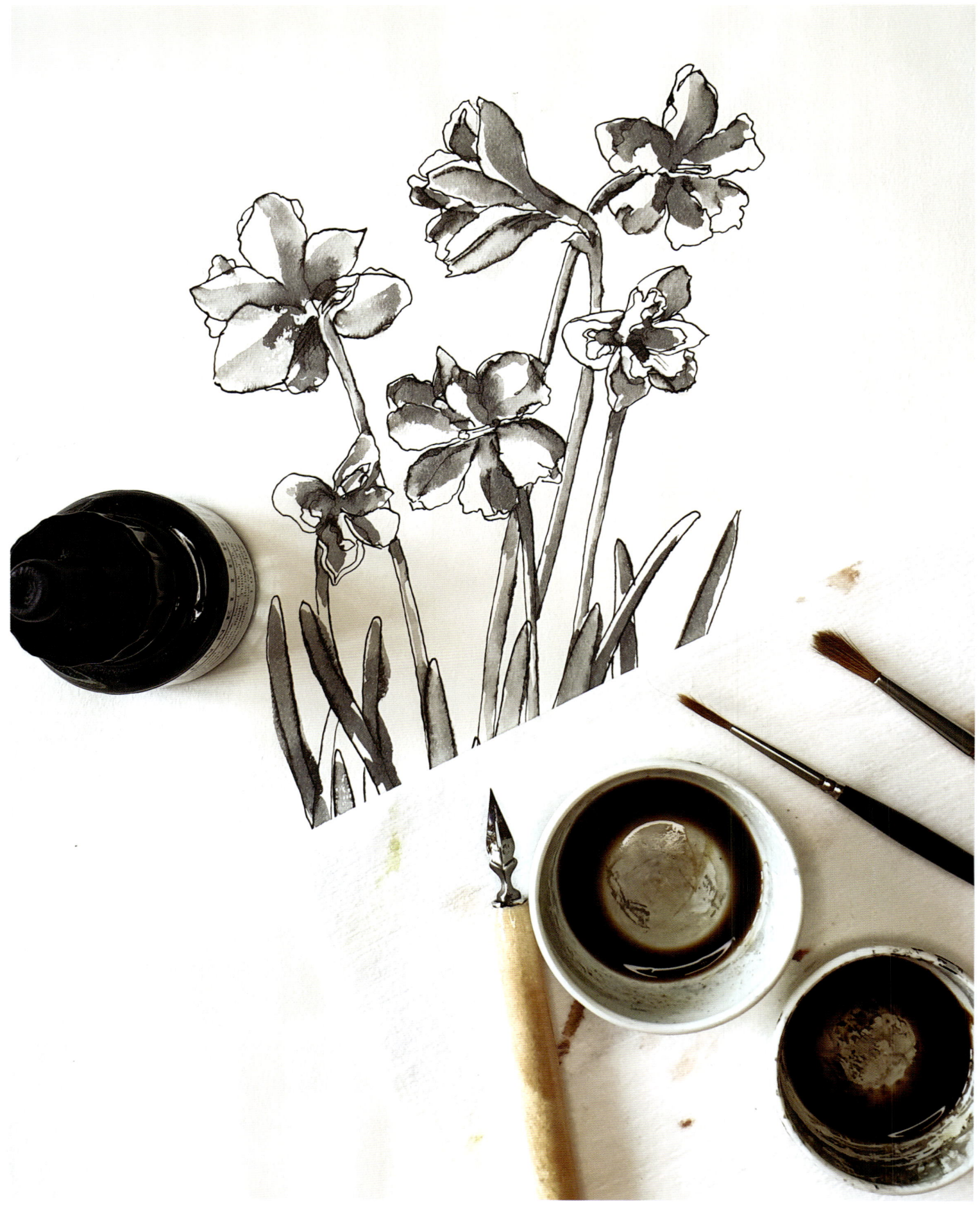

CHAPTER 5

THE INK WASH

For ink wash, use ink, water, brushes, and a more or less absorbent, more or less luminous medium. Artists employed inks made from various materials: gall walnut ink (from a protuberance on the trees caused by the bites of an insect), walnut husk ink (obtained from the walnut bark), squid ink (from cuttlefish), or even Indian ink. The ink can be used as is or diluted with water.

Here I used Indian ink, which is easily found. Today, there are many ink colors available so you can create many different effects. Working with ink washes is a good preparation for watercolor.

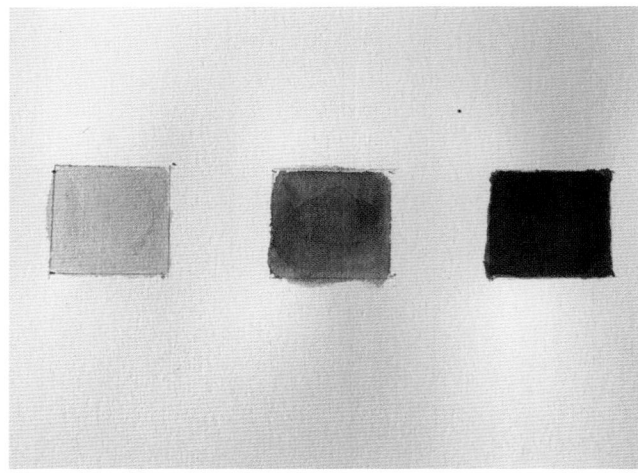

Use three small jars to prepare each tone separately: light, medium, and dark. On a fairly thick sheet of paper, paint three squares: first with the pure ink on the right, then gradually add water to achieve a light shade. The middle shade in the center is called a half tone, on the left are the shades to use for lighter areas, and the one on the right should be used for shadow. With these three shades, you can create a sense of dimension.

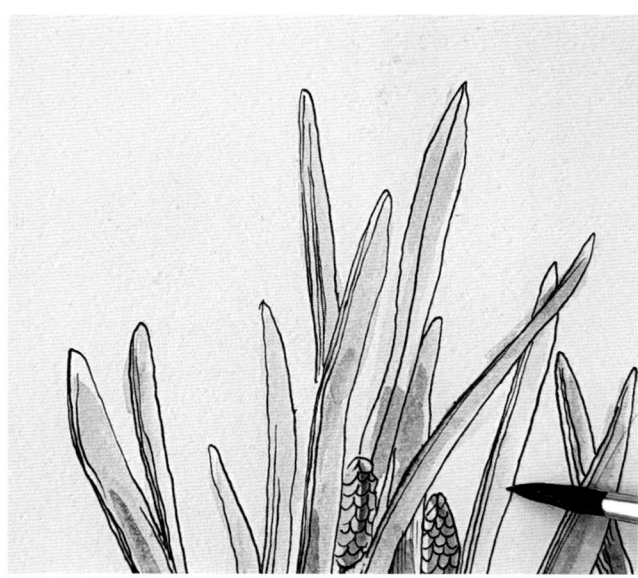

I drew these grape hyacinths (muscari) with a pen, using waterproof ink. I kept the highlighted parts in white (the white of the paper) and applied the first wash with a brush.

I then painted some parts with a slightly darker ink (in which there is less water)—this is the half tone.

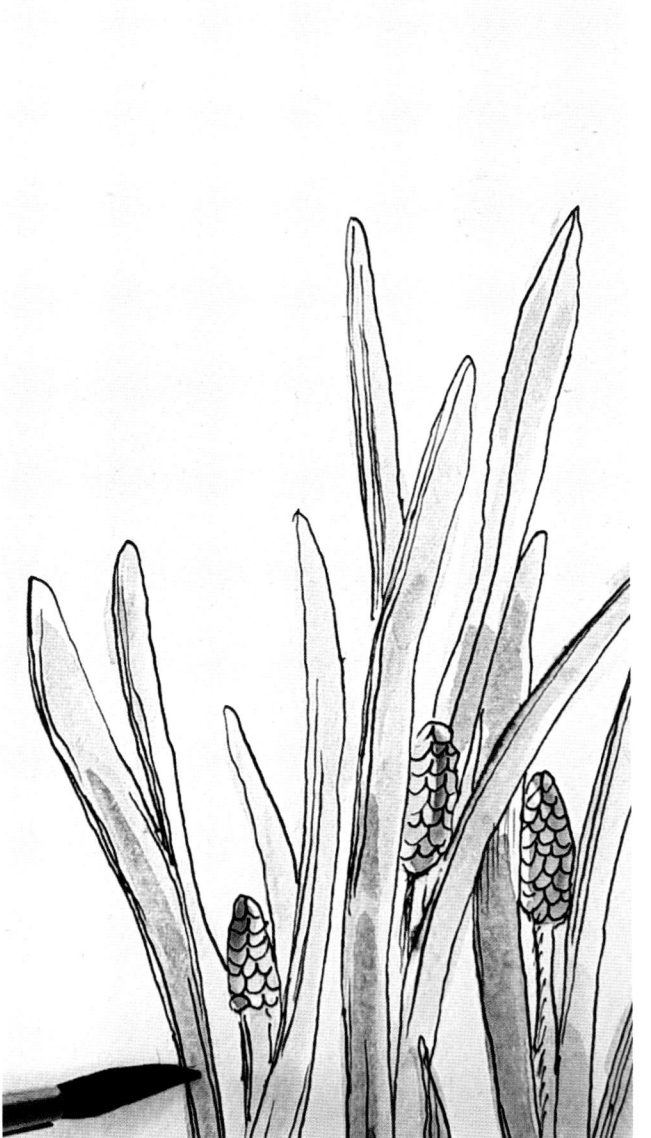

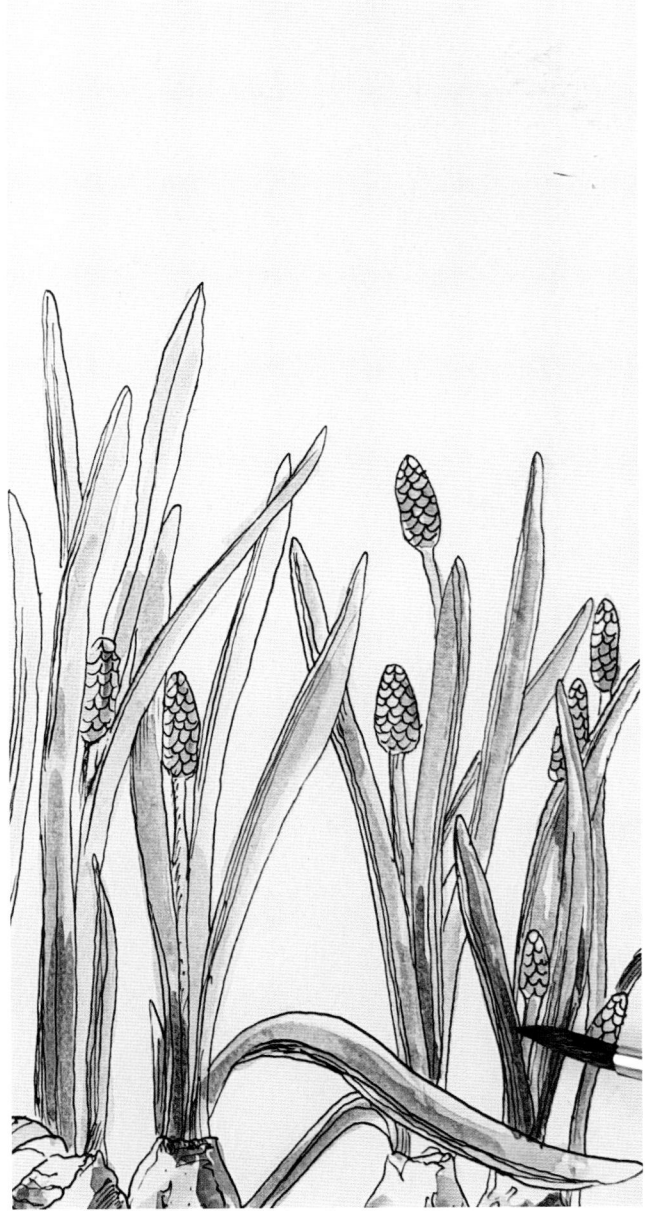

I then added shadows with the darkest shade.

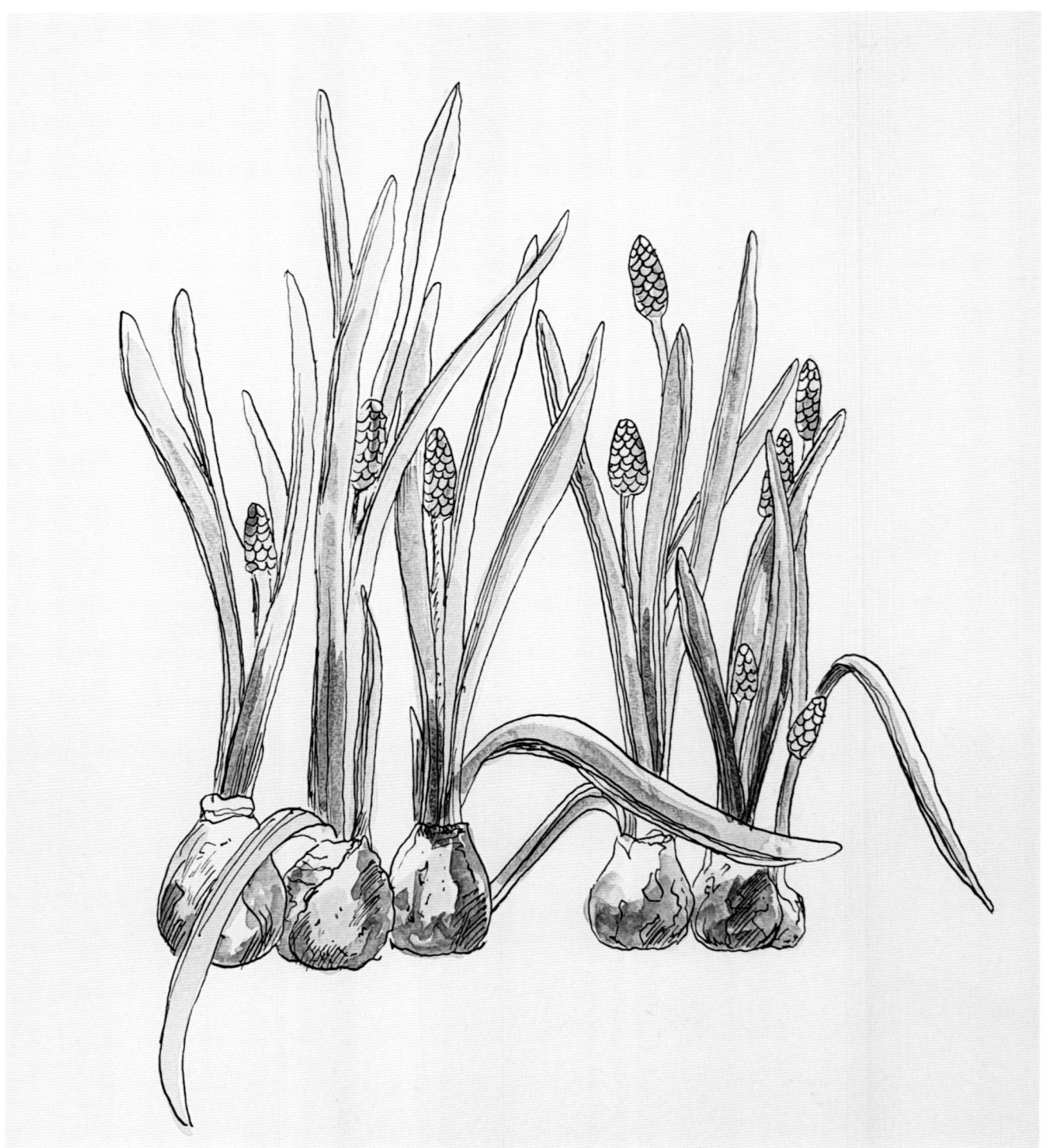

This is the final drawing.

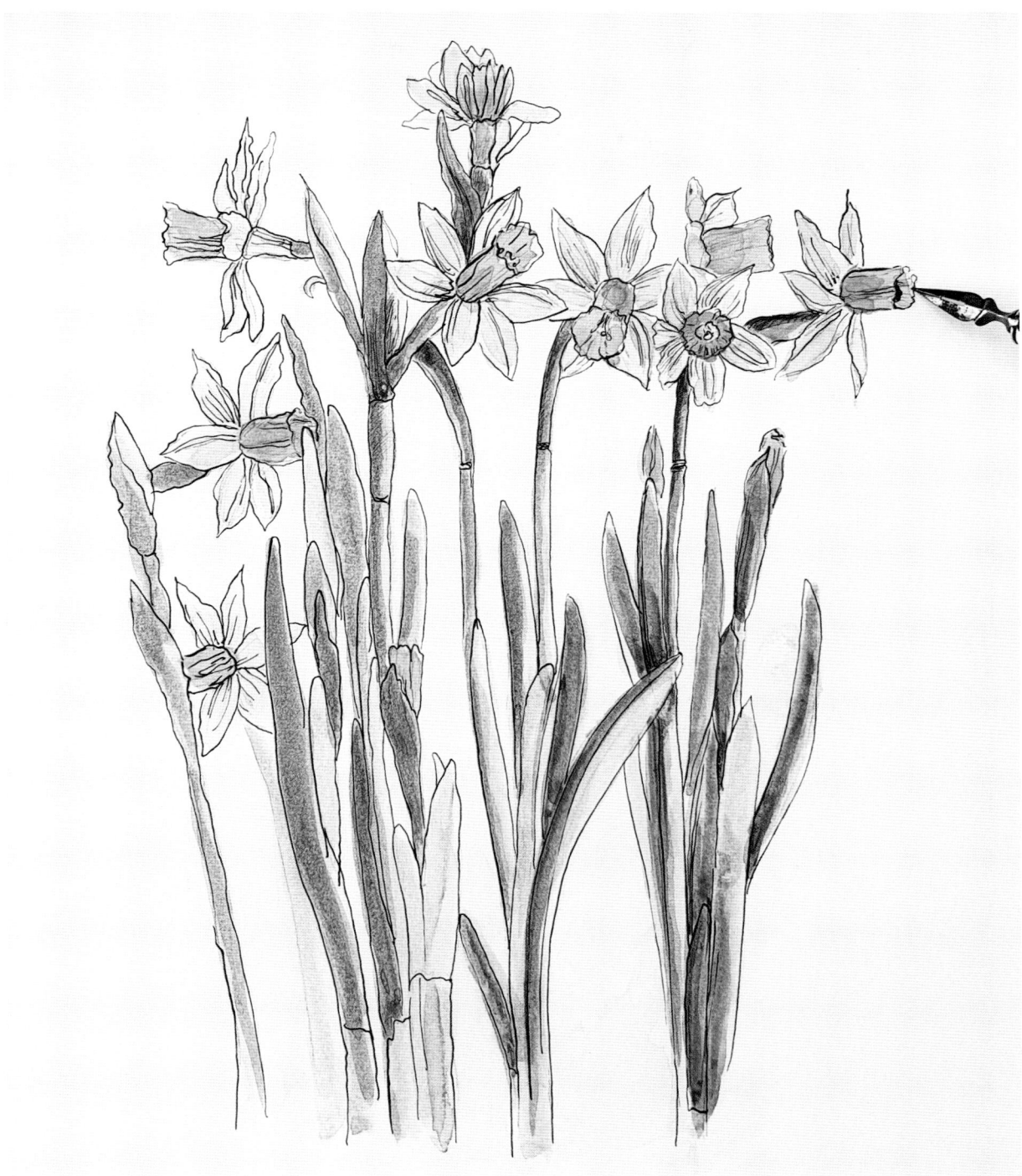

If you prefer, there is a second method you can use: outline the daffodils in pencil, apply the different washes, and finally go over the pencil outline with ink and pen.

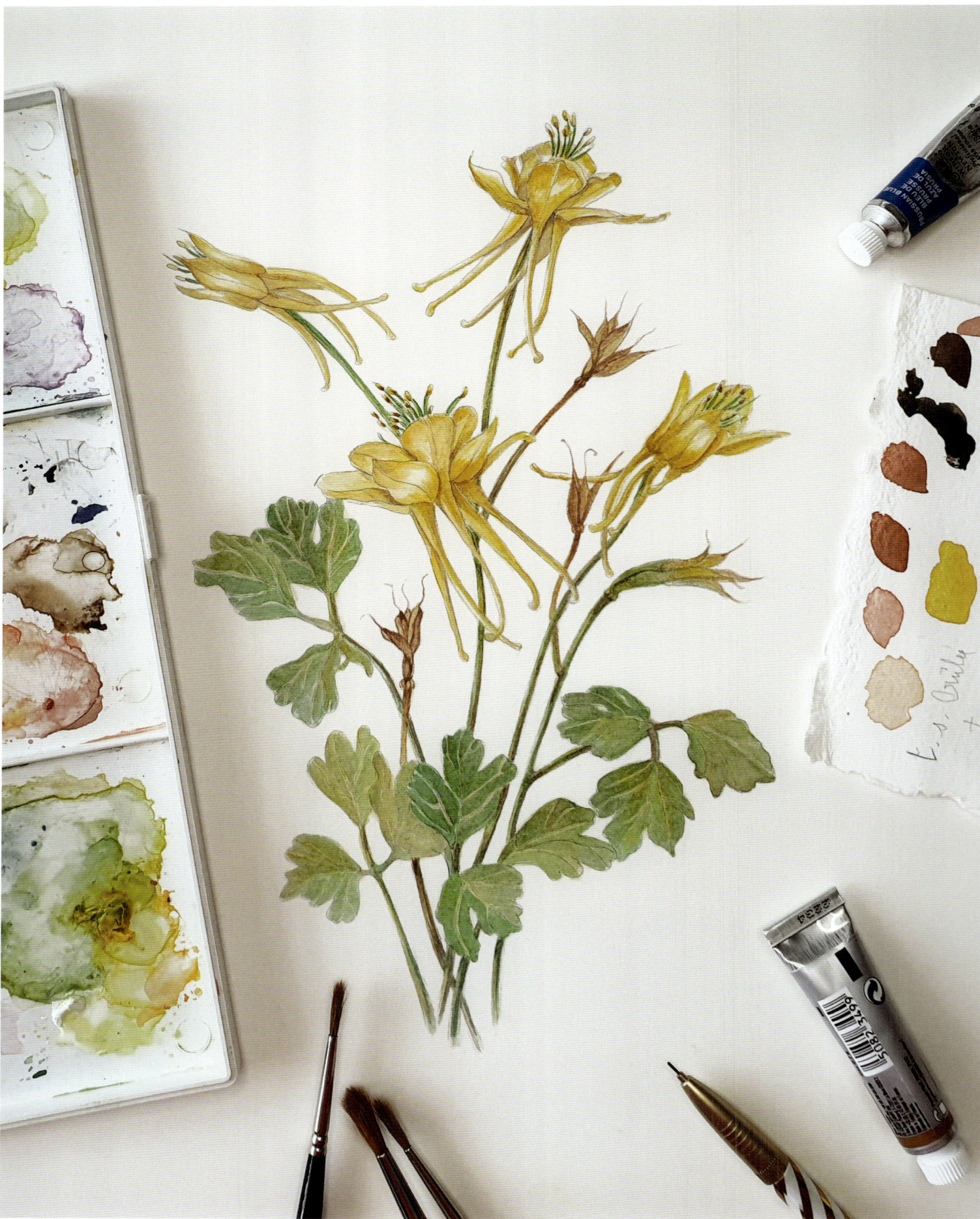

— WATERCOLOR AND GOUACHE TECHNIQUES —

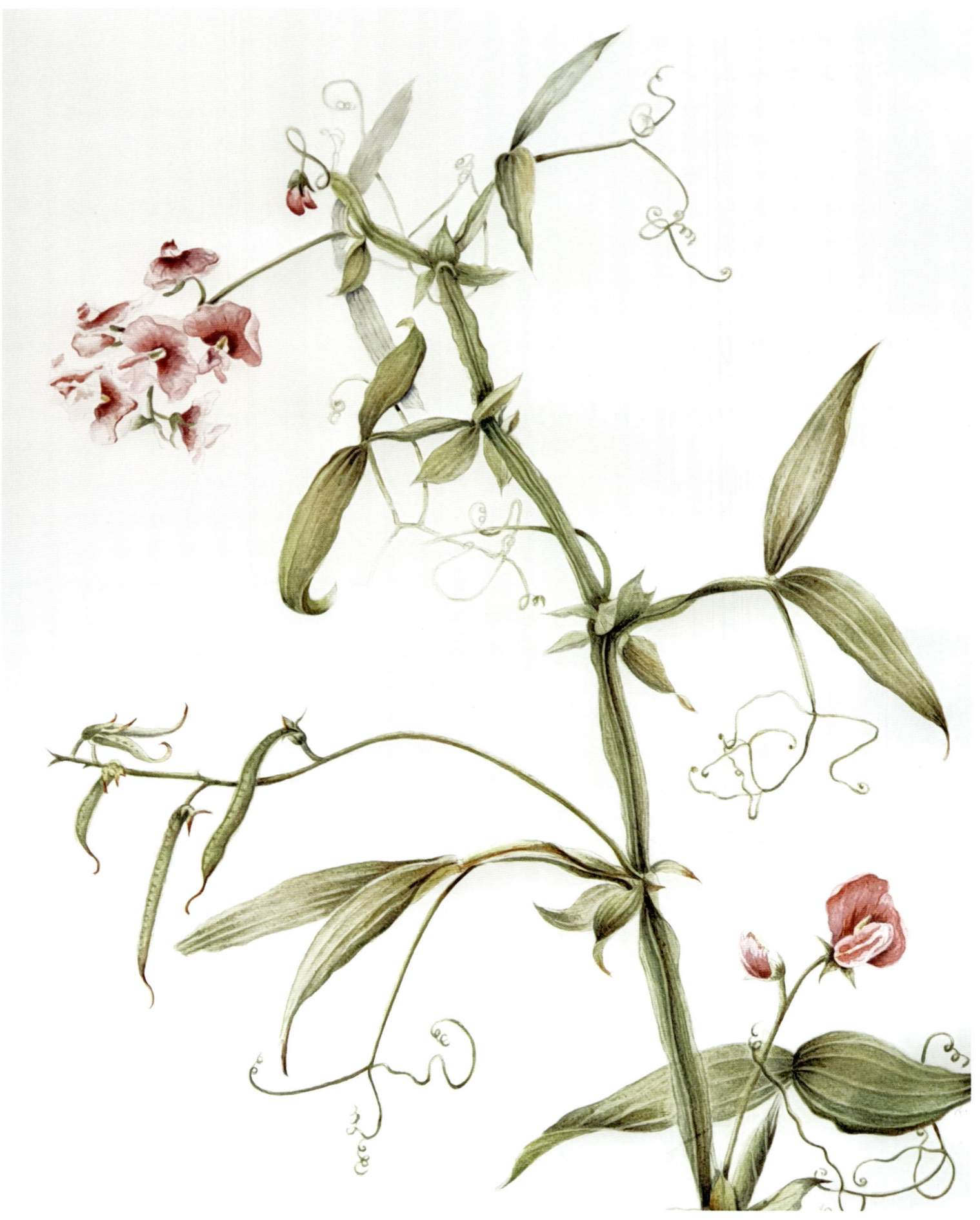

— WATERCOLOR TECHNIQUE —

1. THE PRINCIPLES OF WATERCOLOR

Watercolor resembles ink wash in its use. The medium (paper, vellum) is usually white or pale in order to reflect the play of light on the painting. The execution is essentially always the same, beginning with light and then adding depth and moving through to shadow. Light is warm, shadow cold. So, paint the warm colors first, then gradually add the colder colors. Here, the colors are bright, but try as far as possible to avoid having multiple mixtures on the palette—no more than two colors, especially for the first washes.

Start with the drawing, avoiding pressing too hard on the lead so as not to damage the paper. Then apply a general wash, leaving some parts white if necessary. Add the mid-tone, then the dark tones at the end.

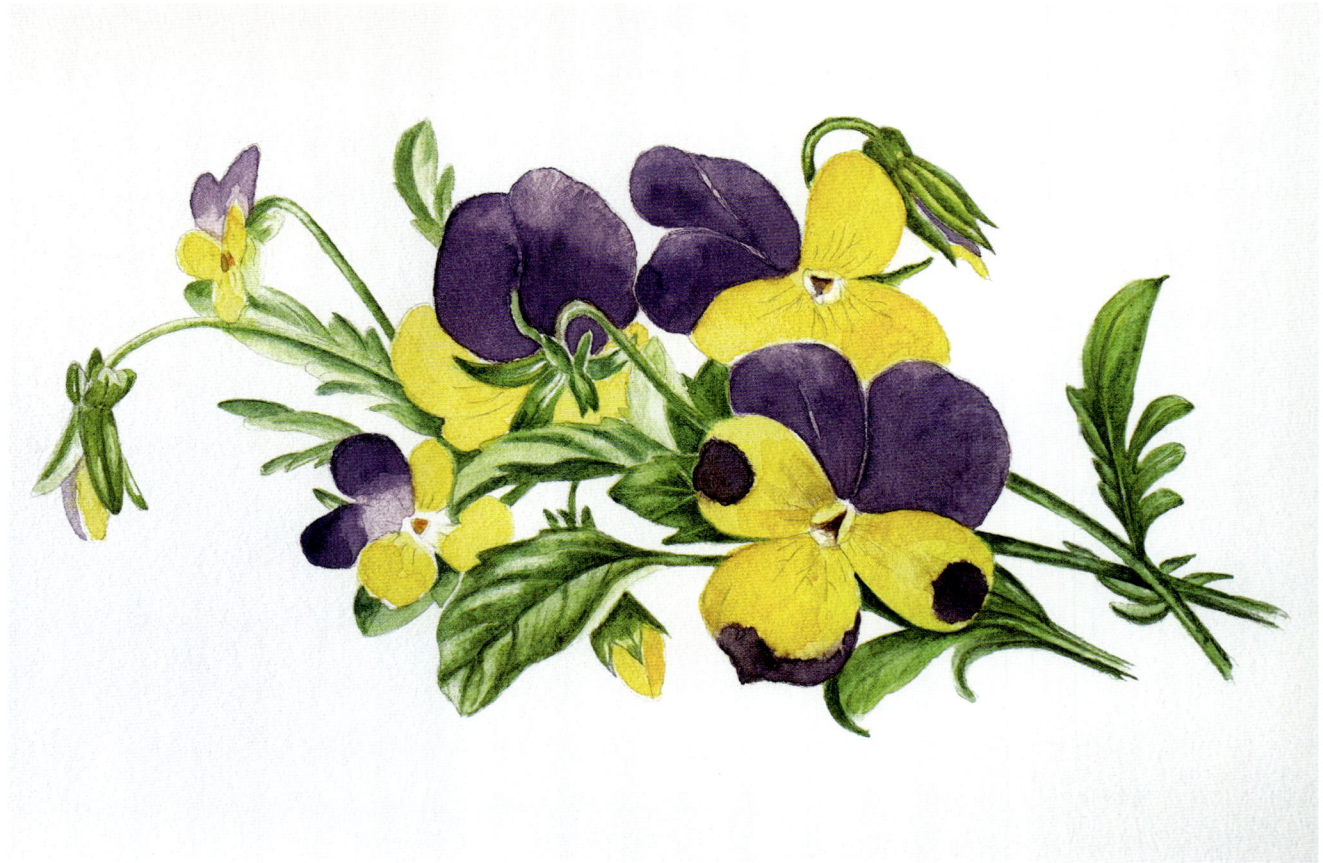

2. MATERIALS

COLORS

The masters of the past had very few colors at their disposal. Indeed, as Étienne Huard pointed out in *The Art of Painting Flowers in Watercolour without a Master*: "It is not the multiplicity of color that produces a rich palette; it is only the art of using it".[1]

Using a limited number of colors will help you in choosing shades and will teach you how to mix colors.

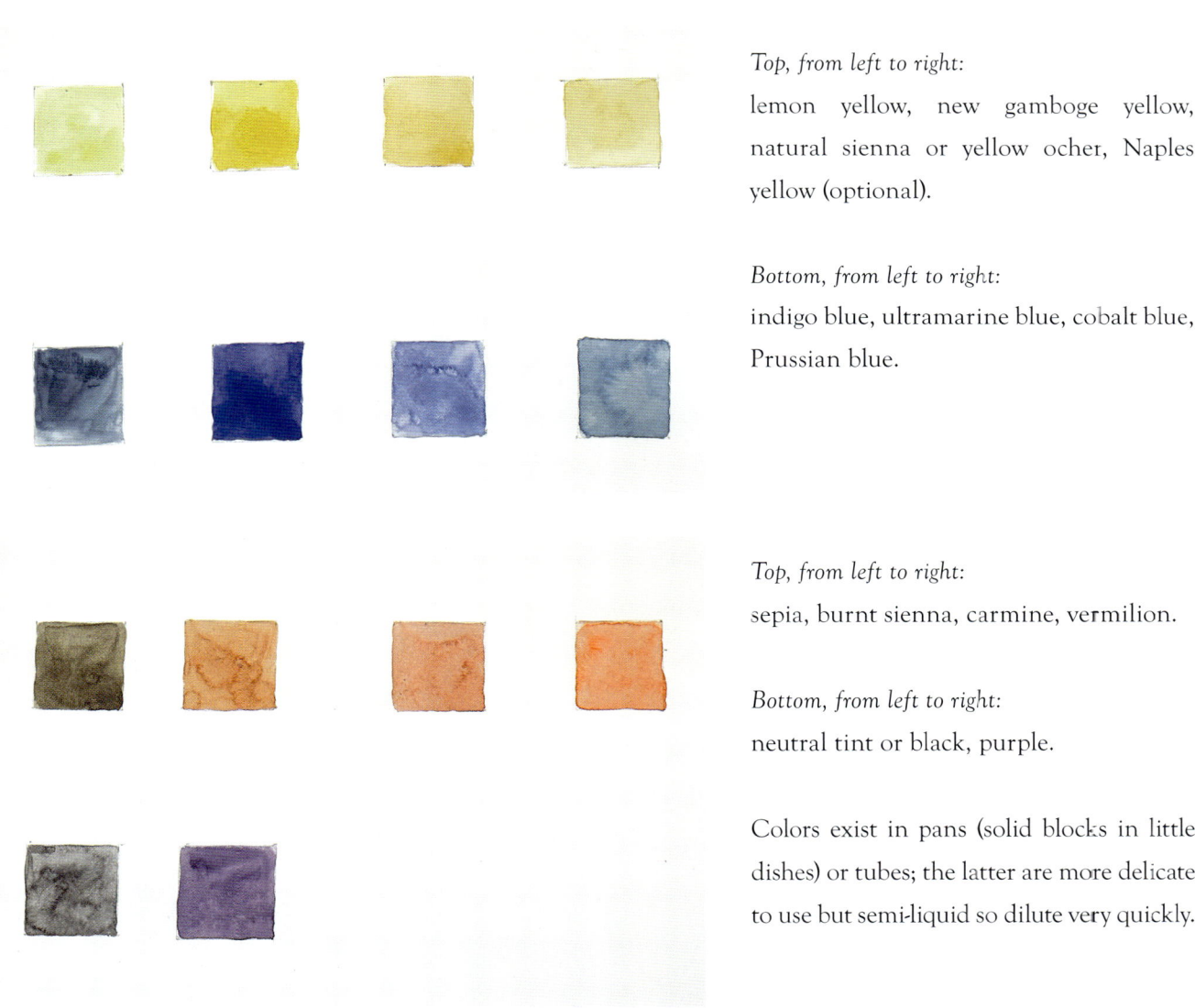

Top, from left to right:
lemon yellow, new gamboge yellow, natural sienna or yellow ocher, Naples yellow (optional).

Bottom, from left to right:
indigo blue, ultramarine blue, cobalt blue, Prussian blue.

Top, from left to right:
sepia, burnt sienna, carmine, vermilion.

Bottom, from left to right:
neutral tint or black, purple.

Colors exist in pans (solid blocks in little dishes) or tubes; the latter are more delicate to use but semi-liquid so dilute very quickly.

1. Paris, 1839, p.6.

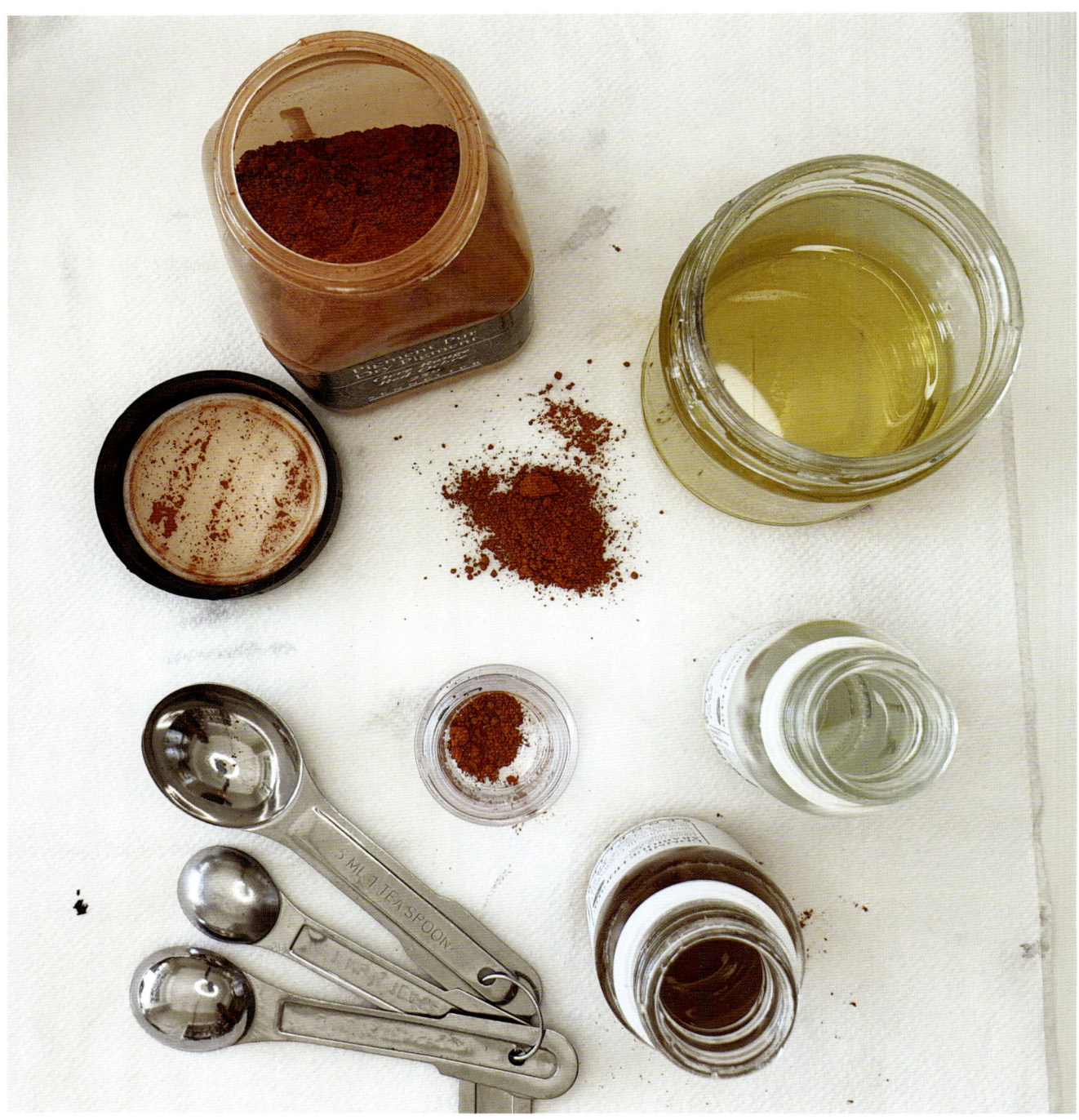

Here is a recipe adapted from ancient methods to prepare your watercolors from pigments: for one measure of pigment, add one of gum arabic and a drop of preservative (you can also add a little honey). All these products can be purchased from fine art shops. Keep the color in a small glass jar with a lid on it to stop it from evaporating.

Watercolor brushes are traditionally made of natural bristle but now increasingly of synthetic fiber. The best, using sable hair, are flexible and so retain water well. There are also brushes made from sable hair mixed with synthetic fiber which are less expensive. I use two or three brushes (sable hair no. 2, 3, 4) and of course I have my favorites. I suggest you use round brushes with very fine tips which are versatile. Watercolor requires a lot of water so the thicker the brush, the more it retains the liquid color in its fibers. Brushes that are too fine with few bristles are not suitable.

To start, draw waves and swirls, and create a wash. When spreading color to make a wash, the brush is held almost horizontally.

Hold the brush almost vertically to take advantage of the tip when drawing or making small dots.

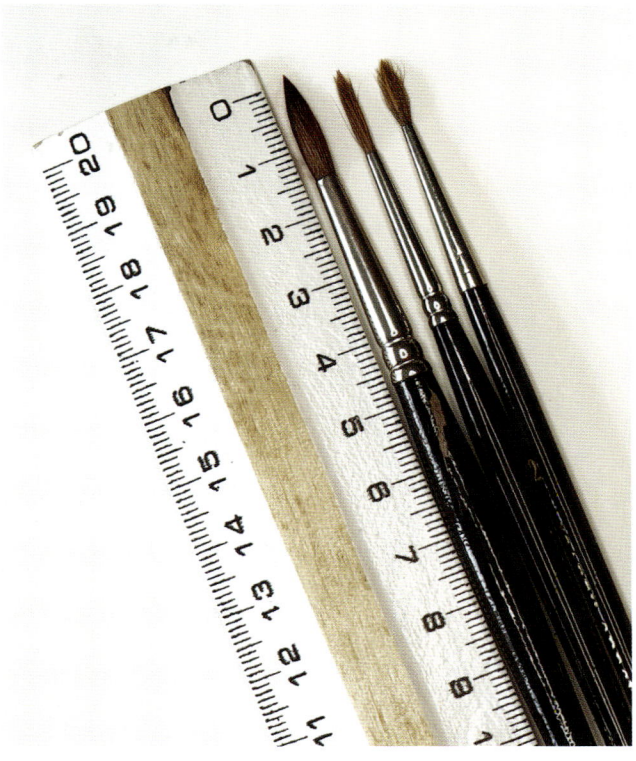

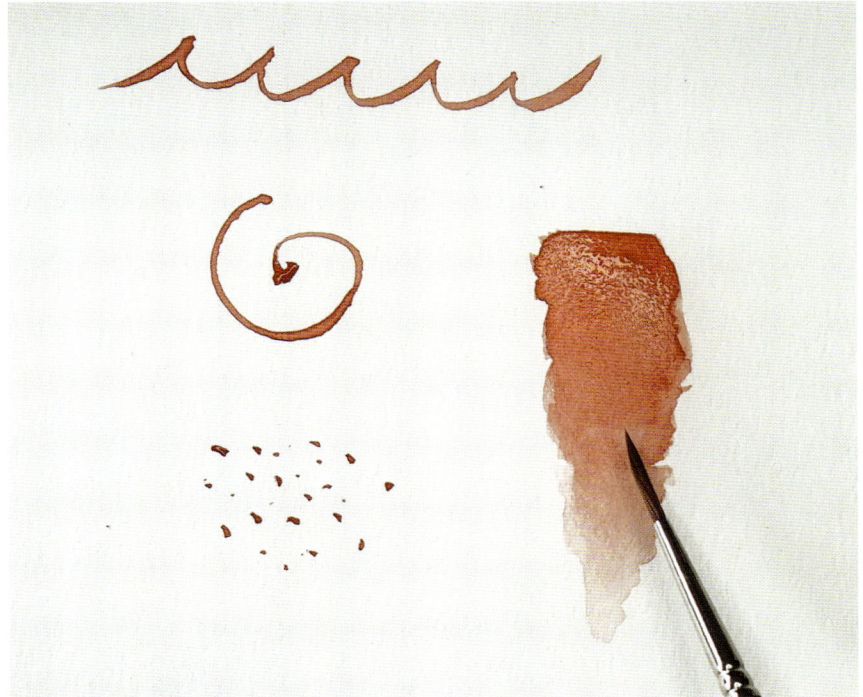

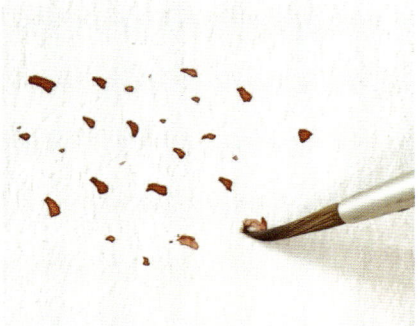

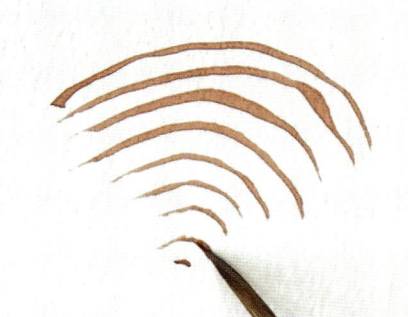

3. THE FUNDAMENTALS OF WATERCOLOR

Paint three squares with watercolor of varying intensity. At the top: for the first square, the paint has been diluted in a lot of water, so the color is light; in the center, I added a little more pigment; for the bottom square, I added even more pigment. Thus, you have three gradations: light, mid-tone and a darker tone used for shadows.

The squares have very clear edges. The so-called "dry" technique (i.e. on dry paper) ensures good mastery of watercolor, with a clean and clear result.

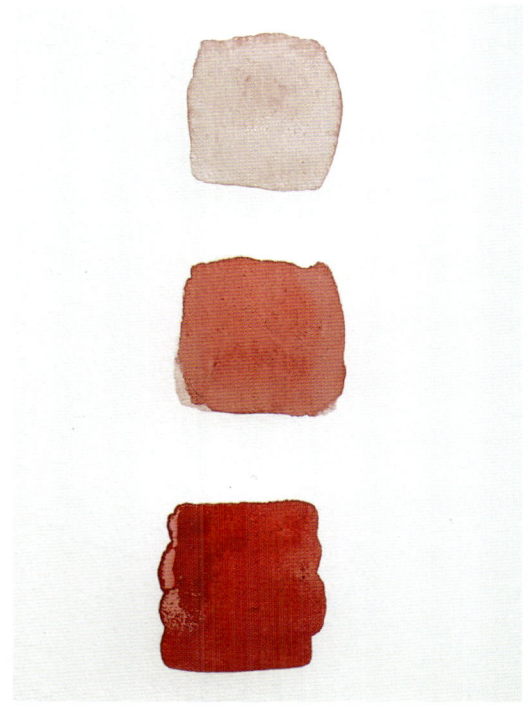

In contrast, on a very wet surface (left, top), the pigment disperses instantly and creates very random effects: blurry and misty. The pigment tends to move toward the outer edges.

In the middle, the surface is moderately wet; the effects are more controllable because the color disperses less, so the result is very soft and the edges are imprecise.

At the bottom, the paper is only a little wet, thus the color is more uniform and the whole painting clearer and more precise.

These last two are used the most in botanical painting and give excellent results.

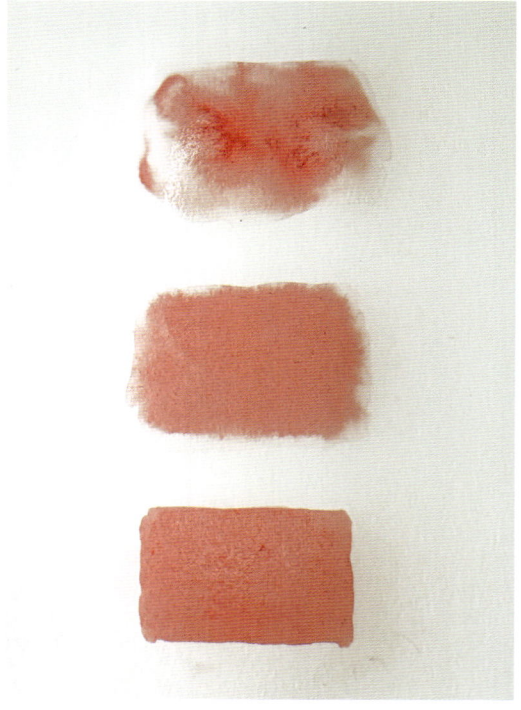

To make a gradient wash, use a single color and vary its intensity. Wet the paper evenly and lightly, then fill the brush with blue and spread the color from the top to the bottom in a smooth fashion, gradually adding a tiny bit of water. You will see that the white of the paper shows through as the color becomes increasingly liquid (the more water you add, the more transparent the color becomes). It is best to do this gradient on a slightly damp background so that the color can spread evenly and more easily. This technique is perfect for painting petals and leaves.

If it helps, tilt the sheet slightly so that the gradient is easier to paint.

PAINTING A PETAL

To paint a petal, wet it completely, then apply the color, leaving the very light parts blank (i.e. without paint). The water allows very soft and natural transitions between shadow and light.

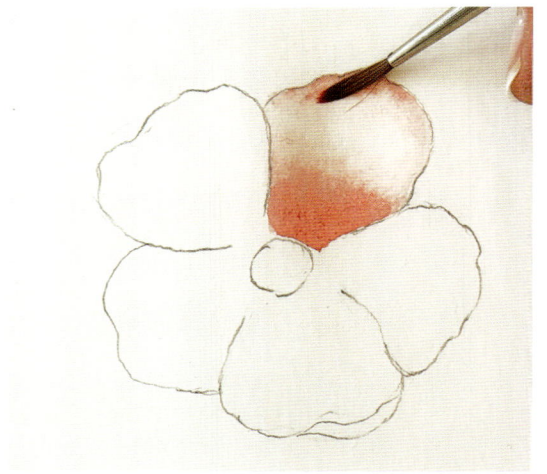

PAINT A SURFACE WITH SEVERAL COLORS

After wetting the petal, apply the first color, which will spread; rinse the brush, then take another color and apply it below the first. The colors will blend delicately as they intersect.

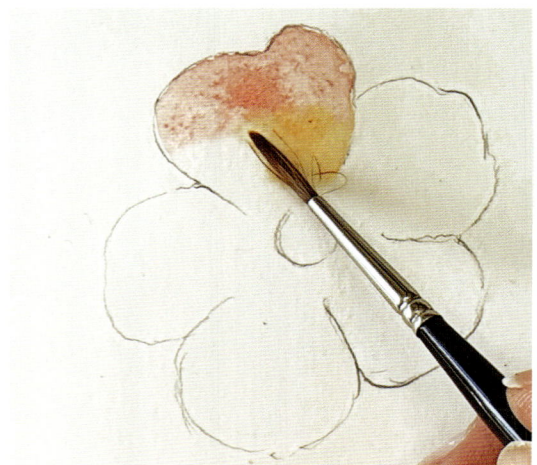

REMOVE THE COLOR WITH THE BRUSH

To recover some of the white of the paper, you can use the brush by pressing strongly on the still-wet color. The paper will not return to bright white. This technique is often used to lighten a color.

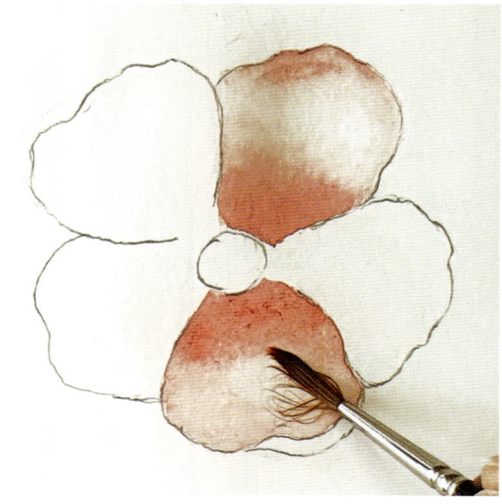

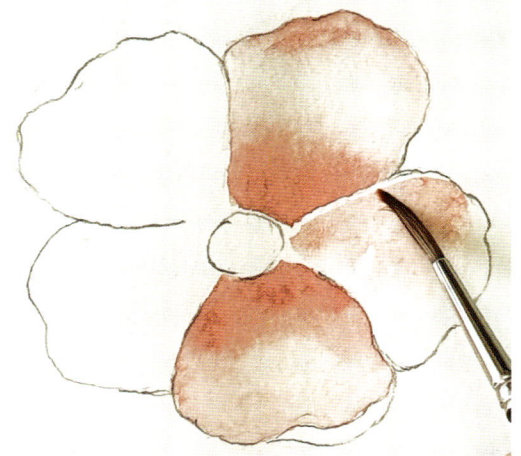

REMOVE THE COLOR WITH A CLOTH

As long as the color is not dry, you can also remove it with a cloth, by gently dabbing it to avoid damaging the paper.

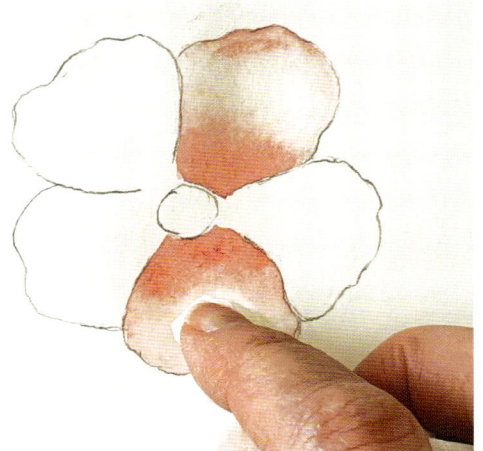

TO LEAVE A WHITE BORDER

Wet the petal, leaving a slight blank border, then paint.

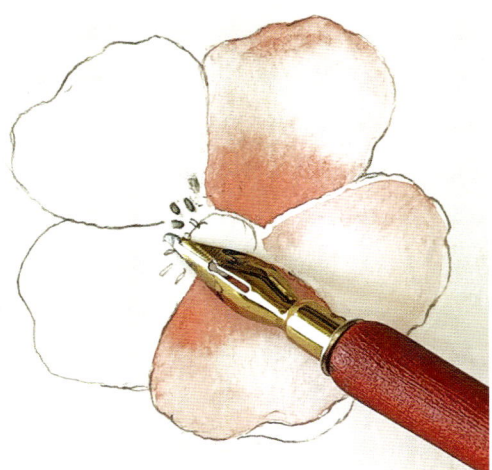

TO LEAVE VERY SMALL WHITE AREAS

For stamens, pistils, veins and so on, use drawing gum that is applied with an ink pen or a stylus; let it dry, then it can be painted on. Finally, when the paint is dry, remove it by rubbing with a clean eraser.

4. THE FUNDAMENTALS OF WATERCOLOR COLORS

THE COLOR WHEEL

Colors are divided into "warm" and "cold" colors. By dividing the classic color wheel into two parts, it is easier to understand this distinction. Warm colors extend from purple-red to yellow-green, and cool colors are between yellow-green and purplish-red. The warmest color is orange and the coldest is blue, which are complementary colors since they sit opposite each other on the wheel. Shadow is cold and light is composed of warm hues.

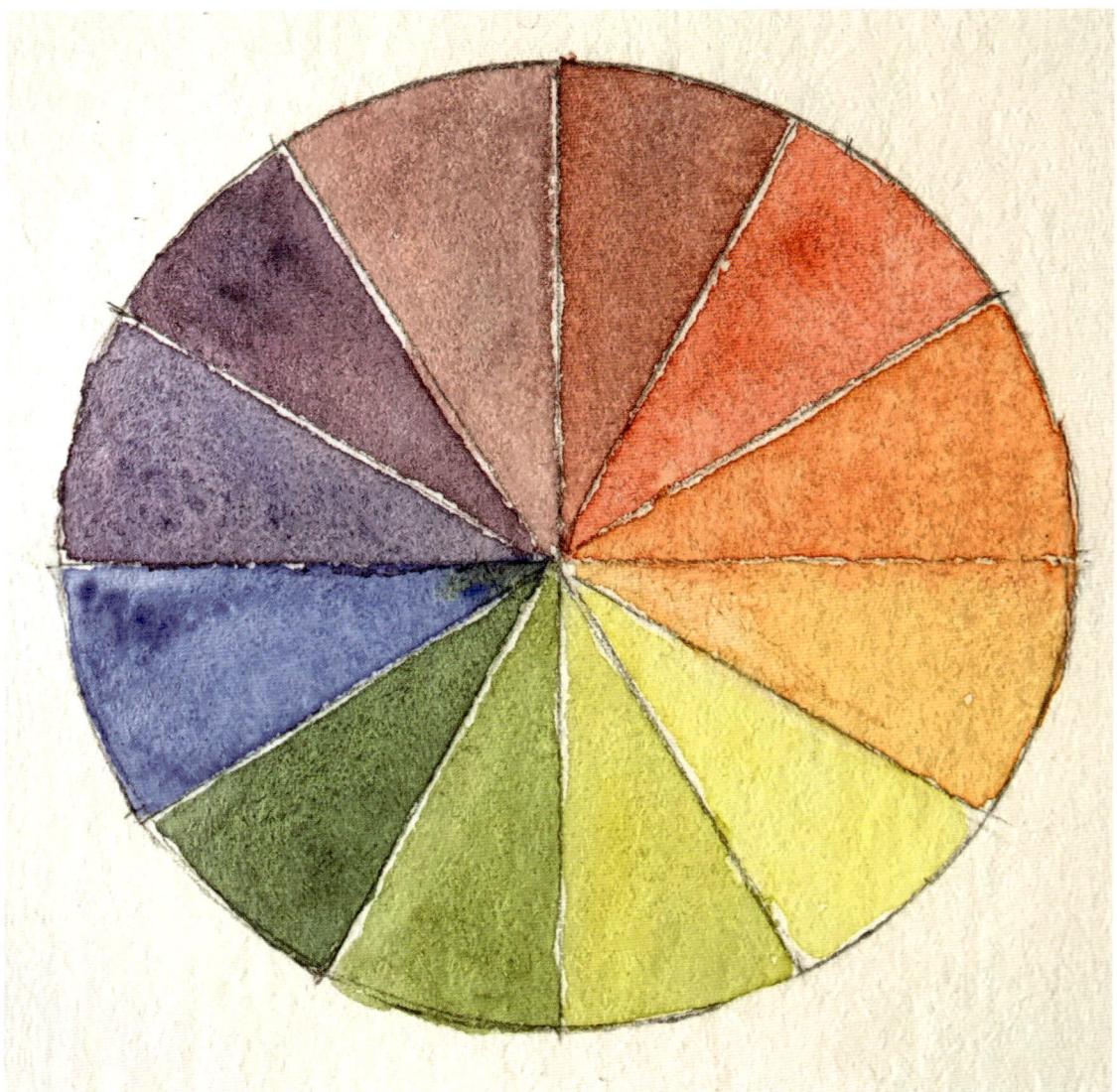

MAKE A COLOR CHART

Making a color chart means going from one color to another and understanding all the intermediate shades that may exist between these two colors. Here, I prepared a color chart starting with new gamboge yellow on the left and ending with Prussian blue on the right. This exercise is very important for understanding color mixing and discovering how many intermediate shades can be obtained.

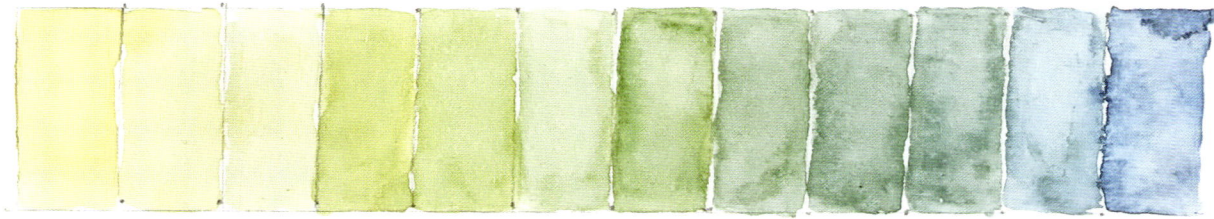

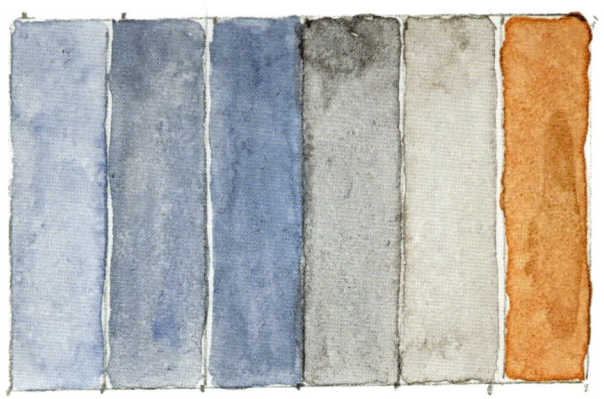

HOW TO GET A GRAY WITH TWO COMPLEMENTARY COLORS

By mixing burnt sienna (which for some manufacturers is very orange) and cobalt blue, we can obtain a gray. If you gradually mix these two colors, you can discover very interesting intermediate shades. It is important to know the shades and mixtures of colors on the palette and on the paper. A lot of practice is a guarantee of success.

At the top, I painted a cobalt-blue rectangle on the left and then, in each subsequent rectangles, I added more and more burnt sienna to achieve the gray color.

Conversely, below, I started with burnt sienna and then gradually added cobalt blue.

You can either mix the colors on the palette or even superimpose them directly on the sheet. When superimposing colors, it is preferable to do tests on a nearby piece of scrap paper in order to fully control the result.

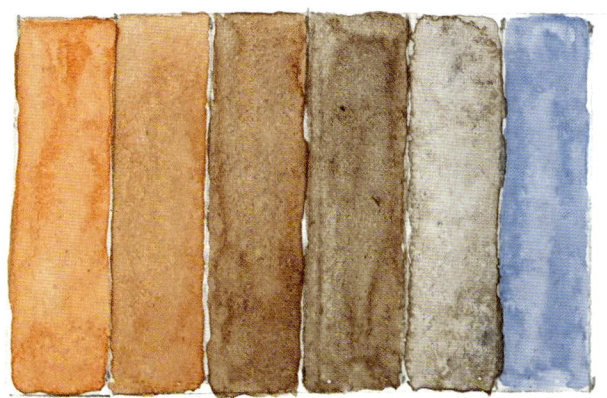

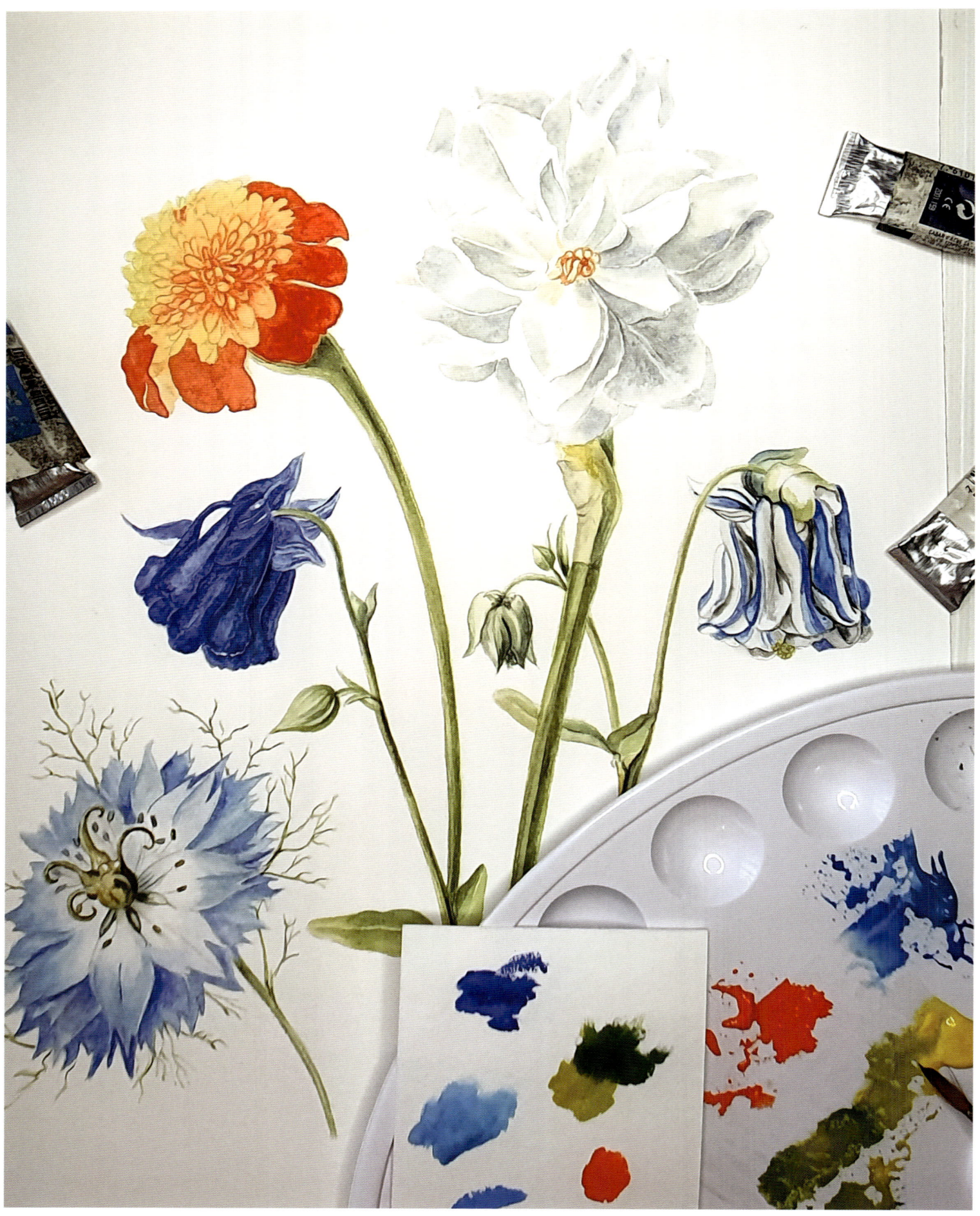

— GOUACHE TECHNIQUE —

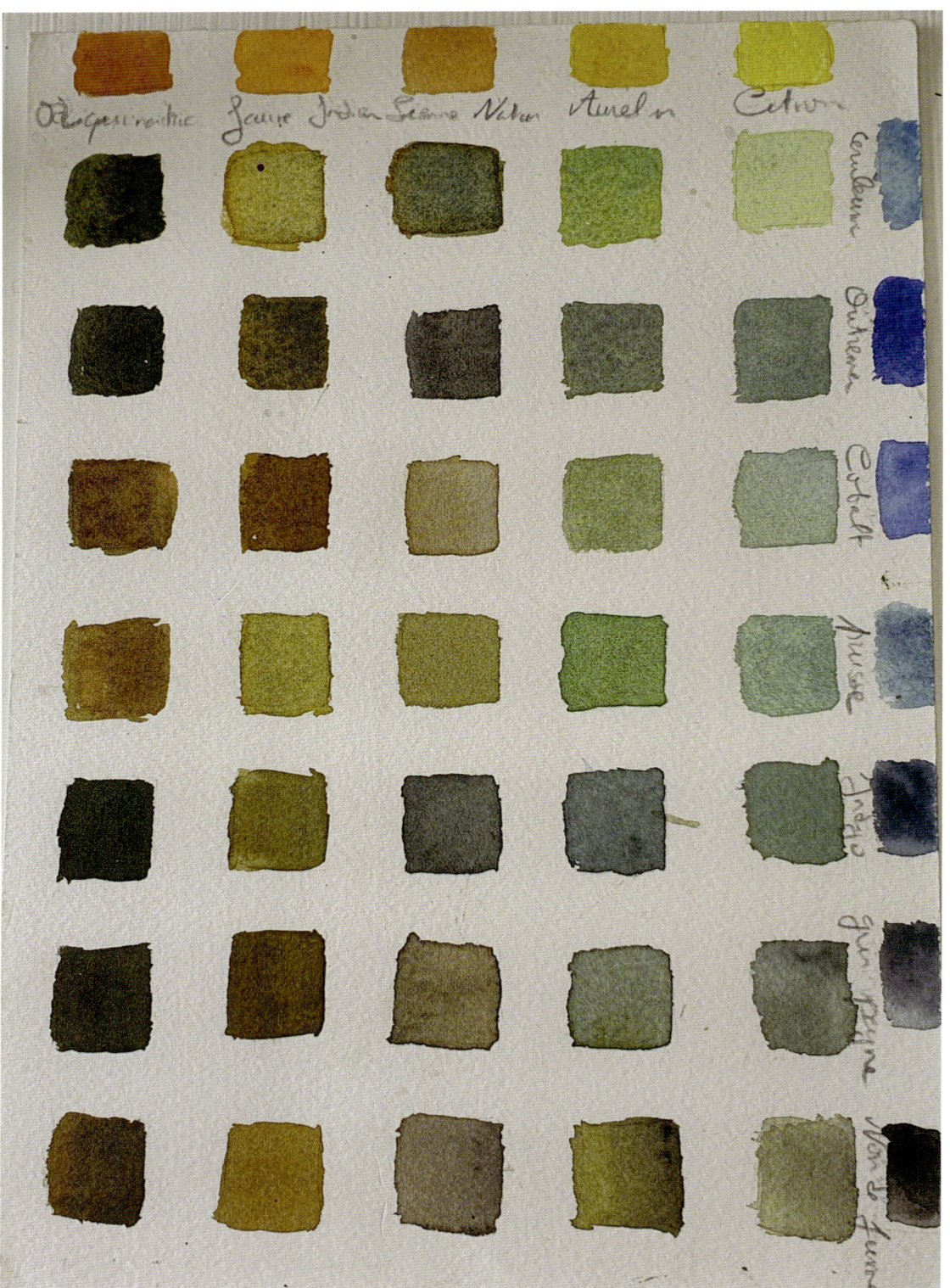

Gouache is a very old technique that dates back at least to the Middle Ages. The pigments are mixed with a binder (gum arabic), then, to make the paint opaque, a filler is added, generally chalk. The paint is applied thickly. Once dry, the paint layer is opaque, matt, and flat. The opacity of the color produces a painting with little reflection or shine, which gives very good results when photographed.

The background can be white, colored, or even black since the paint is opaque. Light colors tend to darken after drying; conversely, dark colors lighten. Gouache, unlike watercolor, absorbs light.

Gouache can be worked in full paste, that is to say thickly, or thinly, making it more transparent like watercolor. You can also mix the two approaches on the same painting: play with the opacity of gouache or take advantage of the transparency of watercolor.

On the painting on page 56, I used gouache thickly in the flowers on the left at the top, while on the white flower—the stems and the leaves—I worked as in watercolor. On the flower at the bottom on the left, I played with both methods.

Botanical artists used gouache extensively, varying the techniques and alternating between watercolor and gouache, depending on the desired effect. Working with gouache is more intuitive; white is not left to be added at the final stages—white or light colors can be added at any time during the execution. The more opaque work of gouache is reminiscent of oil painting but the glazes are difficult to achieve. Also, if the paint layer is too thick, the paint may crack. Some artists like Pierre-Joseph Redouté (1759–1840) abandoned the gouache technique for watercolor in order to achieve works with subtler colors as Claudia Salvi noted:

"It was at this time he substituted gouache with watercolors. Tired of the thickness, the opacity of gouache, which was too matt, thick and dull, colors faded, flaked, and altered easily. His watercolors, so light, so brilliant, so fresh, and which rendered so well, under his large and flexible brush, [created] the brilliance, the velvety effect, the transparency and all the finesse of the flowers which he was really portraying".[1]

1. *Oraison Funèbre* (Funeral Eulogy), 1843, in Claudia Salvi, *Pierre-Joseph Redouté, le Prince des fleurs*, Renaisssance du Livre, 2001, p19

Page 56: A copy of Jacques de Gheyn the Yonger's *Cinq fleurs,* 1602.

GRADIENT WASH WITH GOUACHE AND TRANSPARENCY EFFECT

For this exercise, start by using very thick and creamy gouache and then gradually add water. You can obtain a gradient thanks to the properties of gouache by playing with water. You could also achieve this gradient by painting thickly but you would then have to mix white with blue in order to obtain lighter tones.

Use brushes with acrylic bristles which will handle this thick paint better, and a thick, smooth paper as for watercolor.

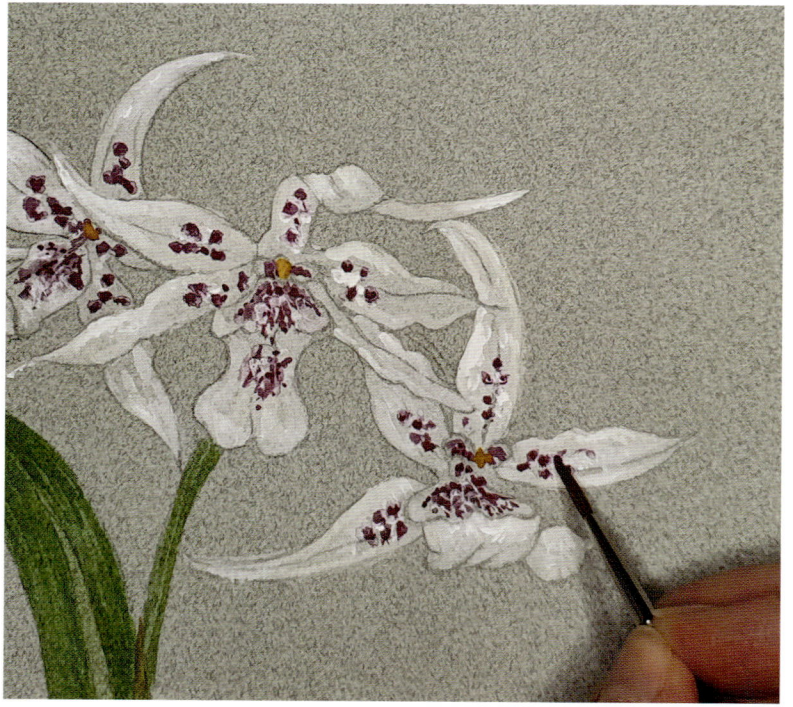

PAINTING AN ORCHID IN GOUACHE ON SPECKLED GRAY PAPER

After drawing the contour lines of the orchid, use the brush to apply white gouache from the palette which looks like a creamy cream. Remember that the paint must cover densely. After applying the first coat of paint, do not hesitate to load the brush with this "cream" which allows you to obtain textural effects and highlights. The speckled gray background surface will be covered by gouache.

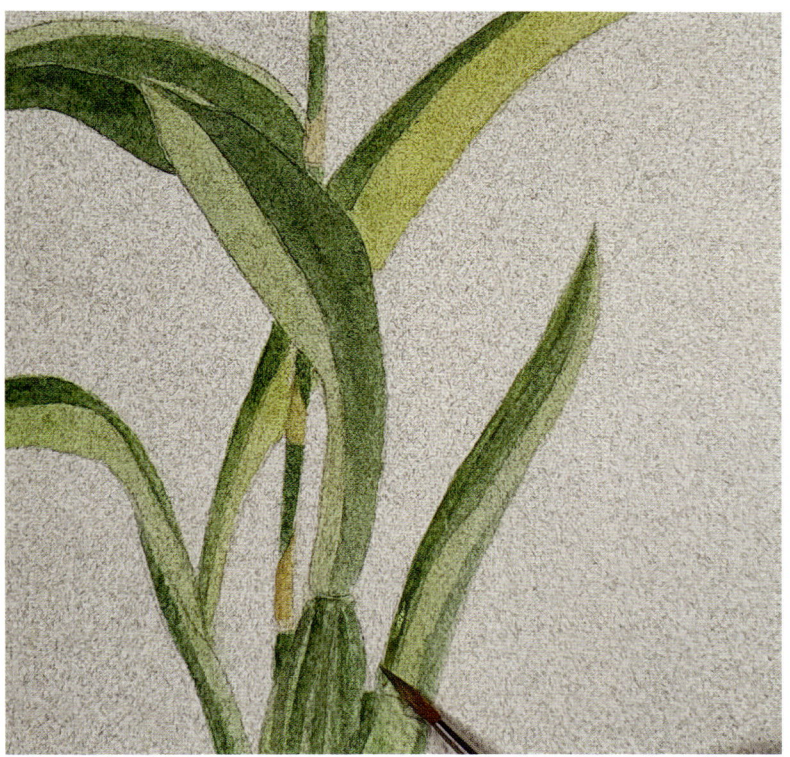

PAINT THE LEAVES AND STEMS

For the stems and leaves, I opted for a paste that was a little thinner but which still covered the space effectively.

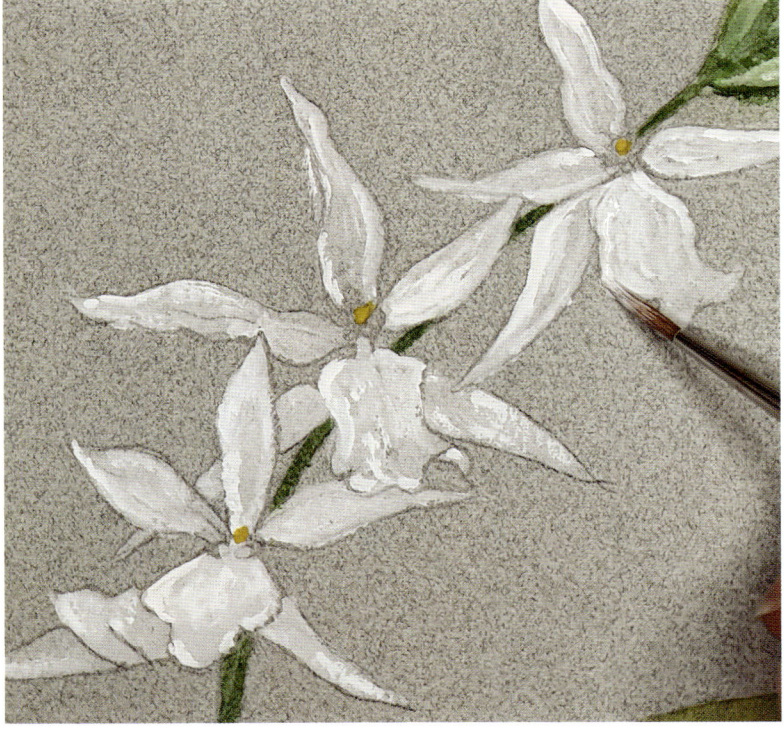

Add dots of purple color, always thickly, to mark the pistils.

The final result.

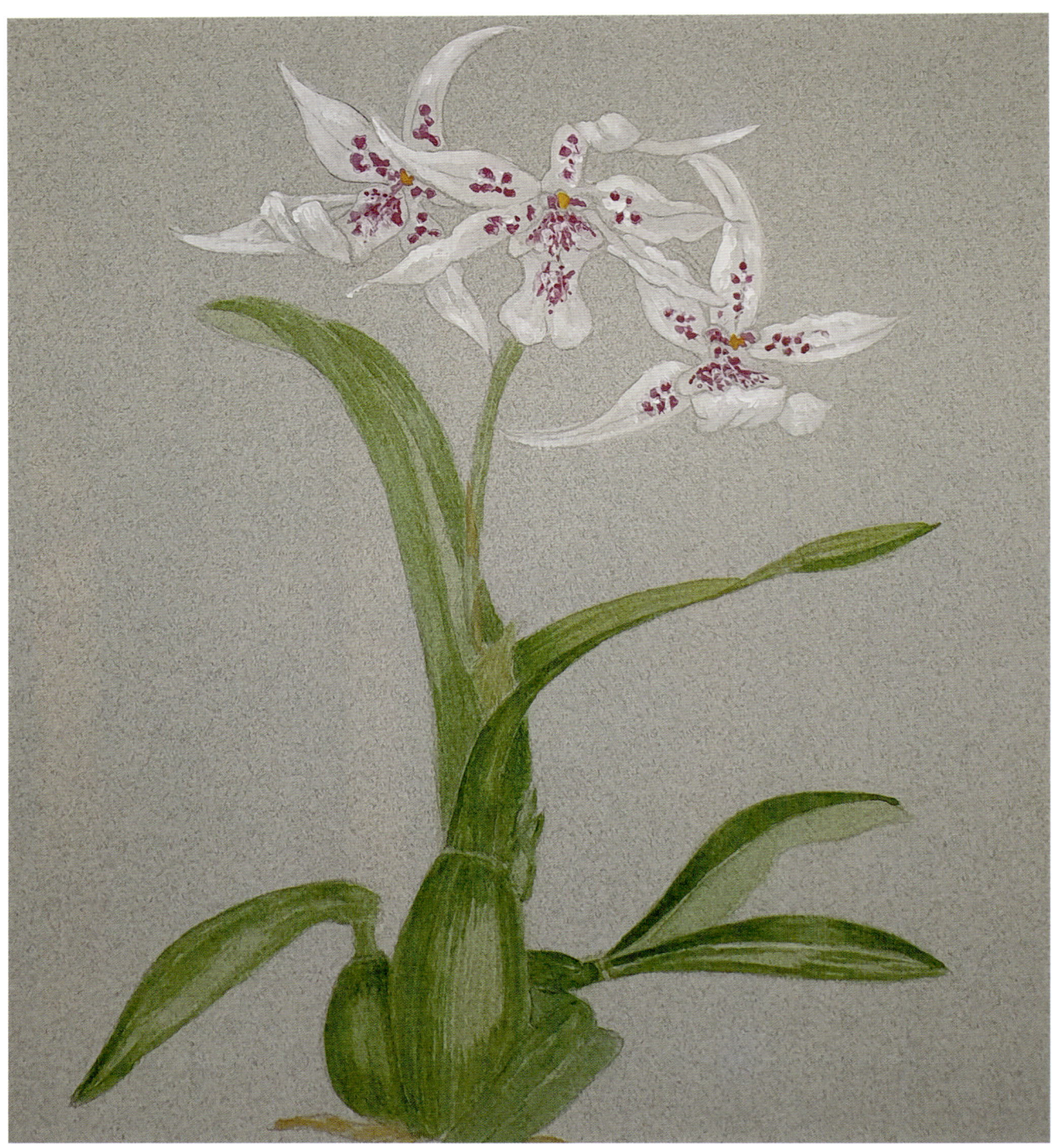

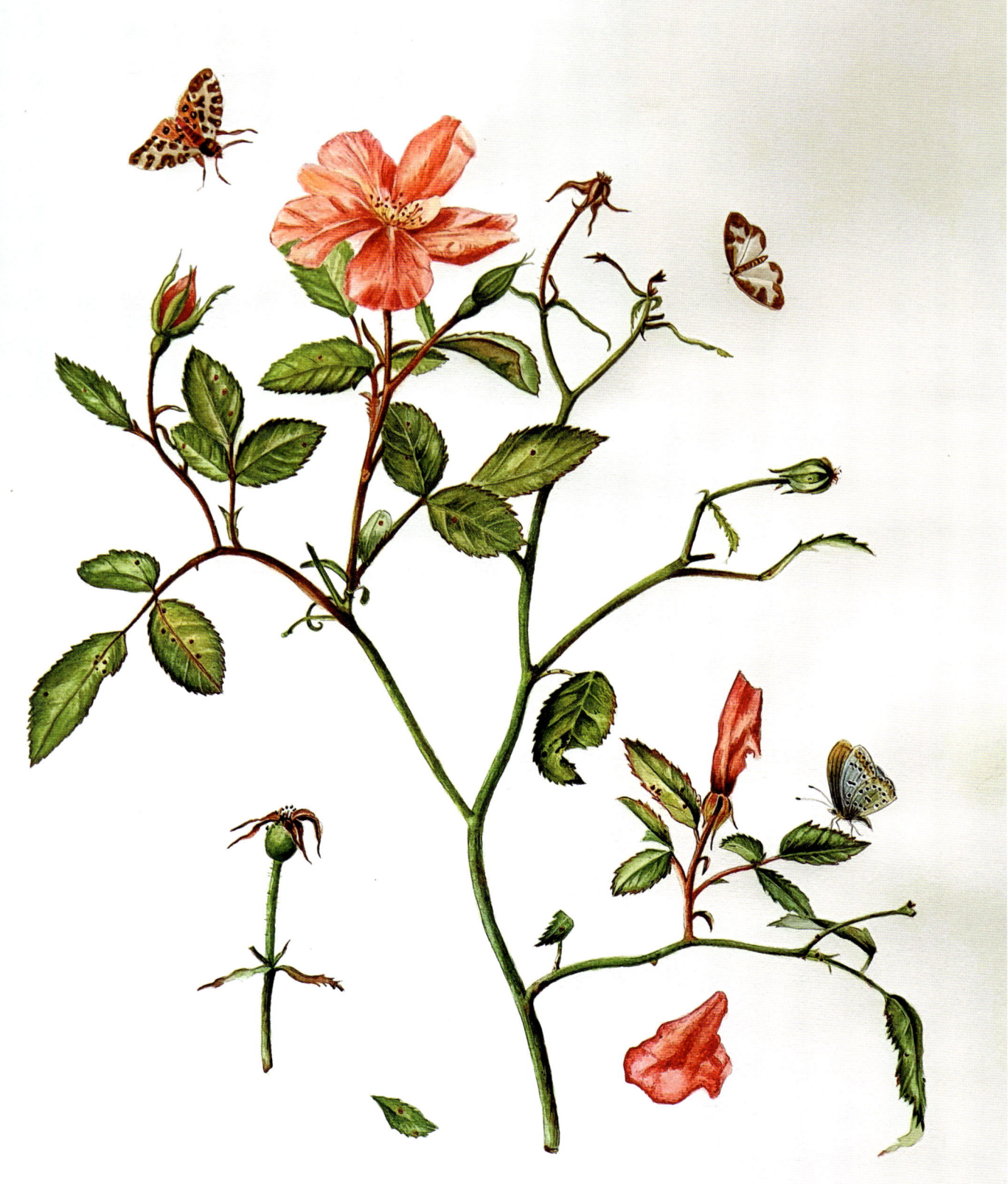

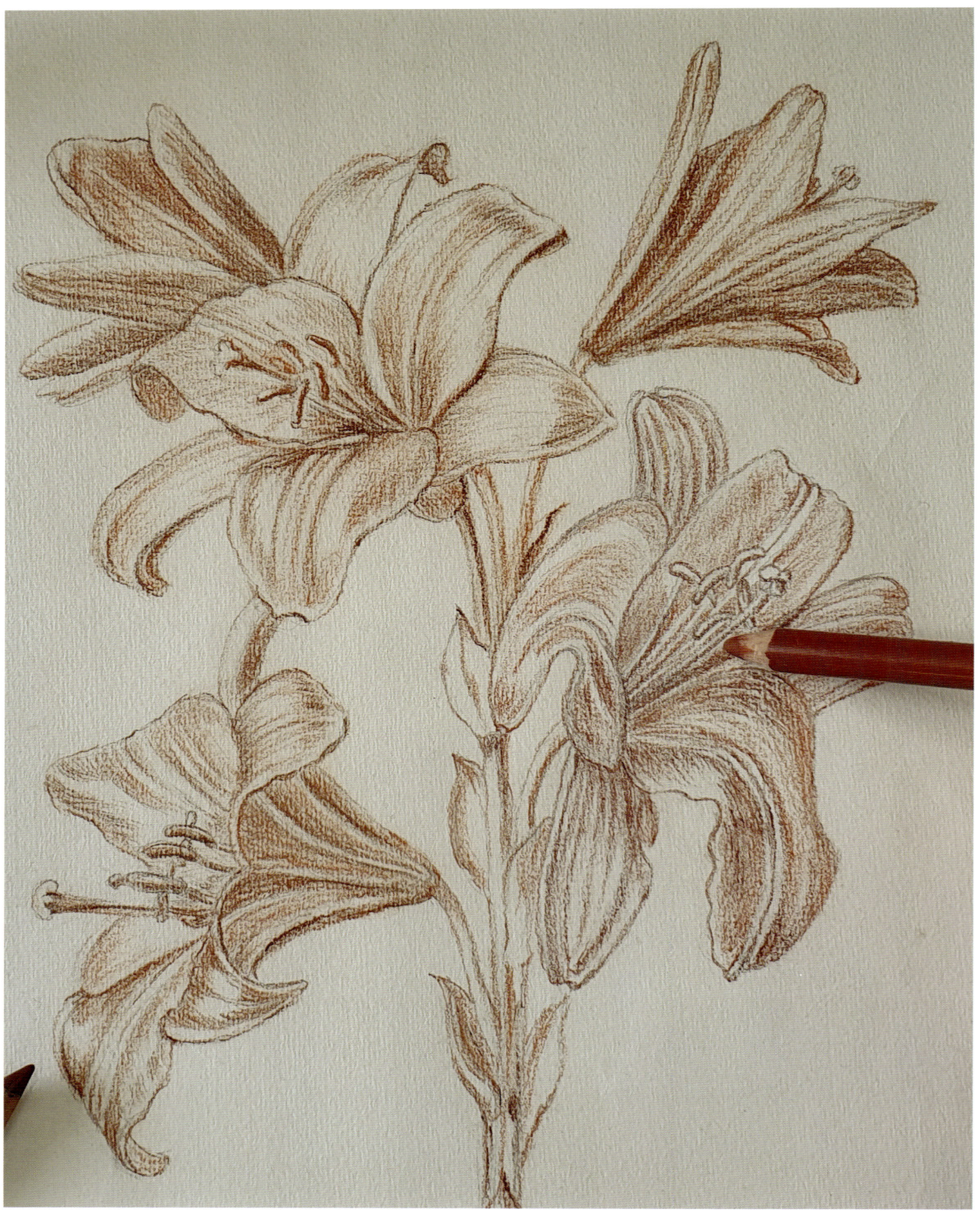

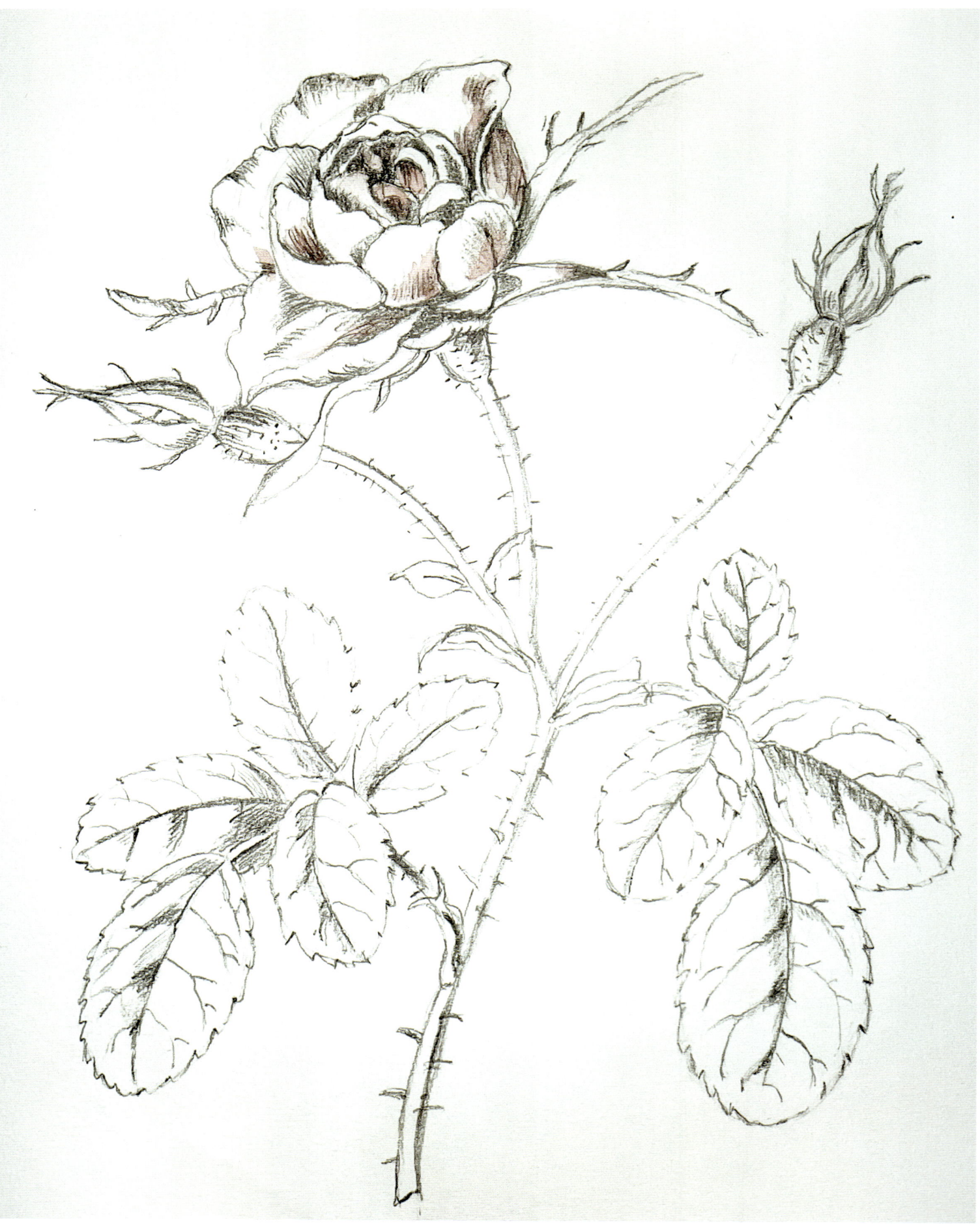

CHAPTER 1

BOTANICAL DRAWING: GRAPHITE PENCIL SKETCH
WITH SHADING AND A FEW WATERCOLOR TOUCHES

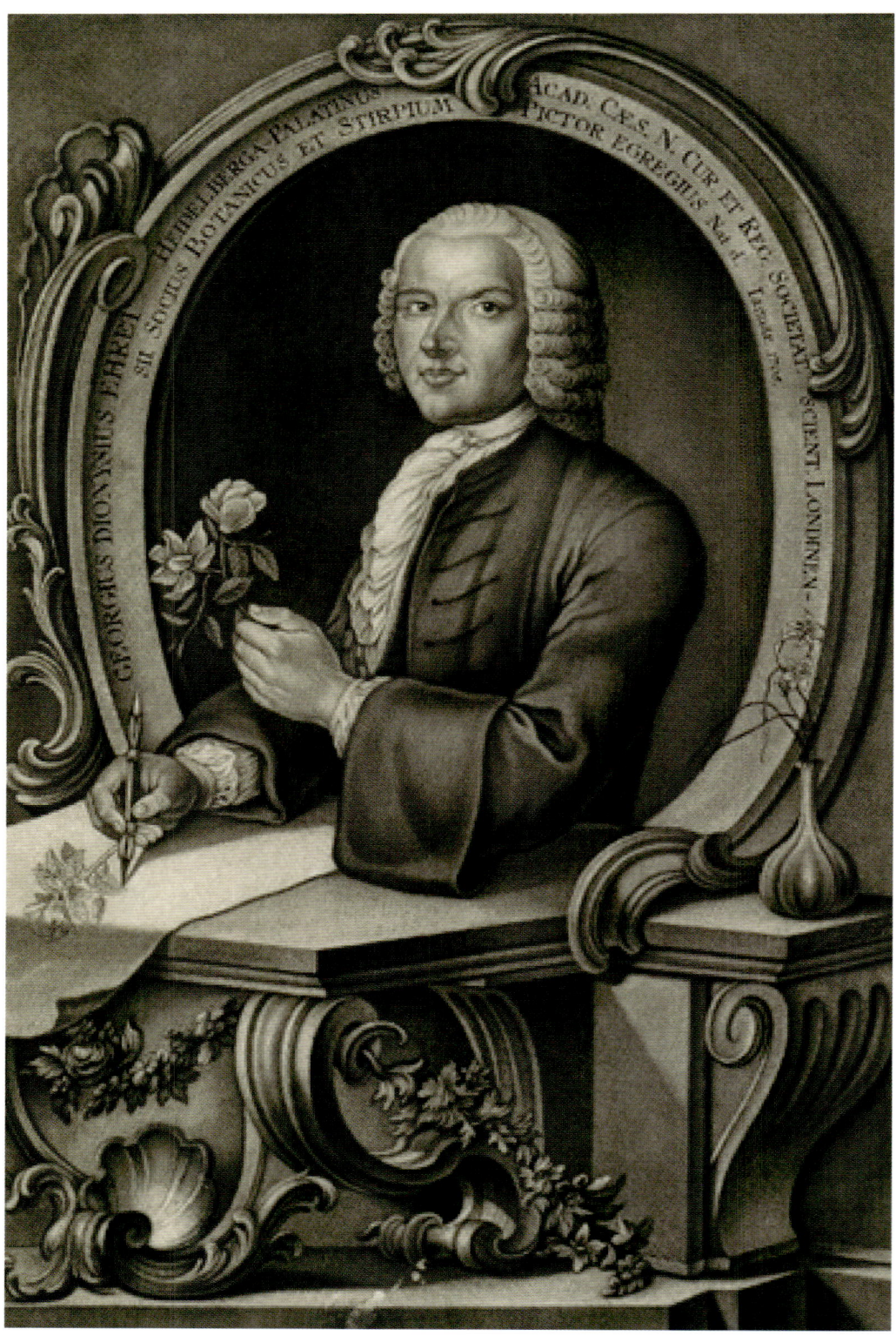

Georg Dionysius Ehret (1708–70) was one of the most influential botanical illustrators of the mid 18th century. His parents came from humble backgrounds and were involved in farming in Heidelberg, Germany. Georg learned drawing from his father and later became an apprentice gardener under his uncle, which he described as three years of slavery. After his father's death, he took care of one of the gardens of the Elector of Heidelberg, Karl Wilhelm, who was the margrave (the military governor) of Baden-Durlach. The Elector asked Ehret to draw the city and the palace gardens in Karlsruhe. During his leisure time, Ehret painted Wilhelm's flowers, especially tulips and hyacinths.

A few years later, Ehret met the German doctor Christoph Jacob Trew (1695–1769), an excellent scientist with a keen interest in botany, who became both a patron and a friend. Some years later, Ehret began to travel and draw tirelessly. The most interesting plants he had drawn he sent to Dr Trew. He traveled to Switzerland (Berne, Lausanne, and Geneva), then to France, visiting Lyon, Montpellier, and Paris. Dr Trew educated Ehret in scientific botany, emphasizing the importance of plant structure for classification. On the suggestion of the scientist, Ehret went to Paris to meet the botanist Bernard de Jussieu, who provided him with accommodation at the Jardin du Roi.

In 1735, Ehret went to England, where he painted at the Chelsea Physic Garden and continued to send his work to Dr Trew in Nuremberg. He also visited George Clifford, a banker, in Harlem, in the Netherlands, and the famous botanical garden in Leiden. There, he met Carl von Linnaeus, the Swedish naturalist and creator of the famous binomial nomenclature, for whom he provided illustrations for his work *Hortus Cliffortianus*. Linnaeus offered him the position of illustrator at Uppsala University in Sweden, but Ehret chose to return to England, where he became the illustrator for the University of Oxford Botanic Gardens. He also sold paintings and engravings and gave botanical-drawing lessons to young ladies. In 1758, he wrote an autobiography that has provided valuable information about his life. He died in London in 1770.

For his botanical illustrations painted on vellum, the artist used watercolor in a thick layer, resulting in an effect similar to gouache. For this rose drawing (see page 66), the technique is more of a study, with a prominent line. Only one color, pink, enhances this very understated yet precise and detailed sketch.

THE DRAWING

MATERIALS:

300g/m² hot-pressed watercolor paper, HB and 4B graphite pencils, eraser.

See the line drawing on page 175.

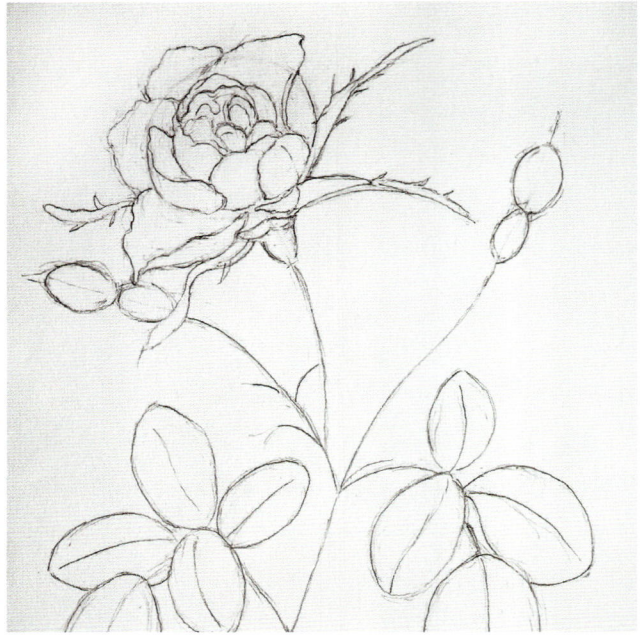

The flower has a circular shape, which is outlined with an HB graphite pencil. Inside the circle, draw each petal.

Draw stem lines, connecting them in the center. At this stage, simplify the shapes. Outline the leaves and emphasize the main veins with a line. Add oval shapes to outline the rosebuds. Add the details.

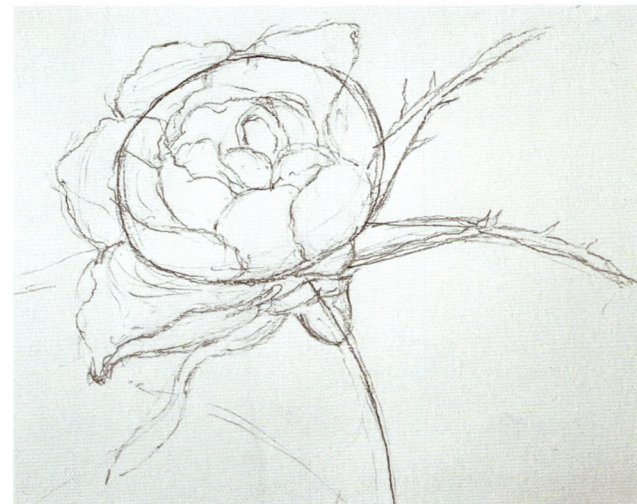

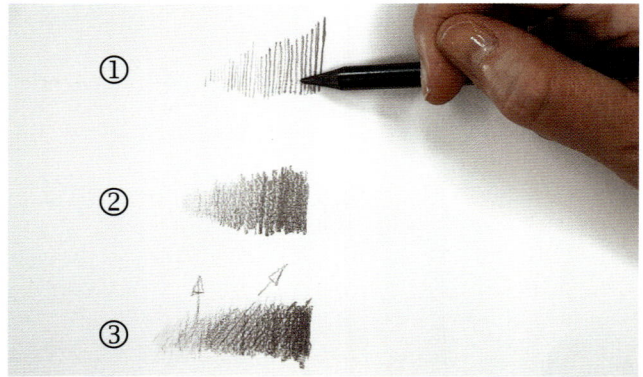

Practise shading with hatching on scrap paper. Draw parallel lines with a 4B graphite pencil, gradually increasing pressure for darker areas. Use light pressure for lighter parts and press harder for darker areas ①. Then gradually bring the hatching closer together to create a gradient ②. Finally, by adding diagonal lines, intensify the shading ③.

Add shadows to the flower with very fine, close hatching that follows the shape of the petals to create a gradient. Continue in the same way for the stems and leaves.

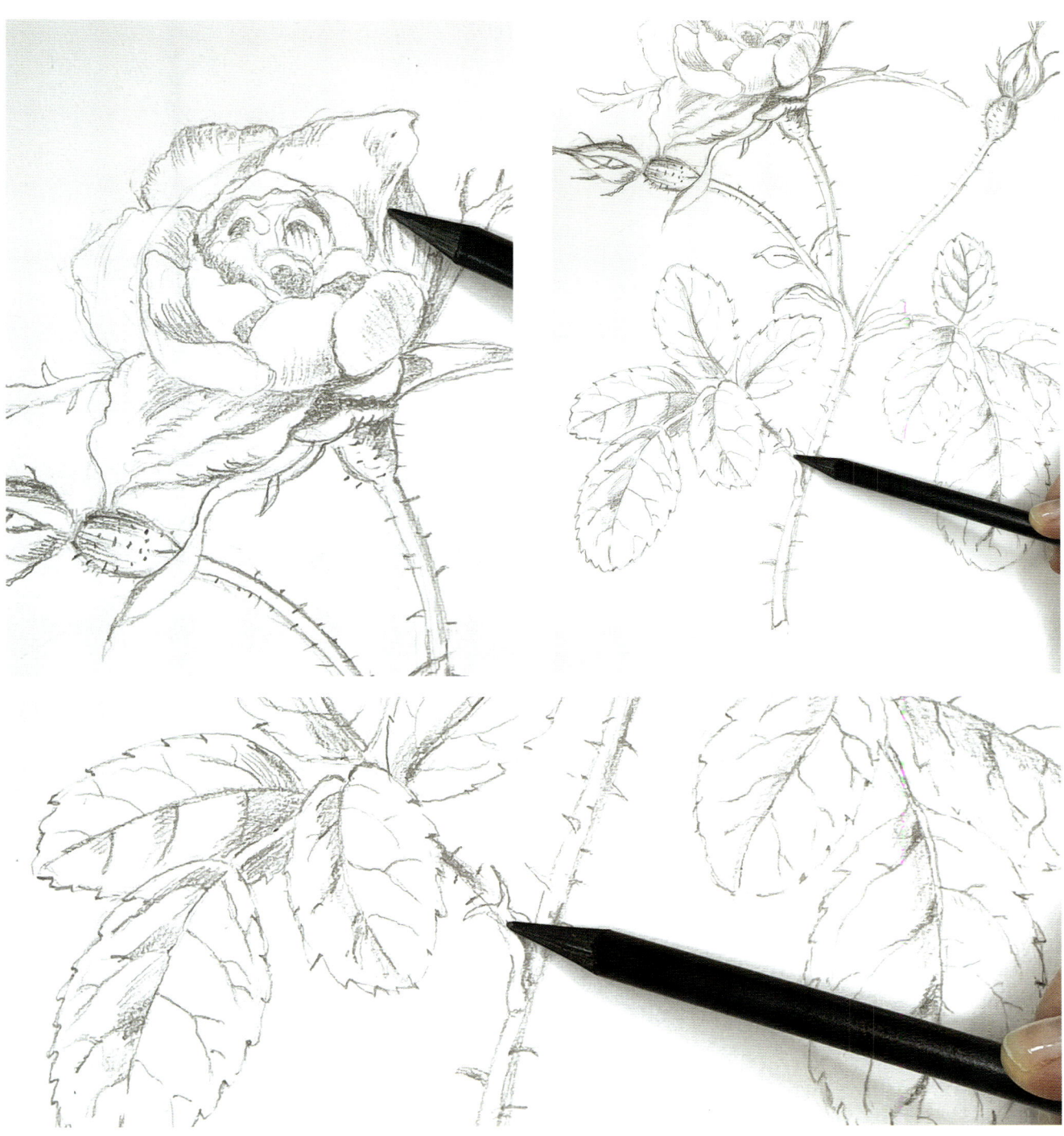

WATERCOLOR

MATERIALS:

Watercolor (red), one fine brush, water, palette, and a cloth.

With your fine brush paint a light wash of red on a few petals.

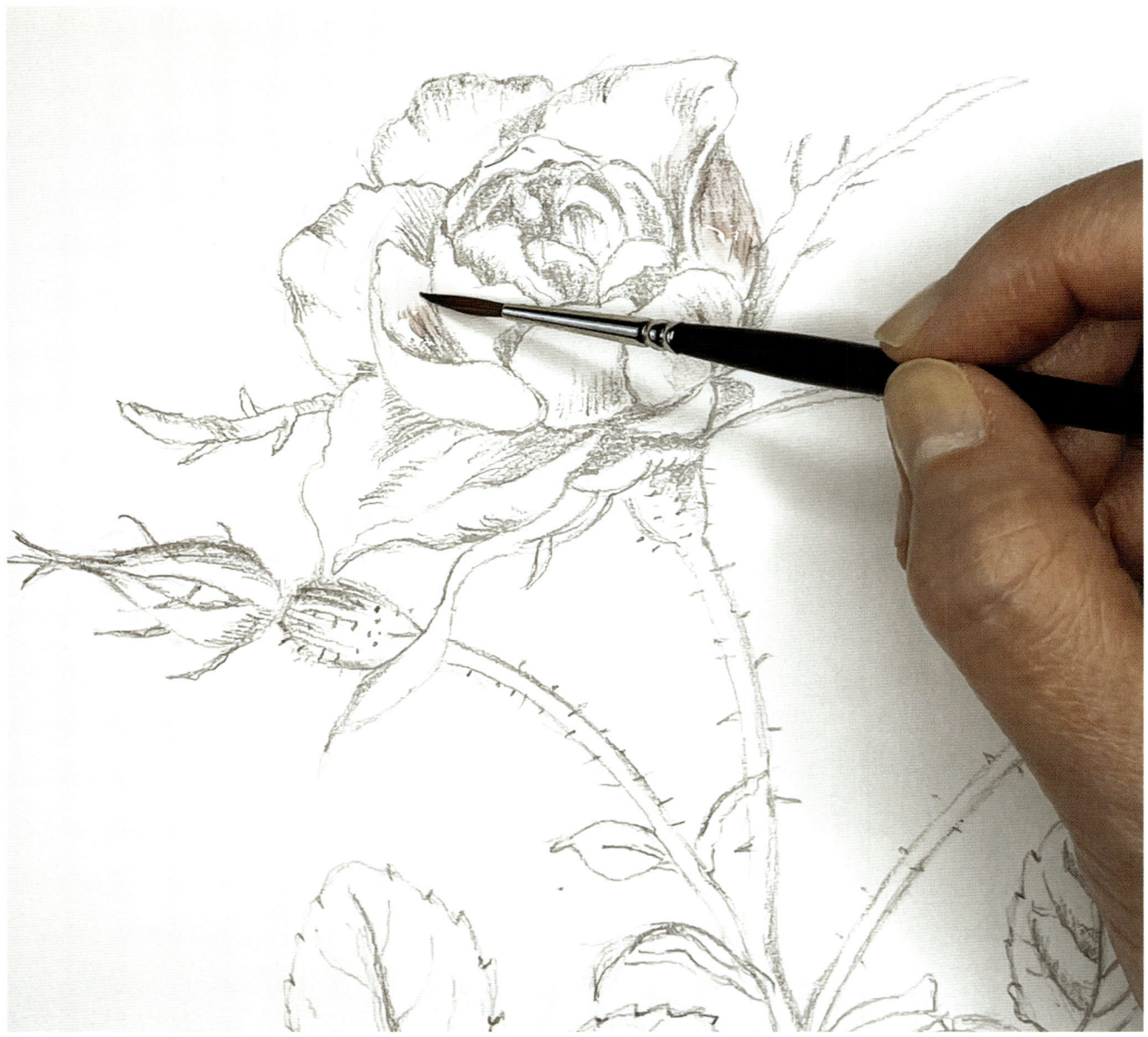

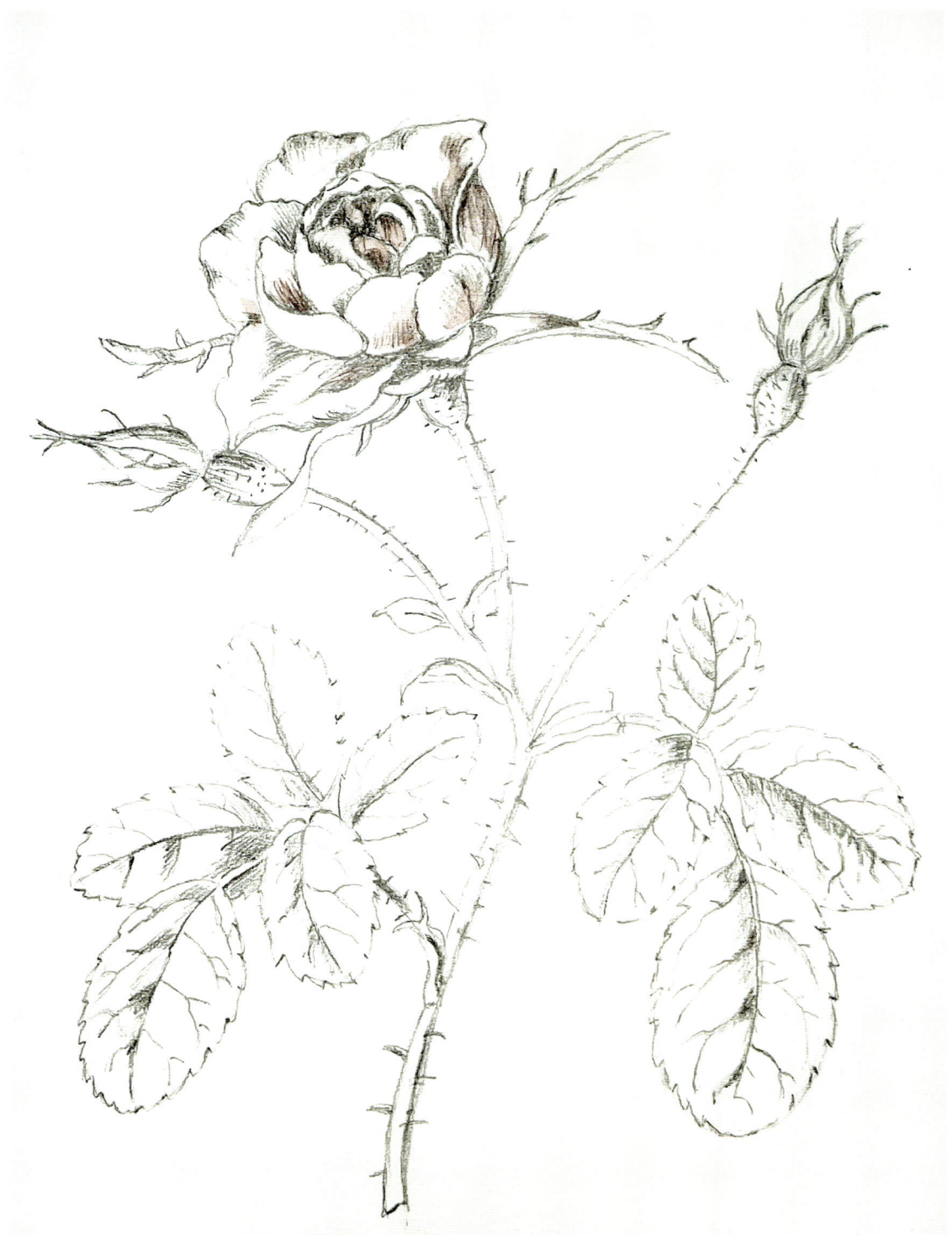

Final drawing. Copy from Georg Dionysius Ehret, *Rosa centifolia, Rosaceae*, about 1750, mine, watercolor on paper, 7⁸ ‹ 6ˢᴹin (19 × 16 cm).

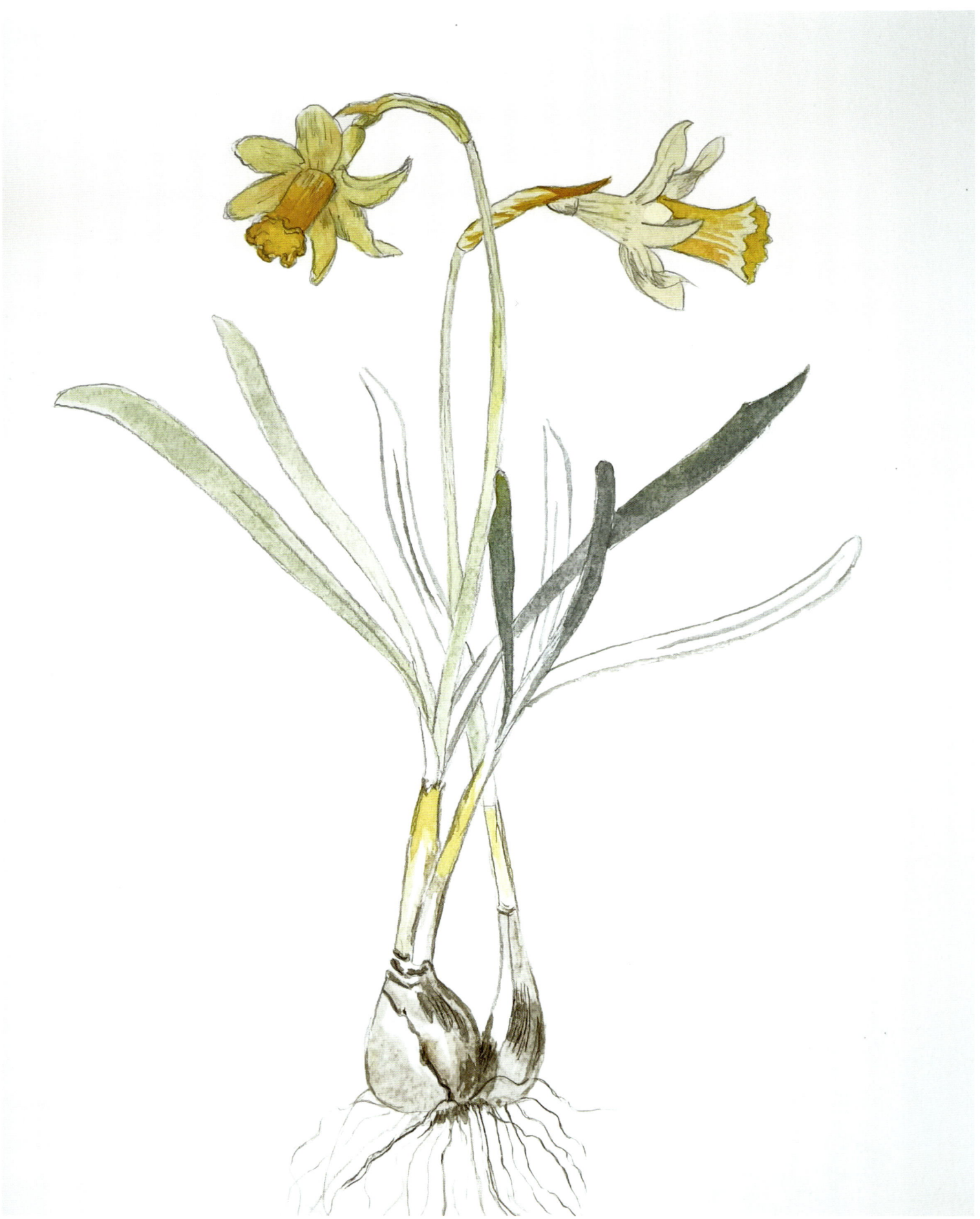

CHAPTER 2

BOTANICAL DRAWING: STUDY IN WATERCOLOR

THE DRAWING

MATERIALS:

300g/m² hot-pressed watercolor paper, B graphite pencil, and eraser.

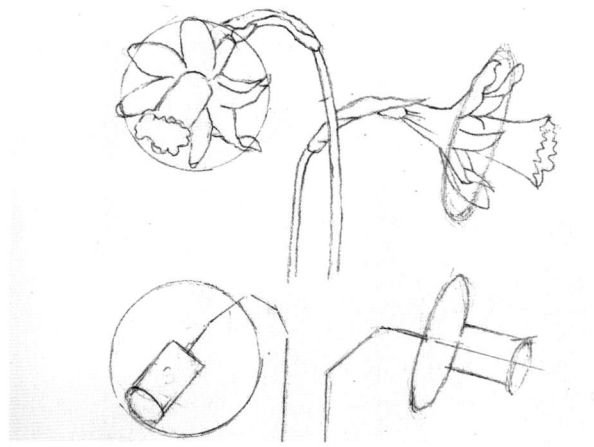

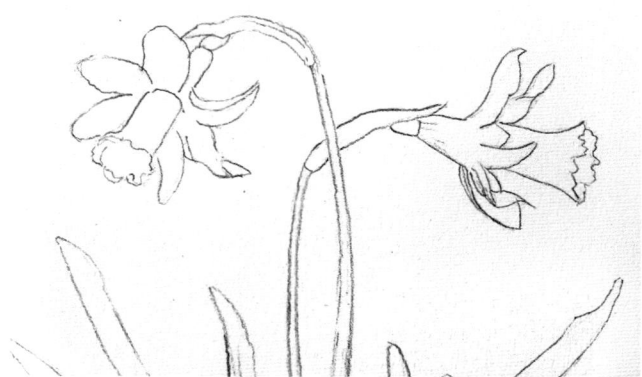

You can draw from the photograph or trace following the line drawing on page 176. The narcissus has the shape of a trumpet with an ellipse and a tube. Trace with a B graphite pencil these elements, which are the simplified geometric shapes of the flower.

For the flower on the left, which is seen almost from the front, trace a circle, then the tube, and gradually arrange the petals. Then trace the stems; draw guidelines beforehand to make drawing easier. Add a few lines to highlight the details.

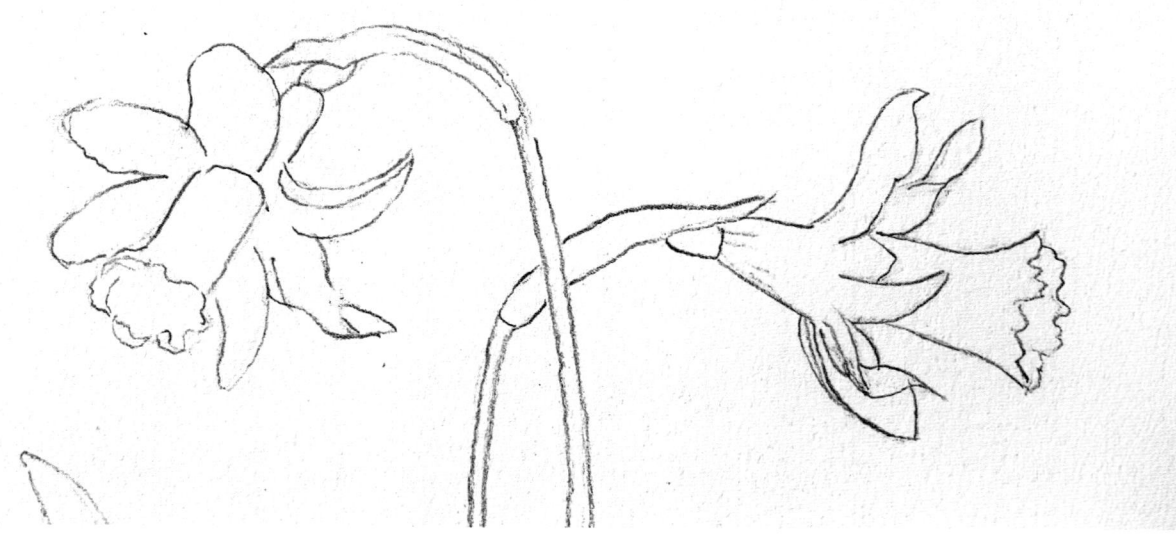

WATERCOLOR

MATERIALS:

Watercolors (new gamboge yellow, vermilion red, ocher or natural sienna, Prussian blue, burnt umber, neutral tint or black, sepia, white gouache. Brushes (one medium brush and one fine brush for details), water, palette, and a cloth.

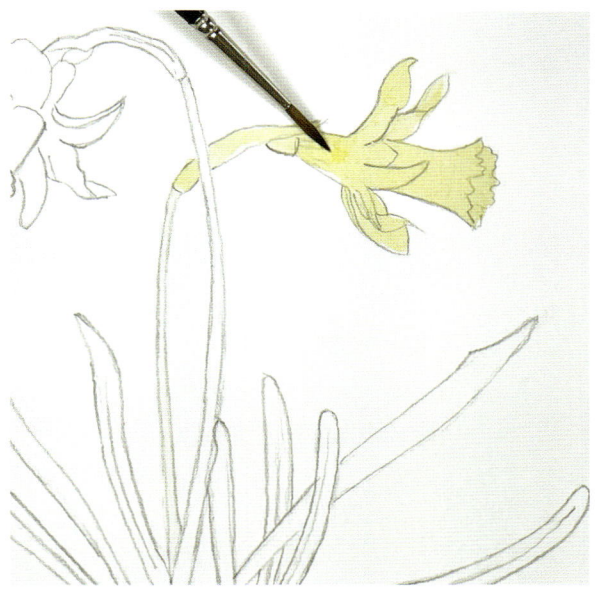

Prepare a very light yellow by mixing new gamboge yellow, white, and a very little vermilion, and apply this mixture in a wash over the entire flower on the right.

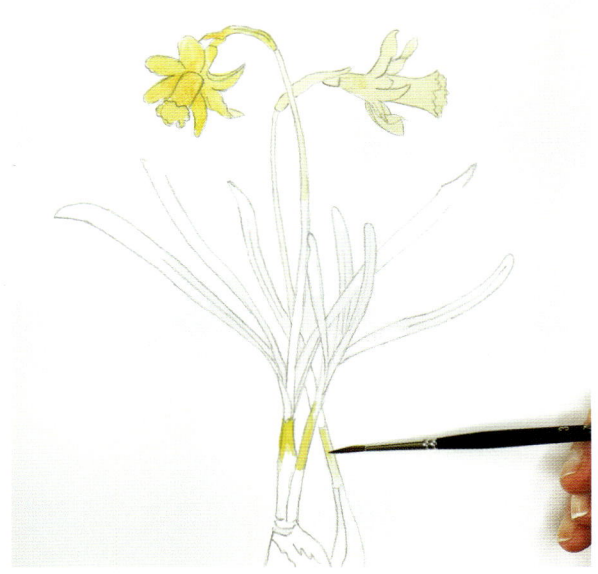

Prepare another denser wash (with more color) with the same shades by adding more vermilion, then apply this mixture all over the left flower and at the bottom of the leaves. Allow it to dry.

Prepare an orange made from the yellow and vermilion. Paint this concentrated wash on the crown. Finally, where necessary, add a little natural sienna or ocher in the darker parts. Let it dry.

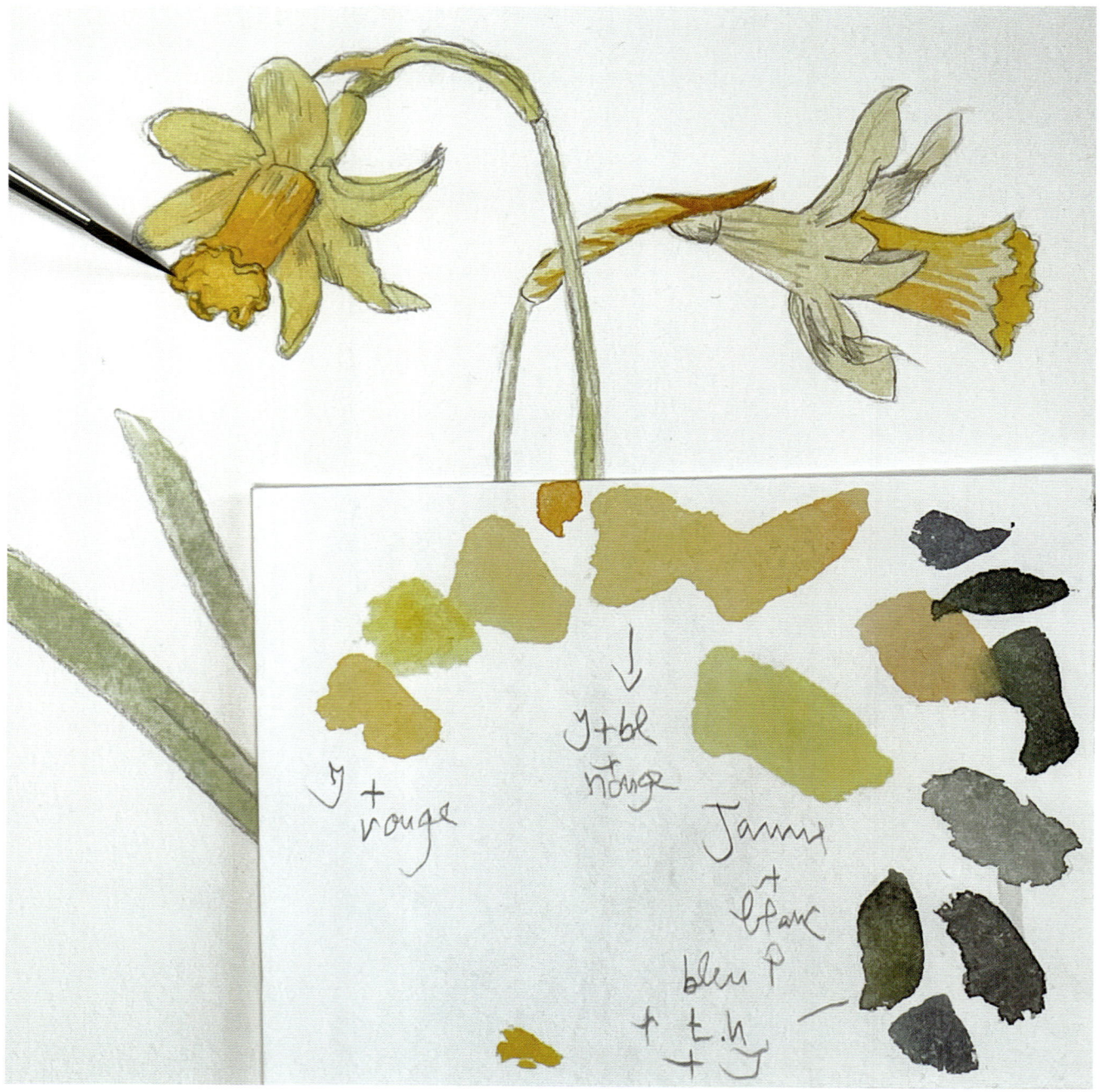

Above and on page 74: a copy of Georg Dionysius Erhet's *Trumpet Narcissus*, pseudonarcissus, 1765, watercolor on paper, 12½ × 8 in (32 × 20 cm).

To paint the leaves, prepare a very dark green by mixing Prussian blue, yellow, and a little neutral tint or black. Start on the right and apply a fairly dense wash of green to the leaves. Then, after adding water to dilute this green and make it lighter, apply the wash on the leaves on the left. Finally, draw the leaves in the background with the same green.

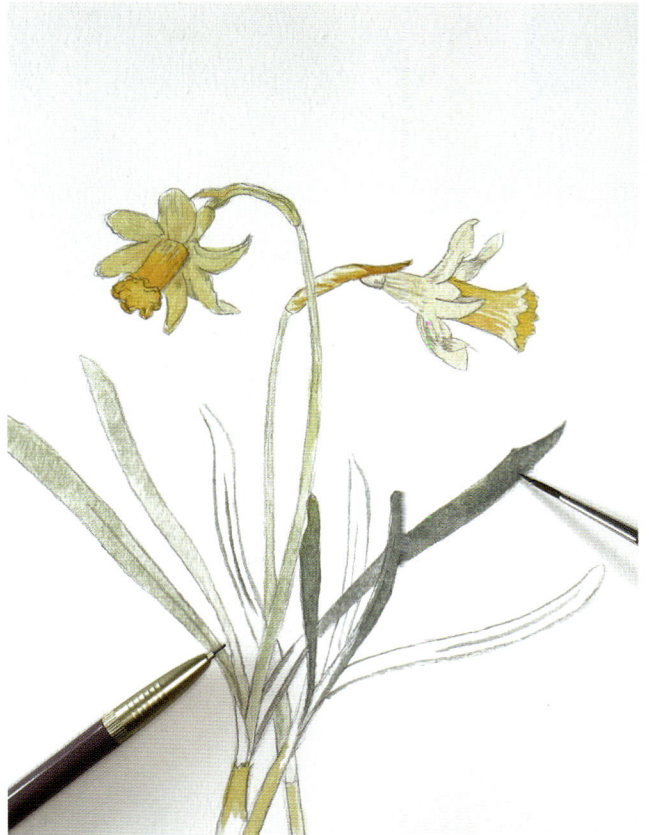

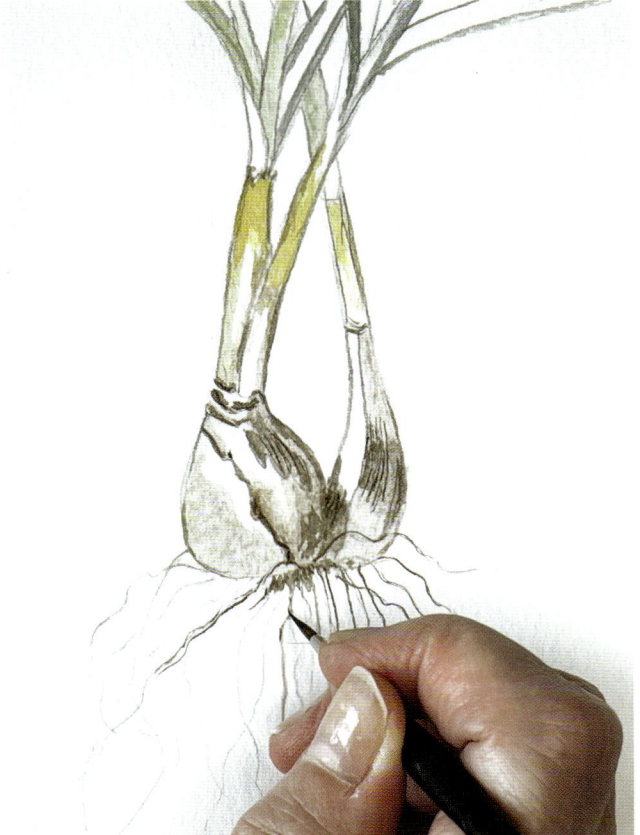

For the bulb and roots, use sepia mixed with a very little burnt umber, and apply as a very diluted wash. Let it dry. With the fine brush, add the details on the darker parts, using sepia mixed with neutral tint or black. Finally, draw the roots with the tip of the brush and add a few with the graphite pencil.

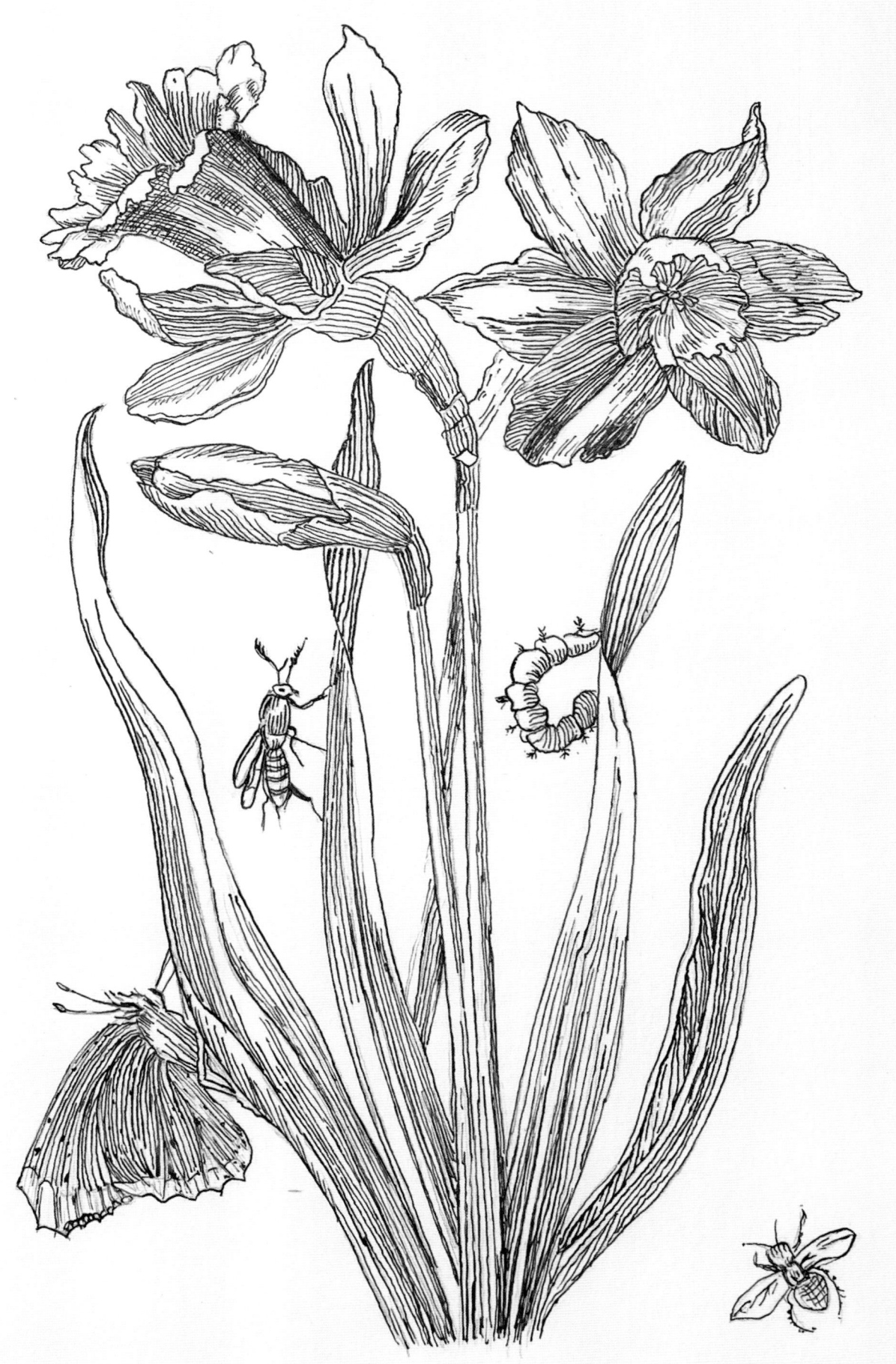

CHAPTER 3

BOTANICAL PEN DRAWING

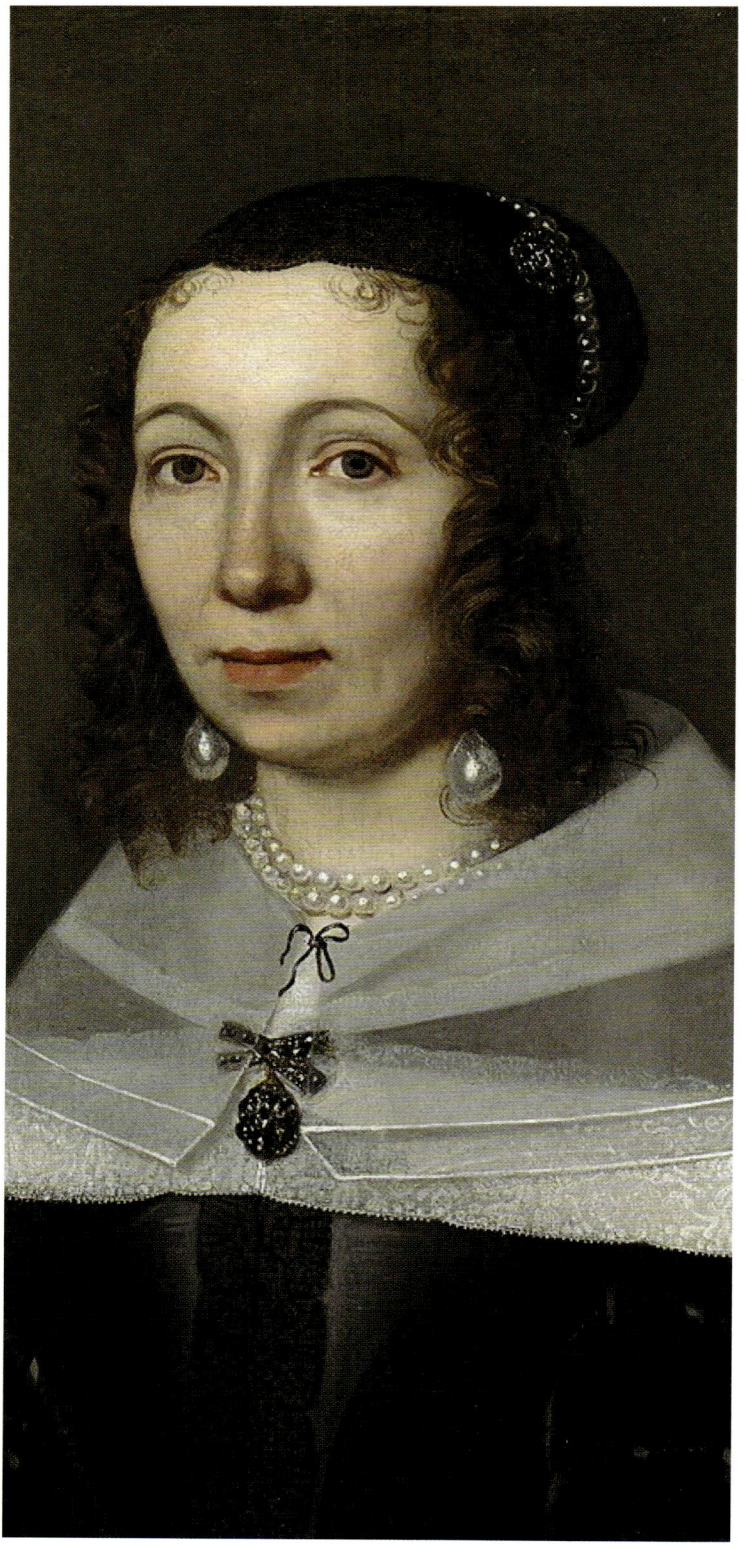

Maria Sibylla Merian (1647–1717), a German painter and entomologist, was born into a family of engravers and painters. Jacob Marell (1614–57), her father-in-law, taught her flower painting and engraving. From a very young age, Maria became interested in insects, especially silkworms, and she raised caterpillars and butterflies to study their metamorphosis). She practiced by copying the paintings of the French artist Nicolas Robert.

In 1679, she began publishing volumes of works, such as *Blumenbuch* (*Book of Flowers*) and *Neues Blumenbuch* (*New Book of Flowers*). She also illustrated the metamorphosis of insects in watercolor on vellum (calfskin), as well as practicing embroidery and creating her own designs in thread. After her conversion to Labadism (a form of Protestantism) in 1685, she left Nuremberg, where she had lived since her wedding, and settled with the community at Waltha Castle in the Netherlands. There, she discovered the insect collection of Cornelis van Sommelsdijk, governor of Suriname in South America. In 1699, she embarked on a voyage to Suriname with her daughter Dorothea Maria to study the flora and insects. They stayed for almost two years, collecting, drawing, and painting insects and plants, which resulted in the exceptional work *Metamorphosis Insectorum Surinamensium* in 1705. Sybilla returned to Europe ill, but her two daughters (Dorothea Maria and Johanna Helena) continued her work. She died in Amsterdam in 1717.

For this sketch, the artist used fine lines traced in ink to facilitate the work of the engraver.

MATERIALS:

300g/m² hot-pressed watercolor paper, HB pencil, black or sepia ink, pen and pen holder, blotting paper, and a cloth. The line drawing for tracing is on p. 177.

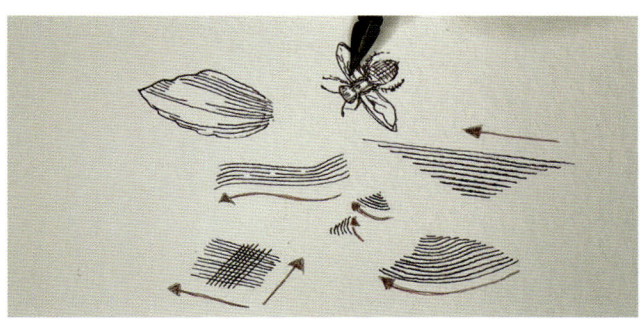

Practice working with pen and ink. Trace, as for the pencil work in the first chapter on the rose, fine, very tight lines next to each other. Change direction by following the arrows. Draw a disc. Finally, draw a leaf and an insect using the model. These tests are important, as they allow you to become familiar with the technique.

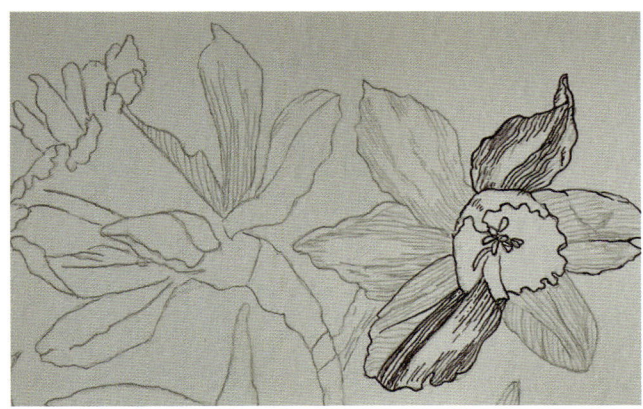

When your hand is sufficiently trained, use a pencil without too much pressure to trace the lines which will serve as a guide.

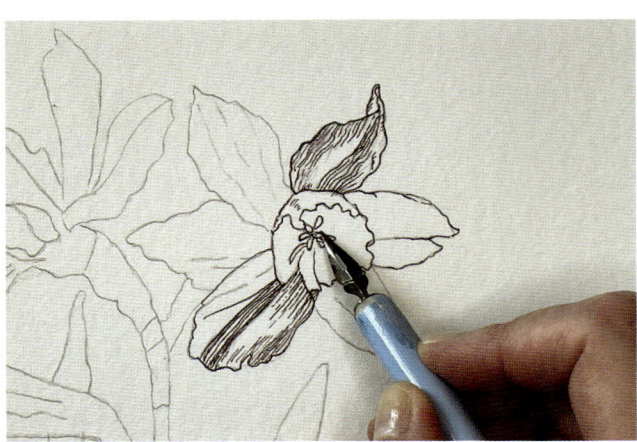

Then trace the lines in ink, following your pencil lines. This somewhat delicate work must be carried out slowly, little by little, using numerous breaks so as not to tire the hand, particularly when working on the center of the narcissus.

Continue adding more pencil lines on the second narcissus.

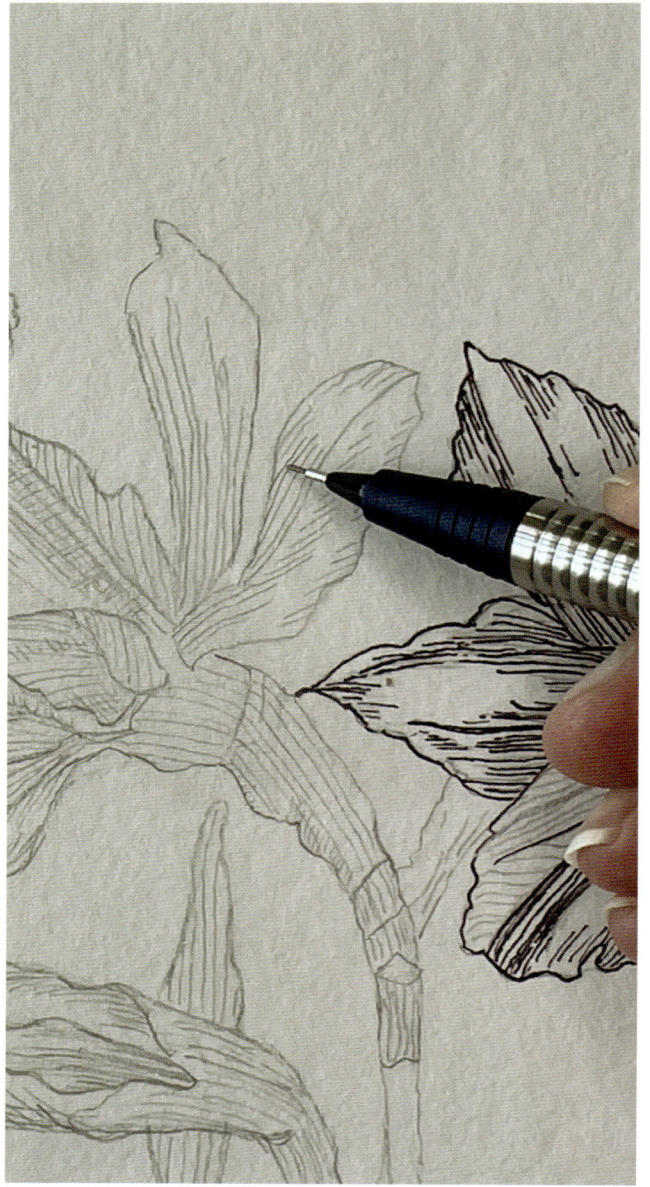

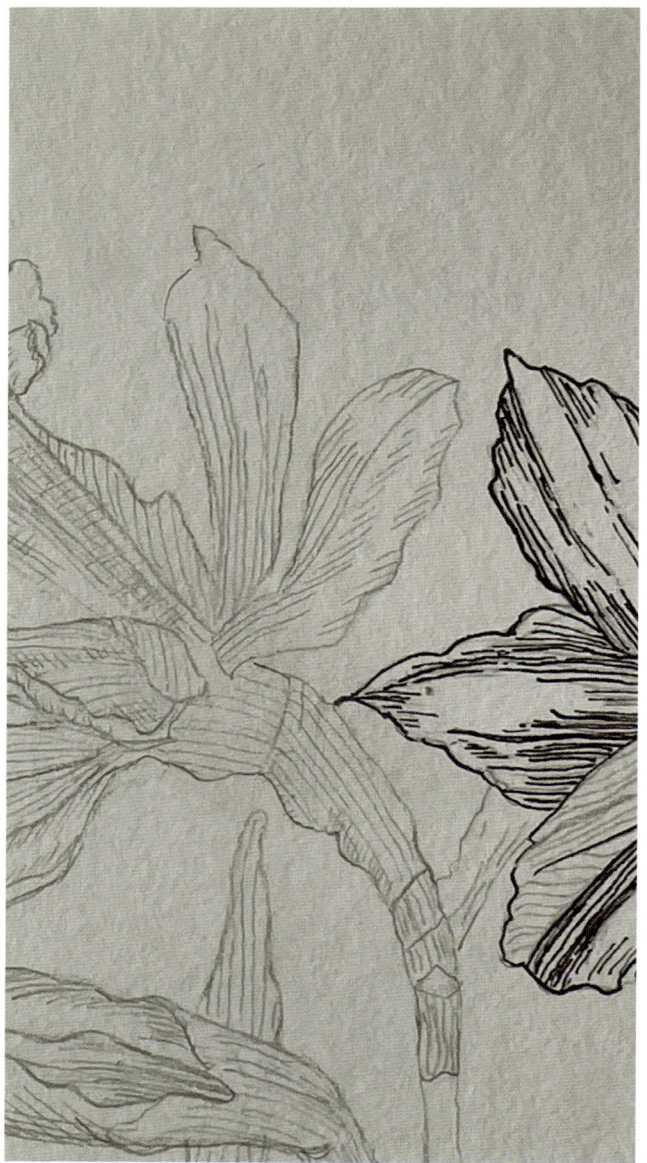

Do not forget to leave white parts, which create a strong contrast. This allows the flower to acquire all its shape and volume.

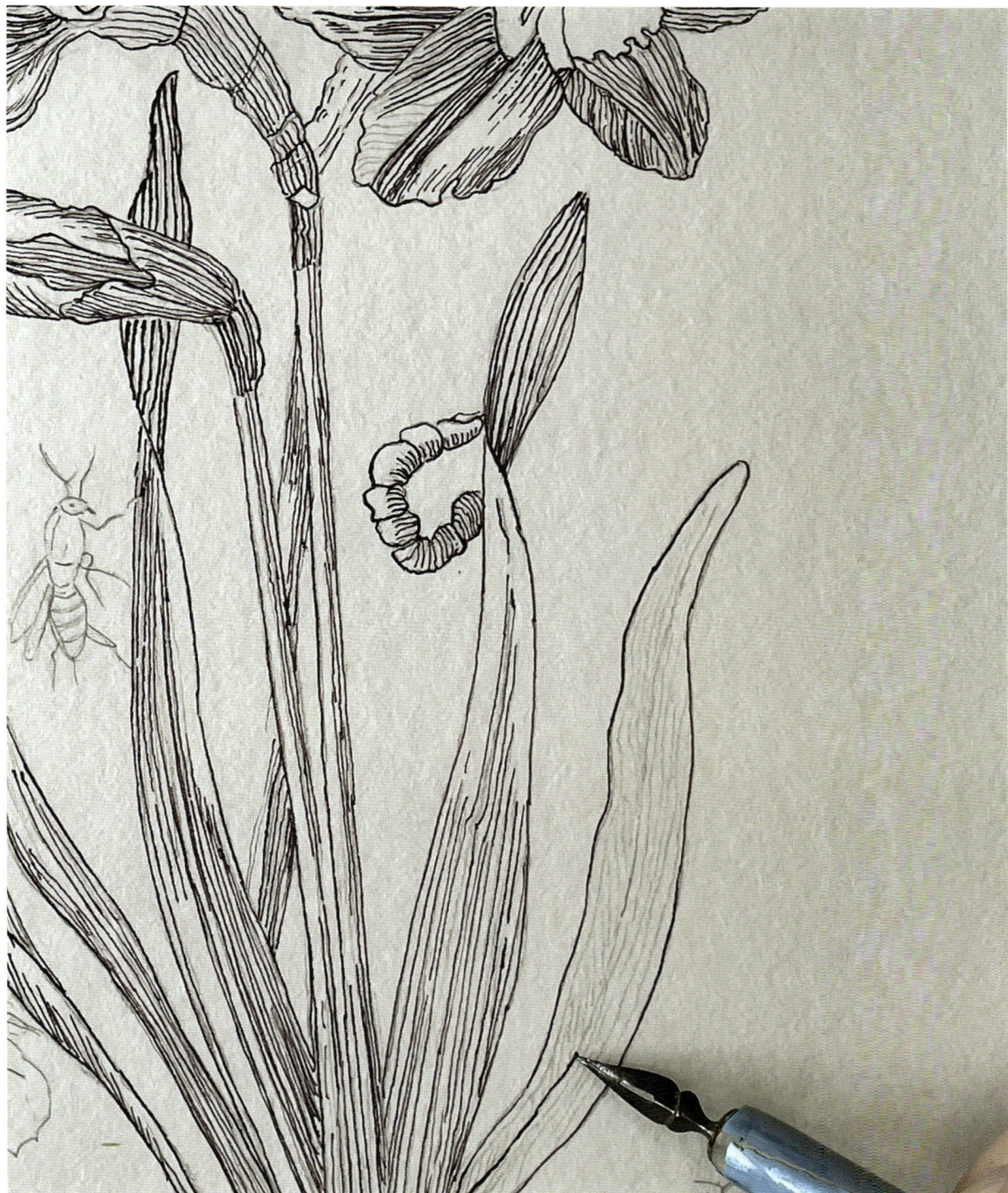

To indicate the striations in the leaves, you need to make longer lines. In some places, you will need to press more on the pen to create thicker lines. Finally, use an eraser to get rid of the pencil lines.

Draw the insects, starting with the fly and finishing with the butterfly.

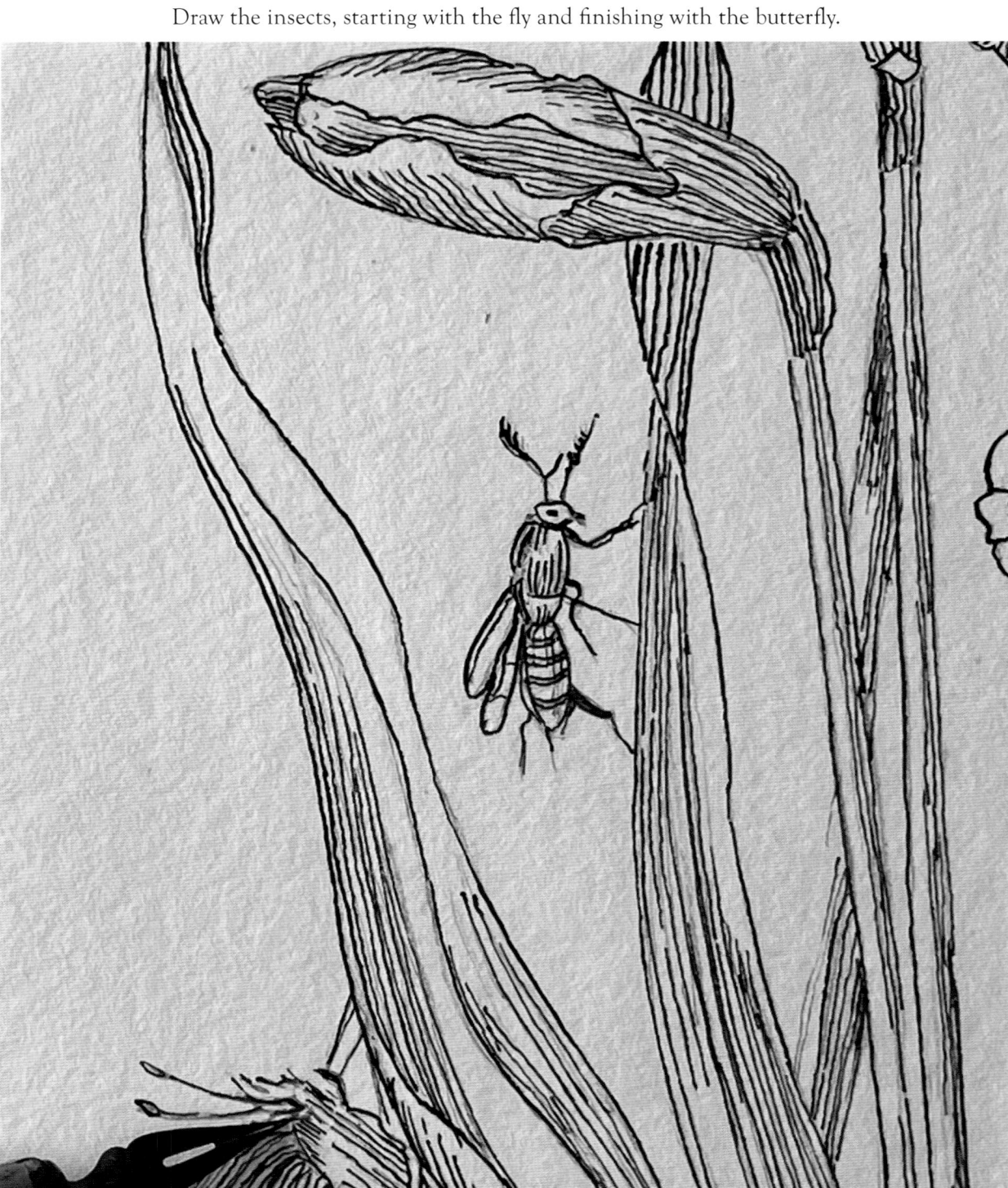

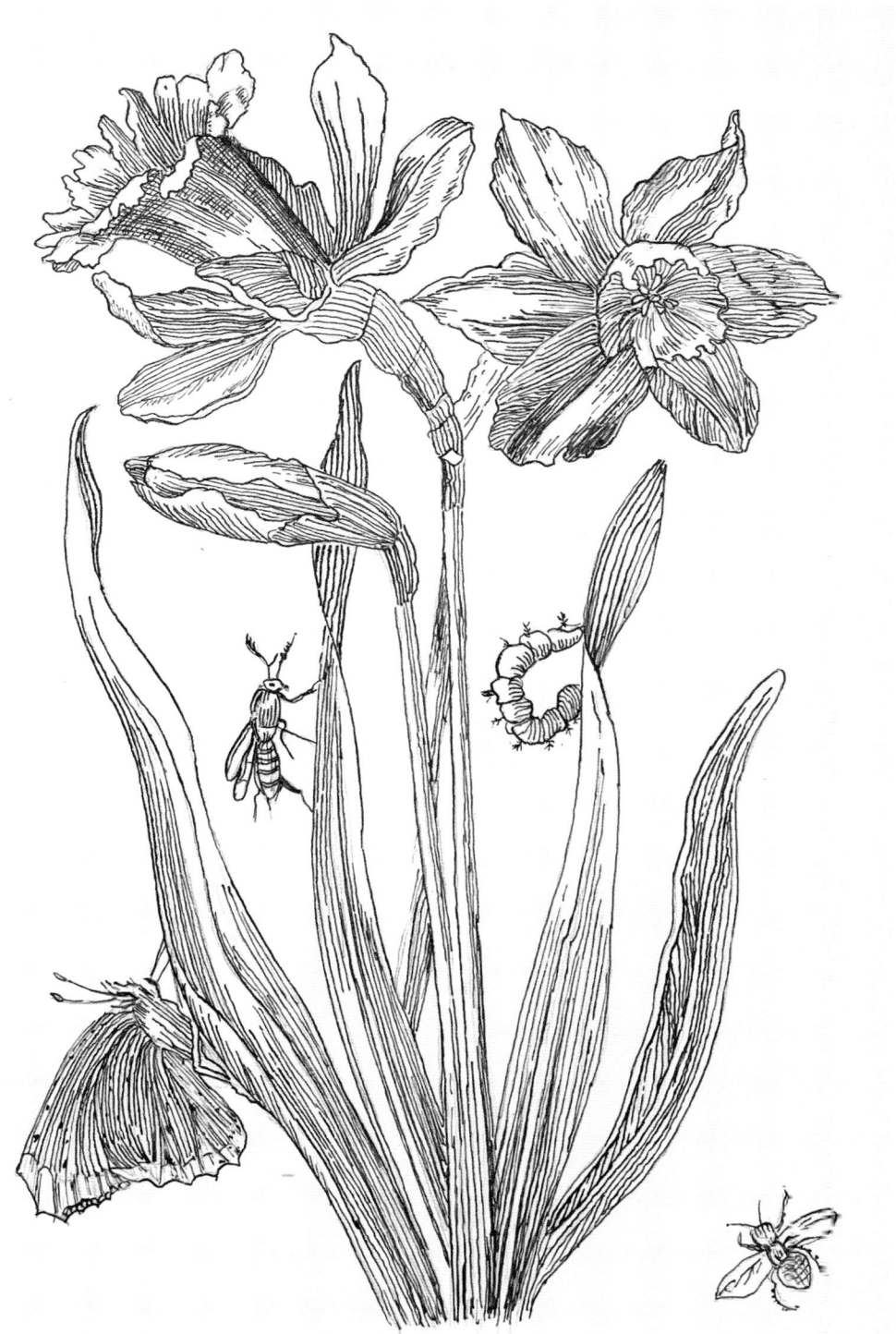

The final version copied from a drawing by Maria Sibylla Merian of *Narcissus*.

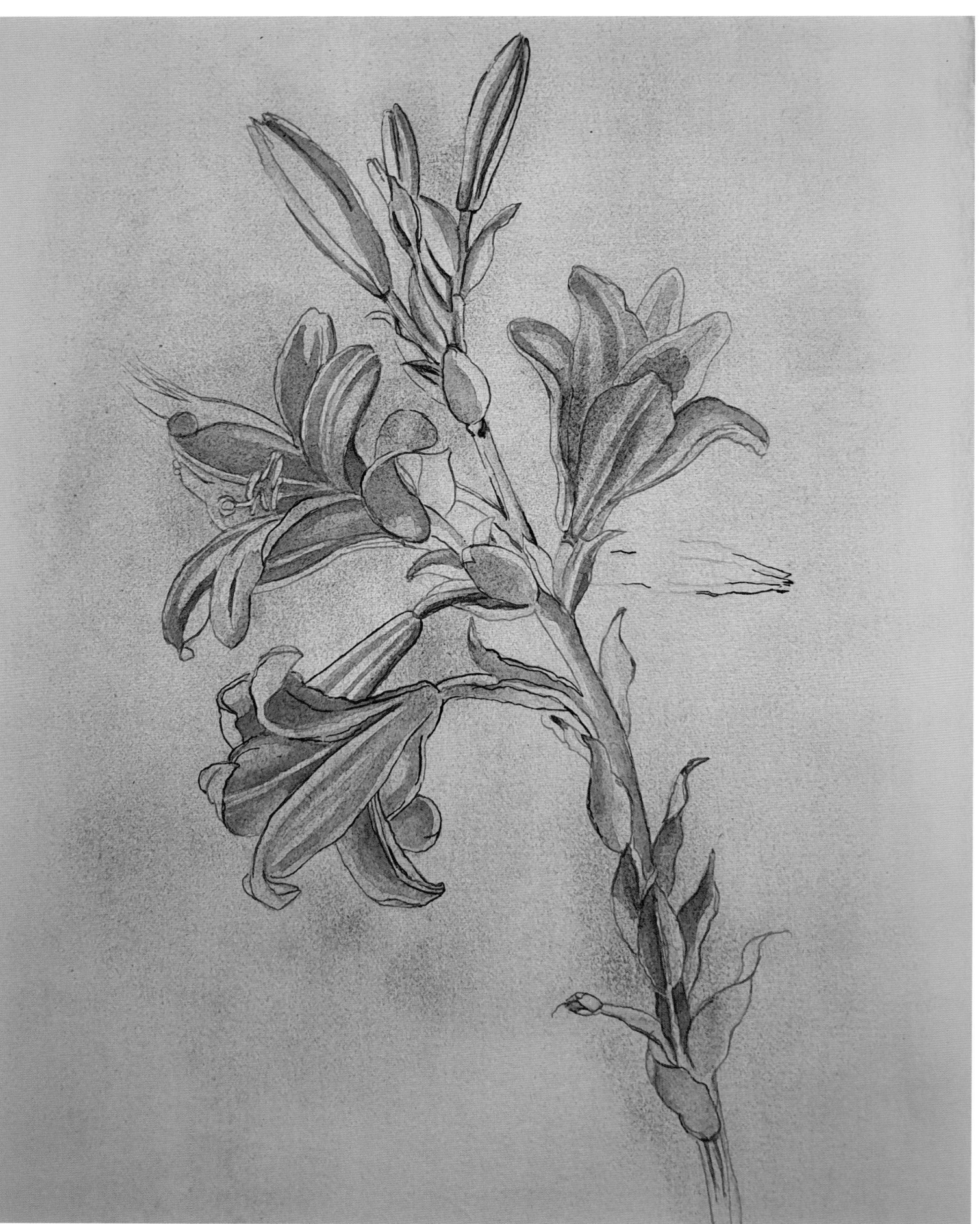

CHAPTER 4

BOTANICAL STUDY IN PEN WITH INK WASH

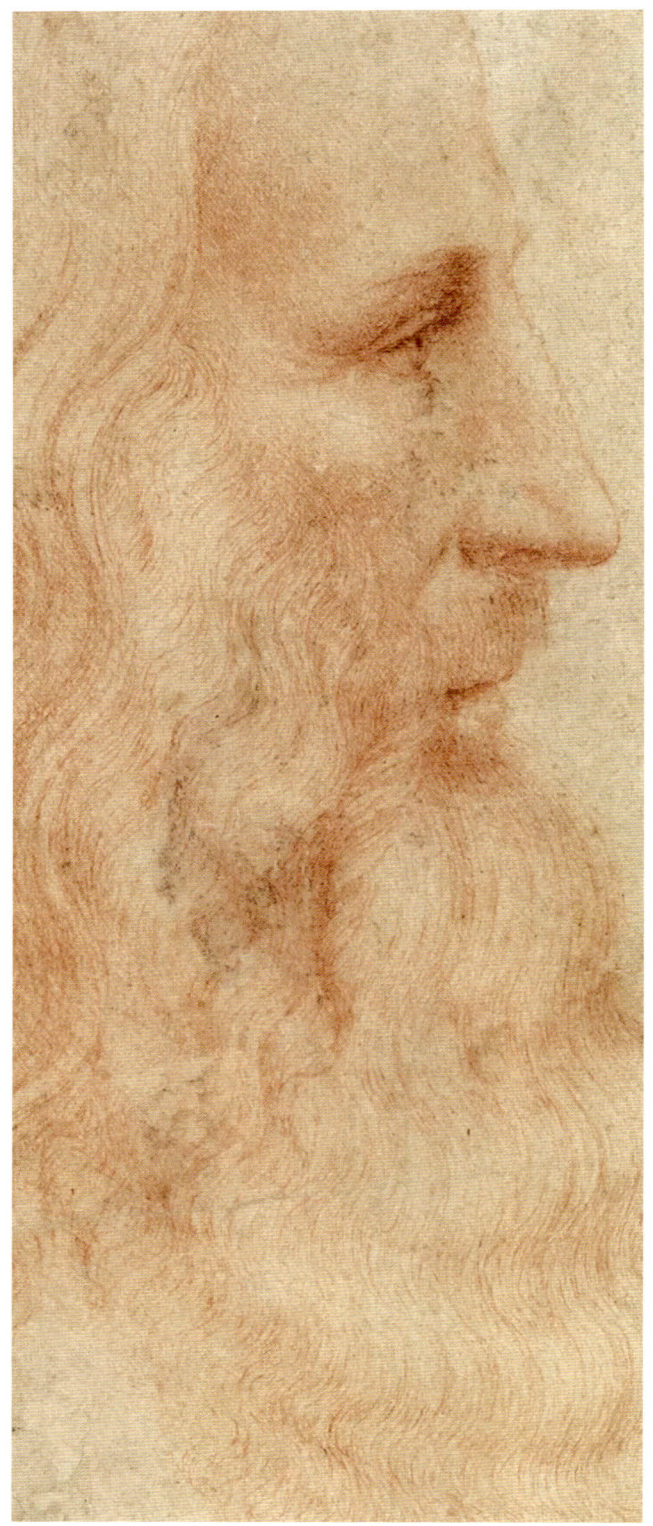

Leonardo da Vinci (1452–1519) was born in Tuscany, the illegitimate son of a notary and a young peasant woman. As a teenager, he entered the workshop of Andrea del Verrocchio in Florence, where he quickly showed he was exceptionally gifted in all disciplines of art—as a painter, sculptor, musician, engineer, and military artist. Around the age of 30, he sought commissions from Ludovico Sforza, Duke of Milan. When the French took over Milan in 1500, Leonardo left the city and found work with other rulers, including Isabella d'Este and Cesare Borgia in Tuscany. Later, he worked for Pope Leo X in Rome and ended his career with Francis I in France. The artist of exceptional masterpieces (*The Last Supper, Mona Lisa* etc.), his work was inspired by his infinite love of nature. With an insatiable curiosity, he never tired of drawing the world around him in the form of animals, plants, landscapes, and waterways that we find in his works (*St Anne and the Virgin, The Virgin of the Rocks, The Annunciation*).

This lily is drawn in ink with a pen line and washes on a charcoal drawing. On the original work, you can see dotted lines that the artist used to transfer his drawing onto canvas using charcoal.

For this copy, I created a black-and-white reproduction, using black ink. Then, as I was looking for information, I noticed that the original was done in brown ink, so I started the drawing again and you can see both versions in the following pages.

To give the powdery effect of the colored background, I opted for graphite powder for the black-and-white version and natural Sienna powder for the brown ink version, which is easier to use and gives an effect very close to Leonardo da Vinci's drawing.

FIRST VERSION IN BLACK-AND-WHITE

Draw the lily with charcoal, freehand or by tracing the line drawing on page 178.

MATERIALS:

300g/m² hot-pressed paper, charcoal pencil, black ink, graphite powder, nib and pen holder, a medium brush, two small pots, blotting paper, and cloth.

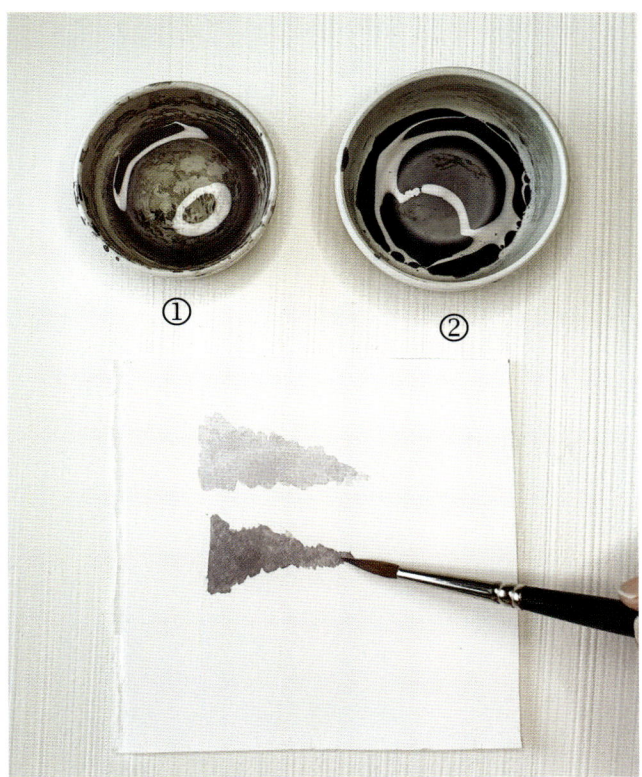

Put two blacks of different intensity in the small jars: the first very diluted (by adding a lot of water) ①, the second with more black ②. Practice painting with these inks, more or less diluted as you wish, on scrap paper to familiarize yourself with the wash technique.

Start painting the flowers using the lightest ink. Leave the white parts unpainted.

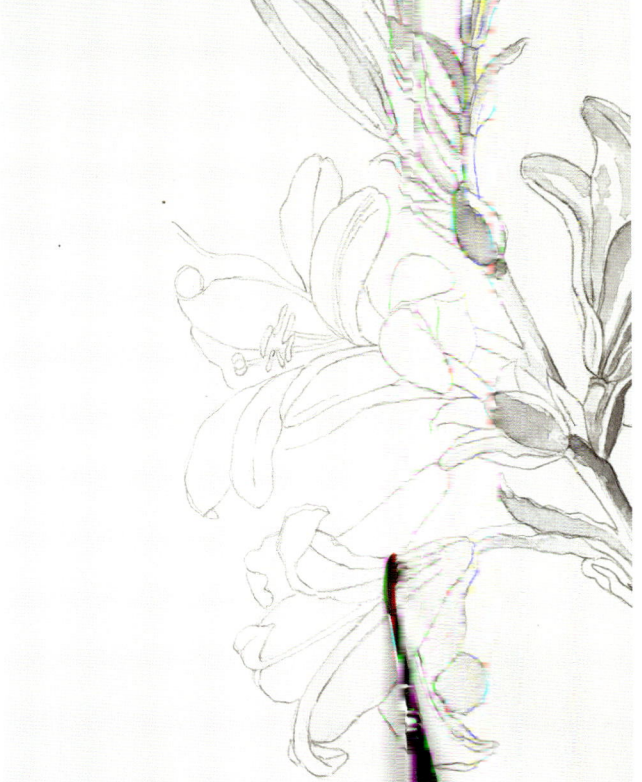

Paint the darker parts by going over them with the darker ink. Let it dry. If certain parts are not dark enough, add another wash on top of the previous one.

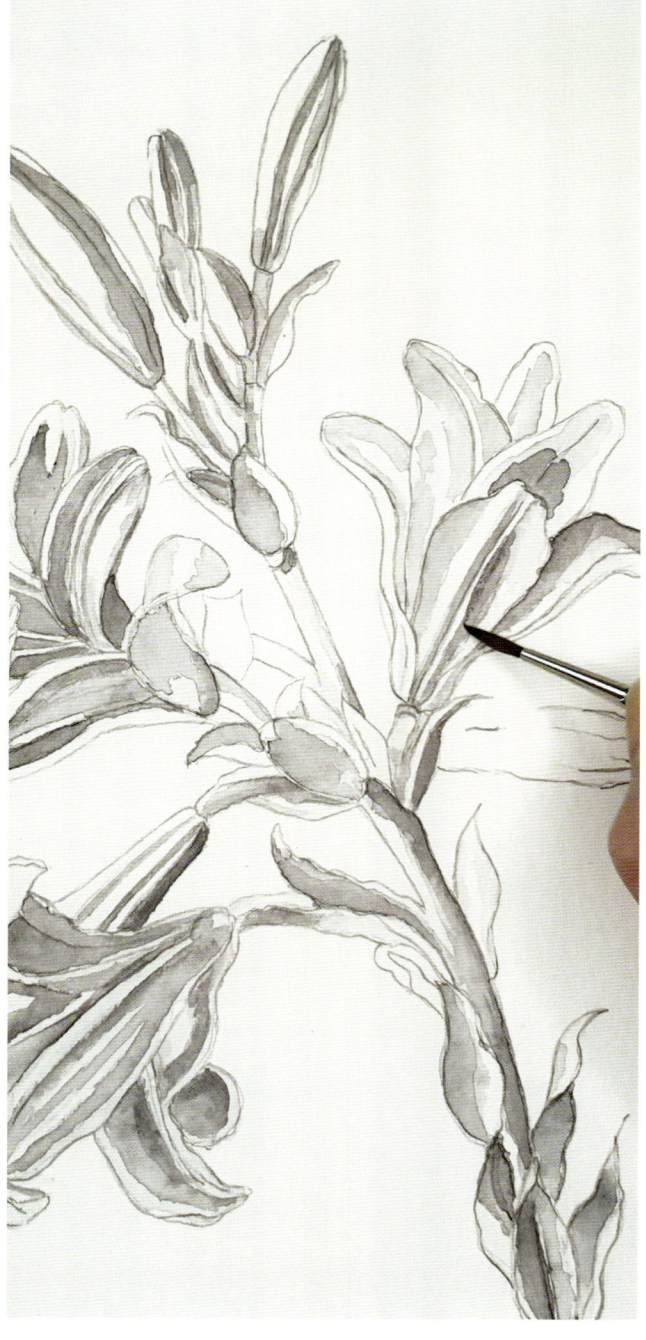

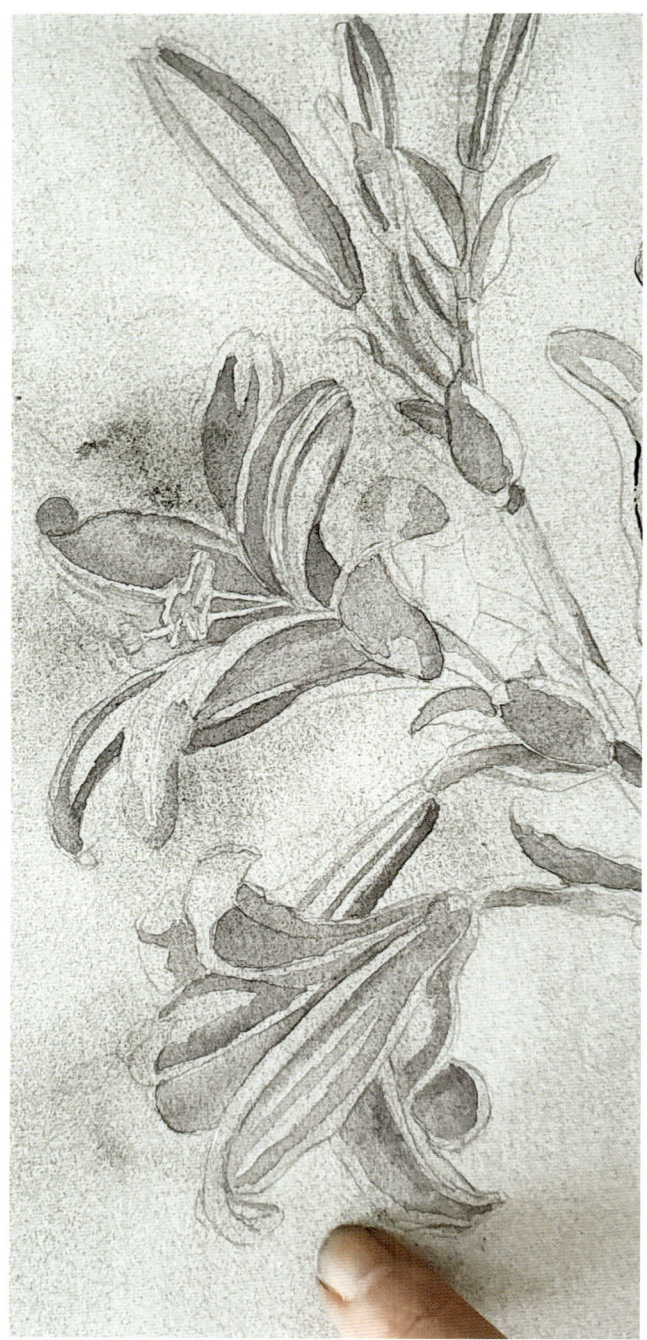

To darken the paper and give a powdery appearance, spread graphite powder over the surface of the sheet with the tip of your finger or with a dry brush, pressing lightly or more firmly in an irregular way in places.

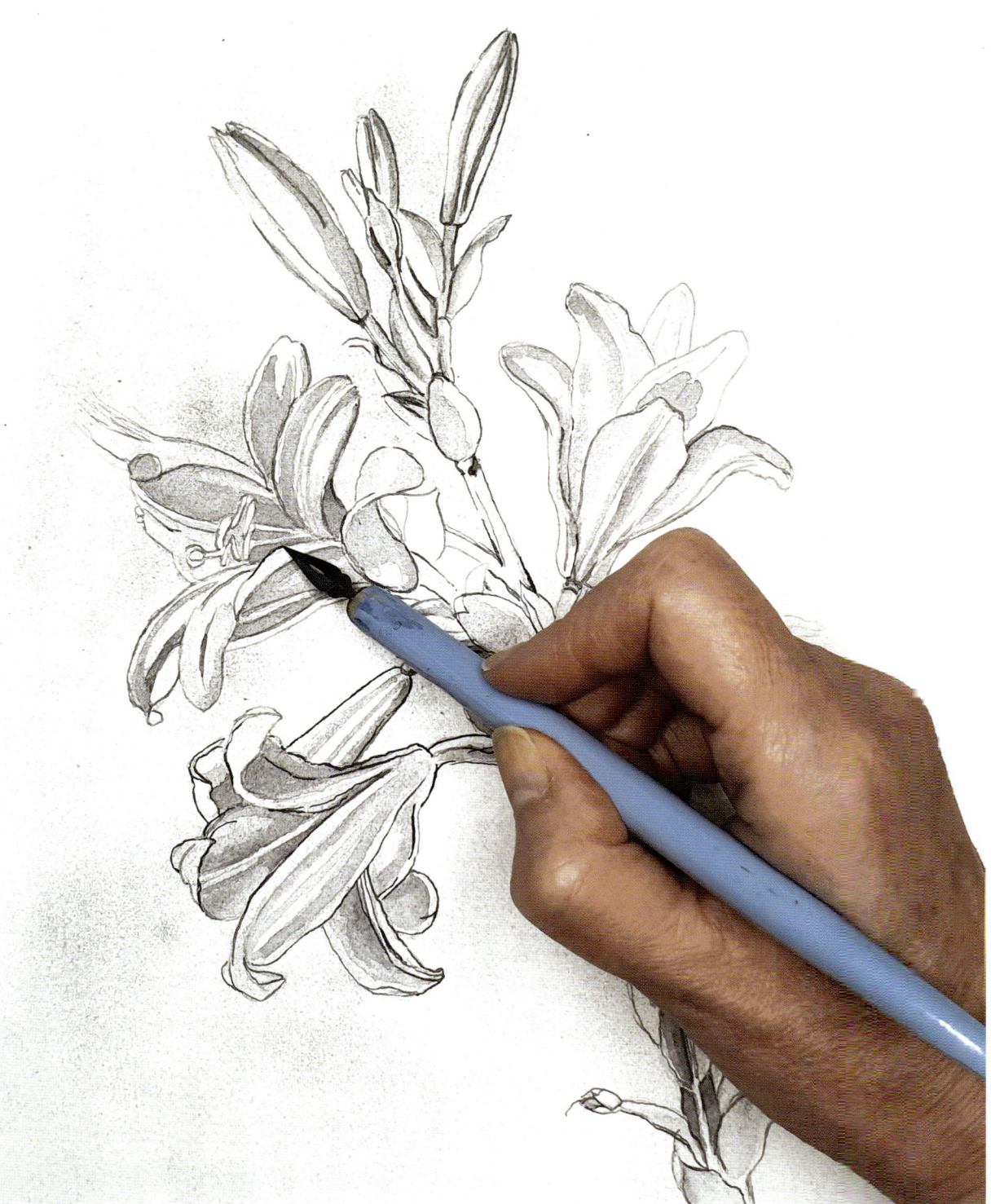

Finally, go over the outlines using the pen and very dark ink to give more strength to the drawing.

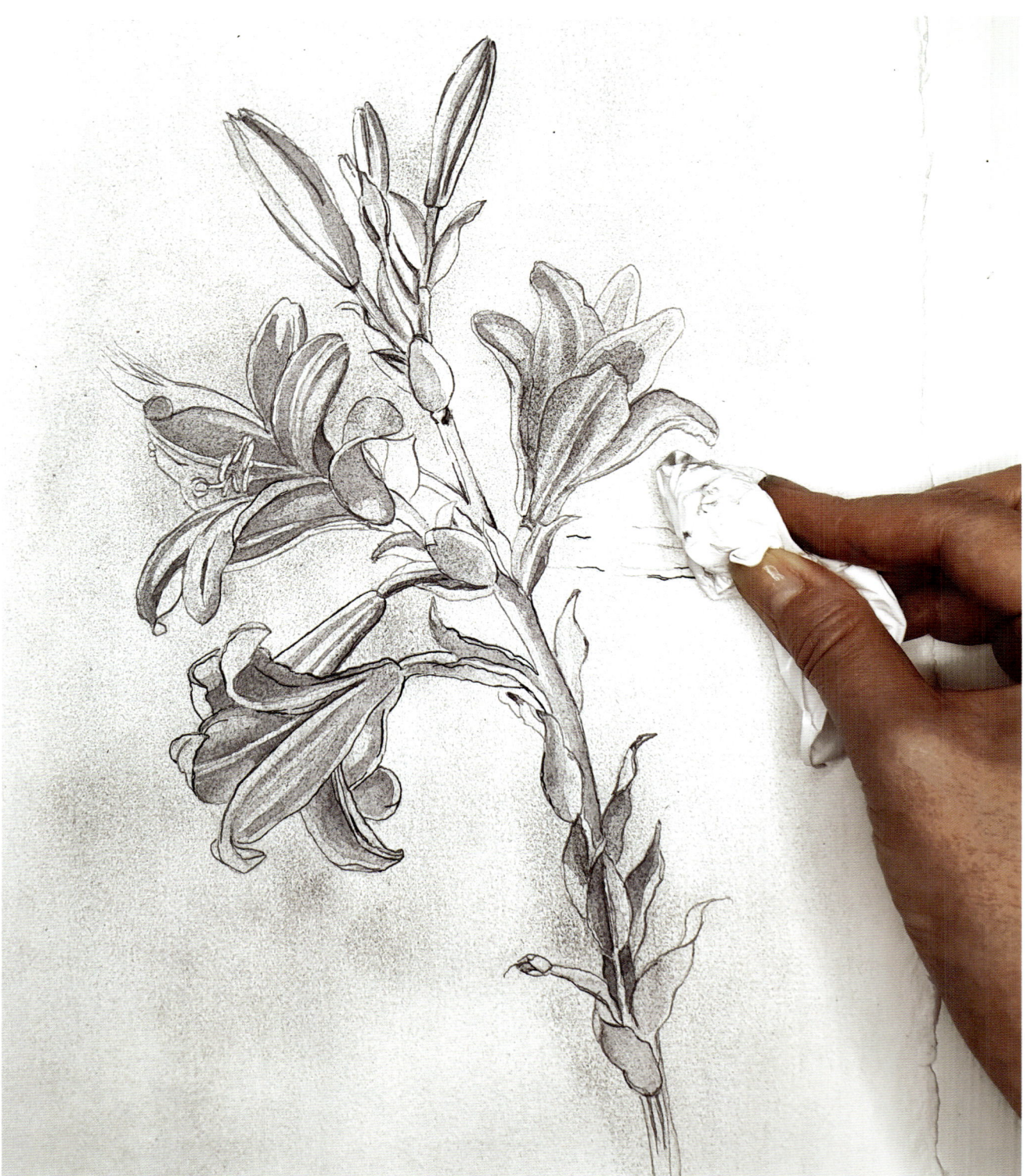

You can use a cloth to smooth out the background.

SECOND VERSION IN BROWN INK

MATERIALS:

300g/m² hot-pressed watercolor paper, charcoal pencil, natural sienna and sepia ink, natural sienna powder pigment or a crushed pastel stick, nib and pen holder, a medium brush, two small jars, blotter, and a cloth.

Draw the lily with charcoal freehand or by tracing the line drawing on page 178.

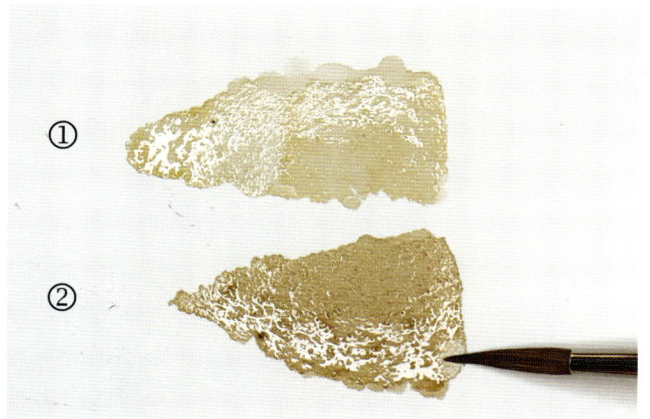

Put two colors in the jars: the first, very diluted with natural sienna ①.

For the second, add a little sepia ②.

Practice painting with these inks, more and less diluted as you wish, on scrap paper to familiarize yourself with the wash technique.

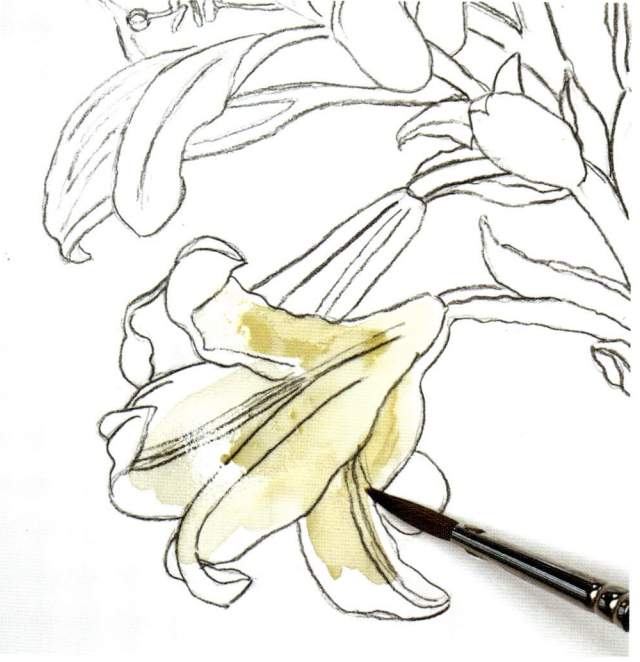

Start painting the flowers using natural sienna ink. The color tarnishes a little because it mixes with the charcoal which is very powdery.

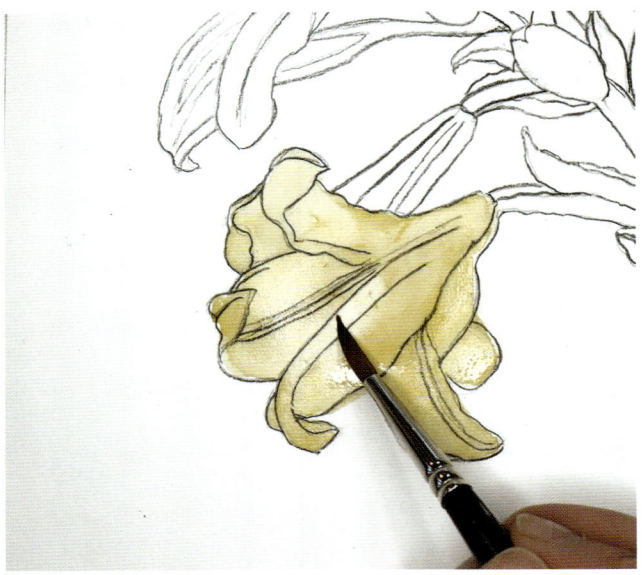

Leave the white parts of the petals blank (unpainted) or remove color with the brush, previously rinsed and wiped, in the lightest parts. Allow to dry.

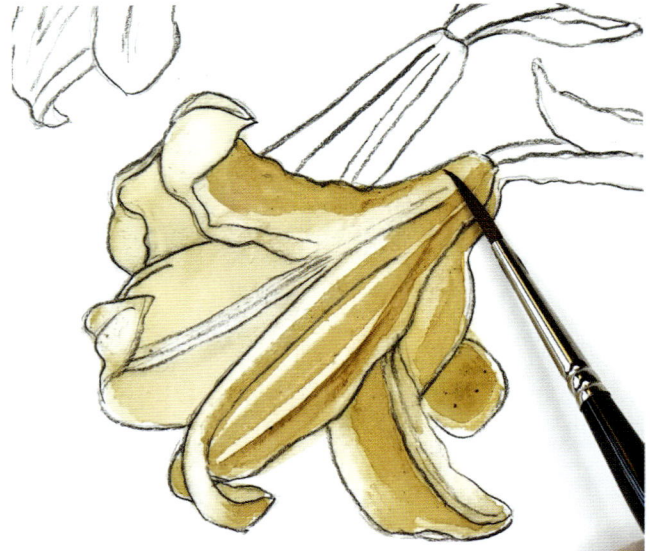

Paint the darker parts by going over with the darker ink (a mixture of sienna and sepia). Let it dry. If certain parts are not dark enough, add another wash on top of the previous one.

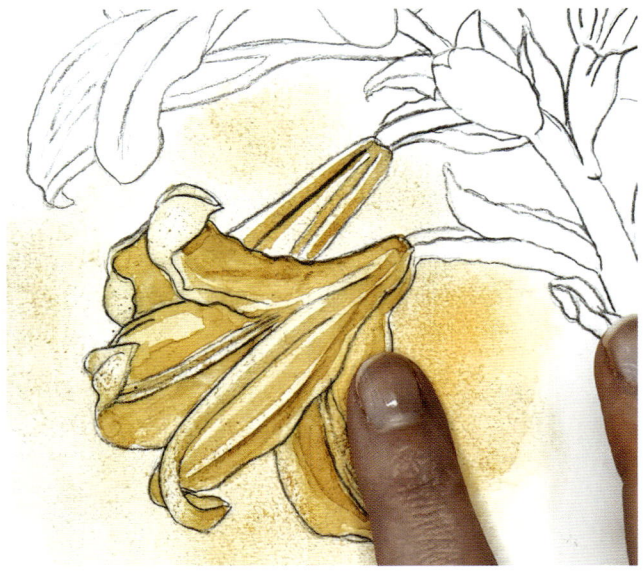

To darken the paper and give a powdery appearance, sprinkle the sienna pigment or crushed pastel powder over the surface of the sheet irregularly with your fingers or a dry brush, paying particular attention in places.

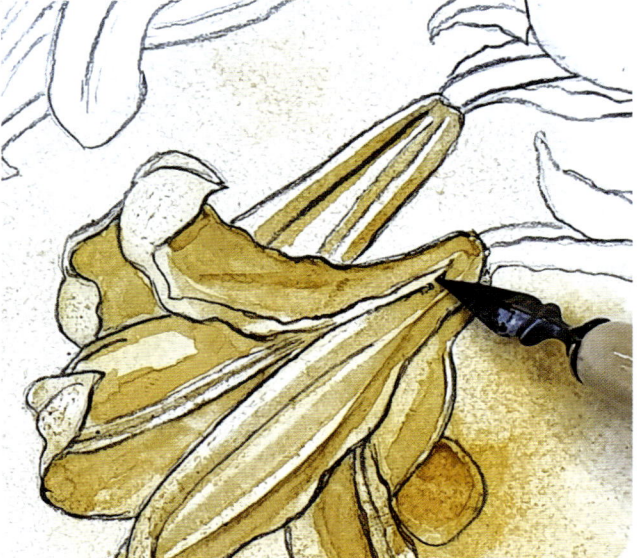

Finally, go over the outlines using the pen and very dark ink (adding little or no water) to give more strength to the drawing.

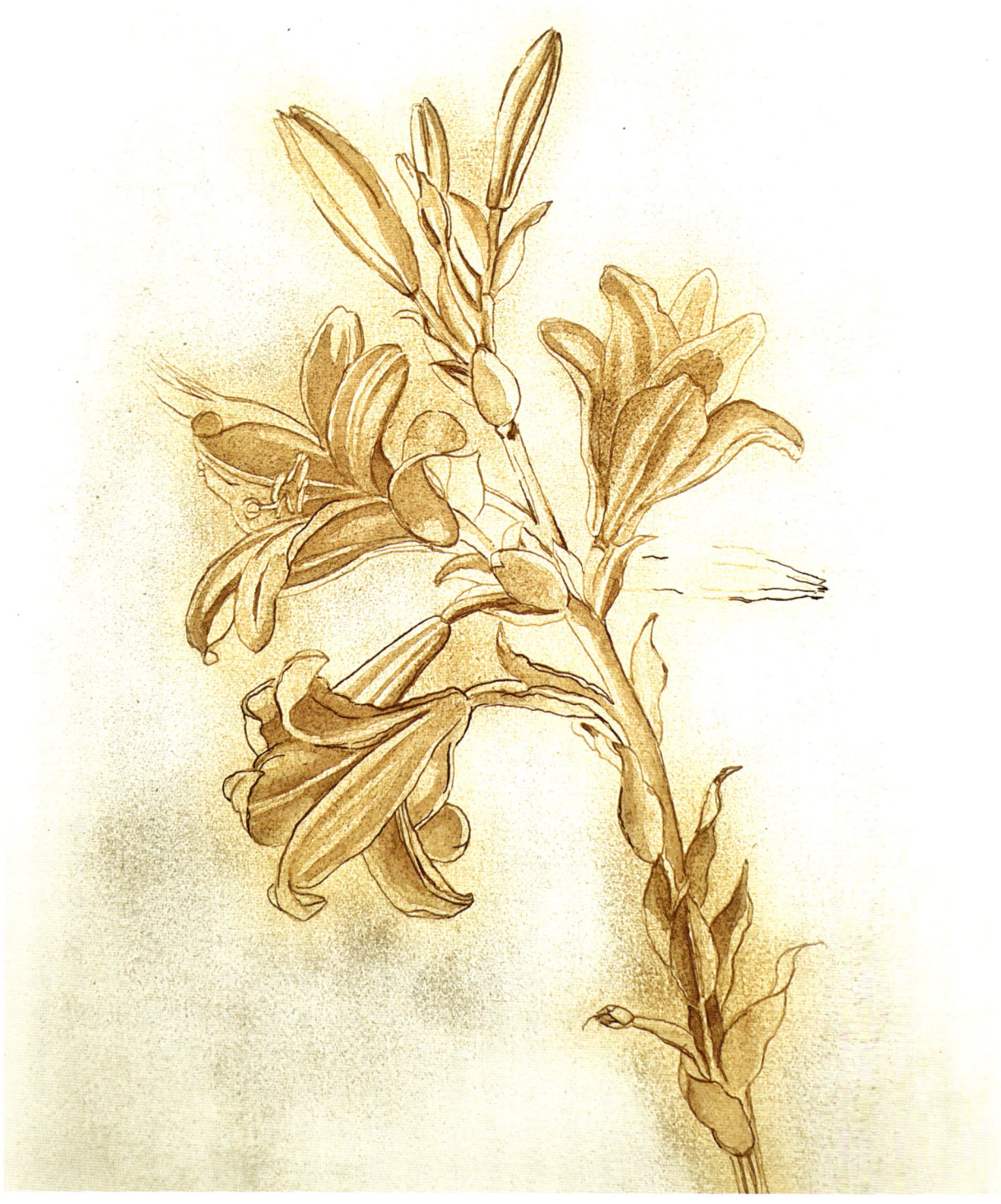

A copy of Leonardo da Vinci's *Study of Lilies*, 1480–85, pen and ink with a wash over charcoal
12¼ × 6¾ in (31 × 17 cm).

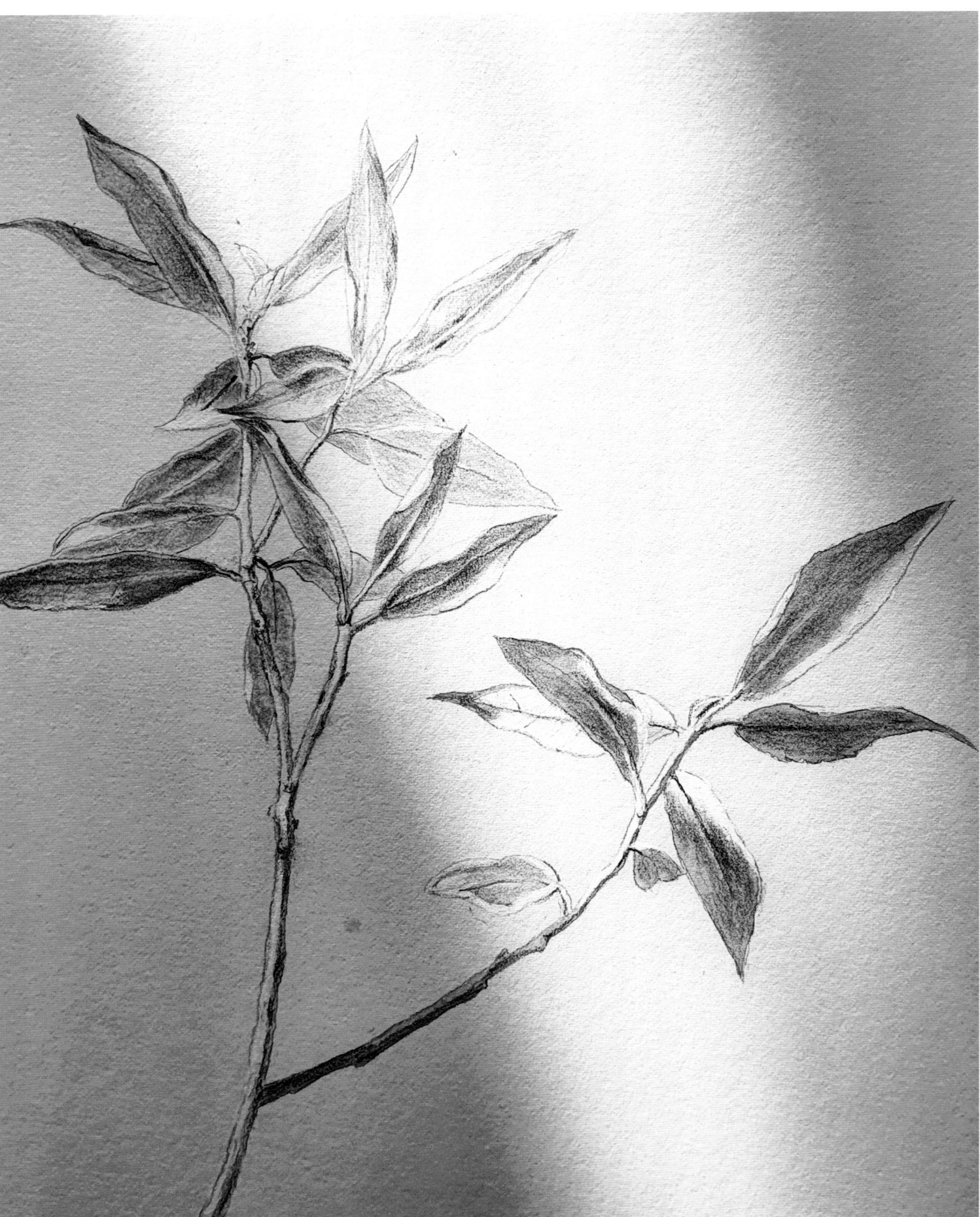

CHAPTER 5

BOTANICAL DRAWING STUDY
IN WATERCOLOR, GOUACHE,
GRAPHITE ON COLORED PAPER

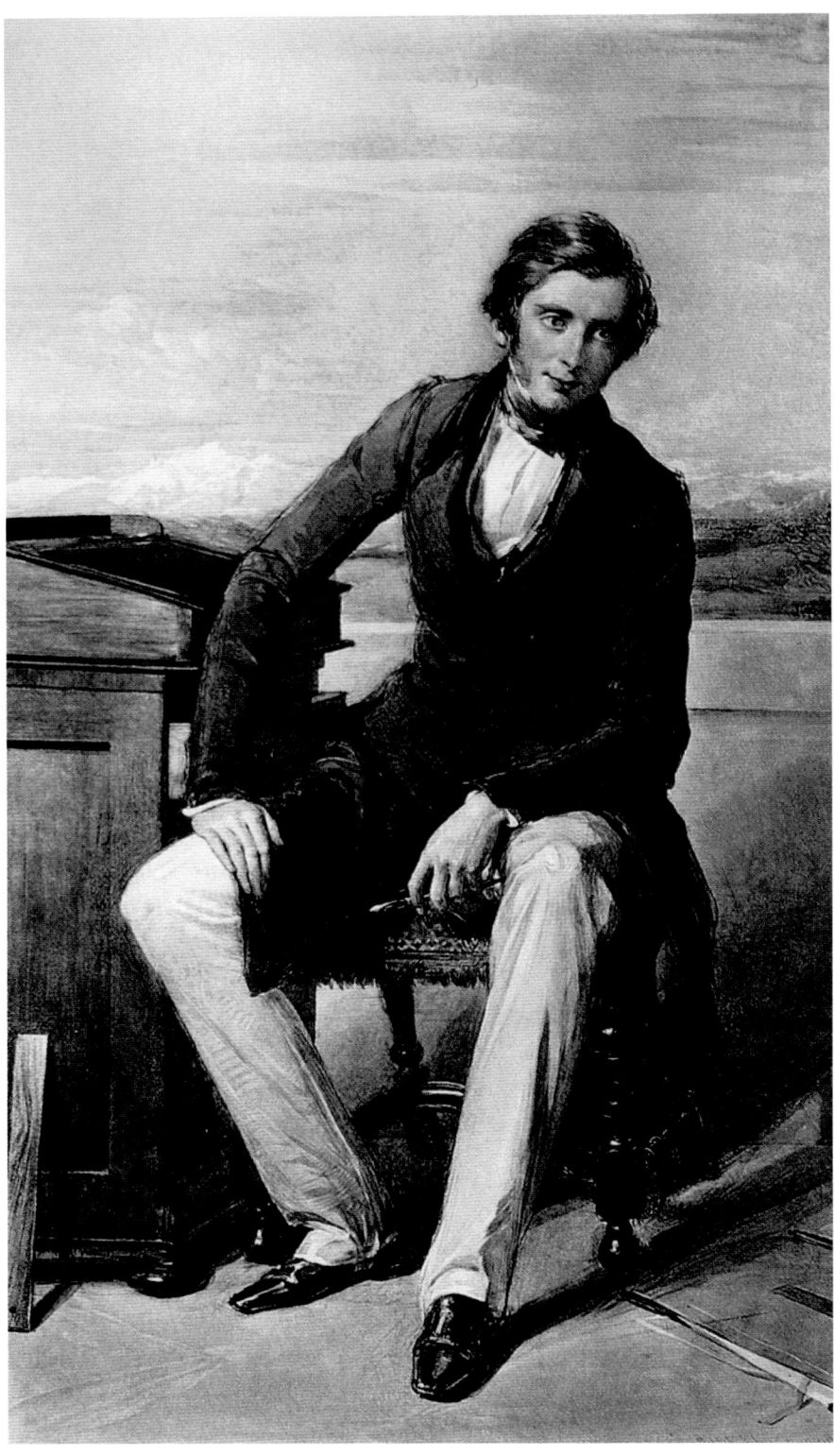

John Ruskin (1819–1900) was one of the most important British art critics of the 19th century. Coming from a wealthy family, he showed an immense interest in literature, drawing, and art very early on. Initially a poet and writer, later he became an art critic too, with revolutionary ideas. The French architect Eugène Viollet-le-Duc (1814–79) had a decisive influence on his work. Ruskin published his most famous work, *The Stones of Venice*, in 1853. A fervent admirer of William Turner, he also supported the Pre-Raphaelite group of painters. He gave drawing lessons throughout his life and wrote about methods of learning art, his teaching being based on rigorous observation of the model or subject. Ruskin founded his drawing school in Oxford and then held the prestigious Slade professorship, which was founded in 1870 for teaching fine arts to students.

The refined olive branch in this study shows great realism, symbolizing the ancestral Mediterranean tree.

MATERIALS:

300g/m² hot-pressed watercolor paper, 4B graphite, watercolors (neutral tint or black, carmine) white gouache, a large, flat brush, a medium brush, a blending stump, water, and a cloth.

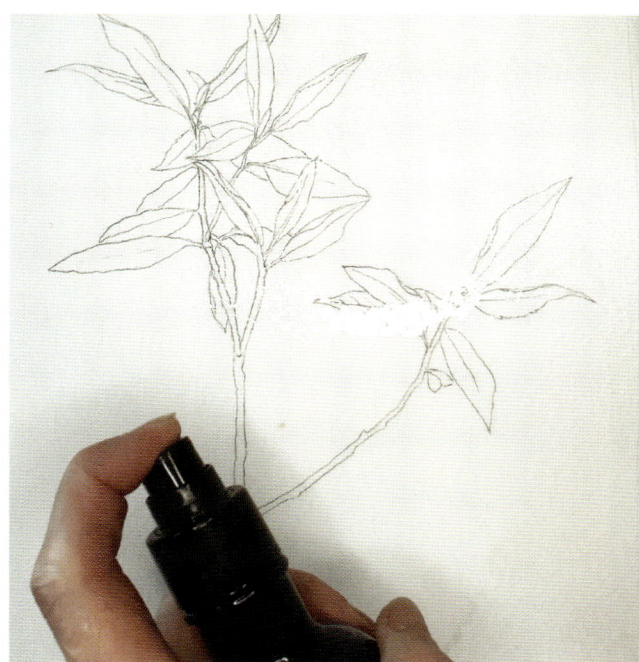

Draw the olive branch or trace the drawing from the line drawing on page 179. To color the watercolor paper, prepare a very large quantity of diluted gray color (a mixture of neutral tint or black with very little carmine). Wet the whole sheet of paper with a spray bottle.

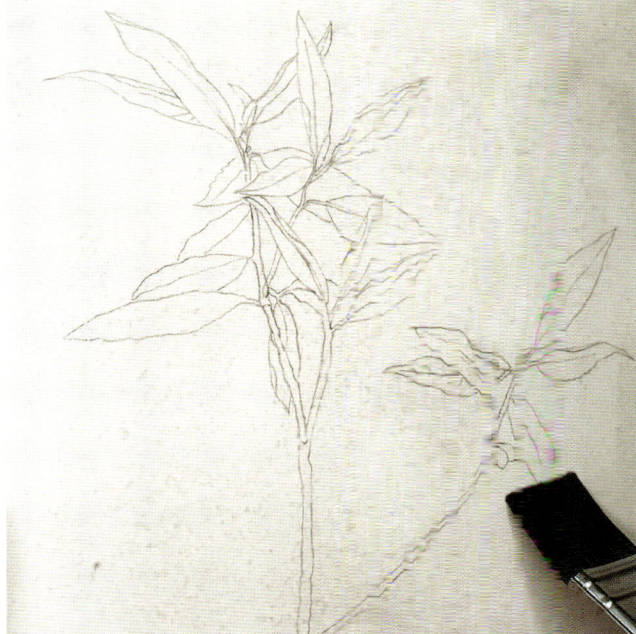

Take a large flat brush and paint a wash of gray over the entire sheet in one go. Let it dry.

Use a 4B graphite pencil to shade the leaves. Press harder on the tip to mark very dark areas.

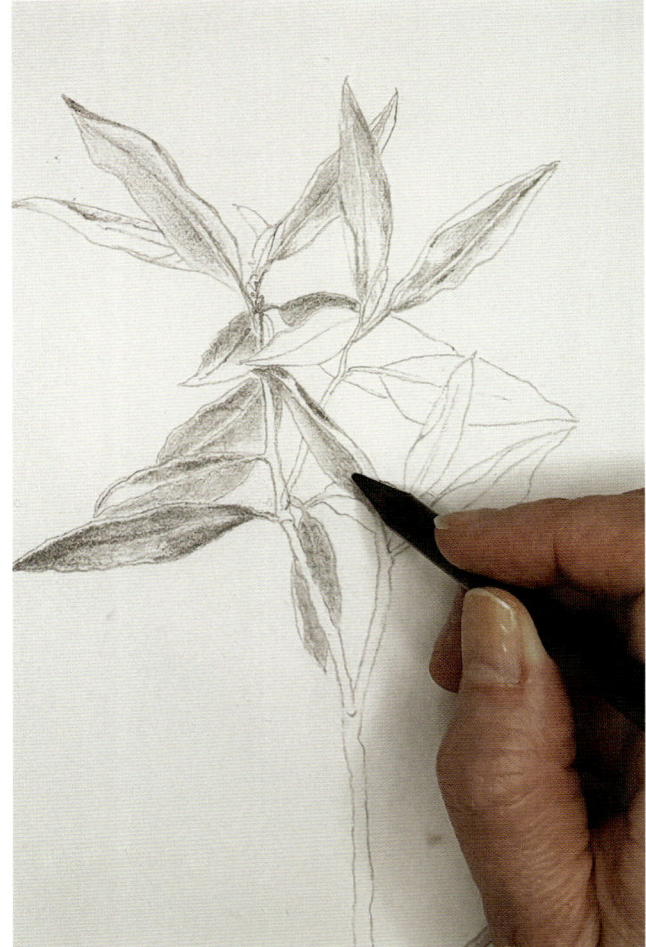

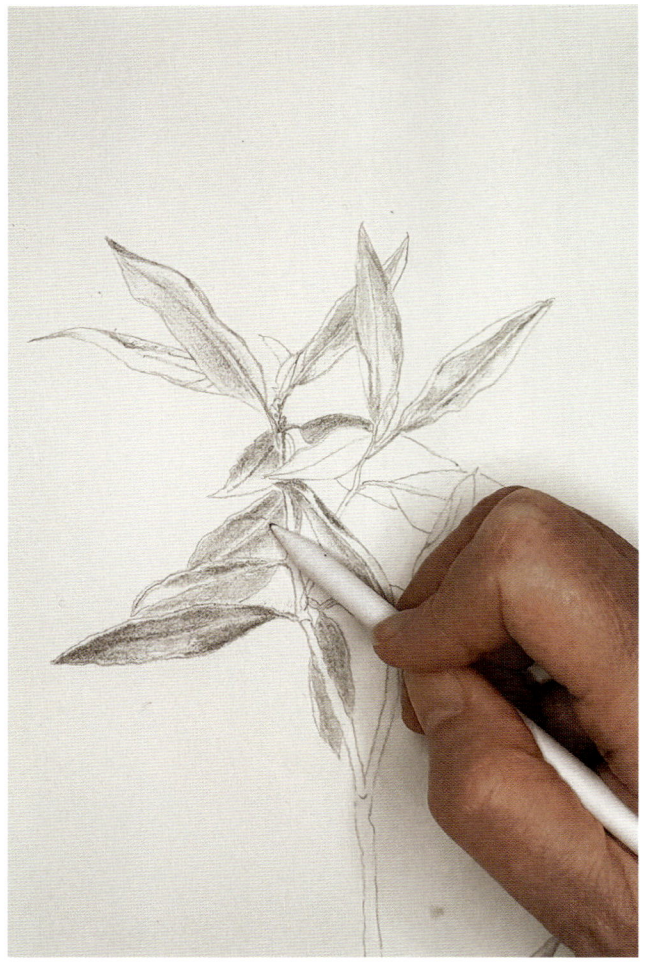

As you work, use a blending stump to smooth the leaves. Be careful, however, not to blend too much, as you need to maintain strength in the drawing while retaining the hatching. Draw the veins by pressing on the graphite pencil.

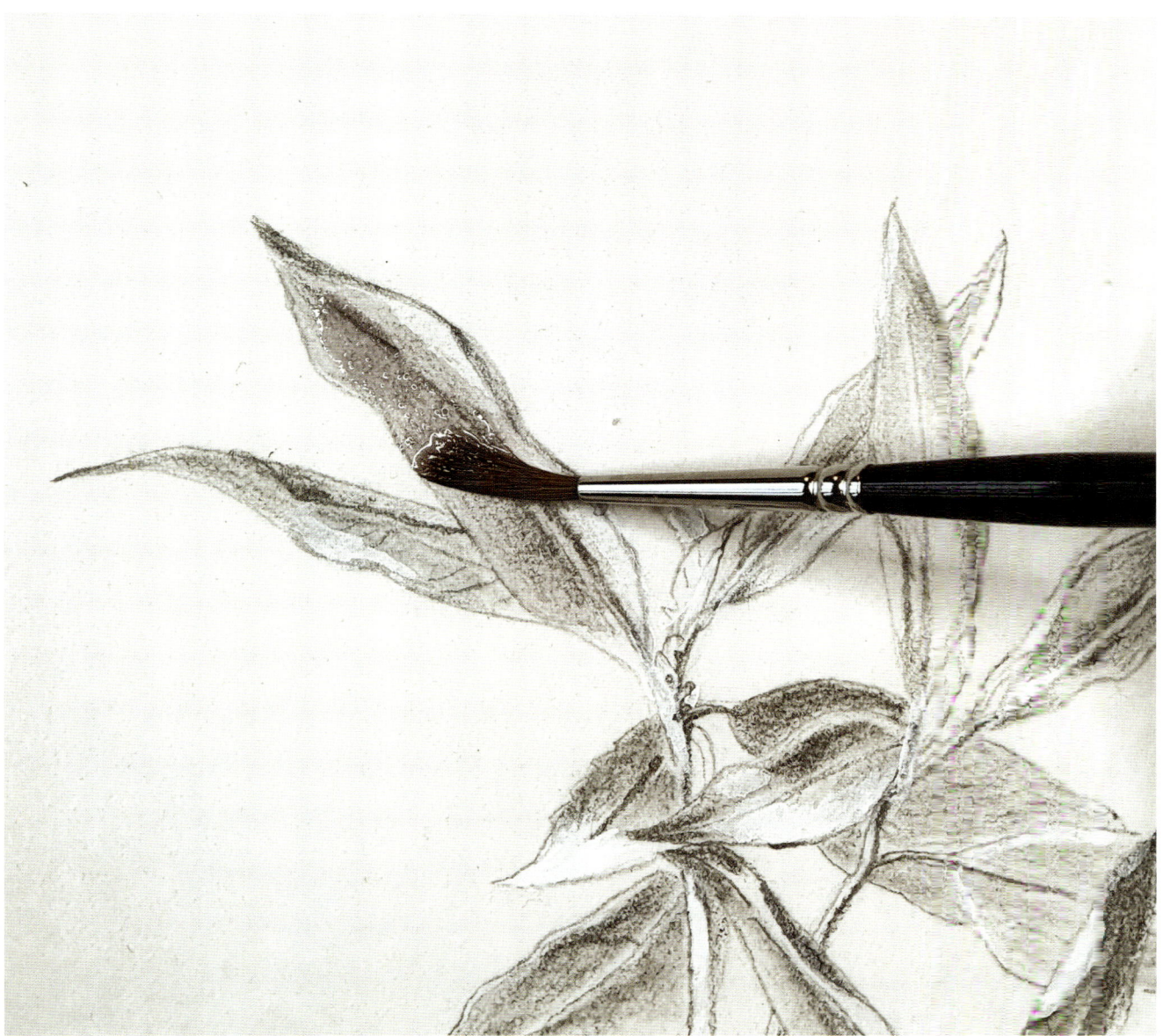

Apply washes of gray to the leaves which mix with the graphite beneath.

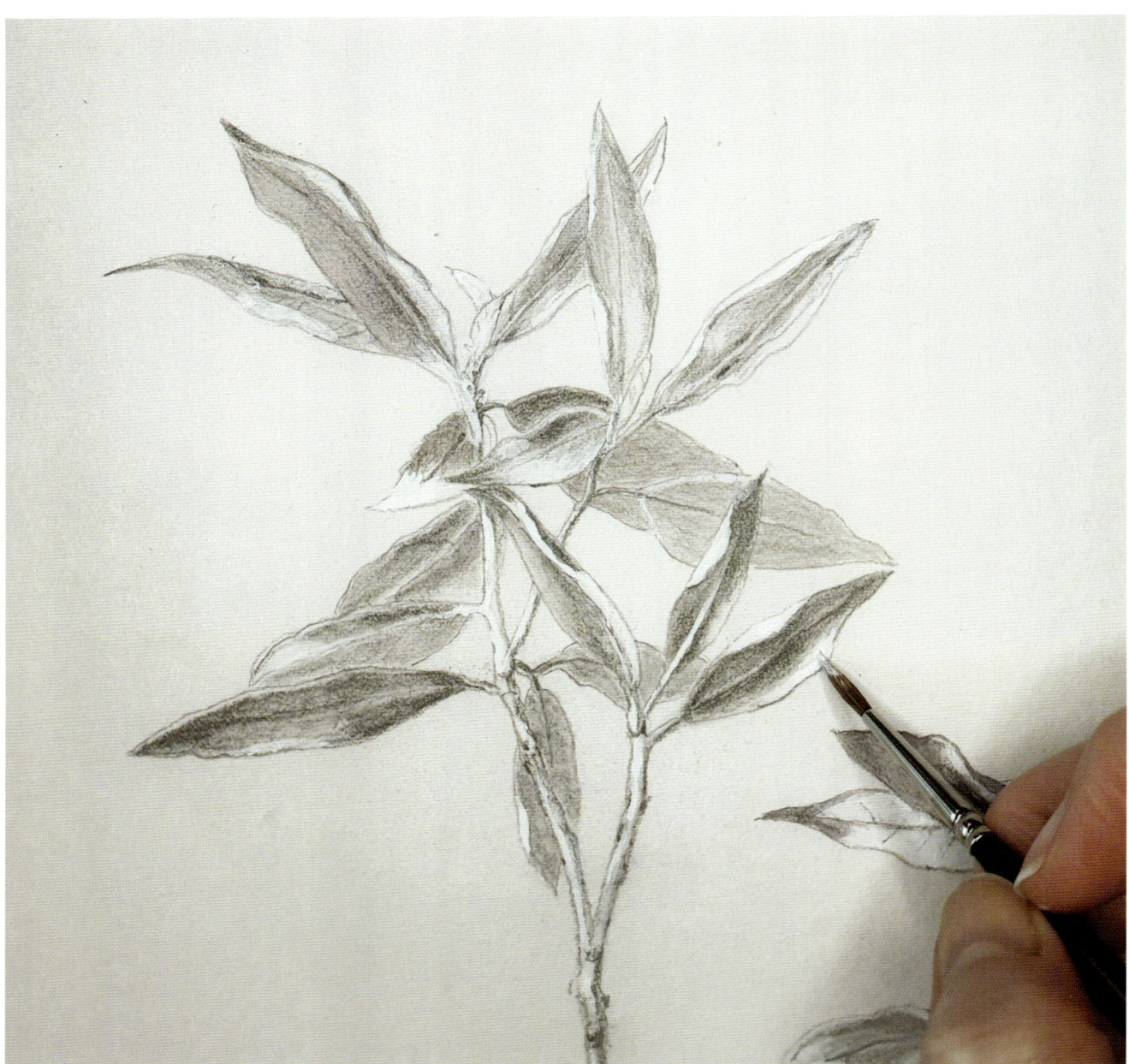

Add white gouache for the light areas.

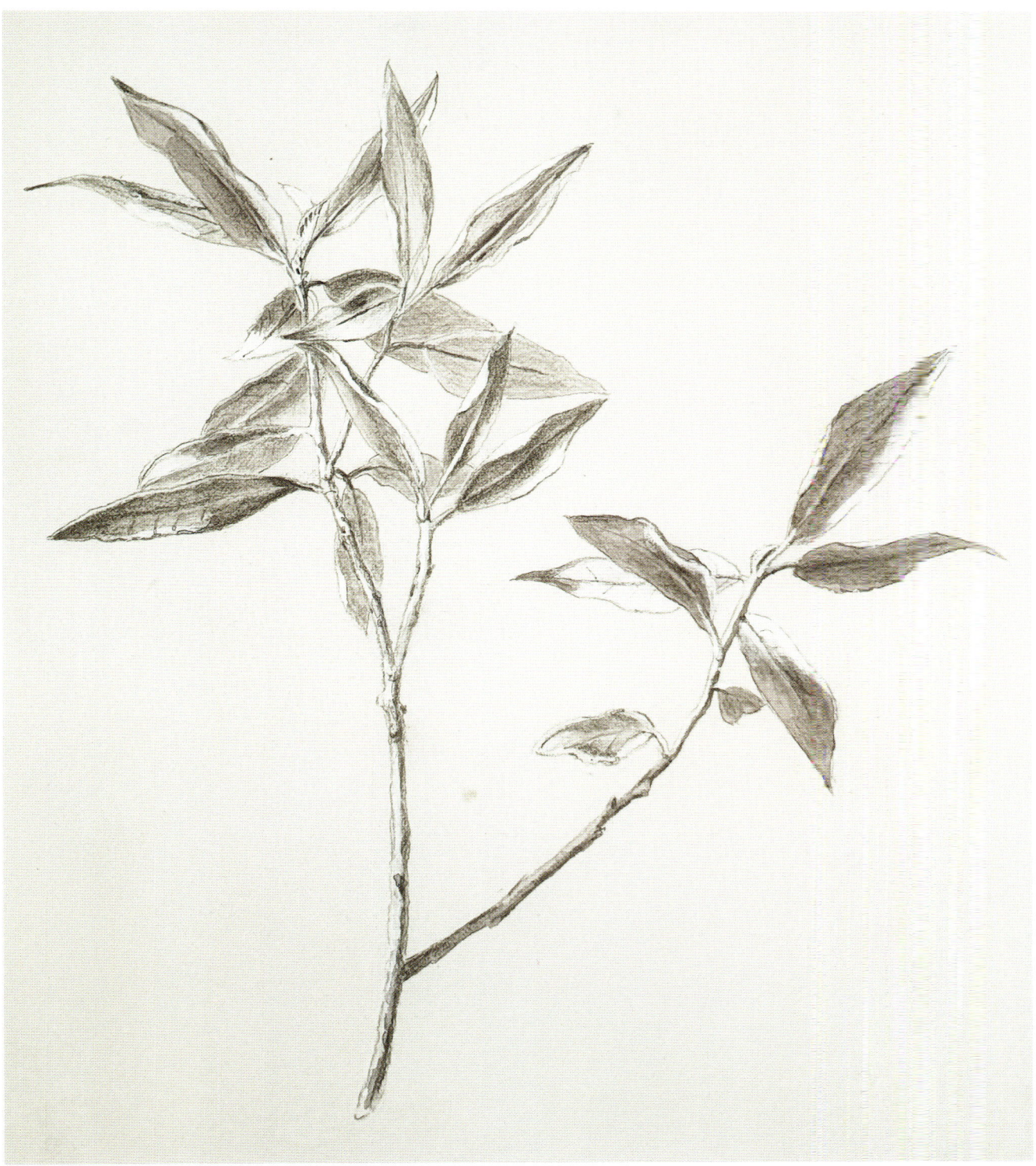

A copy of John Ruskin's drawing *Spray of Olive*, 1878, watercolor, gouache and graphite, 13¾ × 10¼ in (35 × 26 cm)

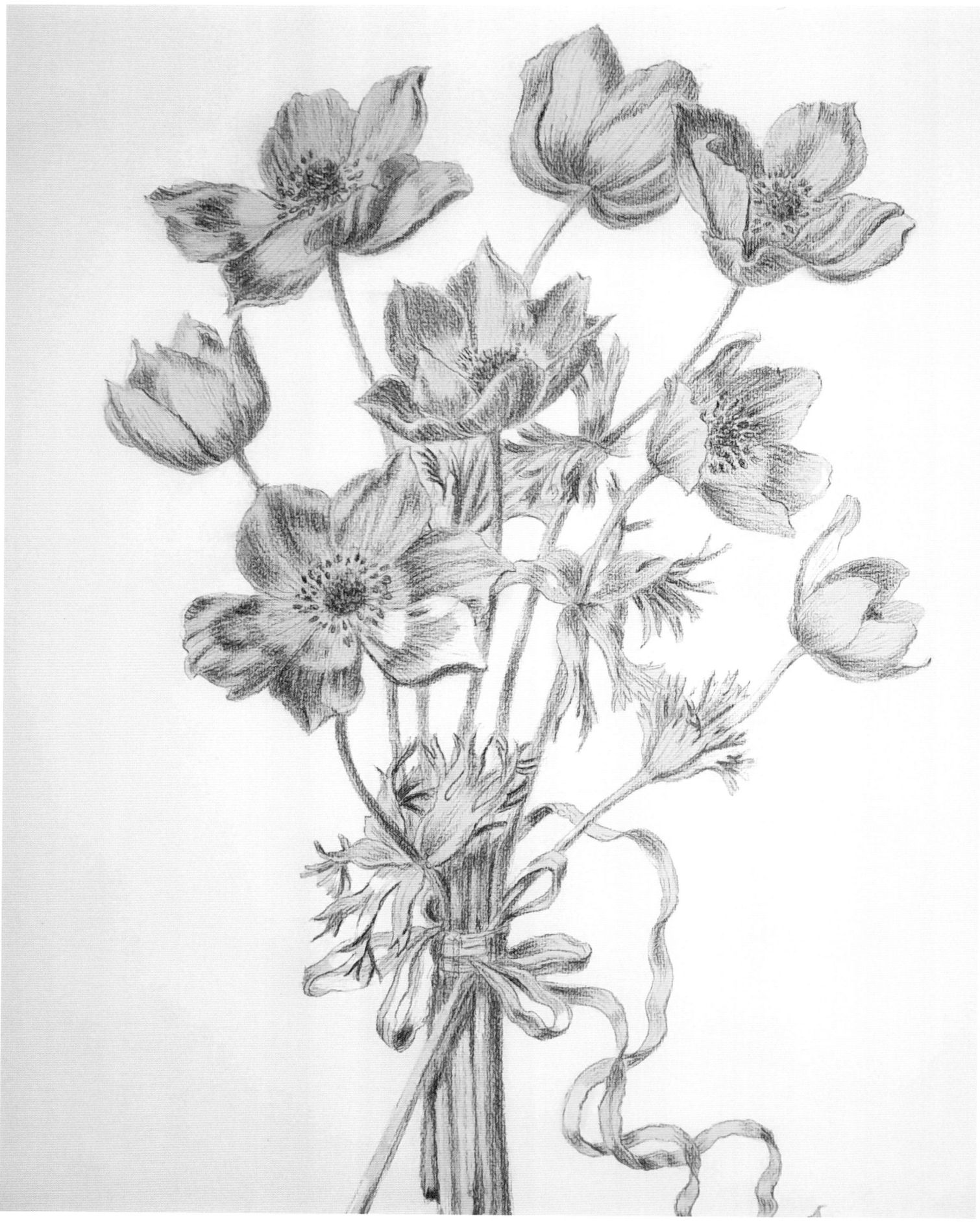

CHAPTER 6

BOTANICAL STUDY WITH RED CHALK

Nicolas Robert (1614–85) was a French botanical painter. Born into an innkeeper's family, little is known about his training but a trip to Italy is documented. He illustrated an original work, *La Guirlande de Julie*, a collection of poems and watercolor flower paintings given to a young noblewoman, Julie d'Angennes, for her birthday by her admirer (and later husband) the Baron de Sainte-Maure. Made famous by this magnificent work, Robert became the painter for Gaston d'Orléans, brother of King Louis XIII, who asked him for paintings of the most beautiful plants in his garden in Blois. After the death of his patron, he was appointed as Louis XIV's official painter of miniatures. He painted the king's most beautiful flowers in watercolor on vellum. and these works formed the core of the vellum collection of the Museum of Natural History in Paris. He also produced a collection of engravings for the Academy of Sciences, *Mémoire pour servir à l'histoire des plantes*, that was published by the royal press.

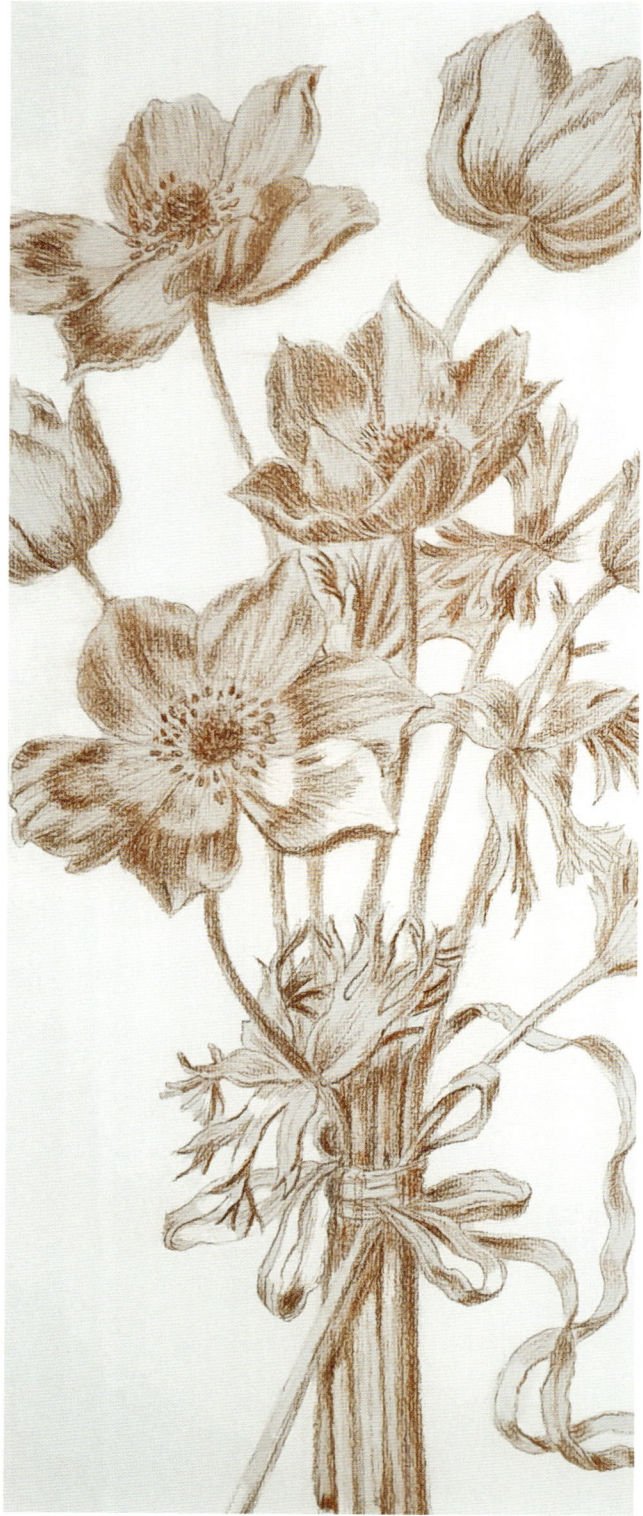

This red chalk drawing is part of a set of flowers that are fairly common in France drawn by the famous painter around 1650 (anemone, narcissus, rose, poppy, lily, primrose, fritillary, etc.)

MATERIALS:

Red and reddish-brown chalk, HB pencil, eraser, cream paper.

Draw the bouquet of anemones with an HB pencil or use the line drawing on page 180.

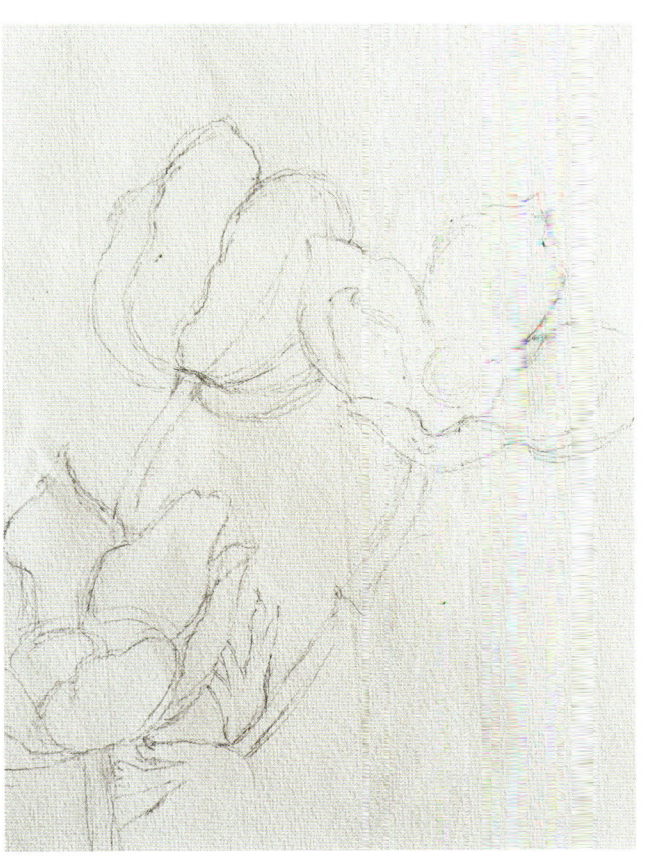

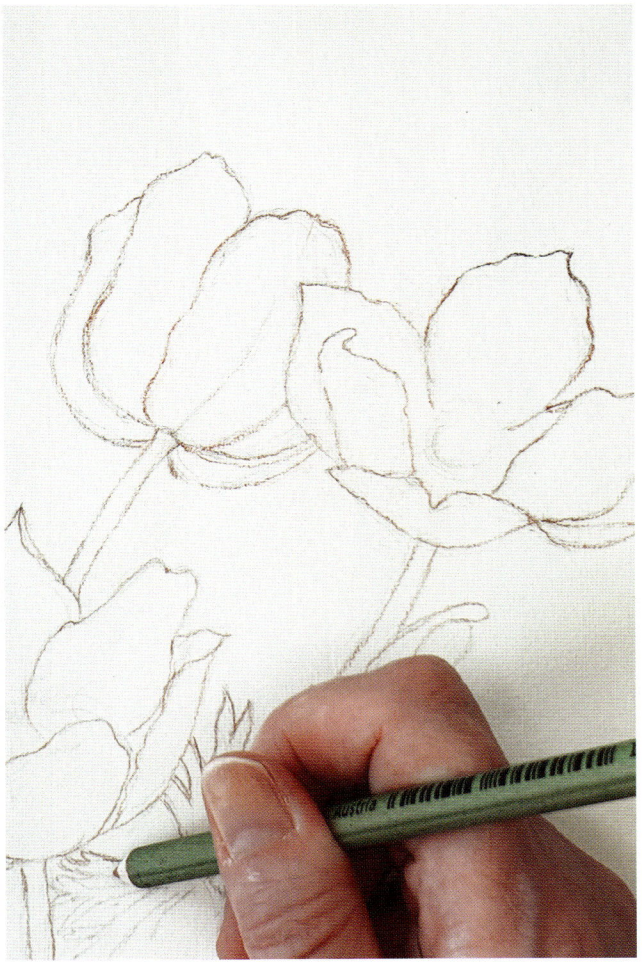

Use the lighter red chalk to go over all the lines.

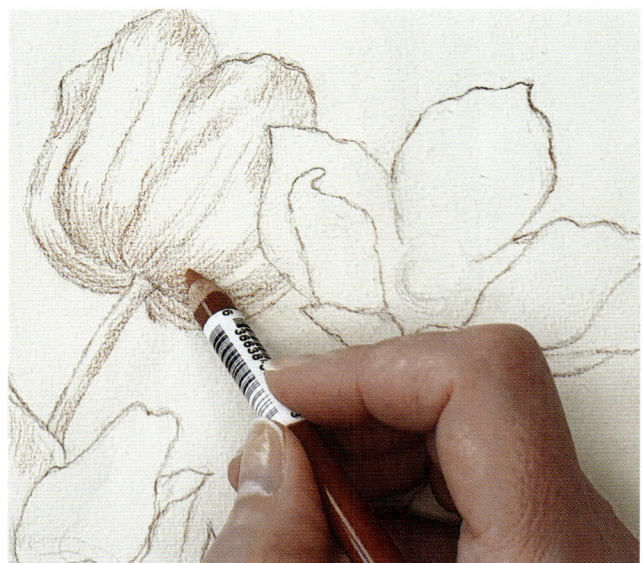

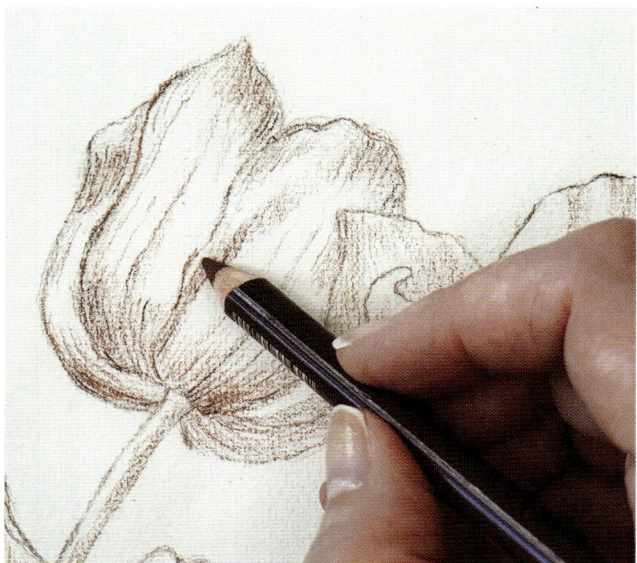

Start shading with the red chalk, using strokes that follow the undulating shapes of the petals.

Change the red chalk to the brownish-red chalk and add lines to give strength and accentuate the colors and shadows.

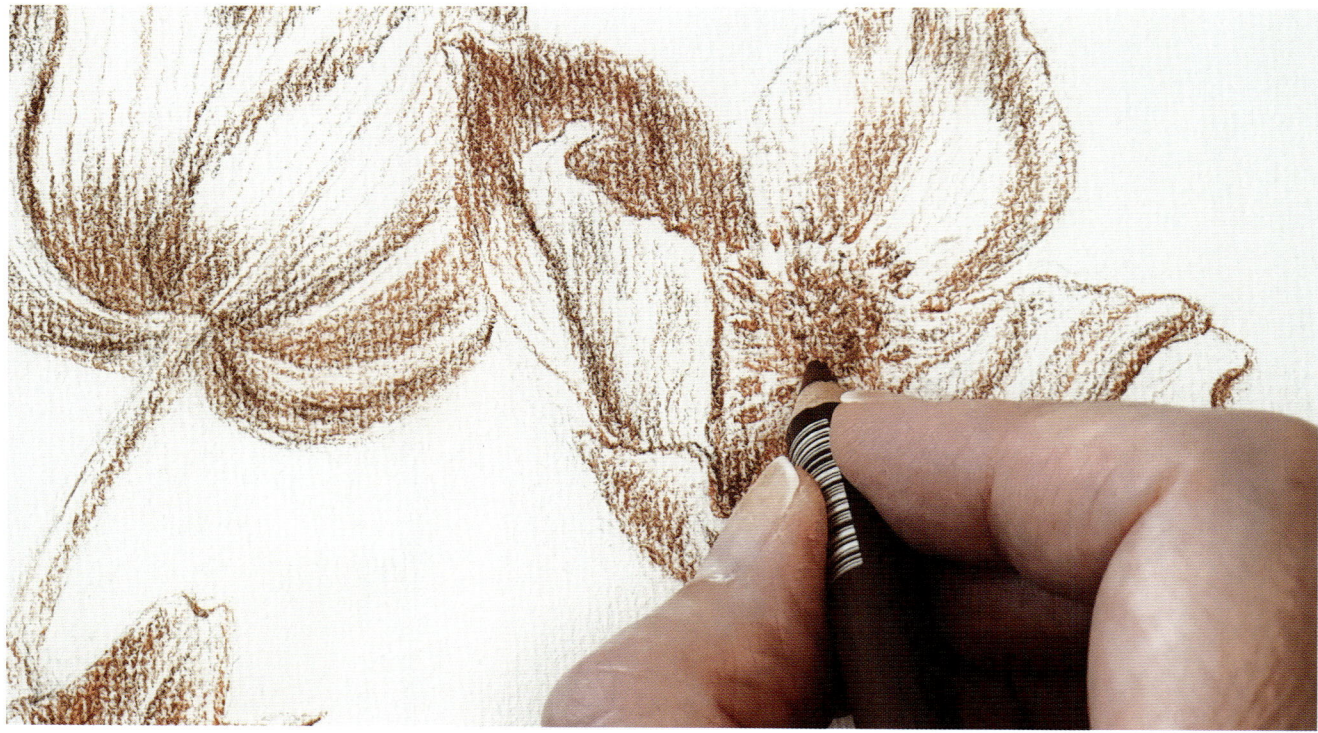

For the stamens, draw them with the brownish-red chalk, pressing more firmly on the tip of the lead.

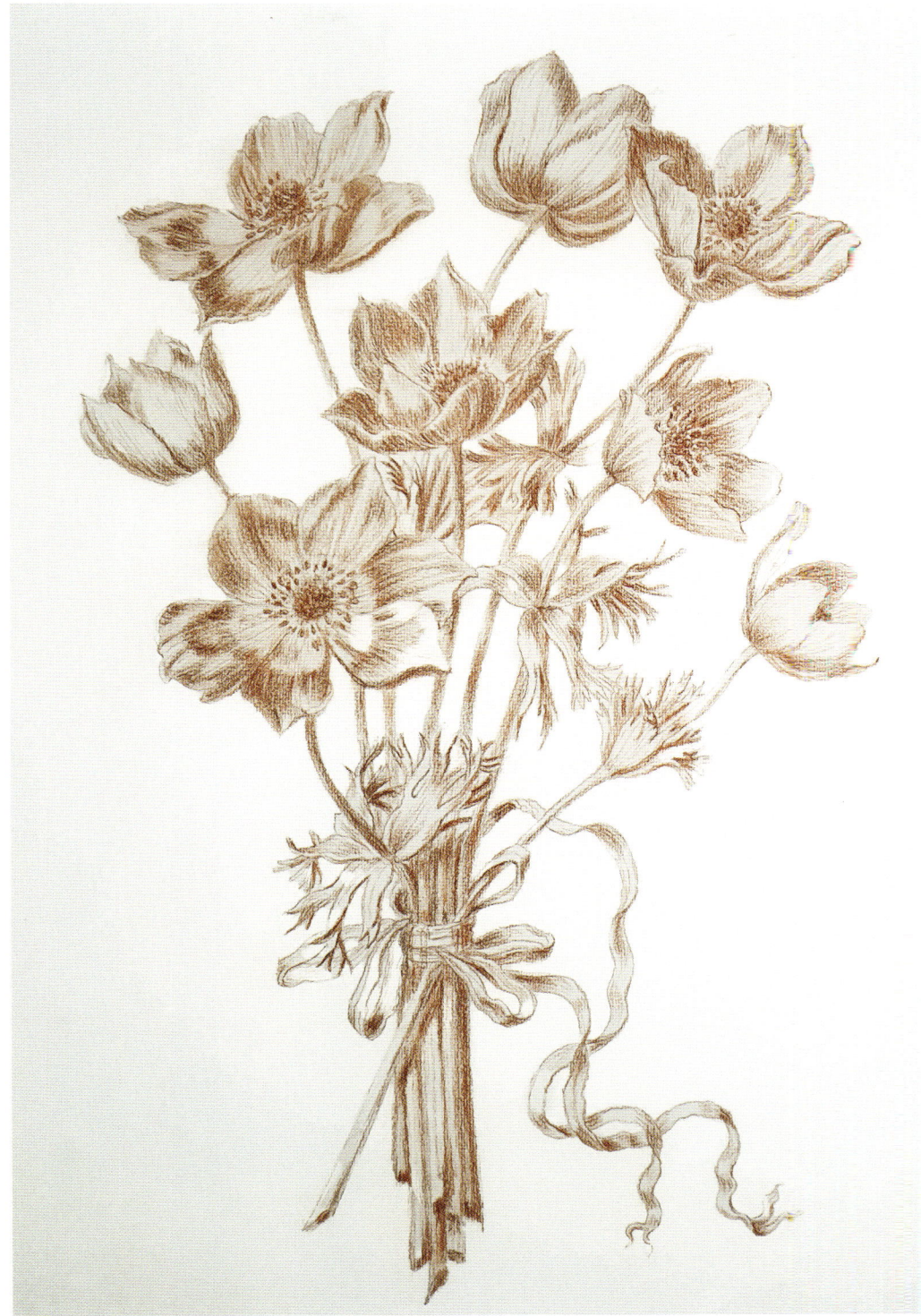

A copy of Nicolas Robert's *Anemones,* from *Drawings of Flowers* by Nicolas Robert, 1650.

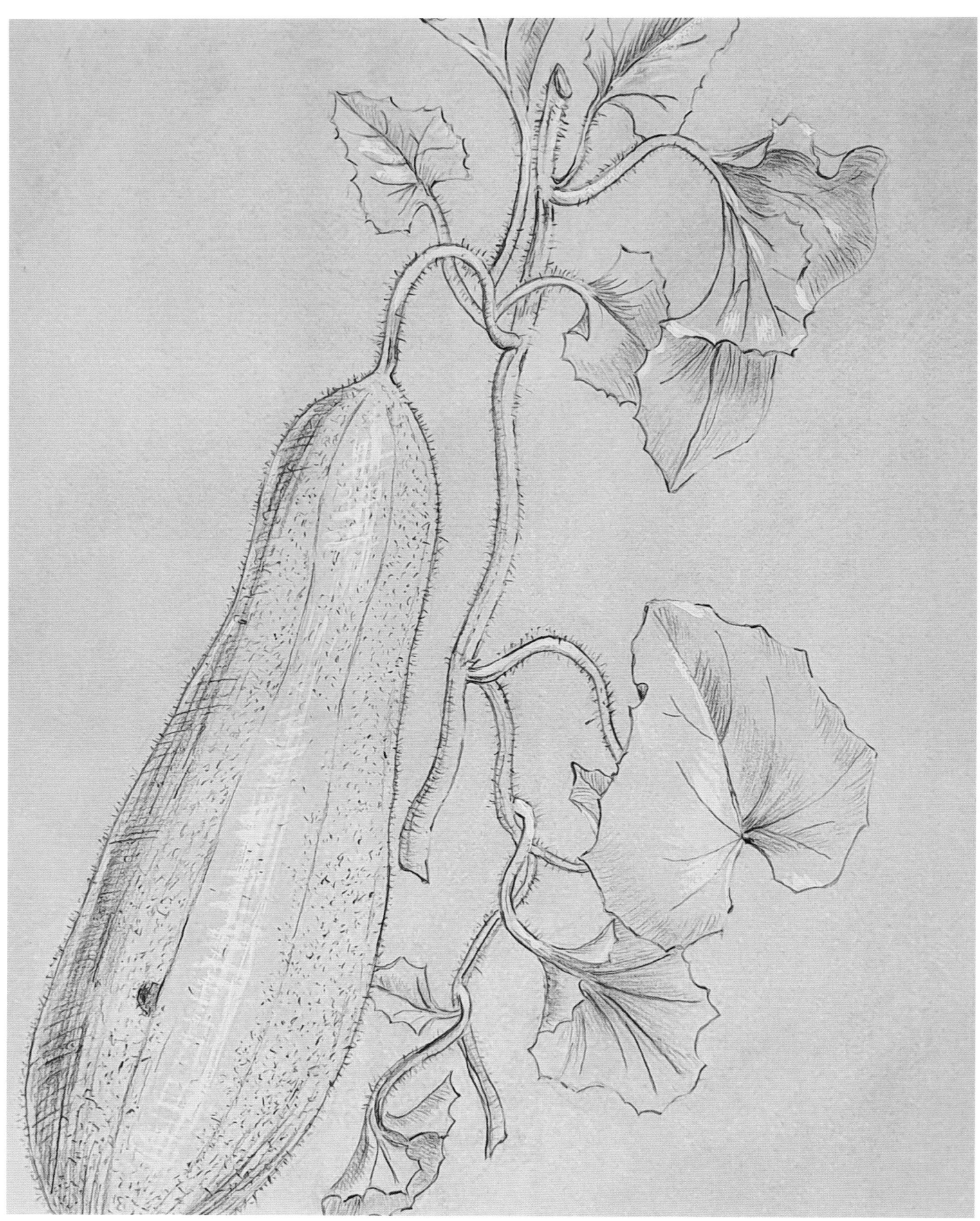

CHAPTER 7

BOTANICAL STUDY IN GRAPHITE PENCIL
AND WATERCOLOR HIGHLIGHTS

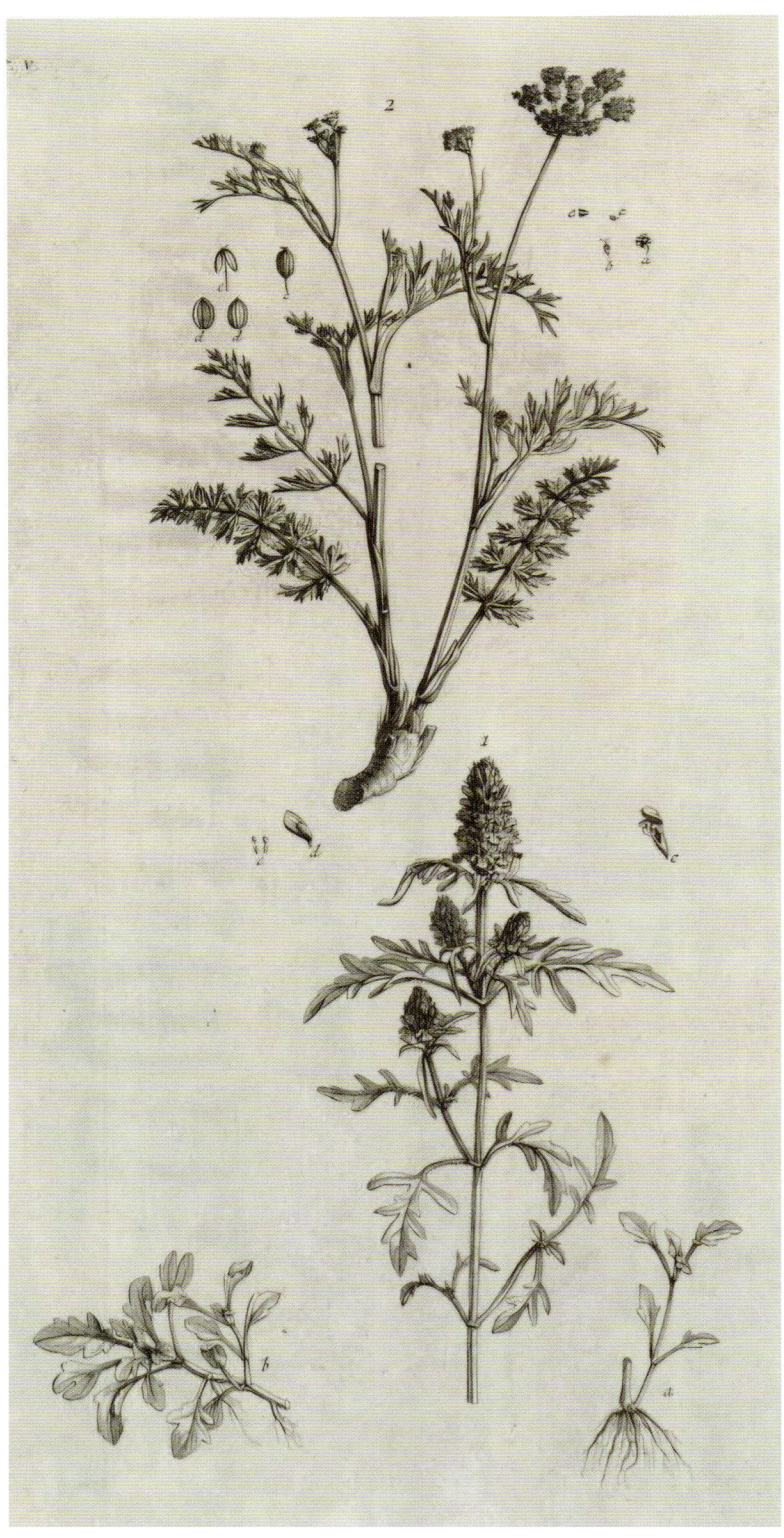

Claude Aubriet (1665–1742) was born in Châlons-en-Champagne (formerly Châlons-sur-Marne). As an adult, he was hired by Nicolas Joubert in Paris to work on royal vellums (watercolor flower paintings on vellum commissioned by the King of France, hence their name). He caught the attention of the botanist Joseph Pitton de Tournefort (1656–1708), whom he assisted with the illustration of his work *Elémens de botanique*. When the scientist left for an exploration trip to the Levant, Aubriet accompanied him. He tirelessly painted the local flora but also the landscapes, the inhabitants of the countries visited in their costumes, and even antiques. His botanical sketches were intended to be completed once the expedition had returned, using the many specimens brought back. During their journey, they encountered many dangers, which forced them to travel with merchants armed to the teeth. Unfortunately, Aubriet caught a malignant fever from which he struggled to recover and the trip was cut short. At the end of his life, he developed an interest in entomology and produced work on the metamorphosis of insects, which sadly he was unable to complete.

For this study of the courgette, Aubriet used a dark pencil line that is quite detailed but whose shadows are barely marked on a yellowish-colored paper. He added the highlights with white gouache.

MATERIALS:

300g/m² hot-pressed watercolor paper, HB and 4B graphite pencil, eraser, watercolors (natural sienna, neutral tint or black), white gouache, a large flat brush, water, and a cloth.

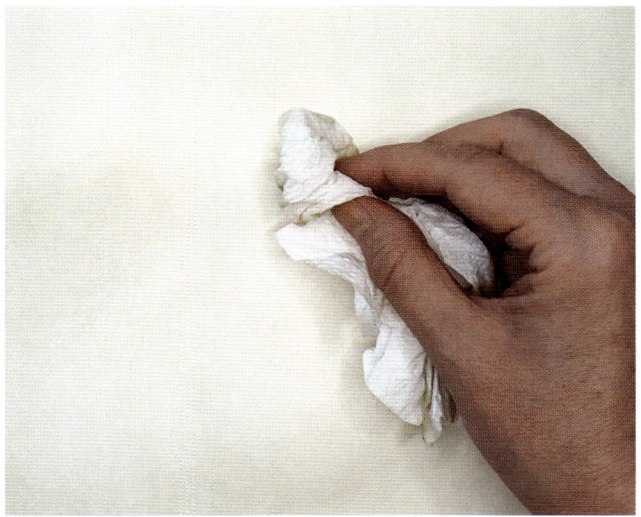

Prepare the paint for coloring the paper by mixing natural sienna and a little neutral tint or black. It must be diluted and in large quantities. After dampening the watercolor paper with a spray bottle, tint the entire paper using the mixture. If the brush shape appears, use a cloth to smooth it. Let it dry. If the background is too light, you can add another layer.

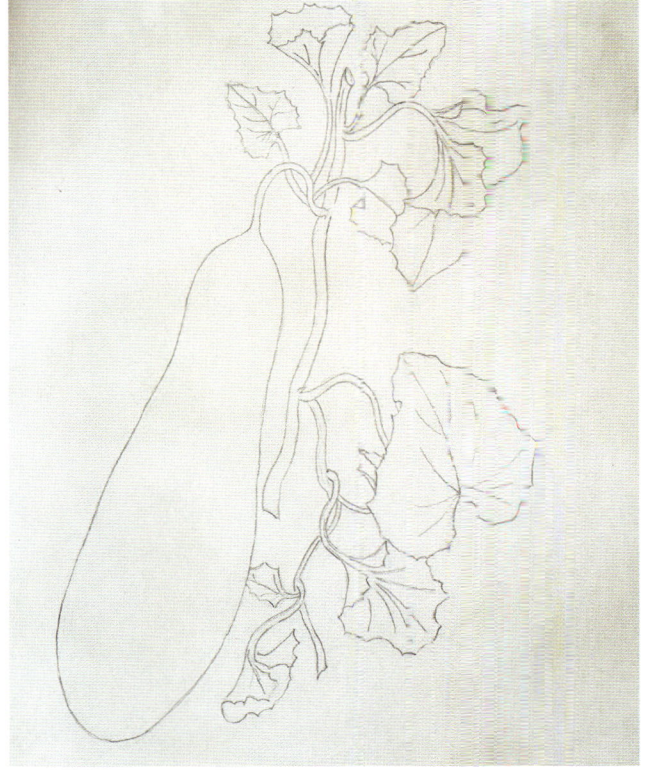

Draw the plant or trace it from the line drawing on page 181 with the HB graphite pencil.

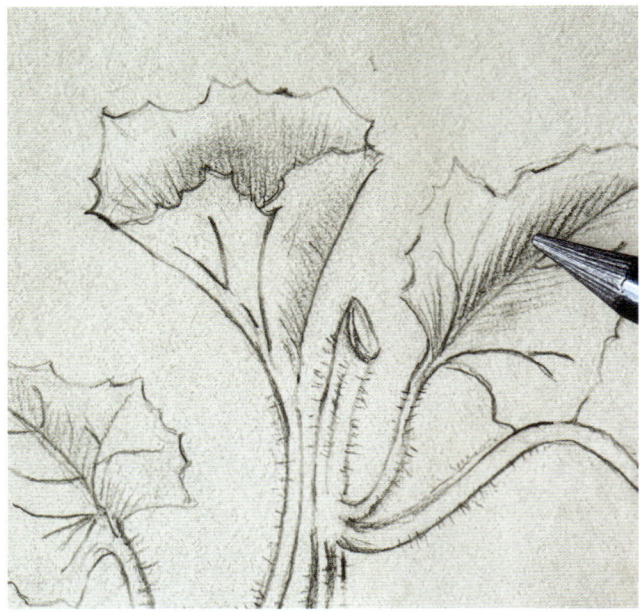

Use very close hatching to shade the leaves.

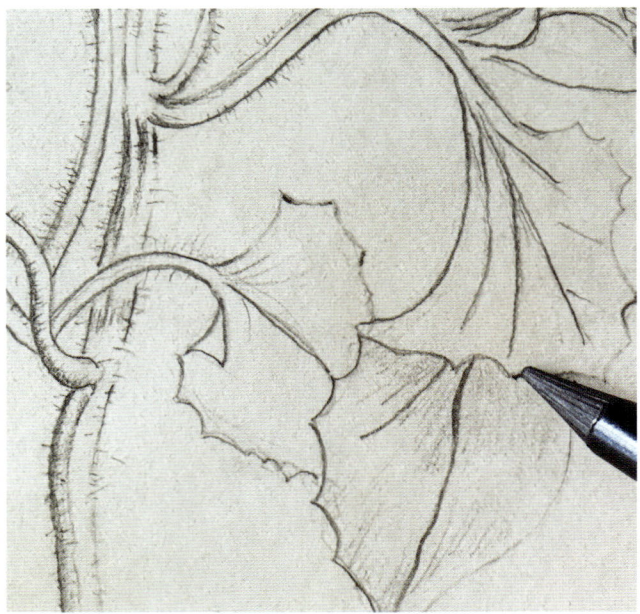

Strengthen the outline to create relief in order to avoid a line that is too regular and monotonous.

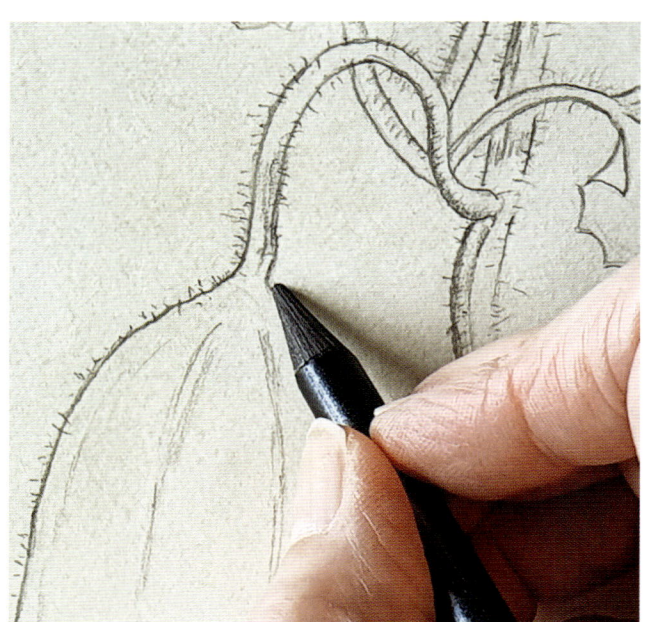

Redefine the courgette.

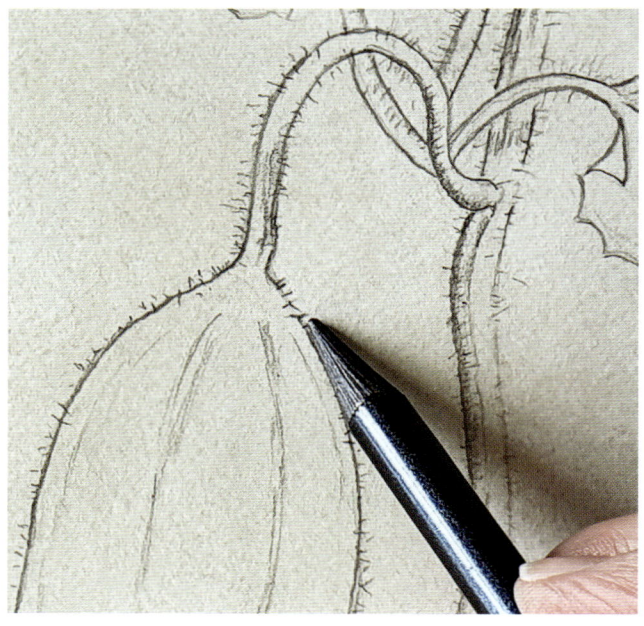

Draw the hairs on the courgette, using either dashes or dots (seen from the side or from the front).

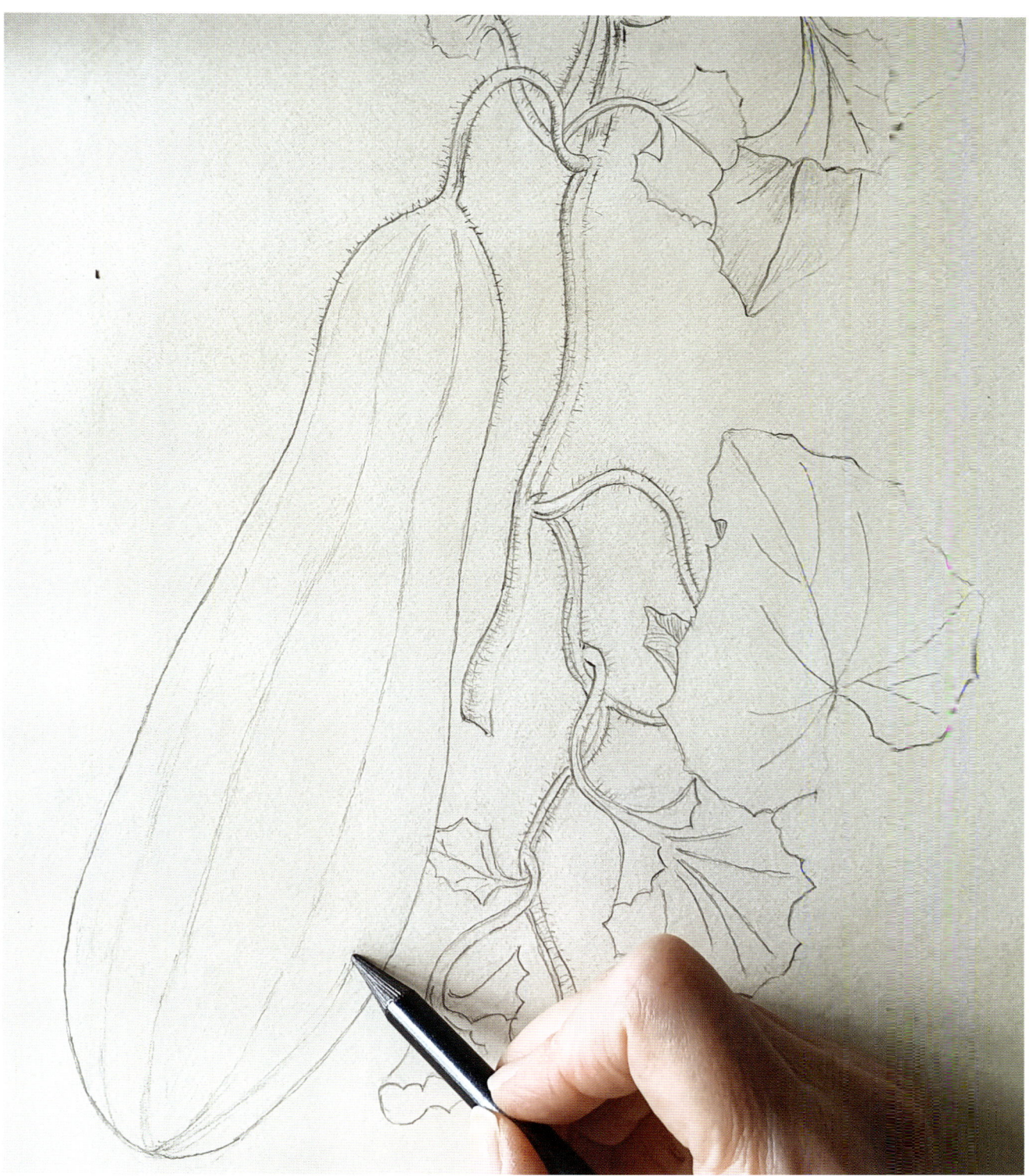

Show the curves of the courgette by reinforcing the lines inside.

Mark the shadows on the left with quite spaced-out hatching and then cross-hatching in the other direction. Add dots and dashes over the entire surface of the courgette except for the highlights.

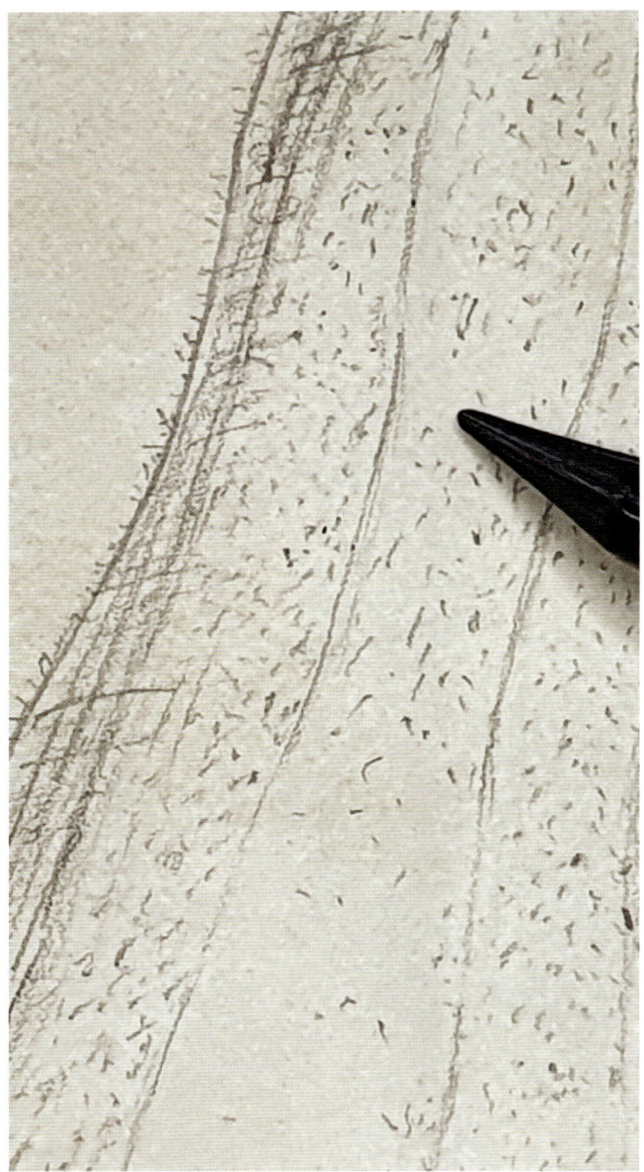

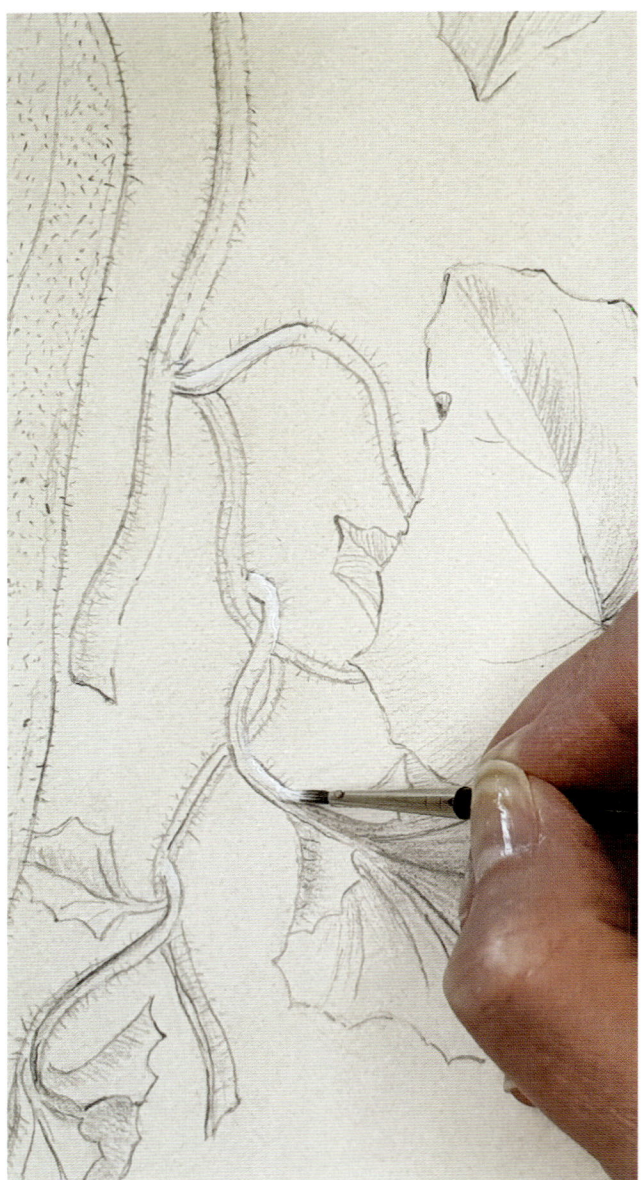

Add the highlights using barely diluted white gouache, covering the relevant areas in a thick layer.

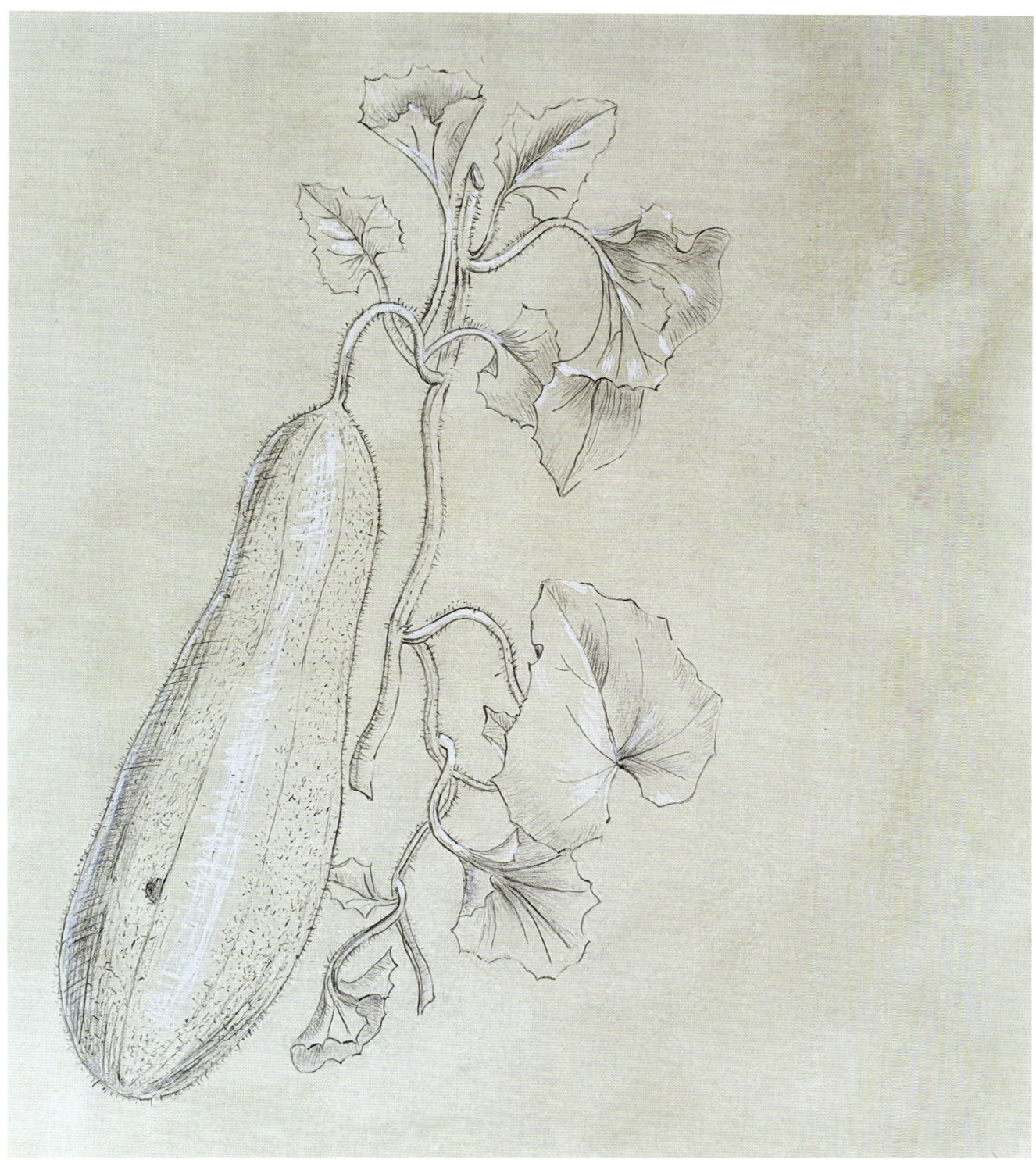

A copy of Claude Aubriet's drawing, *Courgette*, pencil, watercolor, and gouache highlights on paper, *c.* 1700, 12½ × 17¾ in (32 × 45 cm).

CHAPTER 8

STUDY OF FLOWERS, INK WASH AND PEN SKETCHES

MATERIALS:

300g/m² hot-pressed watercolor paper, graphite pencil B, watercolors (natural sienna, vermilion and burnt sienna), a very large flat brush, a medium wash brush, cloth, water, walnut husk or brown ink, an ink pen, water, and a cloth.

After wetting the paper with the spray, apply a very diluted wash of natural sienna mixed with a very little vermilion. Let it dry. Then apply another wash of burnt sienna irregularly, adding color in places to give a moiré (irregular silk) effect. Allow to dry.

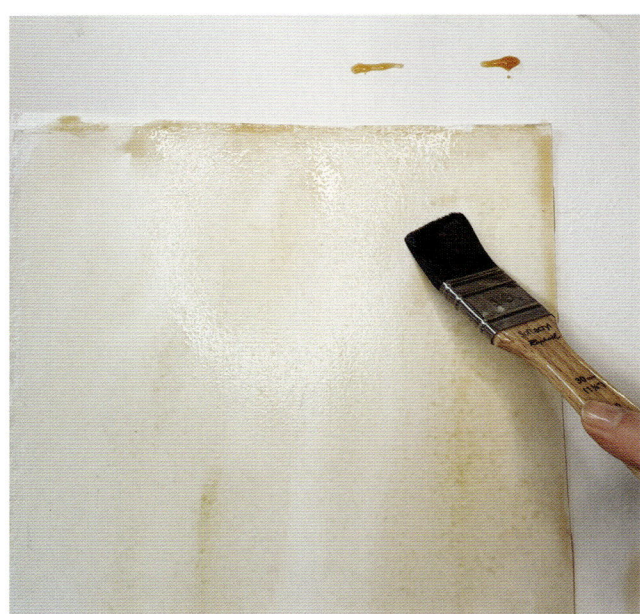

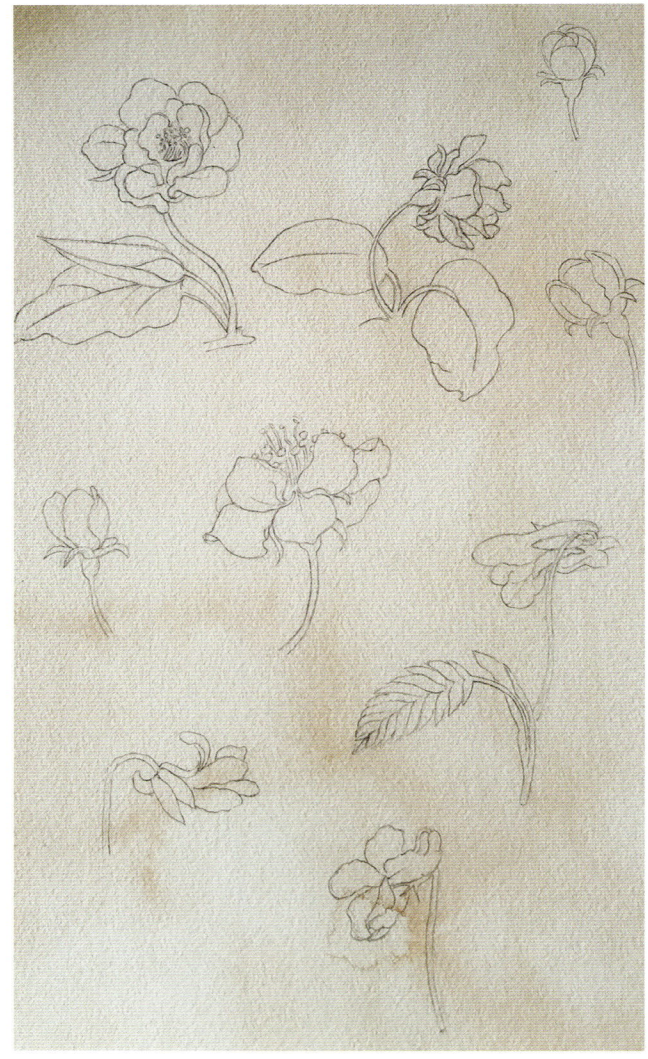

Draw the various sketches with graphite pencil B, taking inspiration from Leonardo da Vinci's drawing. I changed the layout to a vertical format. See the line drawing on page 182.

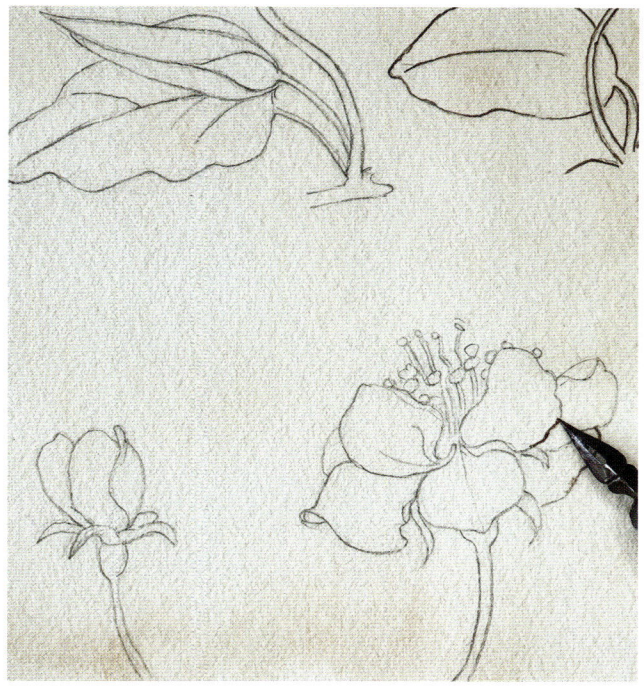

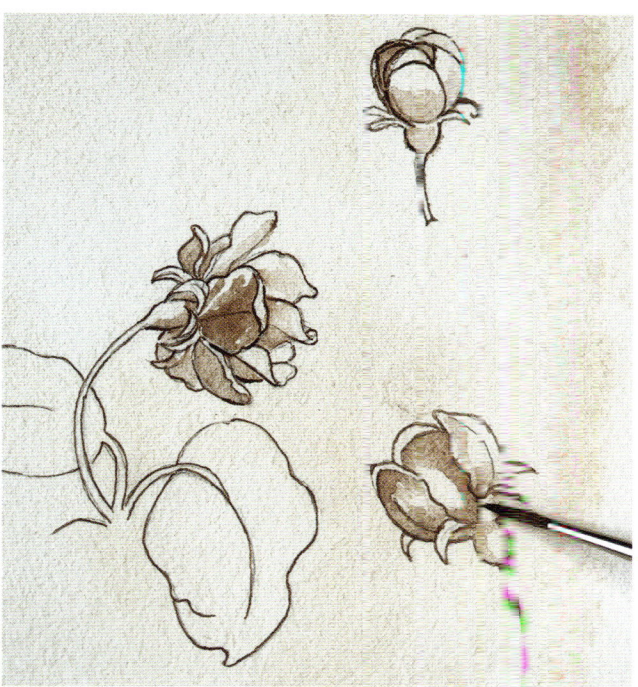

Using brown ink, go over the pencil lines with the pen. Let it dry.

Apply ink wash with the brush to mark the shadows. Redo this several times to darken areas if necessary.

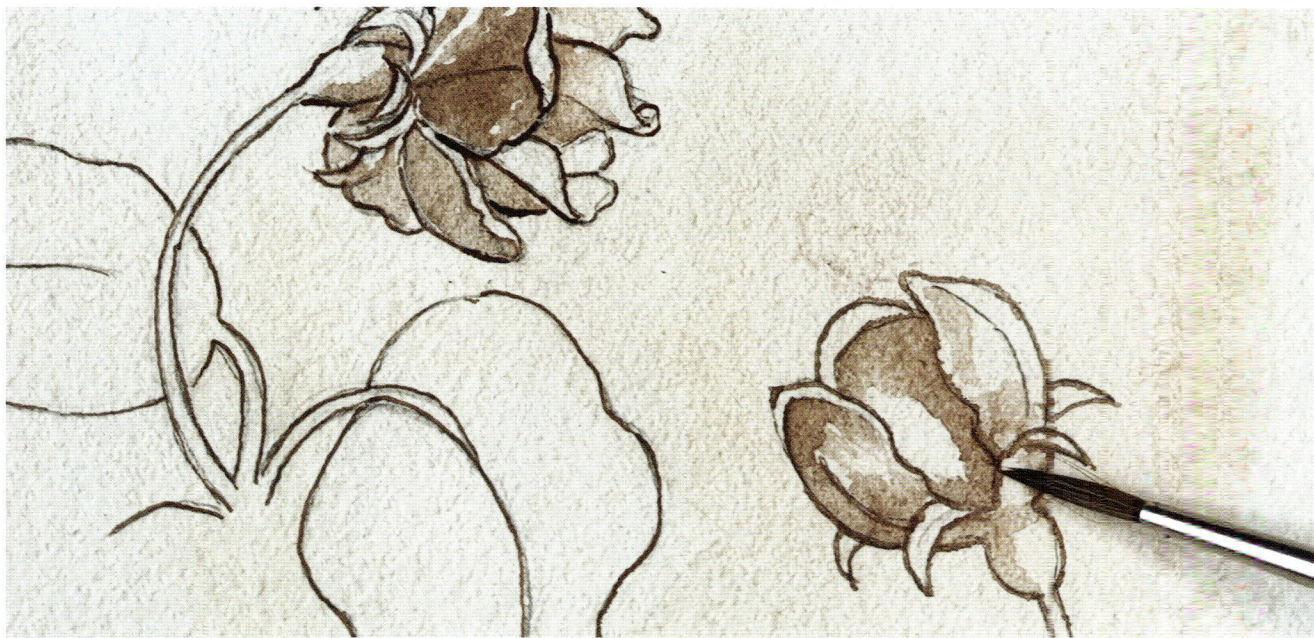

Reapply the ink wash several times to add dark accents if necessary. Make sure the washes dry between applications.

With the ink pen, hatch around the leaves and petals and inside the flowers to give strength.

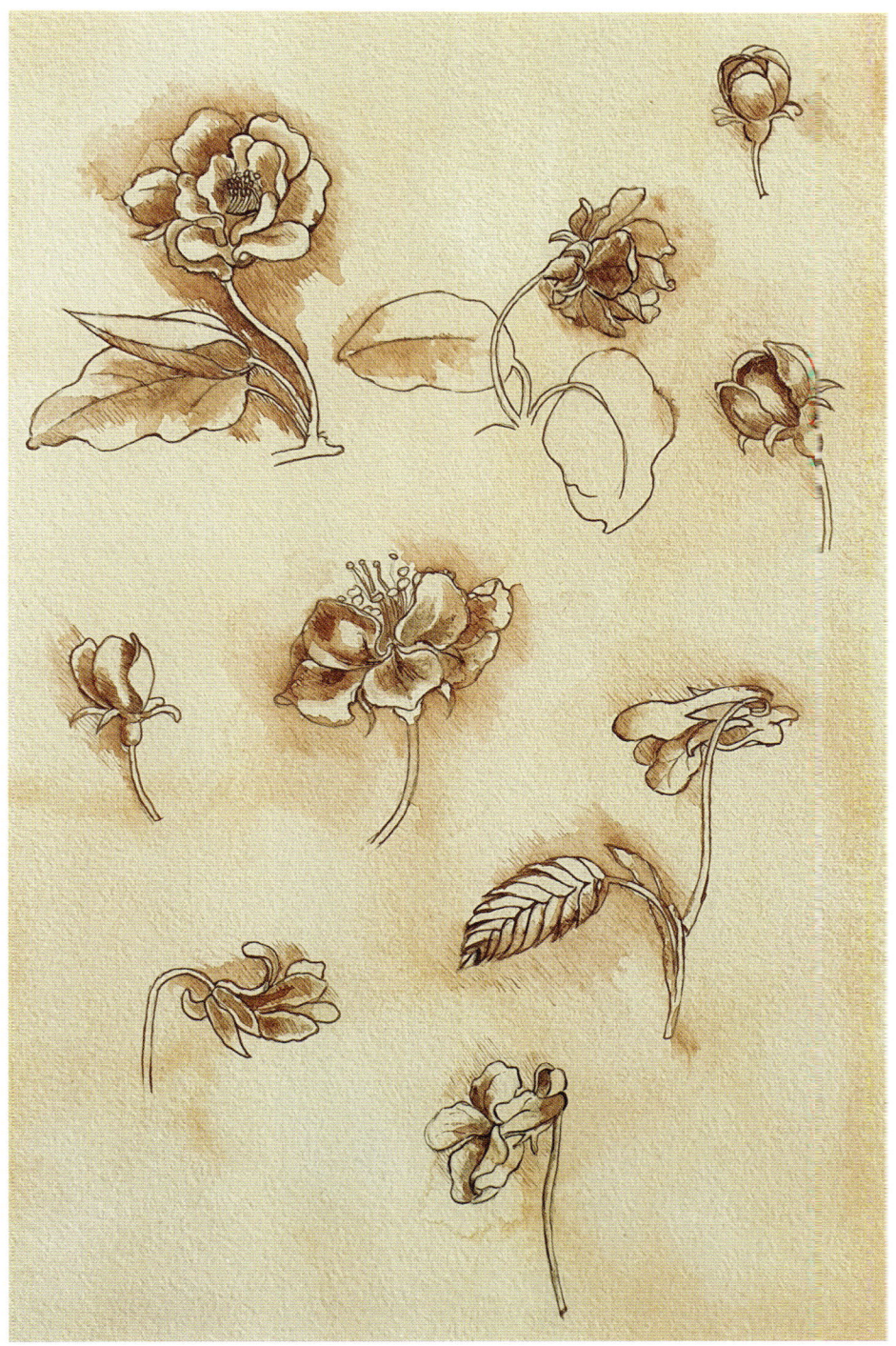

A copy of Leonardo da Vinci's *Study of Flowers*, ink wash and pen sketches
on brown-colored paper, 7 × 8 in (18 × 20 cm).

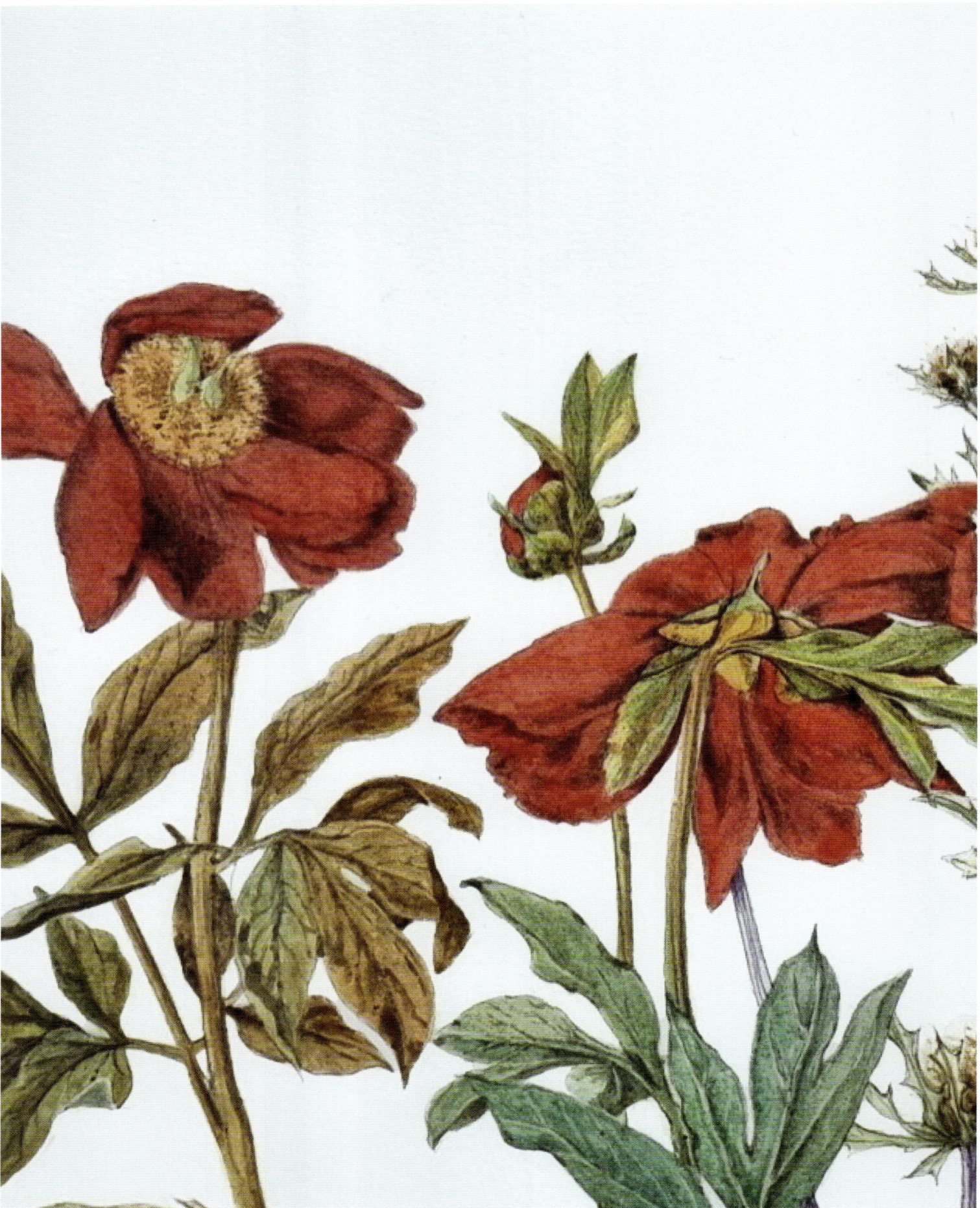

CHAPTER 9

PAINTING PEONIES IN WATERCOLOR

Albrecht Dürer (1471–1528), painter and engraver, was born in Nuremberg, in Germany. His first training took place in the workshop of his goldsmith father. After that, he worked with the painter and engraver Michael Wolgemut. He made numerous trips at the start of his career: through Germany, to Italy where he was influenced by Andrea Mantegna, then later to the Netherlands. He became the official painter to the Austrian Holy Roman Emperor Maximilian I. An exceptional portraitist, practicing all techniques with exceptional talent, Dürer was above all an engraver, from which he drew his livelihood. His drawings are true masterpieces of observations of nature. Also an exceptional watercolorist, he painted the *Great Piece of Turf* which was a botanical study of beauty and unique precision for that time. At the end of his life, he produced technical manuals on art and wrote:

"... life in nature makes us see the truth [of] things. So, look at it with application, direct yourself according to it and do not leave nature for your own pleasure, thinking that you will find better for yourself; for you will go astray. Because art is truly found in nature: he who can extract it through his drawing, possesses it".[1]

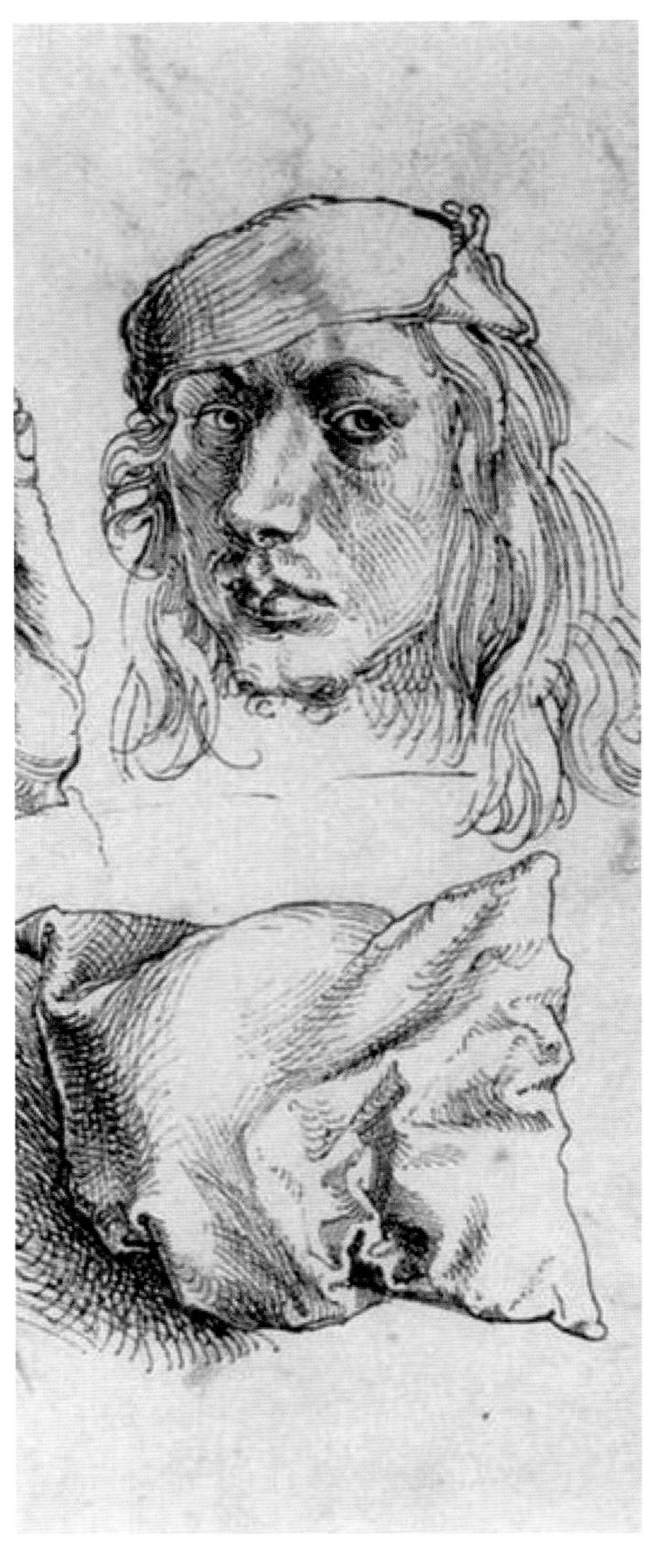

1. *Erforschung und Aneignung des nationalen Erbes-unser Ziel*, in *Bildende Kunst*, H.I, 1953, p.20.

MATERIAL:

300 g/m² hot-pressed watercolor paper, watercolors (new gamboge yellow, vermilion, brown madder or Venice red, natural sienna, burnt sienna, Prussian blue, sepia), a medium and a fine brush, water, and a cloth.

Use the line drawing available on page 183.

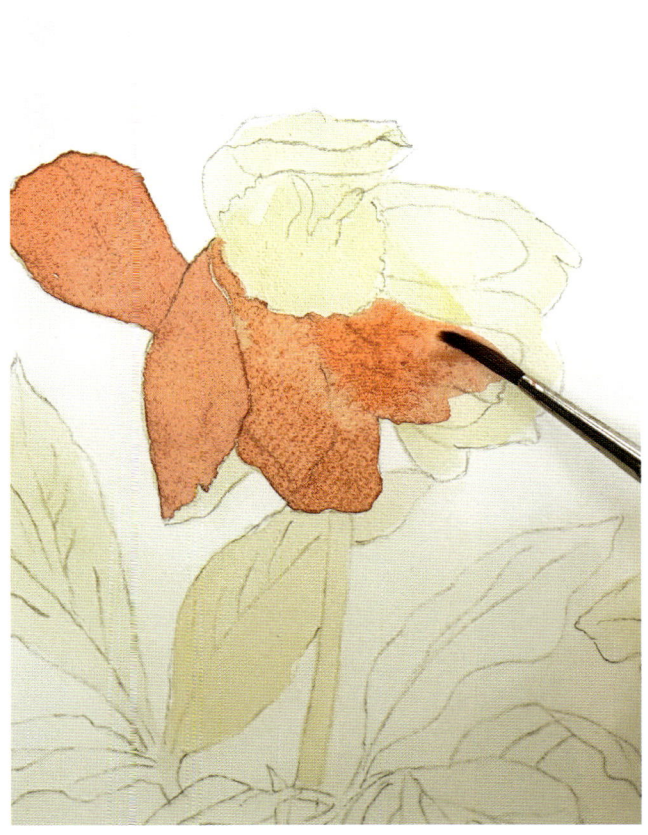

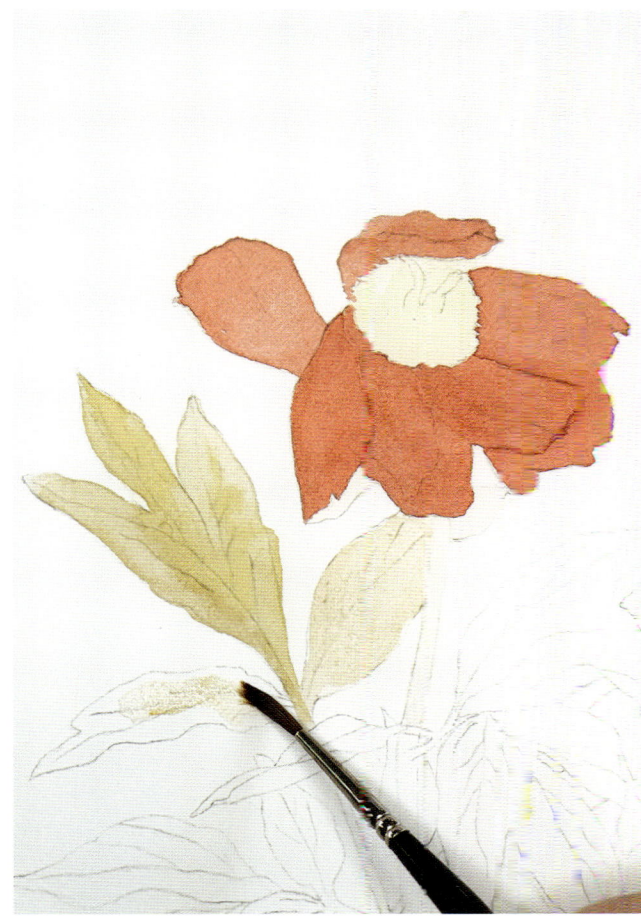

Apply a wash of very diluted new gamboge yellow on the flowers and a wash of natural sienna on the leaves and stems. Let it dry. Then paint the petals with a mixture of vermilion and brown madder. Let it dry. Add another identical wash to accentuate the color.

On the leaves on the left and the stems, apply washes of natural sienna mixed with a little burnt sienna. In the greenish parts, apply a mixture of Prussian blue and natural sienna.

Paint the stamens new gamboge yellow with a hint of red, and the pistil green (Prussian blue and new gamboge yellow).

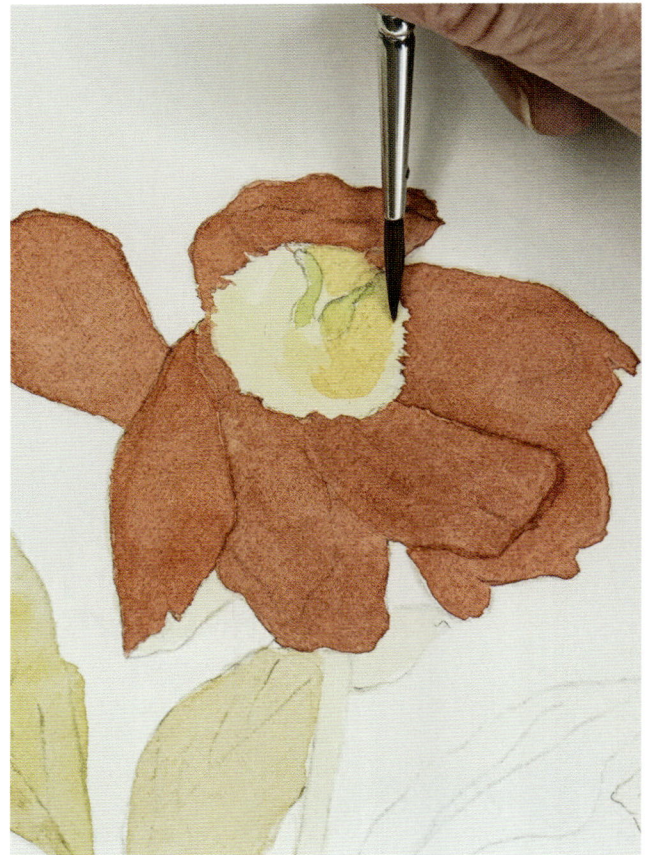

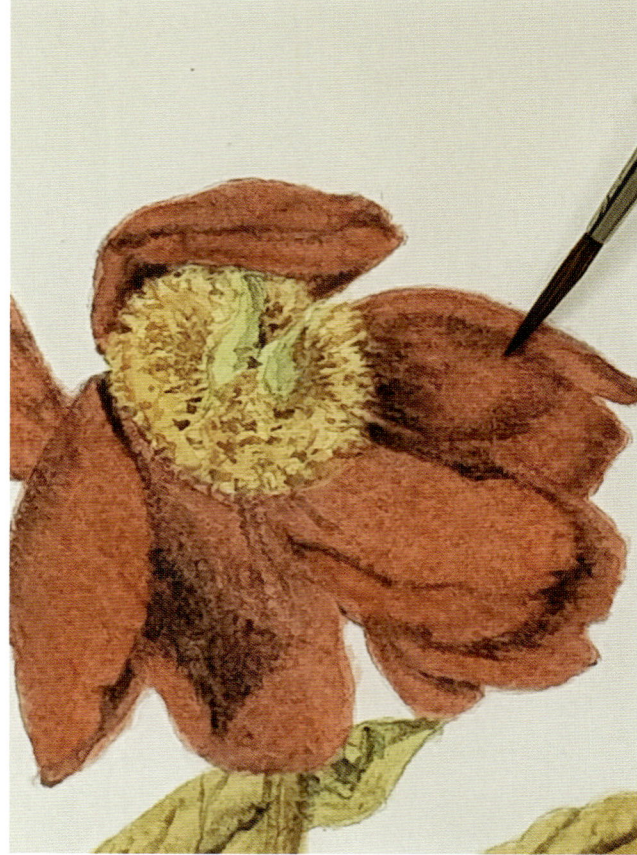

Place dots to mark the stamens, using burnt sienna mixed with sepia. Model the petals with the same brown in which there is more sepia.

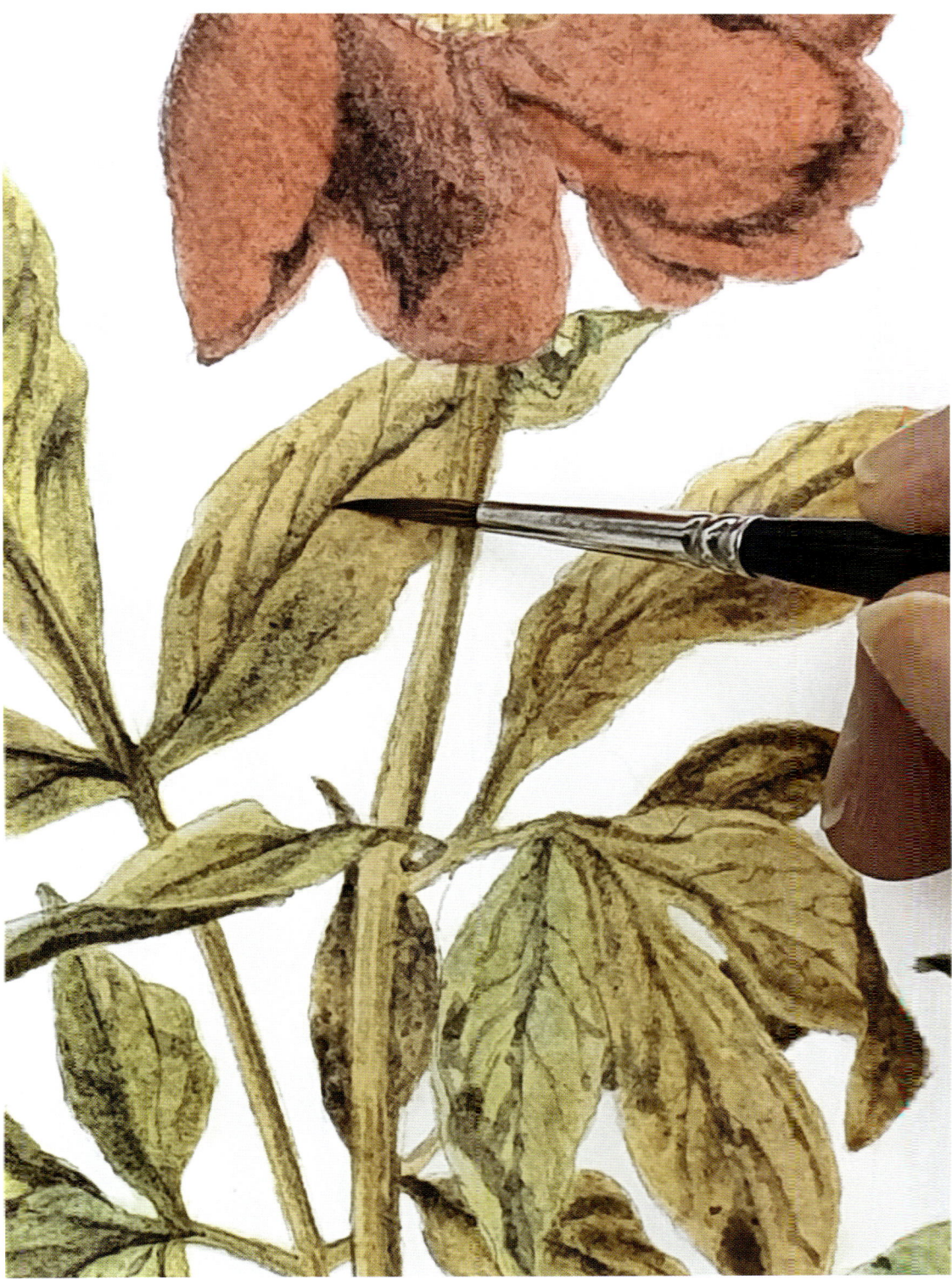

Use sepia on a fine brush to draw the veins and wilting of the leaves.

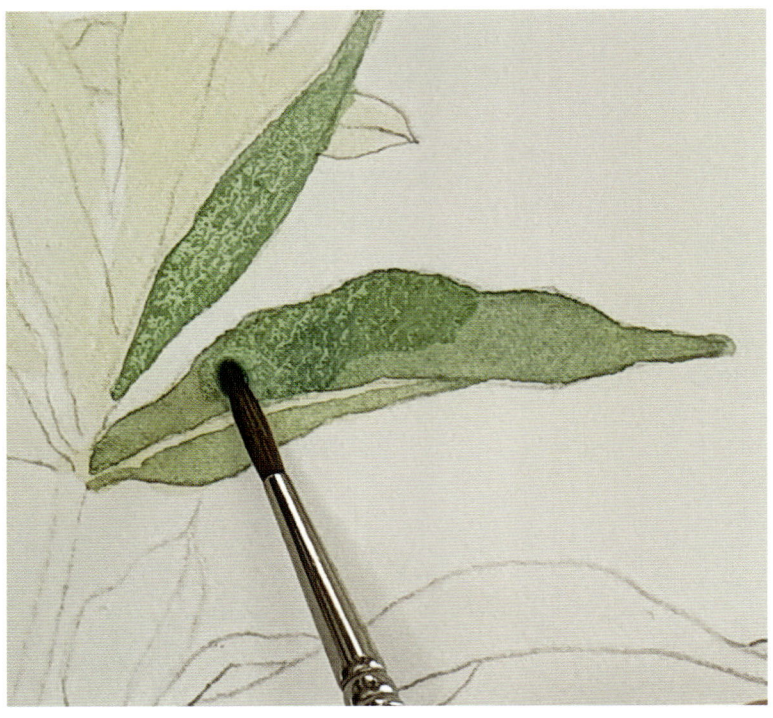

For the very cold green leaves of the peony on the right, apply washes mixing Prussian blue and a very little yellow.

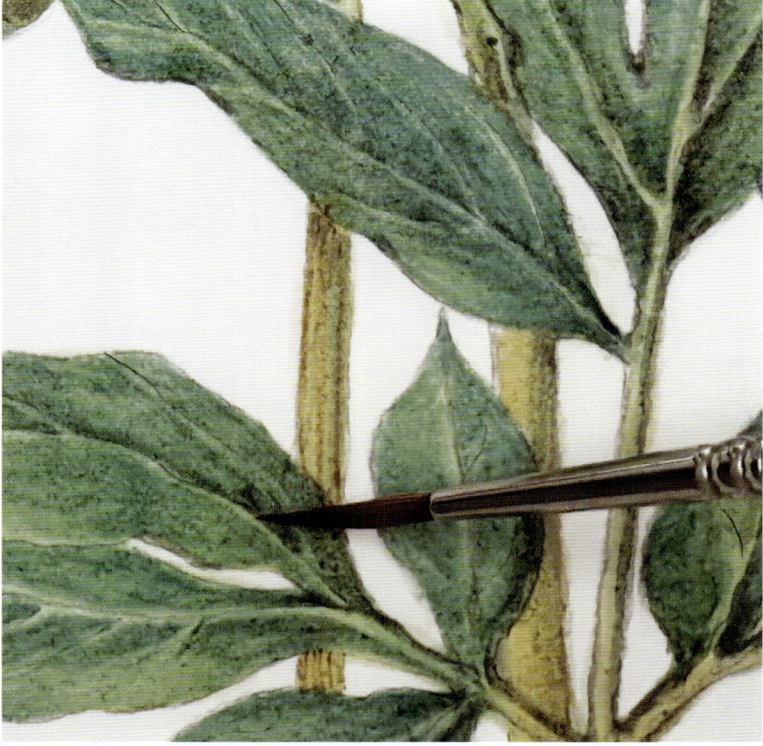

Add details with sepia.

For this copy, I added blue thistles, reminiscent of Dürer's painting *Portrait of the Artist Holding a Thistle* (1493), which was perhaps a wedding gift for Agnes Frey whom he married shortly after. The thistle is a symbol of love and fidelity in marriage.

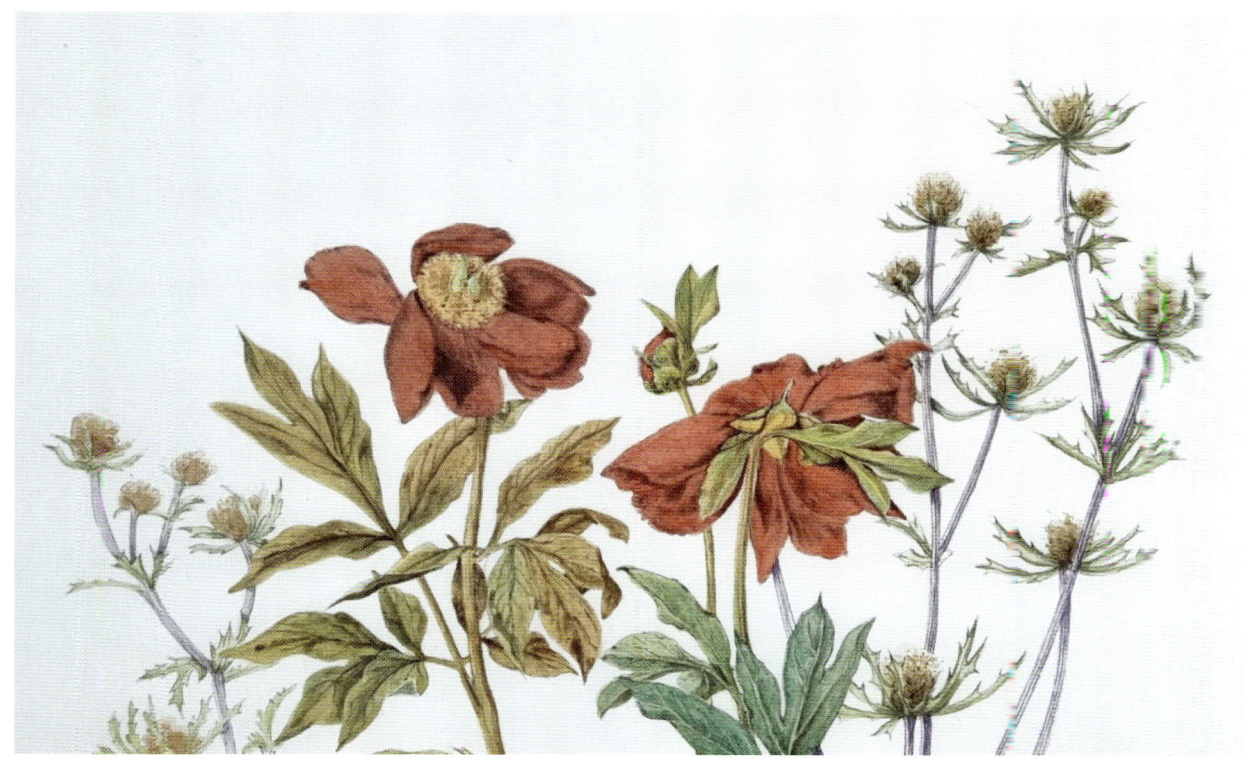

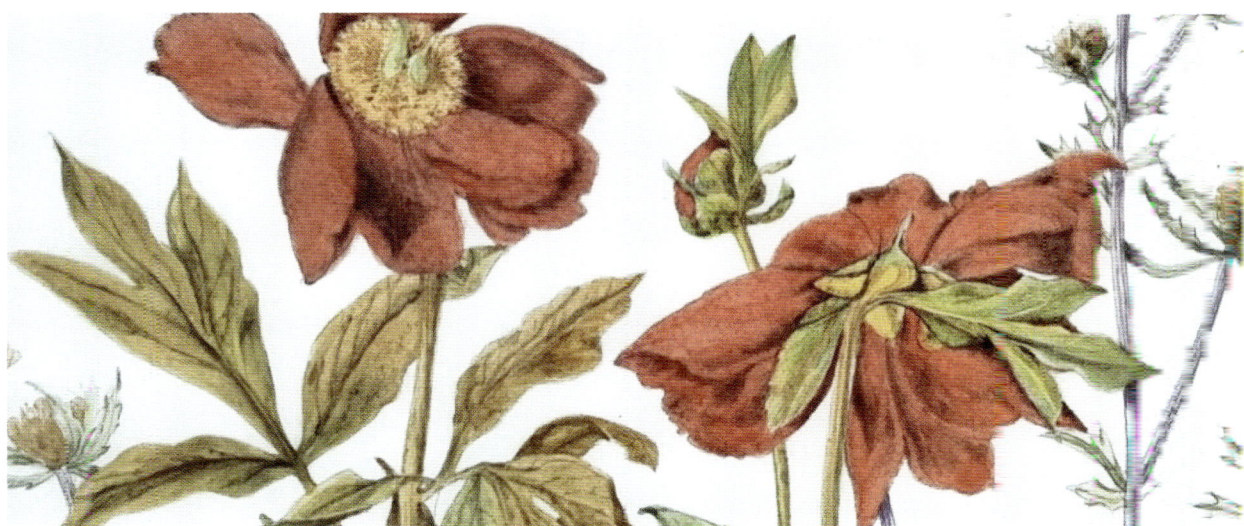

A copy of Albrecht Dürer's *Peonies, c.* 1503, watercolor on paper.

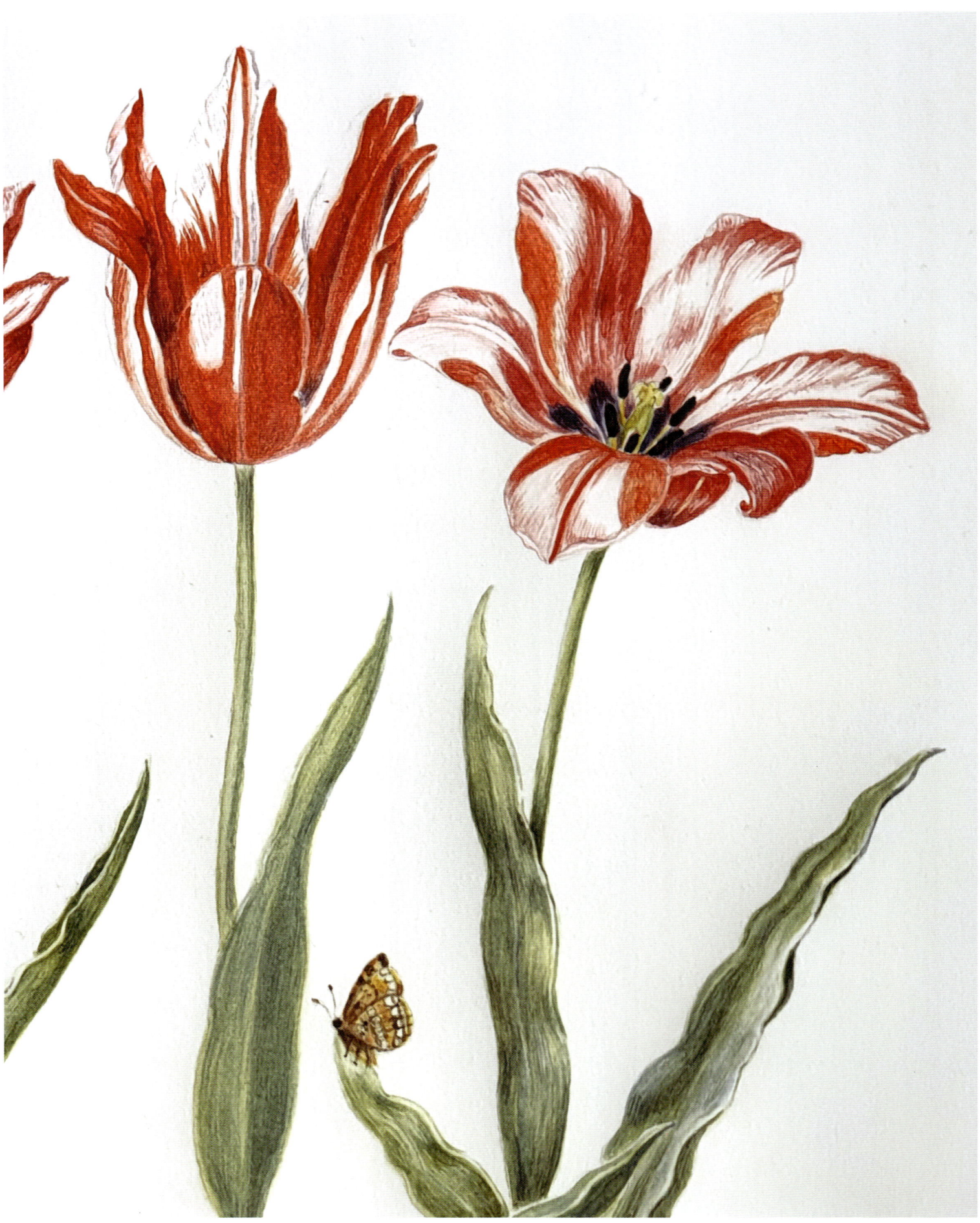

CHAPTER 10

BOTANICAL PAINTING WITH GOUACHE

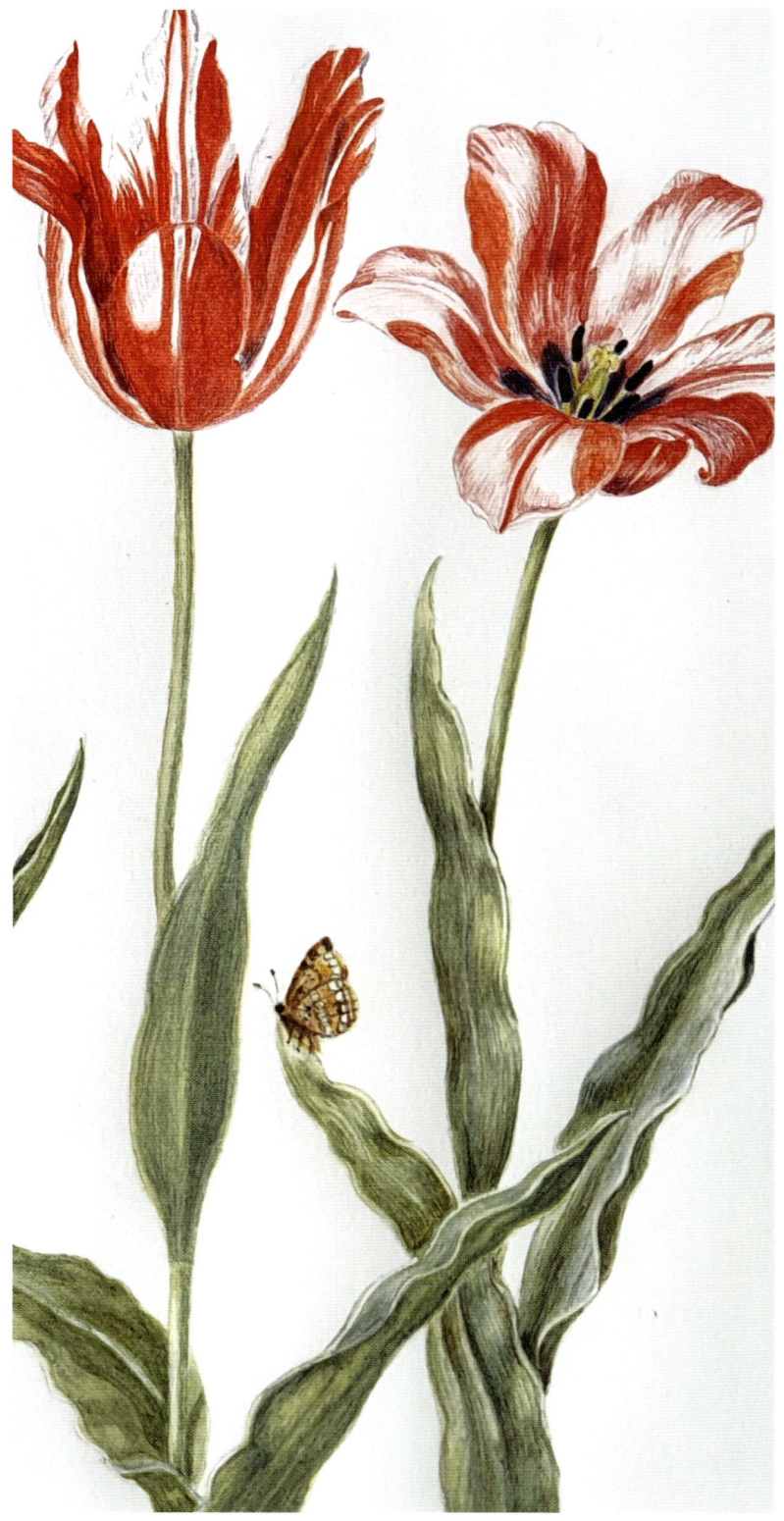

Johann Walter (1604–76), born in Strasbourg (on the French–German border), was a painter of precision, both in terms of his drawing and the rich colors that he employed. He worked for John of Nassau to paint the catalogue of his exceptional garden at Idstein, Germany. Walter stayed in the castle from April to September for the flowering season. On his return to Strasbourg, he created magnificent gouache paintings on vellum based on the studies he had made on site. The representation of the flowers is very detailed: these paintings were real still lifes. The compositions were original, as he added birds, insects, and shells from his own collection. The flowers depicted would not all have bloomed at the same time as in the oil paintings of the great Dutch flower painters. Walter's work, which was painted between 1652 and 1665 contains 54 plates, including 42 paintings of flowers and fruits, and uses gouache.

MATERIALS:

300g/m² hot-pressed watercolor paper, HB pencil, gouache paint (cadmium yellow, cadmium red, yellow ocher, cobalt blue, burnt sienna, natural umber, black), a medium and a fine brush, and a cloth.

See the line drawing on page 184.

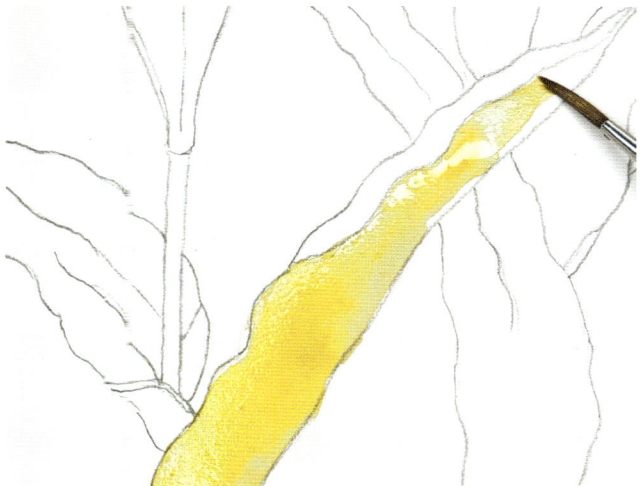

For the leaves, apply a wash of a fairly diluted mixture of cadmium yellow and ocher as an undercoat.

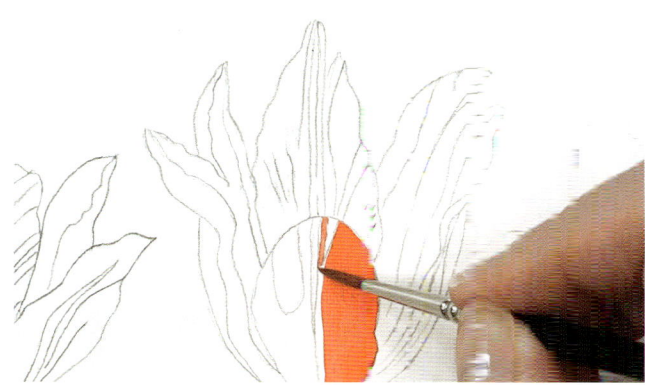

Paint the petals with cadmium red mixed with a very small amount of water—the gouache should be thick.

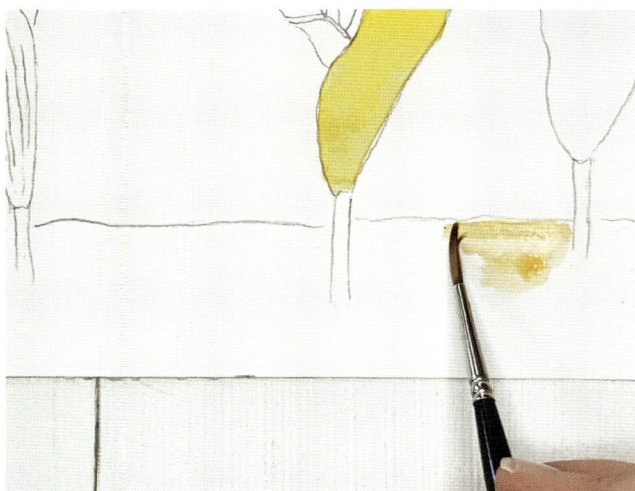

To paint the earth, apply a wash of yellow ocher.

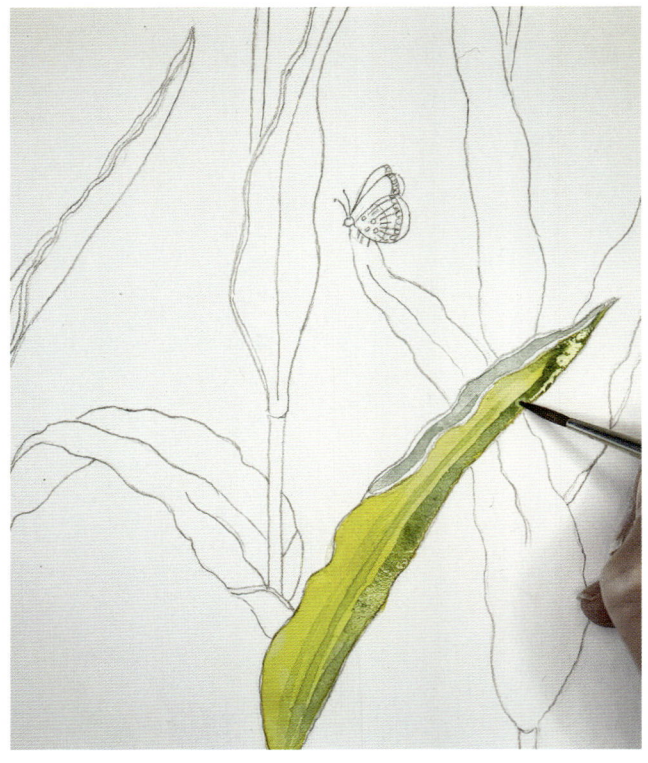

Darken the leaves with a cool green consisting of lots of cobalt blue and a tiny amount of cadmium yellow. The stem is extended.

On the petals, apply a wash of a mixture of carmine and natural umber.

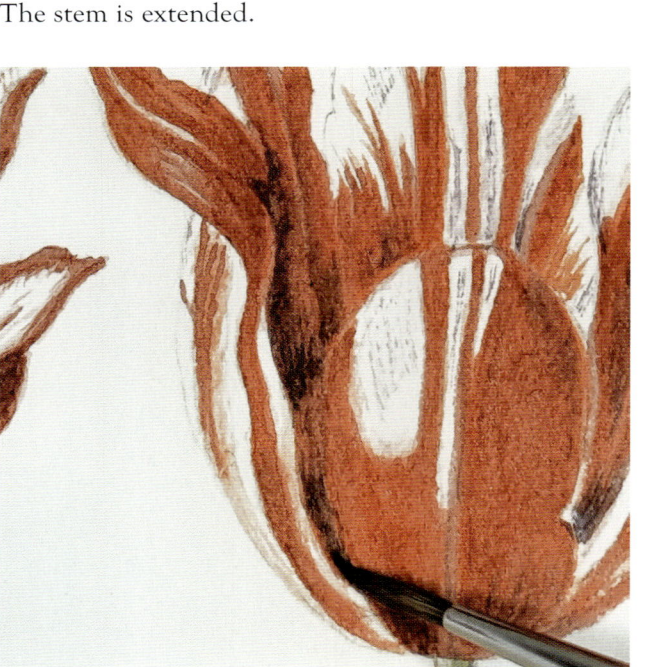

Add the shadows, using a mixture of natural umber with a lot of black.

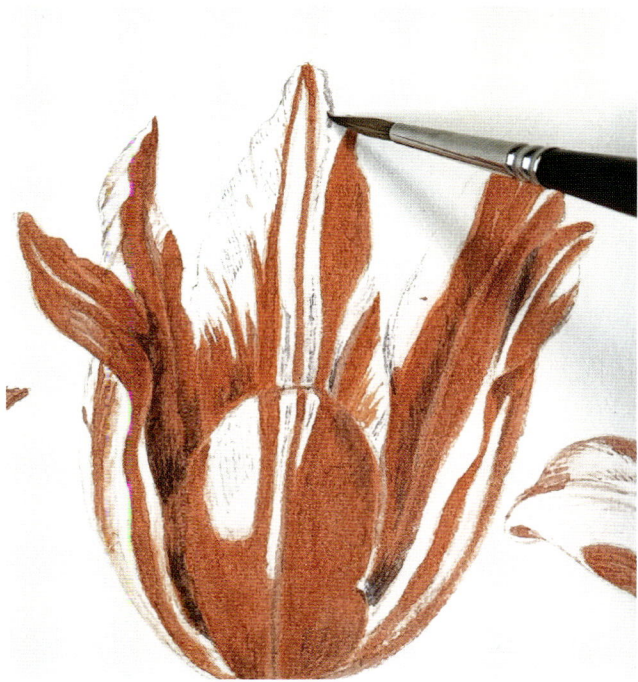

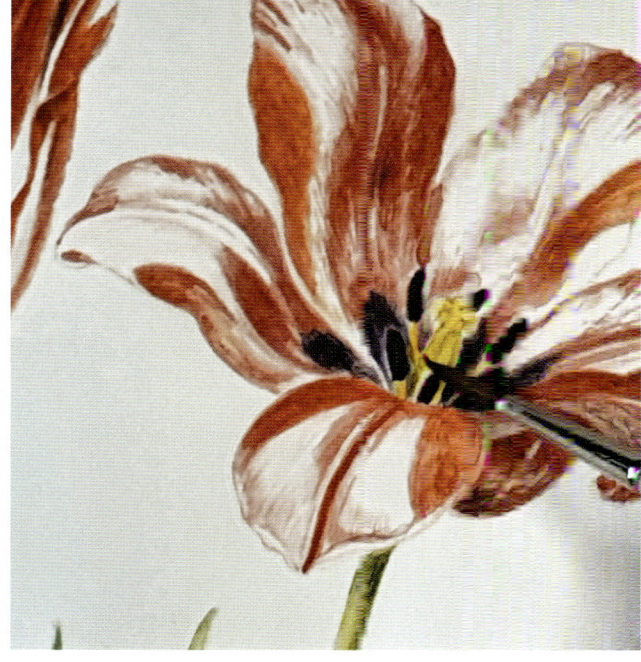

Continue to shade the petals with the very diluted black (which becomes gray) using the fine brush vertically: place small fine lines next to each other, or small hatchings.

For the stamens, apply an undercoat of a mixture of carmine and cobalt blue, and let it dry. Then add the black. For the pistil, the undercoat is yellow; then, after drying, top with green.

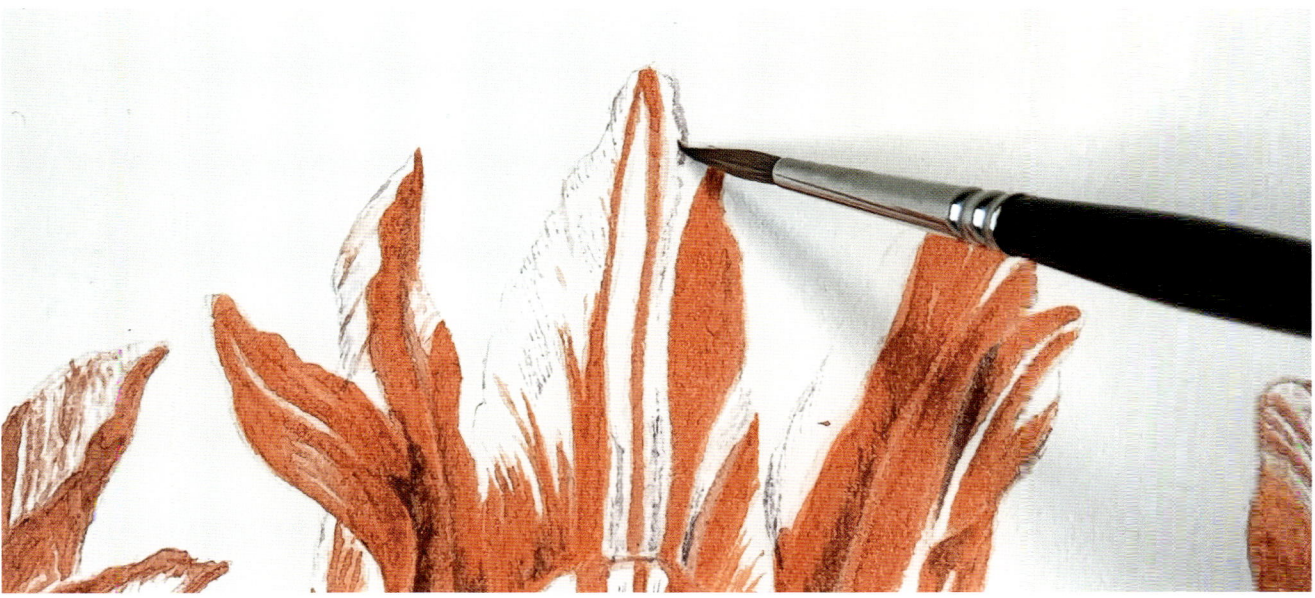

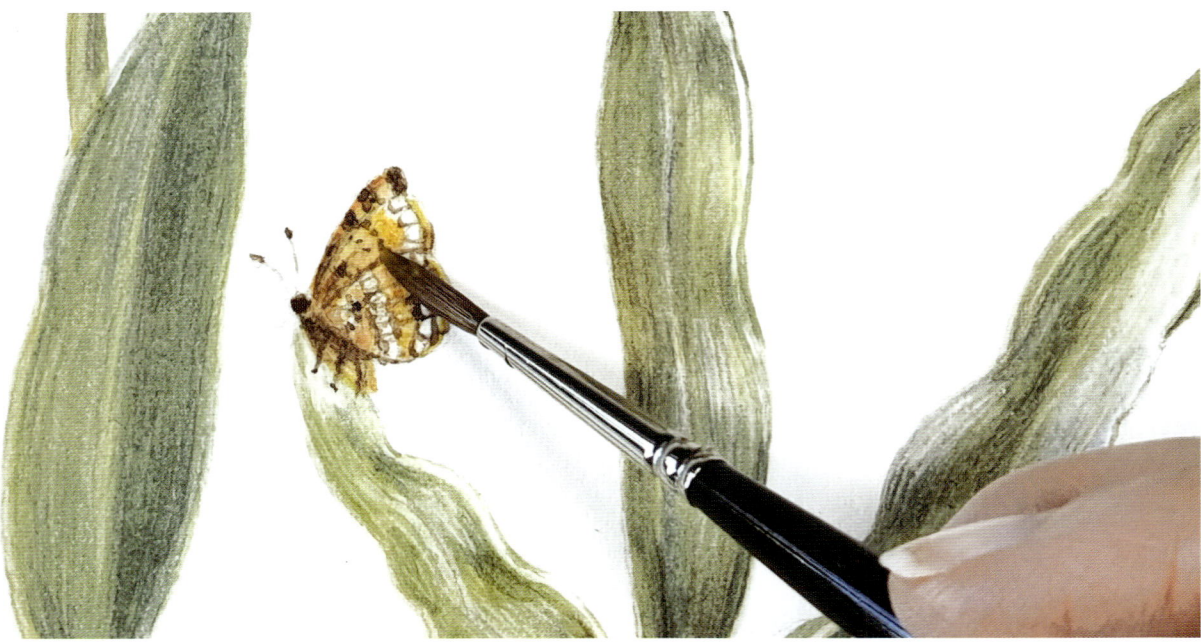

The butterfly is made with yellow ocher as an undercoat, then a mixture of yellow ocher and burnt sienna. Leave the white parts without paint. Finally, mix the natural umber with black and use a very dense paint for the darkest parts.

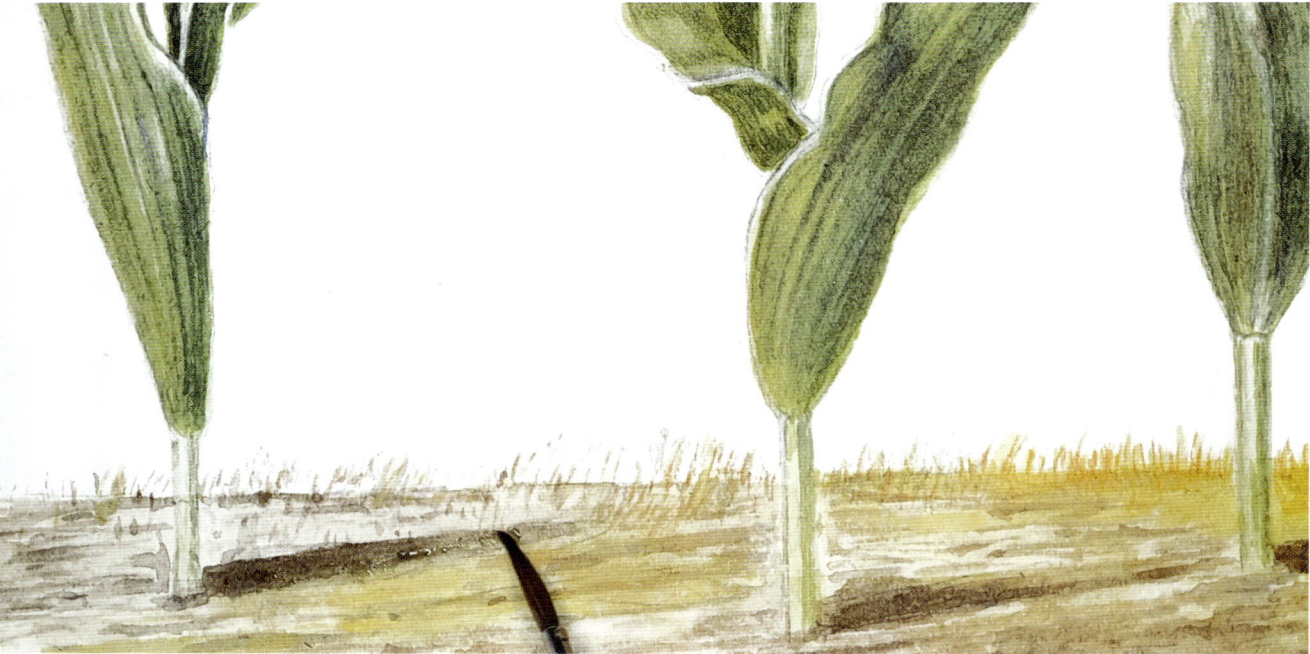

The earth is painted with light washes of natural umber mixed with black.

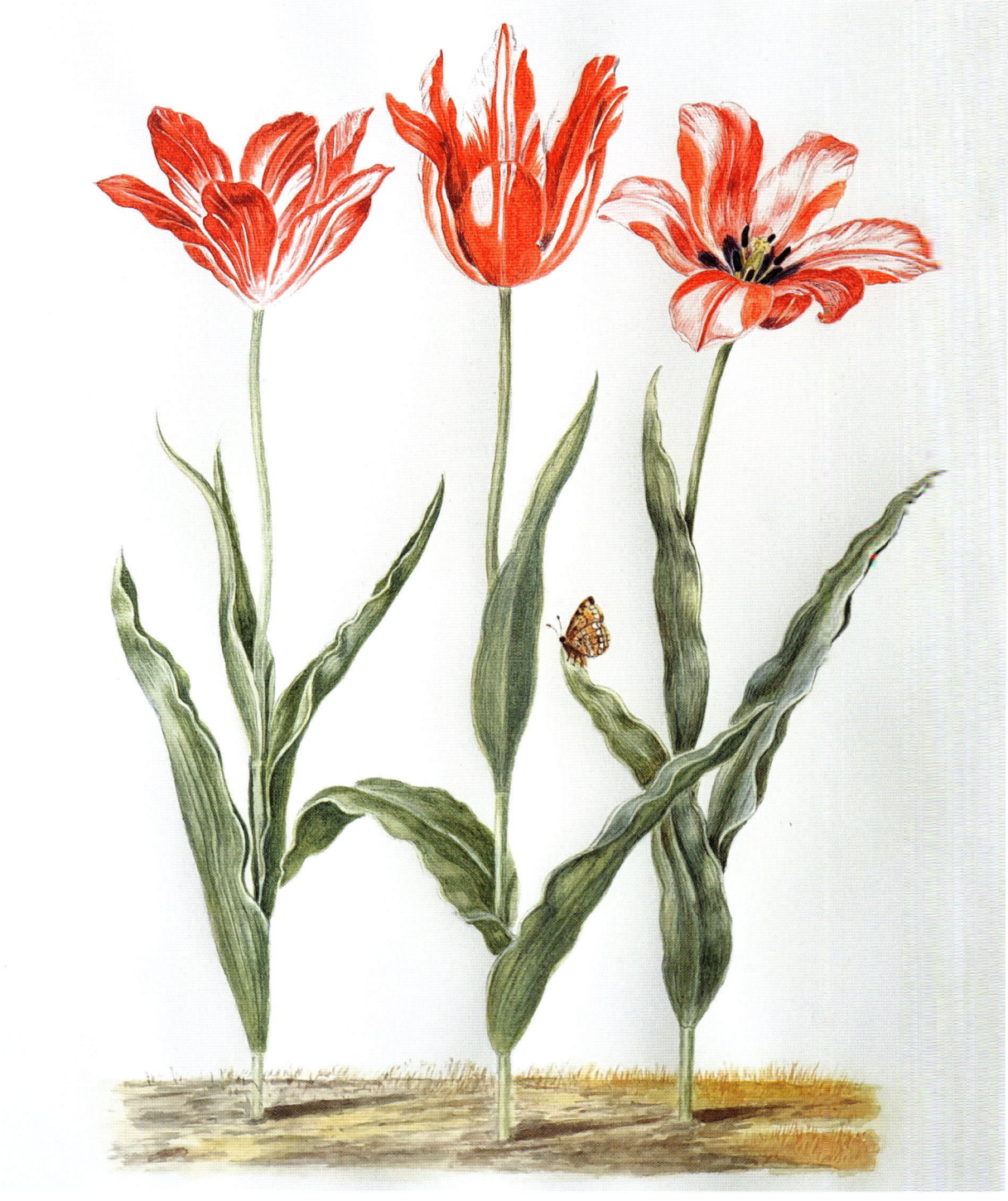

A copy of plate 15, *Tulipa var.*, from *Tulips* by Johann Walter, 1652, gouache on vellum.

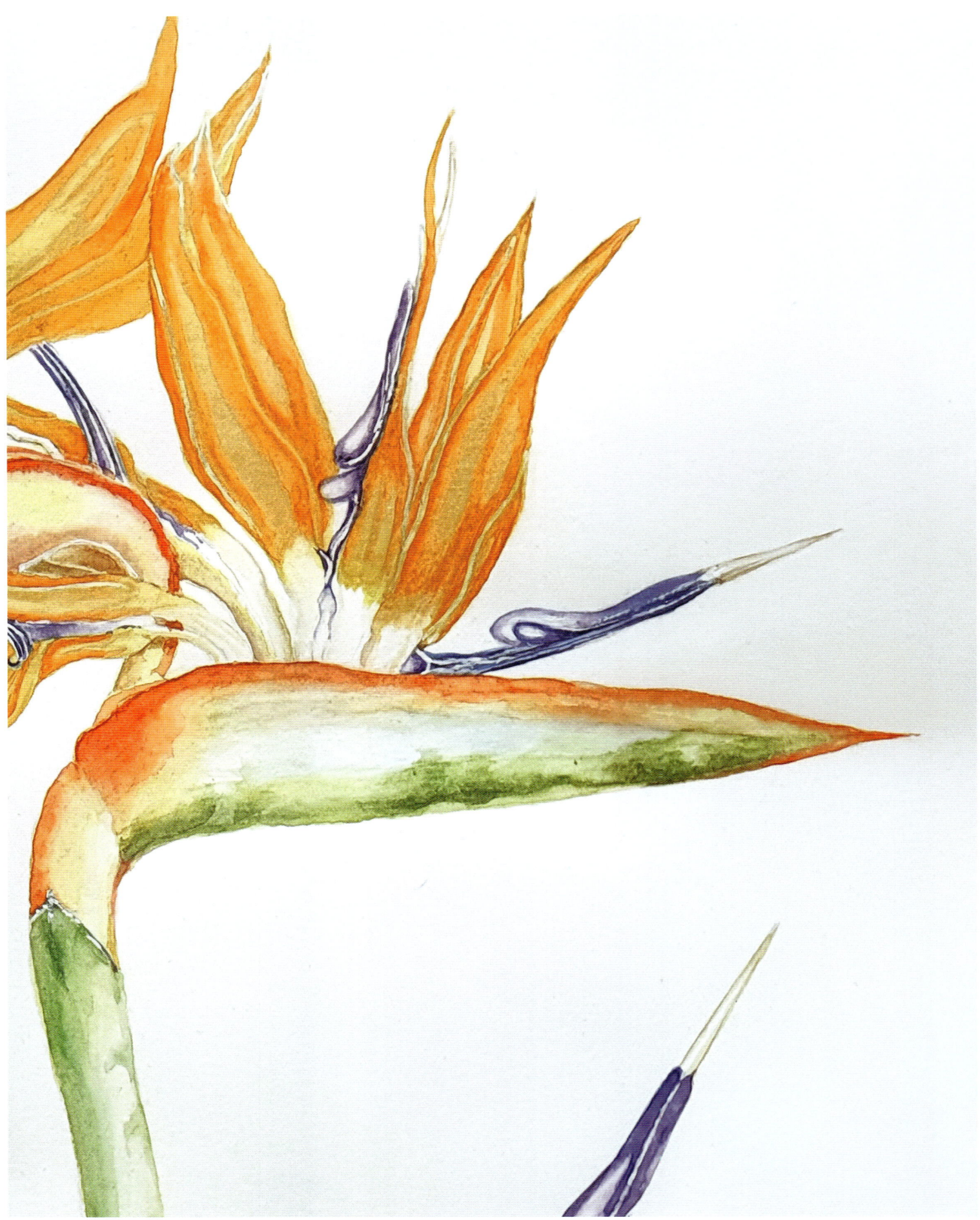

CHAPTER 11

BOTANICAL WATERCOLOR PAINTING

Francis Bauer (1758–1840) was born in Feldsburg, Austria (now Valtice in the Czech Republic), where his father was court painter to Prince Lichtenstein. Francis and his older brother Ferdinand (1756–1826) showed a real talent for flower painting. Both developed their talents by working with botanists in Vienna (at Schönbrunn Palace). John Sibthorp, a professor from Oxford traveling to the Austrian city, met Ferdinand and asked him to accompany him on an expedition to the eastern Mediterranean. During the trip, the artist made numerous botanical studies which he completed back in Oxford and which became the famous work *Flora Graeca*.

Francis, meanwhile, met Sir Joseph Banks (1743–1820), an exceptional botanist and president of the Royal Society as Wilfried Jasper ad Walter Blunt describe:

"King George III appointed him horticultural expert of Kew, which gave him ... the responsibility of director and arbiter. Banks had long understood the need for a permanent artist; after meeting Francis Bauer, he knew he had his man. The king having been consulted, a suitable post was created for the designer at Kew.... Francis lived there happily for the next 50 years, painting the latest plant discoveries in the tranquillity of his vast and wonderful gardens".[1]

1. *The Art of Botanical Illustration*, Eagle Edition Ltd, Quarto Publishing plc, 1999.

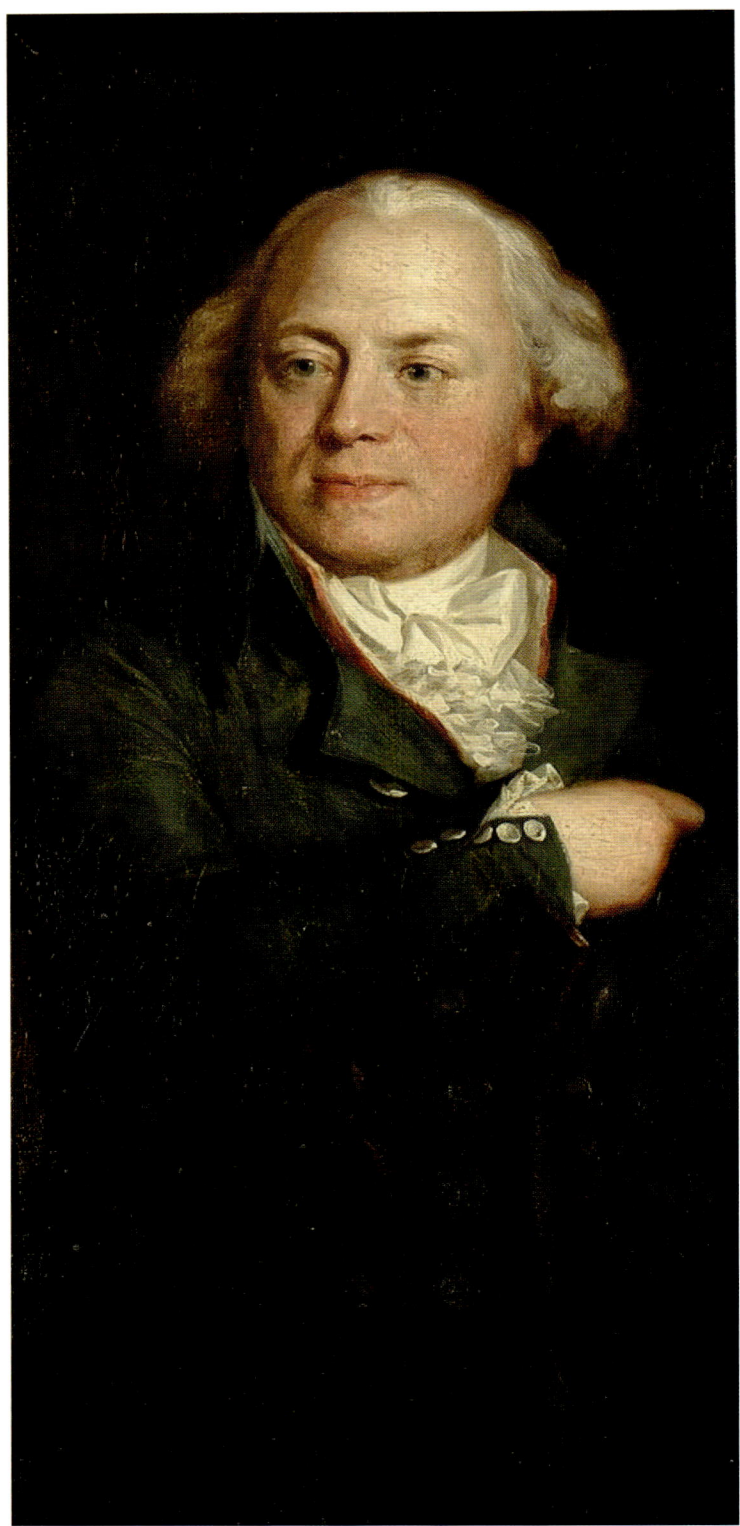

MATERIALS:

300g/m² watercolor paper, watercolors (new gamboge yellow, orange, vermilion, carmine, Prussian blue, cobalt blue, burnt sienna, sepia, indigo), white gouache, medium and fine brushes, and a cloth.

See the line drawing p 185.

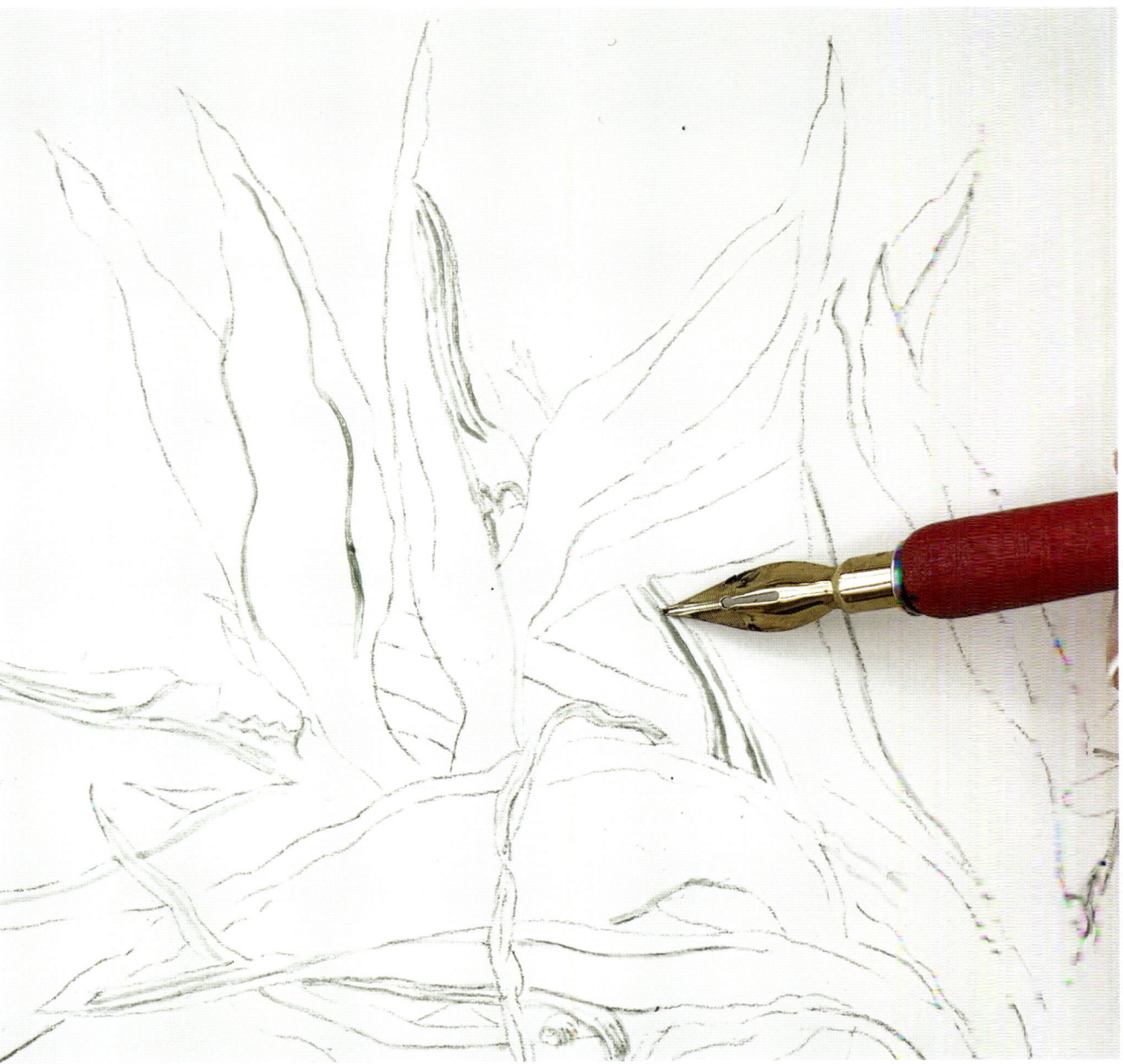

Apply the drawing gum to keep the white areas unpainted. Let it dry.

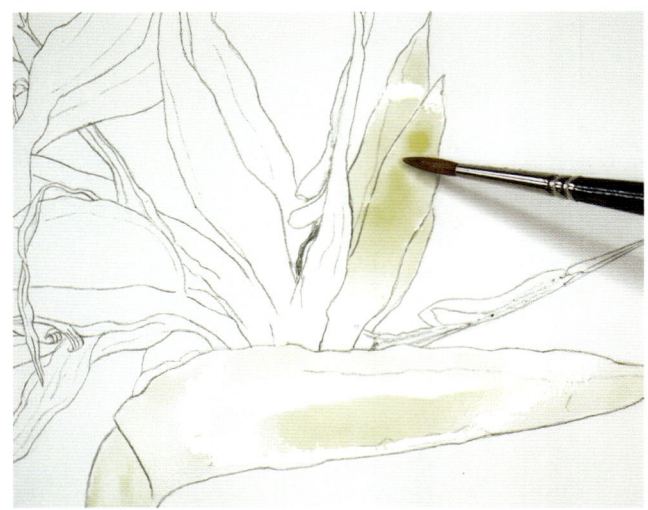

Apply washes of yellow (a mixture of white and new gamboge yellow or Naples yellow) everywhere except in the white or cold-colored areas. Let it dry.

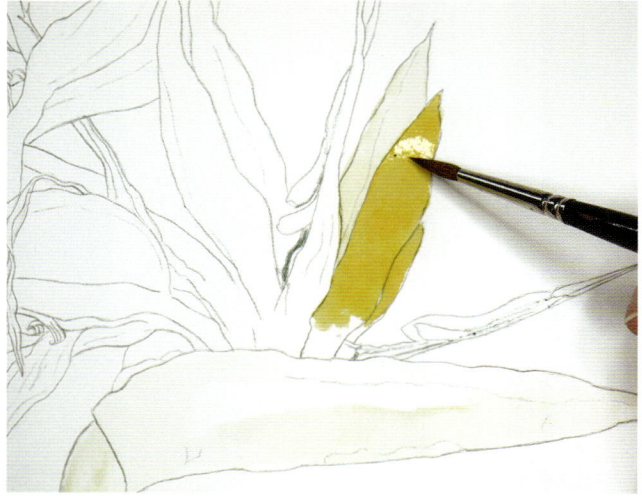

Paint the petals with orange.

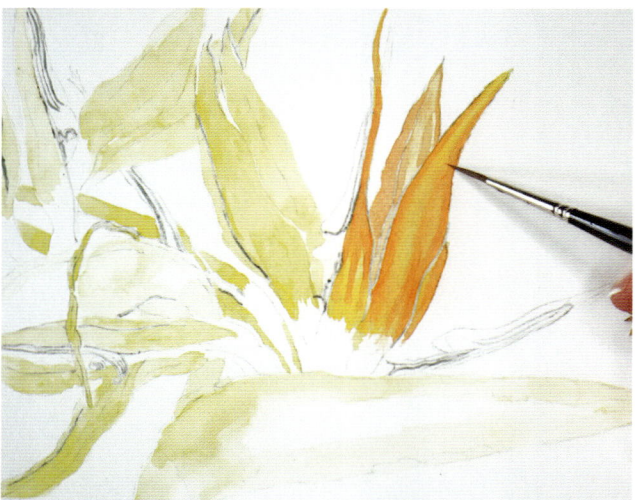

Start shading the petals with an orange to which you should add a little vermilion.

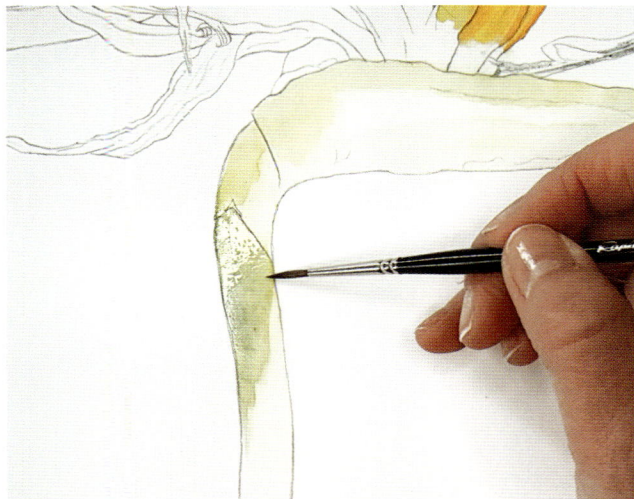

For the stem, apply a wash of green composed of Prussian blue to which you should add a very small amount of yellow.

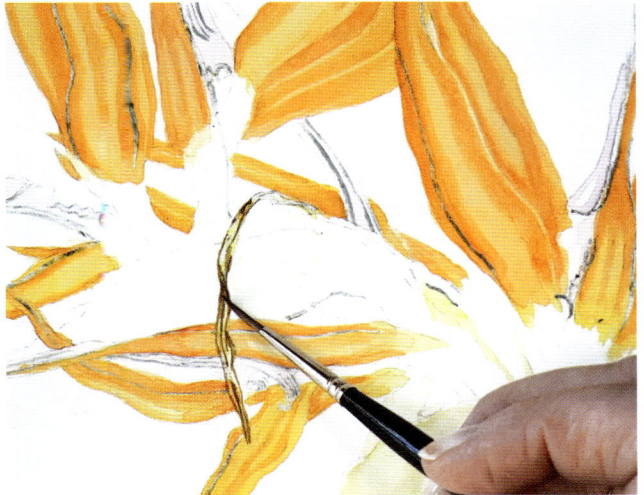

For this part, apply a deep brown, a mixture of burnt sienna and sepia.

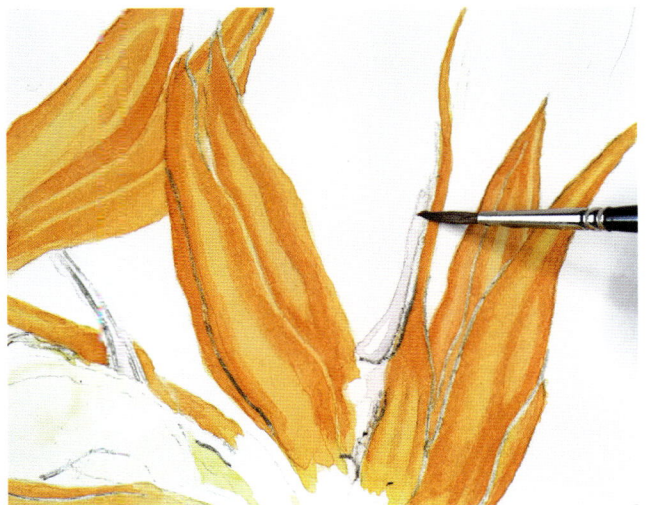

Paint this part with mauve (a mixture of carmine and cobalt blue). After drying, apply a very dark indigo blue mixed with cobalt blue.

Moisten the paper with a little water, then paint with
the vermilion.

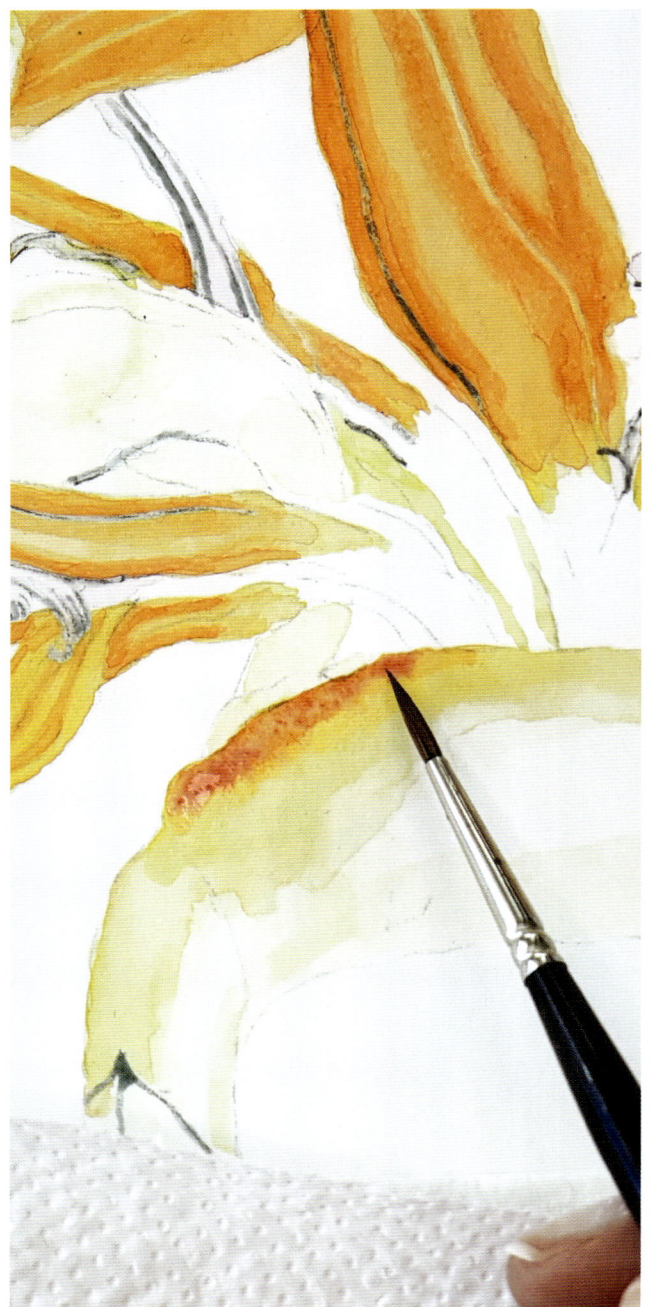

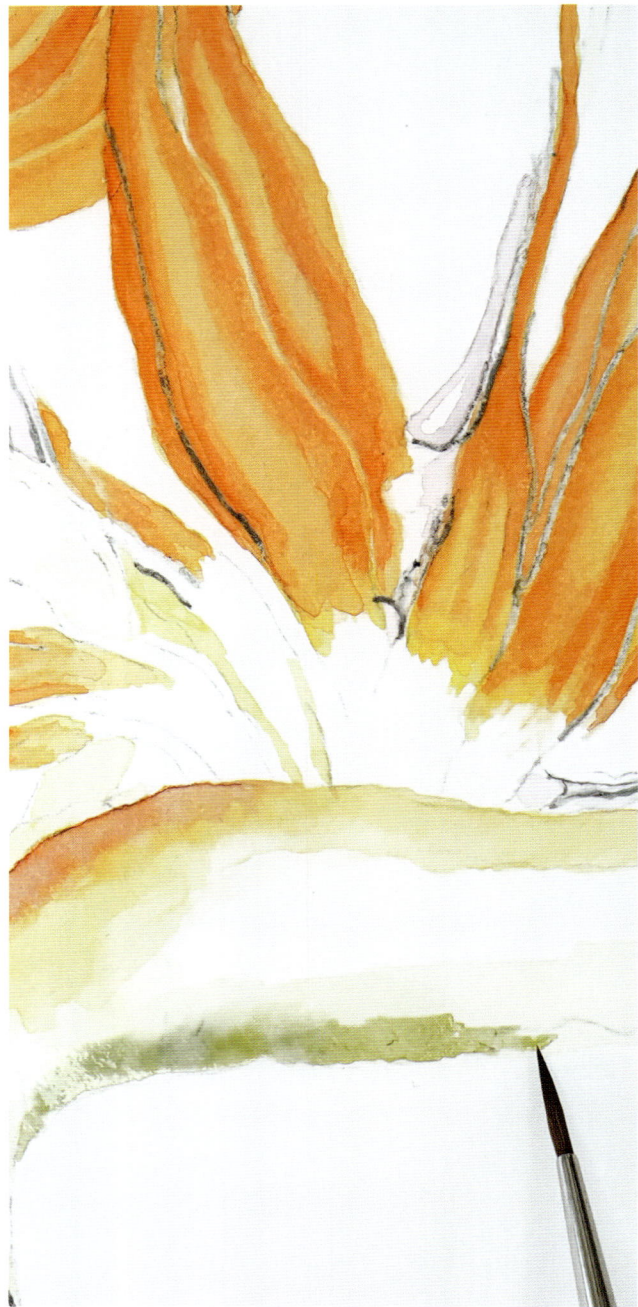

For this green, after wetting, apply a wash of green
(a mixture of Prussian blue to which I add a drop of
yellow).

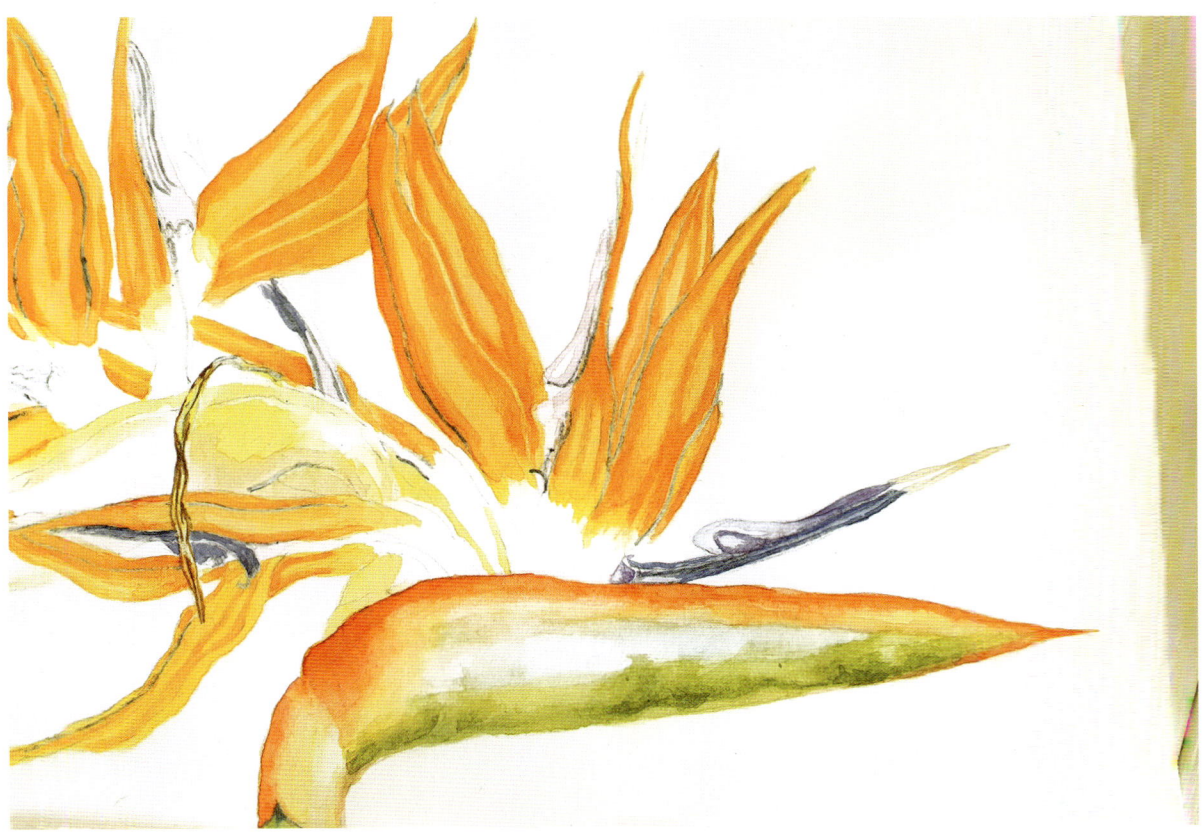

Above, apply the very transparent blue, then the vermilion and finally the darker green. Remove the drawing gum. Use very diluted sepia mixed with carmine to paint the shadows.

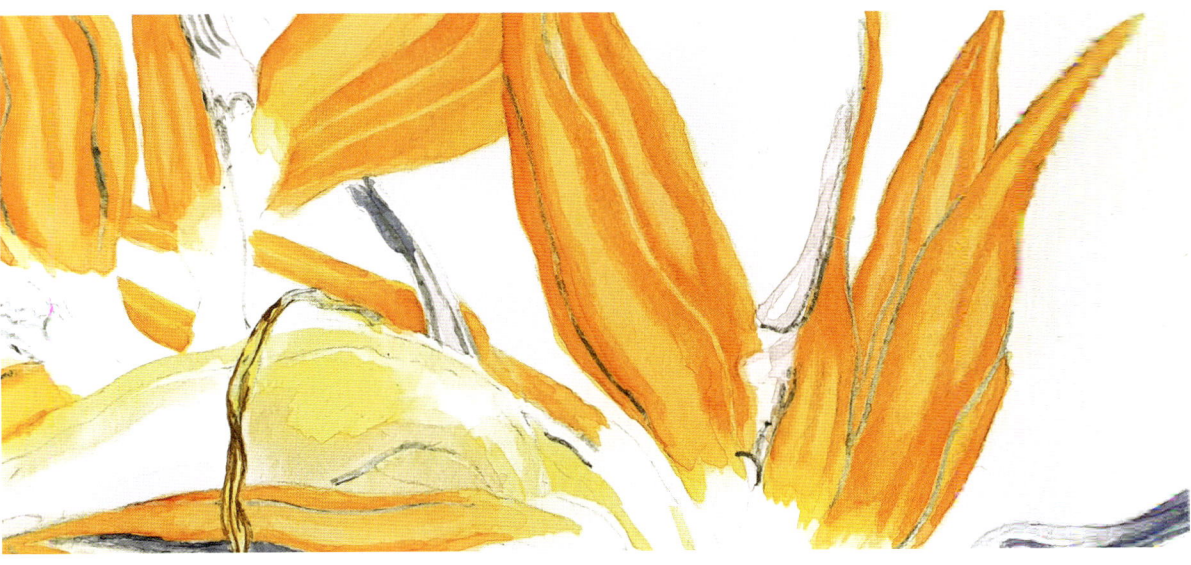

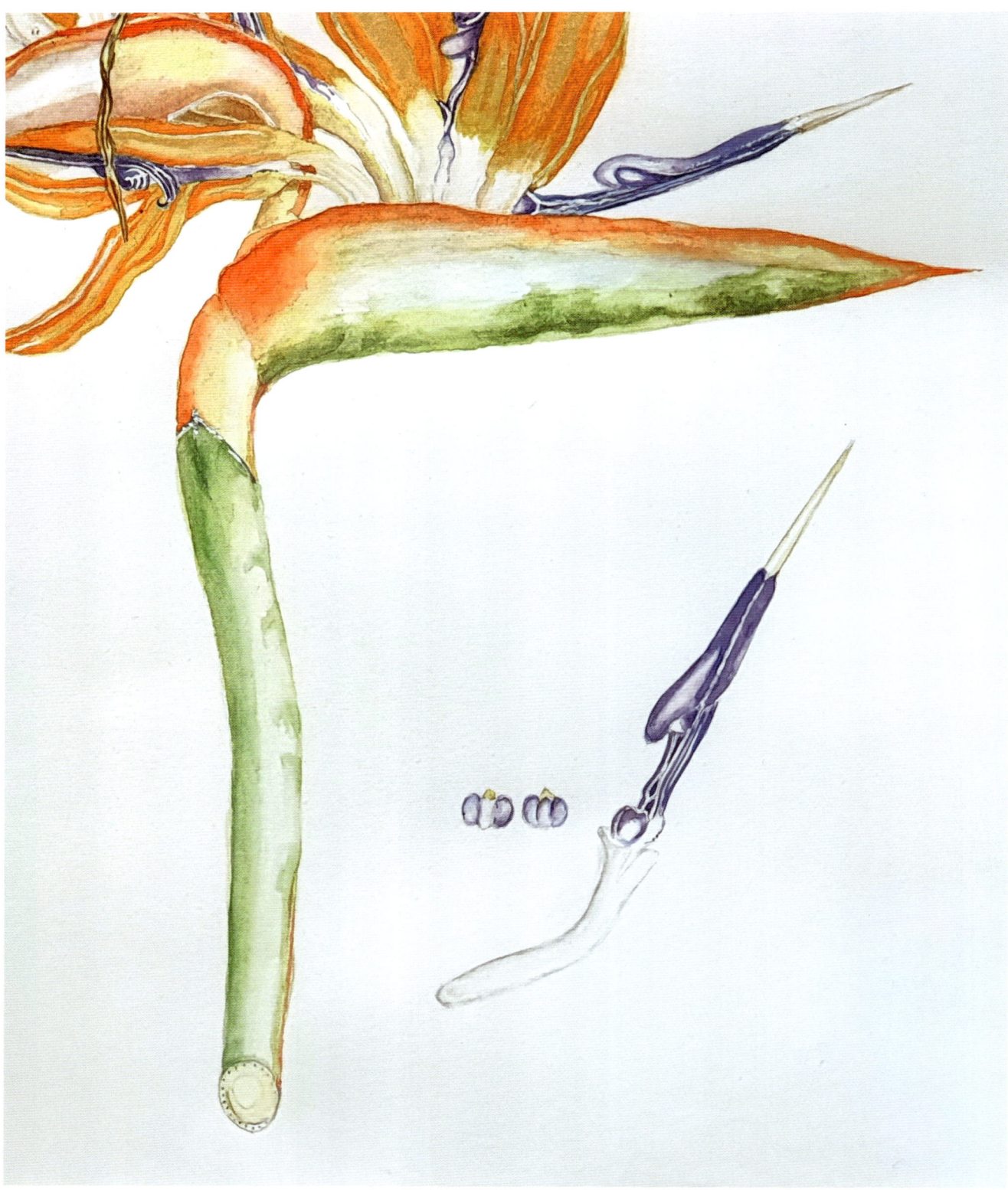

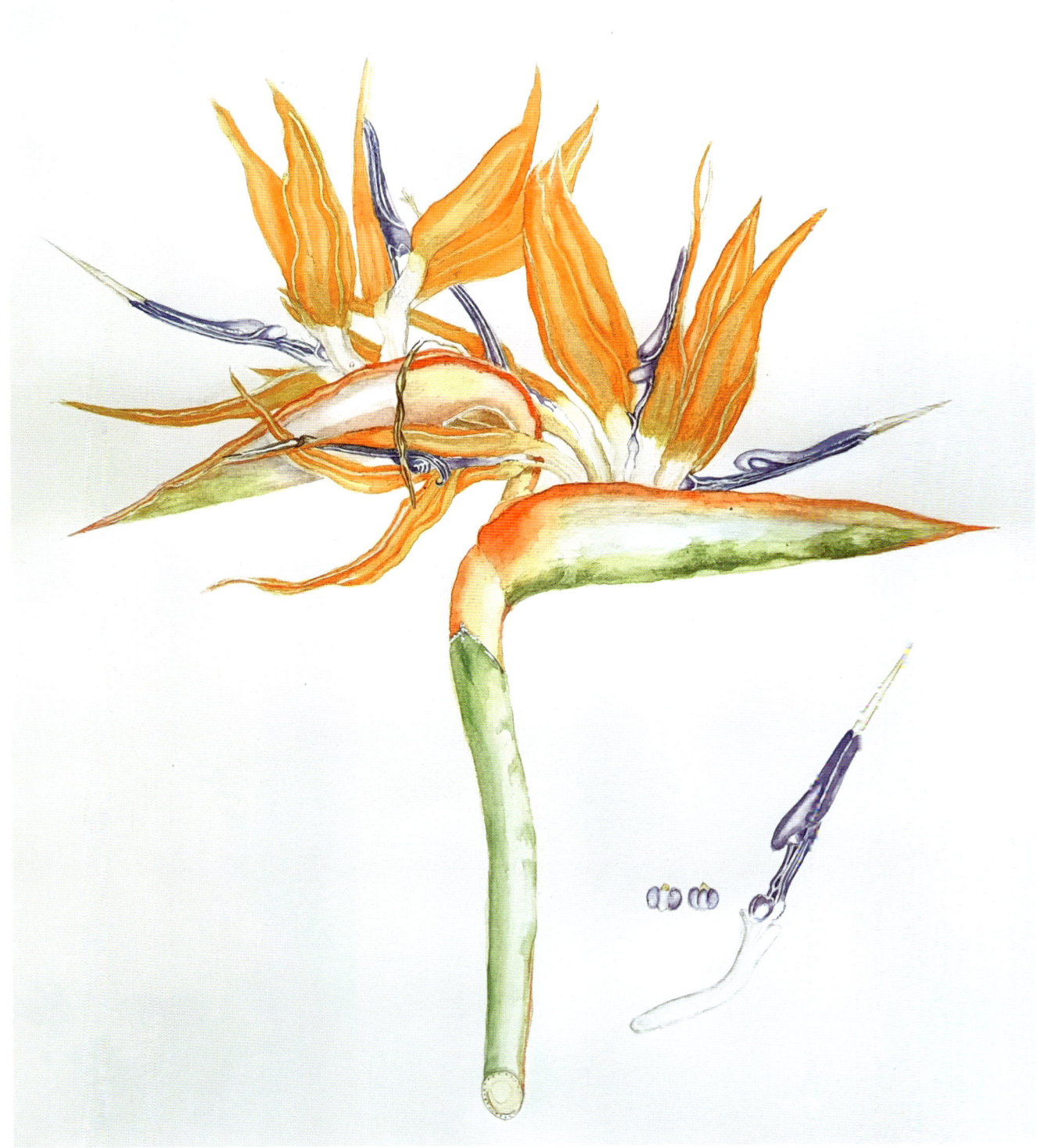

A copy of Francis Bauer's *Bird of Paradise* (*Strelitzia reginae*).

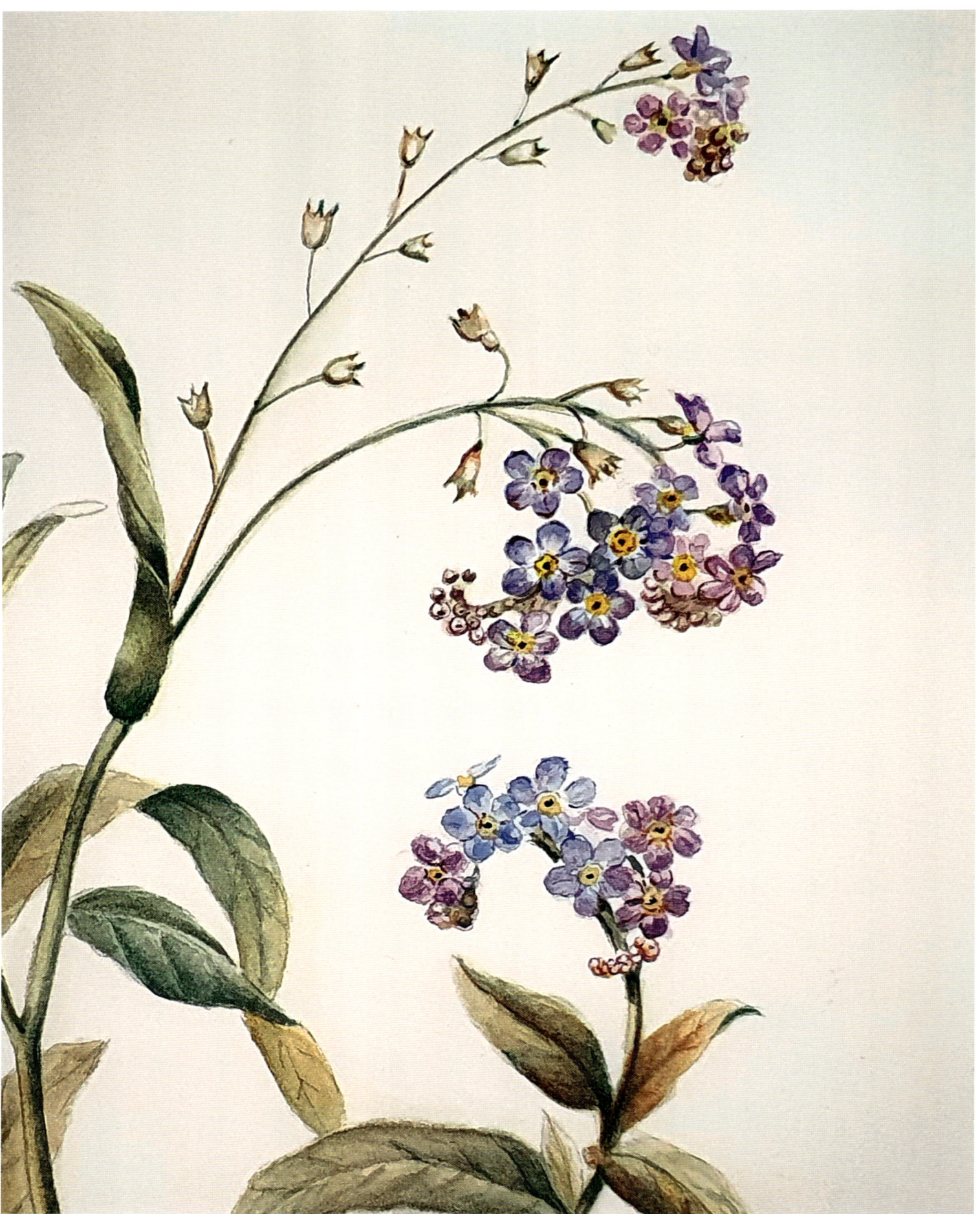

CHAPTER 12

BOTANICAL WATERCOLOR PAINTING

Pierre-Joseph Redouté (1759–1840) was born into a family of painters. His father was established in Saint-Hubert in the Belgian Ardennes. A few years after his training with his father, Pierre-Joseph joined his older brother, Antoine-Ferdinand, in Paris. In 1787, the naturalist Charles-Louis L'Héritier de Brutelle asked him to accompany him to London, where he stayed for eight months. The painter discovered the Linnaean system of classifying species and met the entourage of the botanist Joseph Banks. The cosmopolitan president of the Royal Society opened his house and his magnificent collections to him so he could study. On his return to Paris in 1788, he was asked by the Antwerp painter Gérard Spaendonck to participate in the annual execution of 20 watercolor vellums, traditionally intended since the 17th century for the king's collection.

During the French Revolution, Redouté was appointed designer of the Academy of Sciences. The administrators of the brand-new Museum d'Histoire naturelle employed the artist and his brother Henri-Joseph after their success in the entrance examination for this position. By the age of 80, the painter had created more than 600 vellums for the national collection. During the Consulate and the Empire, he enjoyed unprecedented success: he painted the flowers of Joséphine de Beauharnais at the Château de Malmaison and published the most beautiful of his works: *Les liliacées,* then *Les roses.*

In 1824, he gave the first of his 30 annual public lessons at the Museum d'Histoire naturelle. He died from cerebral congestion in 1840, in his magnificent house in Fleury-sous-Meudon where he had installed a greenhouse and an orangery.

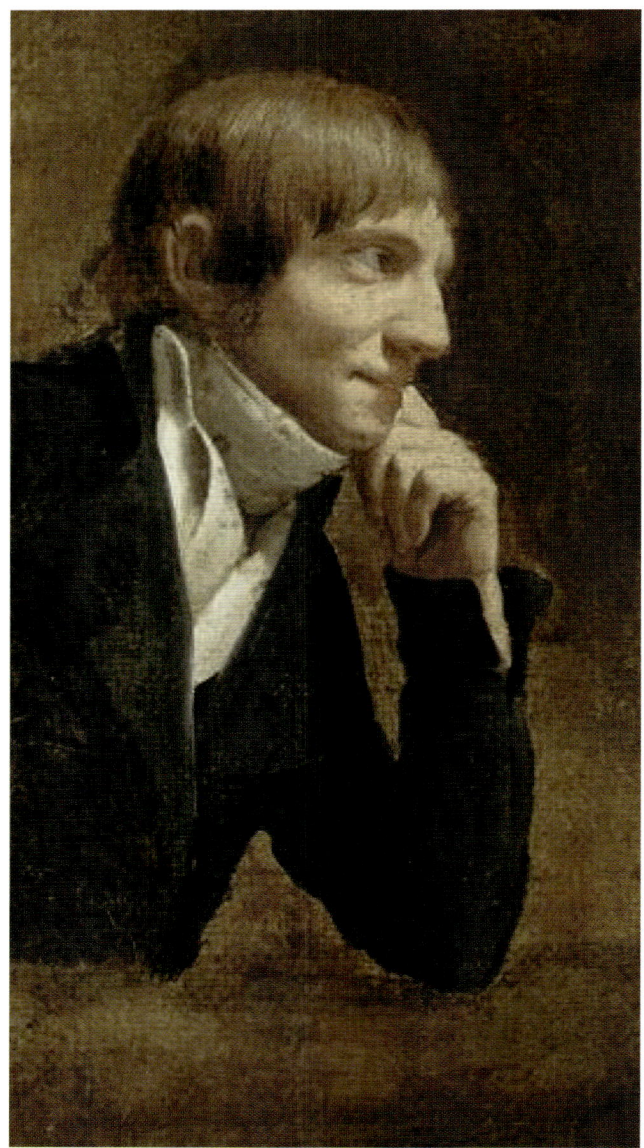

Redouté published several botanical works based on his watercolors. In his workshop, engravers transcribed each watercolor onto copper using the stipple engraving technique (a process utilizing tiny dots instead of lines, which results in a higher-quality engraving). Afterwards, the boards were colored with watercolor. For this print, my model was an engraving and not the original watercolor.

MATERIALS:

300g/m² hot-pressed watercolor paper, watercolors (new gamboge yellow, natural sienna, Prussian blue, carmine, cobalt blue, burnt sienna, sepia, black), a fine brush, water, and a cloth.

See the line drawing on page 186.

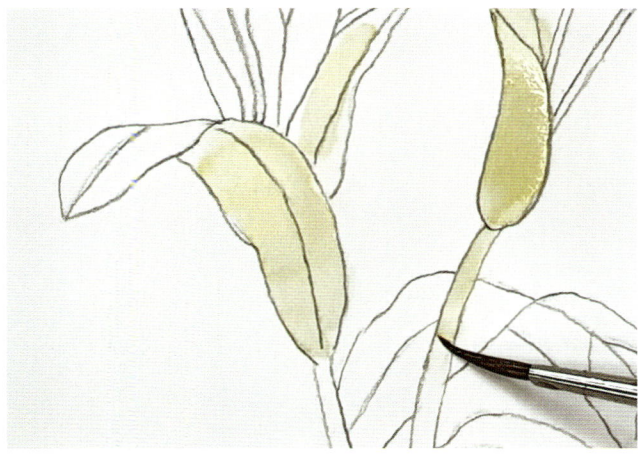

On the leaves and stems, apply a very diluted wash of natural sienna mixed with new gamboge yellow. Let it dry.

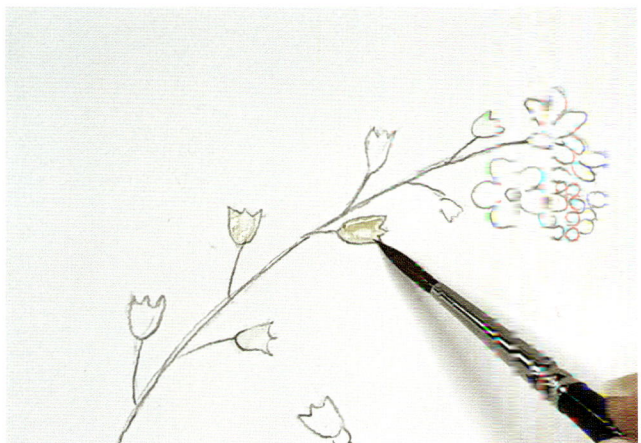

Paint the base of the buds with natural sienna. After drying, add some very transparent burnt sienna in places.

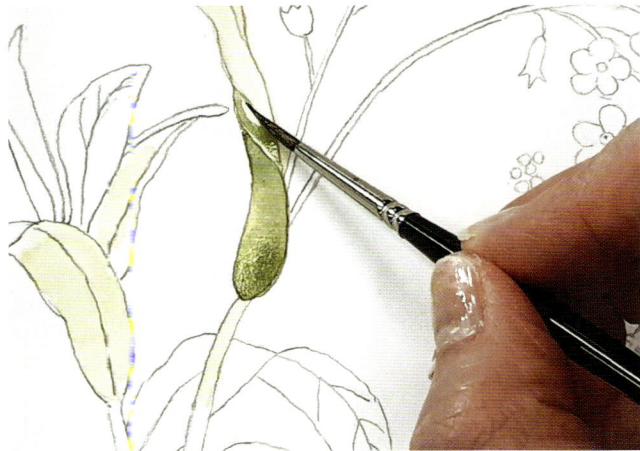

Add several progressively darker washes of Prussian blue and new gamboge yellow to the leaves.

Paint the small flowers cobalt blue or mauve (carmine mixed with a very little cobalt blue).

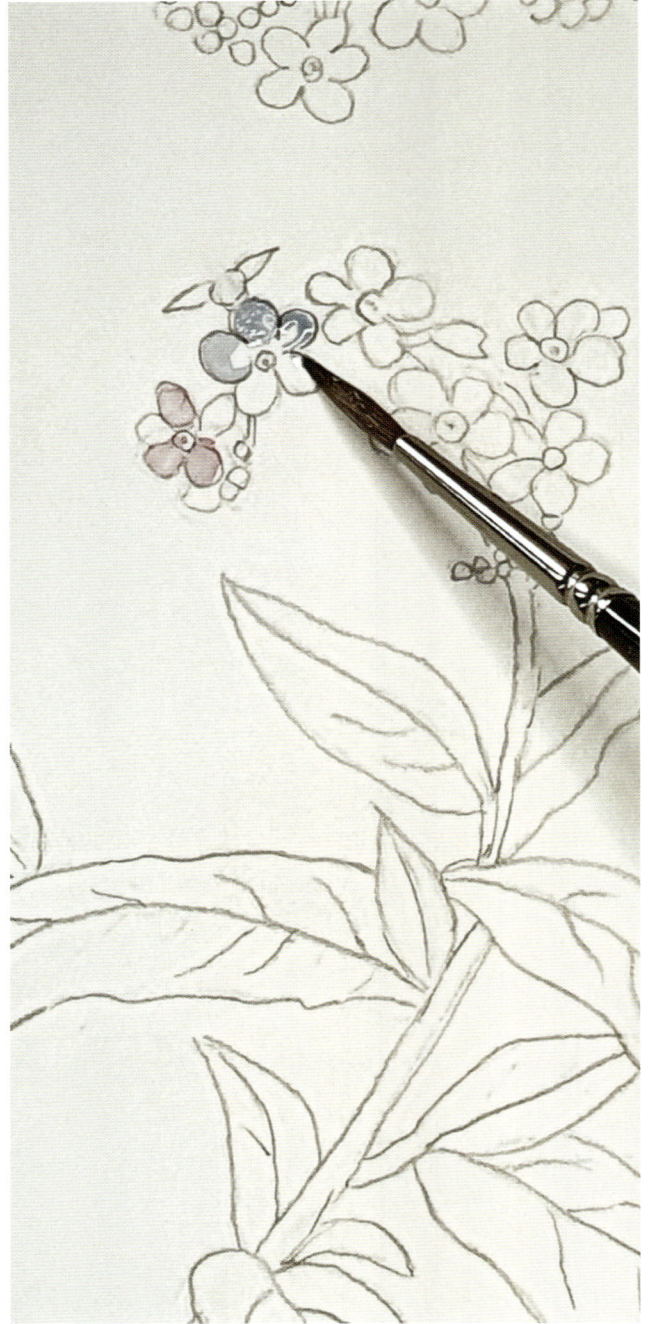

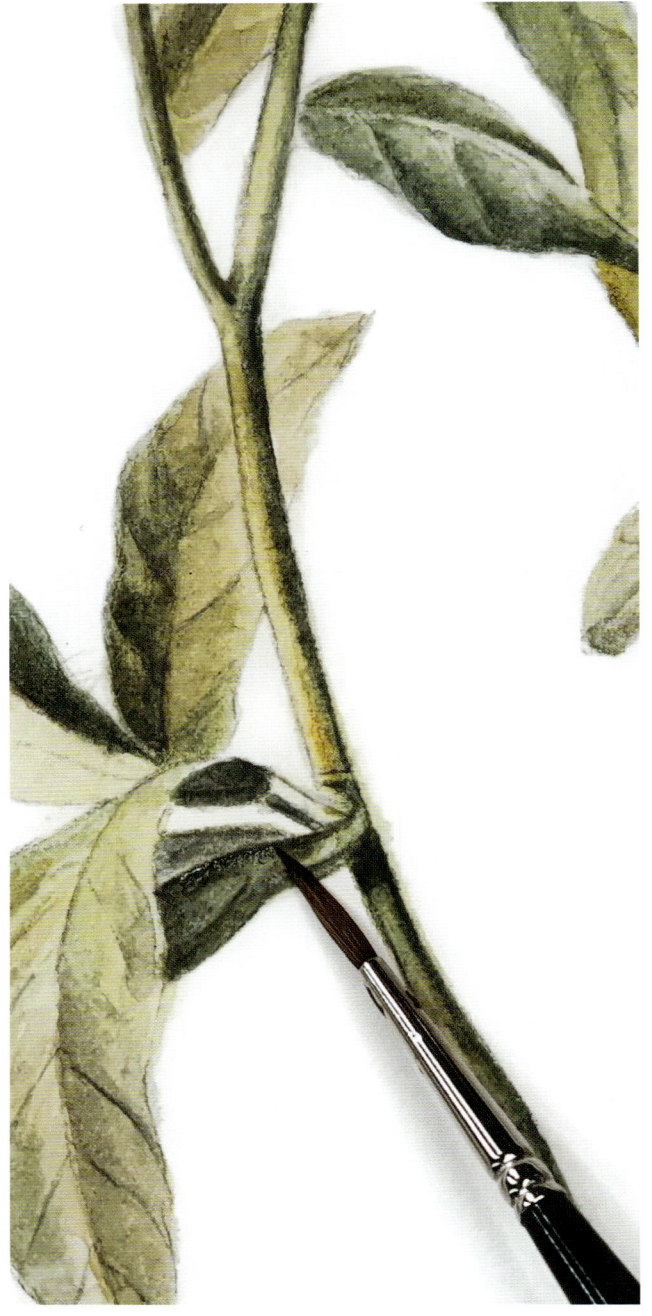

Start adding the details: mark the veins in dark green (Prussian blue mixed with new gamboge yellow and a little sepia).

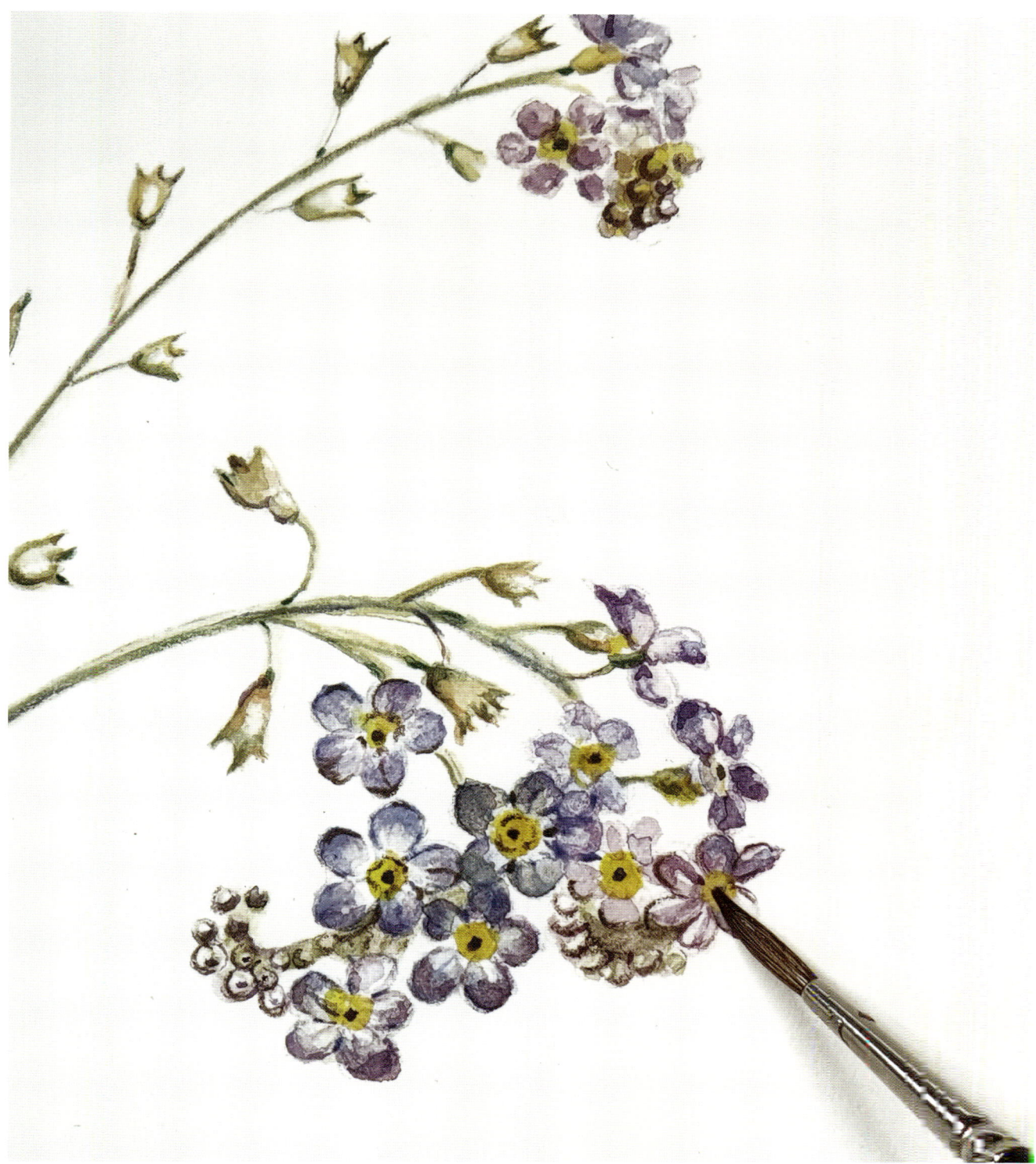

Add the details of the flowers: apply the orangey-yellow in the center then the black.

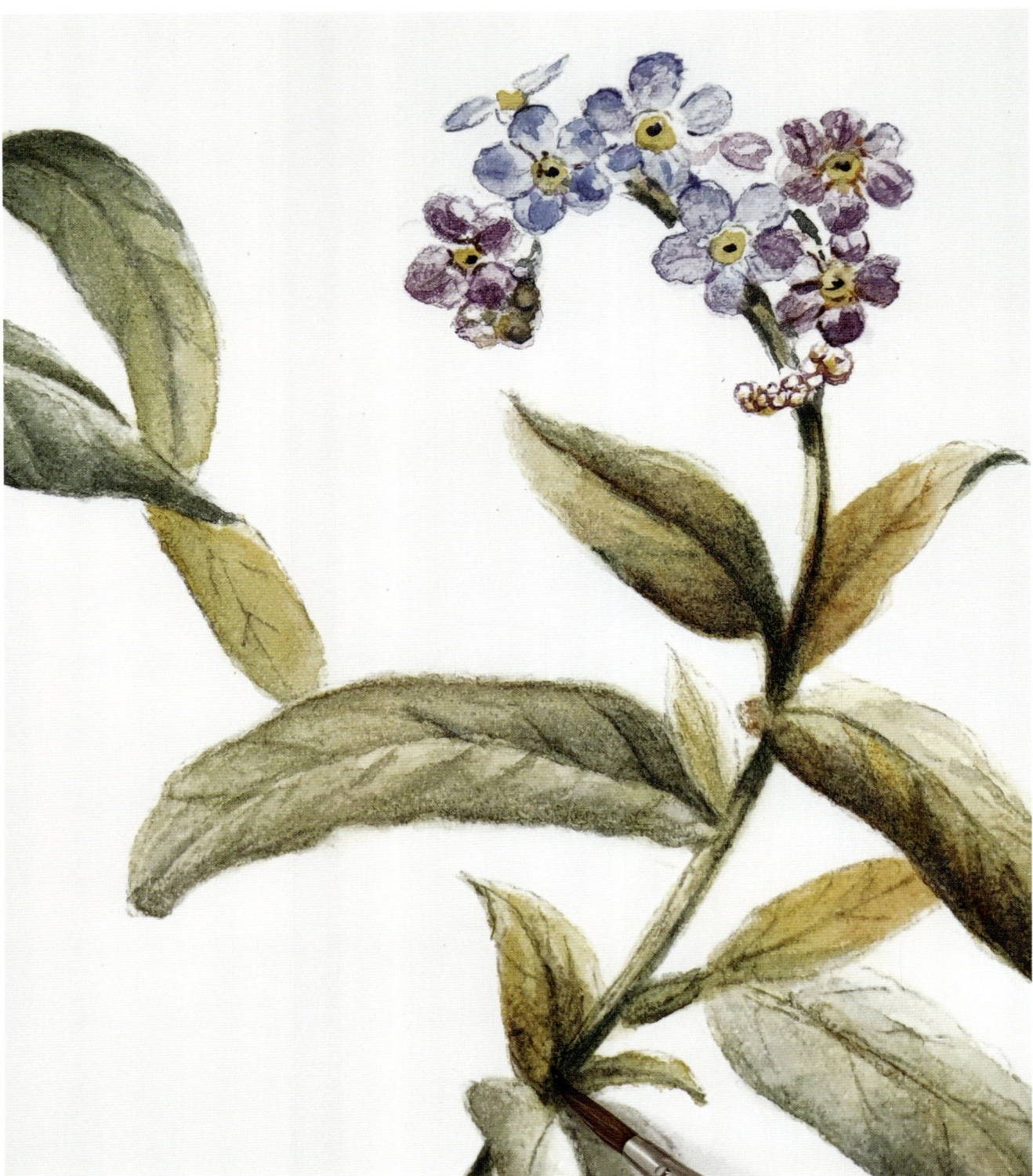

Finally, add very dark green in the darker parts of the stems and leaves.

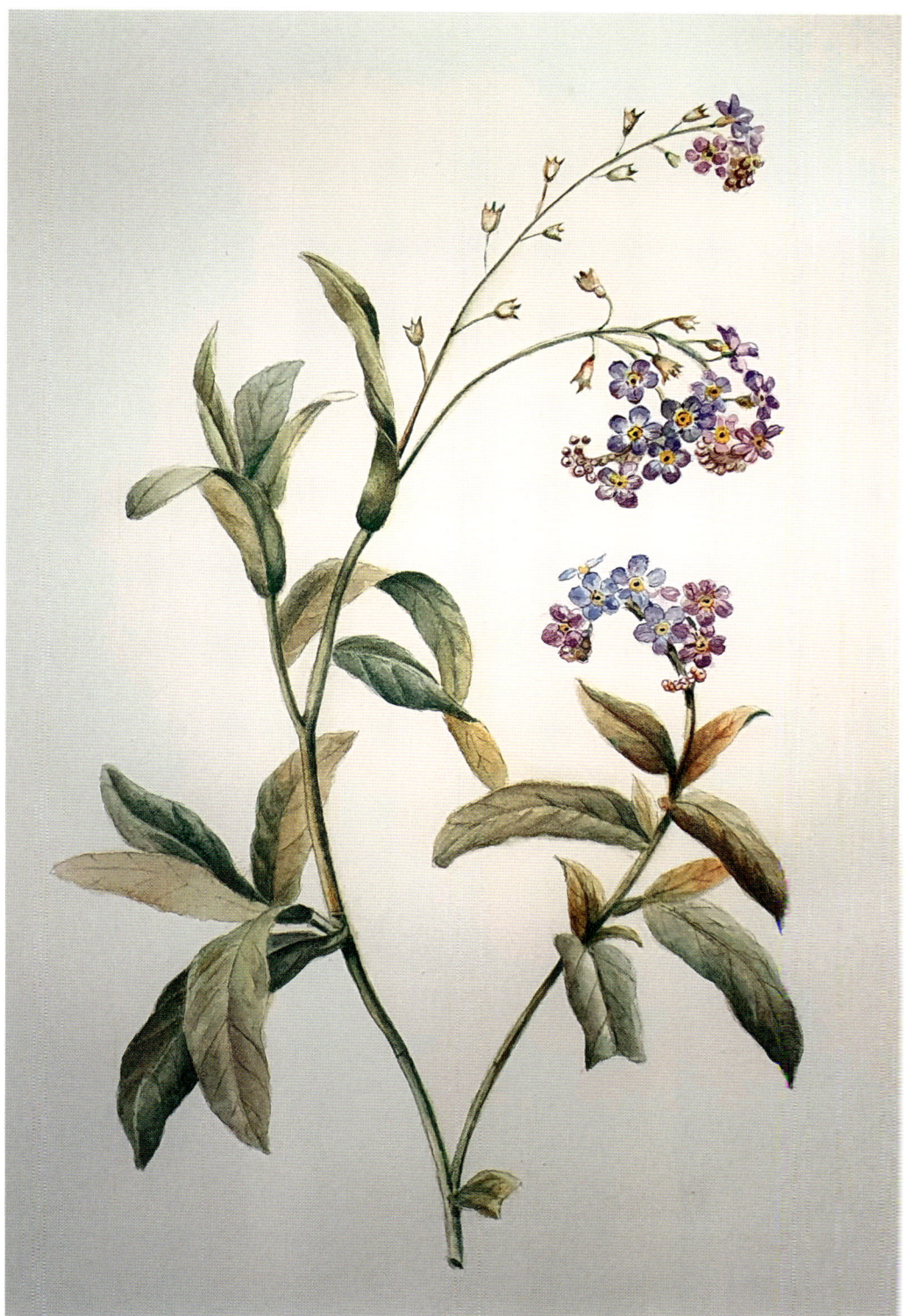

A copy of Pierre-Joseph Redouté's *Forget-me-not* (*Myosotis*), watercolor.

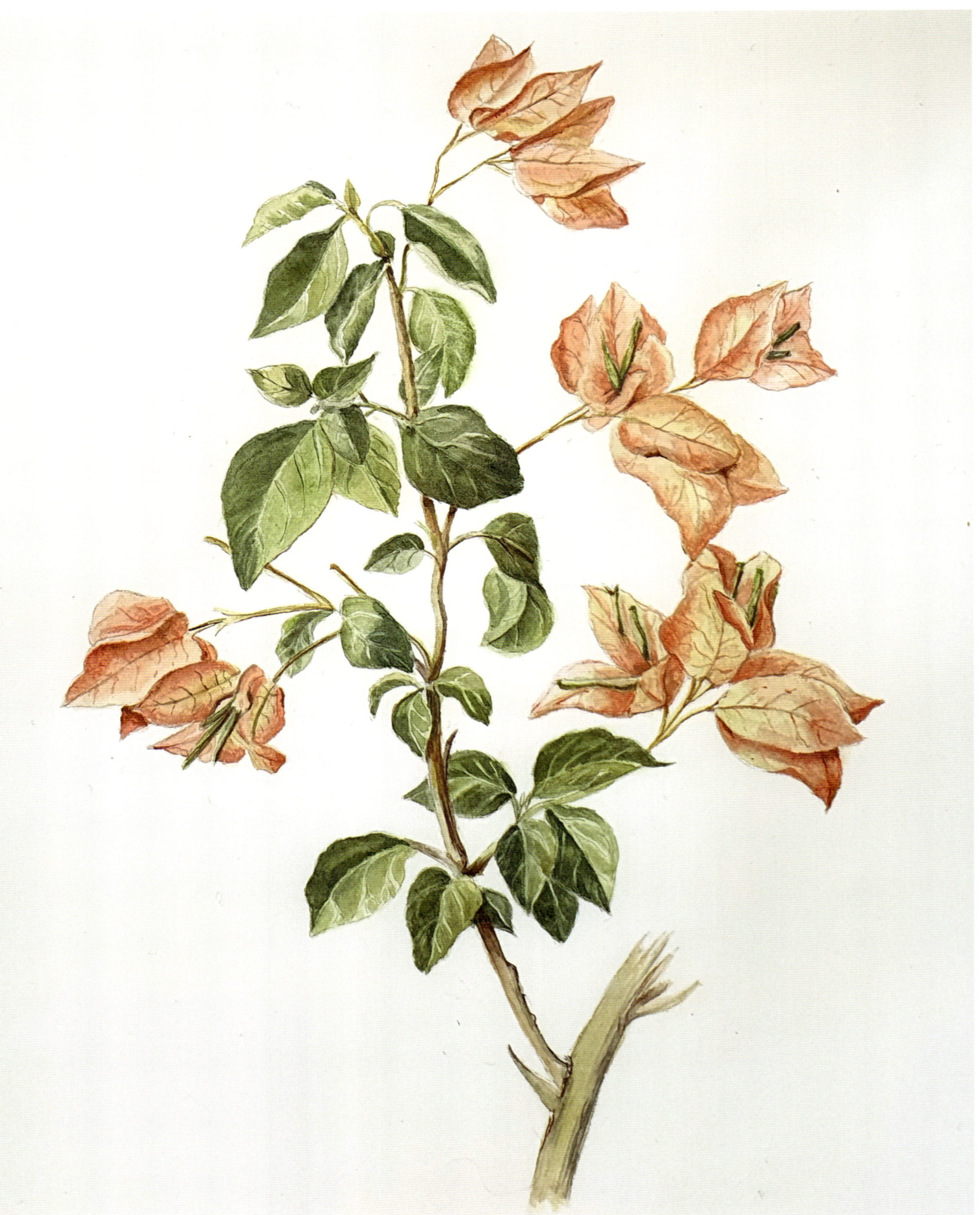

CHAPTER 13

BOTANICAL WATERCOLOR PAINTING

Sydney Parkinson (1745–71), a Scottish Quaker and a very talented designer in his spare time, initially worked as a wool draper. After meeting Joseph Banks, he began drawing the plants at Kew Gardens in London. At the age of 23, he joined HMS *Endeavour* for Captain James Cook's famous expedition in 1768. Among the 94 people on board were Joseph Banks and the Swedish naturalist Daniel Carlsson Solander, who had been a student of Linnaeus. Departing from Europe, they sailed towards Rio de Janeiro, then Tierra del Fuego, New Zealand, and Australia.

Parkinson was the first European artist in Australia, but unfortunately, he died of dysentery on the return journey, at the age of 26. During the expedition more than 30,000 plants were collected and dried, and Parkinson produced 21 volumes of natural history illustrations under the direction of Joseph Banks and Solander as they recalled: "We sat until dusk at the big table, facing the designer, showing him how to execute his drawings, ourselves offering him rapid descriptions of all the desired details while the specimen was still fresh".[1] Subsequently, as there were too many specimens, Parkinson made "general diagrams" which were completed by others when the expedition returned.

1 - *The Art of Botanical Illustration*, op. cit., p.77.

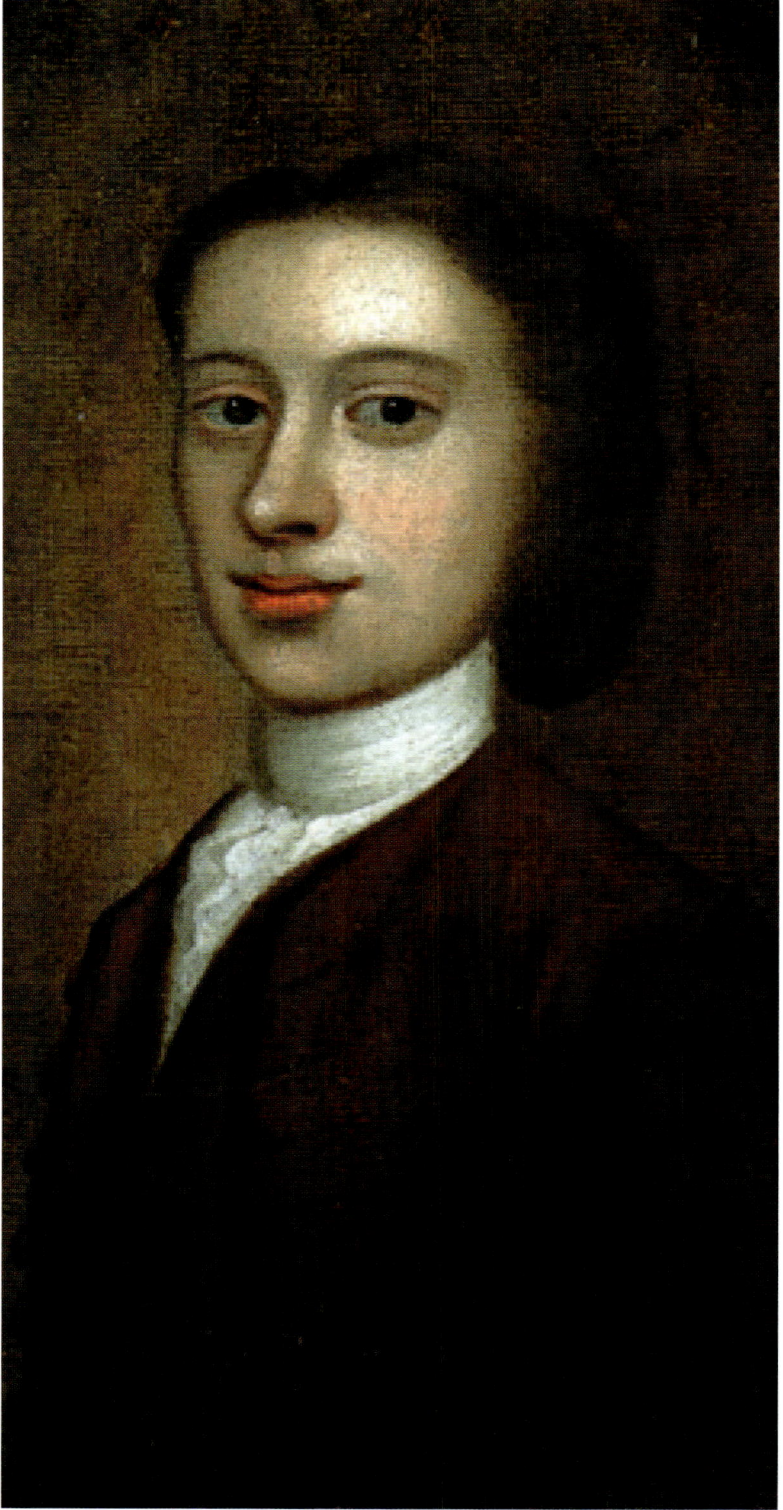

MATERIAL:

300g/m² hot-pressed watercolor paper, watercolors (new gamboge yellow, natural sienna, vermilion, carmine, Prussian blue, natural umber, sepia), a fine brush, water, and a cloth.

Use the line drawing on page 187.

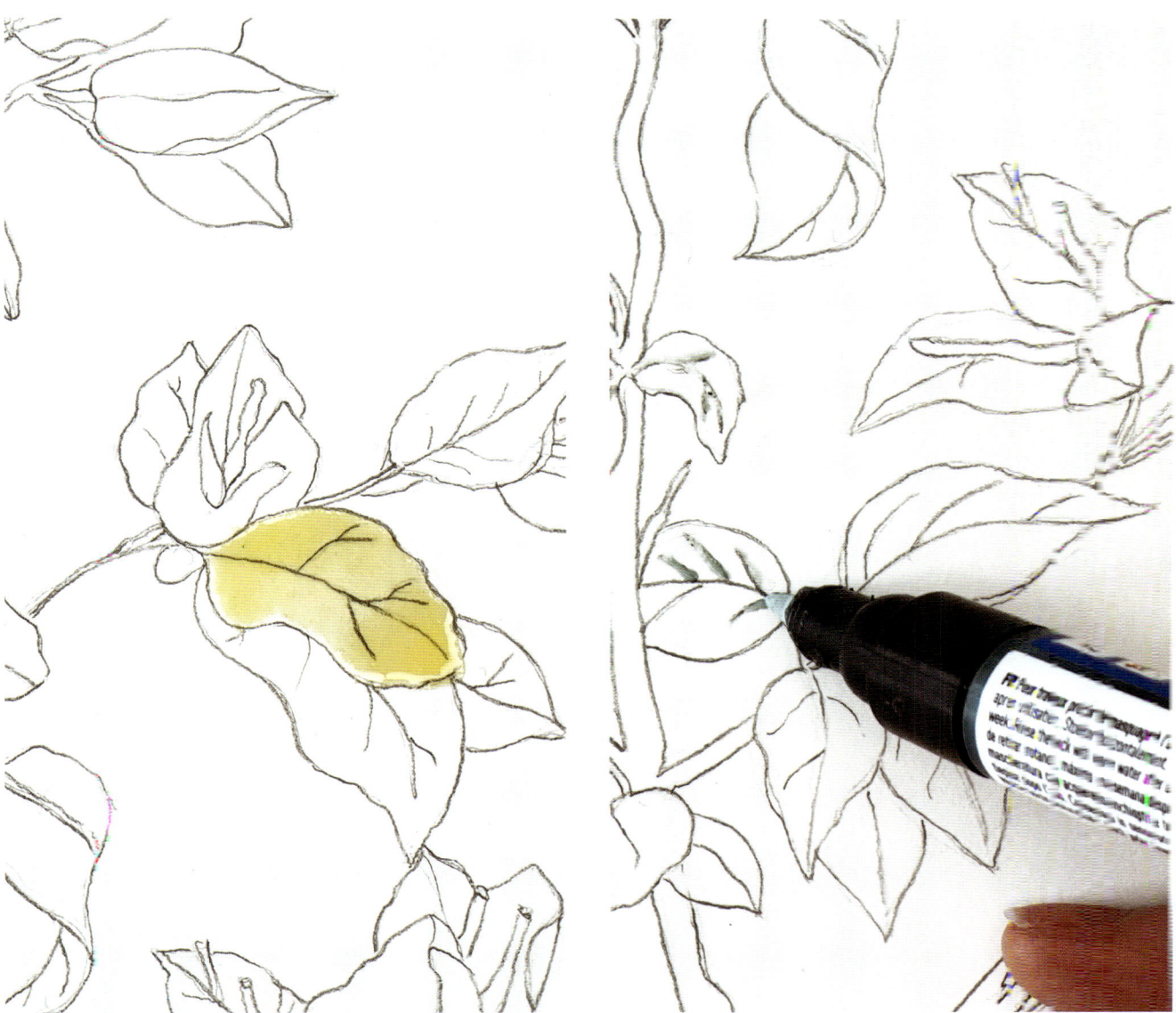

Apply a wash mixture of yellow and natural sienna. Let it dry.

Leave the veins unpainted by applying drawing gum. Let it dry.

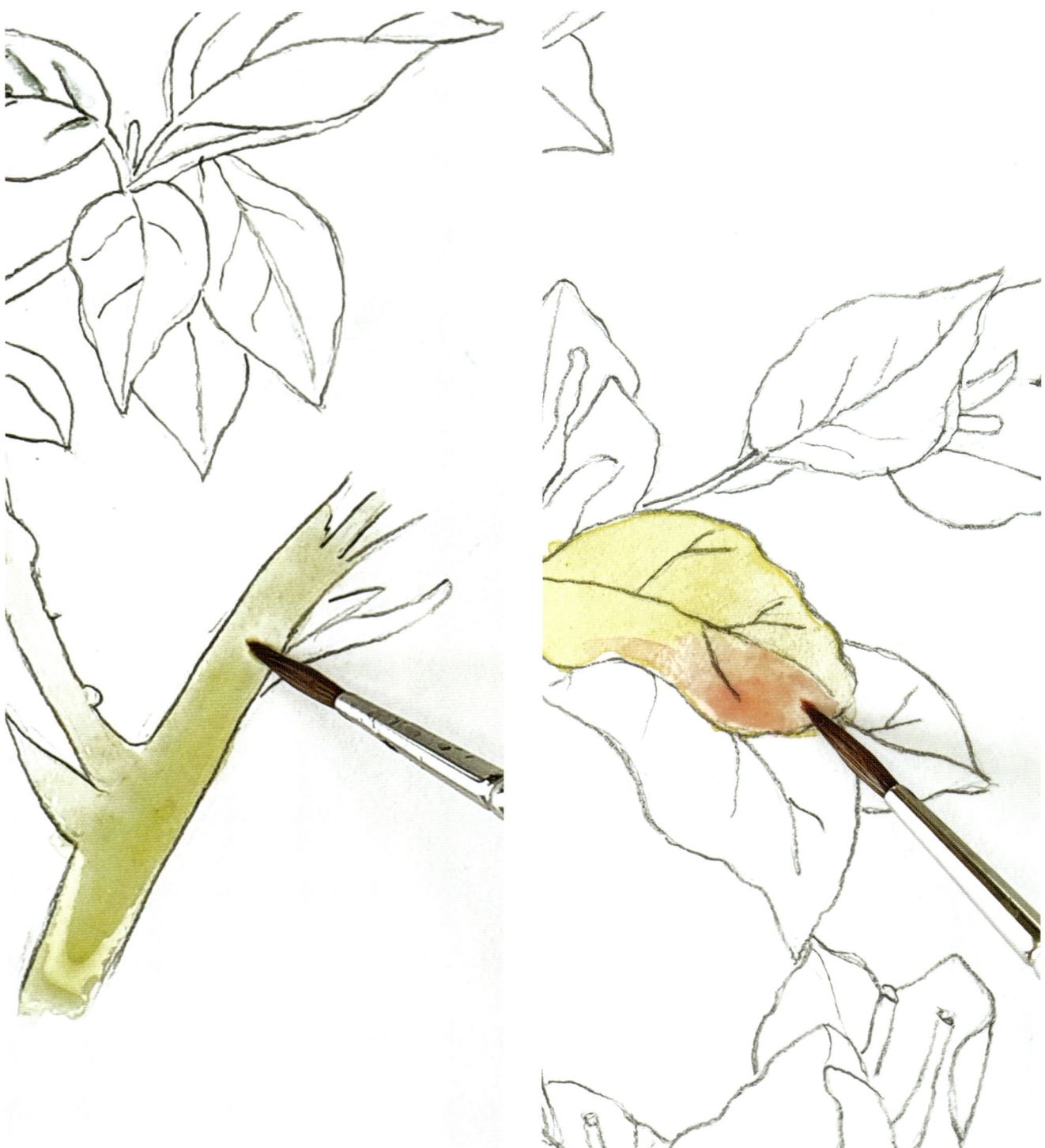

Paint the stem with natural sienna mixed with a very little green (yellow with Prussian blue).

Apply carmine mixed with a very little vermilion on the pink parts.

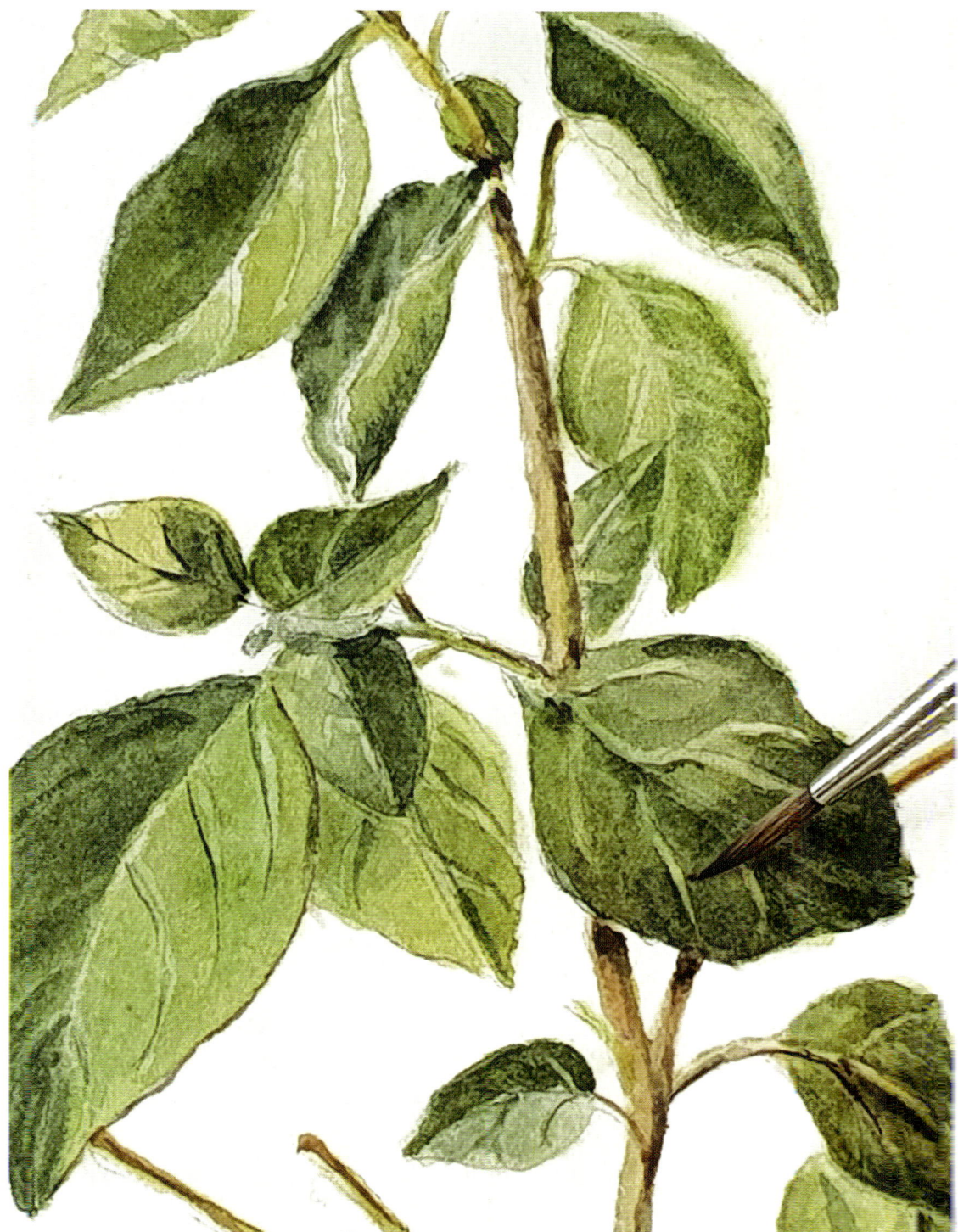

Layer the greens, gradually darkening the leaves. After drying, remove the drawing gum. Faint the leaves, gradually darkening the color. Reinforce the veins with dark green.

After applying a wash, add the green, composed of new gamboge yellow and Prussian blue.

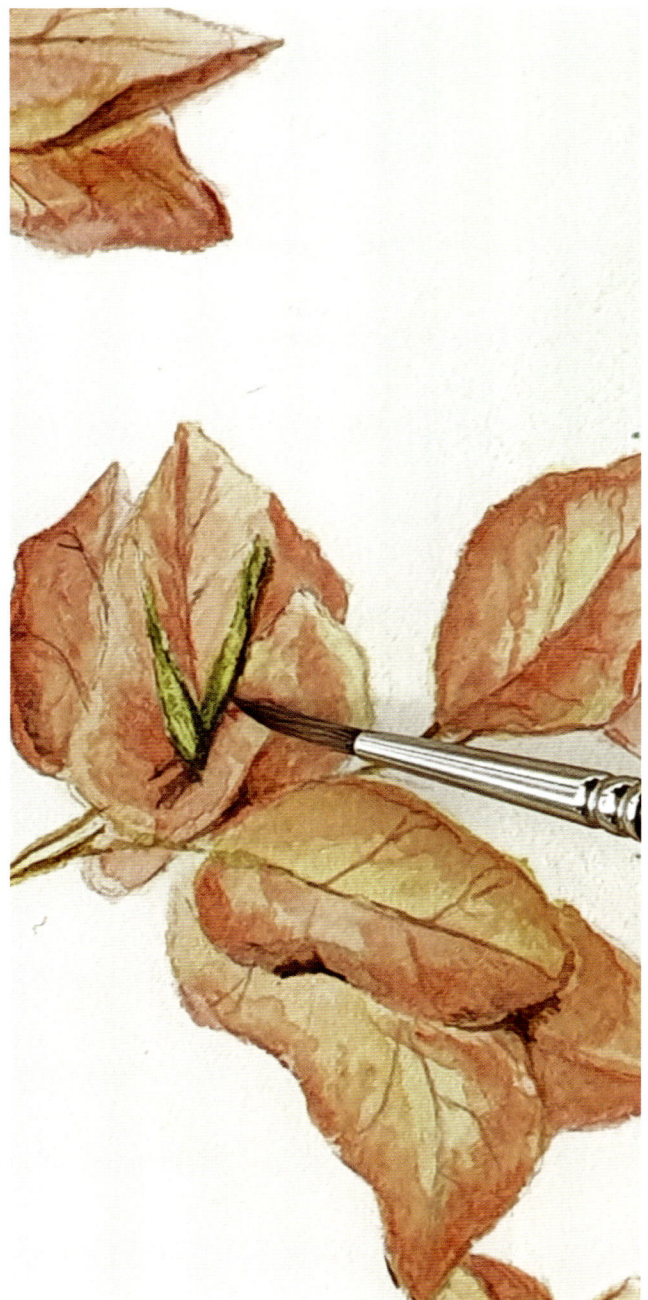

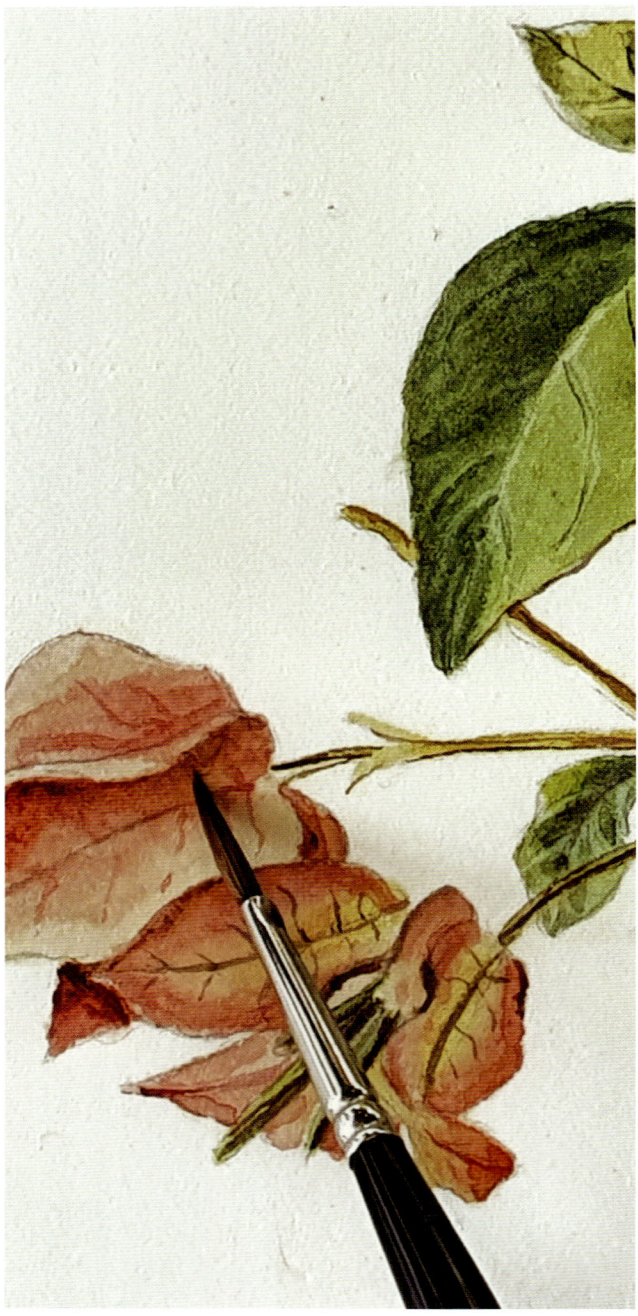

Darken certain details to give them strength with a mixture of carmine and sepia or sepia alone in the shadowed parts.

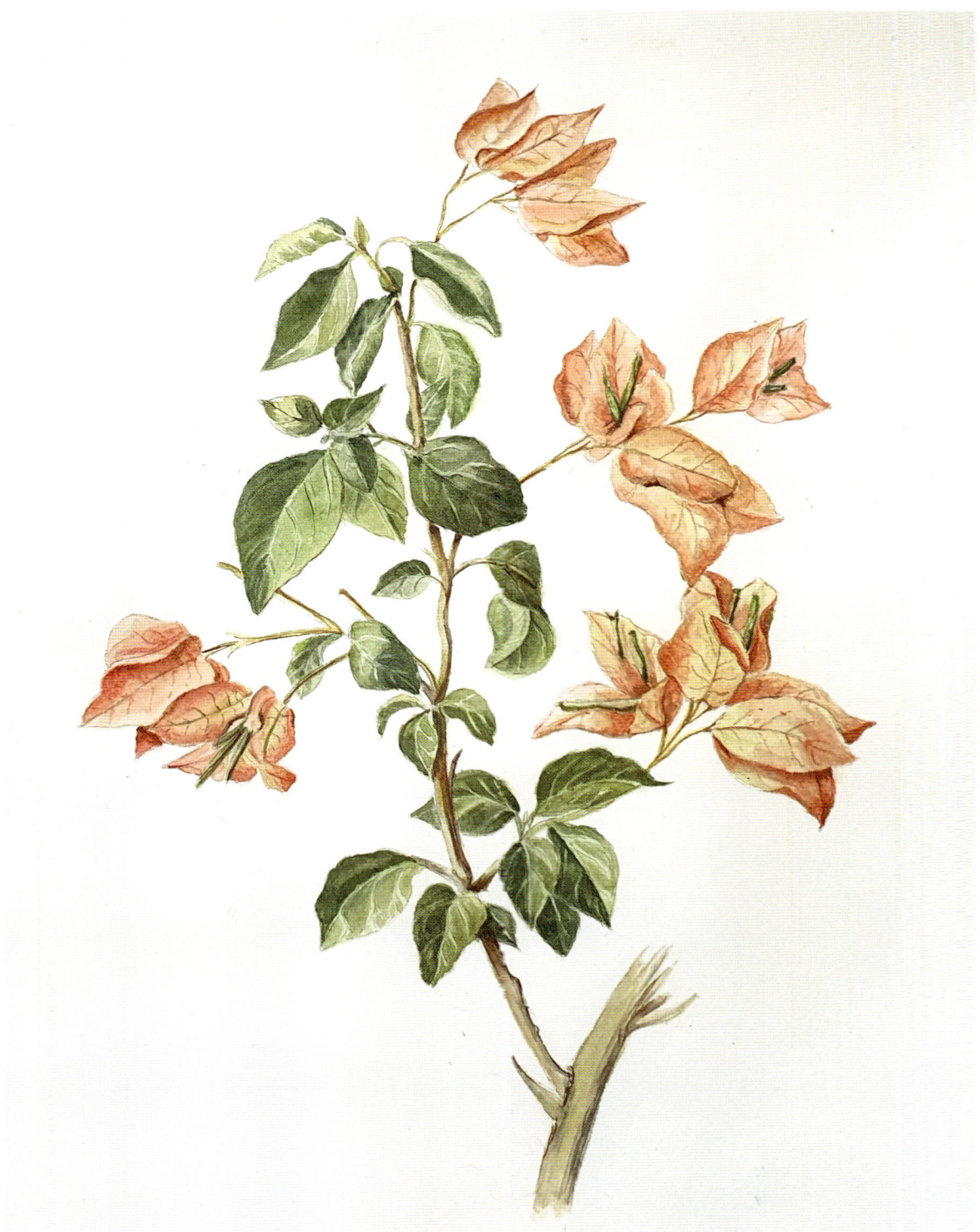

A copy of Sydney Parkinson's *Bougainvillea spectabilis* (probably completed by John Frederick Miller), from *Florilegium 355.*

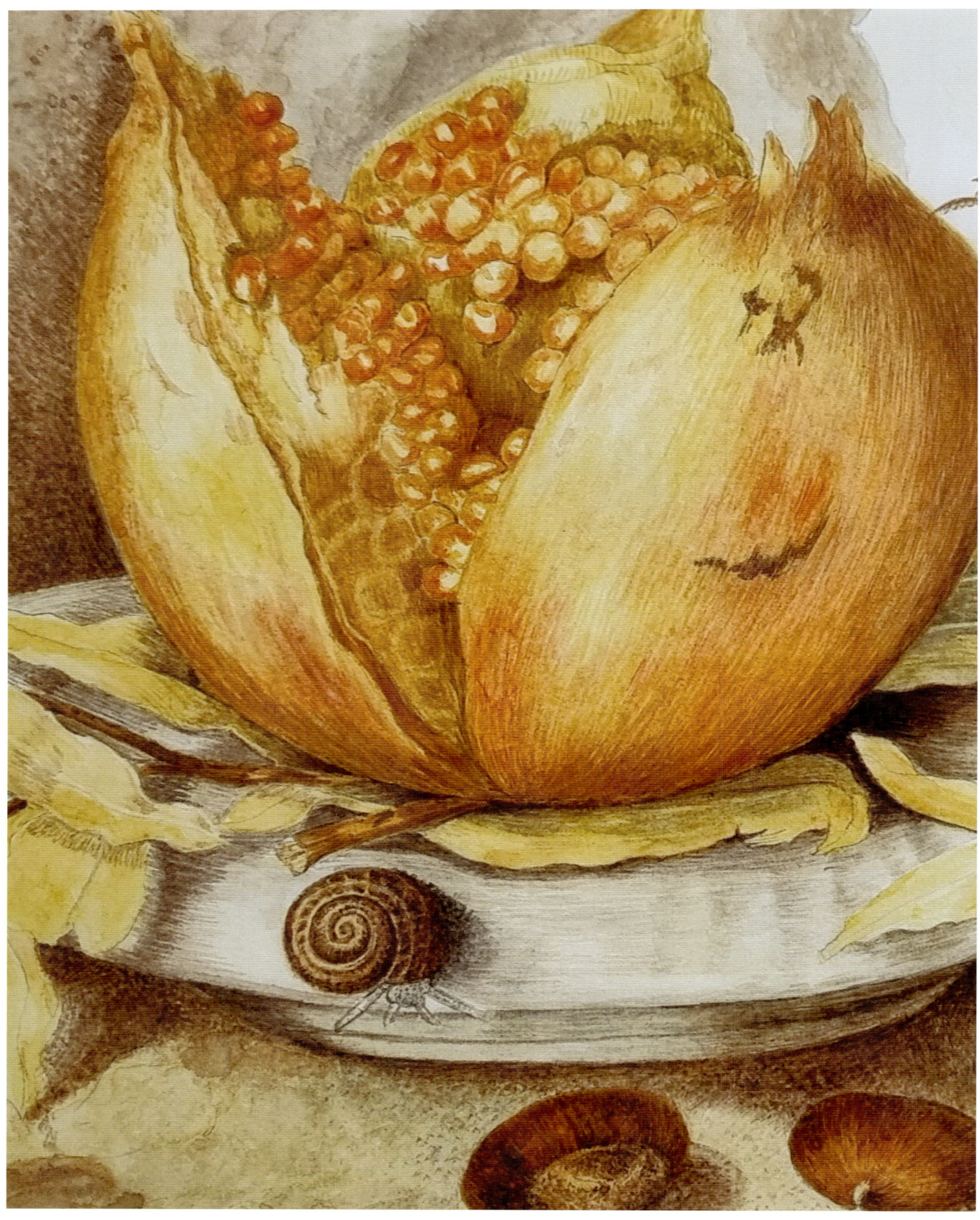

CHAPTER 14

WATERCOLOR STILL LIFE

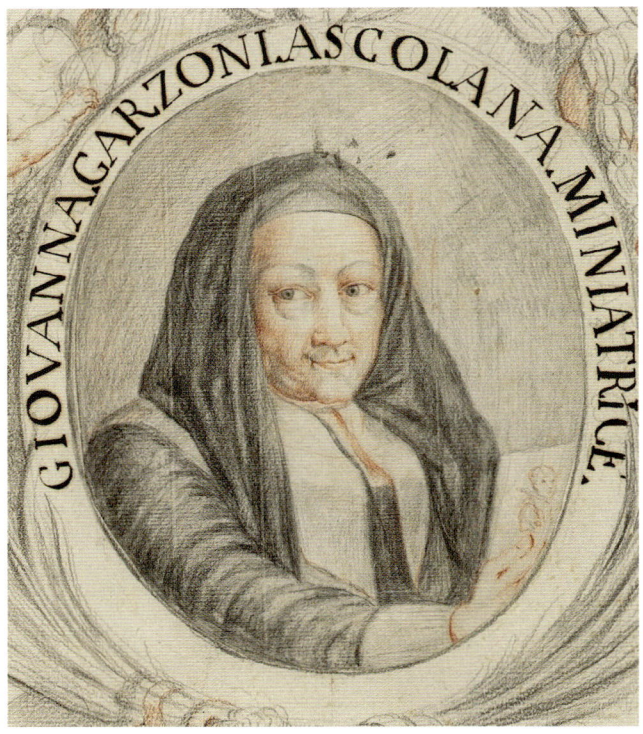

Giovanna Garzoni (1600–70) was born in Ascoli Piceno in Italy and grew up in Rome. Her parents were artisans. She probably learned painting from Palma il Giovane, and was producing very accomplished paintings by the age of 16. One of her first works of botany was a herbarium commissioned by a Dutch pharmacist from Delft who lived in Rome. A few years later, she moved to Venice where, historical painting being rather reserved for men at that time, she devoted herself to her art in the fields of scientific illustration, miniature portraits, and calligraphy. She married the Venetian portrait painter Tiberio Tinelli but the unconsummated marriage ended in divorce. Garzoni left the region and subsequently was based in the great courts of Italy (Naples, Rome, Turin) and even a trip to Paris is documented. From 1642 to 1651, she worked at the court of the Grand Duke of Tuscany. Her paintings may have been influenced by Jacopo Ligozzi but her still-life style was already well mastered after a stay at the court of Savoy. You can even find in her portraits copies of paintings, generally in a small format. At the end of her life, from 1650, she settled permanently in Rome, while continuing to send works to the Medici in Florence.

Giovanna Garzoni, like the miniaturists of her time, prepared her gouache or watercolor from natural pigments (minerals, insects, and plants) reduced to a fine powder, mixed with gum arabic, water, or even egg. She worked on vellum (calf skin) using barely damp transparent washes for the underlays; vellum is very resistant to water. Then she applied small lines to mark the shadows and details. Her works are very delicate while retaining the botanical character highlighting numerous details observed on fresh flowers and ripe fruits. She also added insects, small animals, and shells. In some parts, it is still possible to see the lead used in the preliminary drawings.

MATERIALS:

300g/m² hot-pressed watercolor paper, watercolors (new camboge yellow, natural sienna, vermilion, burnt sienna, Prussian blue, sepia, neutral tint or black), medium and fine brushes, water, and a cloth.

See the line drawing on page 189.

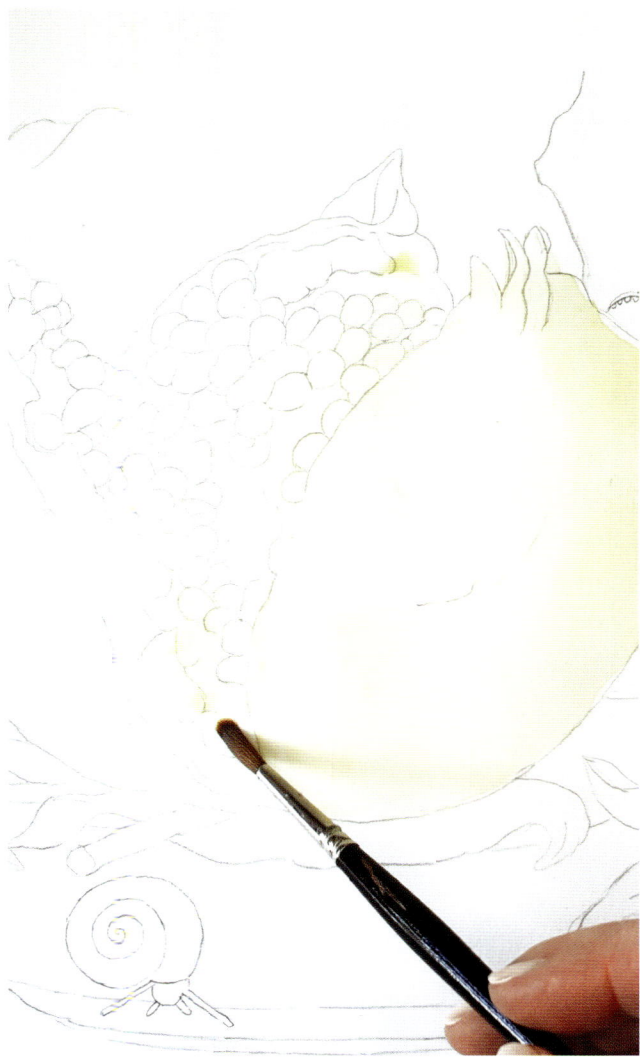

Apply a very transparent wash of a mixture of new gamboge yellow and a little natural sienna over the entire pomegranate.

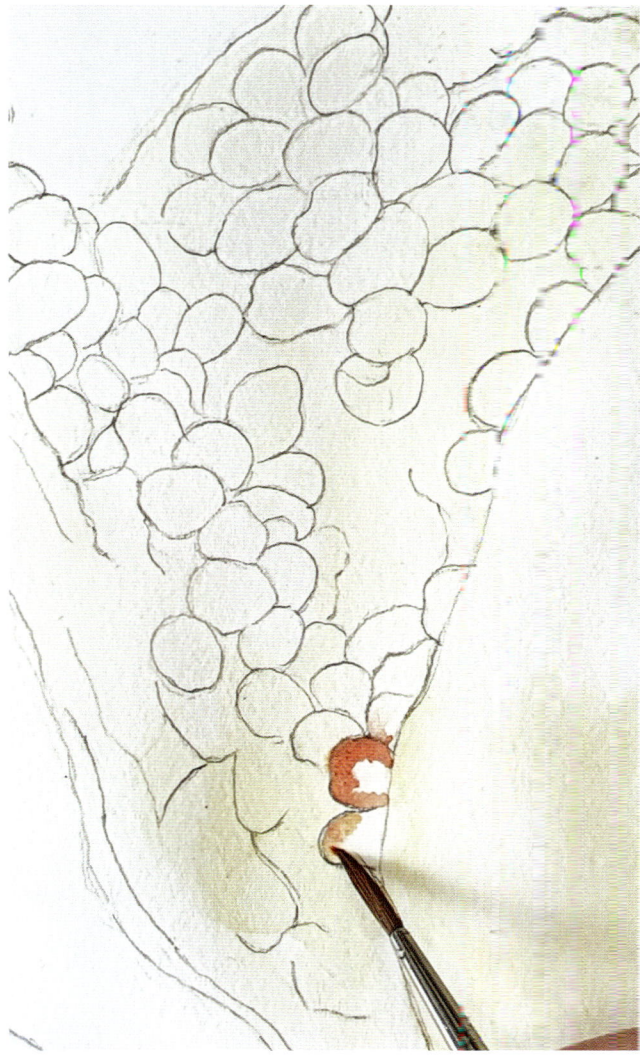

Paint each seed with vermilion, leaving the brightest parts unpainted.

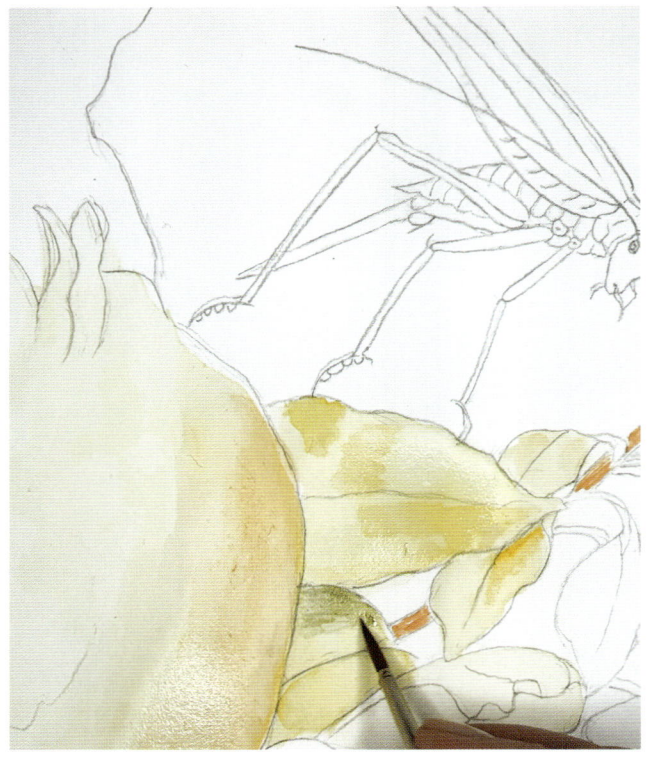

Apply a wash of natural sienna mixed with a very little yellow on the leaves. Let it dry, then apply small fine lines to add depth to the leaves, using green composed of natural sienna to which Prussian blue and a very little sepia should be added. The stems are painted with burnt sienna mixed with a very little sepia. Wet the pomegranate and apply several washes of natural sienna mixed with vermilion.

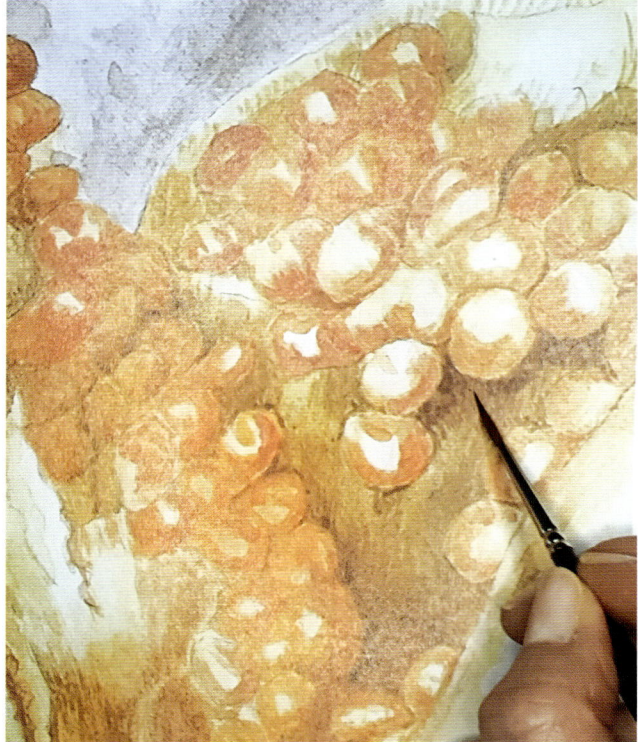

To darken the spaces between the seeds, apply small lines of burnt sienna, then burnt sienna mixed with sepia, and finally sepia alone in the darkest parts.

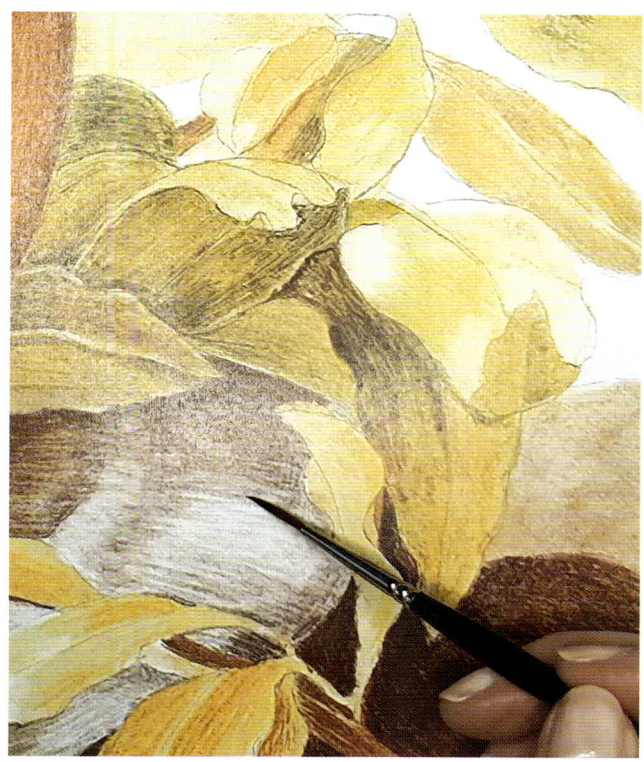

To create the shadows on the plate, paint thin, horizontal lines very close together of burnt sienna mixed with sepia, then sepia alone in the darkest parts.

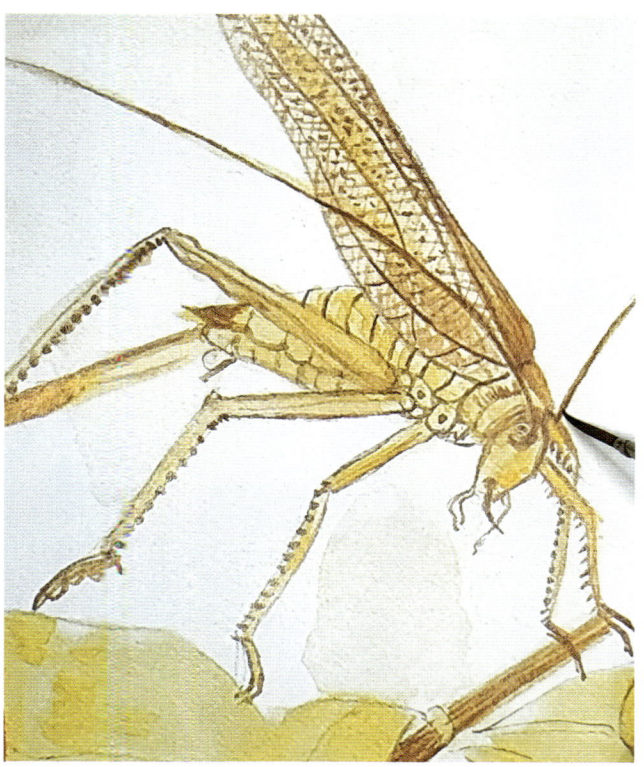

For the grasshopper, apply a wash (of natural sienna mixed with yellow), then draw the insect with the tip of the brush (in burnt sienna mixed with sepia).

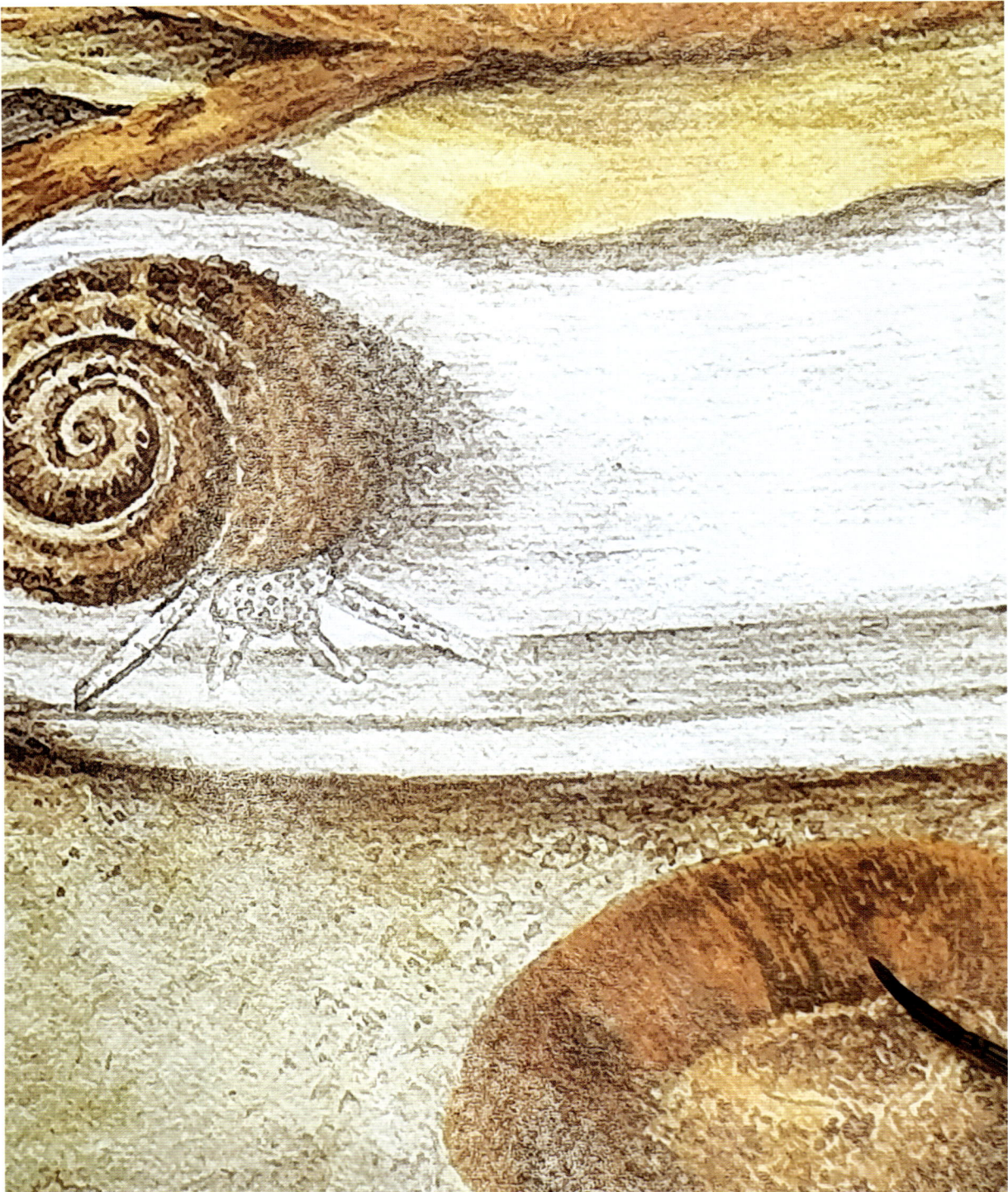

After applying a wash of natural sienna, paint the browns by mixing a varying amount of burnt sienna with sepia. Finally, add the very dark details using black mixed with a very little sepia.

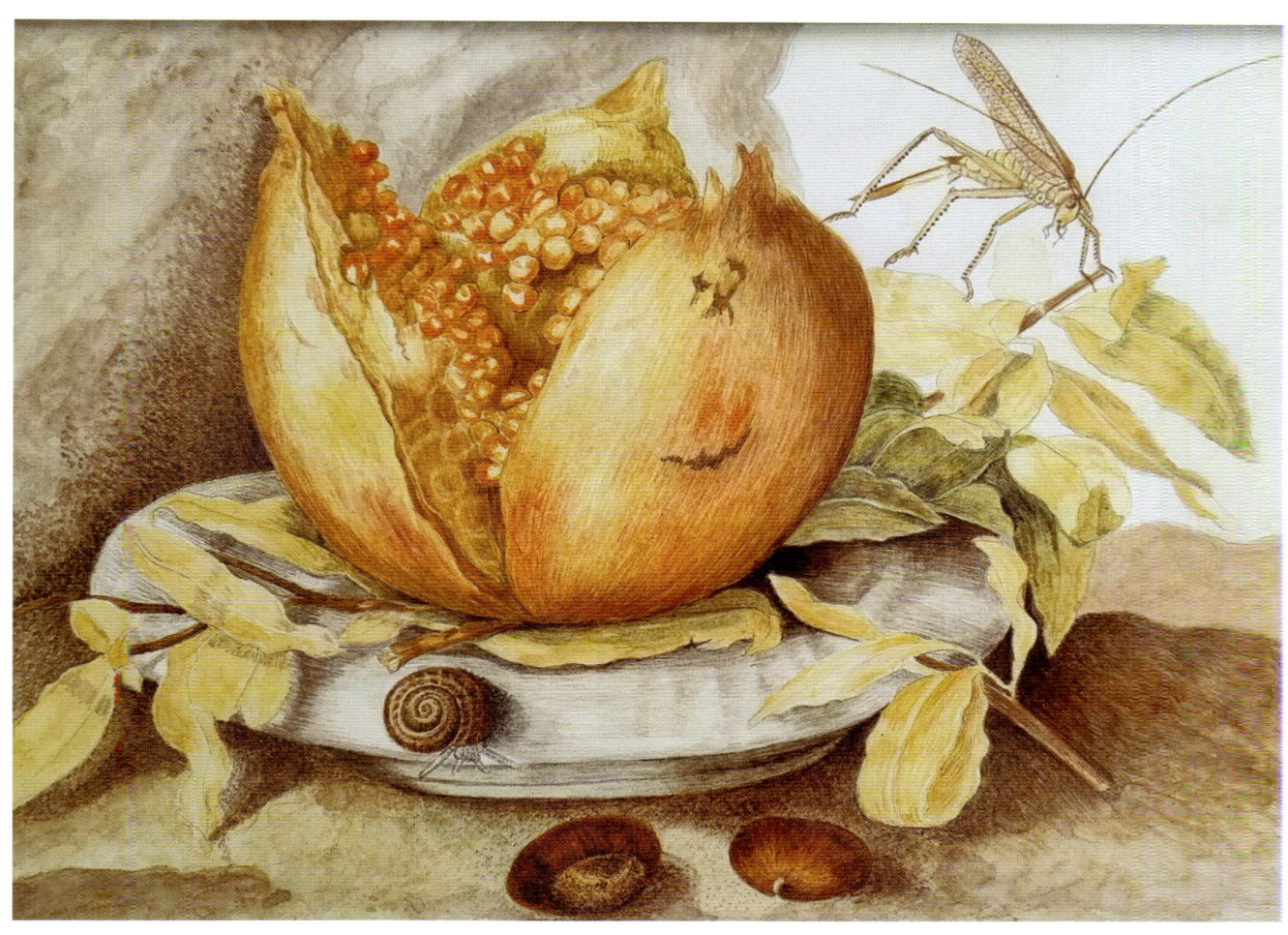

A copy of Giovanna Garzoni's *Open Pomegranate on a Plate, with Grasshopper, Snail and Two Chestnuts*, 10½ × 13¾ in (27 × 35 cm).

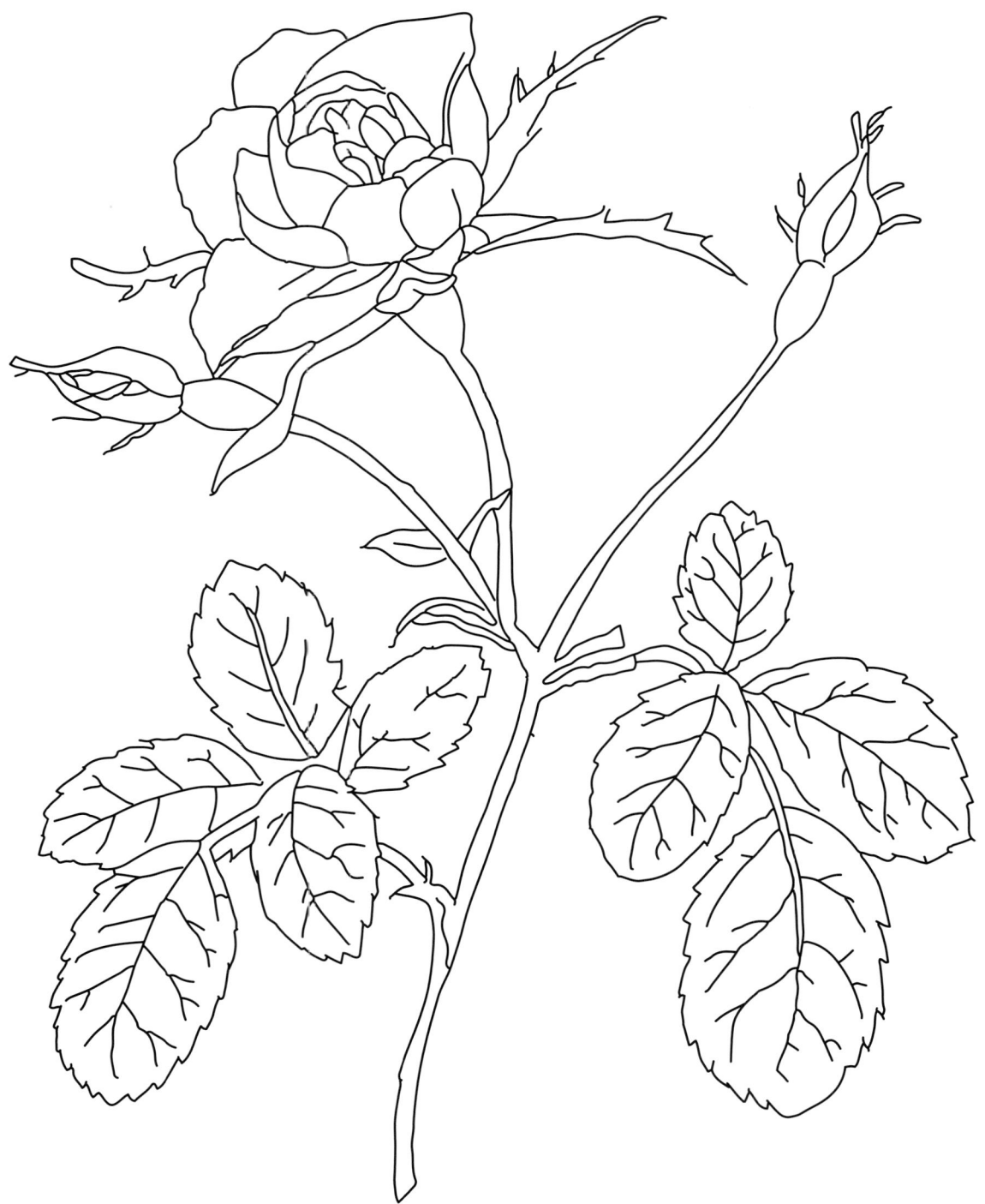

CHAPTER 1

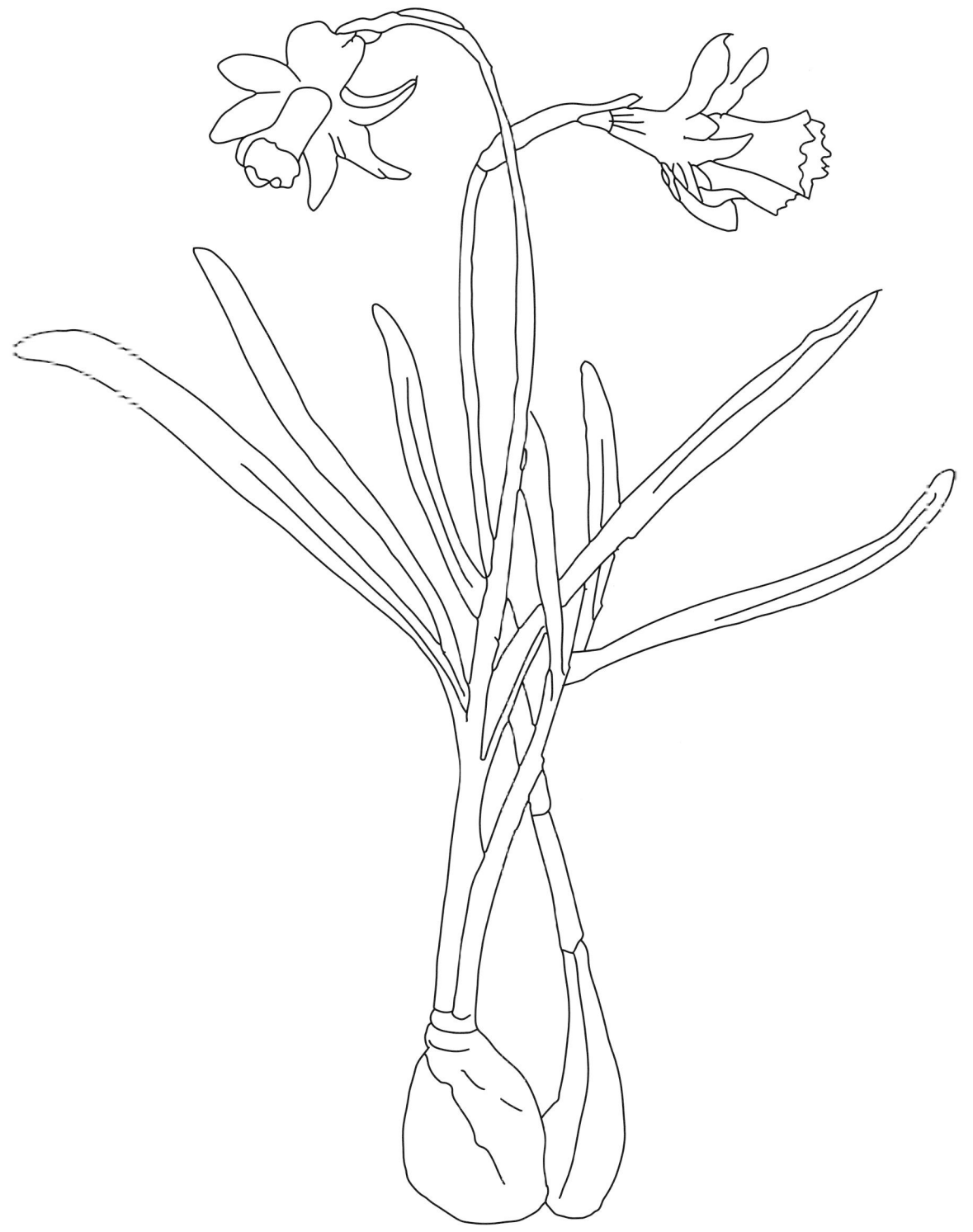

CHAPTER 2

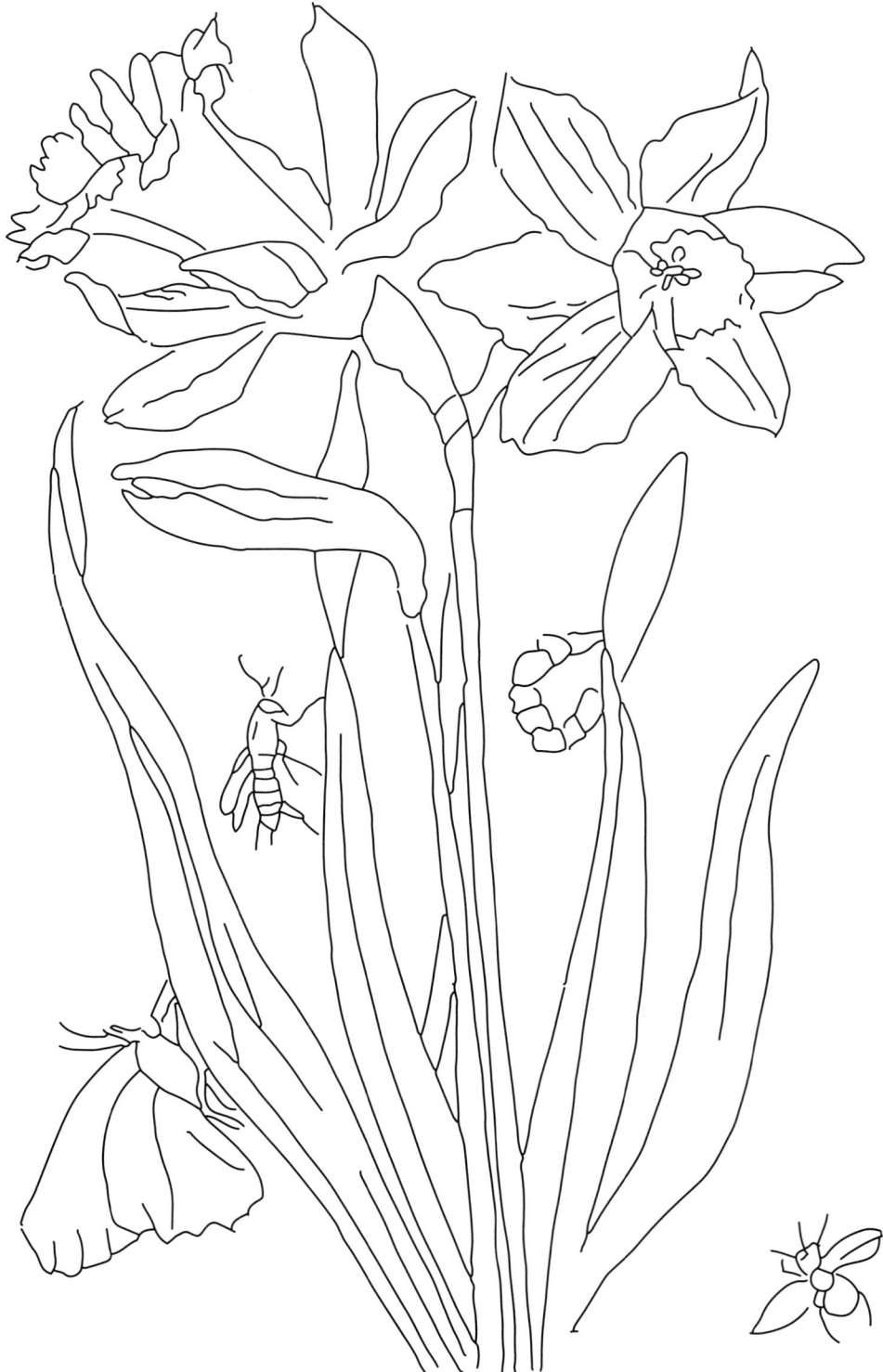

CHAPTER 3

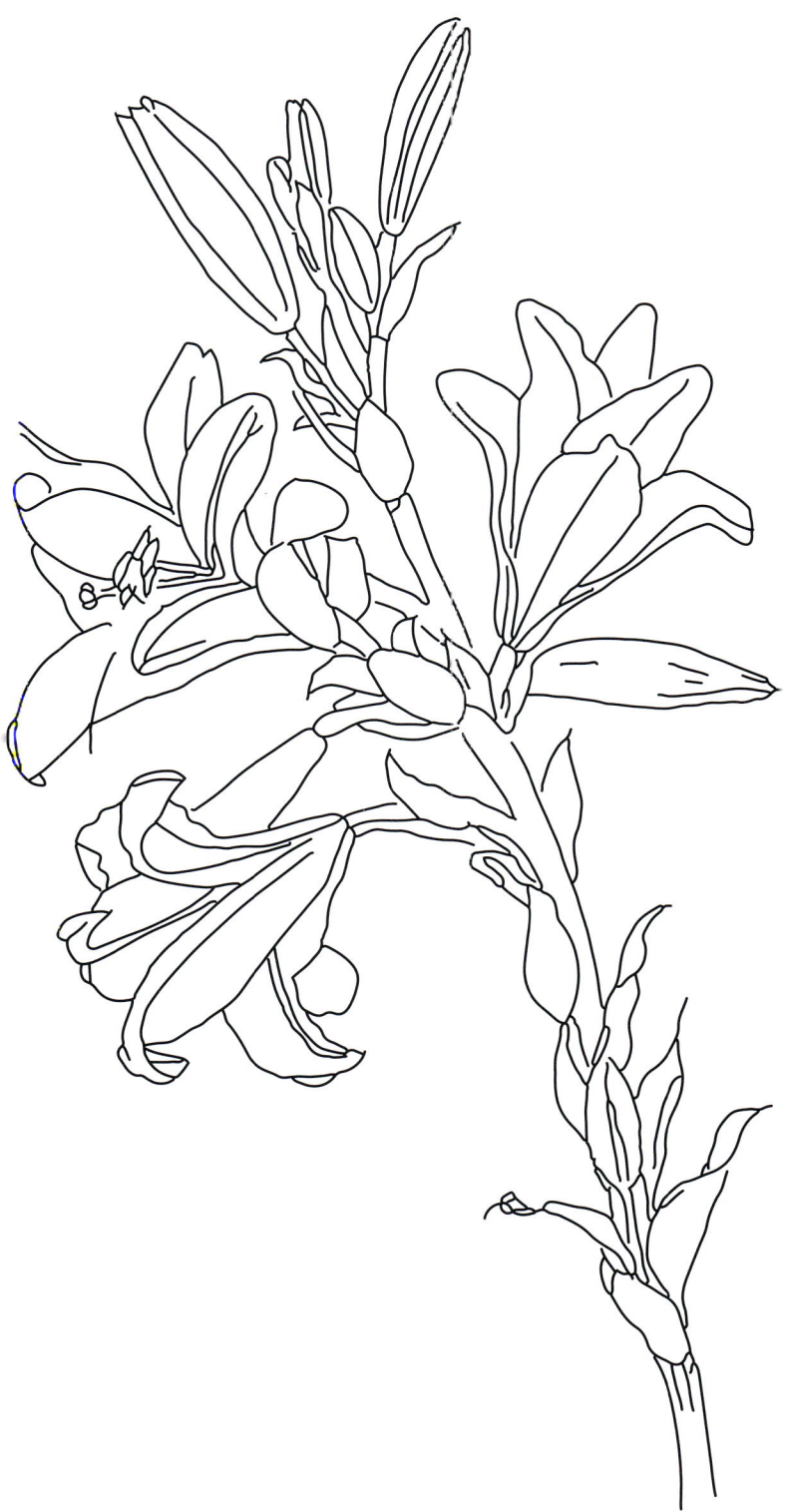

CHAPTER 4

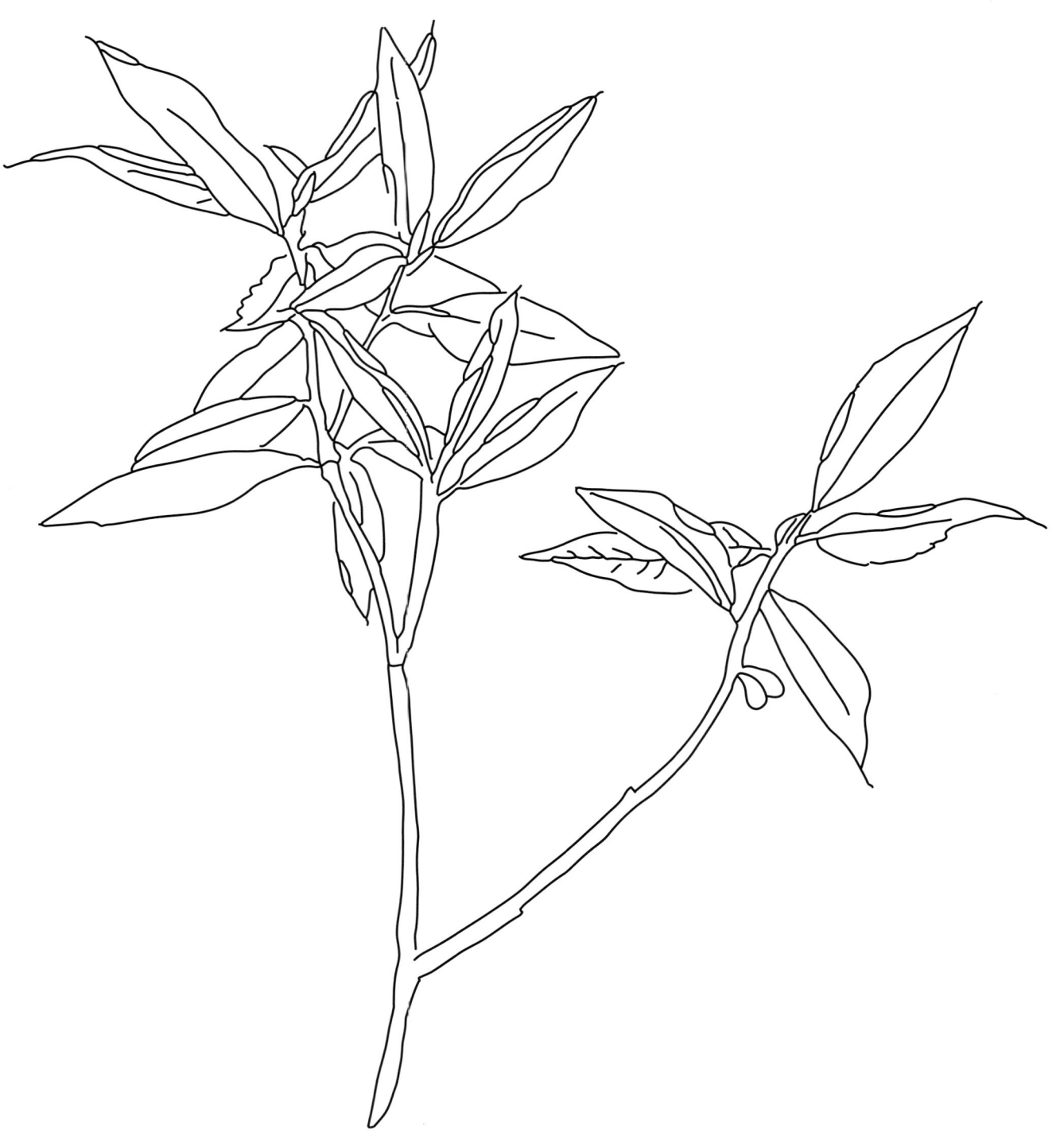

CHAPTER 5

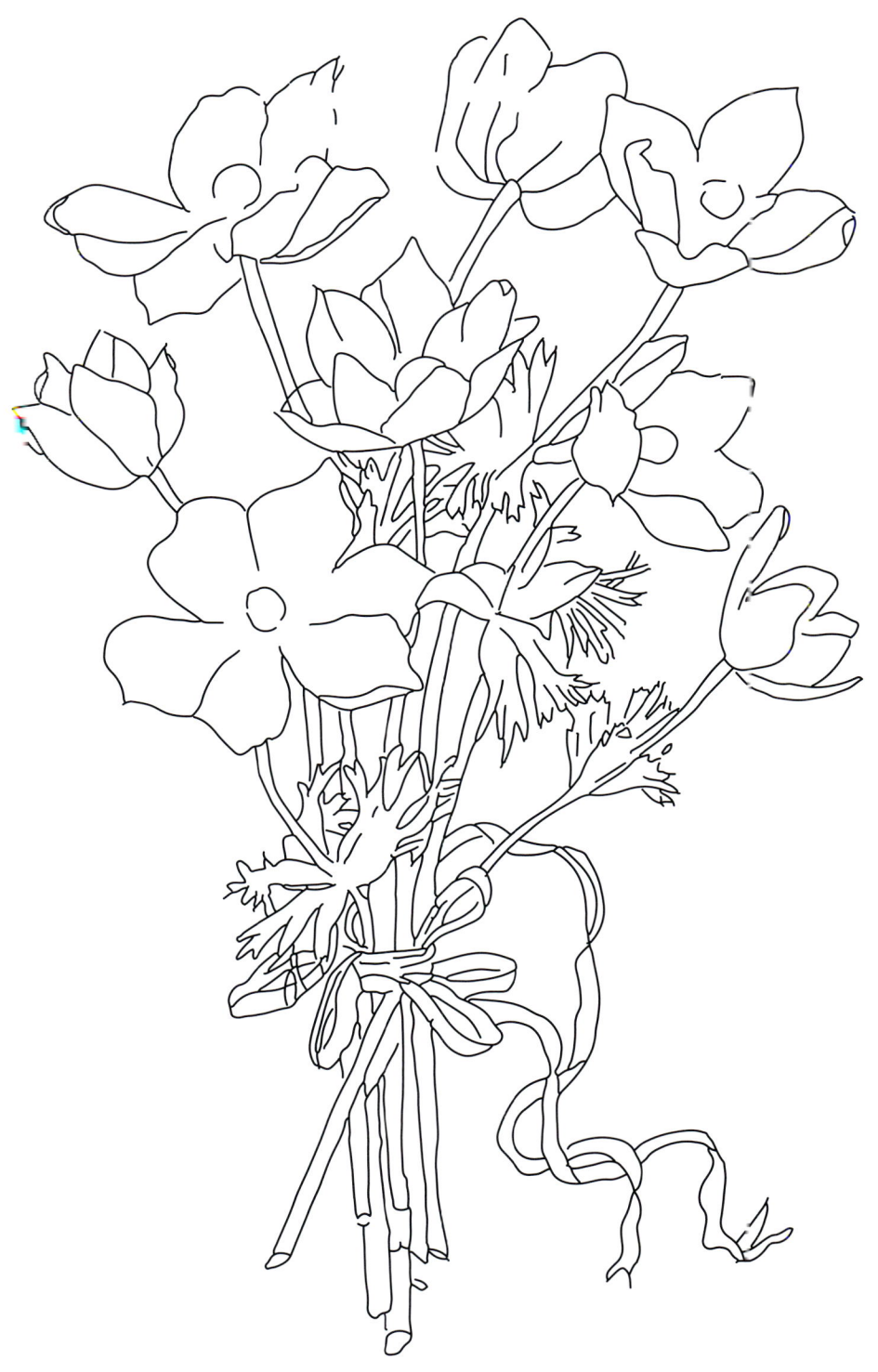

CHAPTER 6

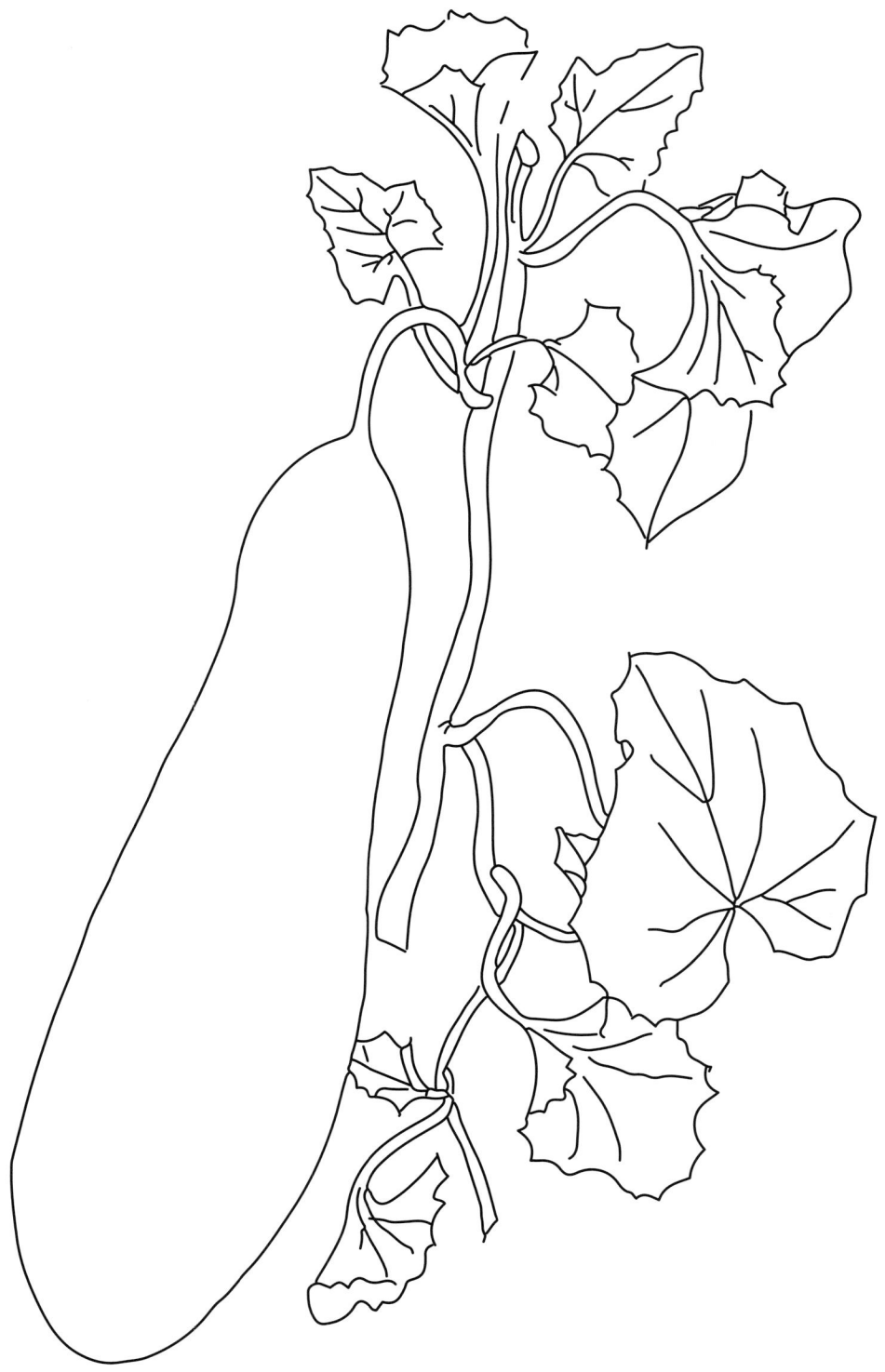

CHAPTER 7

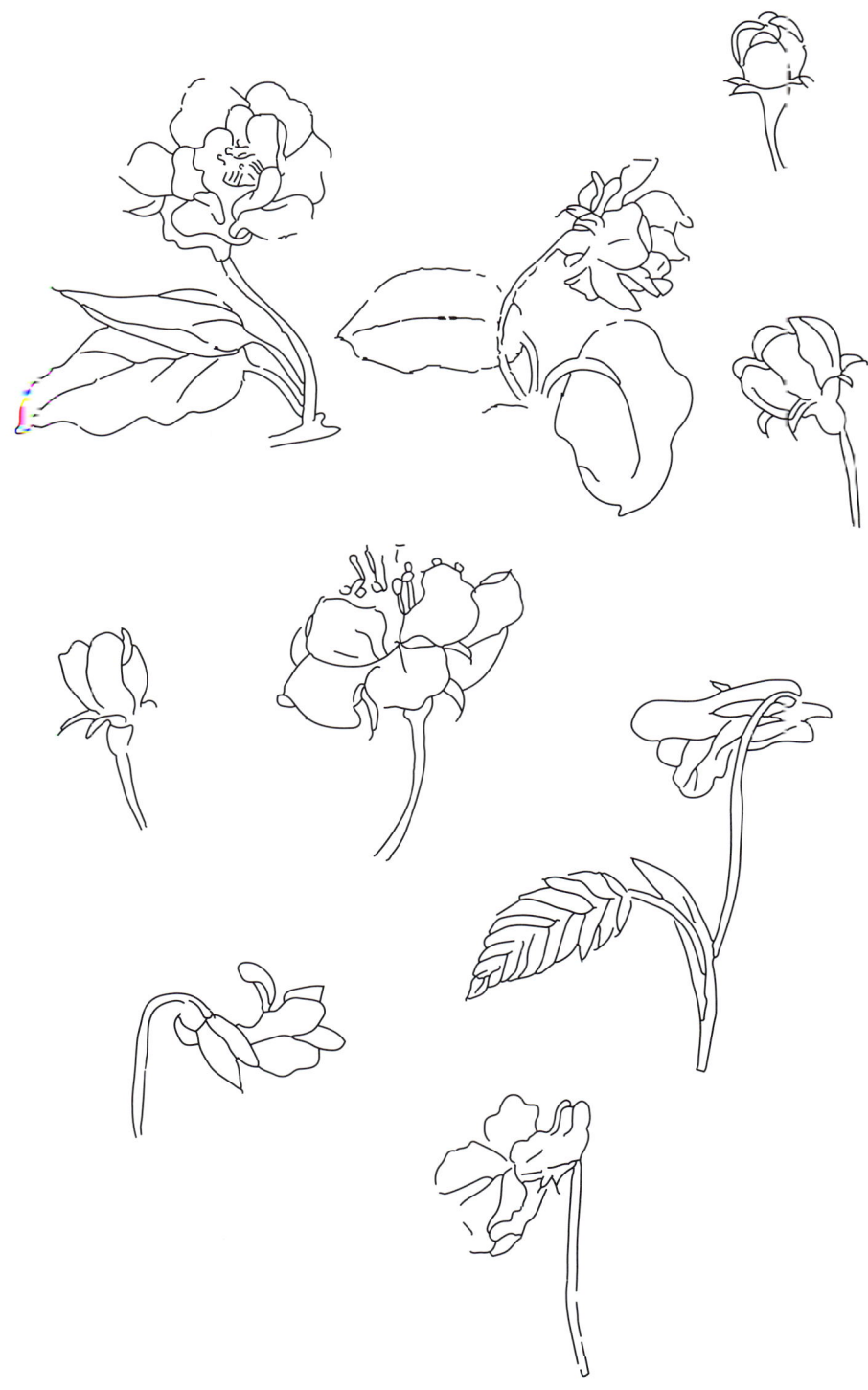

CHAPTER 8

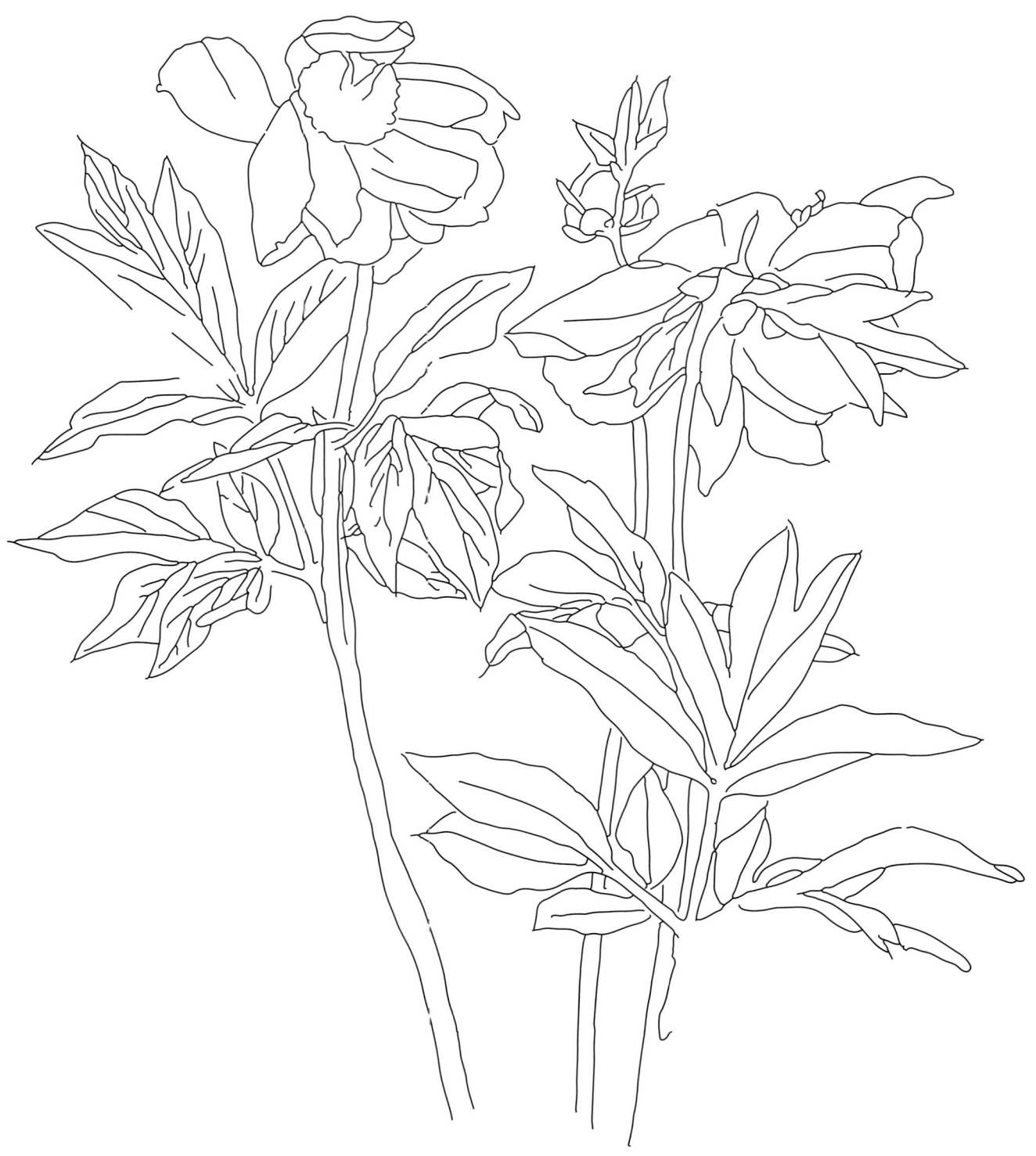

CHAPTER 9

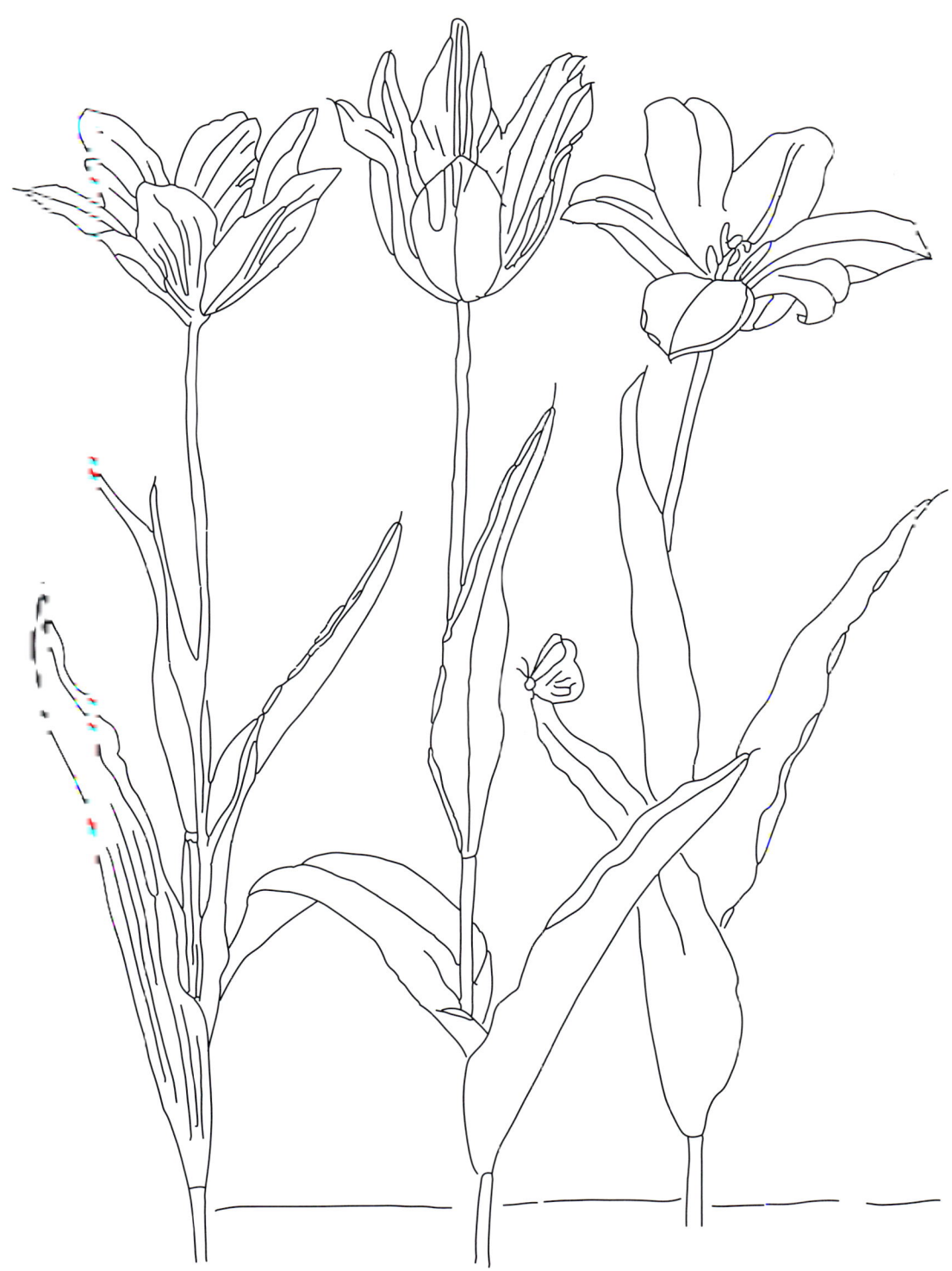

CHAPTER 10

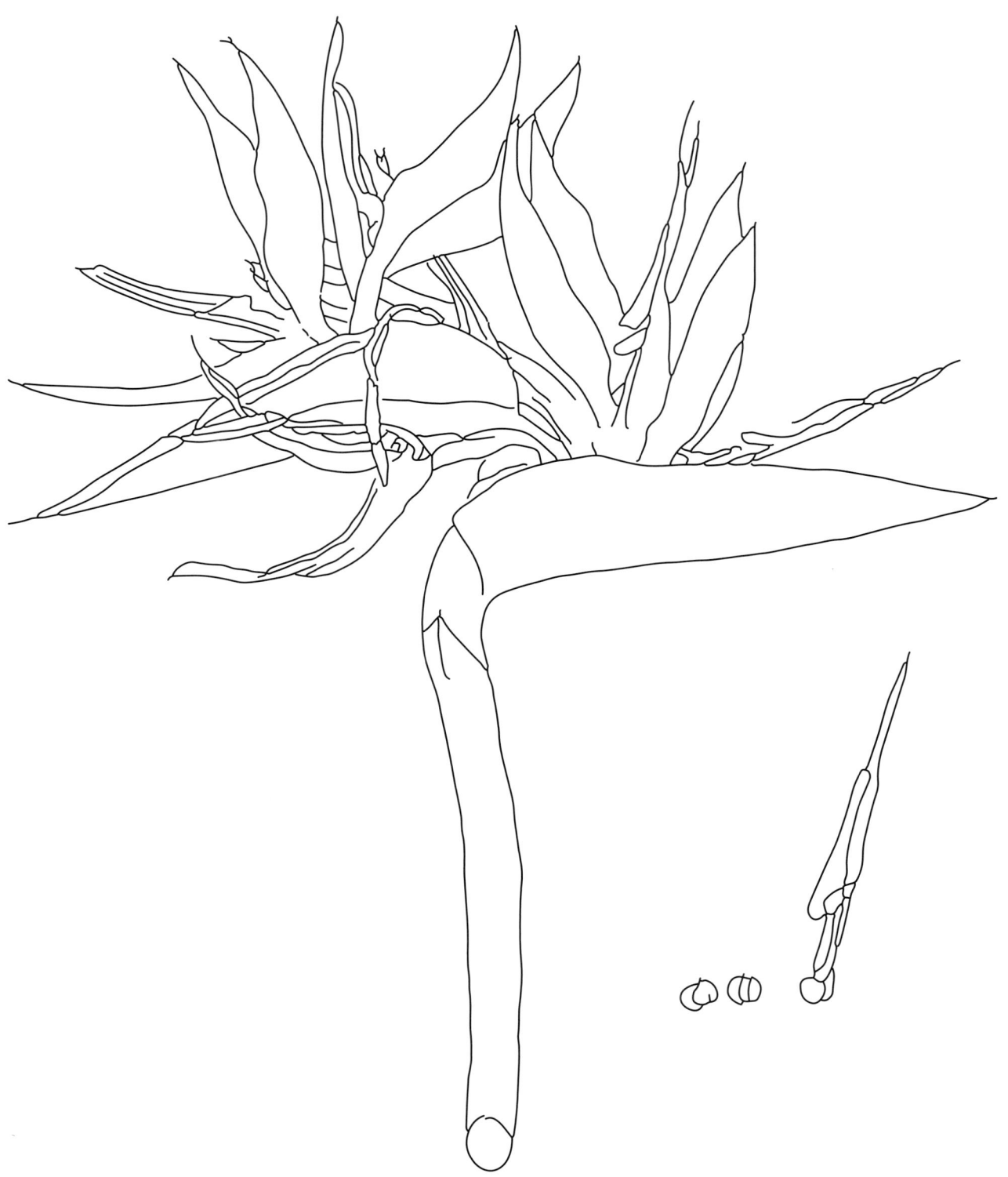

CHAPTER 11

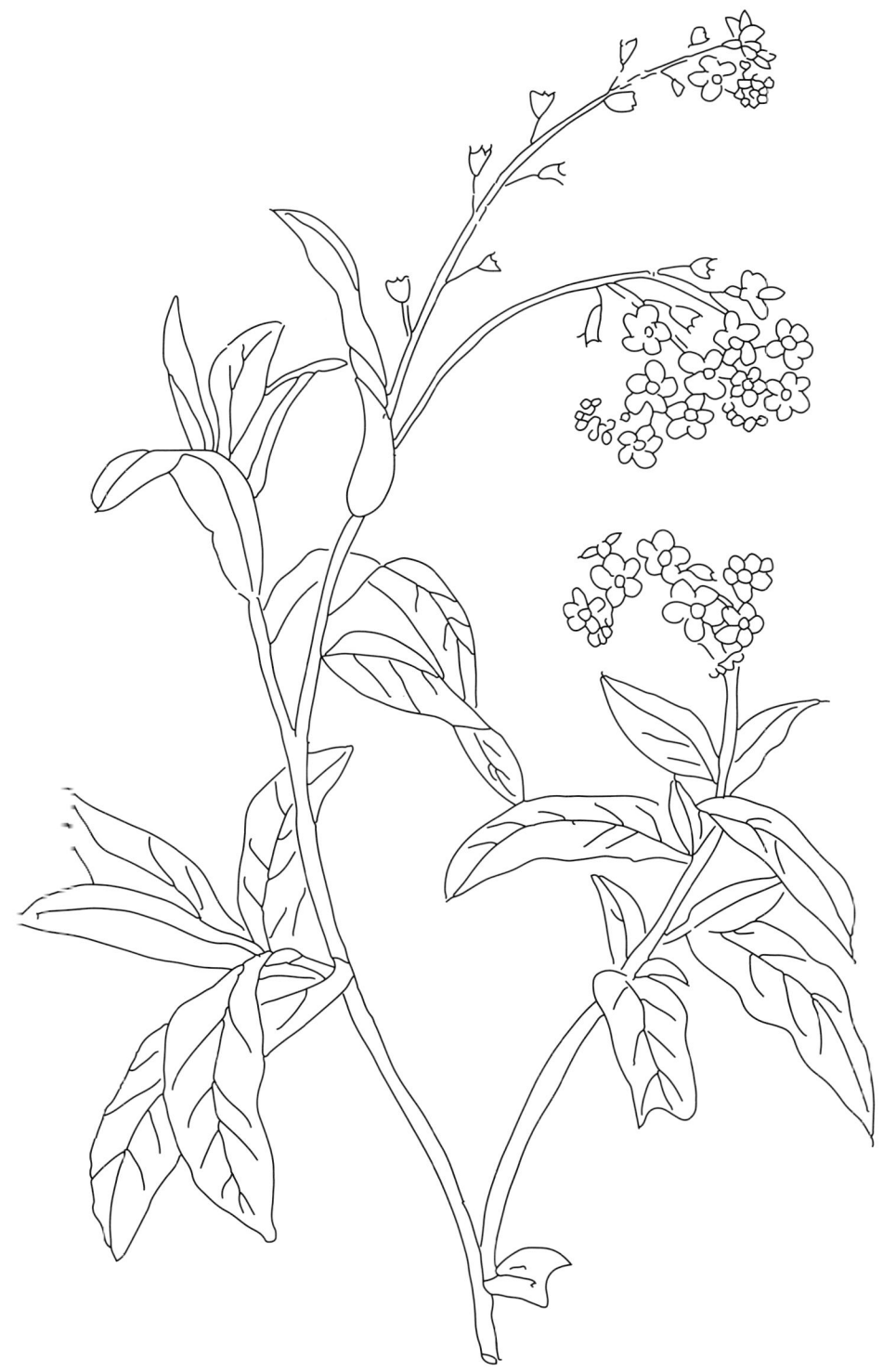

CHAPTER 12

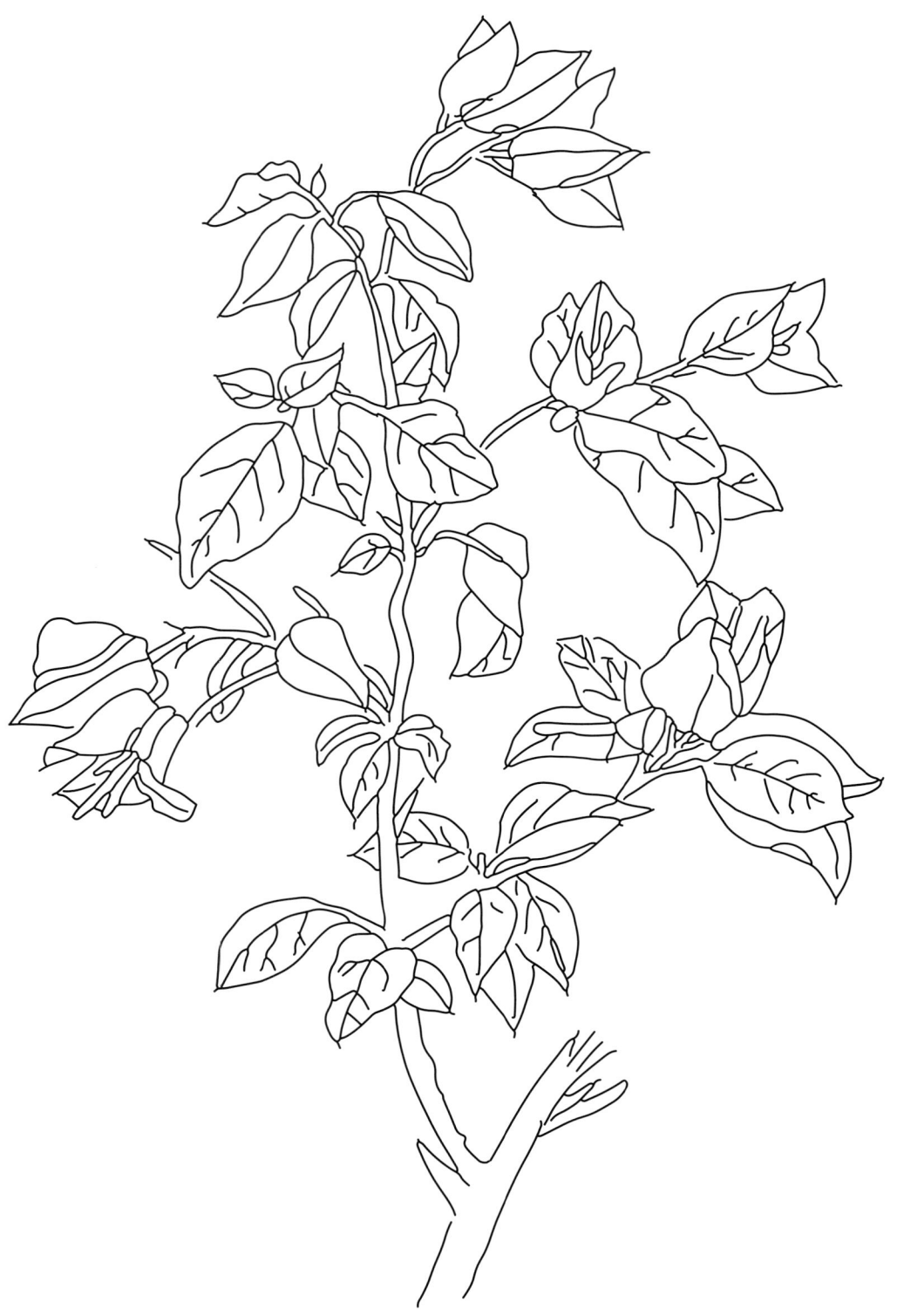

CHAPTER 13

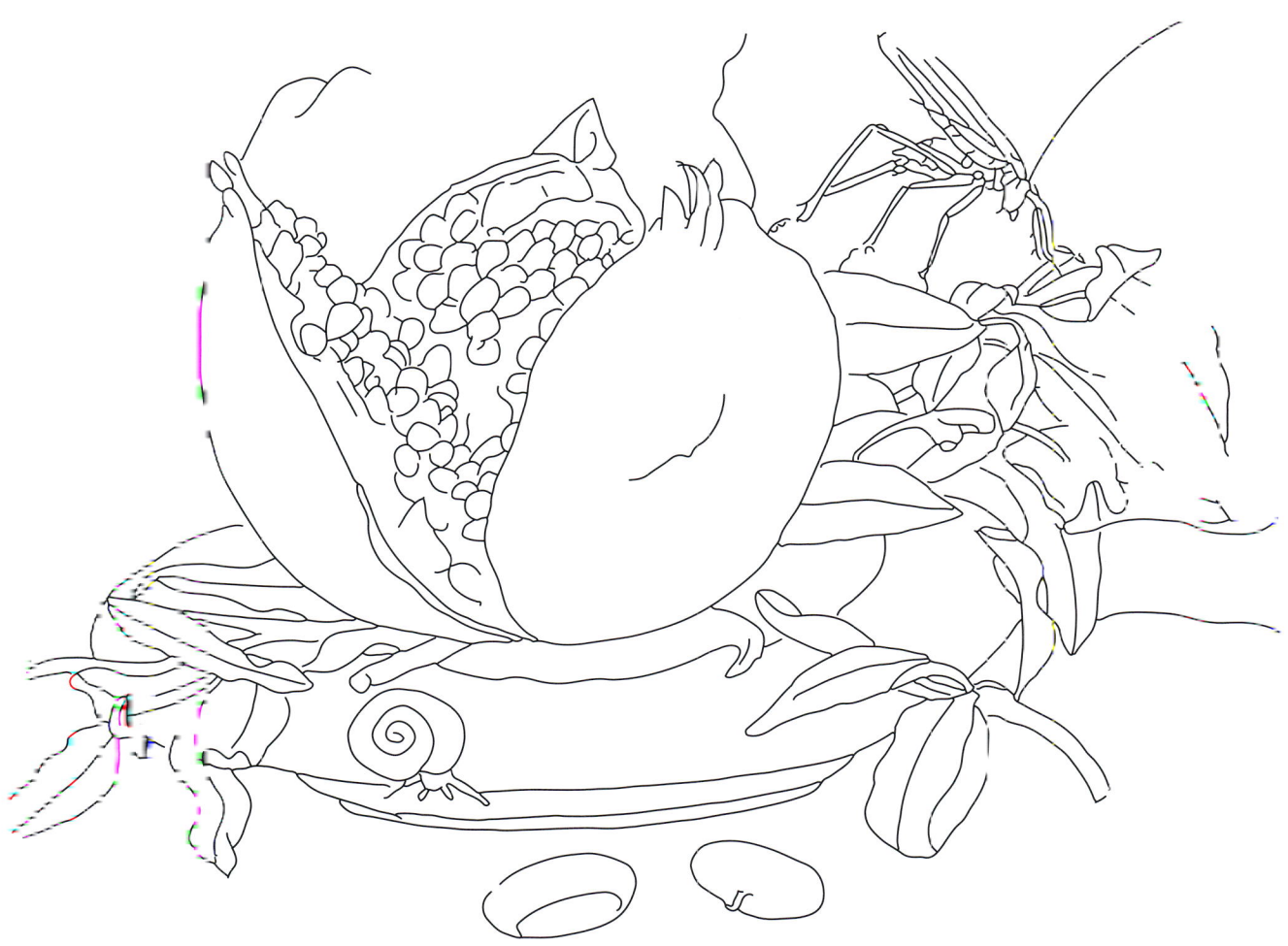

CHAPTER 14

— ABOUT THE AUTHOR —

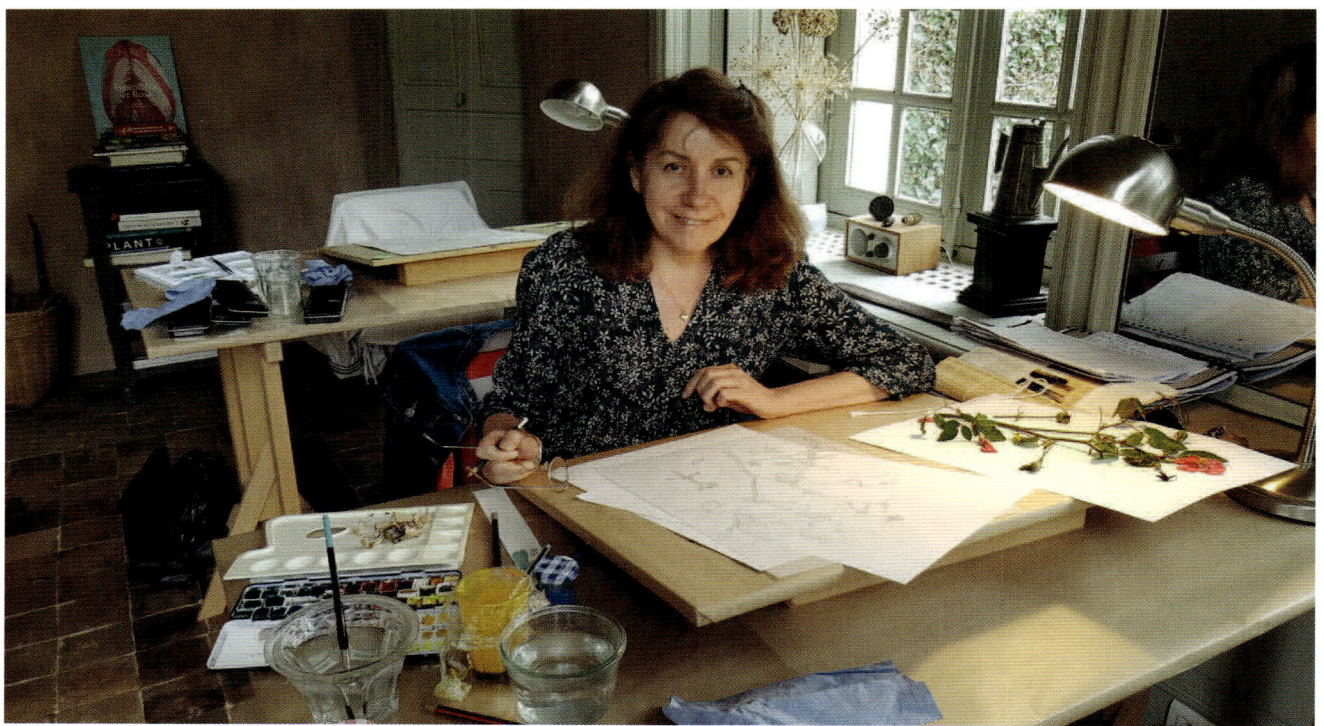

Françoise Balsan graduated with a degree in Art History from the École du Louvre and the Sorbonne (Paris IV) and specialized in botanical watercolor.

After first copying oil paintings—in particular, the botanical flower paintings of Ambrosius Bosschaert, Jan Davidszoon de Heem and Jan Brueghel the Elder—she switched to watercolor.

With her academic background, Balsan copied much from the masters of botanical illustration. Thanks to her teaching experience, their techniques have become accessible in this book.

Balsan teaches in Nice, where she lives, and holds seminars in botanical watercolor painting in Paris and also remotely via video online.

Contact: francoise_balsan@hotmail.fr

www.aquarelart.org

— BIBLIOGRAPHY —

Béatrix, Colette & Menapace, Luc, *Flora Allegoria*, BnF Editions, Paris, 2017

Blunt, Wilfrid with the assistance of William T. Stearn, *The Art of Botanical Illustration*, Collins, London, 1950

Blunt, Wilfrid, *Tulips and Tulipomania*, London, 1977

Blunt, Wilfrid, *The Compleat Naturalist: A life of Linnaeus*, London, 2001

Brent Elliot, *Treasures of The Royal Horticultural Society*, The Herbert Press, 1994

Bynum, Helen & William, *Botanical Sketchbooks*, Thames & Hudson, London, 2017

Gornann, G., *Ehret : Flower Painter Extraordinary*, Oxford, 1977

Dash, M., *Tulipomania*, V. Gollancs, Orion Books, London, 1999

Desout, R. *Pierre-Joseph Redouté, botaniste illustrateur 1759–1840, Les fleurs dans les arts*, Liège, 1950.

Hum, Lène *La Guirlande de Julie*, Robert Laffont, Bibliothèque Nationale, Paris, 1991

Fumagalli Elena, *Still Lifes : Giovanna Garzoni*, Bibliothèque de l'image 2000

Fendt (de), R., Fendt (de) S., Coppens, C., Sprang (van), S. & Brabandere (de) G., *L'empire de flore : Histoire et représentation des fleurs en Europe du XVIeme au XIXème siècle*, La Renaissance du Livre, Bibliothèque Nationale de France, Paris, 1996

Knapp Sandra, *Plant Discoveries: A Botanist's Voyage Through Plant Exploration*, Beatrice Vincenzini & Francesco Venturi editor, 2003.

Lind Poulsen, Hanne *The Green Florilegium*, Prestel, London, 2019

Laissus Yves, *Redouté et les vélins du Muséum national d'Histoire naturelle*, Paris, 1980

Mabberley D. *Ferdinand Bauer: The Nature of Discovery*, London, 1999

Merian, Maria Sibylla, *Neues Blumenbuch*, Prestel, London, 2005

Moser, Peter, *Die Aquarelle des Albrecht Dürer*, Babenberg Verlag, Bamberg, 2003

Penny, N., *Ruskin's Drawings*, Oxford, 2004

Rabel, Daniel : *Cent fleurs et insectes, collection Bibliothèque Nationale Paris*, Anthese, Paris, 1991

Rice, T., *Voyages of Discovery: Three Centuries of Natural History Exploration*, New York, 1999

Salvi, Claudia, *Pierre-Joseph Redouté le prince des fleurs*, La Renaissance du Livre, Tournai, 2001

Sherwood, Shirley, *A new flowering, 1000 years of botanical art*, Ashmolean Museum, University of Oxford, 2005

Simblet, Sarah, *Botany for the artist*, Dorling Kindersley Limited, London, 2010

Stewart, J., *Manual of Orchids*, London, 1995

Tongiorgi Tomasi, L. and Hirschauer G.A., *The Flowering of Florence Botanical Art for the Medici* (exhibition catalogue), Burlington, 2002

Vinci (de), Léonard, *Les Carnets de Léonard de Vinci*, Gallimard, Paris, 1942

Vinci (de), Léonard, *Traité élémentaire de la peinture, traduction française Roland Fréart de Chambray*, Deterville, 1803

Walter, Johann, *Le Florilège de Nassau-Idstein*, Bibliothèque de l'Image, Bibliothèque nationale de France, Paris, 2010

Walter Lack, H., *Garden of Eden, Masterpieces of botanical illustration*, Taschen, 2001

Wettengl, K., *Maria Sibylla Merian, 1647–1717: Artist and Naturalist*, Ostfildern, 1998

COLLECTIVE
The Art of Botanical Illustration, Eagle Editions Ltd, 1999. *Plantes et fleurs du voyage. Dessins naturalistes XVIIe-XIXe siècle*, Actes Sud, Mota et Muséum national d'Histoire naturelle, 2001

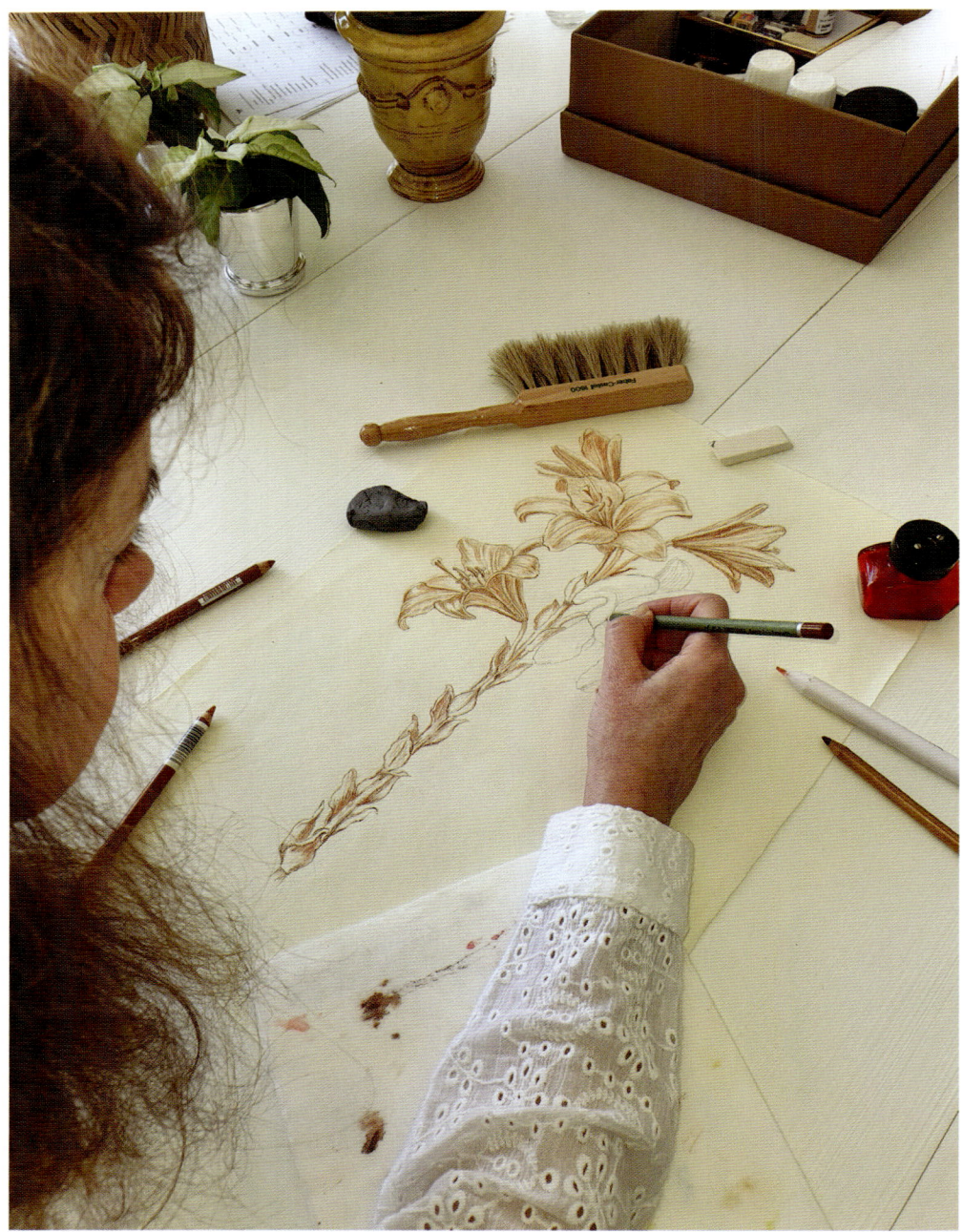

— ACKNOWLEDGMENTS —

This work would not have been possible without the precious help of my daughter, Marie.

Thanks to Rachel Nowell for the translation into English; to Michel Gasc for his excellent photographs and computer help; and to my students, who encouraged me to pursue my work on the book. My warmest thanks go to my publishers for their trust and support.

Königliche Geschenke

Die Porzellane der Berliner Manufaktur
am mecklenburgischen Hof

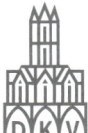

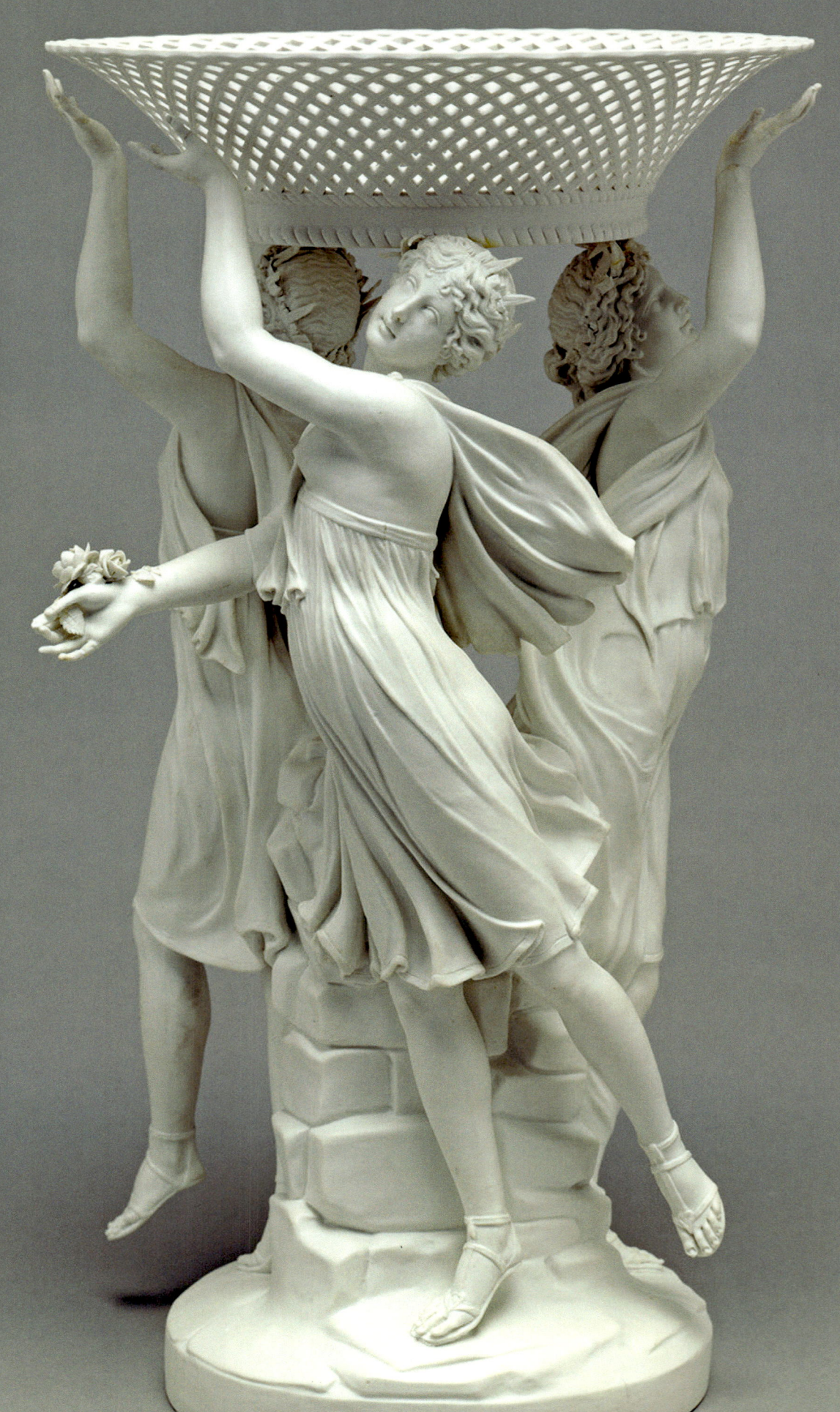

Antje Marthe Fischer

Königliche Geschenke

Die Porzellane der Berliner Manufaktur

am mecklenburgischen Hof

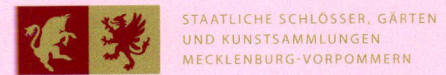
STAATLICHE SCHLÖSSER, GÄRTEN
UND KUNSTSAMMLUNGEN
MECKLENBURG-VORPOMMERN

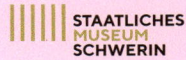

DEUTSCHER KUNSTVERLAG

Inhalt

Anhang

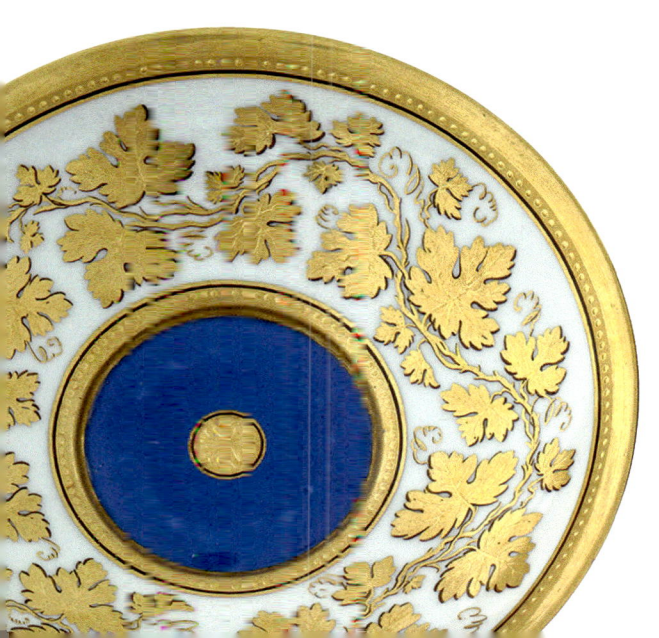
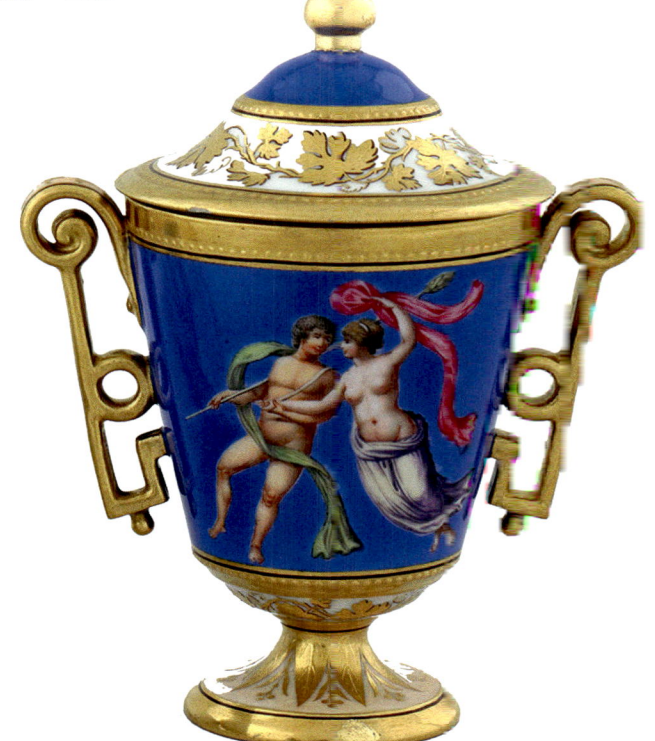

Vorwort

Königliche Geschenke aus Porzellan üben einen magischen Reiz aus. Sie offenbaren das künstlerisch Anspruchsvollste und Luxuriöseste, was die Porzellankunst der jeweiligen Epoche hervorbrachte. Nun werden diese Kostbarkeiten in einer Ausstellung im Schweriner Schloss erlebbar. Der hierzu vorliegende Katalog berichtet anschaulich über die prunkvollen Porzellane, die durch die verwandtschaftlichen Beziehungen des mecklenburgischen Herzogshauses zu den Königen von Preußen im 19. Jahrhundert als Präsente an den hiesigen Hof gelangten. Erstmals werden hier die nach Mecklenburg übersandten Geschenke aus der KPM umfänglich untersucht.

Zahlreiche bis heute in der Sammlung des Schweriner Museums erhaltene Exponate führen deren Pracht eindrucksvoll vor Augen. Prunkvasen, Leuchter, Dejeuners, ein Hochzeitsservice und etliches mehr sind dabei – Gaben, die von den preußischen Majestäten in ihrer renommierten Porzellanmanufaktur in Auftrag gegeben wurden. Allein zwischen 1818 und 1850 lösten die preußischen Könige bei über 40 verschiedenen Gelegenheiten Bestellungen für die mecklenburgische Verwandtschaft aus. Doch wer schenkte wem was und zu welchem Anlass? Das galt es nun hier aufzuspüren.

Die meisten Porzellangeschenke datieren aus der ersten Hälfte des 19. Jahrhunderts und reflektieren die Heiratspolitik der Herrscherhäuser. Den Auftakt zu der engen Verbundenheit markierte 1793 die Eheschließung Friedrich Wilhelms III. mit Luise aus dem Haus Mecklenburg-Strelitz. Die 1822 folgende Vermählung Paul Friedrichs von Mecklenburg-Schwerin mit der Königstochter Alexandrine festigte diesen dynastischen Bund noch einmal mehr.

Die Königsgeschenke, mit denen die Verwandtschaft im Norden reichlich bedacht wurde, dokumentieren die außerordentliche künstlerische Meisterschaft der KPM. Künstler wie Karl Friedrich Schinkel oder Johann Heinrich Strack stehen mit ihren Entwürfen für das hohe Niveau der Berliner Porzellankunst. Durch beeindruckende Form- und Dekorerfindungen, gepaart mit technischer Perfektion in der Ausführung, wurde das Unternehmen zu einer der führenden Manufakturen jener Zeit.

Doch nicht nur die Präsente der Monarchen werden betrachtet, auch die Bestellungen, die das Herzogshaus selbst in der KPM tätigte. Dadurch eröffnet sich ein ganz neuer Blick auf das täglich in den großherzoglichen Schlössern benutzte Geschirr.

War das Alltagsgeschirr der herzoglichen Tafel bislang weitgehend unbekannt, konnten durch die Recherchen in Archiven und durch die archäologische Grabung im Keller des Schweriner Schlosses neue Erkenntnisse gewonnen werden. Diese vom Landesamt für Kultur und Denkmalpflege Mecklenburg-Vorpommern 2016 durchgeführte Sondage brachte eine Fülle an Scherben von Geschirr hervor, welches im Residenzschloss verwendet worden war.

Für die Ausstellung und den Katalog wurden Schriftquellen aus dem KPM-Archiv ausgewertet. Sie lieferten sowohl Hinweise zur Geschenkepraxis der Hohenzollern in Richtung Mecklenburg-Schwerin und Mecklenburg-Strelitz, als auch zu den Bestellungen des Schweriner Hofmarschallamtes in der Berliner Manufaktur. Auf diese Art konnte der Hintergrund zu vielen Museumsobjekten der Schweriner Porzellansammlung erhellt werden.

Für diese Forschungen, die Ausstellung und den Katalog danke ich der Kuratorin Antje Marthe Fischer sowie allen, die an diesem Projekt ihren Anteil haben. Stellvertretend genannt seien die Restauratorinnen Claudia Köhler und Katalin Baruth, die über die eigenen Restaurierungsarbeiten hinaus auch die Arbeit der externen Restauratoren initiierten und begleiteten. Außerdem gilt mein herzlicher Dank Gabriele Bröcker, die die oft nicht unkomplizierten Fotoaufnahmen für den Katalog ausführte und die glanzvollen Porzellane zur Wirkung kommen ließ.

Gehen Sie mit uns auf Entdeckungsreise zur Erforschung dieser königlichen Geschenke. Welche Geschichte verbirgt sich dahinter? Manch ein Präsent offenbart auf diese Art seine Geheimnisse ...

Dr. Pirko Kristin Zinnow

Direktorin
Staatliche Schlösser, Gärten und Kunstsammlungen
Mecklenburg-Vorpommern

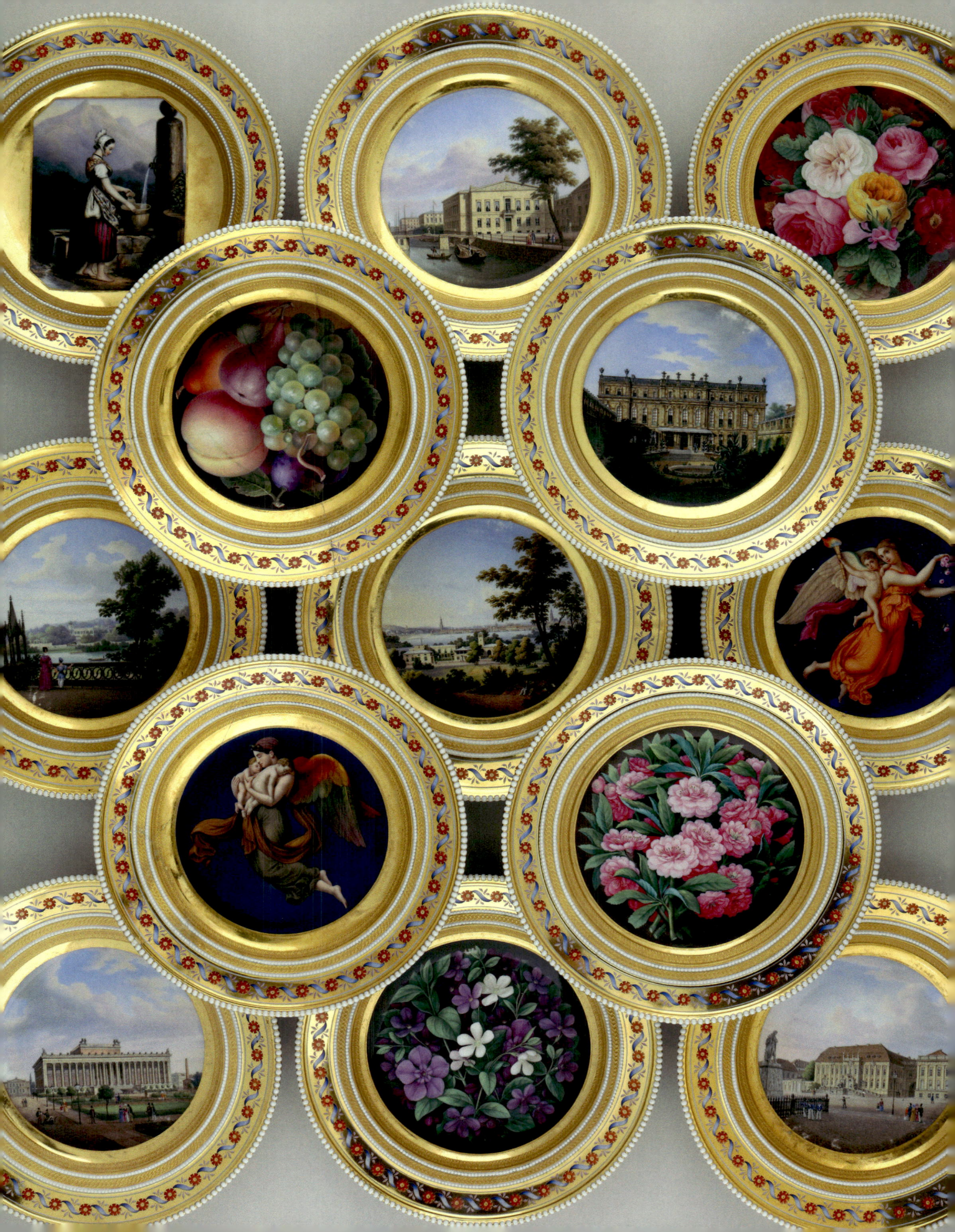

Präsente nach Mecklenburg

–

Ein Überblick

Terrine aus dem Hochzeitsservice für
Prinzessin Alexandrine von Preußen,
Geschenk ihres Vaters,
König Friedrich Wilhelm III. von Preußen, 1822

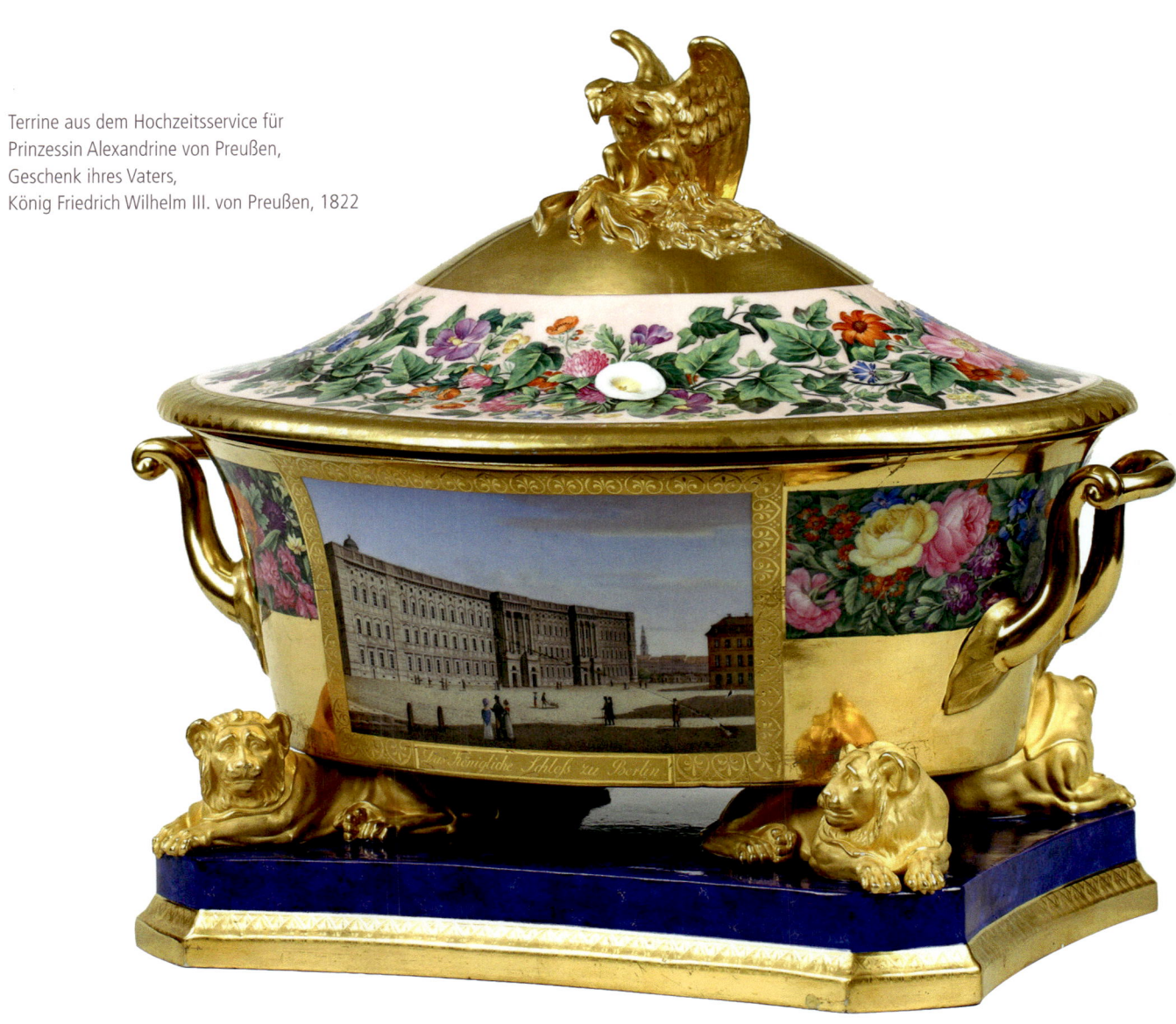

Gabentausch

Über das Wie und Was des Schenkens

Schenken ist eine uralte Tradition. Schon Kinder merken, dass das freiwillige Abgeben und Teilen die Beziehung zu anderen zu fördern vermag. In der Politik und im diplomatischen Austausch können Staatsgeschenke zwar keine Wunder bewirken, doch es ist durchaus denkbar, dass sie eine vermittelnde Rolle übernehmen und im Idealfall positiv auf Spannungen einwirken. Möglicherweise bestärken sie die Verbundenheit zweier Länder, werben zumindest aber für die eigene Politik.

In der Vergangenheit bildeten Geschenke unter den europäischen Monarchen einen wichtigen Bestandteil des überkommenen Zeremoniells und waren nie frei von Machtkalkül. Sie bedienten sich der Sprache von Diplomatie und Etikette, besiegelten freundschaftliche und strategische Allianzen, unterstrichen Loyalitäten und Zugehörigkeiten und festigten natürlich auch familiäre Bindungen. Immer spiegelten sie zugleich die sozialen Hierarchien von Geber und Empfänger wider.[1]

Am besten eigneten sich dabei Präsente, die sich durch ihre künstlerische Gestaltung heraushoben, die einmalig waren und einen schöpferischen Wert darstellten: Kunstwerke. Sie waren geradezu ideal, um Botschaften von Herrscherhaus zu Herrscherhaus zu überbringen. Gleichzeitig – und dieser Nebeneffekt war nie ganz unbeabsichtigt – kündeten sie vom hohen Stand des Kunsthandwerks und der Manufakturen im eigenen Land.

In gewisser Weise funktioniert es auch heute noch so zwischen Staaten und Mächten. Man beschenkt sich gegenseitig und liest im Subtext die Bedeutung zwischen den Zeilen heraus. Repräsentation spielt eine wichtige Rolle in diesem Spiel, zumal doch keine politische Organisation der Welt ganz ohne sie auskommt, ja selbst die Demokratie ihrer bedarf.[2]

Und was schenken sich die Staatsoberhäupter der Gegenwart? Sehr häufig wird jetzt wie damals Kunst und Kunstgewerbe aller Art ausgewählt. Natürlich nicht immer, man denke nur an die Motorsäge, die Gerhard Schröder dem US-Präsidenten George W. Bush überreichte. War das eher ein Geschenk unter Männern, sind Staatsgeschenke gleichwohl seit Jahrtausenden mehr als bloße Gesten.

Die heutigen Gaben aus der Bundesrepublik sollen möglichst vom guten Ruf der deutschen Firmen künden, also findet man im Gepäck manch eines Politikers Erzeug-

1 Zur Herausbildung der Bedeutung von Geschenken bei der Pflege diplomatischer Beziehungen siehe Mark Häberlein und Christof Jeggle (Hg.): Materielle Grundlagen der Diplomatie. Schenken, Sammeln und Verhandeln in Spätmittelalter und Früher Neuzeit (Irseer Schriften, Neue Folge 9) UVK Verlagsgesellschaft mbH, Konstanz/München 2013.

2 Siehe Fried 2015, S. 13 ff. Siehe auch Stamm-Kuhlmann 1990, S. 306.

nisse aus Solingen, Meißen oder der Königlichen Porzellan-Manufaktur Berlin. Überhaupt scheinen die Deutschen recht gern Porzellan zu verschenken. Zum Überreichen werden die offiziellen Staatsgeschenke in das sogenannte Bundesgeschenkpapier, ein Blau-Gold schimmerndes Papier mit dem Bundesadler, eingepackt und mit schwarz-rot-goldener Schnur, der sogenannten Bundesgeschenkschnur, verziert.[3]

Was sich gegenüber vergangenen Jahrhunderten geändert hat, ist die Praxis des Umgangs mit Geschenken. Nehmen der Bundespräsident, die Bundeskanzlerin oder andere Vertreter des Staats eine Aufmerksamkeit in Empfang, dürfen sie die Dinge nicht etwa behalten. Staatsgeschenke an Deutschland werden im Fundus des Schlosses Bellevue respektive des Bundeskanzleramts in einem Tresorraum aufbewahrt. Hier stapeln sich Porzellane, Teppiche, edle Füllerfederhalter, silberne Zigarettenetuis und Dutzende Fußballtrikots. Aber auch ein teures Jagdgewehr mit Intarsien oder eine indianische Federhaube sind darunter. Lebende Tiere, wie 1980 das Pandabärenpärchen aus China, kommen selbstverständlich in den Zoo. Und besonders kostbare Objekte werden an Kunstsammlungen oder Museen weitergegeben.[4] Die unspektakulären Gegenstände werden in regelmäßigen Abständen diskret von der eigens dafür zuständigen Verwertungsgesellschaft des Bundes, der Vebeg, versteigert.

Königliche Geschenke

Doch zurück zur höfischen Geschenkkultur. Mit königlichen Geschenken assoziiert man unwillkürlich Bilder von unermesslichem Reichtum, von Glanz und märchenhafter Fülle. Und tatsächlich, die Präsente des preußischen Königshauses an ihre fürstlichen Anverwandten im Norden erfüllen diese Erwartungen voll und ganz.

Die enge Verbindung der preußischen Herrscher mit dem mecklenburgischen Fürstengeschlecht begann sich erst richtig mit dem Ende des 18. Jahrhunderts zu entfalten, als der in Ludwigslust residierende Herzog Friedrich Franz I. die Geschicke des Mecklenburg-Schweriner Landesteils bestimmte. Die größte Tragweite hatte jedoch die Eheschließung des preußischen Königs Friedrich Wilhelm III. mit der Strelitzer Prinzessin Luise, die den Auftakt zu einer durch das gesamte 19. Jahrhundert reichenden Beziehung der Herrscherhäuser darstellte. Die aus dieser Ehe hervorgegangene Tochter, Prinzessin Alexandrine, wurde 1822 wiederum mit dem Erbgroßherzog Paul Friedrich von Mecklenburg-Schwerin vermählt. Durch diese Heiratspolitik wurden feste Familienbande geknüpft, die sich in jeder Hinsicht als vorteilhaft erwiesen. Nun war man sich gegenseitig eines Bündnispartners sicher und konnte die Verbindungen einflussreich nutzen.

Der zentrale Stellenwert der Verwandtschaft und deren politische Rolle stehen im europäischen Hochadel außer Frage. Wenn man also von den dynastisch-familiär be-

3 Ausst.-Kat. Völklingen 2009, S. 18. Siehe auch: Susanne Götz: Staatsgeschenke, in: Geschenkt! Zur Kulturgeschichte des Schenkens. Ausstellungskatalog der Volkskundlichen Sammlungen der Stiftung Schleswig-Holsteinische Landesmuseen Schloss Gottorf, hrsg. v. Bettina Keß, 2001, S. 143–146.

4 https://www.stern.de/politik/deutschland/staatsgeschenke-umtausch-ausgeschlossen-3545798.html. (10.4.2019).

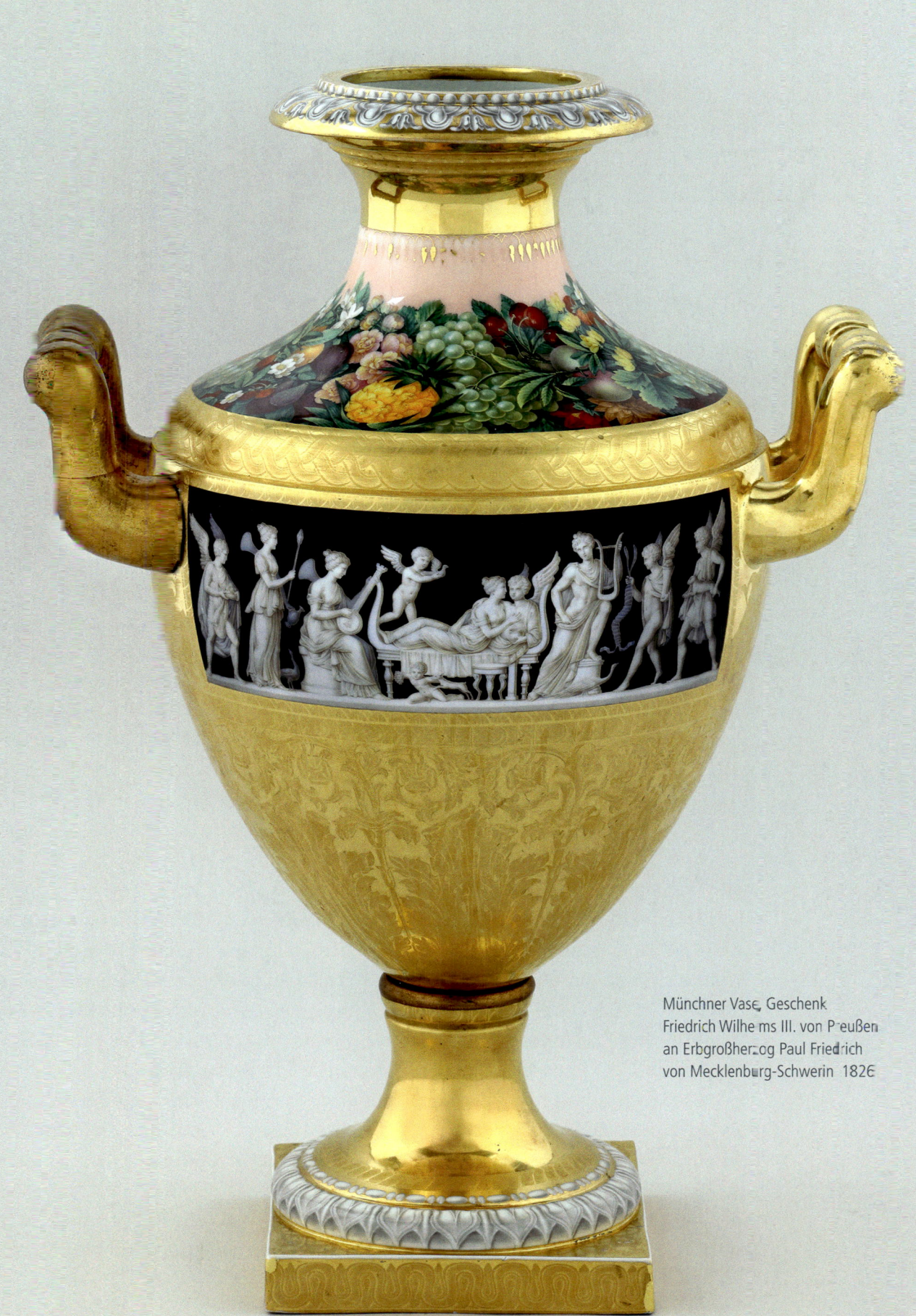

Münchner Vase, Geschenk
Friedrich Wilhelms III. von Preußen
an Erbgroßherzog Paul Friedrich
von Mecklenburg-Schwerin 1826

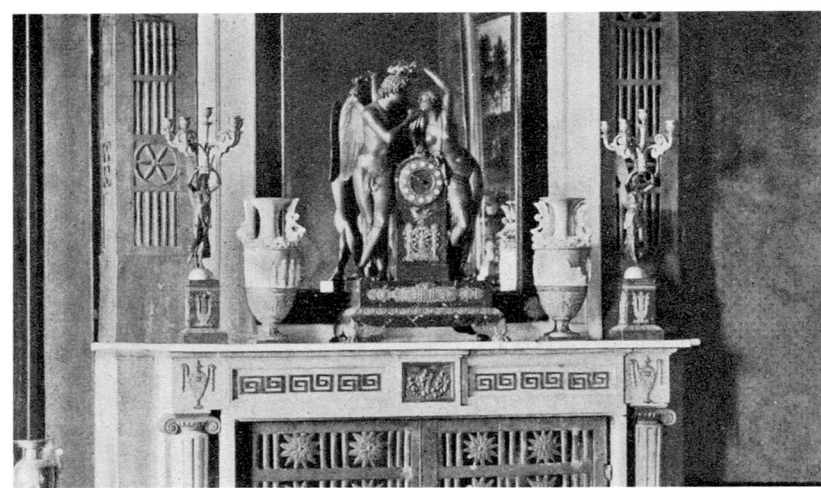

Zwei in der Manufaktur als »Nuptial-Vasen« bezeichnete Stücke aus dem Hochzeitsservice für Prinzessin Alexandrine von Preußen vor 1925 im Schloss Ludwigslust

gründeten Gaben berichtet, die zwischen Mecklenburg und Preußen hin und her gingen, so trifft der Begriff »Staatsgeschenke« auch hier zu. Wer etwas verschenkt, bezweckt oder signalisiert zumindest etwas. Schon allein durch die Auswahl, den Wert und die Häufigkeit der Geschenke werden Rangordnungen und Beziehungsgeflechte politischer Natur transportiert. Das Schenken an Höfen übernahm immer mehrerlei Funktionen. Deshalb ist es mitunter schwer zu bestimmen, ob allein der familiäre Aspekt Grund für ein Präsent war oder ob nicht ebenso die Verbundenheit der Souveräne demonstriert, der Beschenkte für preußische Interessen gewogen gemacht werden sollte oder andere weiterführende Ziele verfolgt wurden. Neben Hochzeiten und Thronjubiläen waren aber viele Anlässe für Geschenke nach Mecklenburg rein privater Natur.

Porzellan aus Berlin

Was schenkten die Könige von Preußen, die während des 19. Jahrhunderts regierten, ihren mecklenburgischen Angehörigen? Neben Gold- und Silberschmiedearbeiten, Schmuck, Gemälden oder anderen Geschenken wählten sie immer wieder Porzellan aus. Und nicht irgendein Geschirr, sondern die auserlesensten und prächtigsten Kunstwerke, die die Porzellankunst zu bieten hatte: die Erzeugnisse der KPM. Den preußischen Herrschern stand in Berlin eine Manufaktur von Weltrang zur Verfügung, mit der sie jederzeit aus dem Vollen schöpfen konnten. Neben den Manufakturen von Sèvres, Wien und Meißen entwickelte diese in künstlerischer Hinsicht erstklassige Produkte und agierte über lange Zeit tonangebend auf dem Gebiet des Porzellans. Namhafte Künstler wie Karl Friedrich Schinkel oder Johann Gottfried Schadow arbeiteten für das Unternehmen und fertigten Entwürfe für einzigartige Meisterstücke an. Feinste Vergoldungen, Blumen- oder Vedutenmalereien entstanden nach Vorlagen etwa von Carl Daniel Frey-

dance, Wilhelm Schirmer oder Johann Heinrich Strack – Namen, die für höchste Kunstfertigkeit stehen. So künden die Porzellane vom Potenzial dieser Manufaktur, vom Können ihrer Entwerfer, Former, Maler und Vergolder.

In Jahr 1763 erwarb Friedrich der Große die Fabrik von dem Kaufmann Johann
Ernst Gotzkowsky für 225.000 Taler aus seiner Privatschatulle und leitete damit den
Siegeszug für die Königliche Porzellan-Manufaktur in die Wege. Ihm und allen nach-
folgenden preußischen Königen stand nun dieser Pool für Geschenke offen, und sie bedienten sich oft und gern daraus. Bevorzugt griffen sie darauf zurück, wenn es galt, wirklich standesgemäß in Erscheinung zu treten. Die florierende Manufaktur hielt stets
wertvolle, eines Regenten würdige Geschenke parat und garantierte die Verwirklichung
einer jeden Bestellung auf höchstem Niveau.

Die mecklenburgischen Regenten profitierten sehr von den kunstsinnigen Porzellangeschenken ihrer preußischen Verwandtschaft. Große Tafelaufsätze, beeindruckende Prunkvasen, Leuchter und ganze Hochzeitsservice reisten von Berlin in den Norden
und zeugen von der engen Verbundenheit des preußischen mit dem mecklenburgischen
Herrscherhaus. Auch kleinere Gaben wie Ostereier, Sammeltassen und Frühstücksser-

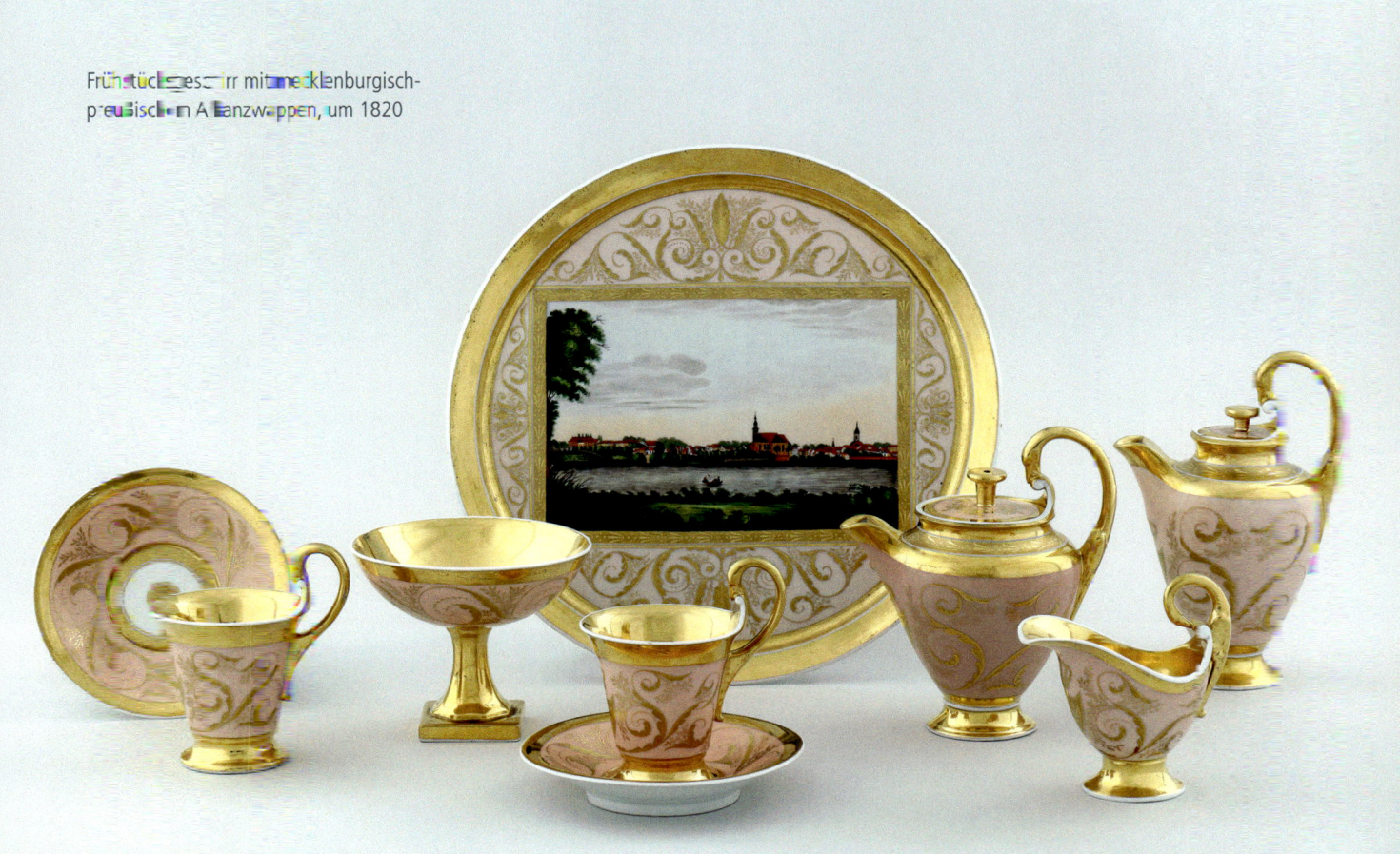

Frühstücksgeschirr mit mecklenburgisch-
preußischen Allianzwappen, um 1820

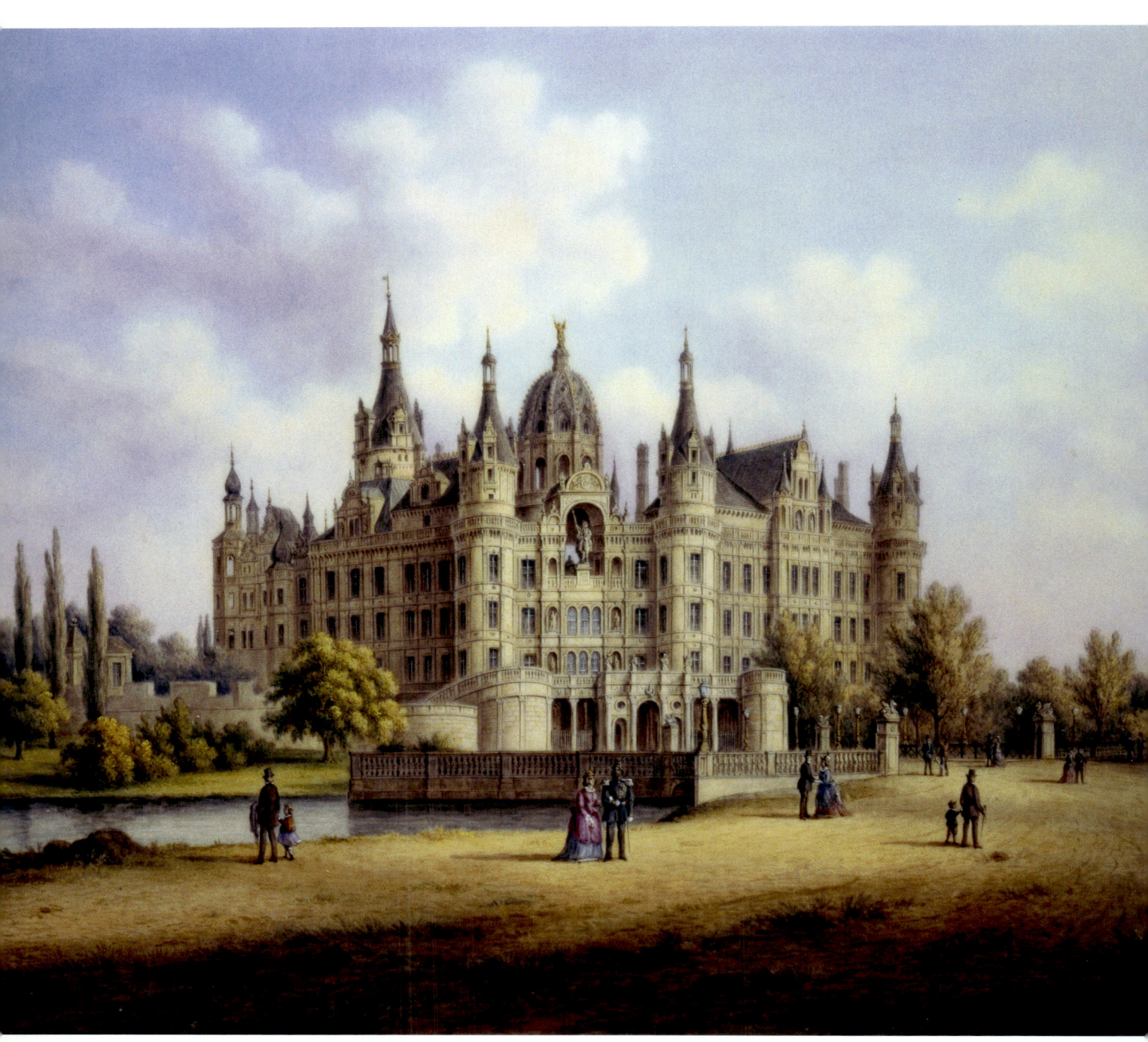

Ansicht des Schweriner Schlosses, unbekannter Maler, 19. Jahrhundert

vice waren unter den Geschenken. So vielfältig wie die überreichten Objekte, so mannig-
faltig waren die Anlässe: Ob Hochzeit, Thronbesteigung, Weihnachten, Ostern oder
Geburtstag – die fürstlichen Familienmitglieder wurden mit den kostbarsten Präsenten
bedacht. Auf diese Art erreichten während des gesamten 19. Jahrhunderts kunstvolle
Porzellane die Residenzen in Ludwigslust, Schwerin oder Neustrelitz. Einige davon
haben die Zeiten überdauert, gelangten in die Sammlungen des Schweriner Museums
und sind heute noch in den Ausstellungen zu bewundern.

Das »Conto Buch Seiner Majestät des Königs«

Sollen die Porzellangeschenke der preußischen Könige untersucht werden, sind die ersten Schriftquellen die in der Manufaktur geführten Kontobücher. In ihnen wurden sämtliche für Geschenke vorgesehenen königlichen Bestellungen vermerkt und abgerechnet.
Leider ist aus der hier relevanten Zeit nur eines dieser Abrechnungsbücher erhalten – es
dokumentiert die Spanne zwischen 1818 und 1850.[5] Die Aufträge zweier Könige, von
Friedrich Wilhelm III. (reg. 1797–1840) und seinem Sohn Friedrich Wilhelm IV. (reg.
1840–1861), sind dort zu finden. Jahr für Jahr erscheinen durch das ganze Buch hin-
durch Bestellungen für das mecklenburgische Fürstenhaus. Es gibt kaum eine Periode,
in der die Angehörigen nicht bedacht wurden. Alle in dieser Zeit regierenden Herzöge
beziehungsweise Großherzöge, die Thronfolger und jeweils deren Gemahlinnen sind als
Adressaten genannt, seltener Nichtregenten oder nebenrangige Kinder. Im Prinzip bekamen alle für die Dynastie vorgesehenen Familienmitglieder Porzellane zugeeignet.[6]
Das waren in Mecklenburg-Schwerin Erbgroßherzog Friedrich Ludwig, die Großherzöge Friedrich Franz I., Paul Friedrich, Friedrich Franz II. und ihre Ehegattinnen; in
Mecklenburg-Strelitz im Wesentlichen nur der in dieser Zeit regierende Großherzog
Georg und seine Gemahlin Marie.[7] Eine Ausnahme bildet der nicht regierende Herzog
Gustav, der zweite Sohn Friedrich Franz I., der zweimal Vasen im Wert von knapp 200
und 300 Talern vom König erhielt.

Egal auf welchem Wege eine königliche Bestellung in der KPM ausgelöst wurde, sie
wurde sogleich in das Kontobuch eingetragen und dem König zum Jahresende in Rechnung gestellt. Es wurde also nur einmal im Jahr kassiert. So viel vom organisatorischen
Vorgehen bezeugt ist, bleiben doch vielfach der Bestellvorgang, der Anlass, die Auswahl
der Gestaltung – oder was sonst im Zusammenhang mit einem königlichen Geschenk
von Interesse sein könnte – ein Rätsel. Wie sah es in dieser Hinsicht aus, nahm der
König Anteil am künstlerischen Aussehen der Porzellane?[8] Hatte er Wünsche oder
Vorstellungen? Ob die preußischen Majestäten konkret bei den nach Mecklenburg gelieferten Porzellanen hinsichtlich der künstlerischen Auswahl ihre Hand im Spiel hatten, lässt sich für den Einzelfall oft nicht nachweisen.

5 SPSG, KPM-Archiv
(Land Berlin), Fres 2 353.

6 Nur am Rande wird ein
marginales, nicht sehr
teures Geschenk an Herzog
Albrecht (Albert, 1812–
1834), einen Sohn aus der
zweiten Ehe von Friedrich
Ludwig und damit Halb-
bruder von Paul Friedrich,
erwähnt. Siehe ebd.,
23.12.1832, S. 192.

7 Dessen Töchter, die
Prinzessinnen Louise und
Caroline von Mecklen-
burg-Strelitz, erhielten
jeweils eine Münchner Vase
der kleineren Sorte.
Siehe ebd., 6 6.1838
S. 138 [238].

8 Näheres dazu siehe
Samuel Wittwer, Zwischen
Wien und Paris. Die
Berliner Porzellan Manu-
faktur KPM zu Beginn
des 19. Jahrhunderts
und ihre Werke im euro-
päischer Kontext in:
Wittwer 2007, S. 53–95,
hier S. 55.

Seiten aus dem Kontobuch

Allgemein ist von Friedrich Wilhelm III. bekannt, dass er mehrmals im Jahr in der Manufaktur erschien, um Porzellane auszuwählen und zu bestellen. Als wichtigster Kunde des Unternehmens wurde seinen Besuchen größte Wichtigkeit beigemessen. Friedrich Wilhelm erwarb die künstlerisch bedeutsamsten, aufwendig dekorierten Schaustücke, die kaum ein anderer als er selbst zu erwerben vermochte. Folglich waren bei seinen Visiten die beiden Musterzimmer der KPM gut gefüllt, um die erhältlichen Formen und Dekore vorführen zu können. Oft ließ sich der König auch eine Reihe von Stücken ins Schloss bringen, um dort eine Auswahl zu treffen.[9]

9 Siehe Erklärung von J. Klipfel auf eine Anfrage der Ministerien von 1817, abgedruckt bei Wittwer 2007, S. 84.

Ein Hoch auf Diplomatie und Verwandtschaft

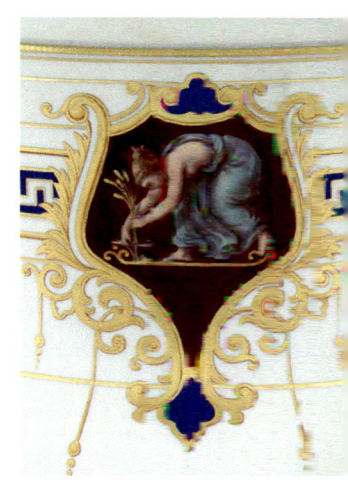

Die meisten Porzellangeschenke, die Mecklenburg als preußische Präsente erreichten, datieren aus der ersten Hälfte des 19. Jahrhunderts. Wie sahen die Verbindungen zwischen den Monarchen in Mecklenburg und Preußen in dieser Zeit eigentlich aus? Welche Kontakte gab es, wie verkehrte man miteinander, und was wurde zu welcher Gelegenheit geschenkt?

Angesichts der vielen vortrefflichen, in der Schweriner Sammlung befindlichen Berliner Porzellane lohnt es sich, diese Fragen genauer unter die Lupe zu nehmen. In etlichen Fällen lassen sich die heute noch vorhandenen Porzellane einem konkreten Anlass zuordnen. Der Hintergrund manch eines Präsents offenbart auf diese Art seine Geheimnisse.

Allegorie der Erde, nach einer Vorlage
von Carl Friedrich August von Koeber

Zwei Seutresen mit Allegorien
der vier Elemente, 1847–1849

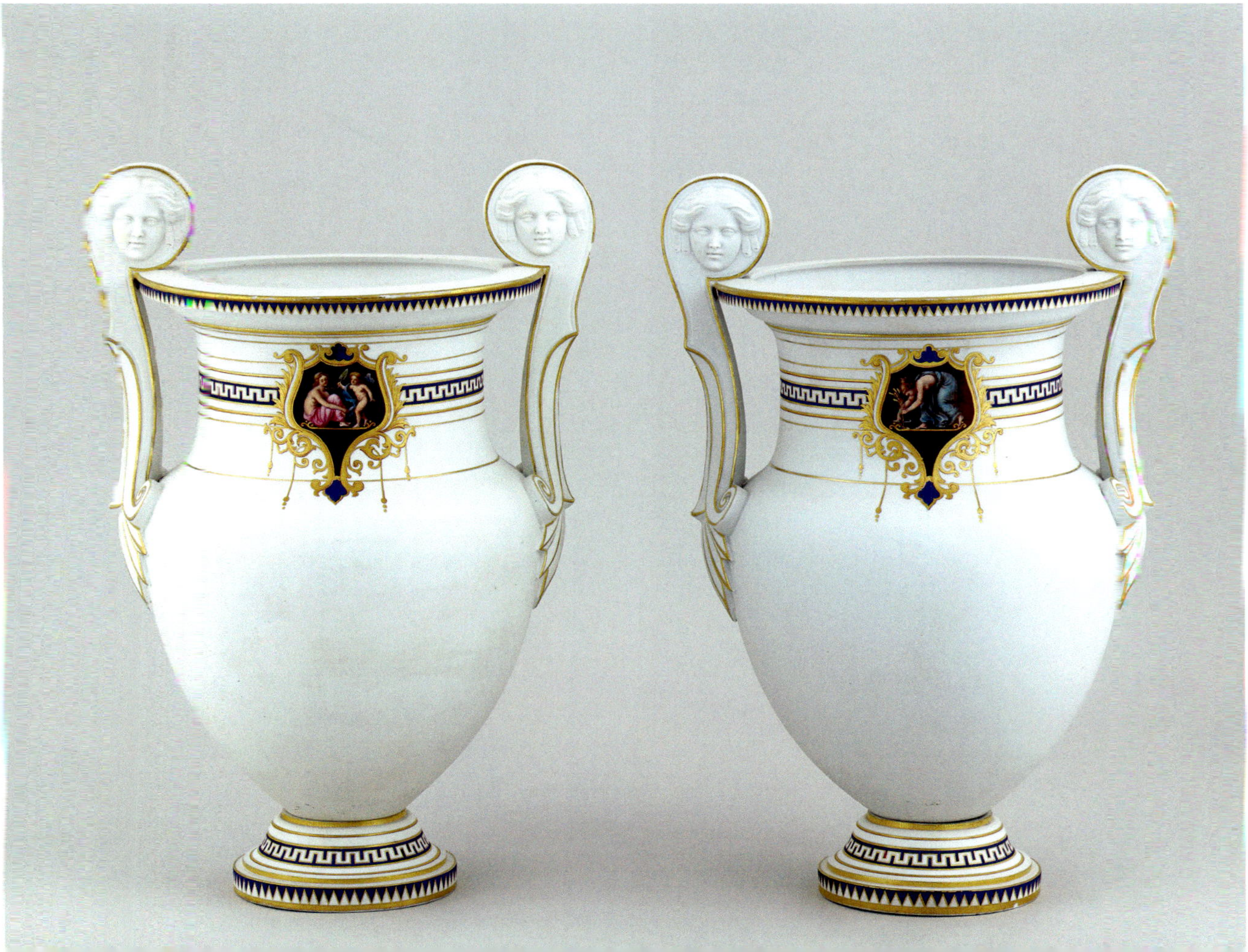

Friedrich Ludwig und Helena Paulowna

Besuch für die Zarentochter

Das 19. Jahrhundert war noch keine drei Jahre alt, da eilten König und Königin aus dem benachbarten Preußen zu ihren mecklenburgischen Verwandten. Der Anlass war ein trauriger. Höchstpersönlich reisten sie zum Krankenbett der erst 18-jährigen Erbprinzessin, der russischen Zarentochter Helena Paulowna (1784–1803), die den Thronfolger von Mecklenburg-Schwerin geheiratet hatte. Friedrich Wilhelm III. von Preußen und seine Gemahlin Luise sorgten sich rührend um die Kranke und hatten bereits ihren eigenen Leibarzt ins Schloss Ludwigslust, die damalige Residenz der Mecklenburger, beordert. Drei Tage weilten sie am Sterbebett Helenas.[10] Welche Gründe es auch immer dafür gegeben haben mag, ging diese Fürsorglichkeit sicher über das hinaus, was man reine Verpflichtung nennen könnte – selbst wenn man in Betracht zieht, dass der Vater der jungen Prinzessin, Zar Paul I., einer der mächtigsten Monarchen Europas war.

Die Verbundenheit, die zwischen dem preußischen Königshaus und dem mecklenburgischen erbherzoglichen Paar bestand, verdeutlicht bereits ein Blick auf die königlichen Geschenke, die die jungen Eheleute zu ihrer Hochzeit im Jahr 1799 bekamen. Was für eine Fülle an kostbarstem Porzellan wurde da von Berlin nach Ludwigslust geliefert – ein wahres Feuerwerk der Pracht.

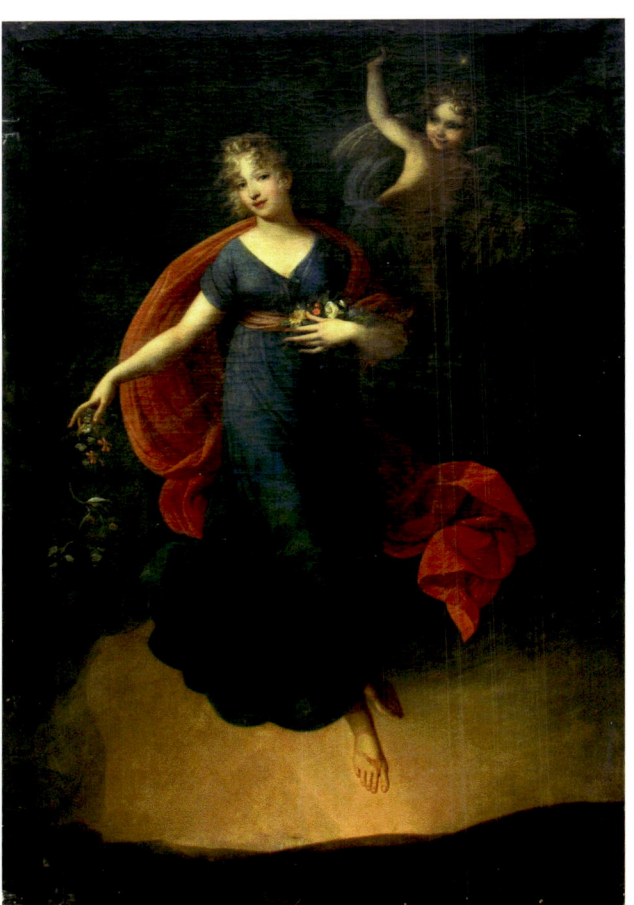

Apotheose der Helena Paulowna (1784–1803),
Joseph Grassi, 1803

10 Gottlob Egelhaaf, Briefe der Königin Luise: [nebst] Tagebuch des Dr. Brown, in: Vom Fels zum Meer. Spemann's Illustrirte Zeitschrift für das deutsche Haus, Berlin 1889, 1, Sp. 323 (14.9.1803); hier zitiert nach Manke 2011, S. 220.

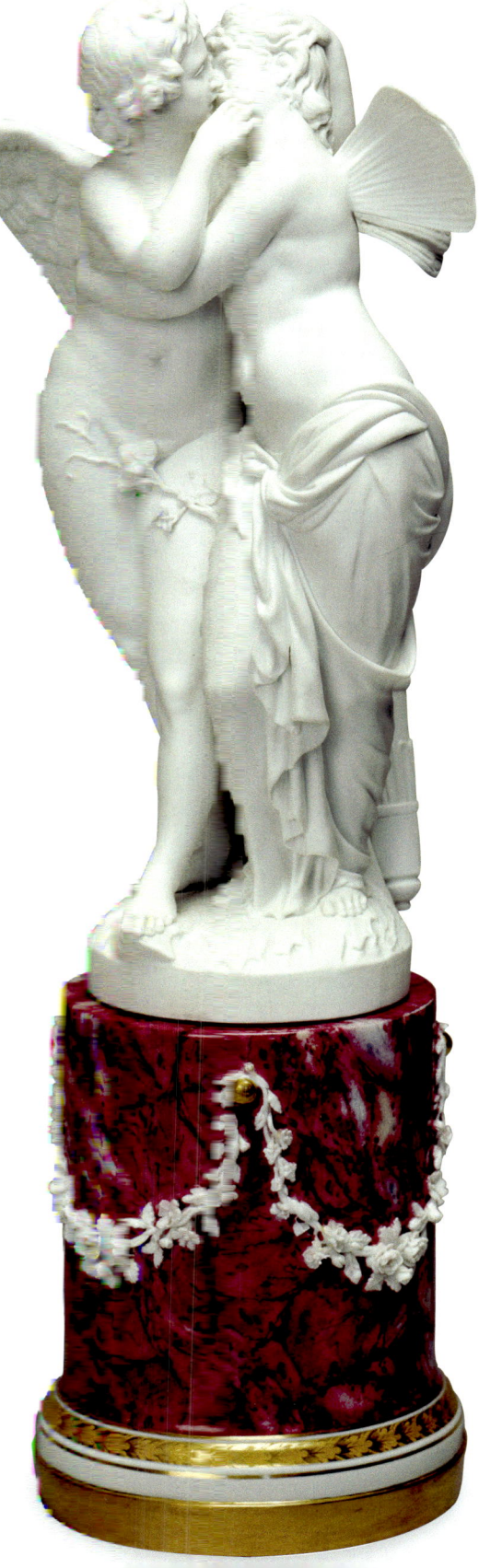

Geschenke an die hochgeborene Braut

Die Königliche Manufaktur listet in ihren Büchern diese »von des Königs Majestät immediate eingegangenen Bestellungen«[11] auf. Da ist zum einen der mit vielen Biskuitfiguren besetzte Tafelaufsatz von Johann Carl Friedrich Riese (1759–1834), der bislang im Schloss Ludwigslust zu bewundern war.[12] Ein Meisterwerk der Porzellankunst, das nur schwerlich an Kunstfertigkeit zu überbieten ist. Doch damit nicht genug, in den Bestellbüchern liest man zudem von sechs weiteren Platten, die mit bemalten Fliesen belegt und mit feuervergoldeten Bronzereliefs umrandet waren. Sie trugen Vasen der verschiedensten Art und Gruppen von korbtragenden Biskuitfiguren.

Das Geschenk umfasste obendrein 28 staffierte Blumengefäße in zwei verschiedenen Größen und 48 reich bemalte Teller. Außerdem wurden zur Dekoration der Vasen und Schalen künstliche Seidenblumen arrangiert. Was für eine prachtvolle Tafel konnte mit diesem insgesamt aus neun Platten bestehenden Aufsatz geschmückt werden; welch ein Zusammenklang von Porzellan, vergoldeter Bronze, Malerei und glitzerndem Spiegelglas! Der König, der stets zum Jahresende seine bei der KPM aufgelaufenen Rechnungen für Geschenke beglich, hatte die stolze Summe von über 4.500 Talern[13] für diese Hochzeitsgabe nach Mecklenburg zu bezahlen. Als Adressatin für das teure Präsent wird ausschließlich die »Frau Erbprinzessin von Mecklenburg-

11 SPSG, KPM-Archiv (Land Berlin), Bd. 1, 143, auch im Folgenden.

12 Tafelaufsatz mit Biskuitfiguren: SSGK-SMS, Inv.-Nrn. KG 2344–2369. Weiterhin in den SSGK vorhanden drei Platten, Inv.-Nrn. 10–12.

13 Inklusive Kosten für Vergolder, Kunstblumen, Transport und Auspacken vo Ort.

Eine der beiden Amor- und Psychegruppen des Figuren-Tafelaufsatzes für Helena Paulowna, 1793, Hochzeitsgeschenk des königlichen Paares Friedrich Wilhelm III. und Luise

Schwerin«[14] genannt; ihr Ehegemahl, Erbprinz Friedrich Ludwig (1778–1819), findet hingegen keine Erwähnung.

Interessant ist auch die Tatsache, dass das Geschenk mit immenser Verspätung in Ludwigslust eintraf – die beiden waren damals bereits seit zwei Jahren verheiratet. Noch 1801 hatte man in der KPM an der Ausführung des Tafelaufsatzes gearbeitet. Einige Teile waren zwar vorher fertig, aber nur weil deren Modelle von früheren Ausformungen bereits vorhanden waren. Nebenbei sei angemerkt, dass nicht alle Geschenke für die Braut zu spät kamen. Von russischer Seite her stand die Mitgift der Zarentochter bereits ein halbes Jahr vor der Eheschließung fix und fertig parat. Der Brautschatz für die Enkelin Katharinas der Großen war in weiser Voraussicht langfristig bei St. Petersburger Kunsthandwerkern und den Kaiserlichen Manufakturen bestellt worden, um die Preise nicht ins Unermessliche steigen zu lassen.[15]

Neben diesem üppigen Tafelaufsatz sind drei weitere Präsente im Zusammenhang mit Erbprinz Friedrich Ludwig von Mecklenburg-Schwerin bekannt, die allerdings heute nicht mehr erhalten sind. Ein halbes Jahr vor seinem Tod im November 1819 erhielt er von Friedrich Wilhelm III. drei Kisten voller Porzellan, darin zwölf Speiseteller, fein bemalt »mit coul: Figuren Sujets, die Monate vorstellend, nebst reicher Vergoldung«, sowie »1 Büste von verglühtem Porzellan die verstorbene hochselige Königin liegend vorstellend«. Zu dem Abbild der Königin Luise wurden eine Glaskapsel und ein schwarz gebeiztes Gestell mit Messingrollen zur Aufstellung des Ganzen mitgeliefert.[16]

Auch die zweite Frau Friedrich Ludwigs, Prinzessin Karoline Luise von Sachsen-Weimar-Eisenach (1786–1816), hatte bereits eine solche Büste bekommen, und zwar das von Christian Daniel Rauch (1777–1857) entworfene »Brustbild der Königin Luise schlafend«[17] in Lebensgröße aus Biskuitporzellan. Andere Objekte sind aus dieser Zeit nicht bezeugt.

14 SPSG, KPM-Archiv (Land Berlin), Bd. 1, 143, beispielsweise Blatt Nr. 67, Schreiben von Klipfel.

15 Siehe Möller 2016, S. 199.

16 Ebd., Pret 2, 353, 26.3.1819, S. 36.

17 Ebd., Bd. 1, 143, 30.7.1812. Siehe auch Bublitz-Kartei, ID 1143: »Brustbild Königin Luise schlafend nach Rauch nur einmal scharf gebrannt, Lebensgröße [;] Brief v. 15/9.1814«.

Friedrich Franz I.

Der Besuch des Großherzogs in Berlin

Zu der Zeit als der große Tafelaufsatz in der KPM gefertigt wurde, regierte seit über 25 Jahren Herzog Friedrich Franz I. (reg. 1785–1837) in Mecklenburg-Schwerin, der Vater des genannten Erbprinzen. Glaubt man Johann Caspar von Boddien (1772–1845), einem Augenzeugen, der als Adjutant unter drei mecklenburgischen Herzögen beziehungsweise Großherzögen diente, scheint auch das Verhältnis von Friedrich Franz zum preußischen König von Verbundenheit und Nähe gekennzeichnet gewesen zu sein. Boddien galt als vertrauter Begleiter des Herzogs und reiste mit ihm 1820 anlässlich der Verlobung seines Enkels, des Erbgroßherzogs Paul Friedrich, mit Prinzessin Alexandrine von Preußen an den Königshof.

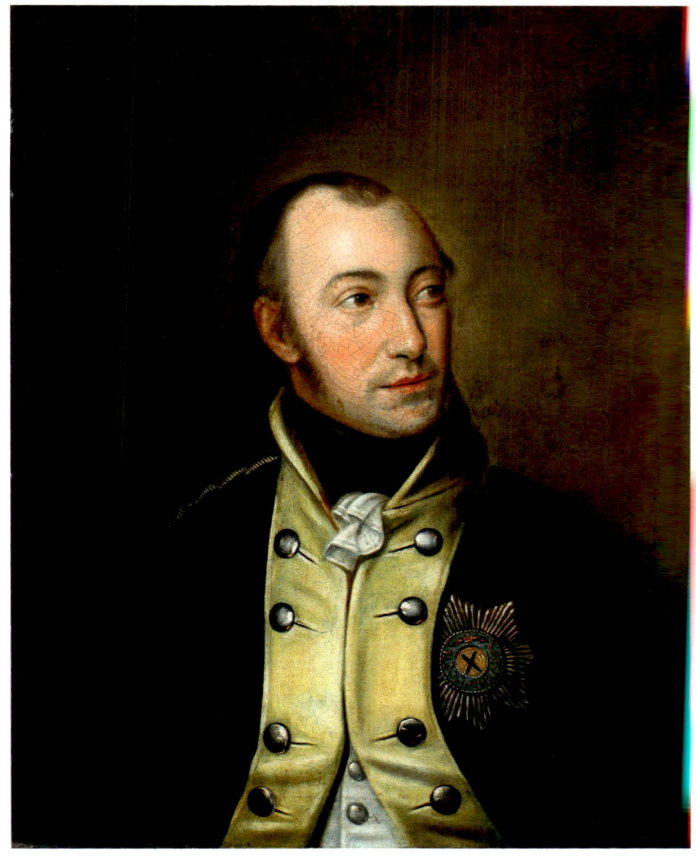

Großherzog Friedrich Franz I. von Mecklenburg-Schwerin (1756–1837), Rudolph Suhrlandt (1781–1862)

Die Briefe, die Boddien von dieser Reise an seine Ehefrau schrieb, lassen viel über die Art der Verbindung der beiden Regenten zueinander erfahren. Der Adjutant ist voll von lobenden Worten über den Empfang in Berlin und kann »die zuvorkommende Art und Weise mit welcher der Großherzog hier empfangen worden [...] nicht genug rühmen«[13] Als der Großherzog im Berliner Schloss eintraf, standen alle Großwürdenträger des Hofs bereits zu seinem Empfang bereit, und auch der König eilte sofort herzu. Von regelrecht warmherziger Fürsorge ist die Rede: »[...] es ist unmöglich, daß der beste Freund des Hauses mit mehr Sorgfalt und Aufmerksamkeit

13 Briefe von Johann Caspar Boddien an seine Ehefrau Henriette von seiner Reise nach Berlin/Potsdam in Begleitung von Großherzog Friedrich Franz I. anlässlich der Verlobung von Erbgroßherzog Paul Friedrich mit Prinzessin Alexandrine von Preußen aus der Zeit von September bis Oktober 1820. In: Münch 2008, S. 365, auch im Folgenden.

behandelt werde. In den größten Kleinigkeiten bemüht man sich alles nach Wunsch Gewohnheit und Bequemlichkeit des Gastes einzurichten«. Auch als der mecklenburgische Gast nach der unmittelbaren Verlobungsfeier für einige Tage den Herbstmanövern in Potsdam beiwohnt, wird er beflissentlich umsorgt. Man hatte das halbe Schloss Sanssouci für ihn bereitet und ließ es nicht an Aufmerksamkeit fehlen, um den Aufenthalt so angenehm wie möglich zu gestalten. Der König wiederum bekundete, »daß seit langer Zeit kein Gast ihm so willkommen gewesen, [...] und er bezeugt ihm dieses selber fortwährend auf die freundlichste Weise«.[19]

Von Potsdam kehrte Friedrich Franz wieder nach Berlin zurück, um auf keinen Fall den Geburtstag des Kronprinzen zu verpassen. In der Residenzstadt ging er ins Theater, wo sich König und Großherzog in den Pausen gegenseitig besuchten,[20] und besichtigte ferner Kunstausstellung, Eisengießerei und Plankammer, die Behnkesche Papierfabrik, das Zeughaus und das Atelier Christian Daniel Rauchs.[21] Und auch der Porzellanfabrik stattete er einen Besuch ab.

»Ein wahrhaft königliches Geschenklein«

Dem König schien es eine besondere Freude zu sein, seinem zukünftigen Verwandten Friedrich Franz ein großartiges Porzellangeschenk zu überreichen und hatte es auch genau auf dessen Geschmack hin ausgewählt. In den Briefen Boddiens erfahren wir aus direkter Quelle, wie es damals abgelaufen ist: »Gestern [...] fand der Großherzog in seinem Zimmer eine herrliche Zusammenstellung von 7 der schönsten Vasen und 2 Fruchtkörben aus der hiesigen Porcellain Fabrike, als cadeau des Königs aufgestellt. Ich merkte schon früher etwas von diesem Plan, da der Fürst Wittgenstein [preußischer Oberkammerherr und Hausminister] mich aushorchte, welche Stücke dem Großherzoge besonders in der Fabrique gefallen hätten. Es ist dies ein wahrhaft königliches Geschenklein an Werth ohngefähr 1600 Rth [Reichstaler] von feinster composition und höchster Eleganz. – Dem Großherzog hat diese freundvetterliche attention wahrhafte Freude gemacht.«[22]

Der Brief ist beredtes Zeugnis für das gegenseitige Wohlwollen der beiden Souveräne und sagt viel darüber aus, auf welche Weise Porzellangeschenke zwischen den Regenten überreicht werden konnten. Oft ist die Quellenlage dazu recht nüchtern; selbst in

19 Brief 184 vom 1.10.1820, ebd., S. 378.

20 »[...] oft in den zwischen Acten besuchen sich die Allerdurchlauchtigsten via à vis.« Brief 185 vom 3.10.1820, ebd., S. 382.

21 Manke 2011, S. 217.

22 Brief 185 vom 3.10.1820, in: Münch 2008, S. 383.

Kratervase mit einer Ansicht von Potsdam, Geschenk Friedrich Wilhelms III. an Friedrich Franz I. von Mecklenburg-Schwerin, 1820

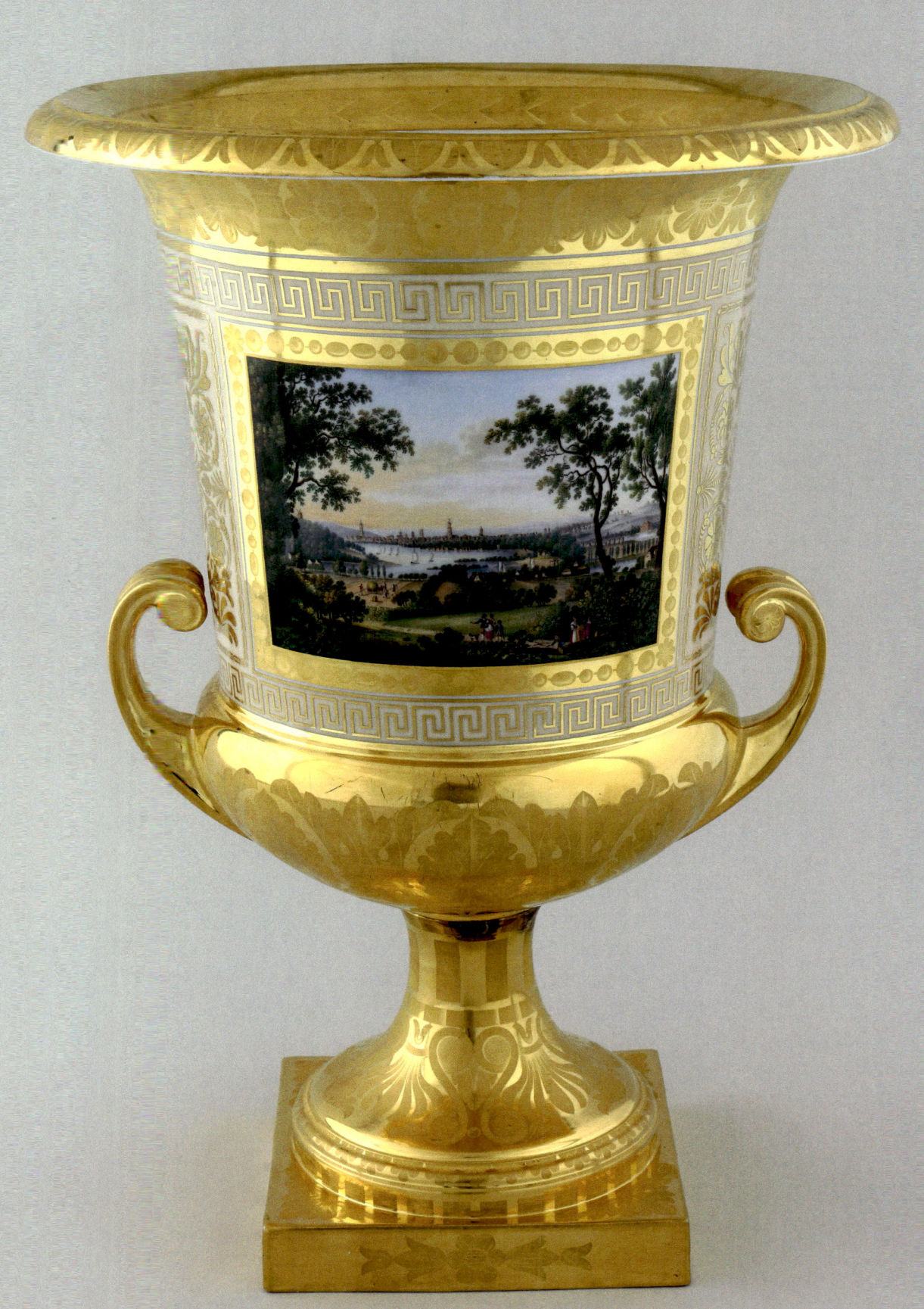

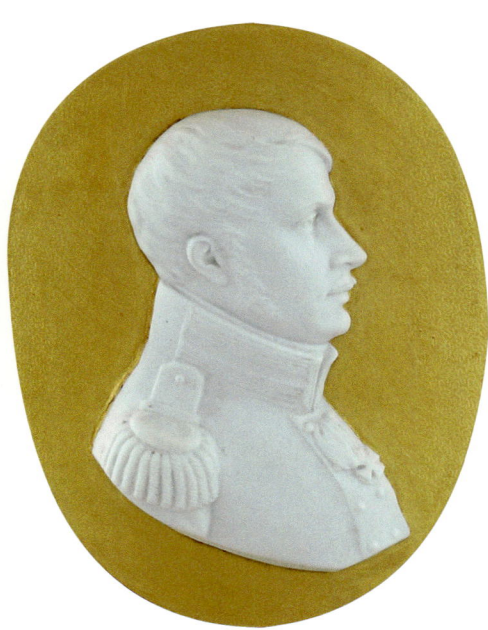

Rückseite der Vase mit Biskuitrelief
Friedrich Wilhelms III.

23 Manke 2012, S. 75.

24 Das Aussehen der beiden Rosenschalen ist nicht überliefert. Dass Boddien sie in seinem Bericht nicht erwähnt, liegt eventuell daran, dass deren Größe, dem Preis nach zu urteilen, deutlich von den prunkvollen großen Vasen abwich.

25 Vorhanden sind die Vasen KG 1260 und 1562. Die Vase KG 1561, die zusammen mit KG 1562 ein Paar bildete, ist 1945 bei der Räumung des Schweriner Schlosses verloren gegangen. Siehe Fischer 2002, S. 28, Kat.-Nr. 43.

26 SPSG, KPM-Archiv (Land Berlin), Pret 2, 353, 30.5.1822, S. 85.

den Tagebüchern von Friedrich Franz kann man nur erstaunlich wenig über diesen Berlin-Besuch lesen. Die Visite in der Porzellanmanufaktur oder die Geschenke erwähnt er, wie so manch anderes Wichtige, nicht. Seine Unlust, dies zu dokumentieren, ist möglicherweise schlicht und einfach mit dem schlechten Gesundheitszustand des Fürsten zu erklären: Er litt unter Krampfanfällen, die ihm das Atmen erschwerten. Außerdem konnte er aufgrund seiner Gichtschmerzen nur schlecht laufen.[23]

Akribisch dokumentiert

Etwas mehr erfahren wir aus dem bereits erwähnten Kontobuch der Manufaktur, in welches die Porzellangeschenke des Königs zum Zwecke der Rechnungslegung eingetragen wurden. Tatsächlich findet man die anlässlich der Verlobungsreise seines Enkels an Friedrich Franz überreichten Präsente noch am selben Tag dort dokumentiert. Sofort am 2. Oktober 1820 sind alle erwähnten Stücke sowie zwei zusätzliche, rosenverzierte Schalen[24] beschrieben – alle im Wert in etwa so, wie von Boddien geschätzt.

Von den Objekten sind heute zwei Vasen in der Sammlung des Schweriner Museums erhalten (Abb. S. 25 und 77). Eine weitere war bis 1945 im Bestand, ist aber in den Kriegswirren verloren gegangen.[25] Alle anderen vier Vasen sind anscheinend nie in den Museumsbesitz gelangt. Das Aussehen der beiden Fruchtkörbe ist inzwischen durch ein in Privatbesitz befindliches Exemplar überliefert.

Aus der nächsten großen Geschenklieferung für Friedrich Franz – sieben Prunkvasen, eine Tischplatte und ein großer Teller – ist leider kein Stück in den Museumsbestand übergegangen. Der Großherzog erhielt diese Zueignung zwei Jahre später anlässlich der nun stattfindenden Vermählung des Enkels. Am 25. Mai 1822 erfolgte die Trauung, und schon am 30. Mai wurden die Porzellane im Kontobuch erfasst. Es liegt nahe, dass sie ebenso, wie 1820 bei der Verlobungsreise, direkt in Berlin während des Besuchs der Herrschaften übergeben worden sind.[26]

Das Thronjubiläum

Nach der Hochzeit scheint für Friedrich Franz in Sachen Porzellangeschenke zunächst Ruhe eingekehrt zu sein. Erst wieder im Jahr 1835 wird er bedacht, ein letztes Mal, dann aber wahrhaft großzügig. Anlass war der 50. Jahrestag seiner Thronbesteigung – ein Ereignis, das nicht viele Fürsten begehen konnten. Zur Jubelfeier reiste unter anderem die preußische Verwandtschaft an, sowohl König Friedrich Wilhelm III. als auch der Kronprinz.[27] Die beiden Französischen Vasen, die ihm der Monarch dabei übersenden ließ, nehmen sich von Preis als auch von der Größe außerordentlich aus. Beinahe 1.000 Taler kostete die Lieferung der knapp 70 Zentimeter hohen Prunkstücke.[28] Nebenbei sei hier zum Verhältnis von Friedrich Franz I. zu den Preußen erwähnt, dass der Großherzog jedes Jahr, während er in Doberan zum üblichen Sommeraufenthalt weilte, den Geburtstag des Königs feierte. Er gab ihm zu Ehren einen Ball, ein Diner oder einen »Thee dansant« (Tanztee),[29] dem man sich nicht entziehen durfte – jedenfalls reagierte er schroff, als seine verwitwete und noch trauernde Schwiegertochter nicht erscheinen wollte. Er meinte, dass »Am Geburtstag des Königs wohl nicht davon zu kommen sey«.[30]

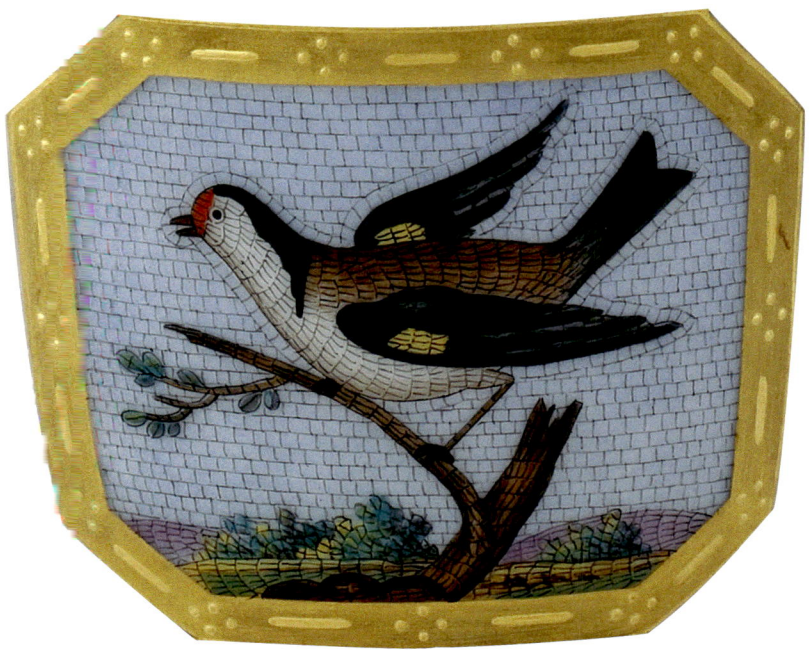

Vogeldarstellung in Mikromosaikmalerei auf einer Tasse, um 1815

27 Manke 2011, S. 220

28 SPSG KPM Archiv (Land Berlin), Pretz 2351, 24.3.1835, S. 11

29 Manke 2012, S. 35

30 Ebd. S. 73. Und auch der Geburtstag des preußischen Kronprinzen wurde in Ludwigslust mit einem Ball begangen, siehe S. 92.

Paul Friedrich und Alexandrine

Die Mecklenburg-preußische Hochzeit

Die Hochzeit des Erbgroßherzogs Paul Friedrich (reg. 1837–1842) mit der preußischen Königstochter Alexandrine (1803–1892) verband beide Häuser auf lange Sicht noch intensiver. Es war eine Beziehung, über die nicht nur der König »bei jeder Gelegenheit seine Freude und Zufriedenheit [...] zu erkennen giebt«.[31] Für Mecklenburg bedeutete sie eine Anbindung an die mächtige Hohenzollern-Dynastie und versprach Vorteile in jeder Hinsicht. Am 15. Mai 1822 erfolgte in Berlin die Vermählung des jungen Paares, das wenige Tage danach in Begleitung des königlichen Brautvaters Einzug in Mecklenburg hielt.[32] Nach der Hochzeit gehörten jährlich langanhaltende Besuche in der preußischen Hauptstadt zum Leben der Eheleute. Der mecklenburgische Thronfolger und seine Gemahlin waren gern gesehene Gäste am preußischen Hof und blieben nicht nur in der winterlichen Ballsaison über Monate dort.[33] Die Verbindung Alexandrines zum Elternhaus und zu ihren Geschwistern riss Zeit ihres Lebens nicht ab, und auch Paul Friedrich genoss die Vorzüge der vertrauten Familienbande. So ließ er sich bei seinen Planungen für die eigene Residenz in Schwerin gern von dem in Baufragen außerordentlich interessierten Schwager und späteren König Friedrich Wilhelm IV. inspirieren.

Der fürstliche Schwiegersohn

Bei dem engen Umgang der Herrscherfamilien überrascht es nicht, dass Paul Friedrich derjenige unter den mecklenburgischen Verwandten war, der mit den meisten Porzellangeschenken bedacht wurde. Das geschah fast ausnahmslos in seiner Zeit als Thronfolger, nach seiner Verlobung mit Alexandrine zwischen 1821 und 1837. Oft bekam er zu seinem Geburtstag am 15. September eine oder – wie im Jahr 1832 – auch einmal zwei prunkvolle Vasen überreicht. Zur Geburt seiner Tochter Marie, der Zweitgeborenen, traf ein Kindergeschirr ein: sechs Tassen, sechs Teller, Schüsseln, Bratenschalen und

31 Münch 2008, S. 370.

32 Manke 2012, S. 88.

33 René Wiese, in: Kasten / Manke / Wiese 2015, S. 59. Für die genauen Daten der Reisen siehe Manke 2011, S. 245.

Großherzogin Alexandrine als junge Mutter, Wilhelm von Schadow, um 1825

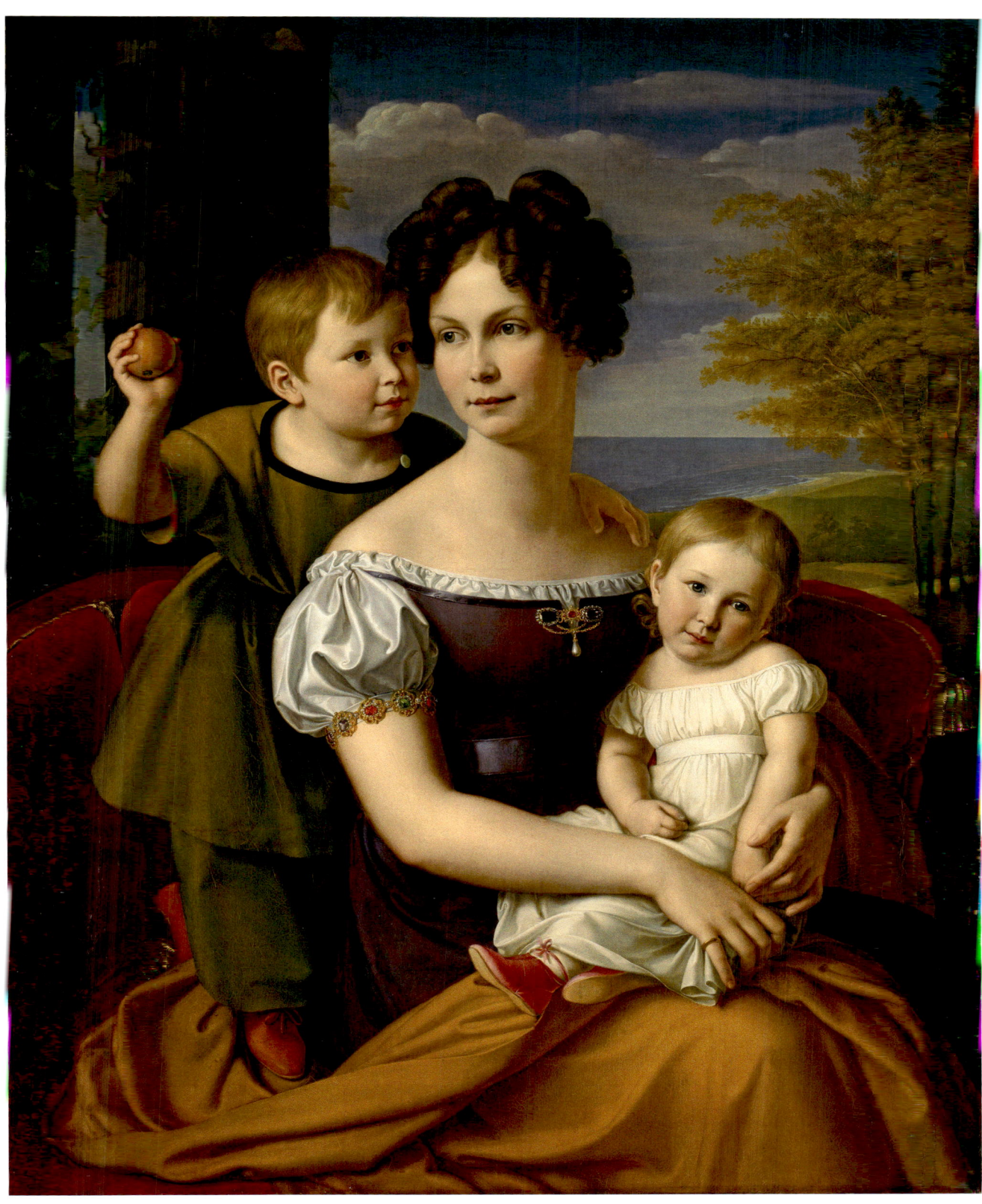

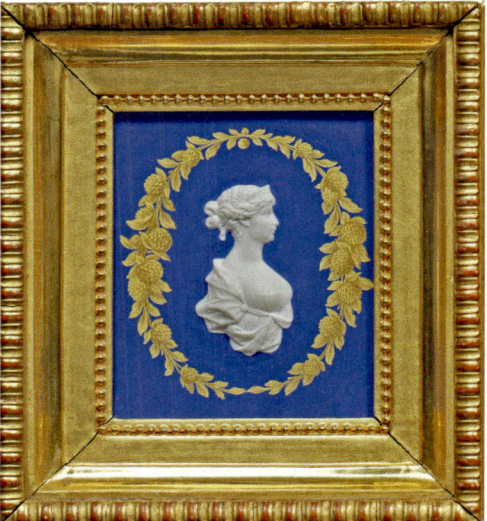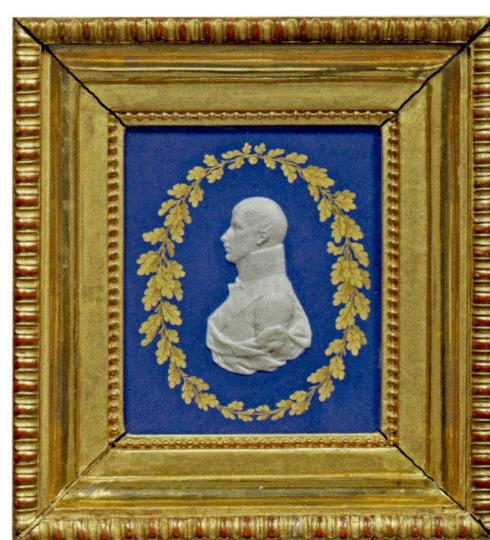

Die Eltern der Braut:
König Friedrich
Wilhelm III. von Preußen
und Königin Luise, 1810.
Geschenke des Königs
an seine Tochter
Alexandrine, 1812

sogar eine kleine Terrine – alles dekoriert mit spielenden Kindern.[34] Das Kontobuch des Königs vermerkt an diesem Tag, dem 29. Februar 1824, weitere Lieferungen für den »Erb Groß Herzog von Mecklenburg Schwerin«:[35] vier Vasen der Rheden'schen Sorte sowie einen Suppennapf, zusammen im Wert von über 400 Talern. Wieso es gerade im Februar 1824 zu einer solchen Fülle an Geschenken aus der KPM kam, bleibt Ziel der Forschung.

Später als Regent empfing Paul Friedrich nur ein einziges Porzellangeschenk, nämlich im Frühjahr 1838, als am 20. März die Beförderung zum preußischen Generalleutnant die Krönung seiner militärischen Laufbahn markierte. Zu diesem Ereignis erhielt er eine repräsentative Fußschale[36] mit einer Bemalung aus Lorbeerkränzen und Adlern, den typischen Dekorationen für preußische Feldherren.

Die Königstochter in Mecklenburg

Seine Gemahlin Alexandrine ist erstaunlicherweise nur mit vier Einträgen im Kontobuch erwähnt. Dabei darf man natürlich nicht vergessen, dass Porzellane nur eine der Möglichkeiten darstellen, aus der die königliche Familie Geschenke auswählen konnte. Preziosen beispielsweise, Möbel, Gemälde und andere Kostbarkeiten waren ebenfalls gang und gäbe.

Die Geschenke, die Alexandrine von ihrem Vater Friedrich Wilhelm III. aus der KPM zugeeignet bekam, waren allesamt erlesen, kostspielig und prachtvoll. An erster Stelle steht das auf 50 Personen ausgelegte Hochzeitsservice mit seinen zugehörigen Tafelaufsätzen und Leuchtern, das sich der König über 8.000 Taler kosten ließ (vgl.

34 SPSG, KPM-Archiv (Land Berlin), Pret 2, 29.2.1824, S. 107–108.

35 Ebd..

36 Ebd., 2.4.1838, S. 135 [235].

37 SSGK, Inv.-Nr. KG 1267.

S. 55). Wenngleich von den einst über 500 Teilen heute nur noch zwei Dutzend in Schweriner Museum erhalten sind, so vermitteln sie doch eine Vorstellung von der Schönheit und vom künstlerischen Wert dieses Ensembles. Auch die Münchner Vase mit Blumendekor, die Alexandrine im März 1834 erhielt, ist noch in der Sammlung zu bewundern (Abb. S. 83).[37] Ein besonderes Prunkstück jedoch, ein Tisch[38] aus dem Jahr 1832, ist nur bis in die 1940er-Jahre in Schloss Ludwigslust dokumentiert, danach verliert sich seine Spur (Abb.).[39] Schon seine Beschreibung liest sich eindrucksvoll: »[...] große runde Tischplatte, in der Mitte mit [... dem] Prospekt vom Museum und Umgebung in Gold grav: Schild, umgeben von Blumen [...] das Tischgestelle reich vergoldet«.[40]

Ebenso fehlt von den zwölf Tellern,[41] die Alexandrine 1831 bekam, jede weitere Kenntnis. Mit Figuren zu Pferde, Wappen und Schilden, weißer Rosengirlande, Schrift und Vergoldung erinnerten sie an das Fest »Der Zauber der weißen Rose«, welches 1829 zu Ehren der Schwester Alexandrines, der mit dem russischen Zaren verheirateten Charlotte, am Berliner Hof ausgiebig gefeiert wurde. An ihm nahmen natürlich auch die mecklenburgischen Verwandten teil. In der Schweriner Sammlung nimmt nur ein einziges, vergleichsweise winziges Porzellan Bezug auf dieses bedeutende Fest: ein Osterei mit dem Festzug, auf dem der Erbgroßherzog höchstpersönlich zu sehen ist (vgl. S. 101).[42]

Zum Bestand des Museums gehören außerdem zwei Biskuitreliefs von den Eltern Alexandrines, König Friedrich Wilhelm III. und Königin Luise, nach Modellen von Leonhard Posch (Abb.).[43] Die weißen Profilbildnisse im goldenen Rahmen heben sich effektvoll vor dem mattblauen Untergrund und einem goldgemalten Blütenkranz ab.[44] Wie auf der Rückseite des einen Rahmens handschriftlich von Alexandrine vermerkt – »bekommen von Papa den 26 März 1812« –, sind sie Geschenke aus einer Zeit, als noch längst nicht an eine Hochzeit zu denken war. Die Königstochter hielt die Reliefs in Ehren, nahm sie mit in ihre neue Heimat und ließ sie gleich nach der Vermählung in ihrem Wohnzimmer in Schloss Ludwigslust aufhängen.[45] Sie gehörten später zum Nachlass Alexandrines und wurden, bis sie im April 1918 in Museumsbesitz gelangten, im Alten Palais in Schwerin, dem Alterswohnsitz der verwitweten Großherzogin, aufbewahrt.

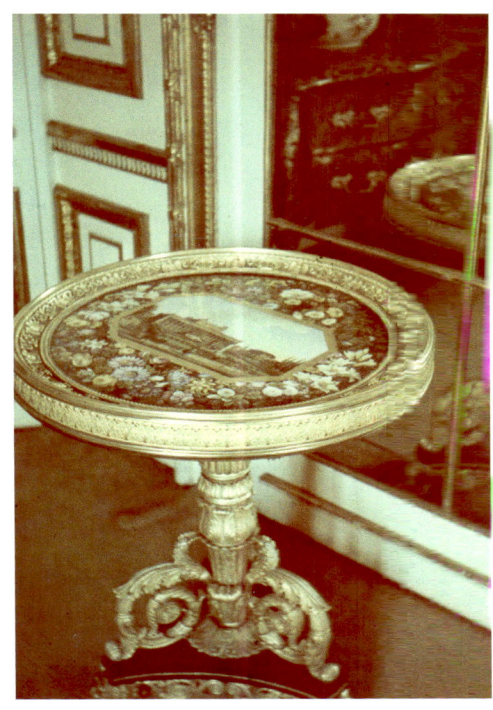

Tisch mit der Ansicht des Alten Museums in Berlin, 1832, Geschenk Friedrich Wilhelms III. von Preußen an Großherzogin Alexandrine. Aufnahme in Schloss Ludwigslust um 1940

38 SPSG, KPM-Archiv (Land Berlin), Pret 2 53, 14.1.1832, S. 182.

39 Abgebildet bei Möller 2016, S. 206, Abb 40

40 SPSG, KPM-Archiv (Land Berlin), Pret 2 53 14.1.1832, S. 182.

41 SPSG, KPM-Archiv (Land Berlin), Pret 2 53, 18.2.1831, S. 175.

42 SSGK, Inv.-Nr. KG 1321.

43 SSGK, Inv.-Nrn. KG 4418, 4419.

44 Die Größe der Rahmen beträgt 11,5 × 10,5 cm, SSGK-SMS, Inv.-Nrn. KG 4418, 4419.

45 Die Rahmen sind auf einem Aquarell von Heinrich Hintze mit der Darstellung des Kabinetts von Prinzessin Alexandrine in Schloss Ludwigslust von 1822 abgebildet. Es befindet sich im Besitz der SPSG, Potsdam GK 3028 F0019454. Den Hinweis auf die Abbildung verdanke ich Frau Dr. Dagmar Sommer, SSGK.

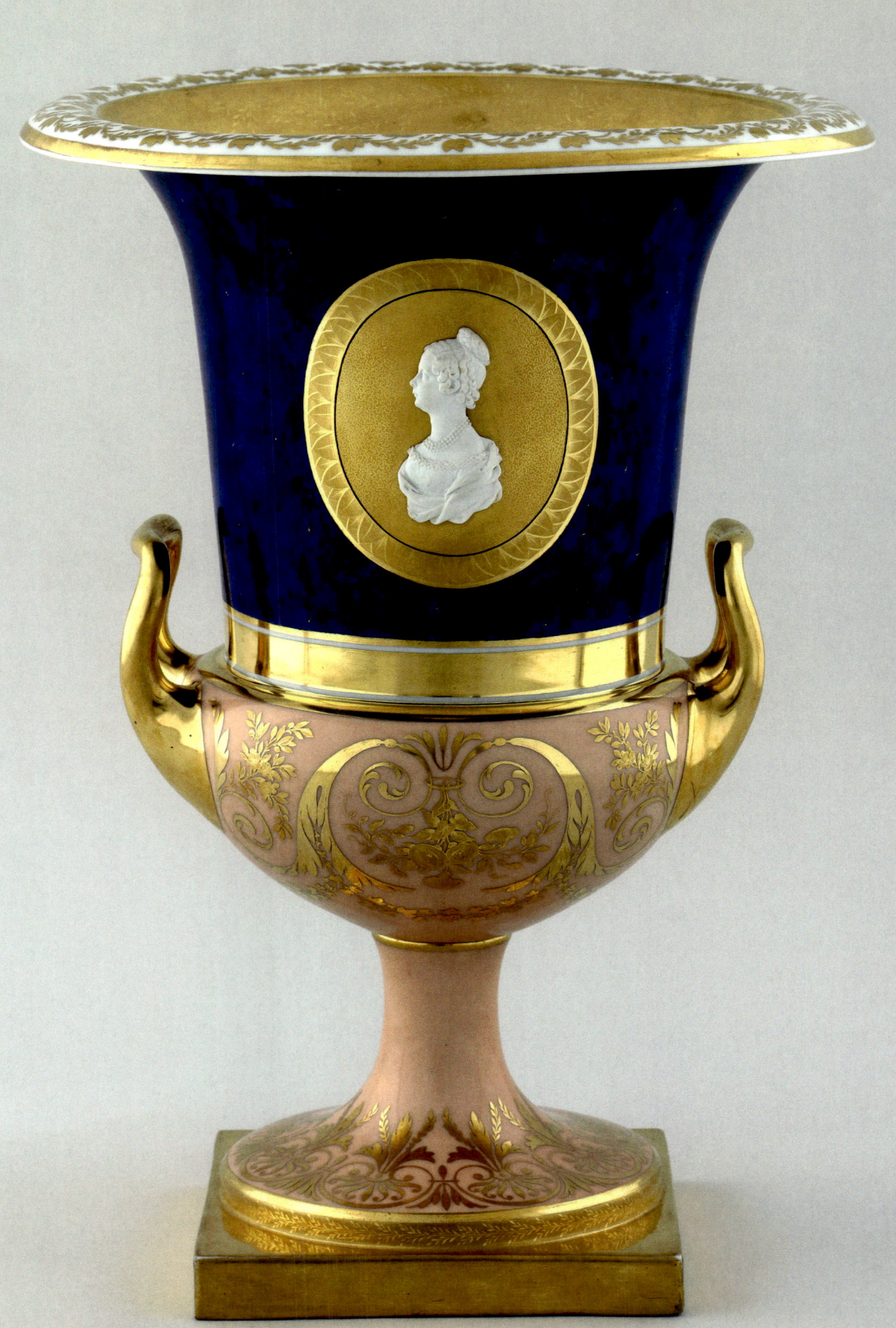

Geschenke nicht nur vom König

Alle bislang aufgezählten Geschenke aus der Berliner Porzellanmanufaktur an Paul Friedrich und Alexandrine gehen auf Friedrich Wilhelm III. zurück, was durch die Eintragungen im Kontobuch des Königs gesichert ist. Es gibt jedoch weitere Quellen, die Hinweise geben, was aus der Manufaktur nach Mecklenburg gelangt ist. Beispielsweise ist in den Malereibestellungszetteln von 1822 eine Vase mit dem Biskuitbildnis von Alexandrine erwähnt,[46] die erst vor Kurzem für das Museum erworben werden konnte (Abb.).[47] Mit Sicherheit war sie ein Präsent zur Hochzeit, doch wer sie in Auftrag gegeben hat, bleibt rätselhaft. Der König war es nicht, denn im Kontobuch seiner Majestät, in dem all seine Geschenke akribisch vermerkt sind, wird sie nicht erwähnt.

Eine gleiche Vase wird noch einmal 1828 »für die Frau Erb-Großherzogin von Mecklenburg-Schwerin« im Malereibestellungsbuch aufgeführt, doch ob sie das Stück dort selbst bestellt hat oder ob es als Geschenk für sie gedacht war, kann man aus dieser Quelle nicht schlussfolgern.[48] Und genau das ist die Krux an den Bestellungsbüchern: Mitunter kann nicht zwischen Empfänger und Besteller unterschieden werden.

Manch einen Fingerzeig über Geschenke nach Mecklenburg offenbaren die Briefe, die so zahlreich zwischen Alexandrine und ihrer Schwägerin, der Gemahlin des Bruders Friedrich Wilhelm IV., hin und her wechselten. Schon kurz nach der Vermählung des künftigen Königs mit seiner bayerischen Braut verband Elisabeth mit der Schwester ihres geliebten Gemahls eine tiefe Freundschaft. Alexandrine beteuert vielfach: »Deine Liebe, die Du mir bei aller Gelegenheit beweisest […] macht mich so glücklich. Ich lieb Dich aber auch so innig wie meine beiden Schwestern, daß sagt bei mir sehr viel, denn ich hänge innig an sie.«[49]

In steter Regelmäßigkeit dankt Alexandrine dem königlichen Paar für Weihnachtsgeschenke und Geburtstagsgaben, die zumeist aus Kleidern, Tüchern und Schmuck bestanden. Immer wieder gab es Armbänder, Spangen und Broschen, und auch das Kleid, das die Großherzogin-Mutter zur Einweihung des Schlosses trug, befand sich darunter. Hier und da erfährt man von Geschenken, die die Geschwister in Berlin gemeinsam für Schwerin ausrichten, dies waren dann meist Möbel oder ein Teppich. Vom Vater werden ein Halsband und eine kleine Uhr erwähnt. Von Porzellan jedoch ist in den Briefen niemals die Rede.

46 Die betreffenden Malereibestellungszettel selbst sind nicht mehr erhalten, es findet sich jedoch der Hinweis darauf in der Bublitz-Kartei »vergl. Malerei-Bestellungs-Zettel v. 2. Januar 1822–13. Sept. 1822 pag. 147«, SPSG, KPM-Archiv (Land Berlin) Bublitz-Kartei ID 1193

47 SSGK-SMS Inv.-Nr. KG 8900.

48 SPSG, KPM-Archiv (Land Berlin) Bublitz-Kartei ID 1212.

49 Wiese/Hartausch 2021 (geplant), hier Brief Alexandrine vom 3.3.1835, S. 40. Für die Möglichkeit der Einsichtnahme in das Manuskript der noch unveröffentlichten Edition danke ich Dr. René Wiese, LHAS sehr herzlich!

Krateruase mit dem Bildnis Alexandrines
als preußische Prinzessin, 1322

Friedrich Franz II.

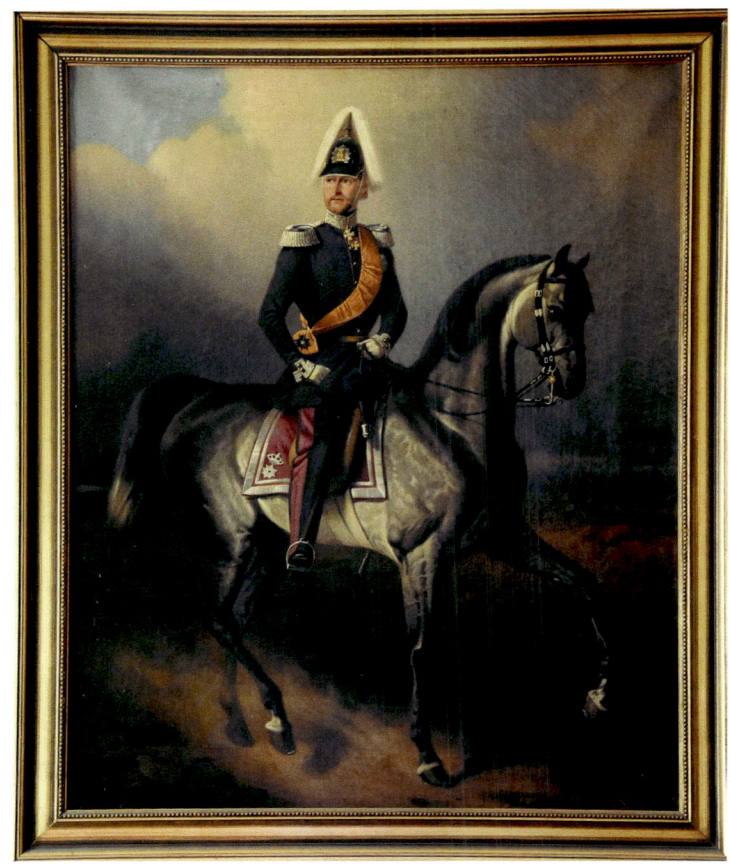

Reiterbildnis
Friedrich Franz II. von
Mecklenburg-Schwerin
(1823–1883), Theodor
Schloepke (1812–1878)

Alle Jahre wieder

Zu Weihnachten 1837 offerierte König Friedrich Wilhelm III. seinem Enkel und Patensohn ein ganz besonderes Geschenk. Der 14-jährige Sohn Paul Friedrichs war durch den Tod seines Urgroßvaters, des regierenden Herzogs Friedrich Franz I., in der Thronfolge nachgerückt und zum Erbgroßherzog von Mecklenburg-Schwerin avanciert. Da nun feststand, dass der junge Friedrich Franz (reg. 1842–1883) einmal als der zweite dieses Namens das Land regieren würde, konnte getrost mit der Ausstattung der künftigen Hofhaltung begonnen werden. Was eignete sich da besser als ein prunkvolles Service, das den Herrschaftsanspruch seines Besitzers optisch, wertmäßig und auch in künstlerischer Hinsicht unterstreicht? Seit dem 18. Jahrhundert waren derartige Porzellanservice beliebte Geschenke der Monarchen zu besonderen Anlässen und bildeten einen wichtigen Bestandteil der fürstlichen Repräsentation.

Solche Überlegungen werden eine nicht unbedeutende Rolle gespielt haben, als der König das Service in seiner Porzellanmanufaktur in Auftrag gab. Er ließ es auf 50 Couverts anlegen, sodass ebenso viele Personen daran speisen konnten. Doch Friedrich Franz bekam nicht das ganze Service mit einem Mal, es wurde in jährliche Lieferungen aufgeteilt: Jedes Jahr zu Weihnachten kamen sechs reich verzierte Dessertteller in Mecklenburg an. Der junge Erbgroßherzog, der seit 1837 am Blochmannschen Institut in Dresden, einem Privatgymnasium mit hohen Ansprüchen und ausgezeichnetem Ruf, lernte, reiste zu den Feiertagen sicher auch in Vorfreude auf die zu erwartenden Geschenke in die mecklenburgische Heimat. Und da stellt sich die Frage, wie hoch das

Herz eines minderjährigen Knaben schlägt, wenn unter den Weihnachtsbaum die zwar sehr kostbaren, aber doch erst in weiter Ferne verwendbaren Bestandteile einer Tafelausstattung stehen. Sechs Teller, Jahr für Jahr, bis die 50 Stück vollzählig waren.

Doch als 1840 nach drei Weihnachtsfesten gerade erst 18 Teller Schwerin erreicht hatten, verstarb der König. Das zugesagte Geschenk stand trotzdem nicht infrage. Der neue Monarch, nunmehr der Onkel von Friedrich Franz II., bestätigte die Bestellung bei der KPM ohne Komplikationen; zuverlässig im Dezember wurde wieder geliefert. Rechnet man nach, fehlten 1845 nur noch zwei Teller bis zu der avisierten Stückzahl, und tatsächlich kamen ab jetzt neue Formen hinzu. Das Überraschungsmoment wurde größer, denn nun lagen auch verschiedene Sorten Vasen, Fruchtkörbe oder Etageren, »Tambours zu Confect« genannt, in den stets per Post gesendeten versiegelten Kisten (Abb.). Zum Abschluss trafen sogar drei Biskuitfiguren auf vergoldeten Postamenten ein. Um den Dessertaufsatz zu komplettieren, wurden eine Venus in einer Muschel sowie zwei auf einem Löwen beziehungsweise auf einem Panter reitende Figuren übergeben (Abb. S. 58). Sind unter Friedrich Wilhelm III. jährlich 120 Taler für das Geschenk ausgegeben worden, so investierte sein Nachfolger jeweils 200 bis 300 Taler.

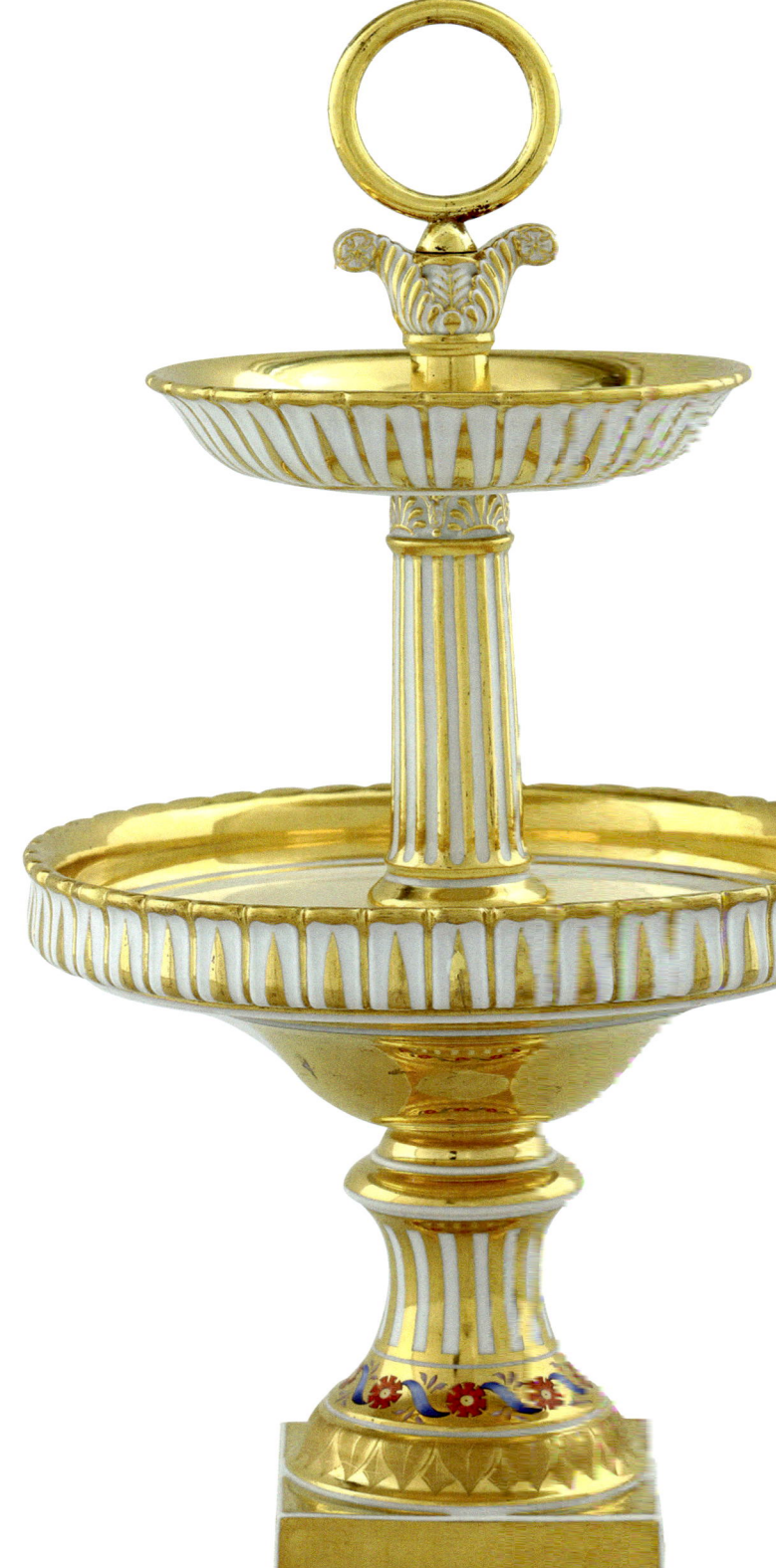

Einer der »Tambours zu Confect« aus dem Dessertservice für Friedrich Franz II. von Mecklenburg-Schwerin, 1837–1848

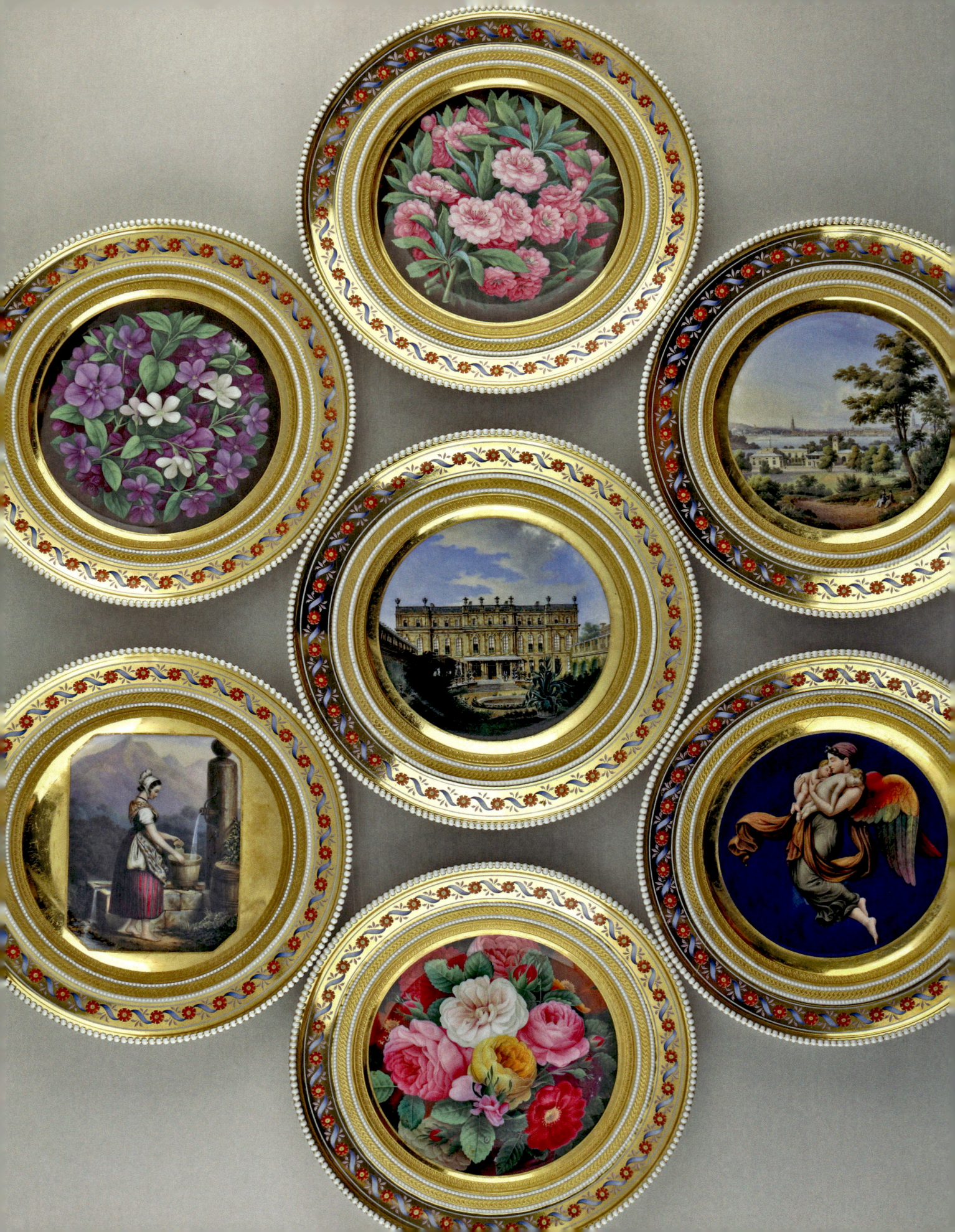

»Durchlauchtigster Großherzog, Gnädigster Fürst und Herr!«[51]

Wie die Erweiterung des Geschenks damals vonstattengegangen war, beschreibt sehr anschaulich ein Brief, den der Direktor der Manufaktur, Georg Friedrich Christoph Frick (1781–1848), an den Hofmarschall Jaspar Friedrich von Bülow in Schwerin schrieb:

»S: Königliche Hoheit der Groß Herzog hat schon unter des hochseeligen Königl: Majestäts Regierung, jährlich zum Weihnachtsgeschenk sechs Deßertteller reich vergoldet und bemalt erhalten und [es] war mir die Allerhöchste Bestimmung zugekommen, damit fortzufahren bis fünfzig Stück solcher Teller geliefert wurden. Seine Majestät, der jetzt regierende König bestätigte diese Bestimmung. Als nun in diesem Jahre auf die fünfzig Teller die zwei letzten geliefert wurden, frug ich Allerhöchsten Orts darauf an, ob die übrigen Stücke zu einem Dessertaufsatz für S: Königliche Hoheit gemacht werden könnten. S Majestät der König geruhten diesen Vorschlag zu genehmigen und zu bestimmen, daß S: Königliche Hoheit der Großherzog jährlich zu Weihnachten einen Theil daraus erhalten sollte bis der Dessertaufsatz vollständig ist.

Am 22ten dieses [Monats] wird daher mit einem Schreiben des Unterzeichneten an S: Königliche Hoheit den regierenden Großherzog eine Kiste mit der Fuhrpost abgehen, in welcher die noch ausstehenden zwei Teller und acht Stück reich verzierte dazu passende Tambours von Porzellan zu Dessert befindlich sind. Im nächsten Jahre werden wieder andere Stücke zu diesem Dessertaufsatz erfolgen.«[52]

Ursprünglich schienen weit mehr Artikel vorgesehen gewesen zu sein als letztendlich abgeschickt worden sind. Das lassen zwei Eintragungen im Bestellbuch der KPM von 1845 vermuten, darunter ein als Kostenvoranschlag zu verstehender Vermerk vom Februar: »S Majestät der König empfing Preis Nota über«[53] etliche zusätzliche Stücke, die im März dann als Fruchtkörbe, Blumenvasen, Konfekt-, Eis- und Zuckerschalen, Tambours etc. benannt wurden. Sie sollten über die nächsten vier Jahre verteilt geliefert werden, was aber in dieser Form nicht passierte. Nur ein Teil der hier genannten Gegenstände ist auch wirklich abgesandt worden.

Auf jeden Fall war Friedrich Wilhelm IV. sehr interessiert daran, nur die beste Qualität nach Mecklenburg zu versenden, und ließ sich die vorgesehenen Weihnachtsgeschenke stets vorführen. Üblicherweise lief das so ab, dass der Geheime Kämmerer Eduard von Schöning dies arrangierte und mit der KPM in Kontakt trat: »Das Weihnachts Geschenk SrKH. [Seiner Königlichen Hoheit] des Großherzogs von Schwerin wollen S Majestät vor der Absendung sehen, ich bitte die Gegenstände nach dem Schloss zu schicken.«[54] Und retour: »Se Majestät der König haben die für SKH den Großherzog von Schwerin bestimmten Porzellan Gegenstände gesehen und die Absendung genehmigt.«[55] Die Ergänzung der Dessertteller durch die Elemente des Tafelaufsatzes erfreute den

50 SPSG, KPM-Archiv (Land Berlin), XIV 2 33, 19.12.1845.

51 Übliche Anrede in den jährlichen Begleitschreiben der Manufaktur zur Lieferung des Weihnachtsgeschenks hier von 1848. SPSG, KPM-Archiv (Land Berlin), XIV 4 146, S. 208.

52 Brief vom 20.12.1845, LHAS, 2.26-1/3 Großherzogliches Kabinett II, 891.

53 SPSG, KPM-Archiv (Land Berlin) 30, 15.2.1845, S. 38 und 13.3.1845, S. 52f.

54 Brief Schöning von 15.12.1846 an die KPM, SPSG, KPM-Archiv (Land Berlin), XIV 4 46, S. 52.

55 Brief Schöning von 15.12.1847 an die KPM, ebd., S. 151.

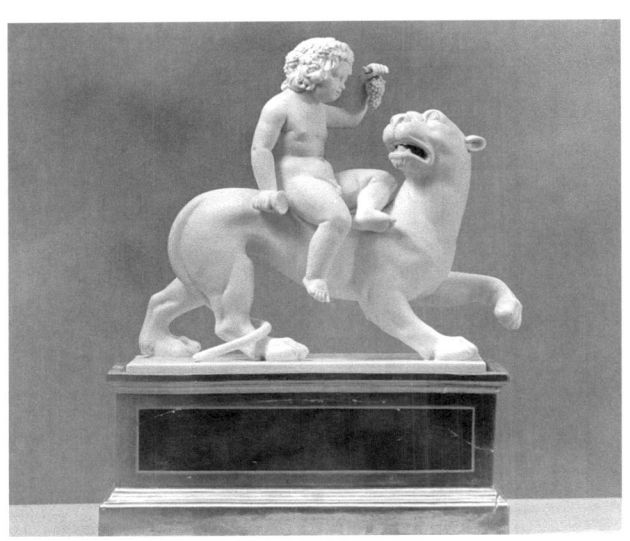

Bacchus, auf einem Panter reitend. Vergleichsstück für das in Schwerin verlorene Exemplar

Großherzog weitere vier Weihnachtsfeste lang, bis die erwähnten Biskuitfiguren das Kapitel endgültig beendeten. Allerdings ließ der König noch einmal kurz vor Weihnachten 1849 andere Optionen – wieder über Schöning – bei der Manufaktur abfragen:

»S Majestät der König wünschen umgehend zu wissen, aus welchen Gegenständen das Porzellan Service [...] bestand, das S Königl. Hoheit der Großherzog von Schwerin durch Weihnachtsgeschenke bekommen hat u [und] von dem, Weihnachten 1848, also im vorigen Jahr der Rest gesandt worden ist. S Majestät lassen zugleich fragen, ob jenes Service nicht durch passende Sachen vergrößert werden könne, im gleichen ob Dinge vorhanden, womit schon jetzt zu Weihnachten fortgefahren werden könne? S Majestät glauben auch, daß Dejeuner's sich ganz gut anschließen könnten.«[56]

Von Seiten der Manufaktur war das alles möglich, nur eben nicht auf die Schnelle, denn es war schließlich sieben Tage vor Heiligabend! Im Warenlager waren vom Service »zu dem selben passend zwei Tambours aus 3 Abtheilungen bestehend, von welchen der Herr Großherzog noch keine erhalten [...]«,[57] sofort verfügbar, doch die entsprachen wiederum nicht den Vorstellungen des Königs. Ihm schwebte eigentlich ein großer Dessertaufsatz vor, kein so kleiner wie bislang ausgeliefert. Außerdem gefielen ihm die bisherigen Formen ohnehin nicht recht. Auf diese Art war das Ende der andauernden, über die Regierungszeit von zwei preußischen Regenten laufenden Servicelieferungen besiegelt, sie wurden nicht fortgeführt.

Friedrich Franz war inzwischen 25 Jahre alt und seit sechs Jahren regierender Großherzog. Das Paradeservice wird ihm in seiner immer mehr erstrahlenden Residenz höchst willkommen gewesen sein. Der groß angelegte Neu- und Umbau seines Schlosses war begonnen und sein in politischen Dingen geradezu »übermächtiger Onkel«[58] Friedrich Wilhelm IV. hatte ihn in seinen Bauplänen beraten. Nach mehr als einem Jahrzehnt Bauzeit entstand in Schwerin eines der letzten großen Residenzschlösser. Seine Einweihung, als deren wichtigster Gast der König zugegen war, wurde üppig über mehrere Tage mit Paraden, Opernaufführungen, Festtafel, Galaball etc. gefeiert. Auch das Patenservice wird, wie andere nachfolgende Weihnachtsgeschenke aus Preußen, seinen Platz im neuen Schloss gefunden haben.

Bekannt sind ferner die Geschenke aus weiteren zwei Jahren: 1849 und 1850 waren es einmal eine, einmal zwei vergoldete Französische Vasen mit gemalten Prospekten von Berlin und Potsdam. Leider sind sie nicht in die Schweriner Museumssammlung gekommen.

56 Brief Schönings vom 15.12.1849 an die KPM, ebd., S. 237.

57 Schreiben von Böttger an Schöning vom 17.12.1849, ebd., S. 238. Die Manufaktur hatte außerdem angeboten, das Service einfach um weitere Gedecke zu erweitern.

58 René Wiese: Friedrich Franz II. Herrschen im Zeichen von Revolution und Nation, in: Kasten/Manke/Wiese 2015, S. 68–101, hier S. 82.

Geschenke nach 1850

Die Gaben der Kaiser

In der langen Regierungszeit Friedrich Franz II. (1842–1883) wird es sicher mehr Präsente gegeben haben, aber da das Kontobuch des Königs in der KPM nur bis 1850 reicht, entzieht sich dies unserer Kenntnis. Auf diese Art bleiben die Geschenke der letzten Regierungsjahre Friedrich Wilhelms IV. und die der Zeit der Kaiser seltsam im Dunkeln. Doch der Austausch von Geschenken zwischen Herrscherhäusern war Teil des überkommenen Zeremoniells und wurde auch in der zweiten Hälfte des 19. Jahrhunderts gepflegt.

Die offiziellen Hofgeschenke der Kaiser beinhalteten längst nicht nur Porzellane. Auch andere kunsthandwerkliche Objekte, Gemälde und Skulpturen gehörten dazu. Gerade Wilhelm II. (reg. 1888–1918) überraschte durch die Wahl von Spielzeug, Waffen, Souvenirs, Naturalien oder technischen Artikeln als Geschenke zu förmlichen Anlässen im Namen des preußischen Hofs. Bei den Erzeugnissen der KPM bediente er sich des gesamten Repertoires und wählte neben Vasen auch Service, Kronleuchter, Uhren oder Cachereier aus Porzellan aus. Wilhelm I. (reg. 1861–1888) bevorzugte dagegen die Prunkvasen in verschiedenen Größen.

Die Großherzogin-Mutter

Bei den Geschenken der Kaiser nach Mecklenburg handelt es sich in der allermeisten Fällen um Privatgeschenke an die Verwandtschaft als deren Bindeglied immer wieder Alexandrine, nun verwitwet als Großherzogin-Mutter, fungierte.[59] Wie sehr die private Geschenkspraxis innerhalb der Hohenzollern-Familie festen Regeln unterlag, zeigen die seit Wilhelm I. üblichen Prozedere. Deren Ursprung lag in den Traditionen des preußischen Hofs begründet und

59 Beispielsweise betrifft die reiche Korrespondenz Wilhelms I. nach Mecklenburg nur Alexandrine. Ihr inniges Verhältnis intensivierte sich noch in den letzten Lebensjahrzehnten. Mit Paul Friedrich von Mecklenburg-Schwerin wechselte Wilhelm keine Briefe, ebenso nur sehr selten mit Friedrich Franz I.

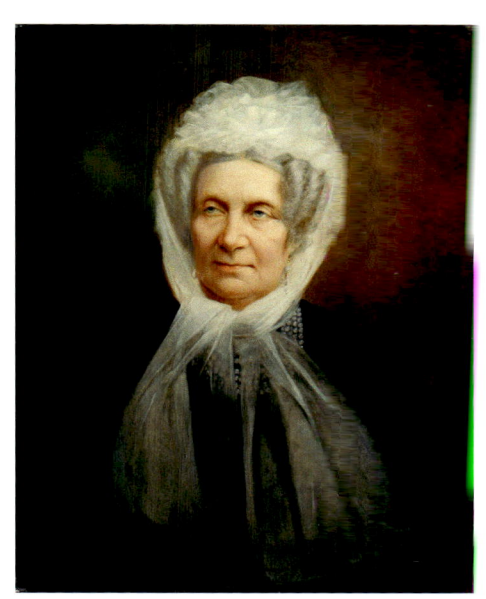

Altersbildnis der Großherzoginwitwe
Alexandrine von Mecklenburg-Schwerin (1803–1892),
J. Sums, 1888

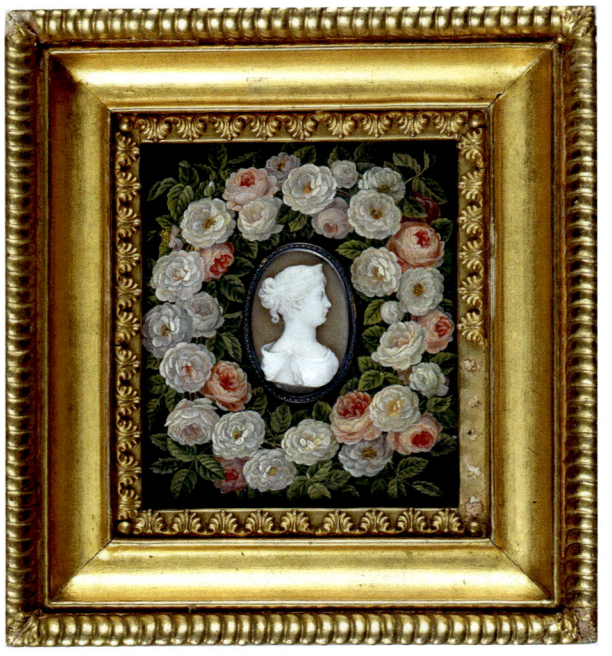

folgte im Detail einer Bestimmung, die Wilhelm als König 1861 erlassen hatte.[60] Diese lässt den Gabentausch nun – anders als in den Jahren davor – sehr formalisiert erscheinen. So hatte es sich eingebürgert, dass innerhalb der engeren Familie, zu der Alexandrine als Schwester Friedrich Wilhelms IV. und Wilhelms I. gehörte, in steter Regelmäßigkeit zu Weihnachten und zu Geburtstagen Geschenke ausgetauscht wurden.

Aus der allerhöchsten Schatulle

Für Alexandrine war beispielsweise der Betrag von jeweils 300 Mark zu Weihnachten und 360 Mark zum Geburtstag von den Kaiserlichen und Königlichen Majestäten vorgesehen, wobei der erstgenannte Betrag in den letzten Jahren scheinbar ebenfalls auf 360 Mark angehoben wurde. Außerdem kamen zu beiden Anlässen 180 Mark von der Kaiserin Augusta, der Gemahlin des 1888 verstorbenen Wilhelms I., hinzu.[61] Wurde die Summe durch ein Geschenk unterschritten, überwies das Oberhofmarschallamt außerdem die Differenz. Um nicht einfach nur Geld zuleiten zu müssen, wurde erwartet, dass die Familienmitglieder auf Nachfrage des Oberhofmarschallamts in Berlin ihre eigenen Wünsche durch die entsprechenden Hofämter übermitteln ließen. So wechselten Jahr für Jahr fast gleichlautende Schreiben in dieser Angelegenheit die Amtsstuben. Alexandrine scheint sich den Erwartungen des Öfteren verweigert zu haben, denn das Oberhofmarschallamt wurde informiert: »Da ich aus Erfahrung weiß, daß mir eine Mittheilung bezüglich der Geschenke an Ihre Königliche Hoheit die Frau Großherzogin Mutter von Mecklenburg-Schwerin auch auf Anfrage nicht zugeht, so habe ich Letztren schließlich überhaupt unterlassen.«[62] Daraus ist zu schlussfolgern, dass das Schreiben ihres Hofmarschallamts 1889 exemplarisch und wohl im üblichen Wortlaut zu sein scheint. Sehr diplomatisch heißt es da: »Frau Großherzogin hat keine besonderen Wünsche und wird alles, was Majestät ihr schenken wollen, dankbar annehmen. Sollte es jedoch vorgezogen werden, so würde das Aequivalent in Geld zur diesseitigen Beschaffung eines Geschenkes auch dankbar acceptiert werden.«[63]

60 Maßgebliche Forschungen zur Geschenkepraxis unter Wilhelm I. und Wilhelm II. siehe Jarchow 1998.

61 Siehe Einnahme-Atteste im LHAS, 2.26–1/3 Großherzogliches Kabinett II, Sign. 1084, »Zahlungen à conto der Geldgeschenke von I. K. M. dem Kaiser und der Kaiserin zu Weihnachten und Geburtstag.« 1882–1892.

62 Brief von Spielhagen an das Oberhofmarschallamt, 20.2.1889, zitiert nach Jarchow 1998, S. 134, Kat. 51.

63 Telegramm von D. von Vietinghoff, Hofmarschallamt der Großherzogin-Mutter von Mecklenburg Schwerin an Spielhagen vom 20.2.1889, zitiert nach ebd.

Karneol-Bildnis der Königin Luise von Preußen, um 1810
Alexandrine wählte es 1862 aus dem Nachlass ihres Bruders zum Andenken an ihre Mutter Luise aus.

Meist ließ sich Alexandrine im Alter das Geld auszahlen, doch man erfährt auch von zwei chinesischen Vasen oder einer Schulternadel zum Geburtstag, und zweimal ist von einem Armband die Rede. Erbat sie ausnahmsweise das Geld für einen bestimmten Zweck, konnte es durchaus auch eine Summe für einen Teppich zu Weihnachten sein. Gerade im engen Familienkreis waren es oft Gebrauchsgegenstände häuslicher Natur, die der Gabentisch deckten. Wie Wilhelm I. beispielsweise 1860 über die Weihnachtsgeschenke der Familie an Alexandrine schrieb, »zeichneten sich die Gaben durch Nützlichkeit aus.«[64]

Die Zuwendungen innerhalb der näheren Verwandtschaft waren von einer standardisierten, immer wiederkehrenden Beständigkeit gekennzeichnet, was die stets gleichförmigen Anfragen und Antwortfloskeln in den Briefen unterstreichen. Bei entfernter stehenden Familienmitgliedern erfolgte die Beschenkung nicht in diesem strengen Rhythmus, sondern eher anlassbezogen, denn sie unterlagen nicht dem Familienreglement. Doch alle bekannten Schenkungen spiegeln nur einen Bruchteil der tatsächlich überreichten Präsente wider, denn in Bezug auf Wilhelm I. und Wilhelm II. konnte beispielsweise ermittelt werden, dass nicht einmal jede zehnte Schenkung archivalisch belegbar ist.[65]

64 Brief Wilhelms an seine Schwester Alexandrine von Mecklenburg-Schwerin, 31.12.1860, in: Briefe Wilhelms I. 1927, S. 93.

65 Jarchow 1988, S. 226.

Frühstücksgeschirr aus dem ehemaligen Besitz des mecklenburgischen Herzogshauses, um 1810

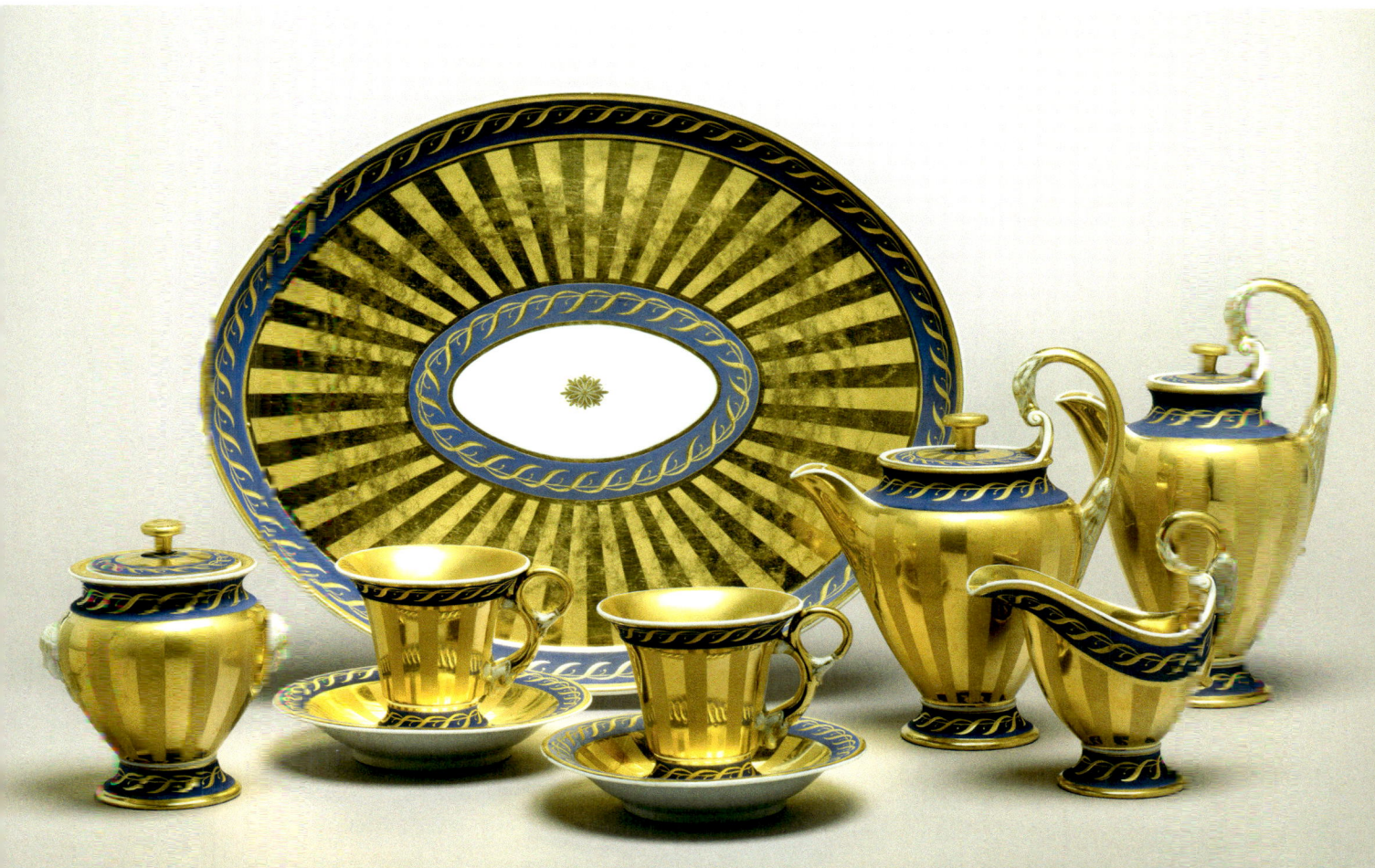

Ein Blick nach Neustrelitz

Das »Conto-Buch Seiner Majestät des Königs« listet zu insgesamt 14 verschiedenen Anlässen Geschenklieferungen von Friedrich Wilhelm III. an die Dynastie Mecklenburg-Strelitz auf. Dort lebten die Angehörigen seiner früh verstorbenen Frau Luise. Mitunter wird deren Bruder, der regierende Großherzog Georg von Mecklenburg-Strelitz (reg. 1816–1860), als »einziger echter Freund des Königs«[66] beschrieben. Recht bald nach dessen Regierungsantritt trafen zweimal zwölf reich bemalte Teller für ihn in der Neustrelitzer Residenz ein. Während die eine Lieferung ein motivisch zusammenhängendes Programm offeriert, nämlich »Teller mit Figuren, die Monate darstellend«,[67] scheint bei der anderen kein Teller dem nächsten zu gleichen. Die gemalten Motive zeigen Prospekte von Berlin, Hirschberg, Heidelberg oder Freienwalde, doch auch die Darstellung einer russischen Bäuerin oder gar von Kriegsgerät sind darunter. Selbst die Randgestaltung weicht von dem bei derartigen Tellerfolgen meist homogenen Ausschmückungsprinzip ab und wird für jedes Stück einzeln beschrieben.

Später, zwischen 1833 und 1836, bekam seine Gemahlin, Großherzogin Marie aus dem Hause Hessen-Kassel (1796–1880), drei Tellersendungen zu je einem Dutzend Stück. Eine davon ist ebenso vielgestaltig wie die für Georg, mit voneinander abweichenden Vergoldungen auf der Fahne und bunt gemischten Bildinhalten im Spiegel. So taucht neben Genredarstellungen, Waldtieren und Jägern ein ganz ausgefallener »Gebirgs=Prospekt« auf. »Diesen Teller haben Sr: Majestät der König geruhet, zu befehlen, 1 Teller mit 14 kleinen Prospekten auf'n Bord«.[68]

Die nächsten beiden Tellerserien, die sie erhielt, eint immerhin das identische Aussehen des Rands. Die Praxis, unterschiedliche Motive durch eine einheitliche Rahmung zu einer Serie zu vereinen, ist in der KPM bei Dessertservicen seit den 1790er-Jahren angewendet worden.[69] In Anlehnung an die Manufaktur Sèvres, die spezielle thematische Service mit geradezu enzyklopädischem Charakter herausbrachte, gestaltete die KPM beispielsweise das berühmte Wellington-Service oder ihre botanischen Service. Unzusammenhängende Motivteller zu einem Ensemble zu verbinden, bot indes den Vorteil einer leichteren Kombinierbarkeit der einzelnen Stücke. Je nach Bestellung und Auftraggeber wurden solch lose Folgen bis weit in die zweite Hälfte des 19. Jahrhunderts hinein immer wieder neu zusammengestellt. Oft trugen sie eine Kostprobe von allen in der KPM vorhandenen Malereifächern zur Schau.

Großherzog und Großherzogin empfingen zum Ende der 1820er-Jahre jeder eine repräsentative Schale, eine davon »auf hohem Fuß«[70] mit drei Grazien und Blumengirlande bemalt sowie mit Matt- und Glanzgoldstreifen vergoldet. Da auch die zweite

66 Stamm-Kuhlmann 1990, S. 306.

67 SPSG, KPM-Archiv (Land Berlin), Pret 2, 353, 4.8.1819, S. 41. Die andere Tellerfolge: ebd., 8.8.1818, S. 16. Ich danke Dag Nabrdalik, Pforzheim, für einige zusätzliche Transkriptionen aus dem Kontobuch des Königs, die er mir freundlicherweise zur Verfügung stellte sowie für den darüber hinausgehenden fachlichen Austausch.

68 Ebd., 6.3.1833, S. 194–195.

69 Wittwer 2007, S. 74.

70 SPSG, KPM-Archiv (Land Berlin), Pret 2, 353, 1.2.1829, S. 159.

Teller aus dem Service des Großherzogs Georg
von Mecklenburg-Strelitz (1779–1860), 1835

Schale sich heute nicht mehr nachweisen lässt, kann man immerhin aus der Beschreibung schlussfolgern, wie üppig sie dekoriert gewesen sein muss. Sie wird beschrieben als eine »Große Schale glatt Kronprinzliche Sorte [...] mit coul. Figuren die 4 Jahreszeiten vorstellend«[71] mit allegorischer Blumengirlande und einem tiefblauen Lapislazulifond.

Von der Vasen, die das Paar entgegennahm, ragt eine durch ihre Pracht und Seltenheit heraus: die sogenannte Persische Vase, an deren Entwurf Karl Friedrich Schinkel (1781–1841) maßgeblich beteiligt war (Abb. S. 89).[72] Auf ihr prangt die nach der Strelitzer Prinzessin Sophie Charlotte benannten Blume, die exotische Strelitzie. 1818 hatte Charlotte als Gemahlin des englischen Königs Georg III. der Familie in ihrer Heimat eine solche Staude überreicht. Sie wurde zunächst in Hohenzieritz, später in der fürstlichen Orangerie von Neustrelitz gehütet, wo sie 1822 zum ersten Mal in Deutschland zur Blüte gelangte.[73]

Definitiv hat der Strelitzer Hof nicht nur eine einzelne Persische Vase erhalten, denn auf einem Foto von etwa 1910 kann man zwei anscheinend gleiche Exemplare im Speisesaal des Residenzschlosses erkennen.[74] Im Kontobuch des Königs ist jedoch nur ein solches Prunkstück eingetragen. Liegt es daran, dass von den infrage kommenden Kontobüchern nur noch eines erhalten ist, nämlich das, welches die Zeitspanne von 1818 bis 1850 umfasst? Dann wäre die zweite Vase frühestens 20 Jahre nach der ersten gefertigt worden. Oder war die zweite Vase vielleicht gar kein Geschenk des Königs und wurde deshalb nicht im Kontobuch verzeichnet? Jedenfalls sind beide Vasen später in das Neustrelitzer Landesmuseum integriert worden, denn auch auf einem Foto um 1925 sind sie zu sehen, man in der oberen Vorhalle des Erweiterungsbaus.[75]

Ebenso sind zwei Vasen der Münchner Form auf Museumsfotos von 1921 und um 1932 zu identifizieren.[76] Insgesamt wurden aber laut Kontobuch vier Exemplare dieser Sorte nach Mecklenburg-Strelitz gesendet. Drei davon bildeten einen zusammengehörigen Dreiersatz, der wie üblich mit der größten Vase in der Mitte aufgestellt werden sollte, gerahmt von den beiden kleineren. Allerdings bekam nicht eine Person diesen Satz, sondern er wurde auf drei Familienmitglieder aufgeteilt: die mittlere für das großherzogliche Oberhaupt, die beiden kleineren für die Töchter (vgl. S. 82).

Im Jahr 1999 wurden für den Bestand des Schweriner Museums zwei Teller aus einem Service erworben, welches in der Literatur immer wieder als ein Geschenk Friedrich Wilhelms III. von Preußen an Großherzog Georg von Mecklenburg-Strelitz bezeichnet wird.[77] Obwohl in der Bemalung von wahrhaft königlicher Qualität, vermag das vie zitierte Kontobuch diesen Nachweis nicht zu erbringen. Egal wer das Service in Auftrag gegeben hat, mit seiner wirkungsvollen Fahnenbordüre aus farbigen Strelitzien auf

71 Ebd., 1.8.1836, S. 140. Siehe auch Ausst.-Kat. Berlin 1987, S. 115 f. mit Abb.; Pacnomova-Göres 2003, S. 39 mit Abb.

72 SPSG, KPM-Archiv (Land Berlin), Nr. 2 3 2.7.1831, S. 130.

73 https://www.neustrelitz.de/erleben-stadt-portrait/stadt-der-strelitzie (15.3.20019)

74 Foto um 1910 von Carl Wolff, Hoffotograf Neustrelitz, abgebildet bei Foelsch 2016, S. 308, Abb. 308.

75 Foto um 1925 Stadtarchiv Neustrelitz S 919 E, abgebildet ebd. S. 415 Abb. 420.

76 1921 im Kopiersaal des Landesmuseums Neustrelitz, Foto von Rudolf Knötel Stadtarchiv Neustrelitz S 913 abgebildet bei Foelsch 2016, S. 224 Abb. 207; sowie um 1933 im Wappensaal, Foto von Herbert Jung, abgebildet ebd. S. 456, Abb. 471

77 SSGK, Inv.-Nr. KG 8815, 8816.

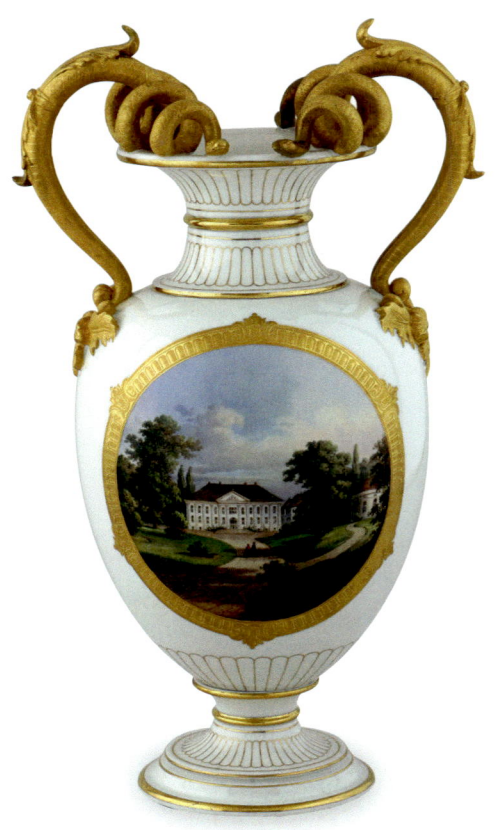

Urbinovase mit der Darstellung des Schlosses Hohenzieritz, 1847–49

blauem Lapislazuligrund konnte es einer fürstlichen Hofhaltung zur Ehre gereichen. Standesgemäß wird die Mitte der Teller durch das gekrönte Wappen des Großherzogtums mit den beiden Schildhaltern Stier und Greif geziert. Darunter trägt ein blaues Band die Devise »Thue Recht und scheue niemand.« Umgeben wird das runde Wappen von der Ordenskette mit dem Kleinod des Ordens vom Schwarzen Adler, dem höchsten preußischen Orden. Luise selbst hatte sich 1795 bei ihrem Gemahl dafür eingesetzt, dass ihr Bruder in den Orden aufgenommen wird. Seit dem 10. März 1795 konnte sich der damals erst fünfzehnjährige Georg nun mit den Insignien schmücken.[78]

Leider ist das Service heute in alle Winde zerstreut. Immer wieder tauchen Exemplare daraus im Kunsthandel auf; andere befinden sich in Museen oder im Privatbesitz.

Neben den im Kontobuch erwähnten Geschenken findet man in der sogenannten Bublitz-Kartei der KPM[79] zusätzliche Hinweise auf Geschenke aus der Zeit vor 1818. Schon 1798 wird eine Tasse mit dem von Johann Hubert Anton Forst gemalten Prospekt in den Konferenzprotokollen erwähnt.[80] Außerdem ließ Königin Luise 1801 »Cafétassen No. 5« mit »Rosenguirlande in Gold sablée Fond«[81] für ihren Vater Karl II. (reg. 1794–1816) bestellen und aus ihrer Schatulle begleichen. Ansonsten erfährt man dort nur noch, dass Herzog Karl zwei »Compottieren en coeur [...] nach französischem Modell von Riese«[82] in Auftrag gegeben hat.

Von der Fürstenabfindung in den Museumsbestand

Von den meisten der hier betrachteten Porzellane aus herzoglichem Besitz von Mecklenburg-Strelitz verliert sich nach dem denkwürdigen Jahr 1918 die Spur. Möchte man in Erfahrung bringen, welchen Weg sie genommen haben und ob sie eventuell in den Schweriner Sammlungsbestand gekommen sind, lohnt sich ein Blick auf den weiteren Verlauf der Geschichte.

Ähnlich wie im Herzogtum Mecklenburg-Schwerin wurde im Zuge der Fürstenabfindung ein Auseinandersetzungsvertrag zwischen der fürstlichen Familie und dem Freistaat Mecklenburg-Strelitz geschlossen, der die Besitzverhältnisse regelte. Die Familie bekam einige der kleineren Schlösser als Wohnsitz zugesprochen, der Staat die großen Residenzschlösser. Außerdem erhielten die herrschaftlichen Nachkommen diversen Kunstbesitz und konnten sich aus dem Neustrelitzer Schloss Inventar entnehmen.

78 Siehe Fried 2015, S. 325.

79 Findmittel im KPM-Archiv.

80 SPSG, KPM-Archiv (Land Berlin), Bublitz-Kartei ID 4984, dort Hinweis auf das Konferenzprotokoll vom 2.11.1798 in Akte II 2 II.

81 Ebd., ID 5048, dort Hinweis auf »Schatulle der Königin Luise Beleg vom 30. Juli 1801; Hausarchiv Rep XLIX N Für den Herzog von Mecklenburg-Strelitz«.

82 Ebd., ID 3379, dort Hinweis: »Akte II 2 I Konferenzprotokolle fol. 95 fol 98, 102« [= Aktensignatur 28].

Insbesondere war es ihnen gestattet, sich »diejenigen Sachen und Bilder für sich auszuwählen, die als Geschenke naher Verwandter oder aus Erbschaften solcher herrührend
oder aus anderen Gründen für sie besonderen persönlichen Wert haben«.[83] So kann
man davon ausgehen, dass der Großteil des Porzellanbestands den großherzoglichen
Erbinnen zugesprochen worden ist. Dem Staat verblieben nach der Fürstenabfindung
nur wenige Stücke davon, darunter allerdings auch große Vasen, einige Service und
Tafelaufsätze und unzählige Ansichtentassen.[84]

1921 wurde in Residenzschloss Neustrelitz ein Landesmuseum eingerichtet, dessen Bestände sich aus dem fürstlichen Nachlass der vom Freistaat übernommenen lan-
desherrlichen Schlösser und Residenzen speiste.[85] Dass dabei wertvolle Porzellangeschenke der preußischen Könige den Weg in das Landesmuseum fanden, dokumentieren
die Fotos, die in den 1920er- und 1930er-Jahren hier entstanden.[86]

Im Jahr 1933 wurden die beiden mecklenburgischen Länder zu einem vereint und die Schlösser in
Neustrelitz der Verwaltung des Schweriner Landesmuseums unterstellt. Kaum war dies geschehen, no-
tierte der neue, von Schwerin gesandte Direktor
Heinrich Reifferscheid: »Kunstgewerblich exorbitan-
te Stücke [...] sind schon aus Sicherheitsgründen dem
zentralen Staatsmuseum [in Schwerin] zuzuführen.«[87]
Und so wechselte 1934 so manches Stück aus dem
dortigen Museumsinventar nach Schwerin.

Zum Ende des Kriegs, im April 1945, brannte das
Neustrelitzer Schloss ab, wobei ein Großteil der
Kunstgegenstände und des historischen Inventars
vernichtet wurde. Die Porzellansammlung und die
Vasen lagerten zu dieser Zeit in einem Raum rechts
unter dem Mittelbau des Corps de Logis. Zwar war
der Keller nicht unmittelbar vom Brand betroffen,
doch fiel er dann Plünderungen anheim. Nur Weni-
ges konnte geborgen und dann zum Teil in die Sammlungen des Schweriner Landesmuseums überführt
werden. Sowohl diese Kunstwerke als auch die bereits vor Kriegsbeginn überwiesenen wurden überwiegend anonym in die Sammlungsbestände des
Landesmuseums, des späteren Staatlichen Museums
Schwerin, integriert. Bis heute konnten keine Akten
ermittelt werden, aus denen hervorgeht, welche Stücke dies betrifft.[88]

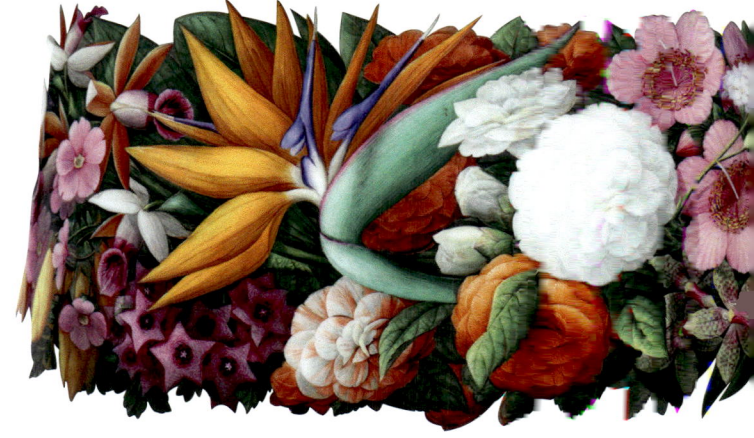

Strelitzia reginae. Detail
der Persischen Vase

83 LHAS, Rep. 4.12.-2/1 Mecklenburg-Strelitzer Staatsministerium, Nr. 160
(Denkschrift II betreffs die Auseinandersetzung über das Nachlassvermögen
des verewigten Großherzogs Adolf Friedrich VI. von Mecklenburg-Strelitz, vom
27.11.1918, S. 16 f.), hier zitiert nach Foelsch 2016, S. 327. Außerdem kann
es auch schon ab 1919 zu einigen Verkäufen aus dem Residenzschloss.

84 Nach Foelsch 2016, S. 413. Dort wird als Quelle das Inventar des Landesmuseums aus den 1930er-Jahren genannt.

85 Also aus Neustrelitz, Mirow, Hohenzieritz, dem Palais Neubrandenburg
und dem Basseswitz'schen Palais in Neustrelitz; siehe ebd., S. 381.

86 Aufnahmen von den Fotografen Rudolf Knöfel und Herbert Jung.

87 LHAS, Rep. 5.12-7/1 Mecklenburg-Schwerinsches Ministerium für Unter-
richt, Kunst [...], Nr. 7000 (Bericht vom 5.2.1934), S. 1–5. Hier zitiert nach
Foelsch 2016, S. 452.

88 Foelsch 2016, S. 466–468.

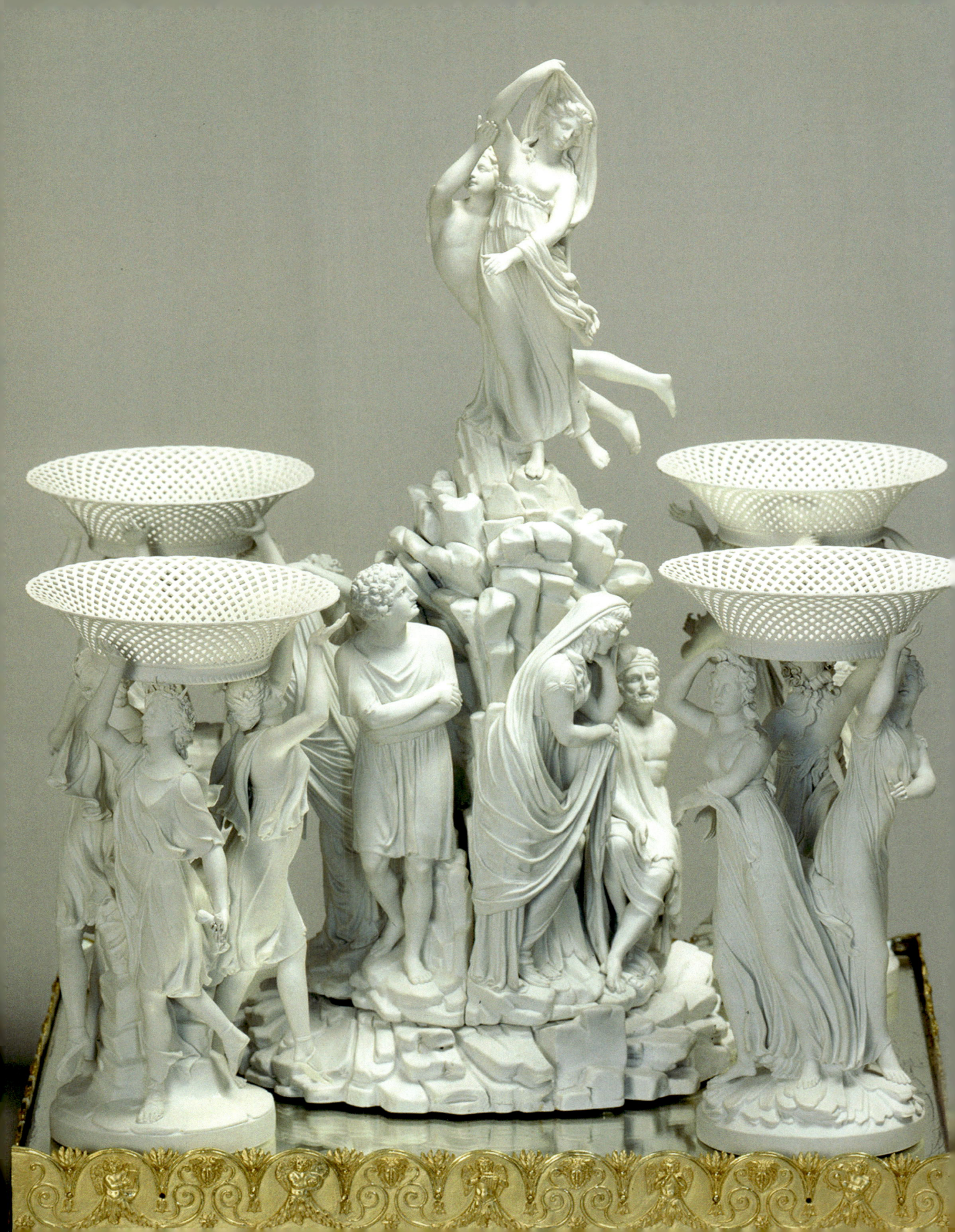

Zu einzelnen Geschenken und Bestellungen

Liebestaumel im Nymphenreigen.
Der Tafelaufsatz für Helena Paulowna

Der Figurentafelaufsatz
Modelle von Carl Friedrich Riese, 1793–1801
Bronzearbeiten G. W. Schultze, Farbfassung Johann Hubert Anton Forst
Ausführung größtenteils 1801
Biskuitporzellan, Bronze, Spiegelglas, Holz, Ölbemalung
176,5 × 57 cm, H: 75,5 cm, Inv.-Nrn. KG 2344–2369

Die Tafelaufsatzplatten
Porzellanfliesen von Carl Friedrich Riese, 1801
Glasierte und bemalte Porzellanfliesen, Bronze, Holz, Pappmasse
Jeweils ca. 50 × 50 cm, Inv.-Nrn. Z 10–12

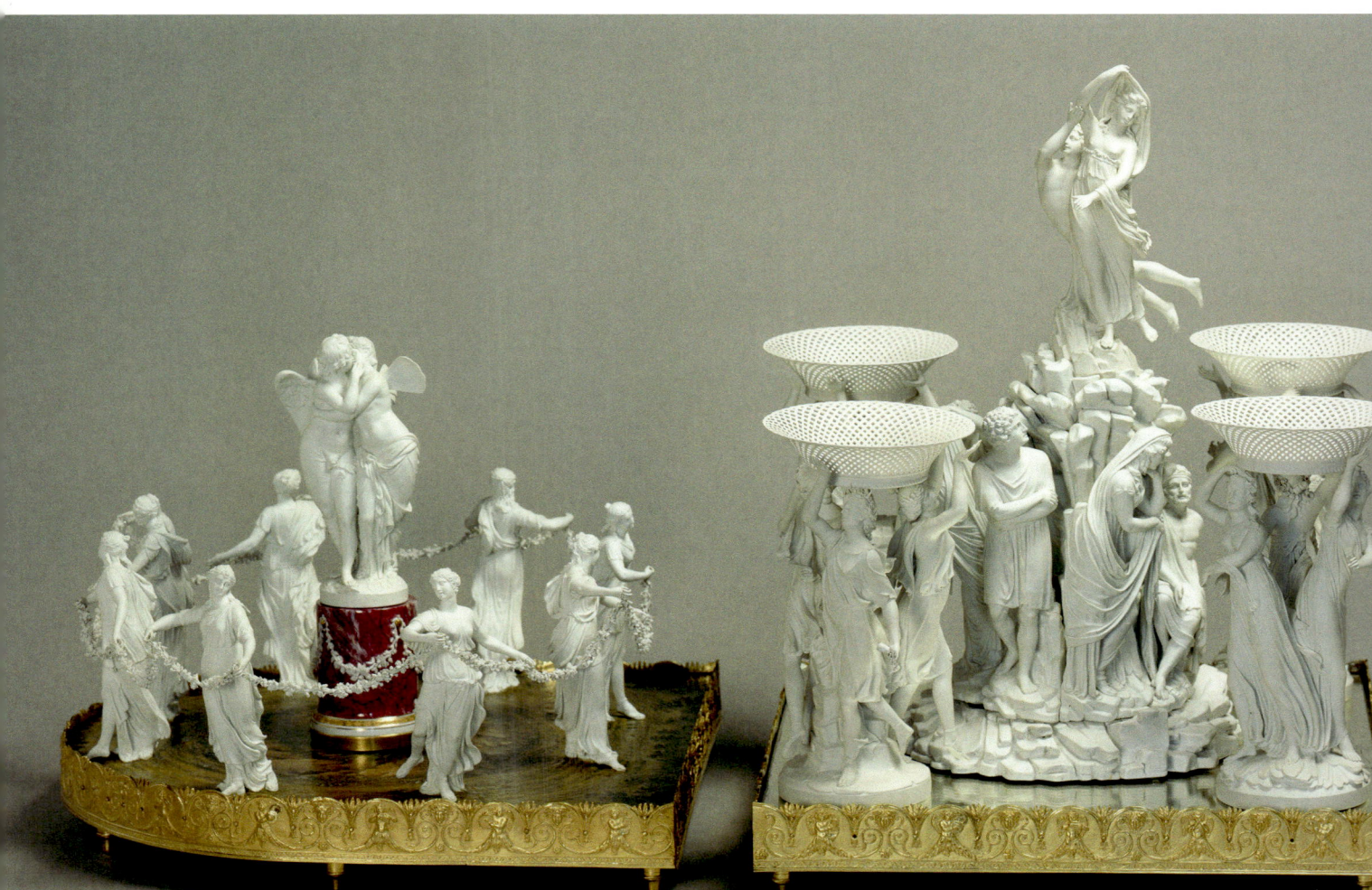

Als die russische Zarentochter Helena Paulowna 1799 den mecklenburgischen Erbprinzen Friedrich Ludwig heiratete, erhielt sie vom preußischen Königspaar einen imposanten Tafelaufsatz geschenkt. Nur wenigen Prinzessinnen war es vergönnt, einen derart umfangreichen und prunkvollen Tafelaufsatz unter ihren Hochzeitsgeschenken zu erblicken. Das Arrangement, das sich damals ihrem Auge darbot, überstrahlte alles – es war an Kunstfertigkeit und Umfang einzigartig.

Bis vor Kurzem war jedoch nur ein Teil des Geschenks überhaupt bekannt, nämlich drei zusammengehörige Platten mit über 40 Biskuitfiguren darauf. Diese offerieren ein anspruchsvolles, von der Antike inspiriertes Figurenprogramm, welches die Liebesgeschichte Amors mit der Königstochter Psyche nach der Erzählung des Dichters Apuleius schildert. Das Herzstück der Komposition markiert den dramatischen Höhepunkt der Geschichte: Es bildet die Entführungsszene genau in dem Moment ab, in dem sich der Windgott Zephyr mit Psyche von einem Berggipfel in die Lüfte erhebt. Ihnen zu Füßen betrauern Verwandte und Freunde den Raub, derweil um sie herum korbtragende Gruppen von Horen und Grazien die Szenerie bevölkern.

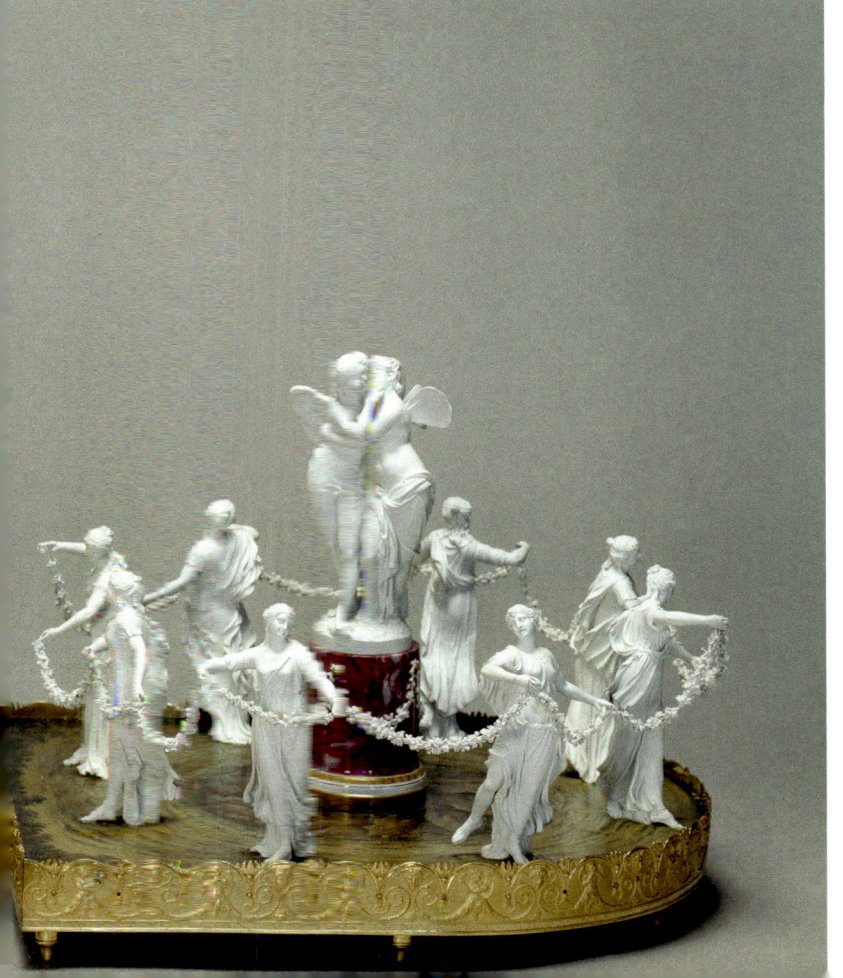

Der Figuren-Tafelaufsatz
für Helena Paulowna

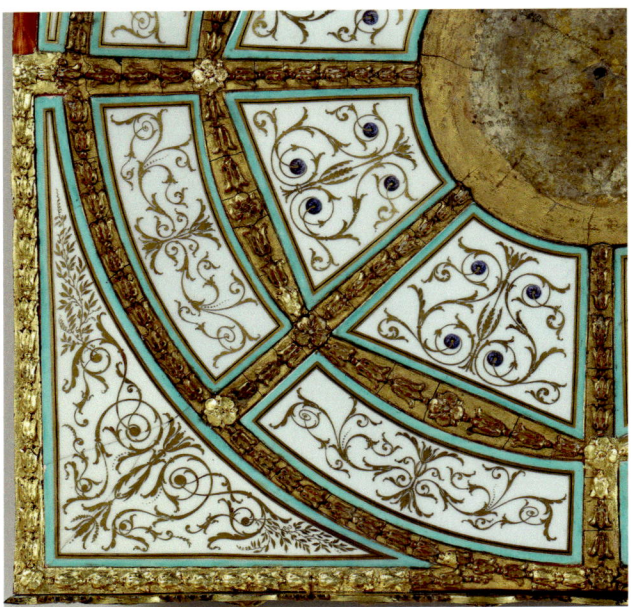
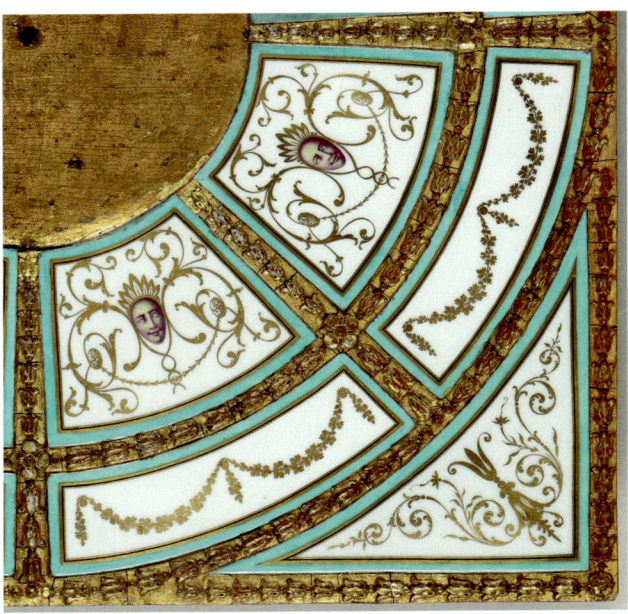

Tafelaufsatzplatten zum Aufstellen
von Figuren und Vasen

1 Einzig für das Amor-Psyche-Modell ist die Urheberschaft Rieses nicht bewiesen. Sein Vorbild ist die 1749 in Rom aufgefundene antike Gruppe, die sich heute in den dortigen Kapitolinischen Museen befindet; vgl. Heim 2016, S. 525, Kat.-Nr. 142.

2 Tafelaufsatz für die Hochzeit von Prinzessin Auguste (1780–1841), Tochter Friedrich Wilhelms II. von Preußen, die 1797 den späteren Kurfürsten Wilhelm II. von Hessen-Kassel heiratete; siehe ebd., S. 107.

3 Erste Vorstufen von Riese stammen aus dem Jahr 1795; siehe ebd., S. 109, und vgl. S. 537, Kat.-Nr. 145.

4 Auch an der Ausformung des küssenden Amor-Psyche-Paars, deren Verdopplung sowie an den dazugehörigen Seitenplatten wurde erst 1801 gearbeitet. Siehe SPSG, KPM-Archiv (Land Berlin), Bd. 1, 143, S. 48–54 und 58–67.

5 U. a. bei Heim 2016, S. 109–114 und S. 537–539; Antje Marthe Fischer, in: 1000 Jahre Mecklenburg. Katalog zur Landesausstellung Mecklenburg-Vorpommern, Rostock 1995, S. 344, Kat.-Nr. 6.39; Möller 2016, S. 202.

Während dieses mittlere Plateau von einem Spiegel bedeckt wird, zeigen die Oberflächen der abgerundeten Seitenplatten eine Bemalung mit Ölfarben. Thematisch ist auf diesen beiden identischen Nebentafeln die Welt noch – oder schon wieder – in Ordnung: Das Liebespaar ist innig im Kuss umschlungen und wird von Blumengirlanden tragenden Nymphen lieblich umtanzt.

Die Modelle der Figuren entwarf Modellmeister Carl Friedrich Riese (1759–1834)[1] zu unterschiedlichen Zeiten. Einige tauchten bereits in früheren Ausformungen in anderen Tafelaufsätzen auf. Das küssende Paar der Seitengruppe beispielsweise gehörte vordem zu einem Aufsatz, den die Manufaktur den Brautleuten Friedrich Wilhelm (III.) und Luise von Mecklenburg-Strelitz 1793 als Hochzeitsgeschenk überreichte. Deshalb erschienen auch die dazugehörigen »Tanzenden Nymphen« in eben diesem Jahr im Modellbuch. Desgleichen sind die »Korbtragenden Grazien« bereits 1796 für einen anderen Aufsatz ausgeformt worden.[2] Die Mittelgruppe dagegen ist eine Neuschöpfung von 1798[3] und sollte im Jahr 1800 für große Beachtung in der Berliner Akademieausstellung sorgen. Als Letztes, nämlich erst im Juli 1801, entstanden die »Korbtragenden Horen« und weitere Bestandteile des Hochzeitsgeschenks, von denen gleich die Rede sein wird. An diesen Dekorationen wurde also noch gearbeitet, als die Hochzeit längst gefeiert war.[4]

Das Figurenensemble ist in dieser Form gut bekannt und wird in der Literatur immer wieder beschrieben.[5] Seit seiner umfassenden Restaurierung im Jahr 1995, bei der an den Figuren Unmengen von millimetergroßen Fingern und Biskuitrosenblättern ergänzt werden mussten, sind die drei Platten der Öffentlichkeit zugänglich und konnten zuletzt im Schloss Ludwigslust, ihrem originären Herkunftsort, bewundert werden.[6]

Eine große Überraschung gab es jedoch, als drei weitere auf dem Dachboden des Schlosses Ludwigslust aufgefundene Platten zweifelsfrei dem Tafelaufsatz und damit der Hand Rietz' zugeordnet werden konnten. Als diese 2014 aus dem restituierten Besitz von Donata Herzogin zu Mecklenburg-von Solodkoff in den Museumsbesitz übergingen, war der Zusammenhang der sehr qualitätvollen Stücke völlig unklar. Erst unlängst konnte archivalisch nachgewiesen werden, dass auch sie Bestandteile des Tafelaufsatzes für Helena Paulowna darstellen. Sie sind mit verschieden großen, fein bemalten Porzellanfliesen belegt und mit genau demselben feuervergoldeten Bronzefries eingefasst, wie ihn die drei oben beschriebenen Plateaus aufweisen. In ihrer Mitte sind Flächen ausgespart, sowohl rund als auch eckig. Das deutet darauf hin, dass Vasen oder Figuren auf ihnen präsentiert wurden. Und tatsächlich ließen sich im Archiv der Manufaktur die Nachweise dafür finden.

Folgendes konnte aus den Akten herausgelesen werden. Die aufgefundenen Platten gehören zu drei anderen Fliesenplateaus von 1801, die zusätzlich zum Figurenaufsatz gefertigt wurden. Auf ihnen standen Vasen und ebenfalls Biskuitfiguren, nämlich zwei Vasen »Podowische Sorte« zwei weitere mit »Greque Henkel«, wohl eine Gruppe korbtragender Grazien und eine Gruppe korbtragender Horen.[7] Es waren also insgesamt neun Plateaus, aus denen die Hochzeitsgabe bestand, nicht nur die bisher bekannten drei. Doch dem nicht genug, es reihten sich außerdem 28 bemalte Blumengefäße in zwei verschiedenen Größen ein, die neben den Plateaus zur Aufstellung kamen. Die darunter befindlichen »beiden großen bemalten Haupt Vasen«[8] weisen, dem von der KPM berechneten Preis nach zu urteilen, mit enormen künstlerischen Auf-

6 Die Restaurierung übernahm dankenswerterweise Uta Scholz, Porzellanrestauratorin, SPSG.

7 SPSG, KPM-Archiv (Land Berlin), Bd. 1, 143, S. 50 sowie S. 48 und S. 65.

8 Ebd., S. 63.

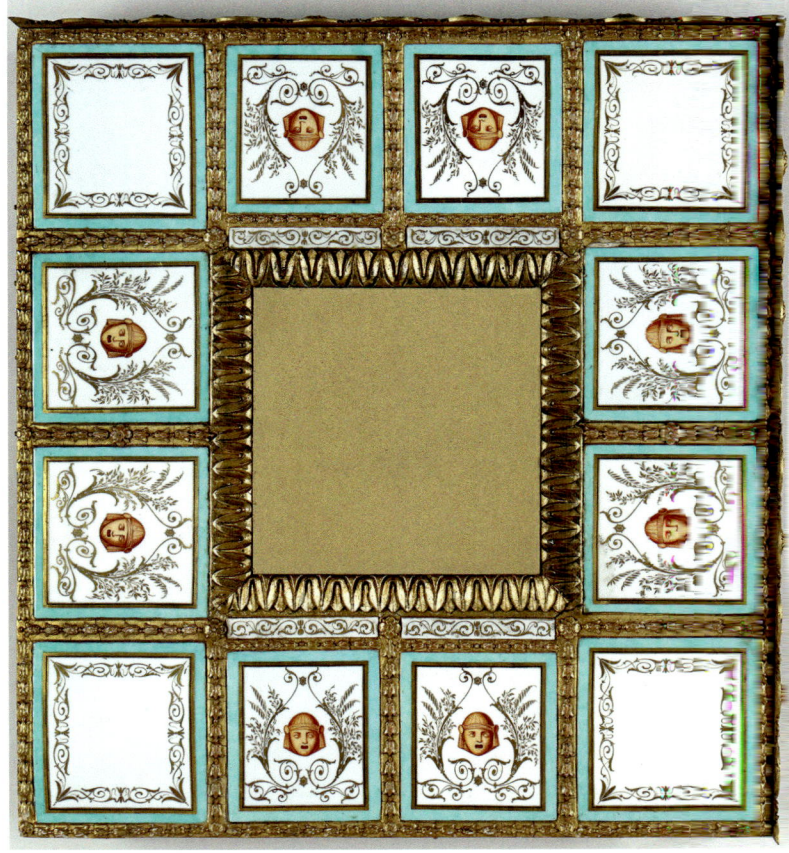

9 Die Seidenblumen kosteten 281 Taler, die Mittelgruppe 240; ebd., S. 58 und S. 64.

10 Ein weiterer fünfteiliger Tafelaufsatz aus dem herzoglichen Besitz, der 1899 aus Schloss Ludwigslust in das Schweriner Landesmuseum übergeben wurde und sich bis 1945 in der Sammlung befand, stammt aus der gleichen Zeit um 1800. Er scheint ebenfalls der Vermählung Helena Paulownas mit Friedrich Ludwig zuzuordnen zu sein. Es ist weder bekannt, was auf ihm aufgestellt wurde, noch, wie er in den herzoglichen Besitz gelangte. In der Verlustkartei des Museums wird er folgendermaßen beschrieben: »Die Platte besteht aus 3 rechteckigen und 2 halbkreisförmigen Teilstücken, die zusammengesetzt eine langgezogene, beiderseits halbrund abschließende Schauplatte bilden. Die umfassende Bronzeleiste in blanker und matter Vergoldung enthält in Relief Ranken, die sich von einer Rosette aus nach beiden Seiten hin symmetrisch entwickeln, dazwischen sitzen geflügelte Köpfe«. Inv.-Nr. WK 2386, Verlust 1945 bei der Räumung des Schweriner Schlosses; siehe Dokumentation der kriegsbedingt vermissten Kunstwerke des Mecklenburgischen Landesmuseums, Bd. IV: Kunsthandwerk (außer Keramik) ..., bearbeitet von Karin Annette Möller und Torsten Fried, Staatliches Museum Schwerin, Schwerin 2005, S. 71, Kat.-Nr. 236.

11 SPSG, KPM-Archiv (Land Berlin), Bd. 1, 143, S. 52, Nota vom 6.9.1801. J. H. A. Forst war von 1771–1815 in der KPM tätig, ab 1794 als Malereivorsteher.

12 Über G. W. oder G. M. Schultze ist bislang wenig bekannt. Laut Manufakturakten stellte er die Einfassungen aus »Feuer vergoldeter Englischer Matt Bronce, mit Arabesque Figuren« her. Die Kunstblumenarrangements fertigte die Blumenfabrikantin Caroline Goetze, der Kürschner Brederecke lieferte das zugehörige Leder sowie Schaffelle (zum Verpacken?), den Transport übernahm Fuhrmann Meyer und das Aufstellen des Tafelaufsatzes vor Ort in Ludwigslust der Manufacturverpacker Neumann aus dem Hauptwarenlager; ebd., S. 53–68.

wand gestaltet worden sein, kosteten sie jeweils doch fast so viel wie die vielfigurige Mittelgruppe. Wie bei solchen Tafelaufsätzen üblich, gehörten auch Kunstblumen zum Arrangement. Die Blumenfabrikantin Caroline Goetze lieferte seidige Bouquets für die zahlreichen Vasen, aber auch »[z]ur Garnierung des Amors« und »[z]u den vier Jahreszeiten«[9] an die Manufaktur. Die Kosten dafür waren immens, sie überstiegen wiederum die der Mittelgruppe. 48 bemalte Teller, deren Aussehen heute nicht mehr bekannt ist, bildeten den Abschluss des Ensembles.

Durch die jetzigen Forschungen konnte erstmals der viel größere Umfang des königlichen Geschenks nachgewiesen werden.[10] Gänzlich unbekannt war bis dato auch, auf wen die Bemalung der beiden Seitenplatten zurückgeht. Der erdfarbene Grund, auf dem die Grazien tanzen, ist »en Terrasse in bunten Oehl-Farben gemalt. und lackirt«[11] vom Malereivorsteher Johann Hubert Anton Forst. Neu ist ebenfalls, dass die fein gearbeiteten, feuervergoldeten Bronzeeinfassungen nicht, wie zunächst vermutet, Werner & Mieth zuzuschreiben sind, sondern dem Bronzeur und Vergolder G. W. Schultze.[12]

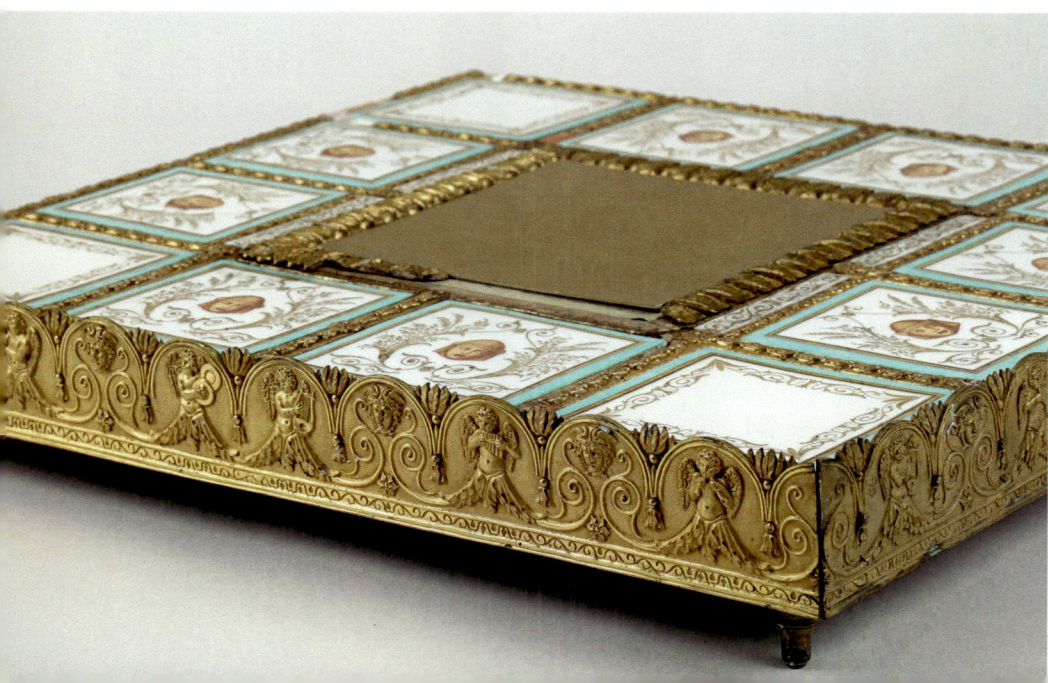

Zustand während der Restaurierung

Grüße aus der Heimat.
Das Hochzeitservice für die Prinzessin Alexandrine von Preußen

Hochzeitservice für Prinzessin Alexandrine von Preußen
1822
Vedutenmalerei nach August Wilhelm Ferdinand Schirmer, 1822
Militärdarstellungen nach Friedrich Lieder und Franz Krüger, 1821
Blumenmalerei von Gottfried Wilhelm Völcker
Leuchter wohl nach einem Entwurf von Karl Friedrich Schinkel (Porzellan, vergoldete Bronze, H: 127 cm)
Inv.-Nr. KG 739–792, 855, 860, 862, 866–870, 881, 883, 887–888, 8896, Z 24–25

Der 25. Mai 1822 war für Mecklenburg ein denkwürdiger Tag. Nach preußischem Hof-zeremoniell wurde im Königlichen Schloss zu Berlin die Hochzeit der Königstochter Alexandrine von Preußen mit dem mecklenburgischen Thronfolger Paul Friedrich gefei-ert. Ein Fest, das selbst Heinrich Heines Aufmerksamkeit erregte: »Ich habe nie so viel prächtige Equipagen beisammen gesehen. Die Bedienten hatten ihre besten Livreen an [...]«,[13] resümierte er als einer der Zaungäste.

Anlässlich dieser Eheschließung wollte König Friedrich Wilhelm III. seine Tochter standesgemäß ausstatten und versah sie mit einer reichen Mitgift. Die Gegenstände, die einer Prinzessin als Aussteuer mitgegeben wurden, führen von jeher die genealogische Verbundenheit und die finanzielle Potenz der Herkunftsfamilie vor Augen[14] – so auch das 15 Seiten umfassende »Verzeichniß sämtlicher Trousseau-Gegenstände Ihrer Kö-nigl. Hoheit der Prinzeßin Alexandrine von Preußen«.[15] Sicherlich nicht vergleichbar mit der ausnehmend großen Mitgift der russischen Zarentochter Helena Paulowna, der Mutter ihres Bräutigams, war doch auch Alexandrines Heiratsgut beachtlich und enthielt neben einem vergoldeten und einem silbernen Toiletteservice, neben Brillantschmuck, Wäsche usw. auch einen von Karl Friedrich Schinkel entworfenen Prunktisch.[16]

Porzellane sind in dem Verzeichnis nicht zu finden. Das imposante Hochzeitsser-vice, von dem hier die Rede ist, war vielmehr ein direktes Geschenk des Königs an seine Tochter, die künftige Großherzogin von Mecklenburg-Schwerin. Anders als Mitgift oder Morgengabe waren Hochzeitsgeschenke an keine rechtlichen Verpflichtungen gebun-den und gehörten der oder dem Beschenkten. So zählte es seit dem späten 18. Jahrhun-dert zur Tradition der Königsfamilie, dass die preußischen Prinzessinnen zu ihrer Ver-mählung ein Porzellanservice erhielten, während die Prinzen für ihre künftige Hofhaltung mit einem aus Silber ausgestattet wurden.

13 »Mancher von ihnen trug mehr Gold und Silber am Leibe als das ganze Hauspersonal des Bürger-meisters von Mondamenka.« Heinrich Heine: Reise von München 1969 (Erstveröf-fentlichung 1828), Kapitel 125, Dritter Brief Berlin, den 7.6.1822.

14 Völkel 20[...]

15 Das Verzeichnis befin-det sich im GStA PK, Berlin (Dahlem) I HA Rep. 100 Nr. 1876 fol 222 v – 245 r. Ich danke Peter Moeske, Berlin, und Mathias Schott, Schwerin, für die Hinweise diesbezüglich.

16 Weiteres hierzu bei Möller 2016, S. 204 f.

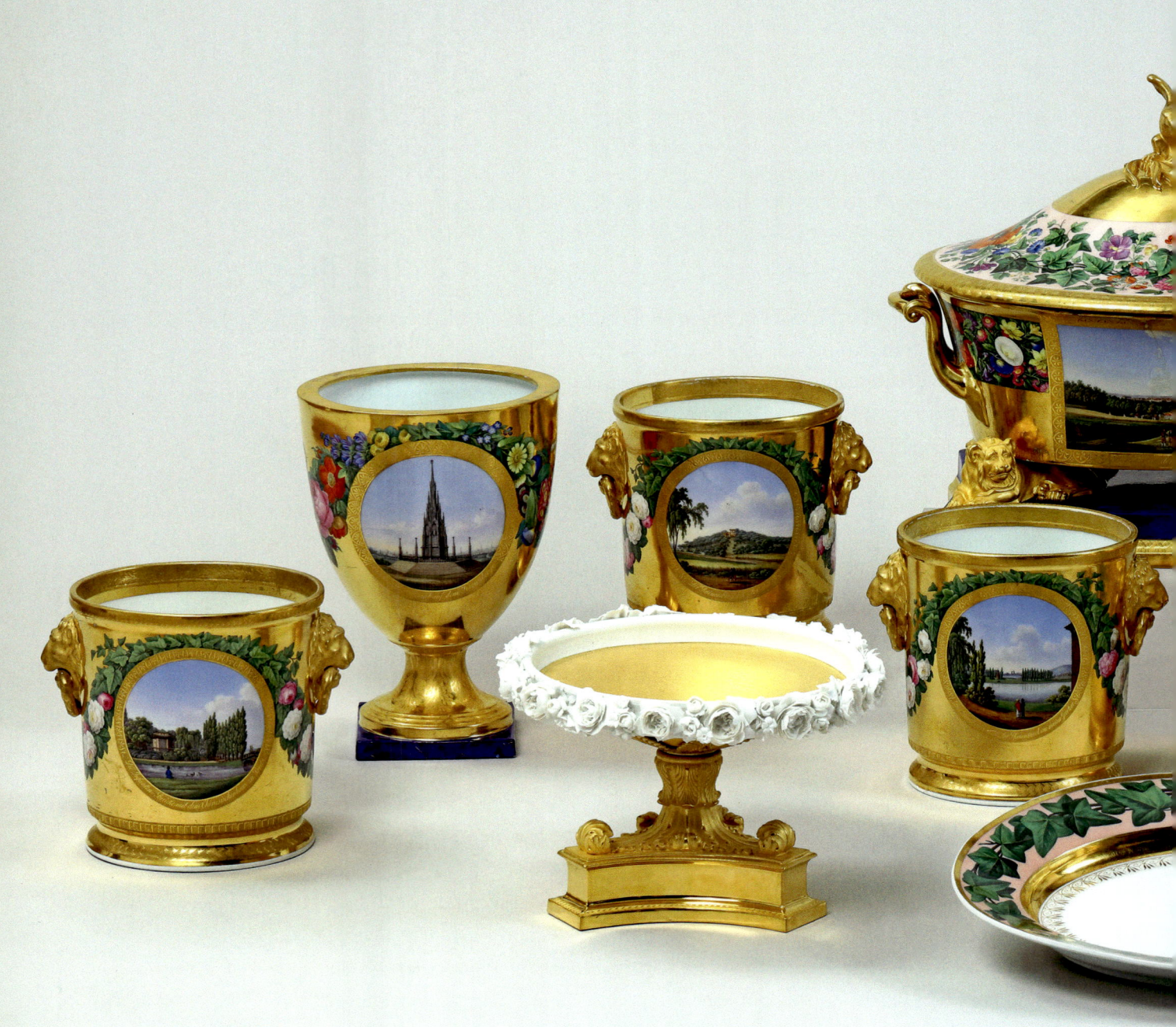

Hochzeitsservice für die Prinzessin Alexandrine von Preußen, 1822

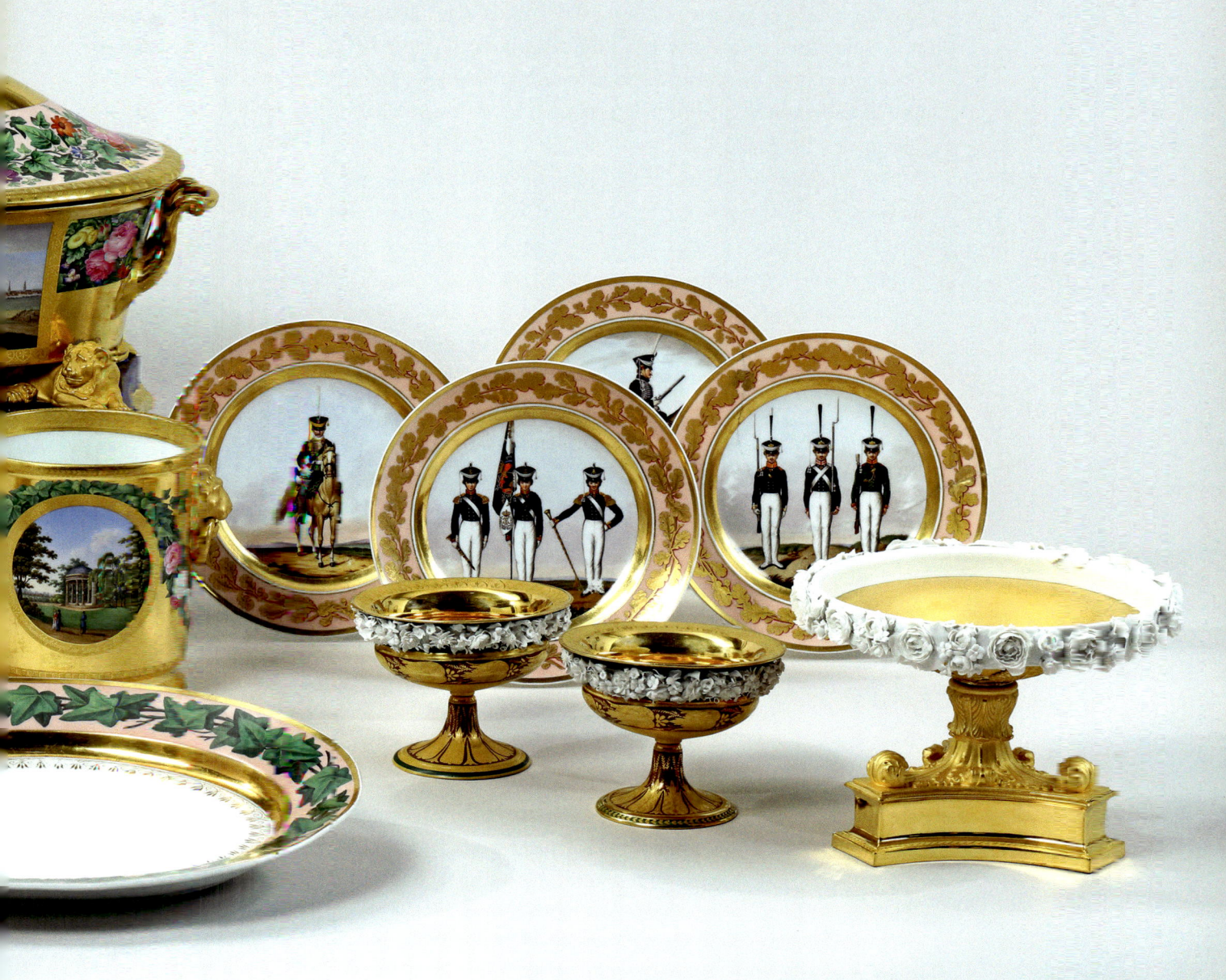

Das Hochzeitsservice für Alexandrine – sie war das siebte von zehn Kindern[17] Friedrich Wilhelms III. und Luises – war somit eine unmittelbare Zueignung des Königs. Im Kontobuch der KPM, das die königlichen Bestellungen und Geschenke vermerkt, ist es am 31. Dezember 1822 »Für Ihre Königl: Hoheit der Frau Erb: Groß Herzogin von Mecklenburg Schwerin«[18] eingetragen. Eine wahrhaft große Gabe sollte es werden, ein »Tafel und Deßert Service zu 50. Couverts«. Es war so umfangreich, dass 50 Personen in mehreren Gängen davon speisen konnten, ohne dass zwischendurch das Geschirr gespült werden musste. 150 Speiseteller, 50 Suppenteller, 20 Schüsseln, 50 Geleebecher, Saladieren, Bratenschalen und alle in der damaligen Zeit üblichen Geschirrteile gehörten dazu. Darüber hinaus krönten 50 besonders gestaltete Dessertteller sowie Plateaus mit Tafelaufsätzen in Form von kunstvollen Vasen oder Schalen, Blumenväschen auf Postamenten und bronzene Kandelaber die prachtvolle Tafel. Auch zwei außergewöhnliche Standleuchter aus Porzellan standen bereit und zogen durch ihre Größe und Gestaltung den Blick auf sich.

Der Preis für dieses prächtige Ensemble wurde von der KPM mit über 8.000 Talern veranschlagt, eine Summe, die auf jeden Fall im Rahmen vergleichbarer Porzellangeschenke des Königs anlässlich von Hochzeiten innerhalb der Verwandtschaft lag. Sie spiegelt die Bedeutung der Eheschließung und den Status des Bräutigams, eines zukünftigen Großherzogs, wider. Auch Alexandrines Schwestern hatten bei ihrer Vermählung solche Aussteuerservice vom Vater erhalten. Charlotte, die ältere, die 1817 den russischen Großfürsten und späteren Zaren Nikolaus von Russland heiratete, hatte eindeutig die hochrangigere Partie unter den Königstöchtern gemacht und empfing deshalb auch das kostspieligste Service. Es umfasste zwar weniger Stücke als die jeweils über 500 Teile umfassenden Service für Alexandrine und die jüngste Schwester Luise,[19] kostete dafür aber doppelt bis dreimal so viel.[20]

Seit dem 17. Jahrhundert hatten sich an den Höfen Brautschatzschauen etabliert, in denen all die Geschenke und Mitgiftsachen kurz vor Abreise der Braut in ihr neues Zuhause noch in der Residenz der Eltern öffentlich ausgestellt wurden.[21] Die staunenden Besucher sahen den Prunk, den Reichtum und damit die Macht eines Herrscherhauses, seinen erlesenen Geschmack sowie die Kunstfertigkeit in der Ausstattung der Töchter. Eine derartige Schau scheint es für Alexandrine nicht gegeben zu haben, und wenn, dann hat sie ohne das kostbare Hochzeitsservice stattgefunden. Denn das Geschirr wurde erst weit nach der Hochzeit fertiggestellt und seine Lieferung war gar erst für Ende Januar avisiert. So schrieb der Direktor der KPM, Friedrich Philipp Rosenstiel, am 23. Januar 1823 an den Erbgroßherzog von Mecklenburg-Schwerin: »Des Königs Majestät, mein allergnädigster

17 Unter den zehn Kindern Friedrich Wilhelms III. und Luises waren sechs Jungen. Von den vier Mädchen starb eines bereits bei der Geburt.

18 SPSG, KPM-Archiv (Land Berlin), Pret 2, 353, 31.12.1822, auch im Folgenden.

19 Luise heiratete 1825 Prinz Friedrich der Niederlande.

20 Das Service für Charlotte war nur auf 30 Gedecke berechnet, umfasste 274 Einzelstücke und kostete 22.000 Taler. Das Service für Luise schlug mit 11.000, das für Alexandrine mit 8.316,25 Talern zu Buche; siehe auch Samuel Wittwer, in: Ausst.-Kat. Berlin 2008, S. 67; Meiske 2013.

21 Völkel 2015.

Herr, haben bei Besichtigung der für Euer Königliche Hoheit bestellten Porzellantafel-services, nebst Aufsatz, zu befehlen geruhet, daß dasselbe Eurer Königl = Hoheit bal-digst nach Schwerin übersandt werde.«[22]

Dieser Brief belegt das Datum der Lieferung, gibt jedoch in einem ganz anderen De-tail Rätsel auf. Das Service wird in allen bekannten Quellen als Geschenk für die Erb-großherzogin Alexandrine angegeben, doch hier richtete sich Rosenstiel direkt »[a]n den Herrn Erbgroßherzog Paul Friedrich von Mecklenburg-Schwerin Königl=Hoheit in Schwerin«. Und eine Woche später bedankte sich der Erbgroßherzog für das »eben so geschmack als prachtvolle Porzellan Tafel Service, welches Sr. Majestät der König aller-gnädigst geruhet haben mir zu schenken [...].« Er lobte es in den höchsten Tönen: »So wohl das Einzelne wie das Ganze übertrifft alles was ich Schönes und Großes in dieser Art von Arbeit sah [...].«[23] Um die Verwirrung komplett zu machen, bedankte sich nur zwei Tage später seine Gemahlin Alexandrine über den Hausminister Wittgenstein bei ihrem Vater in Berlin für das Service: »Die Frau Erbgroßherzogin von Schwerin haben Sr: Majestät angezeigt, daß das Service glücklich in Schwerin eingetroffen ist und sehr große Freude gemacht hat.«[24] War das prachtvolle Ensemble doch eine Gabe an das Paar, nicht nur an die Braut von königlicher Abstammung?[25]

Sicher ist, dass die Manufaktur die Auslieferung des Ensem-bles nach Mecklenburg, das Auspacken sowie die Aufstellung aller Teile übernahm,[26] doch wo Letzteres genau geschah, ist nicht bekannt. Der Erbgroßherzog bezog mit seiner jungen Braut eine nach allerneuester Mode eingerichtete Wohnung im Schloss zu Ludwigslust, wo die regierenden Herzöge von Meck-lenburg-Schwerin seit 1763 residierten. Johann Georg Barca (1781–1825), ein an der Berliner Bauakademie ausgebildeter Baumeister, hatte die Räume des Paares gestaltet. Hier, im An-kleidezimmer und im Schlafzimmer der Wohnung, kamen die beiden kostbaren Toilettenservice der Mitgift zur Aufstellung und Nutzung, doch wohin das Porzellanservice gelangte, ist nicht überliefert. 1824 wurde es noch einmal im Inventar des Erbgroßherzoglichen Palais zu Schwerin erwähnt,[27] doch für die folgenden Zeiten ist schwer nachzuvollziehen, wie oft, wo und zu welchen Gelegenheiten von dem Porzellan gespeist, ja ob es überhaupt benutzt wurde. Abriebspuren auf den Desserttellern lassen Raum für widersprüchliche Vermutungen. Sie können auf einen Gebrauch hindeuten, gleichwohl aber einfach durch das Übereinanderstapeln der Teller entstanden sein.

Normalerweise geht Porzellan auch einmal zu Bruch, wenn es benutzt wird. Um ein Service trotzdem weiter für große Feste

22 Die Auslieferung nach Mecklenburg wird vom Direktor Rosenstiel überhaupt erst in einem Brief vom 23.1.1823 angekündigt. SPSG, KPM-Archiv (Land Berlin), XIV. 4, Bd. 2, 144, S. 140.

23 Ebd., S. 141.

24 Brief von Wittgenstein an Rosenstiel, 1.2.1823, ebd., S. 142. Wilhelm Ludwig Georg Graf zu Sayn-Wittgenstein-Hohenstein war seit 1819 Minister des königlichen Hauses.

25 Unter diesem Aspekt könnte noch einmal die Geschichte der Service für Alexandrines Schwestern untersucht werden; vgl. dazu Samuel Wittwer, in: Ausst.-Kat. Berlin 2008, S. 67.

26 Am 5.2.1823 berechnet die Manufaktur »für Reisekosten nach Mecklenburg-Schwerin um den Service für Erb Groß Herzog dort auszupacken und aufzustellen« 55 2/2 Taler. SPSG, KPM-Archiv (Land Berlin), Pret 2, 353. Außerdem erfahren wir aus dem in Anm. 9 erwähnten Brief vom 23.2.1823, dass der KPM-Hauptwarenlagerbeamte Müller beauftragt wird, »dieses Service samt Aufsatz, sorgfältig auszupacken und nach einer zu überweisenden Specification dahin, wo ihm befohlen werden wird, aufzustellen.«

27 1824 sind noch alle Teile des Services erhalten, auch die mitgelieferten Kunstblumen, siehe »Inventarium über die im Erbgroßherzoglichen Palais zu Schwerin befindlichen Mobilien 1824«, LHAS, 2.26-2.1914; siehe Janke 2016, S. 389 f.

nutzen zu können, war es üblich, fehlende Teile in der Manufaktur nachzuordern, was dann an differierenden Porzellanmarken und manchmal auch am Aussehen der Stücke ablesbar ist. Da die Manufakturen, und so auch die KPM, ihre Marken im Lauf der Zeit variierten, ist mit einem Blick unter den Boden eines Stücks schnell festzustellen, ob es sich hierbei um eine spätere Ergänzung oder um ein Originalteil handelt. Doch für das Hochzeitsservice sind bislang keinerlei ergänzte Stücke aufgefallen. Gab es wirklich keine Nachlieferungen? Und was bedeutet dieser Fakt? Wurde das Geschirr so selten benutzt, dass wenig zerbrach? Diente es nur der Repräsentation, oder war eine Nachbestellung schlichtweg zu teuer? Denn, und das sei am Rande bemerkt, beim Nachordern von Alltagsgeschirr zeigte sich der mecklenburgische Hof durchaus preisbewusst. Ein anderes, einfaches Service mit der Fürstenkrone auf der Fahne, das ursprünglich aus der KPM stammte, wurde durch Porzellane aus der in Schlesien gelegenen, günstiger produzierenden Manufaktur Tielsch in Altwasser ergänzt.[28]

Doch zurück zum Anfang: Wie kann die gedeckte Tafel mit dem kostbaren Porzellan Alexandrines nun ausgesehen haben? Lässt man dieses Bild vor seinem inneren Auge entstehen, erblickt man die Teller und Geleebecher auf jedem Platz, sieht die Kandelaber und die Prachtgefäße in der Mitte, alle über und über mit Blumenmalerei und Gold verziert. Repräsentativer geht es kaum: Schwere Terrinen mit Adlerbekrönung beispielsweise stehen auf lapislazuliblauen Untersätzen, die wiederum auf Löwen lagern. Weinflaschen werden in vergoldeten, blumen- und efeuverzierten Gefäßen gekühlt, und die Blumenbuketts wetteifern in ihrer Schönheit mit den Gefäßen, in denen sie stehen. Obst wird auf Schalen dargeboten, die mit feinsten Biskuitblumenkränzen umrandet sind und zwei kunstvolle Hochzeitsvasen verweisen thematisch auf den Anlass für die Entstehung des Services.

Derartige Tafelservice hatten zu dieser Zeit bereits ihre Tradition in der Produktion der KPM, man denke nur an die Feldherrenservice, die Friedrich Wilhelm III. den Helden aus dem Napoleonischen Befreiungskriegen überreichte. In formaler Hinsicht gelten sie, und insbesondere auch das zwischen 1817 und 1819 geschaffene Tafelgeschirr für den Herzog von Wellington, als Vorbilder für das Alexandrinenservice. Das Wellingtonservice, an dessen Gestaltung Johann Gottfried Schadow beteiligt war, bediente sich bis auf wenige Neuerungen aus einem Modellbestand, der zwischen 1800 und 1815 und davor in der Manufaktur entstanden war. Die einmal gefundenen Ausformungen orientierten sich im Geist Schinkel'scher Formensprache an der Antike. Sie hatten sich bewährt, denn sie boten – der Mode der Zeit entsprechend – viel Platz auf der Wandung, um Blumenmalerei, Veduten und Vergoldungen unterzubringen. So wurden bis zur Mitte des 19. Jahrhunderts neben dem Modell »Antikglatt«, das beim Tafelgeschirr für Alexandrine Verwendung fand, und dem Modell »Glatt« kaum andere Formen in Berlin entwickelt. Sie etablierten sich für die großen Paradeservice der Manufaktur und wurden zumeist nur in Dekor, Henkelgestaltung und Deckelknauf variiert. Gerade beim Hoch-

28 Siehe Kapitel Gebrauchsgeschirr (vgl. S. 113). Von diesem Service aus der Zeit nach 1832 sind in der Sammlung des Staatlichen Museums Schwerin zwei Stücke aus der KPM vorhanden (Inv.-Nrn. Z 126 ovale Anbietplatte, Z 129 Sauciere) sowie zwei später ergänzte, ovale Anbietplatten aus Schlesien, Manufaktur Tielsch in Altwasser (Inv.-Nrn. Z 159, Z 160).

zeits-ervice Alexandrines nehmen die plastischen Verzierungen zu: Man beachte die Adlerbekrönungen, die Löwen, die plastischen Lorbeerringe an den Henkeln der Flaschenkühler – alles ist üppig und prachtvoll.

Auch die beiden weit über einen Meter großen Standleuchter aus Porzellan waren en vogue und überaus repräsentativ (Abb.). Bis auf ihre jeweils sieben Leuchterarme sind sie aus einzelnen Porzellansegmenten aufgebaut und stehen – korrespondierend mit den Terrinen – auf lapislazuliblauen Sockeln. Sie gehen auf ein Vorbild im Wellingtonservice zurück, welches sich wiederum an einem antiken Kandelaber orientiert.[29] Es ist kein Zufall, dass ausgerechnet dieser archäologische Fund zu einer Nachahmung anregte, wurde er doch gerade erst Anfang des 19. Jahrhunderts in Neapel ausgegraben und über den Vatikan nach Paris gebracht. Er inspirierte nicht nur die Manufaktur in Sèvres zur Fertigung von zeitgenössischen Kerzenhaltern, sondern wohl auch Karl Friedrich Schinkel in Berlin. Dafür sprechen die am Fuß der Leuchter angebrachten plastischen Adler: Eben diese in einem Blattkranz sitzenden Wappenvögel finden sich auch an dem eingangs erwähnten Schinkel'schen Prunktisch aus der Mitgift Alexandrines.

29 Siehe Baer 1988, S. 20 f. und S. 63. Allg. siehe auch Wittwer 2007, S. 62. Vgl. weiterführend Baer 2005, S. 180 f.

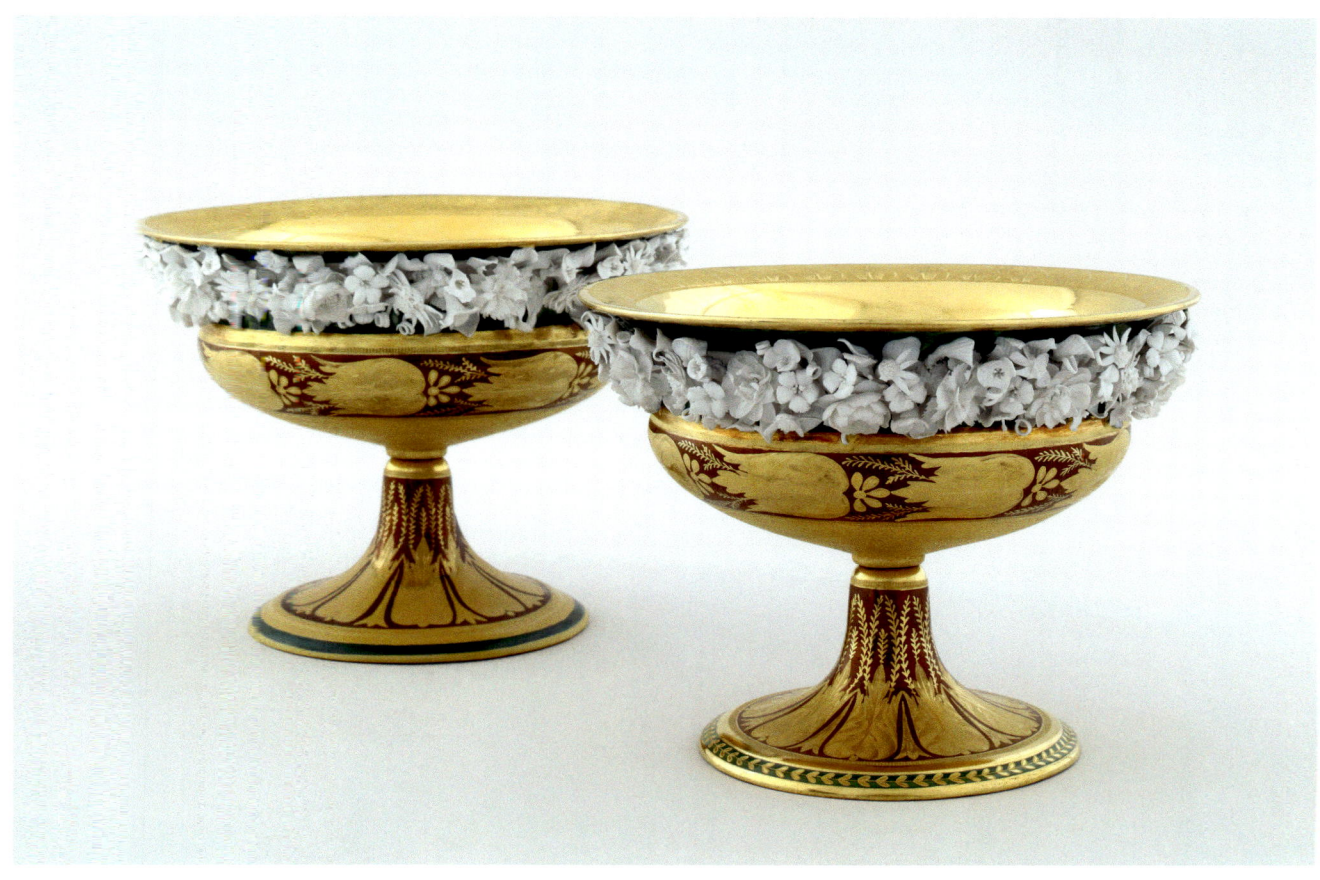

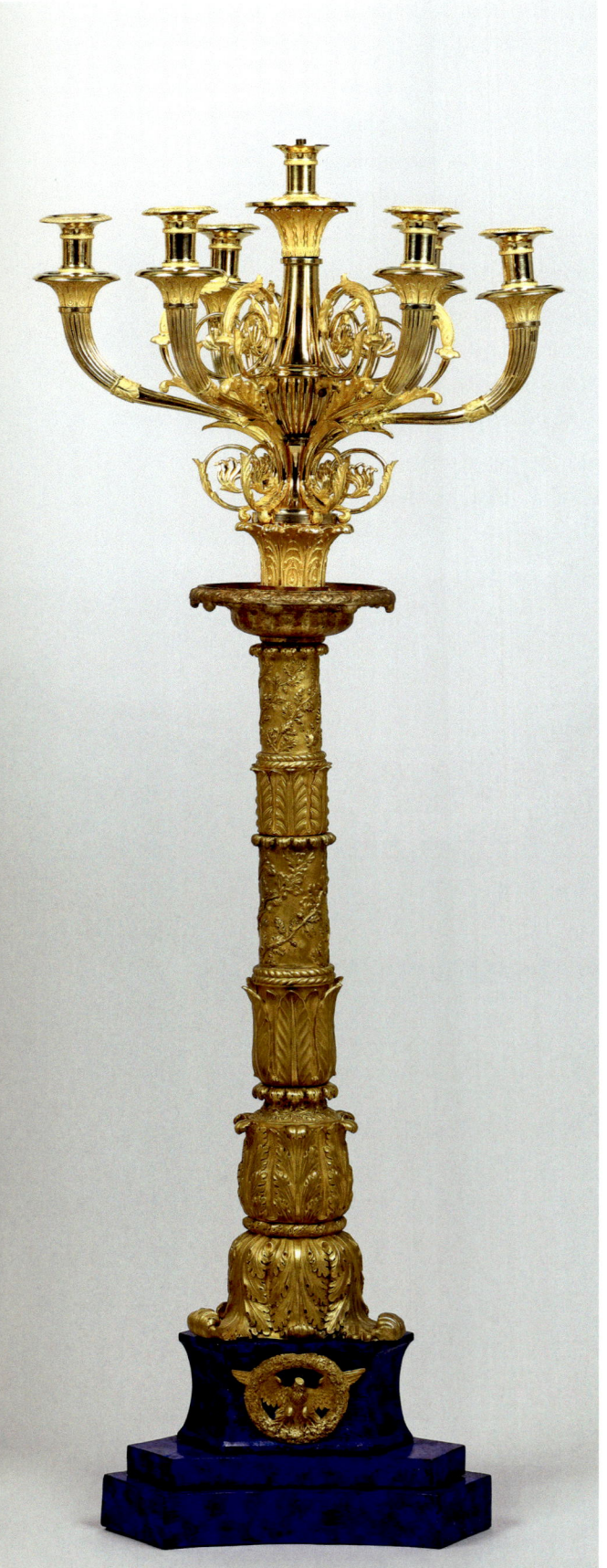

Leuchter aus dem Hochzeitsservice, wohl nach einem
Entwurf von Karl Friedrich Schinkel

Tischsitten und Tafelzeremoniell

In der Zeit, in der das Hochzeitsservice entstand, vollzog sich ein Wandel in der Tischkultur. Hatte bislang der »service à la française« über Jahrhunderte die höfischen Tafelsitten geprägt, machte sich mit dem Beginn des 19. Jahrhunderts eine Tendenz zu privateren Tafeln bemerkbar. Neben den hochoffiziellen Ereignissen, die natürlich weiterhin am etablierten Zeremoniell ausgerichtet wurden, hatten auch Monarchen das Bedürfnis nach mehr Privatsphäre und nach einer zurückgezogeneren Einnahme der Mahlzeiten.[30]

Damit hielt eine neue Praxis des Servierens, der »service à la russe«, Einzug in herrschaftliche Häuser. Der wesentliche Unterschied der beiden Serviermethoden bestand darin, dass bei der französischen Art bereits der erste Gang des Mahls auf der Tafel platziert war, wenn sich die Gäste zu Tisch begaben. Dicht an dicht standen die Terrinen, Schüsseln, Platten und Gefäße, gefüllt mit bis zu zehn Gerichten pro Gang. Mengen an Geschirr wurden benötigt, um die verschiedenen gleichzeitig gereichten Speisen zu präsentieren. Wesentlich übersichtlicher gestaltete sich die russische Art des Servierens, bei der das umständliche Bedienen von den Platten und Schüsseln bei Tisch entfiel. Stattdessen erhielt nun jeder Gast einen auf die gleiche Weise gefüllten Teller; Gang für Gang wurde er bedient. Alles wurde bereits in der Küche aufgeschnitten und auf den Tellern angerichtet. Der Platz in der Mitte der Tafel wurde frei und konnte nun von Tafelaufsätzen und üppigem Blumenschmuck eingenommen werden. Fortan

30 Hans Ottomeyer: Service à la française und service à la russe, in: Ottomeyer/Völkel 2002, S. 94–101.

existierten beide Serviergepflogenheiten an den europäischen Höfen nebeneinander – übrigens bis in das 20. Jahrhundert hinein. Die tradierte französische Art blieb dabei den hochoffiziellen Anlässen vorbehalten, während die neue russische eher im familiäreren Rahmen zur Anwendung kam.

Man braucht nun nicht lange zu raten, auf welche der beiden Servierformen das Geschirr eines Hochzeitsservices ausgerichtet war – selbst wenn es bei dem eigentlichen Fest noch gar nicht benutzt werden konnte. Das Geschenk für Alexandrine war ein Service, das den Ansprüchen an ein repräsentatives Geschirr für ein feierliches Tafelzeremoniell entsprach. Alle erdenklichen Geschirrformen – Bratenschalen, Saladieren, Terrinen usw. – kamen zum Einsatz. Die großen Prunkstücke zierten dabei die Mitte der reich gedeckten Tafel. Ihrer Gestaltung kam demgemäß eine herausgehobene Bedeutung zu, auch in inhaltlicher und programmatischer Hinsicht. Nicht ohne Grund tragen sie Veduten der preußischen Residenzen Berlin und Potsdam.

Da nun die Tischmitte einer kunstvollen Inszenierung glich, durften auch Blumengirlanden und Sträuße nicht fehlen. Die Tradition der künstlichen Blumen erfuhr mit dem Aufkommen der Tafelaufsätze eine Belebung in Form üppiger Arrangements.[31] Dabei bot die KPM sozusagen einen Rundumservice: Sie bezog Seidenblumen von externen Herstellern und lieferte sie gleich mit den Aufsätzen aus. Im Hochzeitsservice wurden dafür allein 150 Taler veranschlagt. Die unvergänglichen, kunstvollen Gebilde gehörten als fester Bestandteil zu einem Tafelaufsatz dazu und wurden oft über mehrere Generationen genutzt.

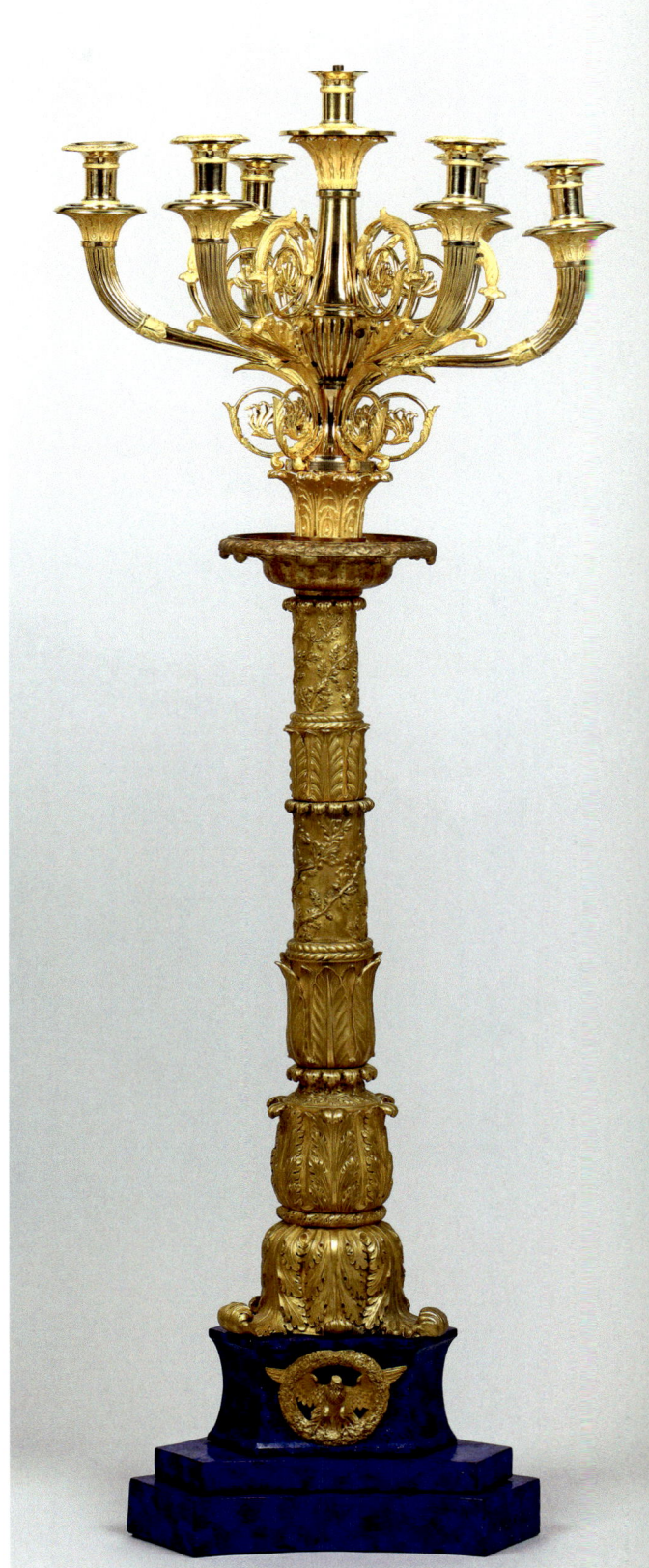

31 Baer 2005, S. 170.

Die Dessertteller

32 SPSG, KPM-Archiv (Land Berlin), Pret 2, 31.12.1822, S. 45.

Eine besondere Geltung kam traditionell dem letzten Gang der Menüs zu, dem Dessertgang, der die Krönung eines festlichen Mahls darstellte. Schon seit dem 18. Jahrhundert war es üblich, diesen Teil des Menüs durch eindrucksvoll gestaltetes Geschirr hervorzuheben. Tatsächlich erhielten die 50 Dessertteller des Hochzeitsservices eine außergewöhnliche Bemalung »mit Coul. Preuß: [Preußischen] Militair Figuren, als Infanterie & Cavallerie / Auf'm Bord Gold gravierte Eichenlaub guirl: [Girlanden] in rosa Fond. zwischen Vergoldung [...]«.[32] Es wurden also Militärfiguren als Hauptmotiv ausgewählt. So sehr so ein Service auch in zeremonielle Traditionen und Gepflogenheiten eingebunden ist, überrascht die Motivwahl als Hochzeitsgeschenk für eine Frau doch ein wenig. Alexandrines Schwester Luise bekam auf den Desserttellern Veduten mit auf ihrem Weg in die Niederlande. Zwar dienen diese eindeutig einem repräsentativen Bildprogramm, doch sind es auch Erinnerungsstücke: Ansichten der lieb gewordenen Orte ihrer Kindheit.

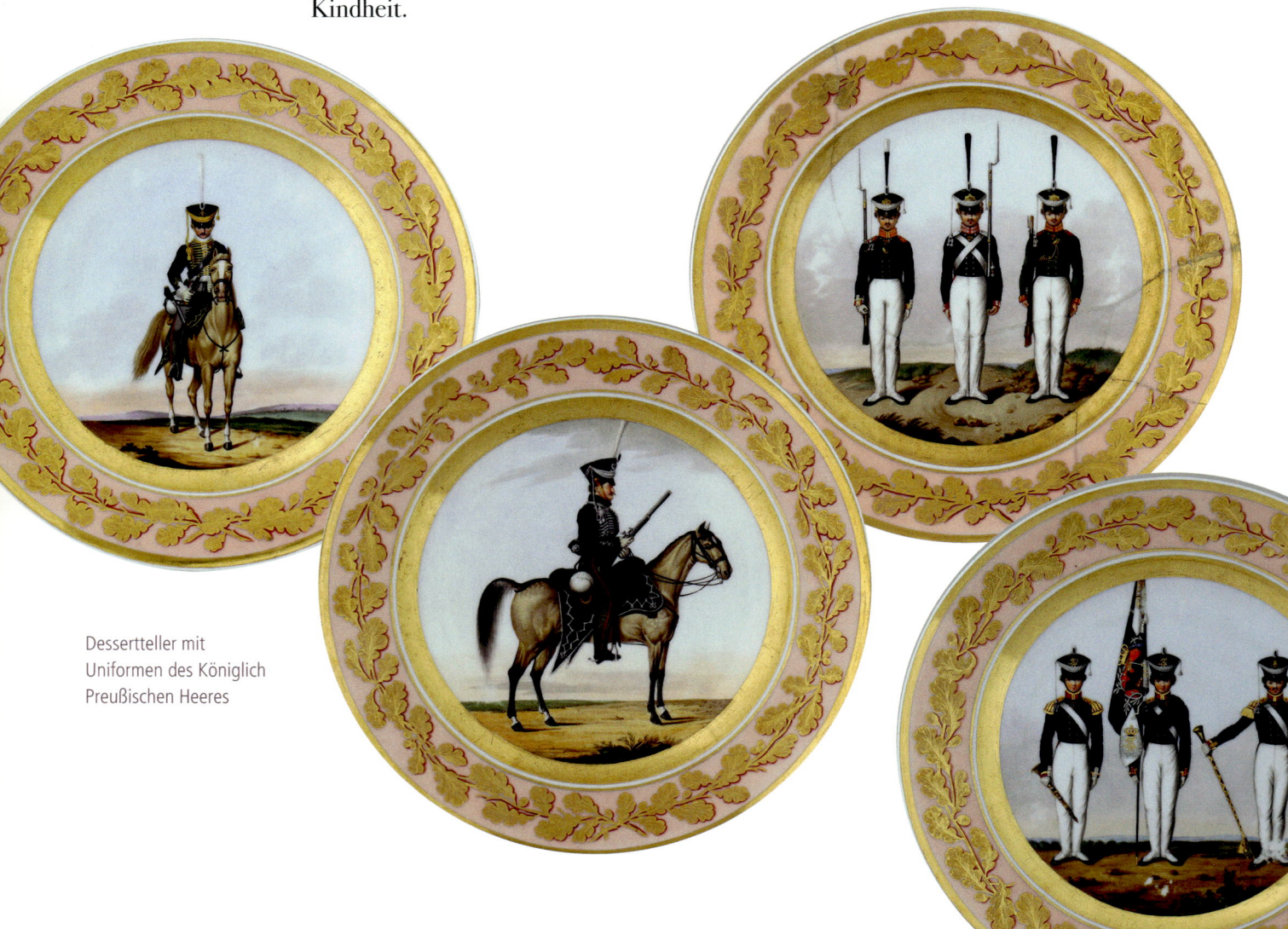

Dessertteller mit Uniformen des Königlich Preußischen Heeres

Es drängt sich die Frage auf, wieso Alexandrines Teller mit militärischen Sujets geschmückt worden sind. Hatte der König das Bildprogramm bestimmt? Oder ist dieses doch eher auf den Gemahl, Erbgroßherzog Paul Friedrich, ausgerichtet? Schließlich verlieh ihm sein Schwiegervater bereits kurz nach der Heirat den Rang eines Generalmajors im preußischen Heer und beförderte ihn später zum preußischen Generalleutnant. Vielleicht findet sich hier auch die Erklärung für den im KPM-Archiv überlieferten Brief, der Paul Friedrich als Adressaten oder zumindest Mitadressaten für das Service erscheinen lässt. Schauen wir noch einmal genauer auf diesen bereits zitierten Brief, denn er lässt interessante Rückschlüsse auf den Bestellvorgang und die Motivwahl des Services zu. Direktor Rosenstiel schreibt also an den Erbgroßherzog in Schwerin: »Auf den Desserttellern hatten Euer Königl. Hoheit die Darstellung sämtlicher Uniformen des jetzigen Königl. Preußischen Heeres zu erhalten gewünscht und es sind mir die Vorbilder dazu aus dem höchsten Kabinet übersandt worden. Seine Majestät haben über die sorgfältige Ausführung allerhöchst Dero gnädigsten Beifall bezeiget und auch mehrere in der Gegend von Potsdam neu aufgenommene, auf den Flaschennäpfen dargestellte, Ansichten mit höchstem Wohlgefallen bemerket«.[33] Glaubt man diesem Brief, so stammt der Wunsch, die Darstellungen der preußischen Uniformträger als Tellermotive einzusetzen, also von Paul Friedrich.

Wie bekannt ist, nahm Friedrich Wilhelm III., gerade wenn es um die Bestellung eines Hochzeitsservices für die Mitglieder der königlichen Familie ging, gern Einfluss auf einige Fragen der Gestaltung. So ließ er sich laut Überlieferung Probeteller bringen, um den Dekor dafür auszuwählen. Wie genau der Wunsch des Erbgroßherzogs mit dem Gestaltungswillen des Königs in diesem konkreten Fall in Übereinstimmung gebracht wurde, kann nicht mehr nachvollzogen werden. Es scheint jedenfalls nicht häufig der Fall gewesen zu sein, dass dem Adressaten ein Mitspracherecht bei der Dekorauswahl eingeräumt wurde. Aber immerhin erfahren wir aus dem Brief Rosenstiels vom geäußerten Wohlgefallen des Königs über die Ausführung der Teller und der Veduten auf den Flaschenkühlern.

Die Vorlagen für die Soldatendarstellungen erhielt die Manufaktur aus dem »höchsten Kabinet« des Königs. Es handelt sich dabei um Uniformstichwerke, die im Auftrag Friedrich Wilhelms III. herausgegeben wurden und die auf Vorlagen von Friedrich Lieder und Franz Krüger zurückgehen (Abb.).[34] Dem Hofmaler Lieder oblag dabei die dokumentarisch genaue Wiedergabe der Uniformen, die als Illustration der preußischen Uniformvorschriften diente, während Krüger die Pferdedarstellungen der Kavallerie zeichnete. Es handelt sich bei den 50 Desserttellern also um eine thematische Folge mit enzyklopädischen Charakter, beinahe wie die aus der Manufaktur Sèvres bekannten Tel-

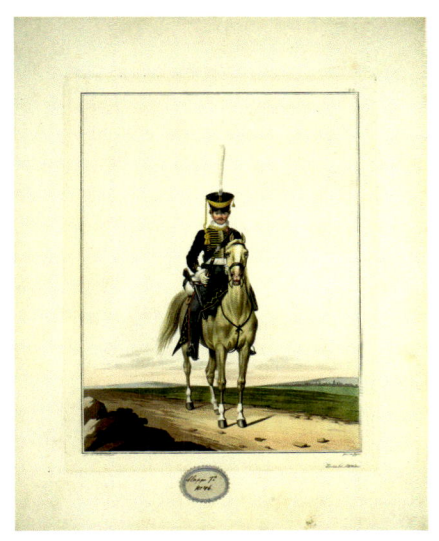

Aus dem Uniformstichwerk mit Darstellungen der preußischen Kavallerie nach Vorlagen von Friedrich Lieder und Franz Krüger, 1821

33 SPSG, KPM-Archiv (Land Berlin), XIV. 4, Bd. 2, 144, S. 140.

34 »Darstellung der Königl. Preussischen Infanterie in 36 Figuren […]«, erschienen bei L. W. Wittich, Berlin 1820, und »Darstellung der Königl. Preussischen Cavallerie in 41 Figuren […]«, erschienen ebd. 1821, zitiert nach Wittwer 2007, S. 388. Vgl. auch ebd., S. 390, Anm. 3; Schade 1978, S. 199 und Tafel 68.

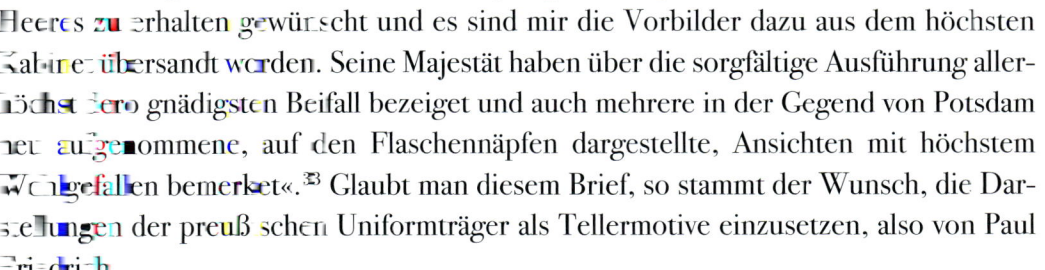

35 Abbildung siehe
Wittwer 2007, S. 75,
Abb. 84.

lerfolgen. Derartige Erzeugnisse waren durch ihren systematischen, lexikonartigen Aufbau und nicht zuletzt durch ihre empfindliche Aufglasurdekoration eigentlich nicht für die Verwendung an der Tafel gedacht. Friedrich Wilhelm III. beispielsweise besaß im Neuen Pavillon im Park von Charlottenburg eine Reihe von gerahmten russischen Uniformtellern zur Ausschmückung der Wände.[35] Ob die Teller des Hochzeitsservices einer ebensolchen Funktion dienten, ist nicht überliefert, doch scheinen sie, wenn überhaupt, nur selten bei einem Dessertgang aufgelegt worden zu sein.

Vedutenmalerei

Anders als die Dessertteller sind alle großen Stücke des Tafelaufsatzes, also Weinkühler und Terrinen, mit feiner Malerei verziert, die königliche Bauten in Berlin und Potsdam sowie deren Umgebung wiedergibt. Beispielsweise finden sich das Berliner Schloss und Schloss Charlottenburg, außerdem zahlreiche landschaftlich gestaltete, hoheitsvolle Ausblicke – etwa auf die Pfaueninsel, den Pfingstberg oder das Marmorpalais. Es sind Orte aus der Heimat der Braut, die nun in Mecklenburg bildlich von der Bedeutung der Prinzessin aus dem preußischen Königshaus zeugen.

In Anbetracht der Tatsache, dass Geschenke wie das Hochzeitsservice immer auch eine symbolische Botschaft überbringen, erscheint sowohl die Verwendung von Veduten der Preußischen Residenzorte als auch die Darstellung der Uniformen des preußischen Heers auf den Desserttellern wie eine Demonstration Preußens in Mecklenburg. Die Verbundenheit der beiden Herrscherhäuser wird bei jedem offiziellen Festmahl, zu dem das Service die Tafel zieren wird, den Gästen anschaulich vor Augen geführt.

Die Vedutenmalerei der KPM hatte nach den Befreiungskriegen enorm an Popularität gewonnen. Sie transportierte oft eine patriotische Aussage, wie sie sich bei der Darstellung des Kreuzbergdenkmals auf einem der Kühlgefäße mehr als deutlich offenbart. Das Denkmal war gerade im Jahr vor der Hochzeit zur Erinnerung an die Kriege gegen Napoleon als nationales Ehrenmal errichtet worden und repräsentiert hier als Tafelzier die Macht Preußens.

Die Vorlagen für die Darstellungen stammen, soweit bekannt, von August Wilhelm Ferdi-

»Das Kriegs-Denkmal auf dem Kreuzberge« auf einem Flaschenkühler

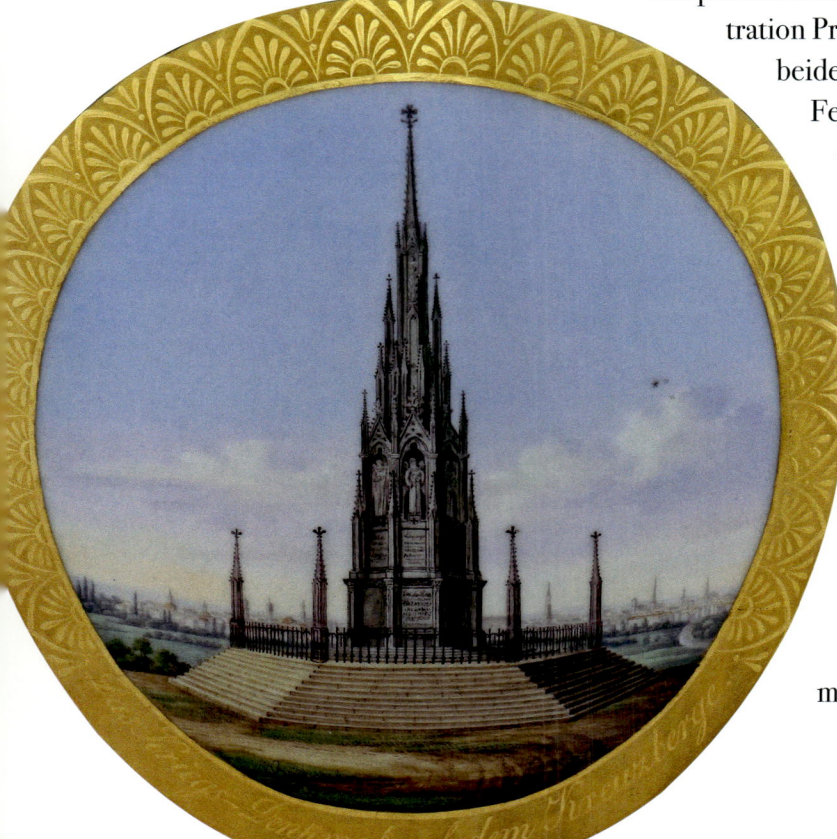

nach Schirmer (1802–1866), einem Berliner Landschaftsmaler aus dem Umkreis Schinkels.[36] In der Zeit, in der das Hochzeitsservice entstand, hatte er seine Lehre als Maler bei der KPM sowohl in der Blumen- als auch in der Landschaftssparte absolviert und arbeitete als Prospektmaler an der Manufaktur. Er fertigte ausschließlich topografische Vorlagen für die Umsetzung auf Porzellan an, bevor er sich als freier Künstler vollständig der Landschaftsmalerei widmete.[37]

Die Blumen- und Efeugirlanden, die die goldgerahmten Vedutenmedaillons umgeben, gehen auf Gottfried Wilhelm Völcker (1775–1849) zurück. Das ist durch den bereits zitierten Brief des Manufakturdirektors Rosenstiel überliefert, in welchem er seine Hoffnung zum Ausdruck bringt, dass »Eurer Königlichen Hoheit und höchtdero Frau Gemahlin Königl. Hoheit, welche in den Blumengewinden auf den verschiedenen Gefäßen die Talente und den Kunstsinn des Professors Voelcker gewiß wiederfinden werden«,[38] damit hochzufrieden sein werden. Völcker galt als sehr talentiert und wird in der Literatur als schillernde Künstlerpersönlichkeit beschrieben.[39] Als Vorsteher der Blumenmalerei hatte er sich neben der Manufakturtätigkeit ein zweites Standbein als freier Maler für Blumengemälde in Öl geschaffen. Wie andere manufaktureigene Maler auch, stellte er seine Werke in den Akademieausstellungen aus, allerdings in weit größerem Ausmaß, als man es von seinen Kollegen gewohnt war.

War das Aussehen der Dessertaufsatzteile und der Dessertteller geläufig und überliefert, so stieß man bis vor Kurzem noch bei der Frage, wie denn das Speiseservice gestaltet war, auf einige Rätsel. Zwar war aus der Kontobuch des Königs bekannt, dass die Teller des Dessertservices mit einer goldradierten Eichenlaubbordüre auf rosafarbenem Grund, die Teller des Speiseservices dagegen mit einer Efeugirlande[40] verziert waren. Doch konnte man sich erst eine Vorstellung von diesen Stücken machen, als im Jahr 2009 erstmals eine Bratenplatte auf einer Auktion auftauchte und vom Schweriner Museum für den Bestand erworben werden konnte (Abb.).[41]

Nun weiß man, dass das gleiche Efeugrün, das die Reserven auf den Flaschenkühlern umrankt, auch auf den Rändern der Speiseserviceteile zu finden ist. Höchstwahrscheinlich zierte dieses markante Motiv alle 150 Speise- und 50 Suppenteller.

36 Es können derzeit acht der vorhanderen Darstellungen Schirmers Vorlagen zugeordnet werden. Es handelt sich dabei um die 1822 von Schirmer signierten Aquarelle: Die Kirche zu Paretz, Die Infantenbrücke mit dem Chinesischenhause zu Paretz, Ansicht des Pfingstberges und Marmorpalais, Die Durchsicht nach der Pfaueninsel im neuen Garten, Der Ruinenberg bei Potsdam, Ansicht des Belvedere auf dem Brauhausberge, Aussicht vom Pfingstberge nach dem neuen Garten und Pfaueninsel, Der Freundschaftstempel im Garten zu Sanssouci. SPSG, KPM-Archiv (Land Berlin), Vorlagensammlung, Mappe 26, Blätter 1, 14, 7, 6, 20, 19, 8 und 18.

37 Ausführlich siehe Schirmer 1996; Nicht 1982, Kat.-Nrr. 15–18.

38 Brief des Manufakturdirektors Rosenstiel an den Erbgroßherzog Paul Friedrich von Mecklenburg-Schwerin, 23.1.1823, SPSG, KPM-Archiv (Land Berlin), XIV. 4, Bd. 2, 144, S. 140.

39 Wittwer 2007, S. 275.

40 »coul. Epheu guirl. [Girlande] in rosa Fond [...]«, SPSG, KPM-Archiv (Land Berlin), Pret 2, 31.12.1822, S. 45.

41 Ankauf auf der Auktion 49 vom 5.3.2009 bei von Zezschwitz, München.

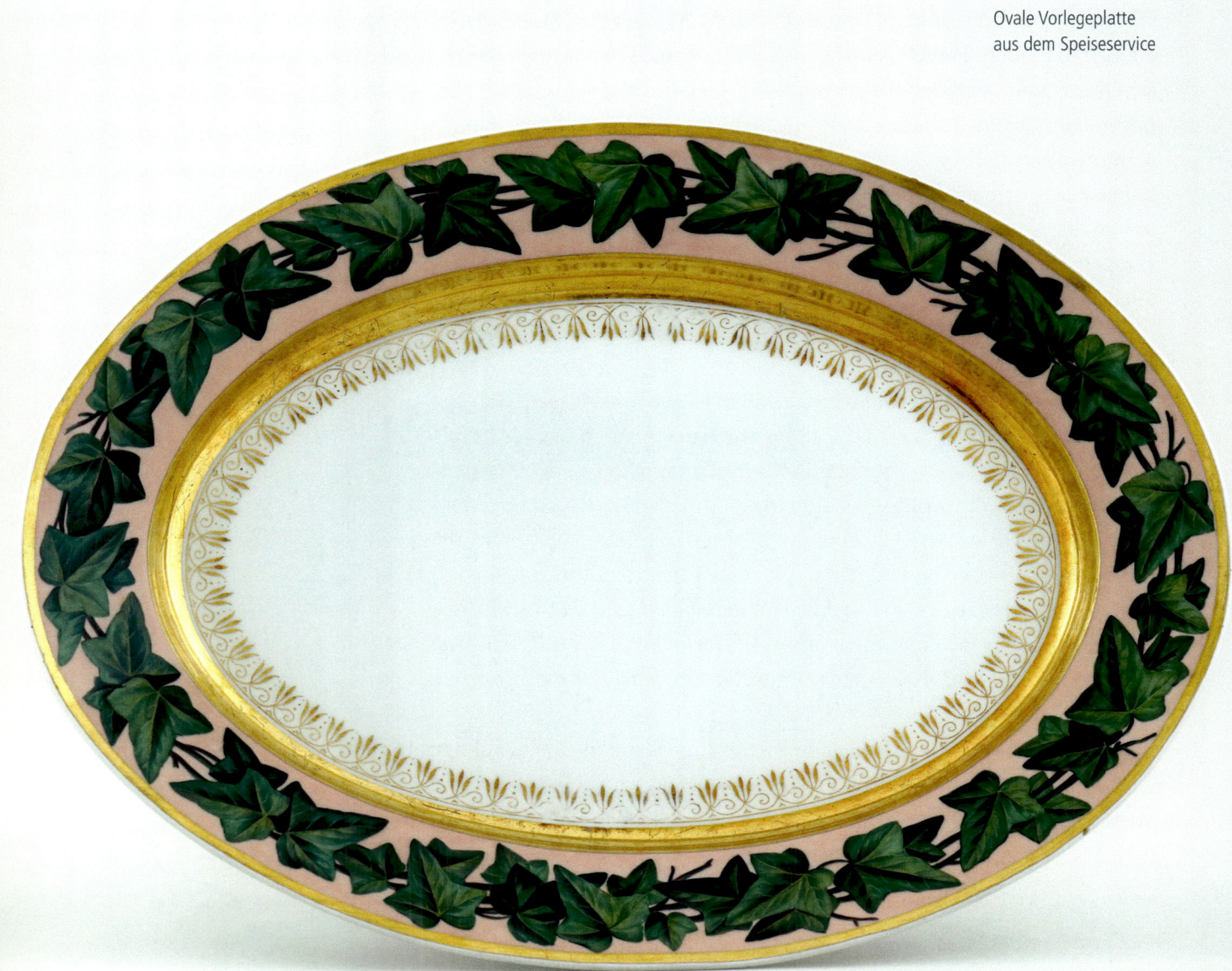

Ovale Vorlegeplatte
aus dem Speiseservice

Das auseinandergerissene Ensemble

Dass Teile des Services – wenn auch selten – im Kunsthandel auftauchen, ist nicht verwunderlich, denn nur ein Bruchteil befindet sich in Museumsbesitz. Von den meisten Stücken, beispielsweise den Speise- und Suppentellern, Schüsseln, Geleebechern, Salacieren oder Bratenschalen, ist der Verbleib nicht bekannt. Eigentlich ist es verblüffend, wie wenig aus dem prachtvollen Service in Schwerin die Zeit überdauert hat: 30 Objekte, nämlich Terrinen, Dessertschalen, kleine Sockel für Blumenväschen und vier Dessertteller sind 1930 mit dem Ankauf der großherzoglichen Kunstgegenstände in den Museumsbestand gekommen. Sechs davon gingen in den Wirren des Zweiten Weltkriegs verloren, sodass heute nur zwei Dutzend des einst so üppigen Services vorhanden sind.

Möchte man erforschen, wo denn die vielen Porzellanteile des Hochzeitsservices verblieben sind, stößt man schnell an Grenzen. Ein so kostbares Service wie dieses müsste im Nachlass der Alexandrine aufgeführt sein, denn Hochzeitsgeschenke gehörten wie der größte Teil einer Mitgift zum persönlichen Eigentum einer Fürstin, der im Lauf der Jahre gehütet und vermehrt werden sollte. Doch die Spur führt ins Nichts, die Schriftquellen im Landeshauptarchiv Schwerin geben keine Auskunft über den Verbleib.[42] Vieles aus ihrem Kunstbesitz, so wie auch der Schmuck, ist in der Öffentlichkeit nicht wieder aufgetaucht. Lediglich Scherben einer zerbrochenen Bratenplatte wurden bei den Grabungen im Keller des Schweriner Schlosses 2016 geborgen (vgl. S. 123).

Als Anfang der 1920er-Jahre die erste Inventarisierung der Porzellane des Museumsbestands startete, wurde das Hochzeitsservice nicht direkt vom Patenservice für Friedrich Franz II. von 1837 unterschieden. Beide Ensembles wurden Alexandrine zugeordnet, das Hochzeitsservice als »Tafeldekoration aus der Mitgift der Großherzogin Alexandrine«, das später entstandene Patenservice als Stücke »[a]us dem Berliner Service der Großherzogin Alexandrine«. Die Dessertteller wurden sogar als ein drittes Service gedeutet: »Teller aus dem Soldaten-Tafelgeschirr der Großherzogin Alexandrine«. Diese Irritationen in den Bezeichnungen sorgten auch Jahrzehnte später mitunter für Verwirrung und konnten nun korrigiert werden. Zum Service kamen später die beiden großen Schinkel-Leuchter hinzu, die seit dem Ankauf der restituierten herzoglichen Sammlung im Jahre 2014 wieder mit dem Hochzeitsservice vereint werden konnten.

42 Alexandrines Nachlass ist sehr umfangreich. Ihr Testament wurde, da sich die Großherzogin eines langen Lebens erfreute, und eingesetzte Erben immer wieder vor ihr starben, oft geändert. Doch zu den Porzellanen des Hochzeitsservices finden sich dort keine Angaben. Die Auskunft darüber verdanke ich Mathias Schott, Vorsitzender des Vereins der Freunde des Schweriner Schlosses e.V., der die Akten zum Hochzeitsservice im LHAS durchgesehen hat. An dieser Stelle soll auch noch einmal mein herzlicher Dank für Transkriptionen aus dem KPM-Archiv ausgedrückt werden, die Mathias Schott und Berna Bartel, damalige Leiterin des Schlossmuseums Schwerin, mir vor einigen Jahren zur Verfügung stellten.

Ein Feuerwerk der Malerei.
Das Dessertservice für Friedrich Franz II.
von Mecklenburg-Schwerin

Dessertservice für Friedrich Franz II. von Mecklenburg-Schwerin 1837–1848
Malereien nach Vorlagen von Carl Daniel Freydanck und Carl Friedrich August von Kloeber
Inv.-Nrn. KG 901–948, KG 1881–1900

Das Service, das Friedrich Franz II. über elf Jahre hinweg zunächst von seinem Großvater Friedrich Wilhelm III. und später von seinem Onkel Friedrich Wilhelm IV. erhielt, erreichte ihn seit 1837 in jährlichen Teillieferungen pünktlich zu jedem Weihnachtsfest. Als es im Jahr 1848 endlich komplett war, umfasste es 50 Dessertteller sowie einen Tafelaufsatz aus 96 Teilen, nämlich Prunkvasen in verschiedenen Größen, Etageren, kunstvoll durchbrochene Körbe zum Anbieten von Früchten, kleine Blumenflaschen und Biskuitfiguren.

Derartige Prunkservice gehörten seit Langem schon zu den beliebten Geschenken eines Monarchen zu besonderen Anlässen. Da der Dessertgang den wichtigsten beziehungsweise dekorativsten Teil der Tafel darstellte, wurden die dabei verwendeten Porzellane künstlerisch besonders hervorgehoben und oft durch aufwendige Dessertaufsätze ergänzt. Solche Aufsätze gehörten zwar nicht immer zwingend dazu, zeichneten aber ein besonders kostbares Service aus, wie es hier der Fall war. Wertvoll war das Ensemble auf jeden Fall, erstklassig und perfekt in der Ausführung, doch handelte es sich vom Umfang her wohlgemerkt um einen eher kleinen Aufsatz. Wie üppig es aussehen konnte, zeigt ein sehr ähnliches Dessertservice, das Friedrich Wilhelm IV. dem Bräutigam seiner Cousine Marianne, Kronprinz Maximilian (II.) von Bayern, schenkte und welches sich heute in der Münchner Residenz befindet. Es war zwar ebenfalls auf 50 Gedecke hin ausgerichtet, doch umfasste es weit mehr Teile. Außerdem beinhaltete es neben dem Dessertservice und dem Dessertaufsatz auch ein Tafelservice, was für Schwerin nicht vorgesehen war.

Der Tafelaufsatz

Zu den größeren Teilen des Schweriner Dessertaufsatzes gehörten sechs Vasen in zwei verschiedenen Größen. Deren Modell in Amphorenform war ab 1832 in der KPM entwickelt und später als »Französische Vase« bezeichnet worden.[43] Es zählte zu den beliebtesten, häufig ausgeführten Vasenformen des 19. Jahrhunderts und wurde mit unterschiedlichen, leicht abgewandelten Gefäßkörpern angeboten. Auch verschiedene Griffvarianten standen zur Verfügung. Rosettenhenkel, solche mit Greifenkopf oder wie hier vegetabile Henkel waren möglich. Ebenso variierte die Größe, die bis zu anderthalb Metern aufragen konnte. Die für den hiesigen Aufsatz verwendeten zählen jedoch mit 34 beziehungsweise 42 Zentimetern zu den mittelgroßen Exemplaren. Fast gleich hoch sind die Etageren, die »8 Tambours zu Confect«.[44] Sie bestehen aus zwei übereinander angeordneten Tableaus, auf denen Leckereien drapiert werden konnten; obenauf ein Ring zur besseren Handhabbarkeit des Ganzen. Das Ensemble beinhaltet auch zwei verschiedene Arten von durchbrochenen »Französischen Fruchtkörben«. Beide Sorten, sowohl die auf einem quadratischen Fuß als auch die mit den drei Löwenfüßen, werden dem Modellmeister Carl Friedrich Riese zugeschrieben und ins Jahr 1820 datiert.[45]

Ursprünglich gehörten auch drei Biskuitfiguren auf vergoldeten Sockeln zum Schmuck der Tafel: ein auf einem Löwen reitender geflügelter Amor mit einer Leier, ein Bacchus mit Weinglas und Traube auf einem Panter sowie eine Venus in einer vergoldeten Muschel.[46] Lediglich als Pendants aufeinander bezogen, greifen die Figuren kein Konzept oder eine durchgängige Komposition auf, wie man sie von den Aufsätzen des 18. Jahrhunderts her kennt. Der Bacchus auf dem Panter geht auf ein Modell von 1840 von Julius Wilhelm Mantel (1820–1896) zurück, der von 1841 bis 1864 als Modellmeister an der KPM tätig war (Abb. S. 38). Die Erstausformung des löwenreitenden Amors dagegen wurde im Modellbuch der KPM schon 1820 registriert und nur im Nachhinein erneut aufgegriffen.[47] Beide Figuren unterstreichen den antikisch geschulten Geist einer noch immer vorherrschenden klassizistischen Figurenauffassung, obgleich die antiken Vorbilder nur entfernt erahnbar sind.

Wie bereits angedeutet, sind die Formen und Modelle nicht extra für diesen Anlass entworfen worden, vielmehr griff man in der KPM auf das vorhandene Repertoire zurück. Generell orientierte man sich während des gesamten 19. Jahrhunderts an der bewährten Art der Zusammensetzung von Tafelaufsätzen, wie sie zwischen 1815 und 1820 ausgesehen hatten. Teure Tafelaufsätze werden meist als Geschenke vom König in Auftrag gegeben

43 Wittwer 2007, S. 362, Kat.-Nr. 116; Ouvrier-Böttcher 1984, S. 59 ff. und Kat.-Nr. 16, Grundmann 1989 (1), S. 30 ff.

44 SPSG, KPM-Archiv (Land Berlin), Pret 2, 19.12.1845.

45 Grundmann 1998 (1), S. 39.

46 Amor und Bacchus besitzen eine Höhe von 32,5 cm, die Venus von 40,5 cm. Alle drei Figuren zählen zu den Verlusten des Schweriner Museums durch kriegsbedingte Auslagerungen während des Zweiten Weltkriegs; siehe Fischer 2002, S. 29, Kat.-Nrn. 47–49.

47 Ouvrier-Böttcher 1984, Kat.-Nr. 208 (Bacchus auf Panter) und Kat.-Nr. 203 (Amor auf Löwe). Siehe dazu auch Grundmann 1998 (1), S. 49, dort wird über einen Entwurf von Christian Friedrich Tieck für den Löwen nachgedacht sowie über eine Zusammenführung von Löwen- und Amormodell durch verschiedene Hände.

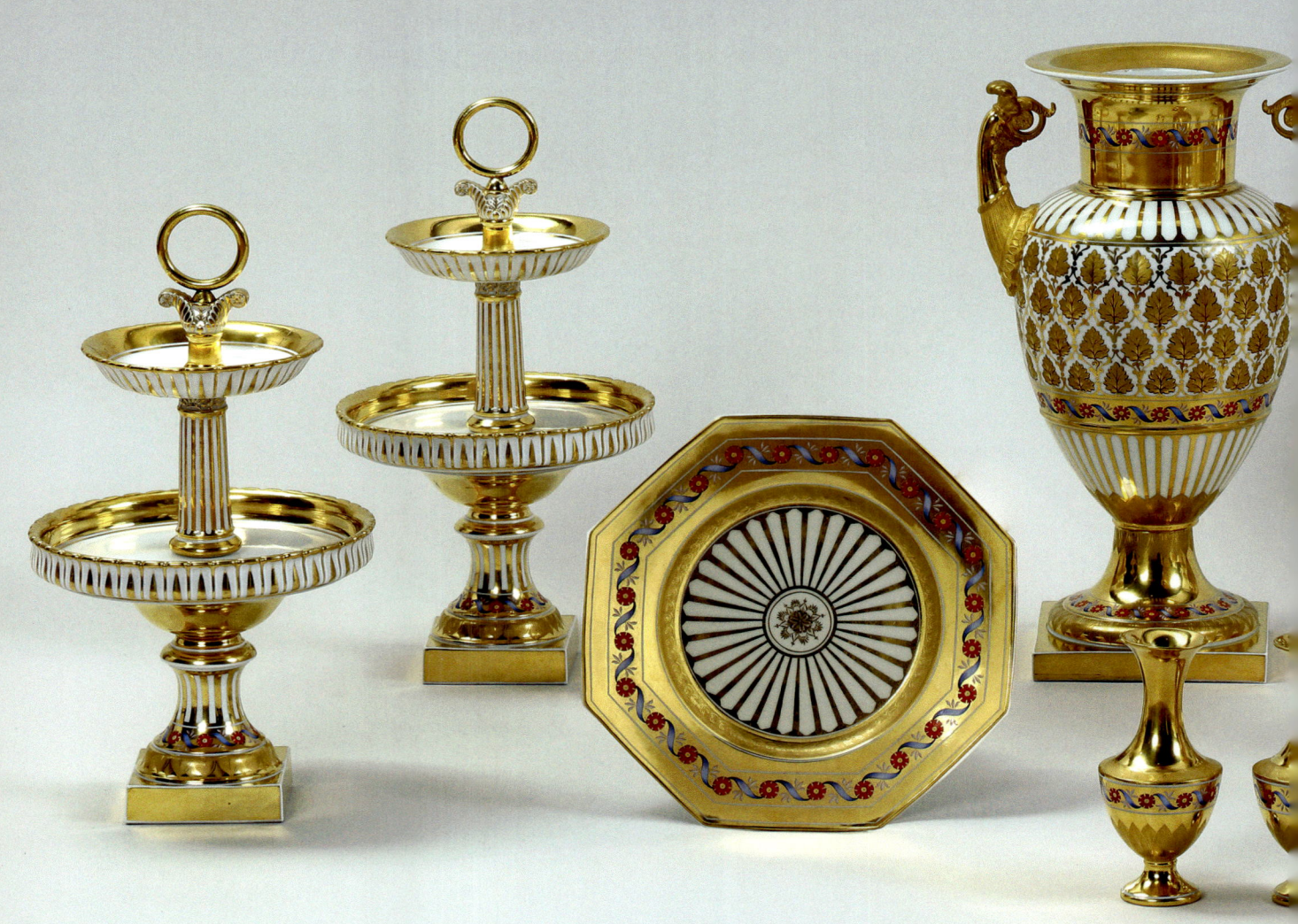

Teile aus dem Dessertaufsatz für Friedrich Franz II. von Mecklenburg-Schwerin, 1837–1848

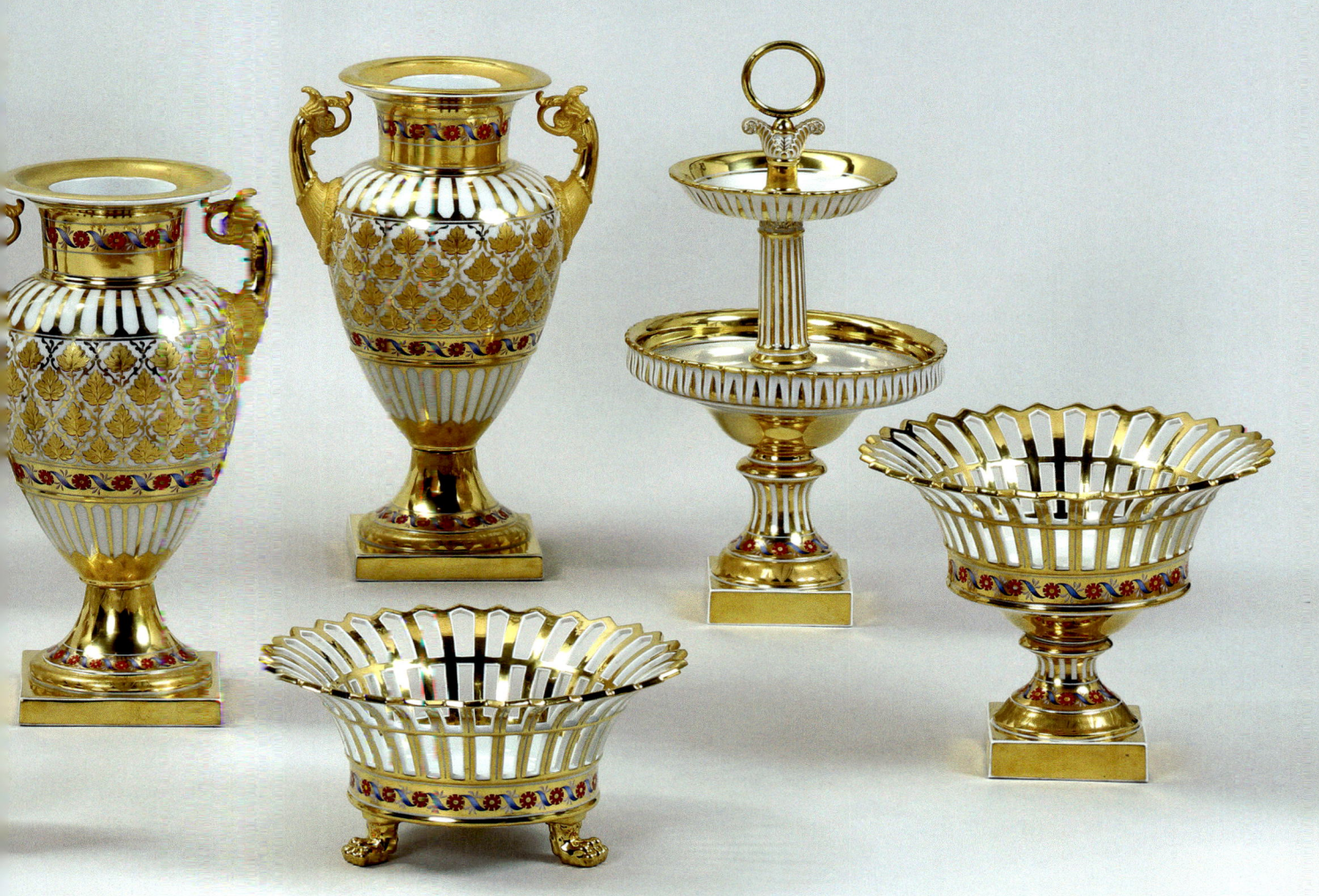

und waren von daher eher konservativ orientiert. Gerade bei offiziellen Präsenten hielt man sich länger an überkommene Formen. Wie die Teller jedoch zeigen, wurden bei der Bemalung einige der allerneuesten Malereivorlagen aufgenommen.

Die Anfertigung der Porzellane für das Schweriner Service geschah in der Regel zeitnah vor jeder Auslieferung. Die KPM ließ also keinesfalls das gesamte Service auf einmal herstellen, um sie dann häppchenweise jedes Jahr entsprechend den Anweisungen des Kämmerers zu versenden und dem König in Rechnung zu stellen. Auch die verwendeten Blaumarken belegen, dass die Stücke nur in Ausnahmefällen auf Vorrat produziert wurden und im Warenlager schon bereitlagen.[48]

Die Dessertteller

Die wahre Pracht des Services geht eindeutig von den kostbar bemalten und vergoldeten Tellern aus. Sie unterscheiden sich zwar durch die Motive im Spiegel, wo kein Bild dem anderen gleicht, doch eint sie ein gleichartiger Dekor. Der sich wiederholende Perlrand und die farbige Bordüre aus stilisierten Blüten und blauen Bändern, die sofort ins Auge fallen, sind bei allen Tellern identisch. Sie umgeben das Mittelmotiv wie ein prächtiger Gemälderahmen. Ein weiteres, sehr wirkungsvolles Detail ist hinsichtlich seiner technischen Besonderheiten bemerkenswert: die »eingedrehte Kante«, wie die Reliefbordüren am Steigbord – dem Bereich zwischen Spiegel und Fahne – in der KPM genannt wurden. War bislang bei dieser zu Beginn der 1820er-Jahre erfundenen Tellerform das Relief mühsam per Hand in die Gipsform geschnitten worden,[49] so wurde sie jetzt maschinell eingedreht. Um die Kante plastischer hervortreten zu lassen, glasierte man das Porzellan an dieser Stelle nicht. Dadurch blieben die Partien auch nach dem Polieren der Vergoldung matt und zeigen eine exakte Konturierung.

Betrachtet man die Motive der Teller, so reichen die Themen von Veduten über Blumen- und Früchtedarstellungen bis hin zu allegorischen Szenen oder Genrebildern.[50] Es ist, als sollten alle Malereifächer der KPM mit ihrem Können glänzen dürfen. Ein inhaltliches Konzept ist, genau wie bei vergleichbaren Dessertservicen der KPM, nicht recht erkennbar.

48 In dem Zeitraum, in dem das Service entstand, gab es 1837 und 1844 einen Wechsel der Blaumarken, der sich auch bei den gelieferten Stücken wiederfindet. Die verwendeten Marken korrespondieren jeweils in etwa mit dem Jahr ihrer Erwähnung im Kontobuch des Königs. Nur wenige Stücke scheinen schon in früheren Jahren gefertigt worden zu sein, beispielsweise entstanden die 1847 gelieferten Fruchtkörbe auf drei Füßen bereits in der Zeit von 1837 bis 1844 und die kleinen Blumenflaschen sogar noch vor 1837. Eine weitere Ausnahme bilden die im Paket von 1841 und 1844 enthaltenen zwei Teller mit Levkojen und mit einem Figurensujet.

49 Als »radiertes Dessin« bezeichnet. Die »eingedrehte Kante« wurde um 1834 entwickelt; siehe Wittwer 2007, S. 430, Kat.-Nr. 149.

50 Laut Kontobuch waren es 28 Veduten, acht Blumenbilder, acht »Figuren Sujets«, ein Fruchtstück, vier Allegorien und ein Jagdstück.

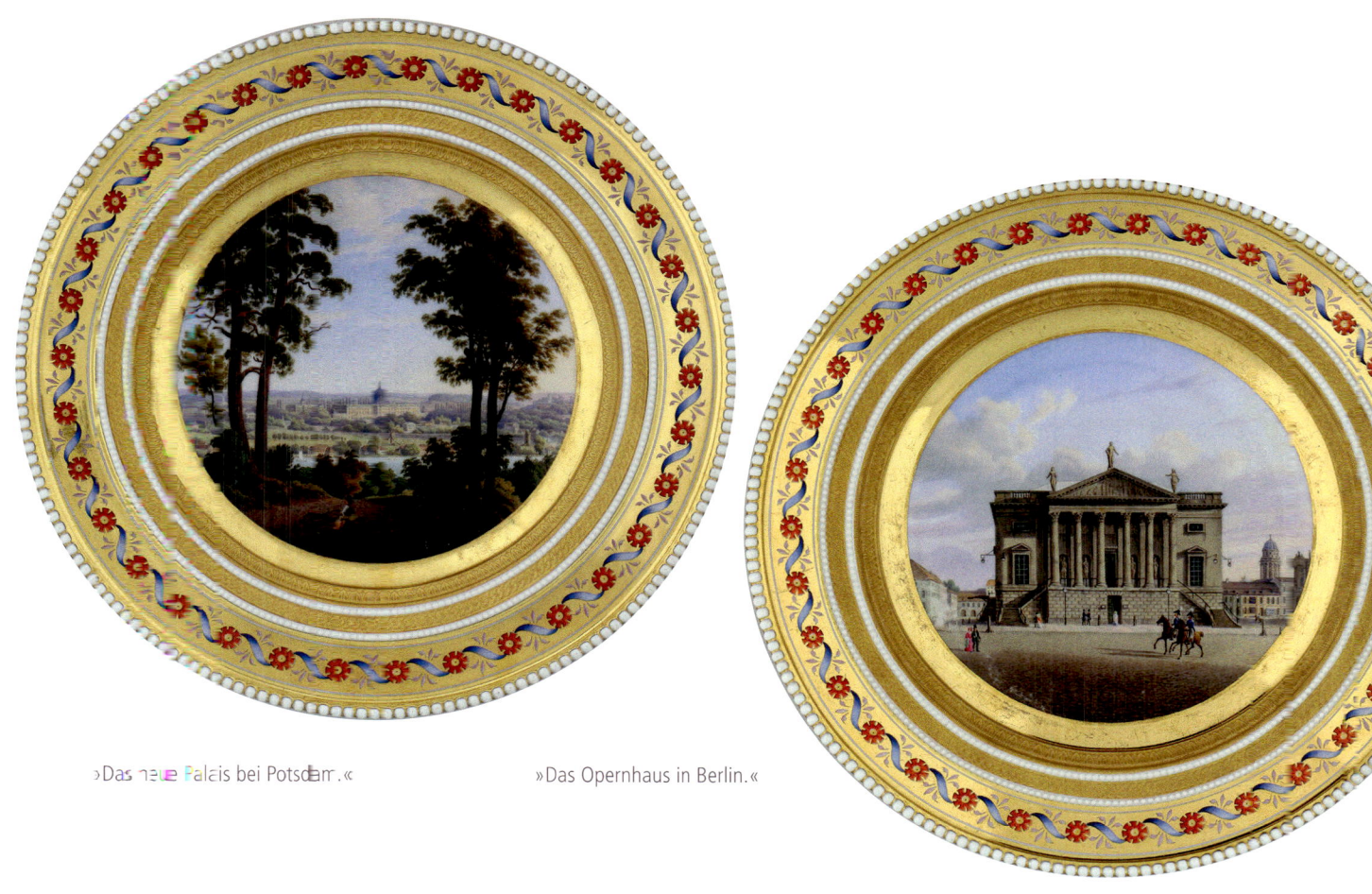

»Das neue Palais bei Potsdam.«   »Das Opernhaus in Berlin.«

Veduten

Die meisten Teller sind mit Vedutenmalereien geschmückt. Diese Tatsache verweist schon auf die Bedeutung, die diese Fachsparte innerhalb der Manufaktur innehatte. Sowohl von der Maltechnik als auch von den Motiven her zählen Prospekte wie diese zu den bedeutendsten Leistungen der KPM in der ersten Hälfte des 19. Jahrhunderts.

Um die Bilder überhaupt in so malerischer Qualität auf den porzellanen Untergrund bringen zu können, musste die Entwicklung neuer Porzellanfarben vorausgegangen sein. Mannigfache Forschungen waren nötig gewesen, um mit den einzubrennenden Farben auch zarteste Verläufe und Schattierungen hervorzuzaubern und eine nuancenreiche Malerei mit vielen Zwischentönen zu erzielen. Die in diesen Jahren neu entwickelte Farbpalette führte die Berliner Vedutenmalerei auf Porzellan zu ihrem unschlagbar hohen Stand. Als 1837 die Teller für das Service hergestellt wurden, standen der Manufaktur Farben für die Staffierung zur Verfügung, die durchaus mit der Ölmalerei konkurrieren konnten.

51 SPSG, KPM-Archiv (Land Berlin), Mappe 40, Nr. 130.

52 Baer 1994, S. 48.

In feinster Ausführung sind die Spiegel der Teller mit den Veduten der Residenz-städte Berlin und Potsdam gefüllt. Die preußischen Schlösser und Städte, die königlichen Anlagen und Gebäude sind topografisch genau erfasst und zeugen vom Ansehen der Bauten. Die Prestigeobjekte moderner Architektur – das Neueste vom Neuen – wurden bevorzugt zur Darstellung ausgewählt und warben auf dem Porzellan für die königlichen Residenzen. Noch bevor die Manufaktur einen Teller mit dem Berliner Schloss nach Mecklenburg schickte, kamen die neuen Schinkel-Bauten in Berlin an die Reihe, so etwa das erst 1830 eröffnete Königliche Museum am Lustgarten, die 1835 beziehungsweise 1836 fertiggestellte Sternwarte und die Bauakademie, die Neue Wache oder auch die Griechische Kirche bei Potsdam.

Carl Daniel Freydanck

Die Vorlagen für den Großteil der im Service vertretenen Vedutenmalereien, wahrscheinlich sogar für alle derartig bemalten Teller, schuf Carl Daniel Freydanck (1811–1887). Dieser hatte als Maler in der künstlerisch untergeordneten Abteilung für chromoxydgrüne Dekorationen begonnen, doch sich bereits 1830 mit einer Landschaft in Öl an der Berliner Akademieausstellung beteiligt. Gleich die erste Lieferung nach Schwerin enthielt einen Teller nach einem seiner Aquarelle von 1834 mit dem Titel *Das Neue Schauspielhaus am Gendarmenmarkt*,[51] einem der Hauptwerke Schinkels.

1837 wurde Freydanck zu den Landschaftsmalern versetzt und fertigte fortan ausschließlich Skizzen und Ölbilder von Veduten als Vorlagen für die Porzellanmaler. Mit ungeheurer Produktivität begann er eine Ölbilderreihe für die KPM anzulegen, mit der der Manufaktur ein beträchtlicher Vorlagenschatz zur Verfügung stand.[52]

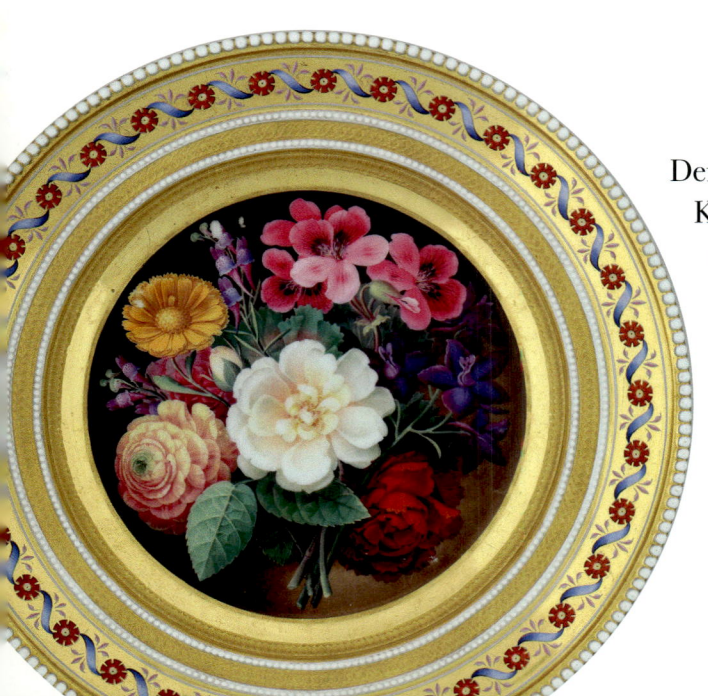

Blumenteller

Der Dekor der acht Teller mit Blumendarstellungen ist im Kontobuch als »Bouquet« verzeichnet. Das bedeutet, dass der Spiegel zwar vollständig mit Blumen bedeckt ist, doch immer eine kleine Randzone des Untergrunds hervorscheint. Prächtige Farben bestimmen das Bild und sprechen mit den perfekt komponierten und brillant ausgeführten Motiven für die Meisterschaft der Blumenmalerei der KPM. Zwar hatte ihr die Vedutenmalerei den Rang in der Beliebtheit inzwischen abgelaufen, doch bestach sie weiterhin in ihrem künstlerischen Niveau. Noch immer schwelgten die abgebildeten Pflanzen in botanischer Detailtreue, die ein genaues Bestimmen möglich macht. Nur war mittlerweile die Anordnung der Blumen, die Ausgewogenheit in Komposition und Farbklang – sprich: das dekorative Element – wichtiger geworden, als eine wissenschaftliche Zuordnung. Die Maler orientierten sich an Vorlagewerken, an botanischen Büchern oder Bildern der manufaktureigenen Gemäldesammlung und gestalteten Porzellane mit effektvoller Gesamtwirkung.

Allegorische Szenen oder Genrebilder

Nachdem alle Teller mit Veduten und Blumenmotiven bis 1842 nach Mecklenburg gesendet worden waren, folgten ab dem nächsten Weihnachtsfest Teller mit »Figuren Sujets«, etwa der *Edelknabe mit Gewehr* oder das *Edelfräulein mit Jagdfalken* nach Vorlage des Berliner Malers Heinrich Wittig (1816–1887).[53] Die beiden Ölgemälde, die auch auf der Berliner Akademieausstellung gezeigt wurden, erlangten schon allein durch ihre Verbreitung als Druckgrafiken große Popularität.

Um die Motive nach Gemäldevorlagen auf dem kreisrunden Untergrund eines Tellers platzieren zu können, wurden sie in achteckige Reserven, »in Goldschilden«,[54] in der Mitte des Spiegels eingefügt. Konnten die Veduten- und Blumendarstellungen organisch dem Rund angepasst werden, so musste man sich hier dieses Kompromisses bedienen. Die Teller mit allegorischen Figuren, laut Kontobuch zwei »mit Amors«, zeigen jeweils musizierende nackte Amoretten und gehen höchstwahrscheinlich auf Vorlagen von Carl Friedrich August von Kloeber (1793–1864) zurück. Auch die beiden Stücke »mit schwebenden Figuren«, die die Tellerlieferung beendeten, entstanden nach seinem Entwurf. Ihn inspirierten dabei die beiden bekannten Relieftondi von Bertel Thorvaldsen aus dem Jahr 1815, der *Tag* und die *Nacht*.

Heute existieren in Schwerin noch 69 von ursprünglich 102 Teilen des Dessertservices, darunter 39 der 50 Dessertteller. Sie gelangten 1921 zunächst als Leihgabe des Großherzogs in die Schweriner Museumssammlung und wurden schließlich 1930 angekauft. Da schon damals nicht alle Serviceteile in den Museumsbesitz übergingen, tauchen hin und wieder einzelne Objekte, insbesondere Teller, im Kunsthandel auf.

53 Beide Teller waren 2007 Bestandteile der Twinight Collection New York; siehe Wittwer 2007, S. 430, Kat. Nr. 149.

54 SPSG, KPM-Archiv (Land Berlin), Pret 2, S. 259, 16.12.1843.

Glanz und Gloria. Der Siegeszug der Prunkvasen

Monumentale Vasen mit aufwendiger Malerei und großflächiger Vergoldung zählten zu den beliebtesten Präsenten der preußischen Könige an andere Monarchen und Fürsten und nach dem Sieg über Napoleon auch an verdiente Feldherren und Diplomaten. Diese Kunstwerke, die schon allein wegen ihrer Größe höchste Anforderungen an die technischen Möglichkeiten der Manufaktur stellten, galten als anspruchsvolle Geschenke auf höchstem künstlerischem Niveau.

Meist im Ensemble als Zweier-, Dreier- oder gar Fünfersatz in gestaffelter Größe hergestellt und mit passenden Sockeln versehen, führten sie seit den 1820er-Jahren die Hitliste der königlichen Porzellangeschenke aus der KPM an.[55] Es gab sie in verschiedenen Formen, beispielsweise als Krater-, Amphoren- oder Französische Vasen, die jeweils zu unterschiedlichen Zeiten bevorzugt verschenkt wurden.

Kratervasen

Derartige Prunkgefäße nach dem Vorbild der berühmten »Medici-Vase«[56] kamen an der KPM in neun verschiedenen Modellen vor und erfreuten sich in den Jahren vor 1829 großer Beliebtheit. Sie unterschieden sich unter anderem in der Form der Henkel und wurden etwa »Rhedensche Vase«, »Vase mit Adlerhenkeln« oder »Vase mit gekrümmten Henkeln« benannt. Allen gemeinsam war eine gerade, beinahe zylindrische Wandung, die viel Raum für Bemalungen und Vergoldungen bot.

Der Rheden'sche Typus, der auf die Erfindung des Modellmeisters Carl Friedrich Riese nach einer Idee des Grafen von Rheden, dem Leiter der Manufakturkommission, im Jahr 1799 zurückgeht, war über drei Jahrzehnte hinweg eine der bevorzugtesten Vasen der KPM. Auch Friedrich Franz I. von Mecklenburg-Schwerin bekam zwei Exemplare von Friedrich Wilhelm III. geschenkt, als er 1820 während der Verlobungsreise seines Enkels in Berlin weilte (vgl. S. 24). Eine dieser beiden, mit üppiger Blumenmalerei verzierten Stücke ist in den Sammlungen des Schweriner Museums erhalten (Abb.).[57]

Hochinteressant ist eine weitere Rheden'sche Vase mit dem Biskuitbildnis der Alexandrine als Prinzessin von Preußen (Abb. S. 32).[58] Sie wird wohl ein Hochzeitsgeschenk gewesen sein, denn ihre Marke stammt eindeutig aus der Zeit kurz vor 1823. Ein Eintrag in der soge-

55 Baer 1983, S. 14; auch im Folgenden, insbesondere zu den Münchner Vasen.

56 Marmorne Kratervase aus Athen, 2. Hälfte des 1. Jahrhunderts, heute in den Uffizien in Florenz.

57 SSGK, Inv.-Nr. KG 1562.

58 SSGK, Inv.-Nr. KG 8900.

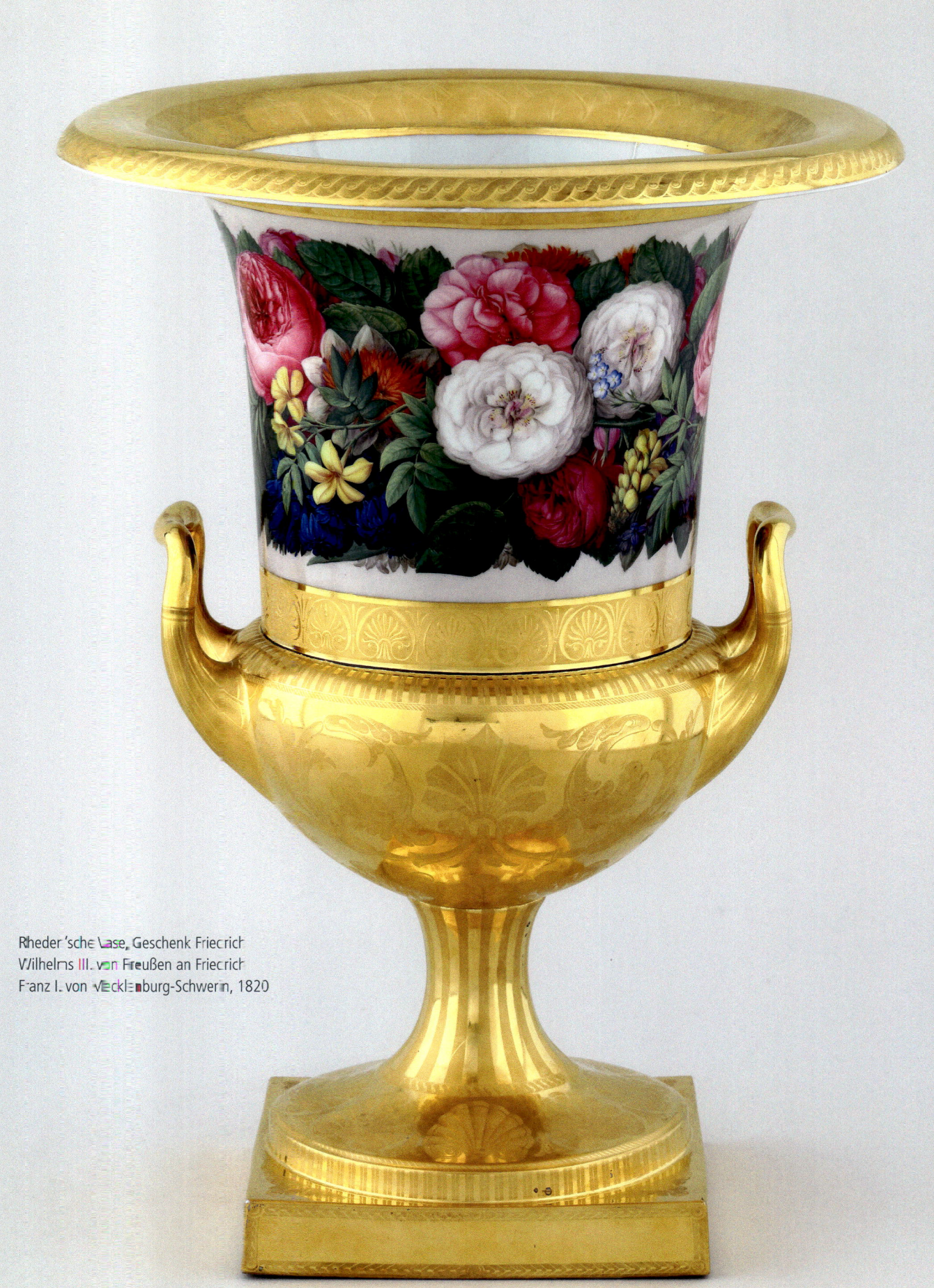

Rheder'sche Vase, Geschenk Friedrich
Wilhelms III. von Preußen an Friedrich
Franz I. von Mecklenburg-Schwerin, 1820

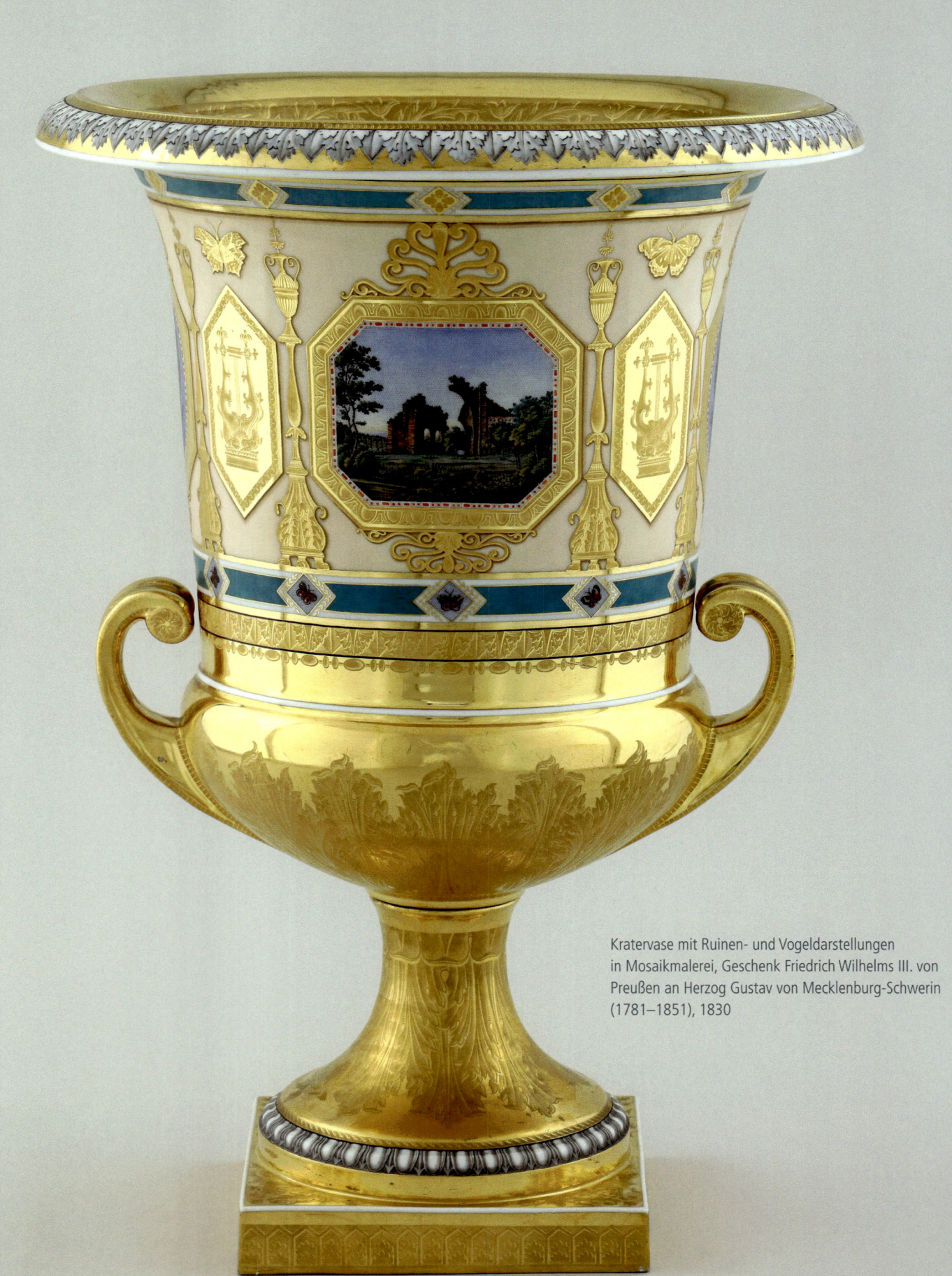

Kratervase mit Ruinen- und Vogeldarstellungen
in Mosaikmalerei, Geschenk Friedrich Wilhelms III. von
Preußen an Herzog Gustav von Mecklenburg-Schwerin
(1781–1851), 1830

nannten Bublitz-Kartei bestätigt die Datierung, dort ist die Bestellung der Malerei für September 1822 belegt.[59]

Der Dekor besticht durch seinen tiefblauen Lapislazuli-fond, das akkurate Relief von Biskuitporzellan und den fein gemalten Rosenstrauß auf der Rückseite. Imitationen von kostbarem, wie poliert wirkendem Stein wurden vornehmlich für hochwertige Porzellane verwendet, um die dekorative Wirkung zu steigern. In stilistischer Hinsicht korrespondiert das prunkvoll wirkende Stück mit dem Hochzeitsservice aus der KPM, welches das Brautpaar von Friedrich Wilhelm III. von Preußen überreicht bekam. Doch obwohl hier das gleiche Lapislazuli-Blau und der gleiche rosafarbene Fond Verwendung fanden, gehört die Vase nicht zu diesem Service.

Die erwähnte Verlobungsreise bescherte den nach Berlin gereisten Mecklenburgern noch ein anderes Modell der Kratervasen, nämlich das mit gekrümmten Henkeln.[60] Ihre Form geht auf einen Entwurf von Karl Friedrich Schinkel aus dem Jahr 1815 zurück und stellt eine Weiterentwicklung der Rheden'schen Sorte dar.[61] Auf ihrer Wandung entfaltet sich eine Ansicht von Potsdam nach der kolorierten Radierung von Peter Ludwig Lütke (1759–1831)[62] aus dem Jahr 1796

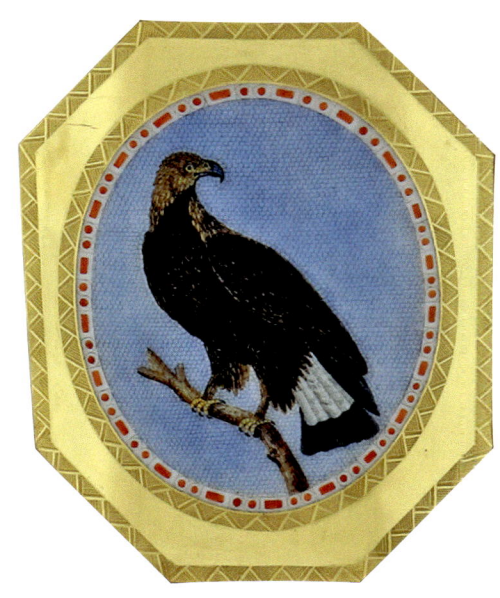

Details der Vase für Herzog Gustav von Mecklenburg-Schwerin

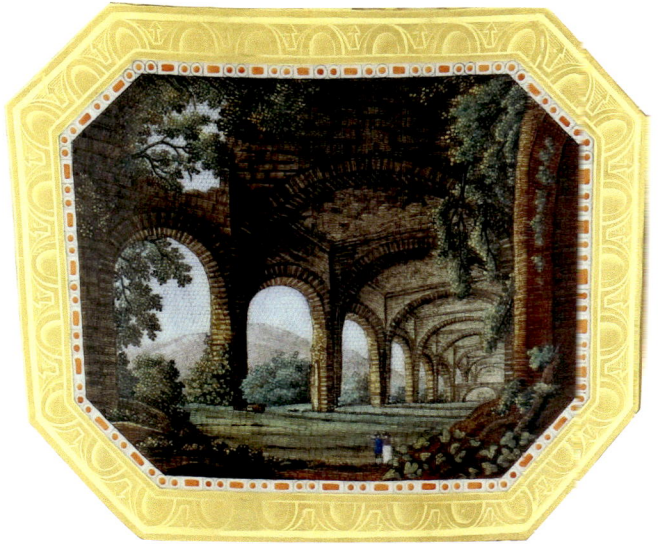

59 SPSG, KPM-Archiv (Land Berlin), Bublitz-Kartei ID 1198: »Bildnismedaillon Reden'sche Vase No 2, 1822, mit biscuit Bildnis der Prinzessin Alexandrine von Preußen. Auf der anderen Seite ein weißer Rosenstrauß in [Gold] grav. eingef. Medaillon Lapis azuli Fond [...] vergl. Malerei-Bestellungs-Zettel v. 2. Januar 1822 – 13. Sept. 1822 pag 147«. Die betreffenden Malereibestellungszettel sind nicht mehr vorhanden, sodass der Eintrag nicht nachverfolgt werden kann. Da die Vase nicht im Kontobuch des Königs auftaucht, ist sie auch kein Geschenk von ihm, sondern stammt von einem anderen Besteller. Das Staatliche Museum Schwerin erwarb sie 2013 im Kunsthandel.

60 SSGK, Inv.-Nr. KG 1260.

61 Cuvier-Böcher 1984, Kat. Nr. 13, sowie S. 63.

62 Gestochen von Daniel Berger (1744–1825). SPSG, KPM-Archiv (Land Berlin), Inv.-Nr. KPM D 3. Den Hinweis auf die Vorlage erhielt ich von Eva Wollschläger, Kustodin KPM-Archiv (Land Berlin), SPSG. Eva Wollschläger möchte ich für die umfassende Unterstützung der Recherchen für die vorliegende Veröffentlichung danken. Ihrem exzellenten Fachkenntnis verdanke ich zahlreiche Hinweise auf wichtiges Aktenmaterial und deren Deutung, ebenso auf Vergleichsbeispiele und Literatur. Eine weitere Auswertung der Quellen durch sie ist in Form einer Veröffentlichung gemeinsam mit den SSGK-SMS zu den Berliner Porzellanen der Schweriner Sammlung vorgesehen.

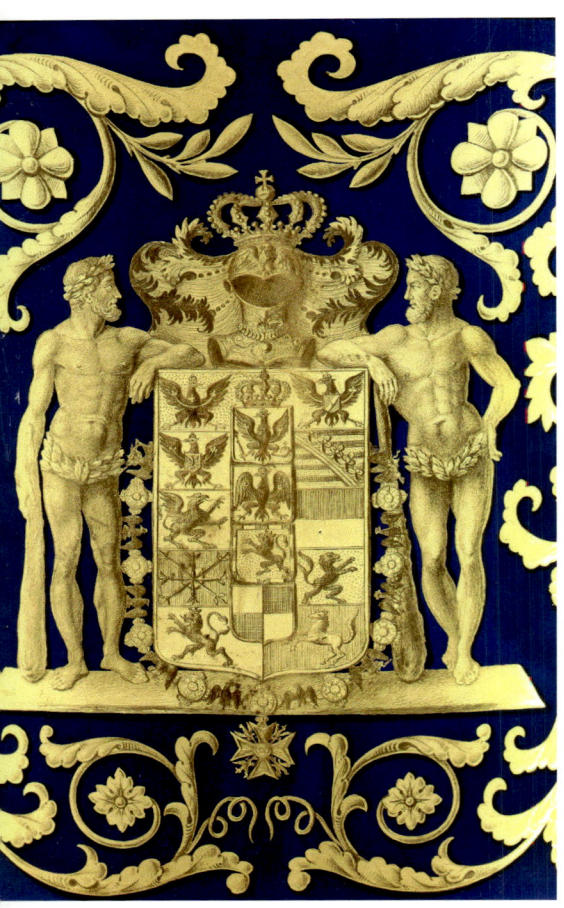

Preußisches Wappen

63 SPSG, KPM-Archiv (Land Berlin), Pret 2, 353, 27.5.1830. Vase in den SSGK, Inv.-Nr. KG 1259.

64 Zur Mikromosaikmalerei in der KPM siehe Wittwer 2007, S. 77 ff.

65 SSGK, Inv.-Nr. KG 684, KG 1563.

66 Wittwer 2007, S. 67. Modellnummer der KPM: 1490. Hinweis von Eva Wollschläger.

(Abb. S. 25, 26). Gleichfalls sollte ein Hinweis auf den königlichen Schenker nicht fehlen, und so ist auf der Rückseite ein Biskuitreliefbild Friedrich Wilhelms III. aufgelegt. Es entstand nach einer Reliefvorlage von Leonhard Posch (1750–1831), der zahlreiche Entwürfe für derartige Kleinkunstwerke schuf.

Das gleiche Modell von Schinkel liegt auch bei der Kratervase mit Ruinen- und Vogeldarstellungen vor, die Friedrich Wilhelm III. 1830 Herzog Gustav von Mecklenburg-Schwerin (1781–1851), dem zweitältesten Sohn von Friedrich Franz I., schenkte (Abb. S. 78, 79).[63] Die aufgemalten Motive muten wie Mosaiken aus kleinen Marmor- oder Glassteinen an, wie man sie von der Antike her kannte. Auf dem Porzellan wurde das Motiv allerdings zuvor im Ganzen aufgemalt und erst im Nachhinein mit einem Raster überzogen. Mit feinstem Pinsel imitierten die Maler jeden Stein in den Bildkartuschen. Mit dieser 1802 eingeführten Dekorart bewies die KPM einmal mehr, dass sie den Ruf der vortrefflichen Meisterschaft zu Recht innehatte. Sie perfektionierte die Mikromosaikmalerei zu einer geradezu augentäuschenden Illusionsmalerei.[64]

Eindeutig als Geschenke des Königs geben sich zwei fast identische Kratervasen zu erkennen, die auf der Vorderseite jeweils ein Biskuitbildnis Friedrich Wilhelms III. tragen (Abb).[65] Allerdings sind hier weder der Beschenkte noch der Anlass der Entstehung bekannt. Sie gehören zu den Vasen mit Adlerhenkeln, deren Modell abermals auf Riese zurückgeht. 1810 wurde diese neu erfundene Form sofort auf der Berliner Akademieausstellung gezeigt.[66] Die in Schwerin vorhandenen Exemplare sind um 1820 entstanden. Äußerst repräsentativ wird bei ihnen der Körper von Festons aus Eichenlaub umrahmt und die Henkel aus preußischen Adlern gebildet. Auf der Rückseite des einen Stücks prangt das goldgemalte Wappen Preußens mit den Wilden Männern als Schildhalter. Der Rest der Wandung ist von vergoldeten Ranken auf blauem Biskuituntergrund überzogen, was eine ausgesprochen edle Ausstrahlung heraufbeschwört.

Kratervasen dienten dem König insbesondere in den 1820er-Jahren als bevorzugte Geschenke. So orderte seine Majestät auch für die Verwandtschaft in Mecklenburg-Schwerin ab 1820 insgesamt 18 derartige Modelle, sei es als Paar oder als Einzelstück. Ab 1832 kamen dann andere Vasenformen zum Zuge.

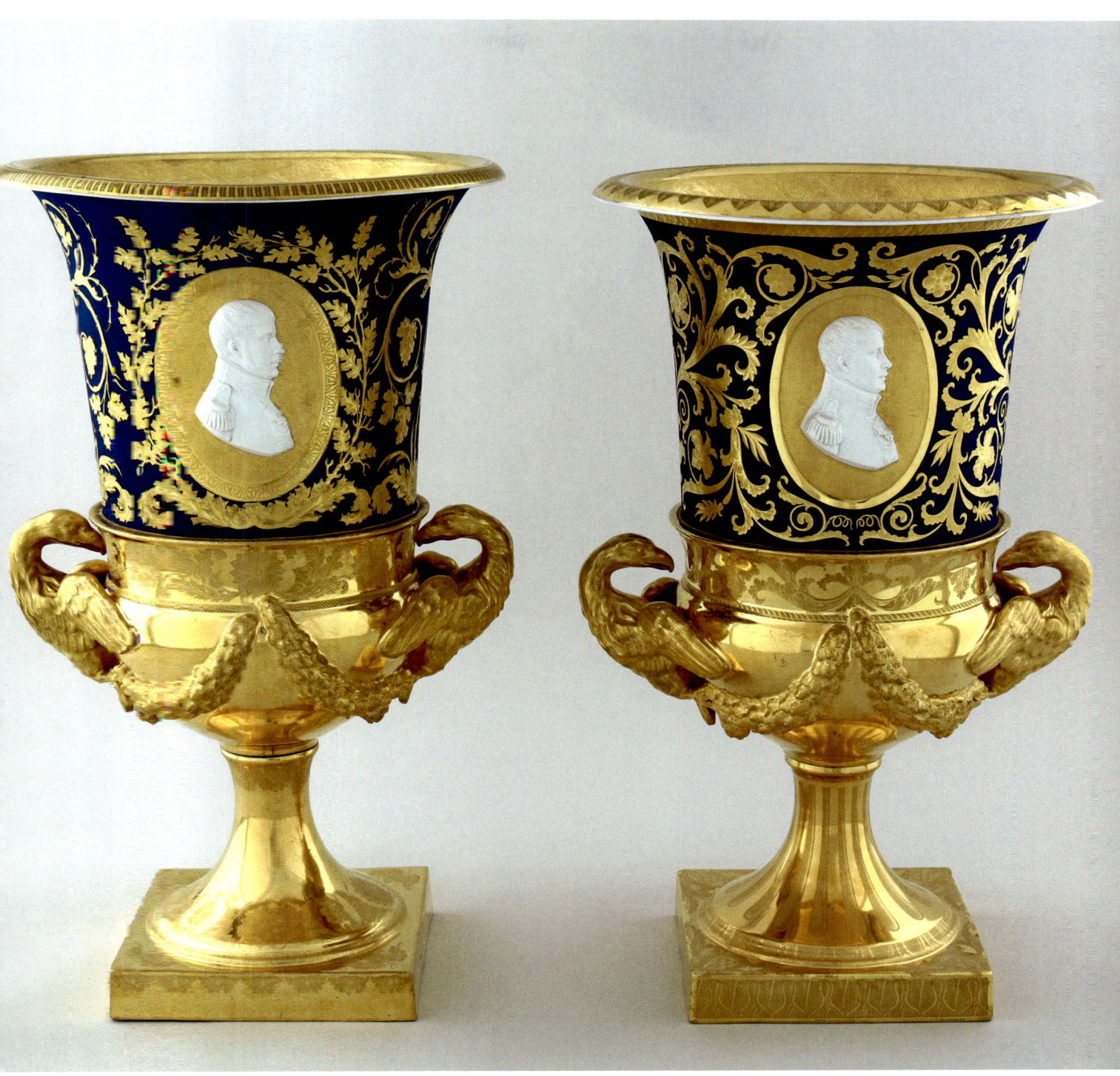

Kratervasen mit Adlerhenkeln und dem Biskuitbildnis Friedrich Wilhelms III. von Preußen, um 1820

Münchner Vasen

Der Name für diese Gefäßform deutet schon auf ihr unmittelbares Vorbild hin, ein Fabrikat der Nymphenburger Manufaktur nach Entwurf des Architekten Friedrich von Gärtner von 1822.[67] Sie kam 1823 zur Hochzeit des Kronprinzen Friedrich Wilhelm (IV.) mit Prinzessin Elisabeth von Bayern als Geschenk des bayerischen Hofs nach Berlin und versetzte dort die Zeitgenossen in Verzücken. Natürlich hatte auch das Nymphenburger Modell ein künstlerisches Vorbild: die der griechischen Antike entlehnte bauchige Hydria, die einst zum Wassertransport diente. In der Berliner Manufaktur wurde sie nach ihrem Nymphenburger Vorbild als »baierische Form«, »baierische Sorte« oder »Münchner Vase« benannt. Ihre Form wurde leicht verändert und in der Höhe noch gesteigert, um letztendlich Größen bis 1,10 Metern zu bewältigen. Obwohl die kleineren und mittleren Formate zweiteilig und die größeren sogar dreiteilig gebrannt wurden, stellte der Brennprozess eine große Herausforderung dar. Diese außerordentliche technische Leistung, verbunden mit der brillanten Dekorausführung, prädestinierte die Münchner Vasen als königliche Geschenke ohnegleichen. Es kann davon ausgegangen werden, dass sie tatsächlich auch nur im Auftrag des Königshauses gefertigt worden sind. In der Literatur wird die erste Ausformung in Berlin mit 1829 angegeben, doch ist nachweislich bereits 1826 ein Exemplar nach Mecklenburg gekommen.[68]

Friedrich Wilhelm III. verschenkte Vasen dieses Typs über 100 Mal[69] und, wie eben angedeutet, auch an beide mecklenburgische Großherzogsfamilien. Nach Mecklenburg-Strelitz gelangten laut Kontobuch insgesamt vier Exemplare, eines davon 1832 für die Gemahlin von Großherzog Georg, Marie von Hessen-Kassel.[70] Die anderen drei aus dem Jahr 1838 waren als Dreiersatz mit umlaufender kolorierter Blumenbordüre gestaltet. Von diesem Ensemble erhielt Großherzog Georg die mittlere mit 79 Zentimetern Höhe, während die beiden seitlichen mit 60 Zentimetern jeweils an seine Töchter, die Prinzessinnen Louise und Caroline, gingen, die zu jener Zeit 14 und 11 Jahre alt waren.[71]

In Schwerin kamen zeitlich versetzt zwei Münchner Vasen an: 1826 die für Erbgroßherzog Paul Friedrich (Abb. S. 13) und 1834 eine größere für seine Gemahlin Alexandrine (Abb.).[72] Beide sind mit einer exzellenten Bemalung versehen; die erste mit einem Dekorband in Form einer schwarz-weißen Reliefmalerei, die an ein Werk von Thorvaldsen erinnert. Die Entwürfe eines anonymen Schöpfers dafür sind im KPM-Archiv erhal-

67 Eine umfassende Ausführung zu den Münchner Vasen siehe Baer 1983.

68 Baer 1983, S. 18. Dagegen spricht die Eintragung der Vase für den Erbgroßherzog von Mecklenburg-Schwerin im Kontobuch: SPSG, KPM-Archiv (Land Berlin), Pret 2, 353, 13.9.1826, S. 133.

69 104 Eintragungen im Kontobuch des Königs; siehe Wittwer 2007, S. 68. Bei Baer 1983, S. 21, ist von 137 Eintragungen die Rede.

70 Bemalt mit einem »Figuren Sujet in einen Kahn«. SPSG, KPM-Archiv (Land Berlin), Pret 2, 353, 9.3.1832, S. 183.

71 Ebd., 6.6.1838, S. 138 [238]. Abbildungen der nach Neustrelitz gelieferten Münchner Vasen im dortigen Schloss bei Foelsch 2016, S. 225, Abb. 207; S. 371, Abb. 373 und S. 456, Abb. 471. Die Aufnahmen stammen aus der Zeit um 1921 und um 1938.

72 Vase von 1826: SSGK, Inv.-Nr. KG 1260, Vase von 1834: SSGK, Inv.-Nr. KG 1267.

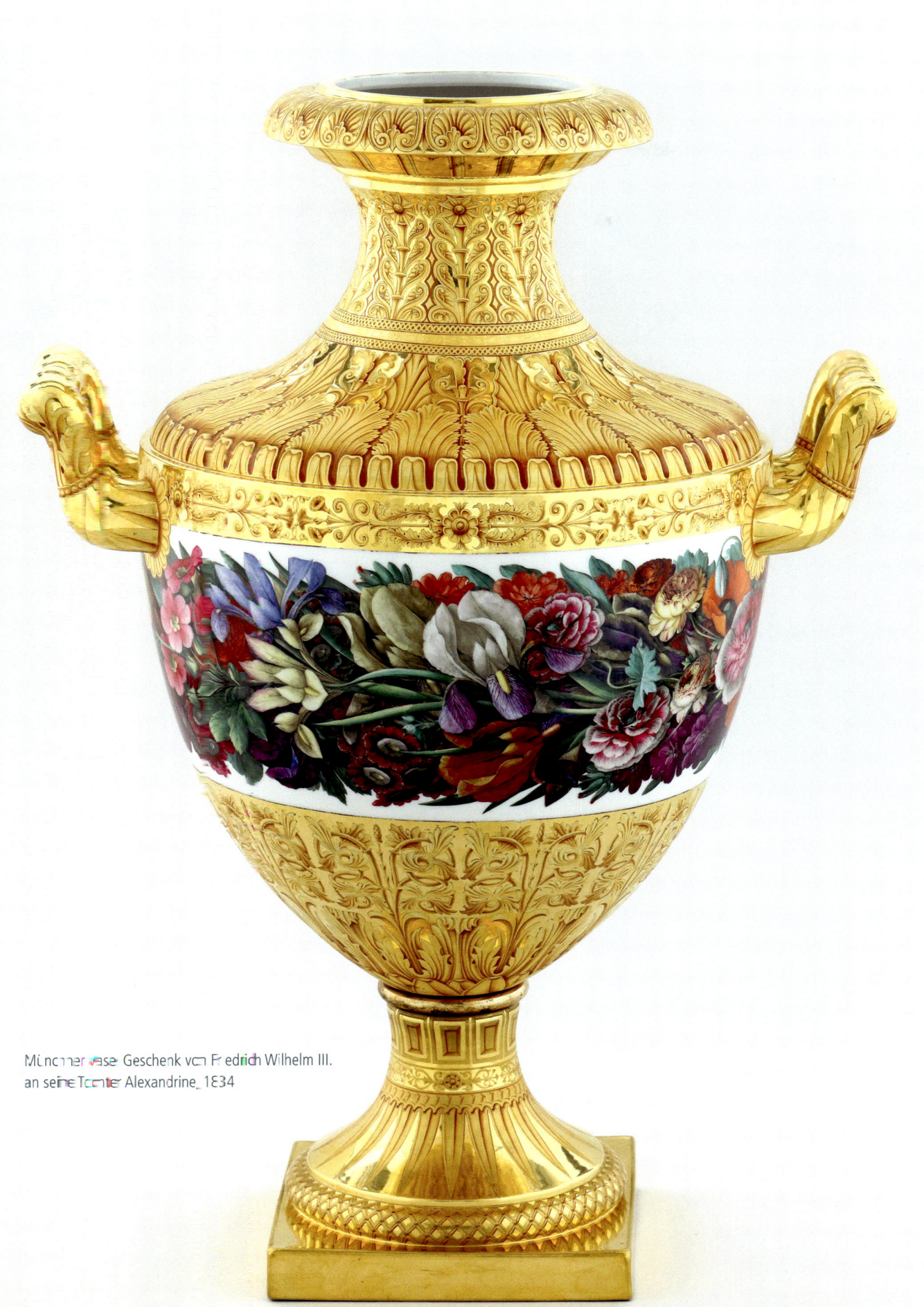

Münchner Vase Geschenk von Friedrich Wilhelm III.
an seine Tochter Alexandrine_1834

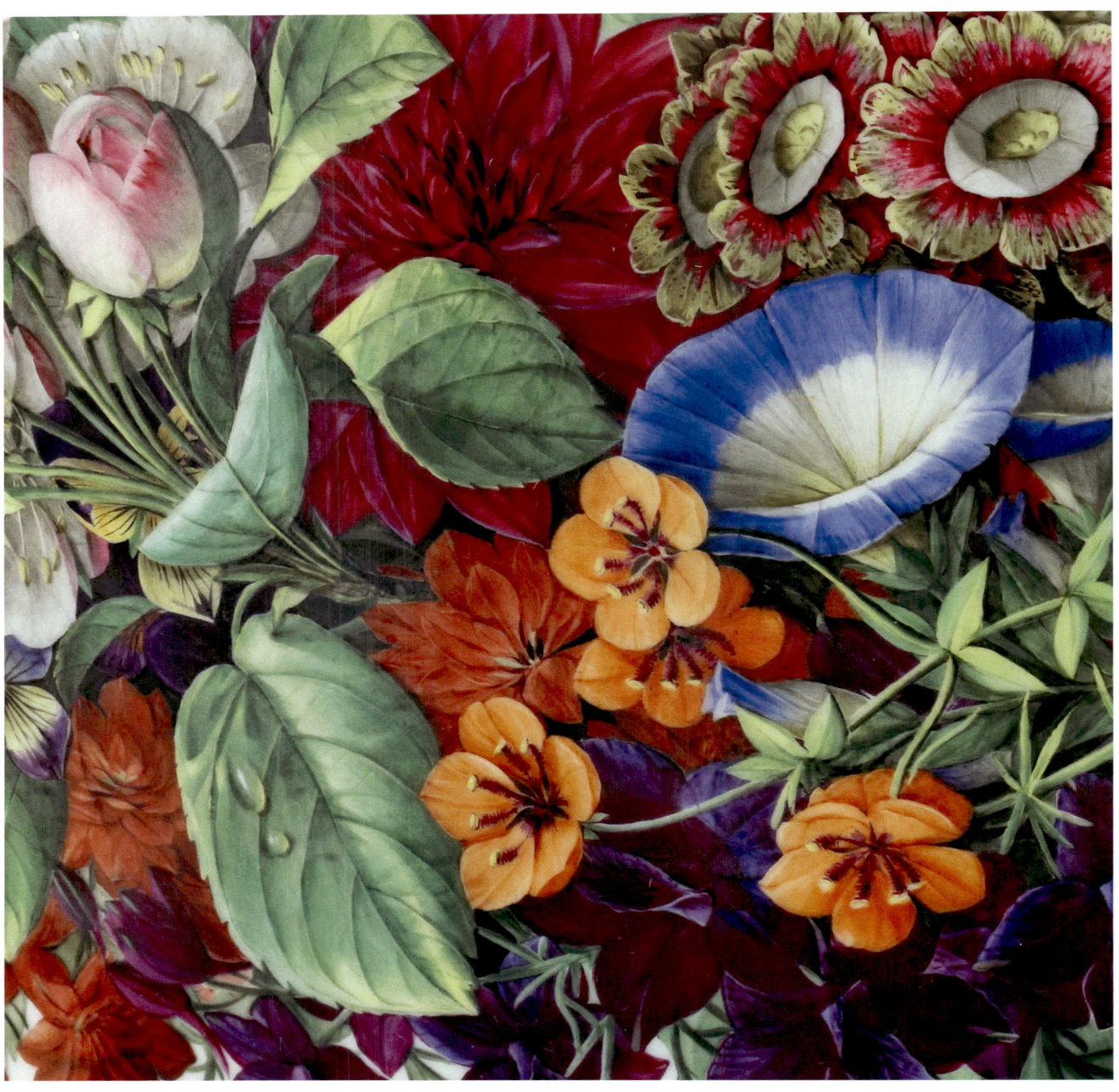

ten.[73] Außerdem wird die Gefäßschulter von einer Blumen- und Früchtemalerei verziert, die die Hand des Malers Gottfried Wilhelm Völcker (1775–1849) vermuten lässt.[74] Das umlaufende Blumenband des zweiten Stücks wird ebenfalls auf Völcker zurückgehen (Abb.).[5]

Der Künstler war seit 1802 als Vorsteher der Blumenmaler bei der KPM beschäftigt und schuf neben der Manufakturtätigkeit in großem Umfang Ölgemälde im gleichen Genre,[6] die er wiederum der Manufaktur als Vorlage verkaufte. In einer Zeit, als es bei der Blumenmalerei der KPM nicht mehr unbedingt auf eine exakte botanische Wiedergabe ankam, blieben die Pflanzen zwar immer noch bestimmbar, aber nun rückte die stimmungshafte, dekorative und vor allem farbintensive Darstellung in den Vordergrund. Die kunstvoll ineinander verwobenen Blumen und Blätter zaubern einen prachtvollen Blütenteppich mit gewisser Tiefenstaffelung, der nur an den Rändern etwas Weiß des Porzellans durchblitzen lässt.

Auch die Vergoldung des Gefäßes ist von erlesenem Rang und entstammt einem aquarellierten Entwurf des Architekten Johann Heinrich Strack (1805–1880) von 1832.[7] Dieser hatte zu der Zeit eine ganze Reihe von Entwürfen für Münchner Vasen angefertigt. Als ein Mitstreiter Karl Friedrich Schinkels trug er dessen Klassizismus der 1820er-Jahre weiter und orientierte sich bei seinen Dekorentwürfen an der Kunst der Antike. Mit Stracks Entwurfstätigkeit manifestiert sich der Einfluss der klassischen Berliner Schule.

Das für ihn typische teppichartige Goldmuster des Entwurfs ist fein nuanciert und auf einem farbigen Grund ausgeführt. Dieses ombrierte Gold rief einen noch plastischeren Eindruck hervor als radierte Muster. Das Aussehen wird im Kontobuch »Glanzgold, darauf arab: aus Braun u Gold« beschrieben. In anderen Manufakturen wurde die Bezeichnung Glanzgold für ein glänzend aus dem Ofen kommendes Material verwendet; eine kostensparende Erfindung, die allerdings in der Haltbarkeit äußerst fragwürdig war. Zwar ersparte man sich damit eine zeitintensive Nachbehandlung, doch wird im normalen Gebrauch das Gold schnell abgerieben. Nicht so bei der KPM, denn hier steht der Begriff verlässlich für Gold, das nach dem Brand in aufwendiger Nacharbeit poliert, graviert oder anders endbehandelt werden musste, um zu glänzen. Das garantierte höchste Qualität in künstlerischer Ausführung wie auch Beständigkeit und trug dazu bei, die Gefäße als exklusive, wahrhaft königliche Produkte auszuzeichnen.[78]

73 Ebd., 13.9.1826, S. 133. Hinweis von Eva Wollschläger.

74 Der Hinweis stammt von Prof. Winfried Baer, der dem Staatlichen Museum Schwerin oftmals wertvolle Erkenntnissen weitergab. Auch Ilse Baer bin ich für manch einen Fund im KPM-Archiv dankbar, deren Kenntnis sie den Schweriner Kollegen zur Verfügung stellte.

75 Ebd., 18.3.1834, S. 202.

76 Ouvrier-Böttcher 1984, S. 164.

77 Entwurf für den Gesamtdekor, J. H. Strack, 1832, Aquarell, weiß gehöht, Feder, Blei, 78,6 × 51,1 cm, bez.: »Strack inv: et fecit 1832« SPSG, KPM-Archiv (Land Berlin), Mappe 146 Nr. 53 sowie siehe Baer 1983, S. 28, Kat.-Nr. 3, Abb. S. 30.

78 Zur Golddekoration und Vergoldung in der KPM siehe Wittwer 2007, S. 132–135.

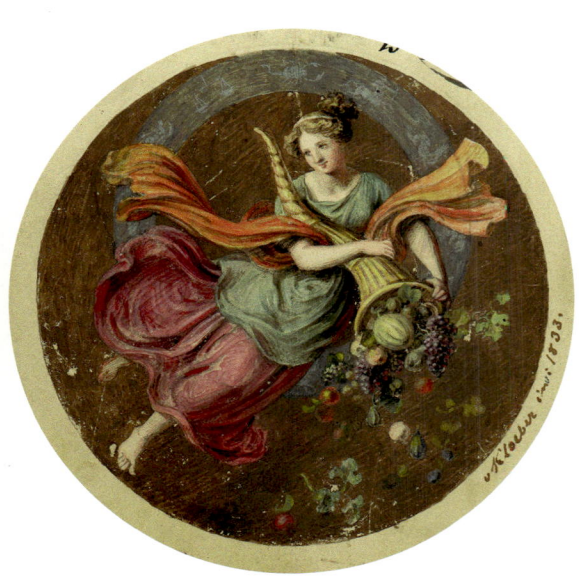

Vorlage zu einer der allegorischen Darstellungen von Carl Friedrich August von Kloeber

Amphorenvasen

1832 wurde von der KPM ein weiterer Vasentyp auf den Markt gebracht, ein amphorenförmiges Modell mit einem eiförmigen Körper und nach oben weisenden Henkeln in verschiedener Gestalt. Von Vorbildern französischer Manufakturen inspiriert, bezeichnete man es dementsprechend als »Französische Vase«. Es wurde in verschiedenen Größen hergestellt, die kleinsten mit gerade einmal 15 Zentimetern Höhe. Das im Schweriner Museum erhaltene Stück gehört mit seinen 80 Zentimetern schon zu den repräsentativeren, doch sind auch Exemplare von weit über einem Meter bekannt.[79]

Waren die Münchner Vasen fast ausschließlich dem König für Geschenkzwecke vorbehalten, wurde das französische Modell auch ohne konkreten Auftrag von der Manufaktur produziert. Es stand für den allgemeinen Verkauf zur Verfügung, wurde aber ebenso vom König bei seinen regelmäßigen Manufakturbesuchen für Standardgeschenke erworben.[80] Ob es sich bei dem hiesigen Stück um so ein Standardgeschenk handelt, ist nicht bekannt (Abb.). Es zeichnet sich jedoch durch eine qualitätvolle Staffierung auf rosafarbenem Fond aus. Bei den Darstellungen in den Reserven, die sehr fein mit Efeuranken in Gold gerahmt sind, handelt es sich um mythologische Figuren nach Vorlage des Malers Carl Friedrich August von Kloeber.[81] Dessen antikisch aufgefasste Kompositionen bereicherten die Vorlagensammlung der KPM, für die er bis 1836 – neben seiner Tätigkeit als Professor an der Berliner Kunstakademie und neben Aufträgen aus dem Königshaus zur Ausmalung der Schlösser – Entwürfe anfertigte. Gerade in dieser Zeit gingen in der Erfindung neuer Dessins viele innovative Impulse von Künstlern und Architekten außerhalb der Manufaktur aus.

Dass eine derartige Vase wie die hiesige die Ansprüche an ein königliches Geschenk erfüllte, beweist ein sehr ähnliches, sogar nur halb so großes Exemplar, welches Friedrich Wilhelm IV. 1840 dem dänischen Kronprinzen Frederik (VII.) zukommen ließ.[82] Es ist eine der insgesamt 134 Französischen Vasen, die das Königshaus ab 1832 verschenkte. Nach Mecklenburg-Schwerin kamen laut Kontobuch zwischen 1833 und 1850 vier französische Modelle, die bis auf eine Ausnahme mit Veduten von Berlin und Potsdam geschmückt waren.

Alle hier erwähnten Vasenformen bestimmten für lange Zeit das Bild der Manufakturproduktion. Andere Formerfindungen, wie die Persische Vase, fanden darüber hinaus nur vereinzelt den Weg nach Mecklenburg.

79 Vasenpaar mit 137 cm Höhe, 2007 in der Twinight Collection New York, siehe ebd., S. 434, Kat.-Nr. 150; Ouvrier-Böttcher 1984, Kat.-Nr. 16.

80 Wittwer 2007, S. 67 und S. 362.

81 Der Verdacht auf die Urheberschaft Kloebers konnte Eva Wollschläger mit den im KPM-Archiv vorhandenen Vorlagen 2018 verifizieren.

82 Vgl. Orangerie-Auktion Grisebach, Berlin 1.6.2017, Lot 279.

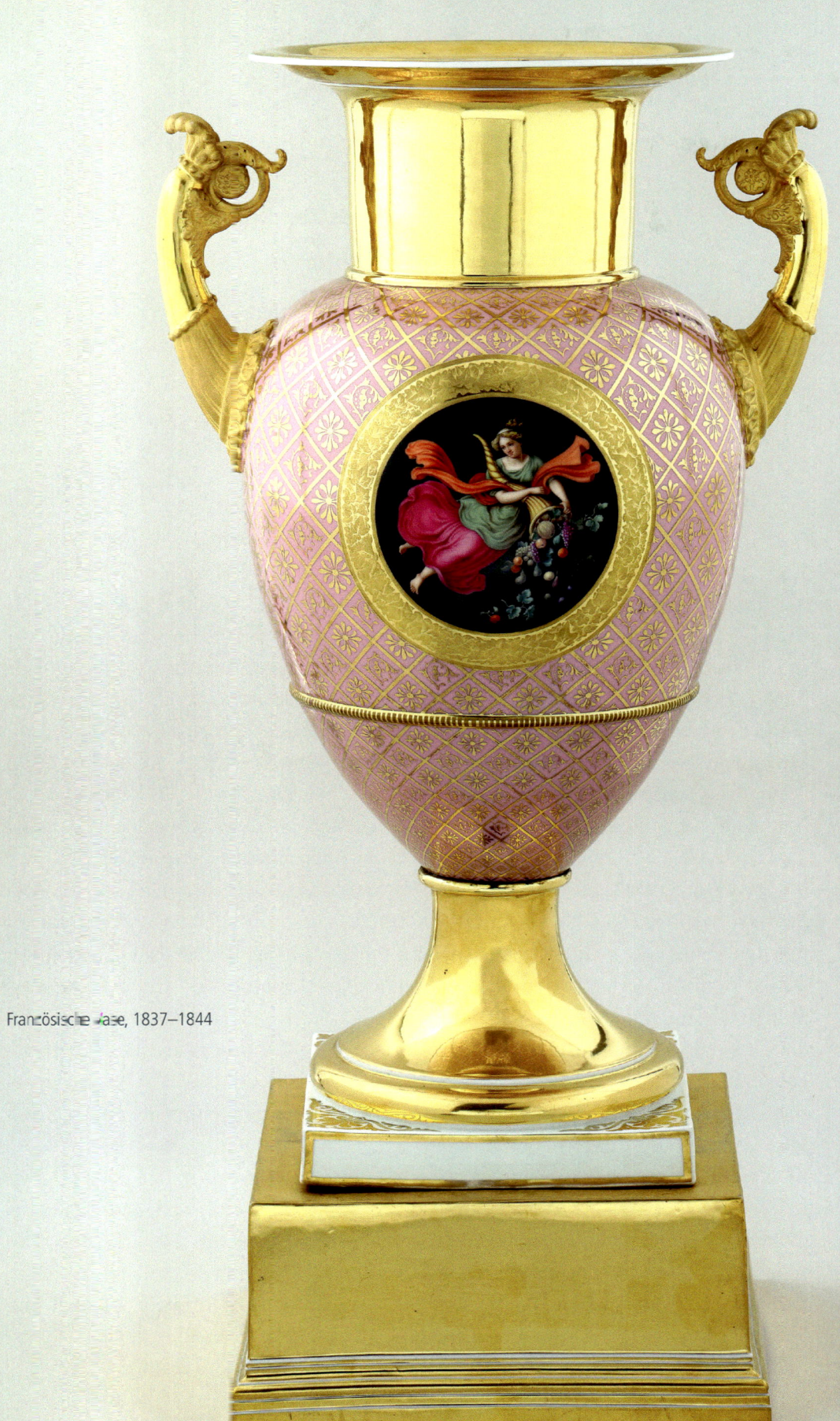

Französische Vase, 1837–1844

Orient trifft Strelitzie.
Die Persische Vase nach Schinkels Entwurf

Persische Vase
Entwurf von Karl Friedrich Schinkel, 1824
Ausformung 1831
Blumenmalerei von Ernst Wilhelm Sager, signiert »E. Sager 1831«
H: 71,8 cm, Inv.-Nr. KG 4734

Im Winter des Jahres 1821 hielt ein Fest ganz Berlin in Atem. Es wurde aus Anlass des Besuchs des russischen Großfürsten und späteren Zaren Nikolaus I. und seiner Frau Alexandra Fjodorowna, geborene Prinzessin Charlotte von Preußen, gefeiert. »Lalla Rookh«[83] nannte sich das Festspiel, das unter Mitwirken des Hofstaats in farbenprächtigen Kostümen mit Musik und Tanz vor 4.000 Festgästen aufgeführt wurde und als Meilenstein der höfischen Festkultur in Preußen im Gedächtnis blieb. Kein Geringerer als Karl Friedrich Schinkel lieferte maßgebliche Anregungen für die künstlerische Umsetzung des Versepos von Thomas Moore zur Musik von Gaspare Spontini.[84] Noch im Nachhinein sorgte die Aufführung der orientalischen Romanze beispielsweise durch Bildbände für Aufsehen. In der Berliner Porzellanmanufaktur entstanden Teller und Vasen mit Szenen aus dem Festzug als Geschenke für Teilnehmer am Spektakel.

Das aufsehenerregendste Objekt aus Porzellan war dabei die Persische Vase, die drei Jahre nach dem Fest erstmals gefertigt wurde und an deren Entstehung erneut Schinkel beteiligt war. Zusammen mit dem Bildhauer Johann Gottfried Schadow (1764–1850) fertigte er Entwürfe für eine orientalisch anmutende »Alhambra-Vase« (Abb. S. 90). Die breiten Doppelhenkel der Vase sind mit farbigen steinartigen Elementen geschmückt, die wie ein Besatz aus geschliffenen Edelsteinen wirken. Auch die Ornamentik trägt orientalischen Charakter. Der umlaufende Fries der ersten Vase von 1824 zeigt die persisch-orientalisch kostümierten Figuren des Festzugs, wie sie auch auf der von Schinkel überlieferten Entwurfszeichnung zu sehen sind.[85]

Karl Friedrich Schinkel, der Ausnahmekünstler, der vorrangig als Architekt, aber auch als Maler, Grafiker, Kunsttheoretiker und Denkmalpfleger, als Eventdekorateur und Bühnenbildner wirkte, mischte ebenso selbstverständlich auf dem Gebiet des Designs mit.[86] Er fertigte Entwürfe für zahlreiche private Unternehmen, etwa für Fabriken, die Zinkgüsse, Goldschmiede-, Bronze- oder Steinmetzarbeiten, Seidentapeten und Möbelbezüge, Holzbronzeartikel, Bauornamente und einiges mehr herstellten. Außer-

83 Auch »Lalla Rûkh«.

84 Zur Mitwirkung Schinkels ausführlich bei Börsch-Supan 2011. Siehe auch Ouvrier-Böttcher 1984, Kat. Nr. 14.

85 SPSG, KPM-Archiv (Land Berlin), Mappe 146, Nr. 19. Abgebildet bei Börsch-Supan 2011, S. 341, Abb. 200; Köllmann/Jarchow 1987, Bd. 1, S. 78.

86 Dazu auch im Folgenden: Jan Mende: Karl Friedrich Schinkel und das Schöne im Alltag. Entwürfe für das preußische Kunstgewerbe (Vortrag vom 13.2.2018), in: Goethezeitportal, http://www.goethezeitportal.de/db/wiss/bildende_kunst/mende_schinkel.pdf (20.3.2019).

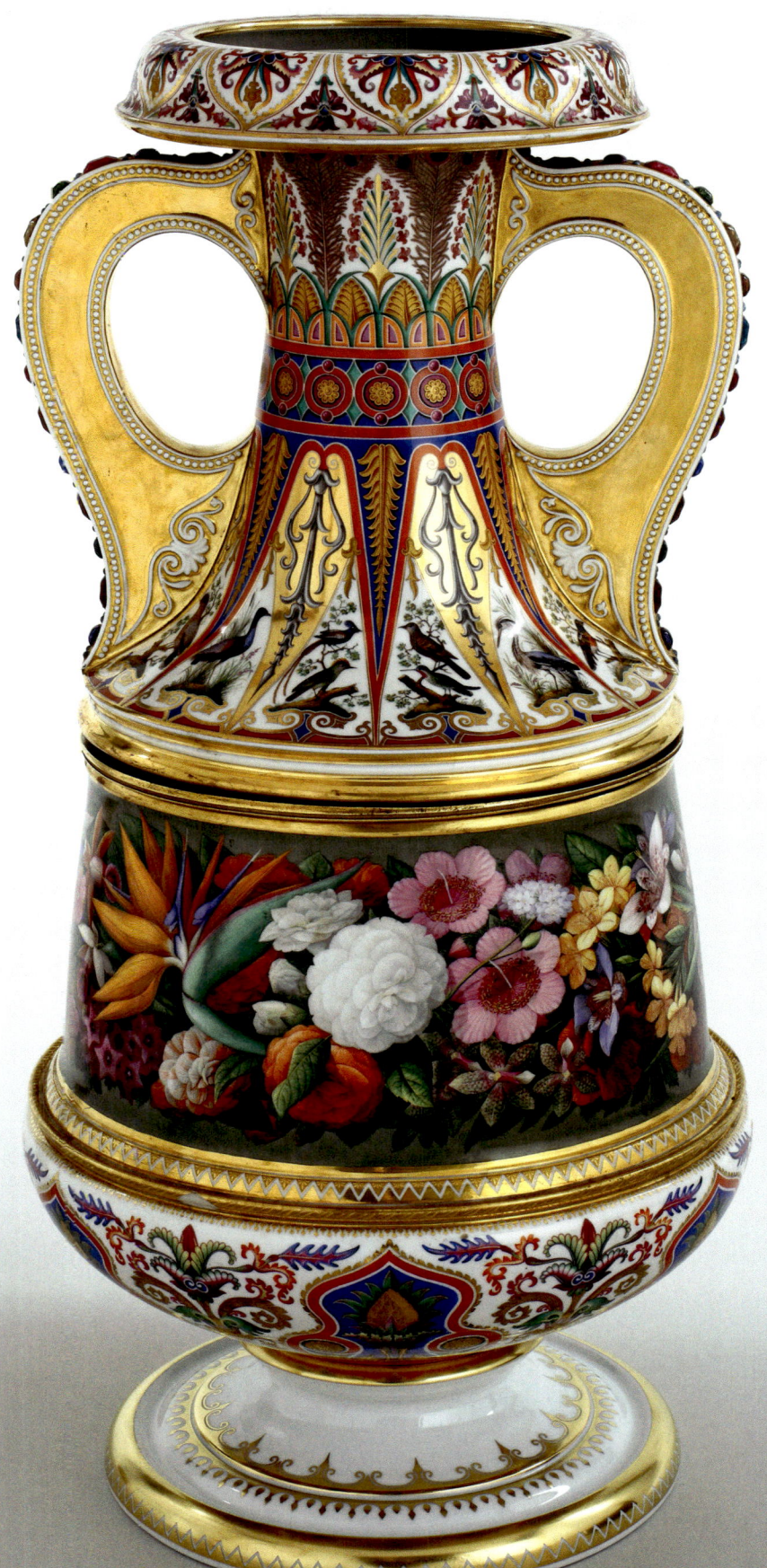

Persische Vase

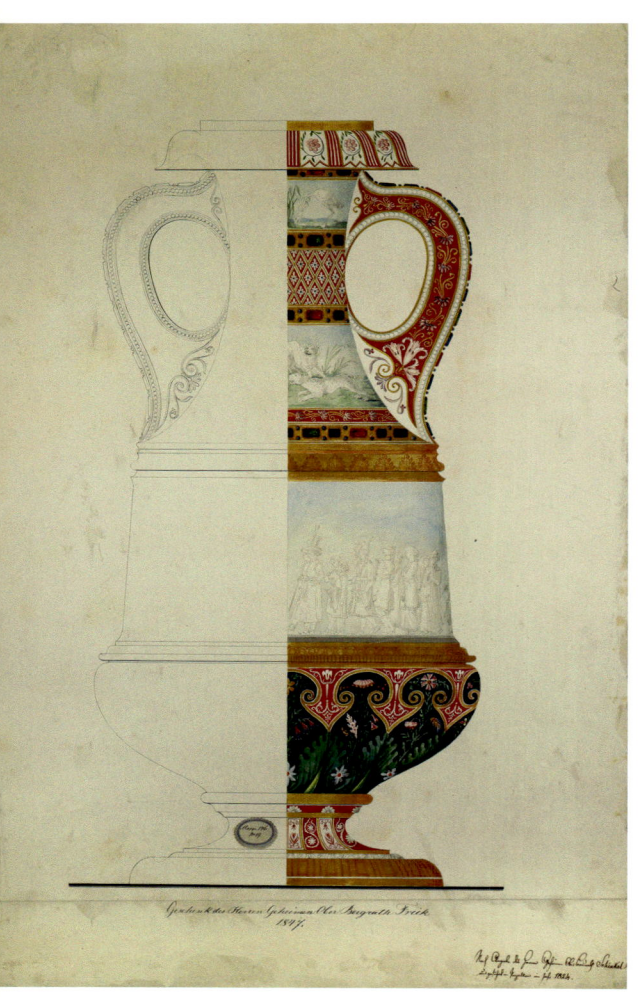

Entwurf eines unbekannten Künstlers nach Vorgaben
von Karl Friedrich Schinkel, vor 1824

dem war er für die Staatsbetriebe KPM und die Königlichen Eisengießereien tätig. Charakteristisch für sein Vorgehen war, dass er die Ausführungen jeweils bis ins Detail begleitete und sich für Vasen oder Schalen ebenso zuständig fühlte wie für einen großen architektonischen Prachtbau.[87] Schinkel erkannte das Potenzial, welches der künstlerischen Entwurfsarbeit zur Zeit der beginnenden industriellen Massenproduktion innewohnte. Obwohl in der Porzellanmanufaktur, wo in Teilbereichen serielle Fertigungsmethoden Anwendung fanden und die Vervielfältigung wie in anderen von ihm bedachten Fabriken ebenfalls eine Rolle spielte, beschränkte sich sein Wirken dort auf den Luxusbereich.

Seine ersten Entwürfe für die Manufaktur entsprachen dem allseits propagierten Antikenideal, doch der Typus der Persischen Vase unterscheidet sich erheblich von den bisher in der KPM gefertigten Modellen. Erstmals verließ Schinkel den antikischen Formenkanon und leitete zu historistischen Tendenzen über.[88] Mitunter wurden der Vase zwei kleinere beigeordnet, zusammen einen Dreiersatz bildend. Deren abgewandelte Form geht allerdings wohl nicht auf Schinkel zurück.

Auch die in Schwerin vorhandene Persische Vase spiegelt in Form und Ornamentik die Vorliebe der Zeit für alles Orientalische wider. Weniger experimentell zeigt sich die Ausschmückung der Vasenmitte. Sie ziert ein in brillanter Manier ausgeführter Blumenfries, der eine Vorstellung von der Meisterschaft der Blumenmalerei in der Berliner Manufaktur vermittelt. Auf einem graugrünen Fond legen sich die Blüten dicht an dicht um den Körper des Gefäßes, alle botanisch bestimmbar und dabei in gelungener Komposition miteinander verwoben. Auffällig in Farbe und Form, sticht eine der Blumen hervor, die »Strelitzia reginae«. Sie kam erstmals Ende des 18. Jahrhunderts von Südafrika nach Europa und erhielt von englischen Botanikern diesen Namen zu Ehren von Queen Sophie Charlotte aus dem Hause Mecklenburg-Strelitz.[89] Natürlich durfte sie auf dem Geschenk für Großherzog Georg nicht fehlen.

Da die Malereien in der KPM selten signiert wurden, ist man überrascht, am Rand des Blumenkranzes den Schriftzug

87 Ebd., S. 8.

88 Ausst.-Kat. Berlin 1988, S. 323, Kat.-Nr. 292.

89 Karl-Ernst Jipp: Die Strelitzie und ihre abenteuerliche Geschichte. Der Weg einer exotischen Blume von Südafrika um die Welt, Kiel 2006.

Ernst Sagers (1788 – nach 1830) zu finden. Nur wenigen Malern stand das Privileg zu, ihren Namen zu hinterlassen, noch dazu, wenn es sich wie bei Sager nicht um einen Malereivorsteher handelte.[90] Er war lediglich Blumenmaler, obgleich ein außerordentlich begabter, und regelmäßig mit Ölgemälden auf den Ausstellungen der Berliner Akademie vertreten.

Kann die Blumenmalerei eindeutig auf Sager zurückgeführt werden, so stammt die Darstellung der Vögel und der Ornamente jedoch von anderer Hand. Im Archiv der KPM haben sich zwei Zeichnungen erhalten, die als Entwürfe für die Schweriner Vase dienten und die bis ins kleinste Detail ausgeführt worden sind (Abb. S. 92).[91] Das stattliche Gefäß von über 70 Zentimetern Höhe ist aus drei Teilen zusammengesetzt. Solch große Porzellanteile zu brennen, ohne dass sie im Ofen Schaden nehmen oder sich verziehen, erfordert höchste Kunstfertigkeit. Insofern sprechen derartige Vasen schon allein durch ihre Größe von der technischen Perfektion, mit der in der KPM derartige künstlerische Höchstleistungen vollbracht werden konnten.

Persische Vasen wurden ab 1824 in geringer Stückzahl hergestellt. In den Akten der KPM werden bis 1854 nur 13 Exemplare genannt. Friedrich Wilhelm IV. sah sie als europaweite Geschenke vor, beispielsweise »[f]ür Ihre Majestät der Kayserin von Russland« oder »[f]ür Sr: Königl: Hoheit den Prinzen Albert in London«,[92] doch selbst bis nach Konstantinopel, Syrien oder Ägypten gelangten Ausformungen.

Eine weitere Vase ist im Kontobuch am 2. Juli 1831 für Großherzog Georg von Mecklenburg Strelitz vermerkt. Sie kostete alles in allem über 500 Taler und ist, im Aussehen exakt wie das hiesige Exemplar, folgendermaßen beschrieben: »1 Vase Persische No. 2, auf der Mitte rund herum mit coul: volle Blumen guirl: [Girlande] auf der ganzen

90 Dazu auch im Folgenden siehe Wittwer 2007, S. 269, Kat.-Nr. 80.

91 SPSG, KPM-Archiv (Land Berlin), Mappe 146, Nr. 250 und 251. Hinweis auf die Entwurfszeichnungen von Eva Wollschläger.

92 Auszüge aus: SPSG, KPM-Archiv (Land Berlin), Pret 2, 353, Conto Buch Sr. Majestät des Königs 1818–1850; Pret 3, 354, Rex [Lieferungen an König und Hof] 1818–1863; Pret 4, 355, Bestellungen des Hofmarschallamts 1854–1883. Abb. eines Dreiersatzes siehe Grorert 1994, S. 20 ff. Die Auszüge zu den Persischen Vasen wurden mir von Dr. Samuel Wittwer, Direktor der Abteilung Schlösser und Sammlungen der SPSG, zur Verfügung gestellt, wofür ihm mein herzlicher Dank gilt, ebenso auch für manch anregenden Hinweis und fachlichen Austausch.

Detail auf der Vasenschulter

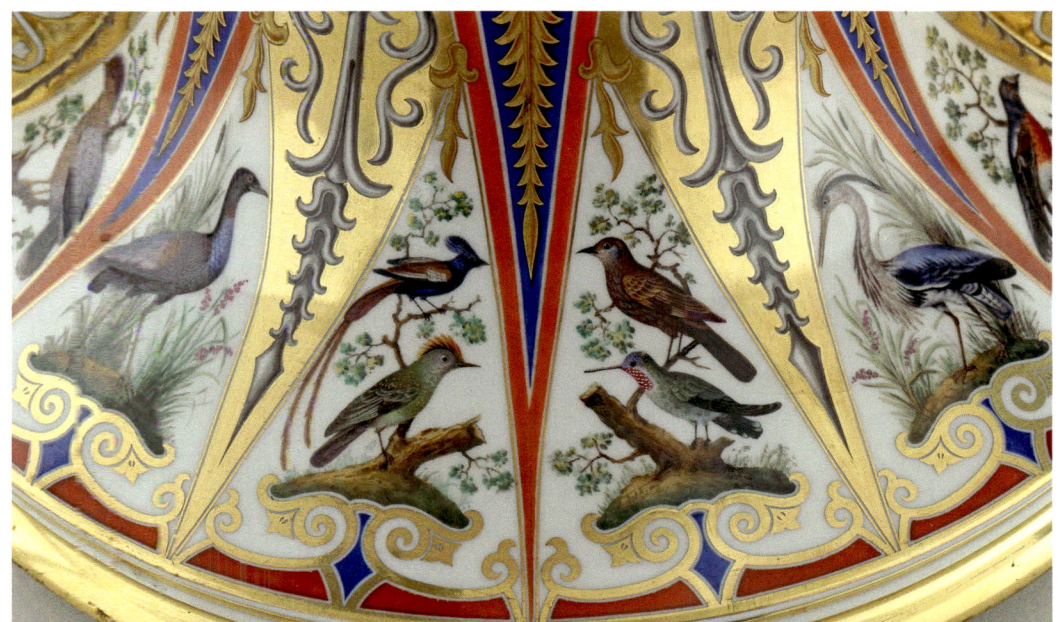

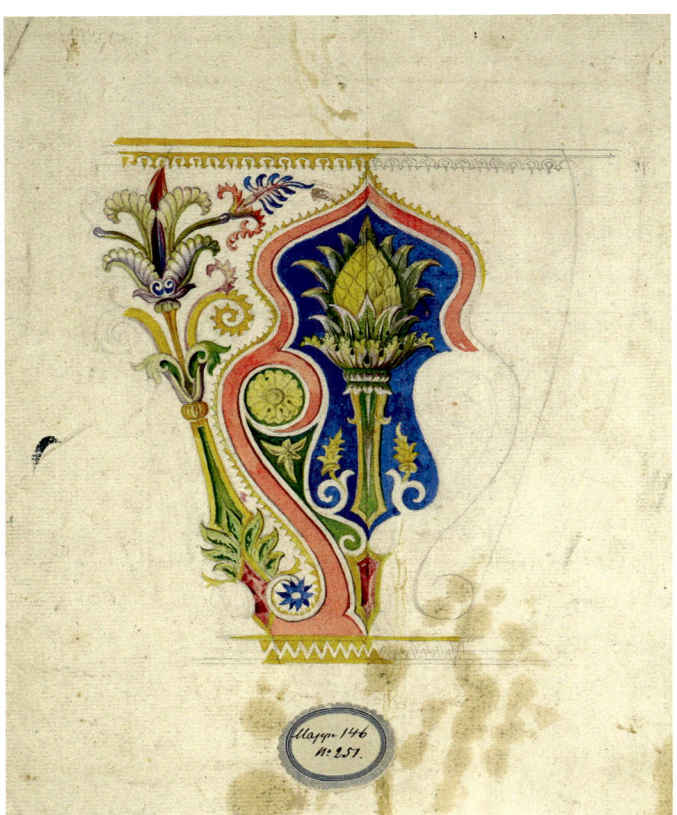

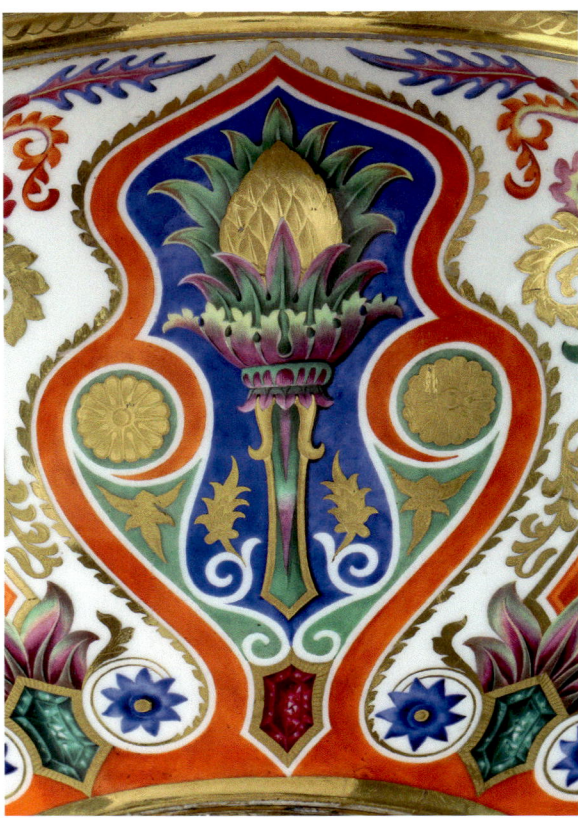

Dekorentwurf

Fläche, unterhalb coul: und Gold gravirte Decoration. Der Deckel mit coul: Vögel nebst coul: und Gold gravirte Decoration. Die Henkel auf der oberen Fläche als coul: Steine decorirt, nebst sehr reiche Vergoldung, und das Ganze zum drehen eingerichtet«[93]

Da sich auf historischen Fotos aus dem Neustrelitzer Schloss[94] ein weiteres, scheinbar identisches Stück nachweisen lässt, kann man davon ausgehen, dass die erhaltenen Quellen im KPM-Archiv nicht alle Exemplare der Persischen Vasen erfassen. Die Lücken, die der Zweite Weltkrieg in das Archivmaterial riss, lassen so manche Provenienz von Porzellanen im Ungewissen bleiben.

Von der hiesigen Vase gelangten nur die beiden oberen Teile in den Besitz des Schweriner Museums. Um das Prunkstück dennoch ausstellen zu können, wurde der Fuß im Jahr 2009 nach altem Vorbild in der KPM nachgefertigt. Da Persische Vasen heute nur in wenigen Exemplaren erhalten sind, erwies es sich schwieriger als erwartet, ein geeignetes Objekt für einen originalgetreuen Abguss ausfindig zu machen.[95] Die anschließend aufgebrachte Goldornamentik wurde aus den an Hals und Schulter der Vase vorgefundenen Elementen nachempfunden.

93 Ebd., Pret 2, 353, S. 180.

94 Schloss Neustrelitz, Foto des Speisesaals im Mittelrisalit des Corps de Logis, um 1910, abgebildet bei Foelsch 2016, S. 308, Abb. 308; Foto der Oberen Vorhalle des Landesmuseums, um 1925. Quelle: Stadtarchiv Neubrandenburg FS 19/16, abgebildet ebd., S. 416, Abb. 420.

95 Das SMS dankt der KPM, insbesondere Claudia Tetzlaff und Sabine Dunkhorst, für ihr Engagement und Entgegenkommen.

Die drehbare Prunkschale

Fußschale
1837–44
Entwurf wohl Karl Friedrich Schinkel, vor 1817
H: 37,8 cm, Inv.-Nr. KG 8904

Die Form des Modells wurde zwischen 1815 und 1817 in der KPM entwickelt und unter dem Titel »Große Schale auf Fuß, rund, kanneliert« registriert.[96] Sie geht höchstwahrscheinlich auf einen Entwurf von Karl Friedrich Schinkel zurück, der gleich nach seinem Antritt in den Staatsdienst 1810 erste Entwürfe für die Manufaktur angefertigt hatte. Im KPM-Archiv hat sich zwar keine direkte Zeichnung Schinkels für die Schale erhalten, doch gibt es eine spätere Skizze von 1826, in der er das von ihm bereits früher entworfene Modell erneut aufgriff.[97]

Die erste bekannte und datierte Ausführung stammt aus dem Jahr 1817. In den folgenden Jahren wurde sie hin und wieder gefertigt, immer mit äußerst kostbaren Dekoren. So wurde 1823 auf Befehl König Friedrich Wilhelms III. ein Service an seine Tochter Charlotte, die spätere Zarin Alexandra Feodorowna, nach St. Petersburg geliefert, das eben solche Schalen enthielt.[98] Sie gingen als sogenannte Hohenzollern-Schale und Romanow-Schale[99] in die Geschichte ein und befinden sich heute in der Eremitage in St. Petersburg.

Weitere Kostproben dieser Art schenkte Friedrich Wilhelm III. der Großherzogin von Weimar und dem holländischen Königshaus. Sein Sohn Friedrich Wilhelm (IV.) bedachte beispielsweise Alexander von Humboldt und den Architekten Pierre-Francois-Léonard Fontaine damit.[100] Doch auch nach Mecklenburg-Strelitz müssen Exemplare geliefert worden sein, denn sie sind auf historischen Fotos aus dem Neustrelitzer Schloss zu erkennen, die in den 1930er-Jahren aufgenommen wurden. In dieser Zeit wurden die Räume dort mit Teilen der alten Schlossausstattung als Museum genutzt. Auf den Bildern ist eine Schale mit einem andersartigen Dekor als die hiesige zu erkennen. Darüber hinaus, und das ist besonders interessant, sind zwei Stücke zu sehen, die offensichtlich als Paar gefertigt wurden und auf zugehörigen runden Tischen präsentiert sind. Bislang wären sie der erste Hinweis darauf, dass den Schalen möglicherweise spezielle Tische beigeordnet wurden (Abb.).[101]

96 SPSG, KPM-Archiv Berlin, vom 8.10.2014. Hinweis von Eva Wollschläger.

97 Die Zeichnung »Zwei Schalenentwürfe« hat sich in der Vorlagensammlung der KPM erhalten, SPSG, KPM-Archiv (Land Berlin), Vorlagensammlung, Mappe 146, Bl. 434, bezeichnet: »[…] Vom Herrn Geheimen Ober/ baurath Schinkel am 1t April/1826 erhalten. Frick«, siehe Pachomova-Göres 1985, S. 162, Kat.-Nr. 696.

98 Vera Pachomova-Göres 1985, S. 158, Kat. Nr. 675.

99 Die Hohenzollern-Schale mit Lapislazuli-grund und Bildnissen der Hohenzollern, die Romanow-Schale mit Malachitfond und Porträtminiaturen der Romanows.

100 Die zwei Schalen nach Weimar sowie die Schale für Humboldt befinden sich heute in der Sammlung Werner des Johanniterordens in Berlin, die Schale für Fontaine in Privatbesitz in Paris.

101 »2 Postamente in Dreifußform, Holz schwarz, Schnitzwerk vergoldet, Enden der Streben in Schwanenform, oben eingelassene runde Porzellanplatte (H: 80 cm, D: 33cm)«, zitiert nach Foelsch 2016, S. 683, Abb. 373.

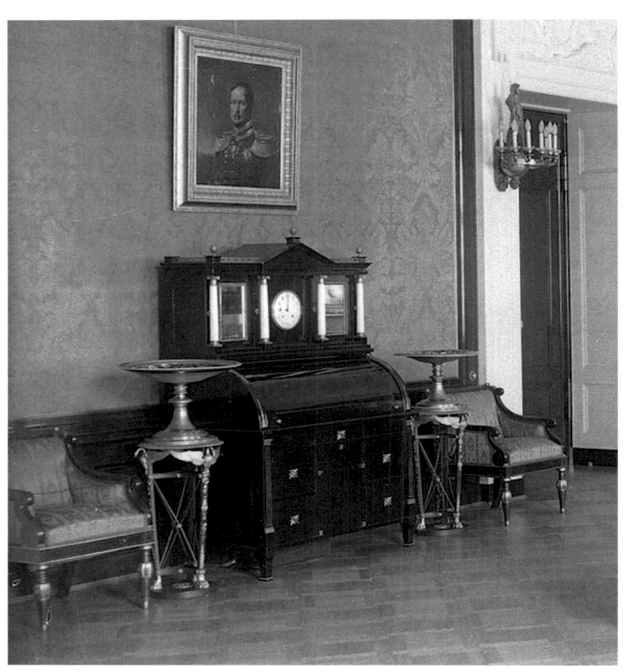

Ein Paar ähnlicher Schalen im Schloss Neustrelitz, um 1921

Das Modell in der Art einer Tazza ist zweiteilig gebrannt und drehbar montiert. Es wurde mit verschiedenen Dekoren ausgeführt und galt im Jahre 1822 auf der Ausstellung der Berliner Akademie als bewundertes Beispiel für die technische Perfektion und künstlerische Meisterschaft der KPM.[102]

Welch großes Können ihre Herstellung erforderte, verdeutlicht die 1818 für Alexander von Humboldt gefertigte Tazza, für die »die Königliche Manufaktur die Kosten für zwei bis drei misslungene Versuche tragen musste, bis ein Stück von dieser Größe heil ausgeführt werden konnte«.[103] Der damalige Direktor der KPM, Friedrich Philipp Rosenstiel (1754–1832), schrieb dazu an den König, dass das Stück im Brand gesprungen sei und die hohen Temperaturen des Sommers durch das zu schnelle Trocknen der Masse das Drehen einer neuen Schale erschwere.[104]

Bislang ist nicht bekannt, für wen die Schweriner Schale gefertigt worden ist und wer sie bestellt hat. Weder Adressat noch Absender konnten ausfindig gemacht werden. Da sie nicht im Kontobuch des Königs auftaucht, scheint sie kein königliches Geschenk gewesen zu sein. Und genau dieser Verdacht kommt auch auf, wenn man sich den Dekor genauer ansieht. Zwar sind die Muster feinteilig und akkurat aufgetragen, doch insbesondere am Fuß lässt die Gestaltung einige Wünsche offen. Das Gold ist weder ombriert noch radiert, wie das höchste königliche Ansprüche erwarten ließen. Das deutet darauf hin, dass entweder ein weniger zahlungskräftiger Käufer das Stück für den Schweriner Hof erworben hat oder es als Geschenk an eine nicht so hochrangige Person gedacht war. Die Vermutung wird durch ein bis ins Detail identisch bemaltes Stück gestützt, welches die Zarin Alexandra Feodorowna von Russland ihrer Hofdame Mademoiselle Gudin schenkte. Die beiden Schalen, die die Zarin rund 15 Jahre zuvor von ihrem Vater bekommen hatte, bestachen durch höchste Qualität, doch für die Hofdame orderte sie nun standesgemäß die etwas einfachere Ausführung.

Das hiesige Exemplar befindet sich erst seit Kurzem in der Schweriner Museumssammlung. Auf Fotos der 1950er-/1960er-Jahre ist es im Wohnzimmer des Herzogs auf Schloss Ludwigslust zu sehen. 1997 wurde es zusammen mit anderen Kunstwerken an Donata Herzogin zu Mecklenburg-von Solodkoff restituiert, bis es schließlich 2014 für die Sammlungen angekauft werden konnte.

102 Zwei dieser Schalen kamen in die Ausstellung. Die Kataloge der Berliner Akademie-Ausstellungen: 1786–1850; 2 Bde. und Registerbd., bearbeitet von Helmut Börsch-Supan, Bd. 1 [1786–1824].

103 Wittwer 2007, S. 95, Anm. 235.

104 Bericht Rosenstiels vom 24.6.1818 an den Adjutanten und den Kronprinzen Friedrich Wilhelm (IV.), siehe ebd., S. 88, Anm. 233: SPSG KPM-Archiv (Land Berlin), XIV. 4, Bd. 2, fol. 64 rv.

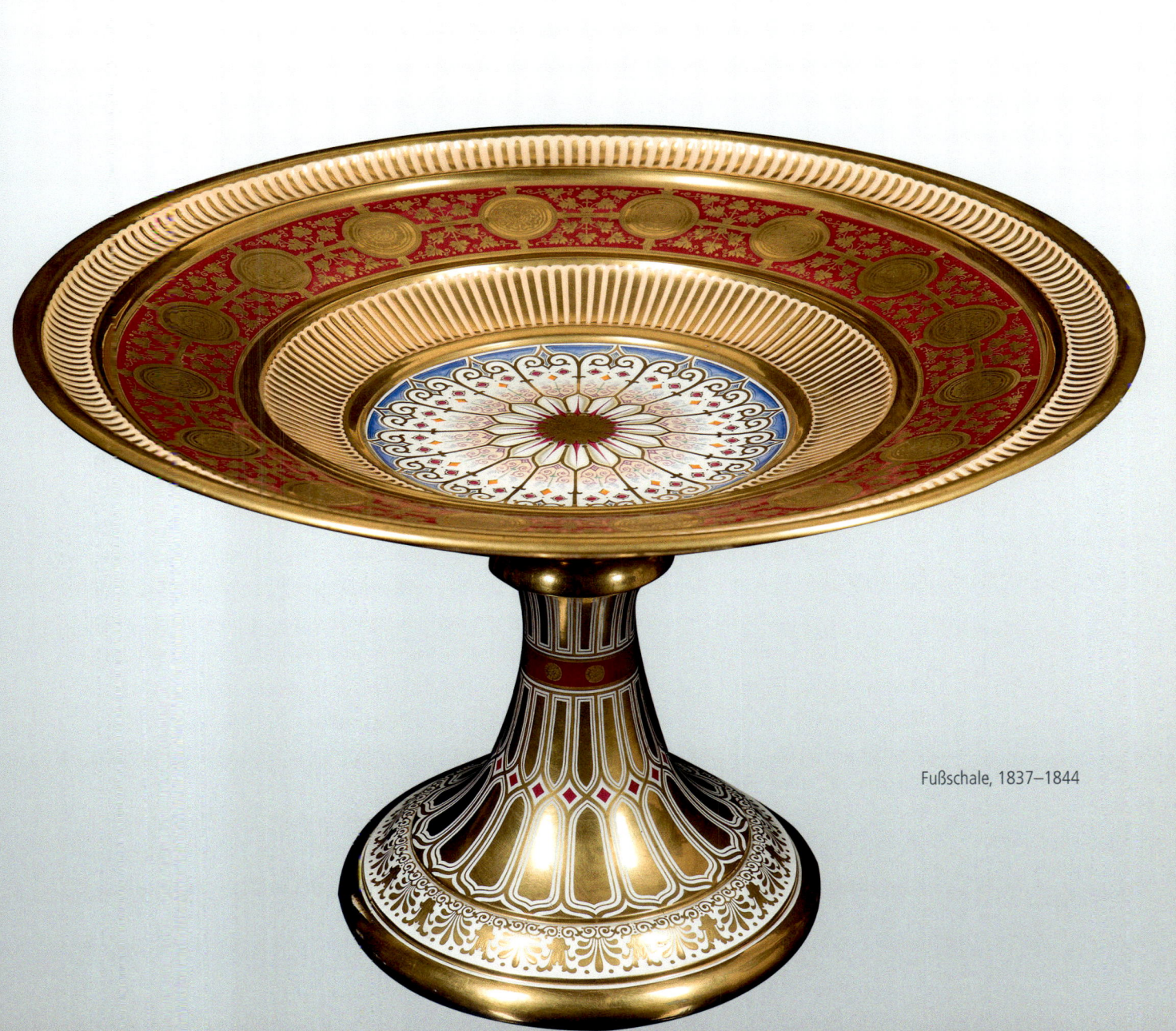

Fußschale, 1837–1844

Das Besondere en miniature – Ostereier

Wer liebt ihn nicht, den Brauch, zu Ostern bunt verzierte Eier zu verschenken? Echte Eier, solche aus Schokolade oder Zuckerwerk, aus Holz, Gips, Pappmaché oder manch kunterbuntem Material gehören zu diesem Fest dazu. Andere damit zu beschenken, entspringt einer Tradition, die sich weit zurückverfolgen lässt. Als Symbol für die Auferstehung Christi, für das neu erwachende Leben, vergegenwärtigt das Ei das höchste Fest im Kirchenjahr und wurde zu allen Zeiten kunstvoll geschmückt. In wohlhabenden oder höfischen Kreisen leistete man sich Exemplare aus erlesenen Materialien, aus Edelmetallen beispielsweise, vergoldet oder mit Edelsteinen verziert und von Seidenbändern durchzogen. Auch Eier aus Porzellan gehörten zu jenen der gehobenen Sorte, und von diesen soll hier die Rede sein.

Dass die preußischen Könige alljährlich Eier aus Porzellan verschenkten, soll auf das Jahr 1819 zurückgehen.[105] In diesem Jahr besuchte Friedrich Wilhelm III. seine Tochter Charlotte, die den russischen Zarensohn Nikolaus (I.) geheiratet und dafür den russisch-orthodoxen Glauben angenommen hatte. Im orthodoxen Christentum von Russland nahm die Tradition, sich zu Ostern Eier zu schenken, noch mehr Bedeutung ein als hierzulande, und in der gehobenen Gesellschaft perfektionierte man das Aussehen dieser Geschenke zu richtigen kleinen Kunstwerken. Am Zarenhof wurden seit der Regentschaft von Elisabeth I. (1741–1762) erstmals Eier aus Porzellan gefertigt, kostbar bemalt und mit einer vergoldeten Fassung zum Aufhängen versehen. Die Kaiserliche Porzellanmanufaktur von St. Petersburg lieferte wahre Meisterstücke, die im Lauf der Zeit auch über die Größe eines normalen Hühnereis hinauswuchsen.

Friedrich Wilhelm III., zurückgekehrt von der Reise, war inzwischen fasziniert von allem Russischen. Vielleicht lag darin der Anreiz, seine Berliner Porzellanmanufaktur am 31. Dezember 1819 erstmals mit der Bestellung über »36 gl[atte] Eier aus Porzellan«[106] zu betrauen. Alle nach ihm regierenden Könige und Kaiser folgten dieser nun begründeten Tradition, bis hin zu Kaiser Wilhelm II., der den letzten diesbezüglichen Auftrag am 3. April 1918 erteilte. Fast 100 Jahre lang beschenkten die preußischen Monarchen und ihre Gemahlinnen ihre Familien, die Kinder und deren Anverwandte mit kostbaren Eiern aus der KPM.

In manch anderem Herrscherhaus scheint der Brauch nicht bekannt gewesen zu sein. Denn als die junge Prinzessin Auguste Viktoria von Schleswig-Holstein-Sonderburg-Augustenburg 1881 Wilhelm (II.) heiratete, schrieb sie aufgeregt an ihre Schwester: »Denke dir, hier war es Sitte, daß am Ostersonntag sich die ganze Familie gegenseitig Eier

105 Erhaltene Beispiele belegen, dass es bereits vorher Lieferungen von Porzellaneiern an den Hof gegeben haben muss, obwohl sie in den Akten des KPM-Archivs erst ab 1819 nachweisbar sind; Samuel Wittwer, in: Ausst.-Kat. Berlin 2008, S. 85.

106 SPSG, KPM-Archiv (Land Berlin), Pret 2, 353, hier zitiert nach Ausst.-Kat. Doorn 1994, S. 13, Anm. 4.

schenkt, nämlich gewöhnlich Porcellaneier«. Die Frischvermählten besuchten zuerst die »Majestäten und verschenkten dort die Eier [... und ...] am Abend beim Familiendiner kamen Alle mit eiergefüllten Körbchen, Taschen etc. an. Es sah fast komisch aus«.[107] Auch die Mecklenburger wurden im Lauf der Zeit reichlich mit Eiern bedacht. Heute noch sind 32 Stück aus dem herzoglichen Haus in den Sammlungen des Schweriner Museums erhalten, doch wie viele es einst waren, entzieht sich der Kenntnis. Nur spärlich geben die Quellen konkrete Hinweise.

Immerhin wissen wir, dass sich der preußische König jedes Jahr etwa ein Dutzend Eier zur Ansicht ins Schloss liefern ließ, von denen er die schönsten zur Verwendung als Ostergabe auswählte. Mitunter wünschte er bereits bei der Bezahlung eine Lieferung für das darauffolgende Jahr. So äußerte Friedrich Wilhelm IV. schon 1850 die »Bitte zu

107 Archiv der Herzöge zu Schleswig-Holstein-Sonderburg-Glücksburg, hier zitiert nach Ulrich Pietsch: Zu Ostern Eier aus Porzellan, in: Kunst & Antiquitäten, II/1987, S. 80.

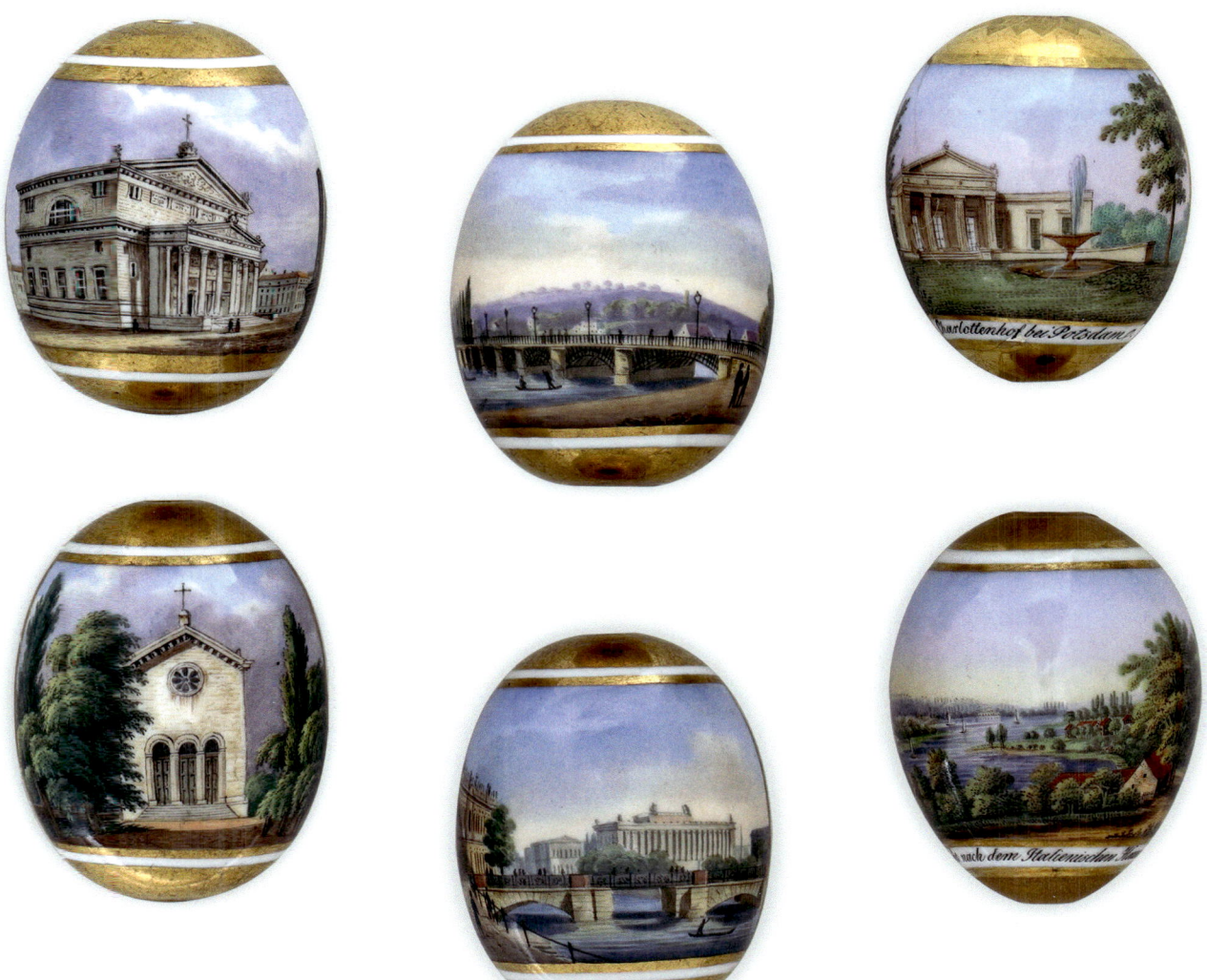

Ostern 1851 zwölf Eier schönster Malerei gefälligst wieder anfertigen zu lassen«.[108] Die direkte Auswahl scheint ihm am Herzen gelegen zu haben, denn ein Nichtgefallen wurde prompt über seinen Privatsekretär, den Geheimen Kämmerer Eduard von Schöning, zurückgemeldet: »S[eine] Majestät der König waren eben nicht erfreut als ich mit der Kunde kam, daß diesmal schöne Eier nicht vorhanden wären, und ich glaube E Hochwohlgeboren erfreuen S Majestät alle Jahr aufs Neue wenn Sie Ein Dutzend /:mehr nicht:/ schöne Eier immer zu Ostern einsenden«[109] Die Manufaktur bedauerte es sehr, »keine besseren Ostereier als die erhaltenen übersenden zu können«, und erklärte: »Der Landschaftsmaler der die früheren so höchst sauber ausgeführt gemacht hat, ist so mit Aufträgen für seine Majestät des Königs beschäftigt, daß er nicht im Stande gewesen ist dergleichen anzufertigen [...]. E Hoheit werden mich daher schon entschuldigen müssen!«[110]

Ostereier mit Veduten-
malereien nach Vorlagen
von Carl Daniel Freydanck,
um 1840

Königliche Parks und Stadtansichten

Die in Schwerin erhaltenen Porzellaneier gehören zu den erstklassigen Erzeugnissen der KPM. Eigentlich würde man auf ihnen vorwiegend christliche Motive erwarten. Aber weit gefehlt, nur drei Eier thematisieren religiöse Inhalte. Was überwiegt, ist sehr weltlich und kündet eher von royalem Glanz denn von Gottesgläubigkeit. Eier mit Ansichten der preußischen Residenzen bestimmen das Bild. Sie zeigen Berlin und Potsdam von ihrer repräsentativsten Seite, beispielsweise den Blick auf die Berliner Schlossbrücke, das Museum mit dem Zeughaus, das Schloss Charlottenhof im Park von Sanssouci oder das Schloss auf der Pfaueninsel. Die dargestellten Orte sind sowohl für den Schenkenden als auch für die Beschenkten von sehr persönlicher Bedeutung. Großherzogin Alexandrine erhielt auf diese Weise immer wieder Grüße aus der Heimat.

Die Motive der miniaturartigen, wie Gemälde wirkenden Darstellungen gehen zum großen Teil auf Vorlagen von Carl Daniel Freydanck (1811–1887) zurück. Er fertigte für die KPM Ölgemälde- und Aquarellvorlagen an, deren Umsetzung auf Porzellan vorwiegend für Aufträge des preußischen Königshauses bestimmt war. Nach seinem Entwurf entstanden auch die Veduten auf den Tellern im Dessertservice für Friedrich Franz II.

108 Schreiben von E. von Schöning an den Direktor der Manufaktur Kolbe vom 19.8.1850, SPSG, KPM-Archiv (Land Berlin), XIV.4, 146, S. 304.

109 Schreiben Schönings vom 6.4.1847, ebd., S. 100.

110 Schreiben vom Manufakturdirektor Georg Friedrich Christoph Frick vom 21.4.1847, ebd., S. 99 RS.

Mit Krone, Adler und Eisernem Kreuz

Eine ganze Reihe von Eiern stammt aus der Zeit nach 1870. Die einfachen Durchzugseier, durch die eine Seidenschleife gefädelt war, oder solche mit einem Metallring als Aufhängung wurden nun durch Eier ergänzt, die als Flakon dienen konnten. Sie schmückte ein repräsentativer Stöpsel in Form einer Krone oder eines preußischen Adlers aus vergoldetem Messing. Dazu passend mischten sich jetzt vermehrt national-patriotisch gefärbte Themen unter die Dekore. Der Sieg über Frankreich 1871 spielte immer wieder eine Rolle, beispielsweise in einer Darstellung von Schloss Bellevue bei Sedan, wo der deutsche auf den französischen Kaiser traf: Wilhelm I. auf Napoleon III.

Ein Ei ist mit der Nachbildung des Eisernen Kreuzes von 1870 ausgestattet, welches Wilhelm I. mit Beginn des Deutsch-Französischen Kriegs am 19. Juli 1870, dem Todestag seiner Mutter Luise, per Urkunde erneuert hatte (Abb.). Indirekt taucht Königin Luise auch bei einem anderen Exemplar auf, und zwar bei einem Ei, das der Kaiser wohl seiner Schwester Alexandrine schenkte. Es trägt die Initialen R und W für Rex Wilhelm, umrahmt von einem Kornblumenkranz (Abb. S. 100). Diese einfache, blau blühende Ackerpflanze war in der Zeit von Bedeutung überfrachtet, galt sie doch als die Lieblingsblume der Königin Luise. Als dann auch Wilhelm sie zu der seinigen erklärte, löste das einen regelrechten Kult in Deutschland aus, den selbst Theodor Fontane kommentierte: »[...] es gibt keine Blume, die das Preußische so gut ausdrückte wie diese hübsche Gottesschöpfung von etwas sterilem Charakter«.[111] Neben dem fröhlichen Ostergruß transportiert so ein Ei auch immer eine Botschaft und verdeutlicht mit den von der Mutter so sehr geliebten Blüten einmal mehr die Verbundenheit des Bruders mit der Schwester im benachbarten Mecklenburg.

111 Theodor Fontane, hier zitiert nach Maritta Adam-Tkalec: Preußisch Blau. Wie die Kornblume zu Berlins Liebling wurde, in: Berliner Zeitung, 16.7 2018, https://www.berliner-zeitung.de/berlin/preussisch-blau-wie-die-kornblume-zu-berlins-liebling-wurde-30962448 (2.10.2018).

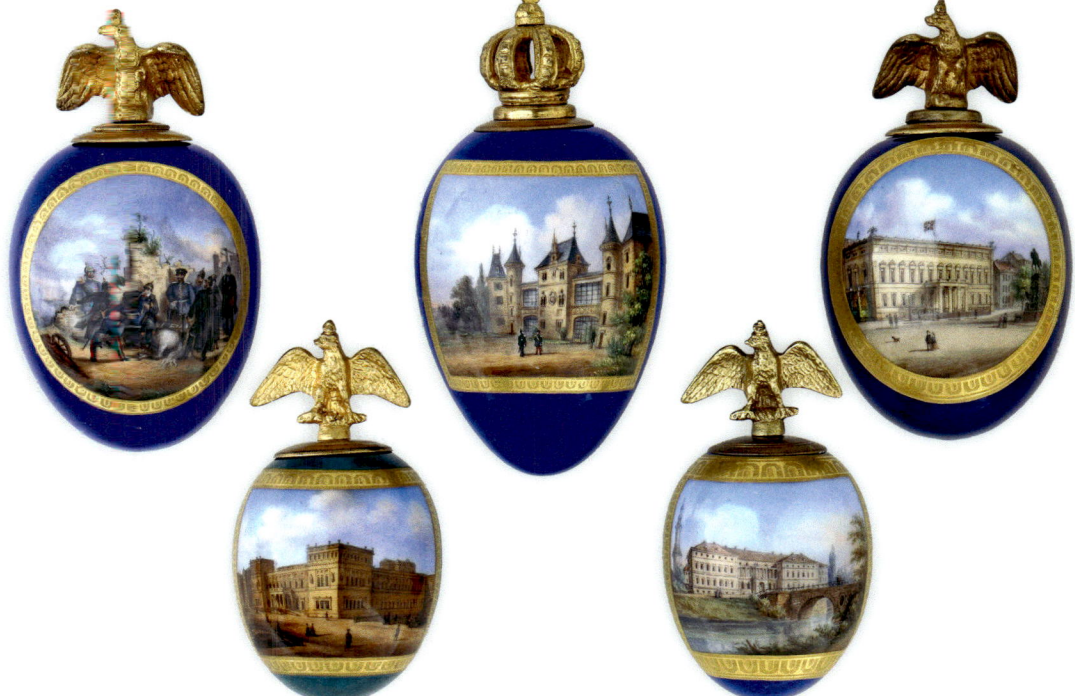

Flakon-Ostereier, um 1870

Höchstpersönlich ausgesucht

Schon im Jahr 1841 erhielt Alexandrine ein speziell für sie ausgewähltes Geschenk: ein Ei mit der Darstellung des Denkmals von Friedrich dem Großen, an dessen Einweihung sie gemeinsam mit ihrer Familie teilgenommen hatte. Ihr Bruder hatte sie vorab per Brief über die Details informiert: »Gestern hat mit einem Male Papa [Friedrich Wilhelm IV.] befohlen, daß am 1. Juni der Grundstein zum Monument Friedrichs II. gelegt werden soll. [...] Richte dich also ein, daß du am 31. abends hier bist, da die Zeremonie den 1. vormittags sein soll.«[112] Das Ereignis sollte »möglichst grandios« begangen werden, und damit es lange in Erinnerung bleibt, wurde es im Bild festgehalten. Wie bereits mehr als zehn Jahre zuvor, nach dem Fest der Weißen Rose, erhielt Alexandrine ein Andenken in Porzellan aus der KPM.

Aus den Briefen Wilhelms nach Schwerin kann man ersehen, dass auch er die Auswahl des alljährlichen Ostereis für die Familienmitglieder und für sein engeres Umfeld ernst zu nehmen schien. Das Aussuchen aus den von der KPM ins Schloss gelieferten Exemplaren ist, wie schon bei seinem Vorgänger, Angelegenheit der Majestät höchstpersönlich. »Ich hatte in der Woche vor Ostern so enorm viel zu tun, daß ich, obgleich drei Tische voller auszuwählender Eier, erst vor und nach dem Domgottesdienst zur Wahl schreiten konnte, was bei Familie und internerem Hof doch gegen 20 Wahlen betrug, was eine wahre Arbeit *par force* wurde.«[113]

Trotz der vielen verschenkten Stücke ist nur noch ein weiteres Eiergeschenk Wilhelms II. an Alexandrine archivalisch belegt. Es wurde zu Ostern 1892 nach Mecklenburg gesendet, wofür die Großherzogin-Mutter über ihren Hofmarschall herzlich danken lässt.[114] Welches Motiv es ziert, erfahren wir dort nicht.

112 Brief Wilhelms I. an Alexandrine, Berlin, 27.5.1840, in: Briefe Wilhelms I. 1927, S. 67 f., auch im Folgenden.

113 Brief Wilhelms I. an Alexandrine, Berlin, 11.4.1885, ebd. S. 226

114 Das Ei wurde vom Obersten Hofmarschallamt in Berlin an das Hofmarschallamt der Großherzogin-Mutter von Mecklenburg-Schwerin gesandt. Die Danksagung erfolgt durch Hofmarschall von Vietinghoff per Telegramm am 18.4.1892, siehe Jarchow 1998, S. 138, Kat. 69.

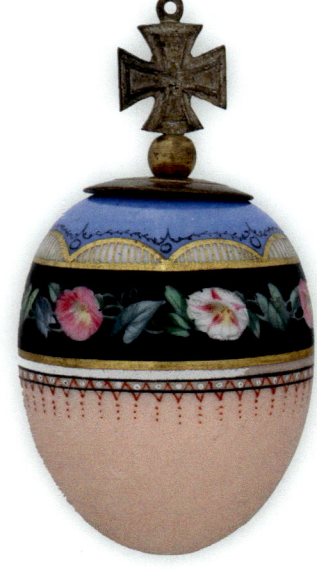

Initialen Wilhelms I. im Kornblumenkranz, nach 1871

Osterei mit einem Stöpsel, der dem Eisernen Kreuz von 1870 nachgebildet wurde

Der Erbgroßherzog als Ritter.
Ein Märchen auf dem Ei

Osterei mit der mecklenburgischen Szene aus dem Fest
»Der Zauber der weißen Rose«
KPM Berlin, um 1830
8,4 × 6,6 cm, Inv.-Nr. KG 1321

Das fein bemalte Osterei erzählt von einem Ereignis, das lange Zeit fast vergessen war. Dabei hatte kaum ein Fest am preußischen Hof die Zeitgenossen mehr beeindruckt als der »Zauber der weißen Rose« im Jahr 1829 und seine Spuren in Literatur und Kunst hinterlassen. An dem romantischen Ritterspiel wirkten auch die Mecklenburger Herrschaften von Schwerin und Strelitz tatkräftig mit, und so wird ihnen das porzellanene Ei in Angedenken an das großartige Spektakel zugeeignet worden sein.

Ritterspiele waren bei Friedrich Wilhelm III. keine ungewöhnlichen Unterhaltungen, doch der Anlass für diese besondere, alles übertreffende Feierlichkeit war der 30. Geburtstag seiner Tochter, der Zarin Alexandra Fjodorowna, die eigentlich zur Hochzeit ihres älteren Bruders, Prinz Wilhelm (I.), in der preußischen Residenz weilte. Aber nun war alles, was Rang und Namen hatte, an diesem warmen Sommerabend erschienen, um dem Zauber der weißen Rose zu huldigen.

Der Name des Fests ist schnell erklärt: Schon als Kind hatte sich Charlotte aus ihrem Lieblingsroman *Der Zauberring* von Friedrich de la Motte Fouqué die weiße Rose als ihr Sinnbild erkoren und wurde deshalb im Familienkreis oft Blanchefleur genannt.

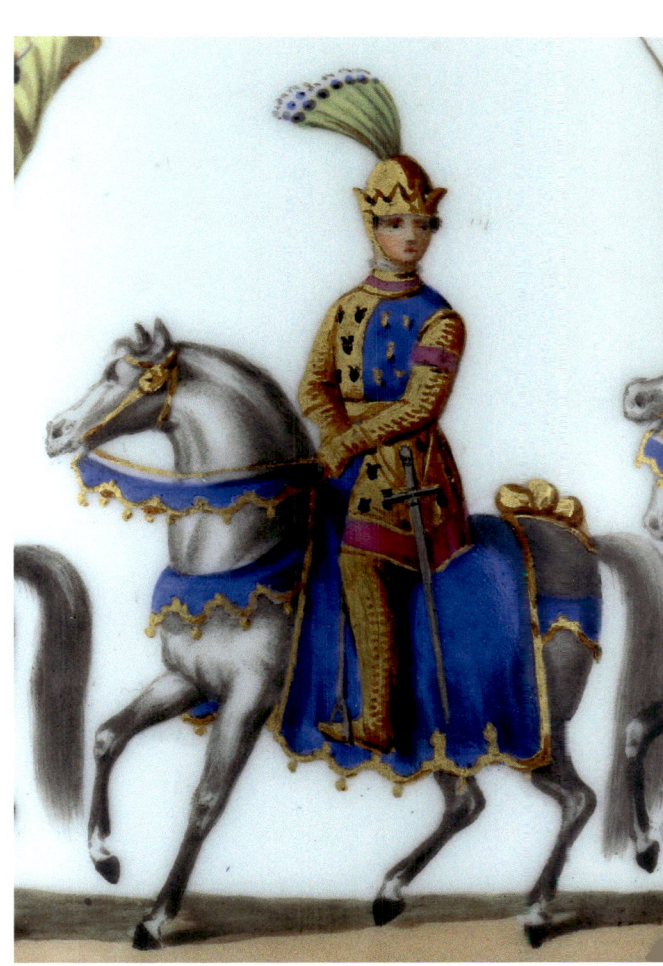

Der mecklenburgische Erbgroßherzog im Festzug »Der Zauber der weißen Rose«

Ein üppiges Fest

Der Abend verlief grandios und wollte scheinbar kein Ende nehmen. Es verlangte den Zuschauern und Mitwirkenden schon allerhand Kondition ab, um alle drei Abteilungen des Spiels zu absolvieren. Die erste davon, das sogenannte Carrousel, wurde mit zehn Reiterquadrillen in Ritterkostümen auf der »Mopke«, dem Platz vor dem Neuen Palais im Park Sanssouci, geritten (Abb.). 186 Personen des Hofs waren daran beteiligt, das Werden des Königreichs Preußen und seine Verbindungen zu verdeutlichen.[115] Die Reiter symbolisierten neben Preußen, den Niederlanden, Braunschweig usw. auch Mecklenburg, vertreten durch Erbgroßherzog Paul Friedrich in persona. An dieses Schaureiten schloss sich unter Marschmusik und Chorgesängen ein munteres Ringspiel an, bei dem jeder Reiter zunächst mit einer Lanze, dann mit dem Wurfspeer und zuletzt mit dem Schwert um den Sieg kämpfte.

Zur zweiten Abteilung zog man weiter in das Schlosstheater im Neuen Palais. Dort wurden nach Entwürfen von Schinkel wichtige Stationen aus der Vita der Zarin in lebenden Bildern vorgeführt.[116] Wie in einem Zauberspiegel entstanden die Szenen, untermalt von Musik und erläuternden Versen. Ein buntes, sicherlich höchst amüsantes Potpourri wurde geboten: Die Göttin Bellona, Nymphen, lorbeerbekränzte Helden, Kronos und sogar Rübezahl traten auf und wünschten dem Geburtstagskind eine glückliche Zukunft. Zuletzt schwebte die Glanzgestalt von Moskau heran, um die Zarin selbst zu versinnbildlichen. Den krönenden Abschluss des Tages bildete ein Ball im festlich erleuchteten Grottensaal, mit großer Tafel und der Verleihung der im Wettspiel gewonnenen

115 Europäische Verbindungen, die Preußen großteils unter Friedrich Wilhelm III. durch die Heirat seiner Töchter eingegangen war. Siehe Gerd-H. Zuchold: Das Fest »Der Zauber der Weißen Rose« in Potsdam am 13. Juli 1829, in: Ausst.-Kat. Berlin 2008, S. 115.

116 Zum Anteil Schinkels am Fest siehe Börsch-Supan 2011.

Zug der Reiter: Quadrille Mecklenburg. Lithografie von Theodor Hosemann nach Johann Heinrich Stürmer

Preise. Auch hierbei trugen die Teilnehmenden, wie schon beim Ritterspiel, mittelalterliche Kostüme.

Bei der Organisation des Ganzen war Herzog Karl von Mecklenburg-Strelitz (1785–1837), der Halbbruder der Königin Luise, federführend. Alle bekamen ihre Rollen zugeteilt. Erbgroßherzog Paul Friedrich verkörperte Mecklenburg, als achter unter den hochrangigen Reitern, die die Quadrille ritten, ein jeder mit seinem Gefolge aus Rittern, Knappen und Schildträgern. Und genau diese mecklenburgische Sequenz des ausufernden Festes ist hier auf dem Ei zu sehen. Nicht nur die Atmosphäre können wir dort nachempfinden, die Dargestellten sind auch tatsächlich wiederzuerkennen. Minutiös werden selbst Feinheiten dokumentiert, wodurch die Szene lebendig vor Augen erscheint: Allen voran ritt Paul Friedrich, vor ihm nur der Reiter mit dem Panier Seiner Königlichen Hoheit. Ihm folgten zwei Pagen mit Schild und Lanze, darauf vier Ritter und letztendlich vier Knappen in unterschiedlichen Farben.[117] Welch märchenhafte Reihe, welch farbenfroher, bis ins letzte Detail ausgefeilter Zug!

Das Beste ist gerade gut genug

Was wurde nicht alles zur Ausstaffierung der Pferde und der menschlichen Akteure herbeigeschafft: vom »gelb wollen Strumpfpantalon« und einem »karmoisin Wanst mit hellblau und Gold« bis hin zu Lederstiefeln mit Sporen und goldbesetzten Schuhen. Die Ritter erhielten mit Blattgold überzogene Schwerter von echter Bronze, die Pagen und der Panierträger einen »altdeutschen« Waffenrock. Für die Pferde benötigte man Steigeisen, Zaum, Sprungzügel, Sättel, Schabracken und vieles mehr. Und nicht irgendwelche Ausstattung durfte es sein: Die Steigbügel beispielsweise sollten »von echter Bronze nach altdeutscher Art« gefertigt und die Zaumschnallen vergoldet werden. Die Bestellungen lesen sich wie aus *Tausendundeiner Nacht* und waren keineswegs sparsam. Der Erbgroßherzog ließ sich die Sache allerhand kosten.[118] Allein für seinen Helm zahlte er 26 Taler, war dann aber standesgemäß ausgestattet. Den Kopfputz zierte »eine Krone mit erhabener Arbeit, nebst einen beweglichen Genückstück«. Auch war er mit seidenem Futter versehen und trug obenauf »einen großen Faufederstrauß«. Wie genau doch das kleine Porzellan selbst solche Details wiedergibt! Sogar die Darstellungen auf den kleinen Schilden oder das Muster des herrschaftlichen Gewands sind zu erkennen.

Alle Ausstattung war von feinster Qualität, nicht wie bei einem einfachen Kostüm, das geradeso den Abend übersteht. Es entstanden beinahe kleine Kunstwerke, die hinterher auch wieder abzuliefern waren. »Die Stiefel des Pannierträger sind von ihm gleich abgegeben, auf der Garderobe aber noch nicht aufgefunden worden«,[119] monierte beispielsweise der Obrist von Barner, der als Ritter im Caroussell mitgewirkt hatte, das Fehlen der Requisiten.

117 Seine Ritter waren Heinrich von Heydebrand und der Lasa, Ulrich von Barner, Friedrich August Karl von Brandenstein und Anton Graf zu Stolberg-Wernigerode. Durch die Abrechnungsakten im Schweriner Landeshauptarchiv wissen wir sogar, wer die niederrangigen Personen waren: Als Bannerträger ritt Unteroffizier Black, als Knappen fungierten Unteroffizier Millner sowie die Gefreiten Sauberg, Essendorff und Küehtter. LHAS, 2.26 – 2 Großherzogliches Hofmarschallamt, Nr. 6841, Beläge zu den Ausgaben für Sr. Königliche Hoheit den Herrn Erb Großherzog von Mecklenburg zum Carrussel in Potsdam. 1829, auch im Folgenden.

118 Ebd.

119 Ebd., notiert in Berlin am 29.8.1829.

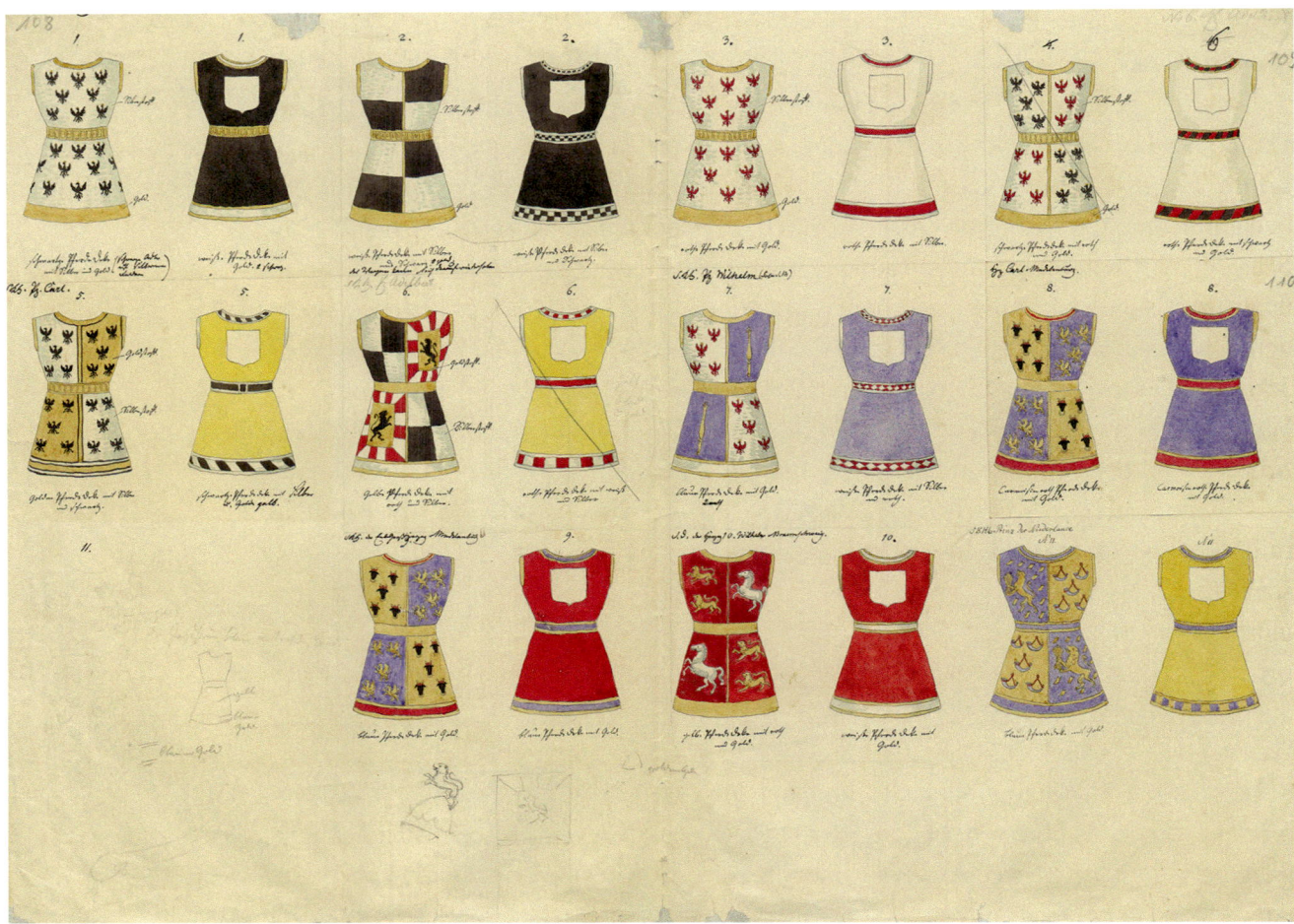

Herzog Karl von Mecklenburg-Strelitz, Kostümskizzen der Ritter und Turnierteilnehmer

In der Kürze der Zeit, in der das Fest vorbereitet werden musste, war Eile geboten und man bestellte alles vor Ort in Berlin. Liest man die endlosen Listen, was alles zur Ausstaffierung der Pferde und Reiter benötigt wurde, ahnt man, wie sich die Manufakturen und Handwerker in der Hauptstadt zu sputen hatten, um den Wünschen nachzukommen. Von den Dioramabetreibern Gebrüder Gropius etwa, die die Schilde fertigten, dem Kleidermacher G. Donath, der »Gold und Silber Manufactur Paetzeld und Preuß« bis hin zum Meister Heintzel, der den Helm lieferte, waren etliche Handwerker in der Residenz beteiligt.[120]

120 Die Anfertigung der Festausstattung lag keineswegs in nur einer oder nur wenigen Händen, wie teilweise zu lesen ist. Allein am Equipment der mecklenburgischen Quadrille waren unter anderem die Handwerker Caspar, Donath, Baumann, Paetzelt und Preuß, Schroeder und Heintzel beteiligt; siehe ebd.

Nachwirkungen

Das Urteil des Publikums über die Lustbarkeit war – wie sollte es anders sein – voll des Lobes. Es sei das schönste und großartigste Fest seiner Zeit gewesen. Böse Stimmen behaupten, es hätte sie zum Gähnen ermüdet; ein »leider recht herzlich langweiliges Schauspiel«,[121] das sich über fast zwölf Stunden hinzog. Der Nachwirkung in der Kunst tat das keinen Abbruch. In Andenken an das Fest entstanden zahlreiche Werke verschiedener Künstler. Am bekanntesten ist wohl der von Johann George Hossauer (1794–1874) nach einem Entwurf von Schinkel ausgeführte Erinnerungspokal aus Silber.[122] Wilhelm Wieprecht (1802–1872) komponierte einen *Marsch zum Fest der weißen Rose*, der auch heute noch auf manch einer CD mit Militärmusik ertönt.

Auch in der damaligen Literatur fand das Fest immer wieder Beachtung. Insbesondere das im Verlag der Gebrüder Gropius in Berlin 1830 herausgegebene Prachtwerk stach hervor und führte illustre Subskribenten auf. Zu ihnen gehörten natürlich die mecklenburgischen Herrschaften, sowohl Friedrich Franz I. von Mecklenburg-Schwerin, sein Sohn Paul Friedrich und dessen Gemahlin Alexandrine als auch das großherzogliche Paar von Mecklenburg-Strelitz.

Doch das war nicht das einzige Andenken, das die Verwandtschaft im Norden von diesem Fest erhielt. »Für Ihre Königl: Hoheit die Frau Erb=Großherzogin von Mecklenburg-Schwerin à Ludwigslust« wurden prächtig verzierte Teller im Wert von 336 Talern geliefert. Die zwölf Speiseteller mit den »Figuren zu Pferde, aus dem Feste, der Zauber der weißen Rose«[123] waren von Wappen und Schildern auf farbigem Fond umrahmt, alles verbunden mit weißen Rosengirlanden, Schrift und Vergoldung. Alexandrine erhielt sie im Februar des Jahres 1831 zu ihrem Geburtstag. Natürlich wirkte das Fest bei ihr noch lange nach, hatte sie doch das Caroussel in Potsdam unter einem goldverziertem Baldachin direkt neben dem König und ihrer Schwester – der Hauptperson des Abends – genossen. Der Verbleib der zwölf Teller ist nicht bekannt. Zumindest sind sie nicht in die Schweriner Museumssammlung gelangt, wie manch andere Kunstwerke aus dem Besitz der hiesigen Dynastie.

Umso wertvoller wird das Porzellanei mit dem Festzug der weißen Rose, ist es doch das einzige in Schwerin verbliebene Zeugnis von diesem Ereignis. Das kleine Ei erzählt von der großen Verbundenheit, die die beiden Herrscherhäuser in jener Zeit einte. Wenn auch von geringer Größe, war es doch ein ganz besonderes Geschenk. Mit der ausgewählten Szene gerade der mecklenburgischen Quadrille war es speziell auf das erbgroßherzogliche Paar als Adressaten zugeschnitten. Diese Zusammengehörigkeit zeigte Paul Friedrich schon sehr treffend in seiner für das Schild des Knappen ausgewählten Devise »je meure ou je m'attache« – »Ich sterbe, wo ich mich binde«, oder frei ausgedrückt: Treue bis in den Tod, bis ins Grab.

121 Elise Gräfin von Bernstorff, zitiert nach Zuchold 2002, S. 10. Die Meinungen über das Fest von Bettina von Arnim und Caroline von Rochow siehe ebd., S. 9–11.

122 Eines der überlieferten Exemplare befindet sich im Besitz der Stiftung Preußische Schlösser und Gärten, KS V 219; siehe Ausst.-Kat. Berlin 2008, S. 132, Abb. 39.

123 »12 Agl: Speiseteller No. 3, mit coul: Figuren zu Pferde, aus dem Feste, der Zauber der weißen Rose der Ganze Bord coul: fond darauf coul: Wappen und Schilder durch eine weiße Rosen guirl: [Girlande] zusammen verbunden nebst Schrift und Vergoldung«, SPSG, KPM-Archiv (Land Berlin), Pret 2, 353, 18.2.1831, S. 175.

Das unglückliche Ende eines Wappenservices

Teller aus einem geplanten Wappenservice für
Herzog Johann Albrecht von Mecklenburg-Schwerin, 1918
D: 24,5 cm, Inv.-Nr. KG 8903

Im Jahr 2016 gelang es dem Schweriner Museum, seine Sammlung durch einen kleinen, aber besonderen Ankauf zu ergänzen: einen Teller aus einem geplanten, aber nie ausgeführten Service. Möchte man die Geschichte dieses Stücks erzählen, merkt man schnell, dass sie ein Schlaglicht auf die Geschichte Mecklenburgs und seines Herrschaftsgeschlechts wirft, ja sogar eine Zäsur in der Historie von ganz Deutschland beschreibt. Wie kommt ein einzelner Teller zu solch einer Ehre?

Das Jahr 1918 hatte gerade begonnen. Herzog Johann Albrecht (1857–1920), der Onkel des in Schwerin regierenden Großherzogs, erlebte die angebrochenen Zeiten der Unsicherheit und des Zusammenbruchs in seinem nahe der Residenz gelegenen Schloss Wiligrad. Der Krieg dauerte nun schon über drei Jahre, und ein Ende war noch nicht in Sicht. Der Zar in Russland hatte bereits abgedankt, und auch um die Macht der deut-

Schloss Wiligrad, Carl
Malchin (1838–1923)

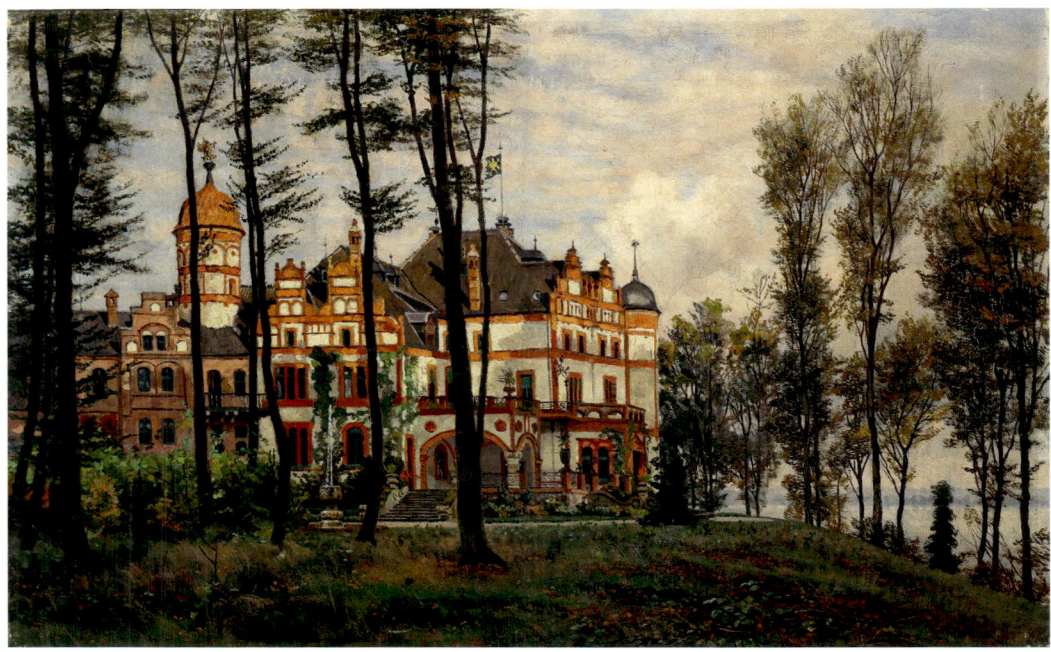

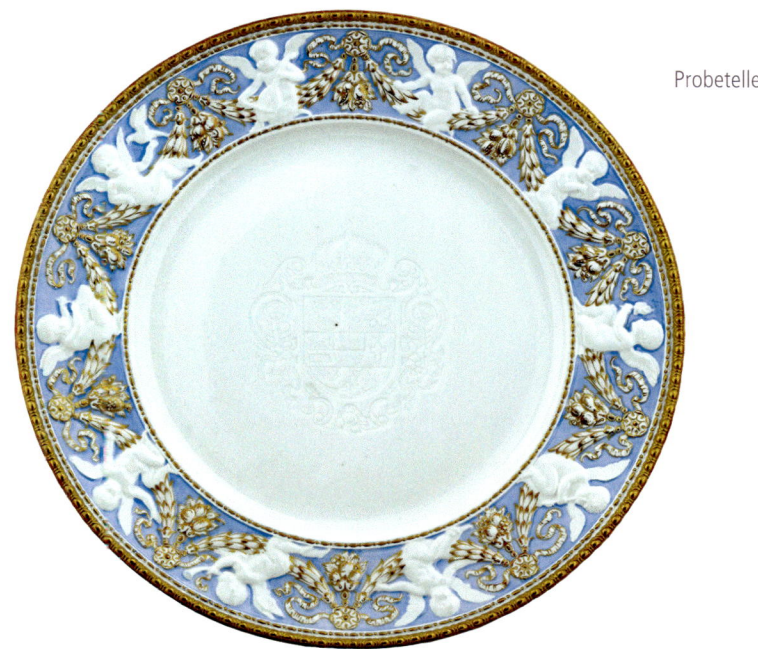

Probeteller für das geplante Service

schen Fürstenhäuser stand es nicht mehr zum Besten. Dennoch war nicht absehbar, was mit der Revolution im November über die Fürsten des Landes hereinbrechen sollte. Dass am Schluss der Ereignisse die lange Herrschaft der Mecklenburger Dynastie enden würde, war kaum denkbar.

Johann Albrecht schien die Erschütterungen nicht zur Kenntnis nehmen zu wollen. Er, der wohlhabende, mit reicher Apanage ausgestattete Fürst, der sich als Präsident der Kolonialgesellschaft zur Elite Deutschlands zählte,[124] war 1918 entweder zuversichtlich und guter Dinge oder er versuchte dem Dilemma ein Zeichen der Stärke entgegenset-zen. Macht musste immer wieder legitimiert werden,[125] und dafür konnte auch ein neu in Auftrag gegebenes herrschaftliches Porzellanservice als Sprachrohr dienen. Schließlich hatte er, der drittgeborene Sohn von Großherzog Friedrich Franz II., die Freude des Regierens erleben dürfen, als er 1897 für seinen minderjährigen Neffen Friedrich Franz (IV.) für vier Jahre die Regentschaft übernommen hatte. Auch danach blieb sein Schloss Stätte wichtiger Entscheidungen, war beliebter Treffpunkt und Ort zahlreicher Feier-lichkeiten.

Neben den Besuchen des Kaisers und der Kaiserin kamen auch Vertreter der euro-päischen und asiatischen Fürstenhäuser. Nicht nur der Hochadel weilte auf Schloss Wiligrad, überdies besuchten Staatsmänner, Senatoren der Hansestädte, Künstler und Schriftsteller den Herzog. Da ist es verständlich, dass er seinen Herrschaftssitz auch standesgemäß ausgestattet wissen wollte. Für die zahlreichen Diners und Empfänge musste ein angemessen kostbares Service vorhanden sein. Er, der mit so wichtigen Persönlichkeiten verkehrte, benötigte ein repräsentatives Umfeld. Welchen konkreten Anlass es gab, es gerade jetzt in Auftrag zu geben, bleibt allerdings unbekannt. Johann

124 Bernd Kasten: Herzog Johann Albrecht zu Meck-lenburg als Präsident der Deutschen Kolonialgesell-schaft (1895–1920), in Kapitäne, Konsuln, Koloni-sten. Beziehungen zwischen Mecklenburg und Übersee, hrsg. v. Matthias Manke, Lübeck 2015 (= Veröffent-lichungen der Historischen Kommission für Mecklen-burg, Reihe B, NF, Bd. 4).

125 Siehe Fried 2015.

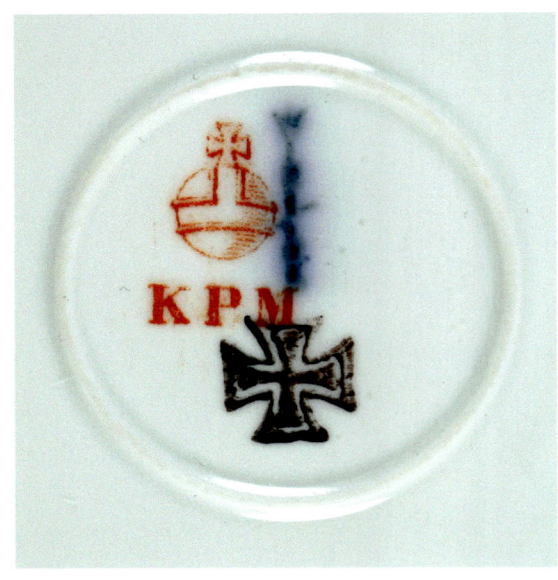

Albrecht war seinerzeit bereits 63 Jahre alt. Seine letzte Vermählung, die zweite, lag bald zehn Jahre zurück, und er lebte seit vielen Jahren auf Schloss Wiligrad, das von 1896 bis 1898 errichtet worden war. Vielleicht musste das Geschirr dort nach 20 Jahren einfach wieder neu aufgestockt werden?

1918 gab er nun also diesen Auftrag an die Manufaktur, die für solche Aufträge prädestiniert war, die KPM in Berlin. Wie üblich bei größeren Neuaufträgen, fertigte diese Zeichnungen und im August des Jahres einen Probeteller an.[126] Den Spiegel des Tellers ziert das große mecklenburgische Wappen, das als Hoheitszeichen die Macht des Fürstenhauses repräsentierte. Auf dem Rand tummeln sich musizierende Putten vor einer Girlande auf blauem Grund – ein Motiv, das aus anderen, vergangenen Zeiten der Kunst bekannt ist. Es verwundert nicht, dass sich der Herzog bei der Auswahl für einen eher rückwärtsgewandten Dekor entschieden hat. Sein Schloss war im Stil des Historismus – der Neorenaissance – errichtet worden, und bei diesem Kunststil blieb er auch in Hinblick auf das neue Service. Nun waren seit dem Bau von Wiligrad 20 Jahre vergangen, und was damals als modern gegolten hatte, war längst von anderen Stilrichtungen überholt worden. Der Jugendstil, der ohnehin kein Stil herrschaftlicher Auftraggeber war, wurde beim Entwurf des Services ebenso ignoriert wie die aufkommende Moderne. Ist die Rückbesinnung auf Zeiten, in denen das Machtgefüge der Dynastie noch intakt war, eine Form der Verdrängung, ein Nicht-zur-Kenntnis-Nehmen der Realität? Man braucht nicht zu erwähnen, wie sehr ihn, den glühenden Monarchisten, sicherlich das Ende der Monarchie getroffen haben muss.

Sein Service wurde nie ausgeführt. Einzig die Probeteller, von denen nach bisheriger Kenntnis vier staffierte Exemplare und ein weiß glasiertes Stück existieren, zeugen von dem Plan.[127] Außerdem hat sich im KPM-Archiv ein Blatt mit Entwürfen für vier verschiedene Farbvarianten des Rands erhalten.[128] Diese kolorierte Zeichnung zeigt einen in Segmente eingeteilten Teller mit farblich jeweils leicht voneinander abweichenden Nuancen. Auf zwei der vier überlieferten Teller wurde einer dieser Farbtöne am realen Objekt ausprobiert.

Das für die Schweriner Sammlung angekaufte Stück trägt neben der unterglasurblauen Zeptermarke und dem roten Reichsapfel – dem seit 1832 verwendeten Malereizeichen – auch die Kriegsmarke, in Form eines schwarzen Eisernen Kreuzes. Sie wurde während des Ersten Weltkriegs von 1814 bis 1918 verwendet. Bei der genauen Datierung hilft der eingepresste Jahresbuchstabe S weiter, der den Teller exakt in das Jahr 1918 verweist.[129]

126 Modellnummer der KPM: 11099; siehe Wittwer 2013, S. 94, Kat.-Nr. 109.

127 2016 befanden sie sich in der Schweriner Museumssammlung, in Privatbesitz und im Kunsthandel.

128 Hinweis von Eva Wollschläger.

129 Kurioserweise trägt das weiß glasierte, nicht bemalte Stück in Privatbesitz den Jahresbuchstaben T für 1919. Es ist also später entstanden als die in Blau und Gold staffierten Teller, obwohl man ihn eigentlich für eine Vorstufe dazu halten würde.

Alltag bei Hofe

An dieser Stelle soll nicht weiter von königlichen Geschenken die Rede sein, sondern von den normalen Bestellungen, die ein fürstliches Haus zur Bewirtschaftung seines herrschaftlichen Anwesens auslöste. Zwar stellt man sich, wenn man an Porzellane in den herzoglichen Schlössern denkt, sogleich festliche, reich gedeckte Tafeln vor. Kostbare Service, prunkvolle Vasen, Einzelstücke zur repräsentativen Raumdekoration werden mit den herrschaftlichen Prunkräumen assoziiert. Doch in jedem Schlossbetrieb gab es auch Zeiten abseits von Zeremoniell und Festlichkeit. Was hat an solchen Tagen auf dem Tisch gestanden, in welchem Porzellan wurden dann die Speisen serviert?

Noch bis vor Kurzem war dazu nur wenig bekannt. Dann aber gab es – unabhängig voneinander, doch beinahe zeitgleich – mehrere glückliche Fügungen, die Licht ins Dunkel brachten. Plötzlich gelang es, sich eine Vorstellung vom Alltagsgeschirr am Schweriner Hof zu machen und einen Einblick in dieses eher kulturgeschichtliche Thema zu erhaschen.

Das erste Ereignis führt in das Jahr 2014, als das Schweriner Museum einen großen Bestand an herzoglicher Kunst aus dem restituierten Besitz von Donata Herzogin zu Mecklenburg–von Solodkoff erwarb. Die Werke befanden sich zum größten Teil im Schloss Ludwigslust, dem einstigen Wohnsitz der herzoglichen Familie bis 1945. Dieses mit der Bodenreform enteignete, später zurückübertragene Inventar, das nun rechtmäßig in den Besitz des Museums überging, barg allerhand Schätze. Insbesondere die Alltagsgegenstände, die unter anderem auf dem Dachboden des Schlosses lagerten, sind in diesem Zusammenhang von Interesse. Neben Löscheimern aus Leder, ausgedienten Kutschenlampen, Koffern und Möbeln fand man dort Teile von Porzellangeschirren. Wenige Stücke nur, doch gaben sie erstmals Auskunft über diesen bislang wenig erkundeten Bereich. Sie sind die ersten nachgewiesenen Zeugnisse der gebräuchlichen, einfacheren Tafelzier am Schweriner Hof.

Das Pfauenfeder-Service

Nur ein Jahr später gelang es dem Verein der Freunde des Schweriner Schlosses, zwei Stücke aus dem nun sogenannten Pfauenfeder-Service der KPM Berlin zu erwerben (Abb. S. 110). Dieses Service war bislang gänzlich unbekannt und auch auf dem Dachboden von Schloss Ludwigslust nicht aufgetaucht. Durch seine Bemalung mit dem

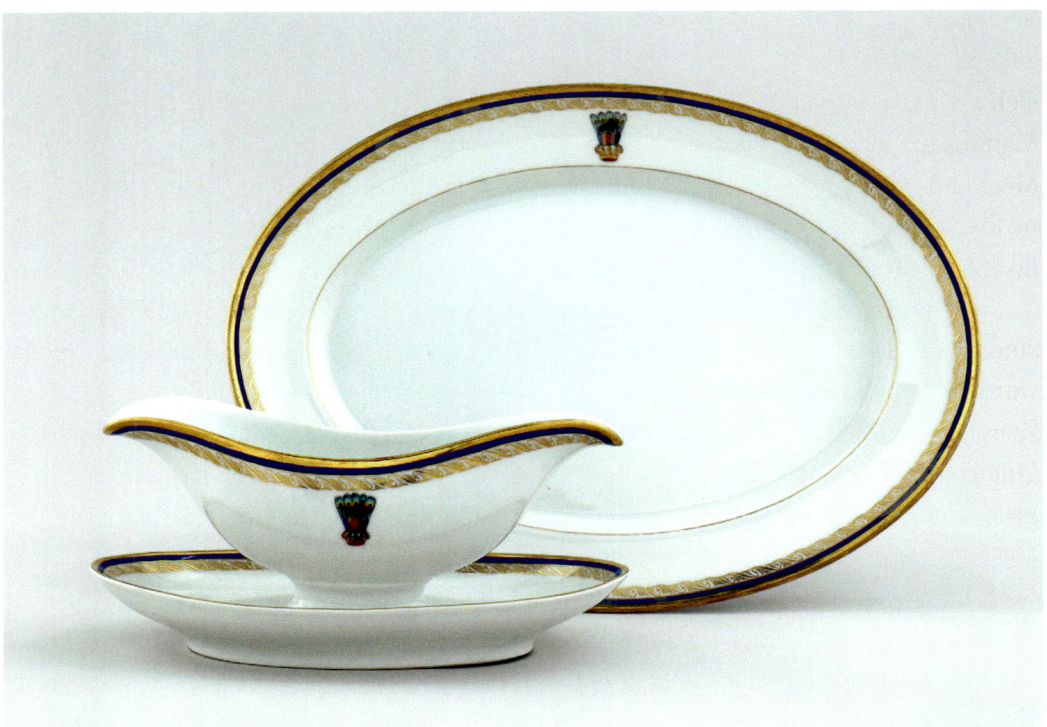

Platte und Sauciere aus dem Pfauenfeder-Service, 1913

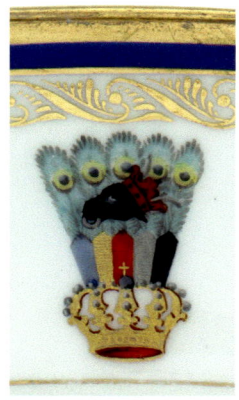

mecklenburgischen Stierkopf auf einem mit Pfauenfedern geschmückten Helm wirkt es repräsentativ genug für die fürstliche Tafel, doch scheint sein etwas dickwandigerer Scherben eher für eine Verwendung im Alltag zu sprechen. Im Bestellbuch der KPM erscheint es das erste Mal im Jahr 1846 und wird dort wie folgt beschrieben: »mit Krone und Pfaufedern nebst blauem Rand zwischen Goldrand und Goldring darunter Goldkante«.[130] Seiner äußeren Gestalt nach handelt es sich um tradierte Formen, die bereits seit Längerem in der KPM hergestellt wurden. Man kann davon ausgehen, dass das Service auch am mecklenburgischen Hof zu diesem Zeitpunkt bereits länger in Benutzung war, denn was der Hofmarschall von Bülow da im Auftrag des Großherzogs bestellt, waren eindeutig nur Ergänzungen, kein ganzes Service: Untersätze zu Saucieren oder ein paar Compottieren, die von der letzten Lieferung wohl inzwischen kaputt gegangen waren.

Eine große Bestellung ist dagegen für das Jahr 1852 dokumentiert, als weit über 200 Teile, überwiegend flache und tiefe Teller, nachgeordert wurden. Wie sich nachweisen lässt, war das nicht die letzte Nachlieferung, denn die beiden vom Schlossverein erworbenen Stücke tragen die Marken von 1913. Das Service scheint über lange Zeit eines der gebräuchlichsten am Schweriner Hof gewesen zu sein und fand sicher auch bei Festlichkeiten mit einer großen Anzahl von Gästen Verwendung.

Das dritte Ereignis, das noch einmal einen ganz neuen Blickwinkel auf das Thema Alltagsgeschirr eröffnete, stellte die archäologische Grabung im Keller des Schweriner

130 SPSG, KPM-Archiv (Land Berlin), 370, auch im Folgenden, hier S. 186.

Schlosses dar, bei der 2016 unzählige Scherben zutage kamen (vgl. S. 116). Diesem außergewöhnlichen Fund verdanken wir aufschlussreiche Erkenntnisse darüber, was sich tatsächlich in den Geschirrschränken des Schlosses befunden hat und in welchen Manufakturen die Herzöge ihre Ausstattung bestellen ließen. Die KPM in Berlin war für Mecklenburg-Schwerin eindeutig das bevorzugte Unternehmen, wenn es galt, Porzellane für den Schlossbetrieb zu erwerben. Nachforschungen im Archiv der Porzellanmanufaktur stützen diese Erkenntnisse, die der Scherbenfund offenbarte.

Dass so wenige Belegstücke vom Geschirr aus dem Schweriner Schloss überliefert sind, mag schon verwundern. Im Betrieb eines solch großen herrschaftlichen Hauses wurden große Mengen an Geschirr benötigt, doch es gibt kaum mehr heil gebliebene Zeugnisse davon. Wo sind sie geblieben? Im Folgenden soll ihnen anhand archivalischer Quellen nachgespürt werden; das KPM-Archiv ist in dieser Hinsicht eine wahre Fundgrube.

Das Wappenservice

Größere Porzellanbestellungen in der KPM sind zunächst aus der Regierungszeit von Großherzog Paul Friedrich (1837–1842) bekannt. Im Jahr 1839, als die Residenz schon wieder von Ludwigslust nach Schwerin verlegt worden war, orderten Hofkonditorei und Hofküche einen enormen Posten vom Wappenservice mit den Schildhaltern Stier und Greif. Von ihm ist heute nicht ein einziges Stück mehr erhalten, doch wurden immerhin Scherben bei der Ausgrabung im Keller des Schlosses gefunden (Abb.).

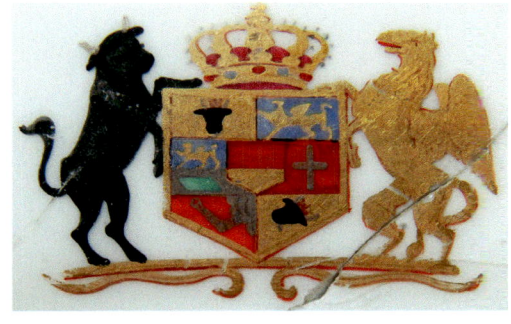

Dekor des Wappenservices, das 1839 und 1844 in größeren Stückzahlen für das Schweriner Schloss bestellt wurde

Im Bestellbuch der Manufaktur ist am 11. Oktober 1839 die Bestellung des Großherzogs von Mecklenburg-Schwerin für das Service »aufm Bord mit Wappen auscoul mit Schildhalter«[131] vermerkt. »Für die großherzogl. mecklb. Hofhaltung« wurden 700 tiefe und flache Teller in verschiedenen Größen bestellt, »[f]ür die Großherzogl. Hofküche« über 100 Salat- und Kompottschüsseln, Saucieren und Löffel sowie »[f]ür Großherzogl. Hofconditorei« noch einmal knapp 100 Schalen für Gelee, Konfekt und Eis. Paul Friedrich ließ hier also in einer erstaunlichen Größenordnung bestellen und die Frage stellt sich, wie viel Geschirr denn ein fürstliches Haus brauchte. Etwas aufwendiger in der Gestaltung war das Wappenservice durchaus – sicher kein Prunkservice, aber dennoch von Aussehen und Menge her geeignet, die zahlreichen Gäste bei großen Festen zu bewirten. Preislich lag es bei Weitem unter den Paradeservicen beispielsweise für Alexandrine, doch neben den Alltagsgeschirren galt es mit knapp 1.200 Talern für die etwa 900 Stücke schon als eins der teureren.

131 Ebd., S. 67.

Das Service scheint unter mehreren Großherzögen in Gebrauch gewesen zu sein, denn unter Friedrich Franz II. gab es wieder eine beachtliche Nachbestellung. Am 14. Februar 1844 orderte Hausmarschall von Bülow 400 flache und tiefe Teller sowie insgesamt 34 Compottieren, Saucieren, Löffel und ovale Schalen. Gleichzeitig gab er auch Nachlieferungen für das sogenannte Kronenservice und ein weiteres Service in gleicher Größenordnung wie das Wappenservice in Auftrag.[132] All diese Porzellane, die weit vor der Fertigstellung des Schweriner Schlosses 1857 erworben wurden, werden wohl lange genutzt worden sein, auch nach dem Einzug in das neue Prachtbauwerk.

Das Kronenservice

Das Kronenservice war eines der gängigen Alltagsgeschirre der herzoglichen Familie (Abb.). Es wurde den Akten nach zu urteilen in den größten Stückzahlen angeschafft, gewiss auch in Hinblick auf die Ausstattung von Festivitäten. Es fand nicht nur im Schweriner Schloss, sondern gleichfalls im Jagdschloss Gelbensande[133] und eventuell im Ludwigsluster Schloss Verwendung, denn auch dort haben sich einzelne Teile daraus bis heute erhalten. Den weitaus größten Nachweis über die Existenz des Services brachten jedoch die Grabungen im Keller des Schweriner Schlosses zutage.

132 Die Auslieferung scheint im April geschehen zu sein: »effectuiert am 19. April 1844«. Das hier genannte weitere Service ist im Bestellbuch als Service »aufm Bord mit Krone auscoul. darunter Buchstb. F aus Gold […]« aufgeführt; ebd. S. 143.

133 Nach freundlicher Auskunft von Antje Friesecke vom Museum Jagdschloss Gelbensande e. V. vom 2.3.2018 befinden sich in Gelbensande Teile aus dem Kronenservice: zwei Platten, zwei tiefe und ein flacher Teller sowie eine eckig-ovale Schale.

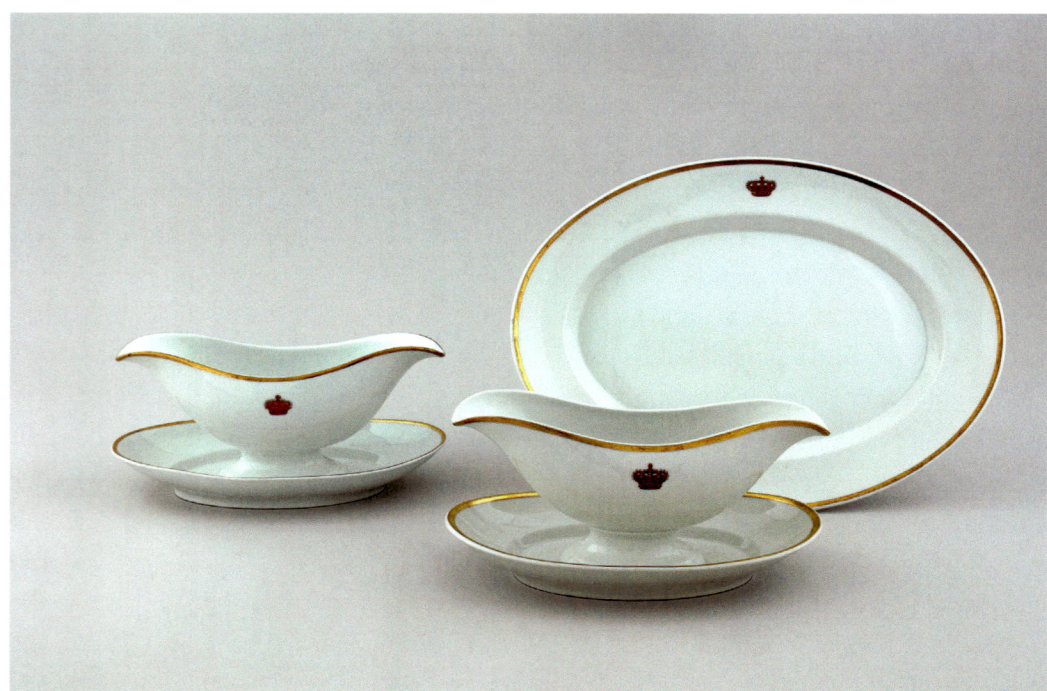

Teile aus dem Kronenservice

Das Porzellan aus einem einfachen, dezent cremefarbenen Scherben war mit einem Goldrand und mit einer fünfbügeligen Krone, der farbig gemalten, mit Perlen besetzten Herzogskrone, ausgestattet. Das stellte zwar keine »Königsqualität« dar, war aber gut genug, um im Alltag eines Fürstenhauses zu bestehen.

Das Service wurde wohl erstmalig im Jahre 1844 gefertigt. Im Bestellbuch der KPM kann ihm ein Eintrag vom 14. Februar recht eindeutig zugeordnet werden: für den »Großherzog von Mecklenburg-Schwerin [...] durch Abgabe an den Hausmarschall von Bülow« wurden Porzellane »aufm Bord mit Krone [...] auscoul mit Goldrand No 2« aufgeführt.[134] Und man bestellte gleich in Mengen: 350 flache Teller in verschiedenen Größen, dazu 50 tiefe Teller, acht Kompott-schalen sechs Saucieren, zehn Löffel, zehn ovale Schüsseln sind dort neben 222 Tassen in zwei verschiedenen Ausformungen aufgeführt. Der Auftrag scheint in gleicher Stückzahl zum Ende des Jahres wiederholt worden zu sein, aber diesmal mit nur 150 Tassen.[135] Die nächste Nachbestellung ließ nicht lange auf sich warten, denn 1852 bezog die großherzogliche Hofhaltung wiederum über 600 Teile aus dem Kronenservice.[136]

Das Geschirr muss im herzoglichen Hause viel benutzt worden sein und natürlich ging dabei auch allerhand zu Bruch. Davon zeugen die vielen ausgegrabenen Scherben, aber auch die zahlreichen in Auftrag gegebenen Nachfertigungen. Anhand der Marken auf den Scherben kann nachgewiesen werden, dass es weit mehr Bestellungen gegeben haben muss, als bislang durch archivalische Überlieferung bekannt ist. Bis nach 1870 wurde das Kronenservice in der KPM gefertigt, das bezeugen die Zeptermarken mit dem typischen schräg gestellten Querstrich.

Was zunächst verwundert, ist die Tatsache, dass das Geschirr nicht nur in der Berliner Manufaktur, sondern auch in der schlesischen Fabrik Tielsch in Altwasser hergestellt wurde. Zwei der fünf aus dem Schloss Ludwigslust erhaltenen Porzellane dieses Services[137] tragen eindeutig die Marke der Manufaktur Tielsch. Da die in Schlesien hergestellten den Berliner Stücken aufs Haar gleichen, ist von einer bewussten Nachfertigung auszugehen. Doch warum in einer anderen Manufaktur? Die Erklärung kann nur sein, dass diese Fabrik einfach günstiger produzierte als die teurere KPM.

134 SPSG, KPM-Archiv (Land Berlin), 370, S. 143.

135 »Mit coul Krone auf Bord mit mit ☉ rd No 2«, Eintrag vom 11.12.1844, ebd., S. 153. Es ist zu beachten, dass sowohl die Bestellung vom Februar 1844, die drei Service enthält (Wappen- und Kronenservice sowie Service mit dem Buchstaben F) als auch die vom Dezember 1844, die nur das Kronen- und das Service mit dem Buchstaben F enthält, mit »Preis Nota« überschrieben sind und möglicherweise Kostenvoranschläge darstellen. Der Eintrag vom Februar ist allerdings mit dem späteren Zusatz versehen: »effectuiert am 19. April 1844« und wird demzufolge im April auch wirklich gefertigt worden sein. Das stützt eine Bemerkung auf einer weiteren Nachbestellung im März 1846: »[...] aufm Bord mit coul. Krone :/ wie im April 44 gefertigt, Bestellung No 800 v. 20/1. 44 /:«.

136 Ebd. S. 273.

137 Die Teller, Platten und Saucieren sowohl mit der originalen KPM-Marke als auch mit der Marke aus dem schlesischen Altwasser befanden sich in Schloss Ludwigslust. Diese Herkunftsgeschichte lässt die Vermutung zu, dass Teile des Kronenservices erst 1918 von Schwerin nach Ludwigslust gelangten, als die herzogliche Familie nach der Abdankung das Schweriner Schloss verließ.

Unbekannte Service für Mecklenburg-Schwerin

In den Bestellungsbüchern der KPM gibt es einige Aufträge, die nicht mit heute bekannten Stücken in Verbindung gebracht werden können, wie die 1844 genannten 16 Blumenvasen und Sockel.[138] Ebenso ist das gemeinsam mit dem Wappenservice und dem Kronenservice geordnete Service nicht zu identifizieren, das im Februar und im Dezember 1844 folgendermaßen beschrieben wurde: »weißes Bord mit Krone auscoul darunter Buchstaben F aus gold«.[139] Obwohl damals größere Stückzahlen davon erworben wurden, sind von ihm keine Teile oder Scherben bekannt.

Ferner ist ein Service mit bunten Blumen auf weißem Grund bislang unbekannt.[140] Von ihm wurden im August 1842 130 Suppenteller, 250 flache Teller, sechs Saucieren und eine Compottiere auf Anfrage des Hofmarschalls von Levetzow für die »Großherzogl. Mecklenburg Schwerinsche Hofhaltung in Ludwigslust« bestellt, so besagt es zumindest eine »Preis Nota«. Die aufgeführten Porzellane ergeben längst kein vollständiges Service, eher handelt es sich um die Ergänzung eines älteren Geschirrs. Auch der Dekor ließe einen solchen Schluss zu.

In den Jahren 1846 und 1852 gab es schließlich zwei sehr interessante Bestellungen, die belegen, dass im Schloss Schwerin lange Zeit mehrere Service nebeneinander benutzt wurden.[141] Beide Male bestellte der Hofmarschall von Bülow für die Schweriner Hofhaltung mehrere Teile von unterschiedlichem Geschirr, das jeweils eine Ergänzung bereits vorhandener Service darstellt. In einigen Fällen lassen sich die erwähnten Porzellane keinen heute bekannten Stücken zuordnen, man darf also auf weitere Entdeckungen gespannt sein.

Ein Festdiner im Schweriner Schloss

In all den Jahren wurden so manche Hofbälle, Galadiners, Feste und Empfänge im Schweriner Schloss gegeben und mit den hier beschriebenen Porzellanen bestritten. Ein anschauliches Beispiel, wie groß eine festliche Tafel mitunter ausgestattet werden musste, vermittelt die Einweihungsfeier für das Schweriner Schloss in der Mitte des 19. Jahrhunderts. Am 26. Mai 1857, dem Geburtstag von Großherzogin Auguste, fand der feierliche Einzug des Großherzogs und seiner Familie in das neu und umgebaute Schloss Schwerin statt. Eine große Zahl an hochherrschaftlichen Besuchern wurde dazu erwartet, darunter auch der preußische König. Friedrich Wilhelm IV. reiste in Begleitung seiner Gemahlin Elisabeth und seines Bruders Wilhelm (I.) am Vortag mit dem Sonderzug von Berlin an.

138 SPSG, KPM-Archiv (Land Berlin), 370, S. 143.

139 Ebd., S. 143; siehe auch S. 153.

140 »mit btn Blumen weißen Bord [...]«; ebd., S. 127, auch im Folgenden.

141 Bestellung vom 16.3.1846, ebd. S. 185, sowie Rechnung vom 26.7.1852, ebd. S. 273.

470 Personen waren zum Festmahl geladen, das sich von 16 bis etwa 18.30 Uhr erstreckte. So viele Gäste konnten unmöglich in einem einzigen Saal Platz finden, sodass sie in verschiedene Räume verteilt wurden. Die hohen Herrschaften selbst speisten im imposanten Goldenen Saal, zusammen mit 126 Damen und Herren. 80 weitere dinierten im Thronsaal, 104 in der Ahnengalerie, 40 im Billardzimmer, 35 im Königssaal und »die Übrigen, meist jüngeren Offiziere in der Waffenhalle«.[142] Das Menü offerierte eine erlesene Folge von Speisen und bestand aus nicht weniger als zwölf Gängen, von Schildkrötensuppe über Kaviar, Fisch, verschiedene Sorten Fleisch bis hin zu Nachspeise und Kuchen. Man kann sich in etwa ausrechnen, wie viel Geschirr an diesem Abend benötigt wurde. Da zwischen den Gängen nicht gespült werden konnte, reichten ein, zwei Teller pro Person keinesfalls aus. Was laut den Bestellbüchern der KPM in den vorangegangenen Jahren an Porzellan für die großherzogliche Hofhaltung geliefert wurde, schien für die Festtafel zu genügen, denn es standen ja unter anderem das Wappen-, das Kronen- und das Pfauenfeder-Service zur Verfügung. Welches davon bei der Einweihung tatsächlich zum Zuge kam, ist nicht überliefert. Vielleicht wurde in den unterschiedlichen Sälen auch von verschiedenen Servicen gespeist. Zumindest brauchte kein Geschirr aus anderen Schlössern geliehen werden, wie es beim Besteck der Fall war. 197 silberne Löffel, ebenso viele Gabeln, vier Gemüselöffel und vier Soßenlöffel wurden aus der großherzoglichen Intendantur des Seebades Doberan, dem Sommersitz der fürstlichen Familie, zu diesem Anlass herbeigeschafft.[143]

Wo das Porzellan gelagert wurde, wenn es nicht gerade im Einsatz war, ist nicht bekannt. Ein Teil wird gewiss im unteren Zwischengeschoss des Schlossgartenflügels gestanden haben, denn dort befanden sich sowohl die Silberkammer und die Silberwäsche als auch die Kaffeeküche und das Tafeldeckerzimmer. Außerdem gab es eine Speisewinde, die diese Räume mit dem Anrichtezimmer in der Beletage verband. Da oben hatte man bei der Umgestaltung des Schlosses neben dieser »Windenvorrichtung mit Schrank« ein »Buffet von Nussbaum«[144] vorgesehen, auf dem die aus der Küche gelieferten Speisen vor dem Servieren angerichtet werden konnten.

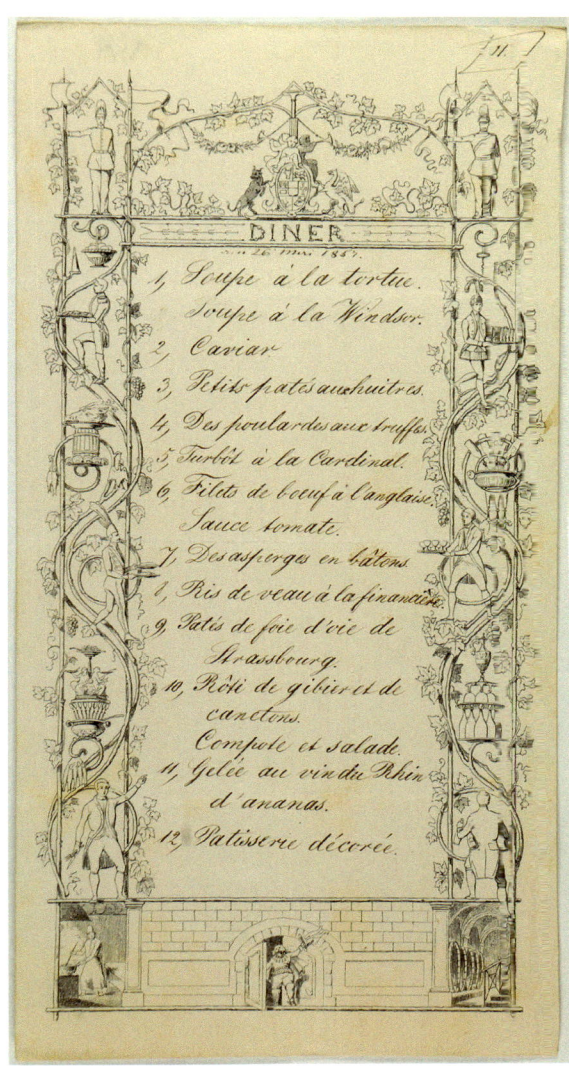

Theodor Schloepke (?), Die Speisekarte zum Festdiner, 1857

142 Norddeutscher Correspondent, Nr. 122, 28.5.1857; hier zitiert nach Bartel/Schott 2009, S. 61.

143 Bartel/Schott 2009, S. 62.

144 LHAS, 2.26-2 HMA, Nr. 1402, V. »Kosten=Anschlag zur Vollendung des innern Ausbaus der Feste räume in der Beletage«, 192 v; hier zitiert nach Dann 2007, S. 103.

Der Keramikfund im Schweriner Schloss

Die Kenntnisse über das am mecklenburgischen Hof verwendete Alltagsgeschirr gehen zum großen Teil auf eine archäologische Grabung im Keller des Schweriner Schlosses zurück, die vor nicht allzu langer Zeit stattfand. Was dabei ans Licht kam, soll im Folgenden umrissen werden.

Die Grabung im Keller

2016 sollte der Landtag von Mecklenburg-Vorpommern, der seinen Sitz im Schweriner Schloss hat, im Keller des Gebäudes einen neuen Sanitärtrakt erhalten. Um diese Bauarbeiten im Schlossgartenflügel unter der südlichen Einfahrt zum Hof vorzubereiten, mussten die Statik geprüft und das Erdreich des Schlosskellers untersucht werden.[145] Und genau das war ein Glücksfall für alle Historiker, denn es kam ein Fund zutage, der ein Stück Schlossgeschichte vergangener Zeiten erhellt und einen Blick in den Alltag der herzoglichen Residenz ermöglicht.

145 Die Hinweise zur Grabung, Angaben zur Schichtung, den aufgefundenen Scherben usw. verdanke ich Dr. Heiko Schäfer vom LAKD M-V, Landesarchäologie, Dienststelle Stralsund. Er informierte mich ausführlich über die Details, versorgte mich mit Fotos und nahm sich Zeit, um mir den Grabungsfund zu erläutern. Für diese kollegiale Unterstützung gilt ihm mein herzlicher Dank. Die Internetveröffentlichung des Grabungsfundes siehe Heiko Schäfer: An der Tafel der Großherzöge von Mecklenburg-Schwerin. Fund des Monats Juli 2017, https://www.kulturwerte-mv.de/Landesarchaeologie/Fund-des-Monats/Bisherige-Beiträge/2017-07-An-der-Tafel-der-Großherzoege-von-Mecklenburg-Schwerin/ (12.4.2019).

Die mit Grundwasser vollgelaufene Sondage im Keller des Schweriner Schlosses

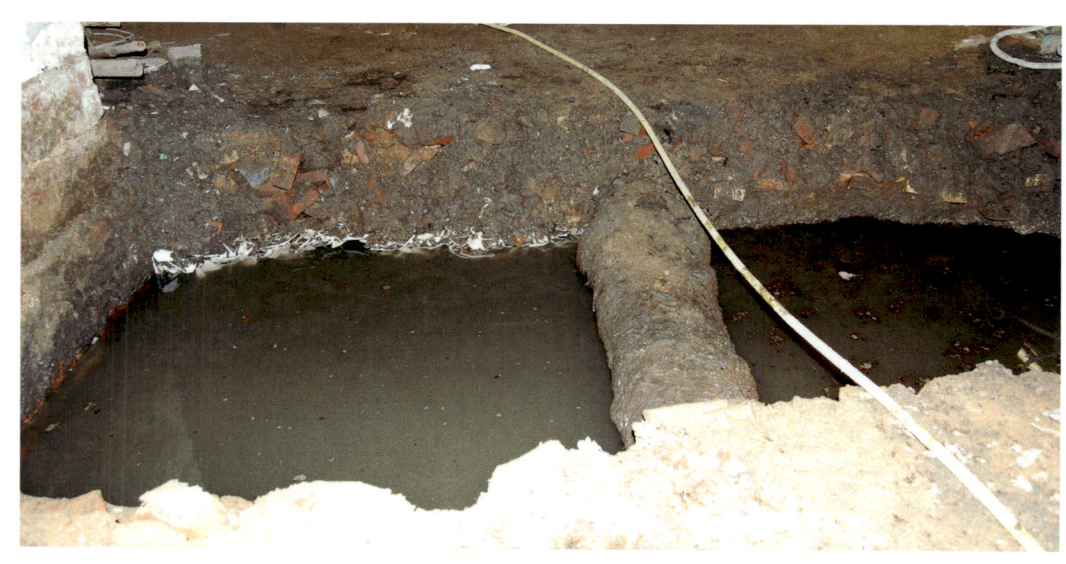

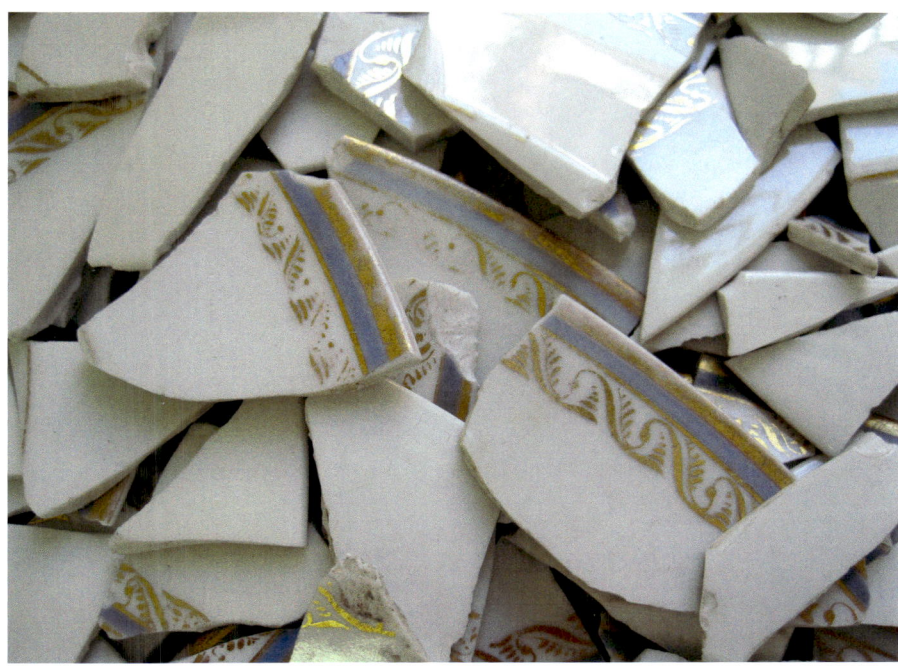

Etwa einen halben Meter unter dem heutigen Kellerniveau, unmittelbar neben einem Pfeiler, lagerten Unmassen von Porzellanscherben in der Erde. Wie in solchen Fällen üblich, wurde das Landesamt für Kultur und Denkmalpflege Mecklenburg-Vorpommern informiert, welches sofort eine Grabung an dieser Stelle einleitete. Das übliche archäologische Verfahren, um Aufbau und Schichtfolge des Terrains abzuklären und Fundstücke zu bergen, wurde in Gang gesetzt: Eine ausgehobene Sondage lief an dieser Stelle augenblicklich mit Grundwasser voll (Abb.).

Um es vorweg zu nehmen: Wie viele Scherben genau zutage kamen, wurde nicht gezählt, denn zu viele lagen dort im Boden. Unter einer Schicht aus Ziegelformsteinen und Fliesen verbargen sich mehrere Tausend große und kleine Fragmente, bemalte und rein weiße Bruchstücke von verschiedenen Porzellanservicen sowie einige Tonscherben. Sie füllten zum Schluss – gesäubert, registriert und sortiert – weit über 50 Kartons. Die Grabung umfasste zwar nur eine Grube von etwa einem Kubikmeter Größe, doch war deutlich, dass die Schicht der Scherben auch links und rechts davon weiterging. Wie viel davon heute noch in der Erde ruht, bleibt ungewiss. Zu vermuten ist jedoch, dass die stattgefundene Grabung einen guten Querschnitt des damals hier vergrabenen »Schatzes« offenbart.

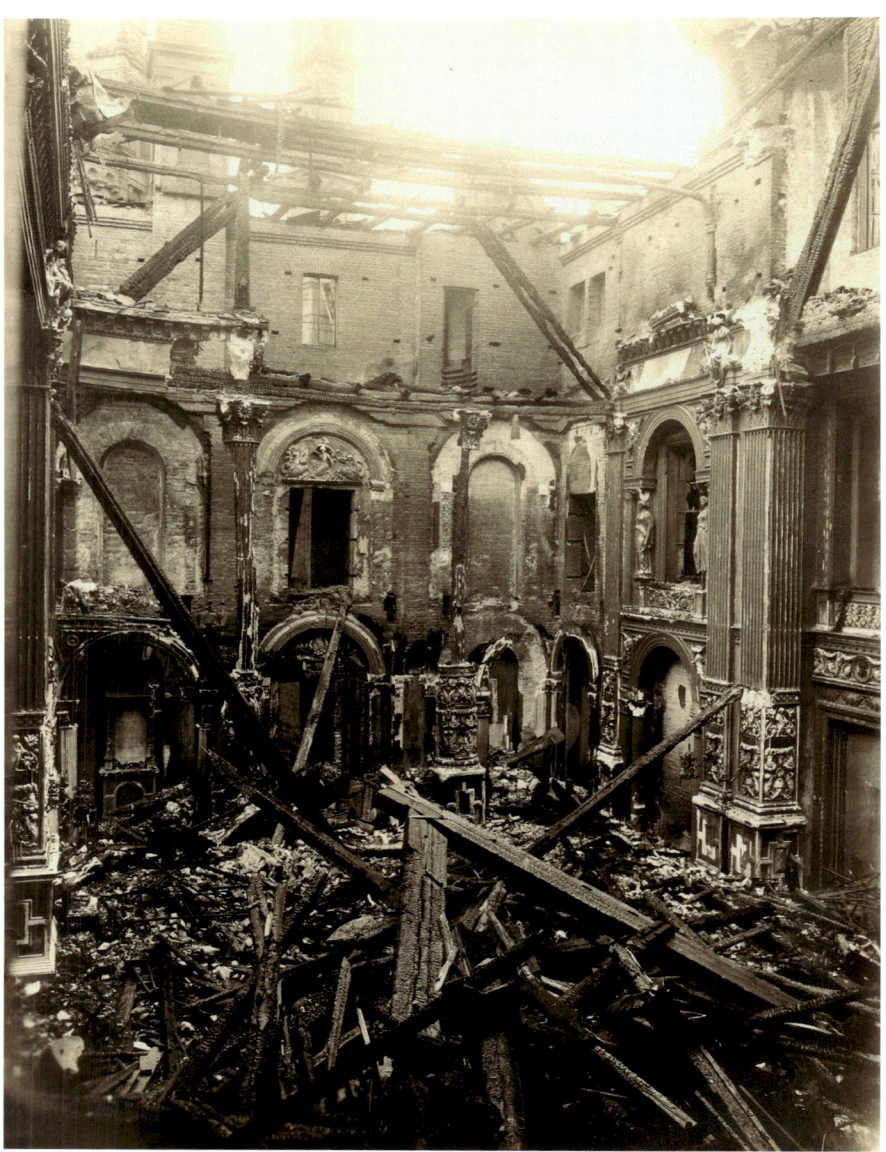

Aufnahme des 1913
komplett zerstörten
Goldenen Saals im
Schweriner Schloss

Brandbekämpfung anno 1913

Es ist wirklich ein wahrer Schatz, der hier gefunden wurde! Vielleicht nicht im wörtli-
chen Sinne, denn es handelt sich doch vorwiegend um Alltagsgeschirr – noch dazu um
zerbrochenes –, welches bei Hofe im normalen Küchenbetrieb, aber auch bei einer sehr
großen Anzahl geladener Festgäste verwendet wurde. Die größte Frage ist: Wie kam der
vergrabene »Schatz« dorthin? Es ist rätselhaft, wieso die Scherben hier in so großer
Menge lagerten. Wie ist das Porzellan zu Bruch gegangen und wann? Warum hat man

sich die Mühe gemacht, für den Scherbenhaufen ausgerechnet im Keller ein Loch zu graben, wo das doch im Garten viel einfacher zu bewerkstelligen gewesen wäre?

Ein Ereignis, dem allerhand Einrichtungsgegenstände, Möbel und Keramik zum Opfer fielen und das die vielen Scherben erklären könnte, war der Schlossbrand, der in der Nacht von 14. zum 15. Dezember 1913 wütete und der etwa ein Drittel des Schlosses vernichtete. Der Burgseeflügel brannte völlig nieder, vom Schlossgartenflügel war hauptsächlich der Goldene Saal betroffen. Das meiste zerstörten gar nicht die Flammen selbst: Noch verheerender wirkte das Löschwasser. Durch die Wassermassen aufgeweicht, fielen die oberen Stockwerke des Schlossgartenflügels in sich zusammen. Dass dabei auch Geschirrschränke in Mitleidenschaft gezogen wurden, ist anzunehmen. Liest man die Berichte über diese Nacht, wird deutlich, wie immens die Verluste an Geschirr allein durch die Bergungsversuche beim Ausräumen der vom Feuer bedrohten Räume gewesen sein müssen. Leutnant Ernst von Storch berichtete beispielsweise: »Die Glasscheiben, hinter denen das Porzellan stand, wurden mit Fäusten, Füßen, Stühlen oder Seitengewehren eingestoßen.« Und weiter: »Dann habe ich nachher selber das Porzellan in Tücher gerollt und auf einem Sofa runtergetragen.«[146] Mit dem Feuer waren die aufgefundenen Scherben nicht direkt in Berührung gekommen, sonst wären Rückstände davon erkennbar gewesen. Insofern werden die vielen zerschlagenen Teile tatsächlich auf das Konto der »in ziemlicher Aufregung und Eile«[147] vollzogenen Rettung gegangen sein.

Schaut man auf den Erhaltungszustand des Keramikfunds, fällt auf, dass er wie gesagt keine Brandschäden aufweist, mitunter aber schwarze Verfärbungen, die nicht durch Rauch oder Feuer hervorgerufen wurden. Auch gelbliche Flecken sind zu sehen. Da die Bruchstücke unter der Erde im Grundwasserbereich lagen, kommt das zirkulierende Wasser durchaus als Verursacher dafür infrage. Ebenso sind starke farbliche Unterschiede im Dekor bei Scherben von ein und demselben Service zu erkennen – Farbveränderungen, die durch diese Lagerung entstanden sein könnten. So ist zum Beispiel die farbige Bemalung einiger Stierköpfe des Pfauenfeder-Services verblasst.

146 LHAS 2.26 – 2 Großherzogliches Hofmarschallamt, Nr. 1894; hier zitiert nach Klaus-Ulrich Keubke: Der Brand des Schweriner Schlosses 1913, Schwerin 1999, S. 54.

147 Bericht des Leutnants Ernst von Storch, ebd.

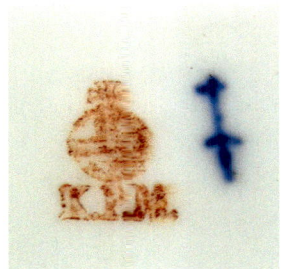 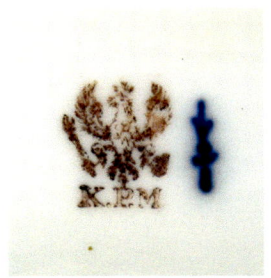 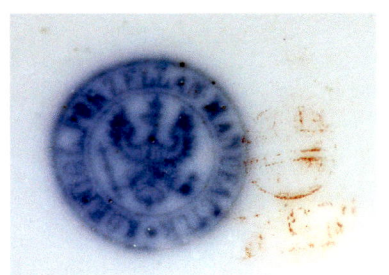

Berliner Marken unterschiedlicher Zeiten auf den ausgegrabenen Scherben

Kronen über Kronen

Was die Erde so lange versteckt gehalten hatte, entpuppte sich nun als die Scherben verschiedener, alltäglich verwendeter Essgeschirre der Herzogsfamilie. Diese hatte die vergleichsweise schlichten Porzellane im Verlauf des 19. Jahrhunderts bei verschiedenen Manufakturen bestellt, etwa in der Berliner Manufaktur, in Meißen oder der schlesischen Manufaktur Tielsch in Altwasser. Dass es sich dabei um Auftragsware handelt, lassen die speziell auf die Verwendung am hiesigen Hof ausgerichteten Verzierungen erahnen: Das mecklenburgische Wappen, die Helmzier mit dem Stierkopf und diverse Monogramme »FF« tauchen auf. Die mit Abstand am häufigsten vorkommenden Scherben – weit über 100 Stücke – sind mit gemalten Kronen verziert (Abb.). Doch kein einziges Objekt ließ sich bislang ganz zusammenfügen, so sehr die Restauratoren auch puzzelten. Liegen die fehlenden Teile vielleicht noch in der Erde? Wie das Service ausgesehen hat, ist bekannt, denn in der Schweriner Sammlung haben sich einige Teile daraus erhalten (vgl. S. 112).

Scherben vom
Kronenservice

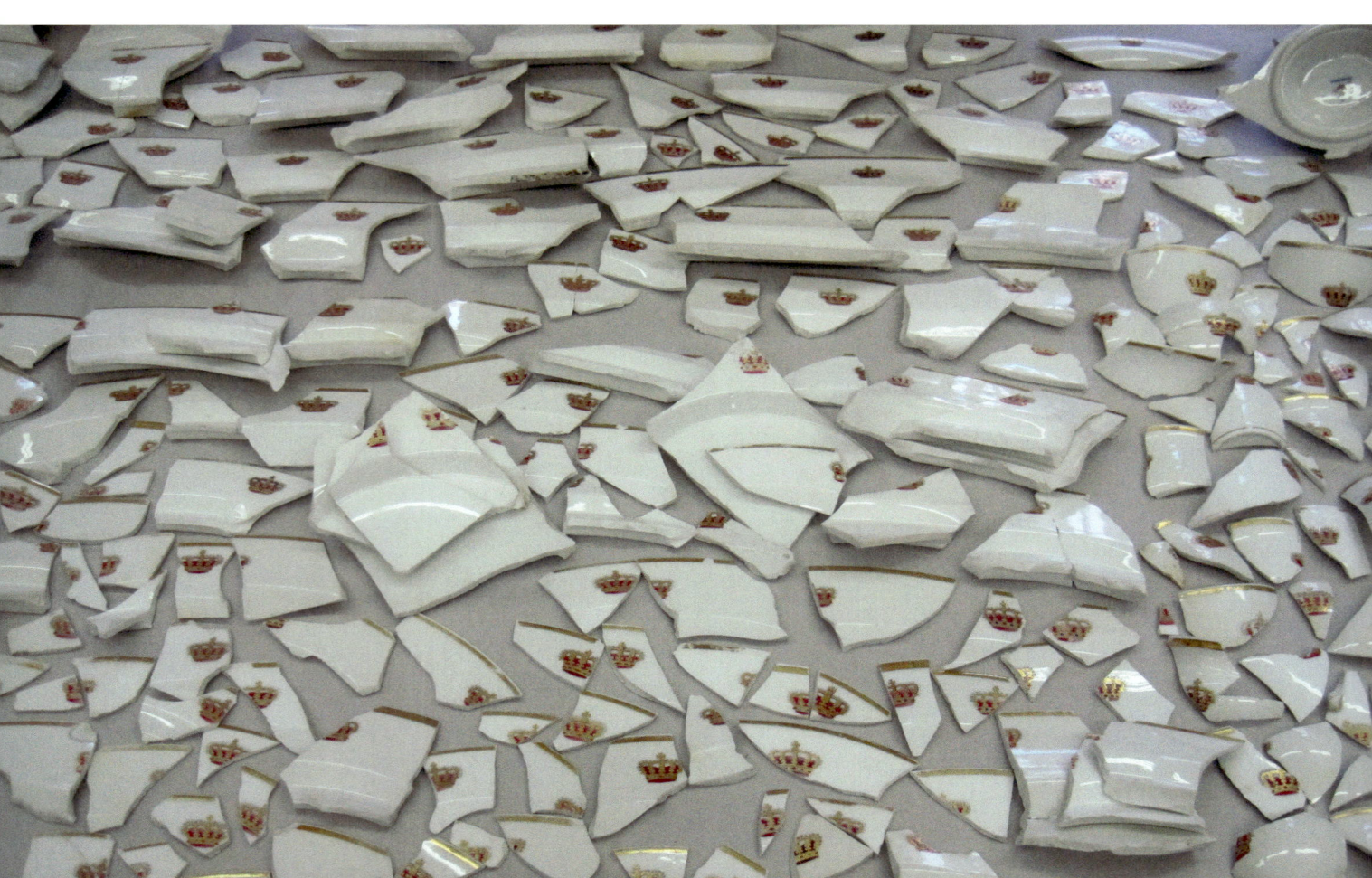

Wie viel Geschirr braucht die herzogliche Küche?

Auch zu den mit blauem Monogramm »FF« verzierten Fragmenten gibt es unbeschädigte Beispiele in der Museumssammlung. Während die gefundenen Bruchstücke mit keiner Marke in Verbindung gebracht werden können, stammen die erhaltenen Exemplare – vier Saucieren – eindeutig von einem Hersteller in Schlesien, der Firma Krister in Waldenburg (Abb. S. 122). Die Porzellanmarke dieser Firma ähnelt in außergewöhnlichem Maße der Marke, die die KPM Berlin in der Zeit zwischen 1837 und 1844 verwendete. Ob gewollt oder zufällig ähnlich – ein Schelm, der Böses dabei denkt!

Vielfach kommen auch Scherben des Services vor, das am Rand eine Krone mit der mecklenburgischen Helmzier zeigt: das bereits erwähnte sogenannte Pfauenfeder-Service aus der KPM. Im Federschmuck ist ein halber, auf der Seite liegender Stierkopf zu erkennen. Vergleichbare unbeschädigte Objekte – eine Sauciere und eine Platte mit diesem Dekor – sind in der Ausstellung zu sehen (vgl. S. 110).

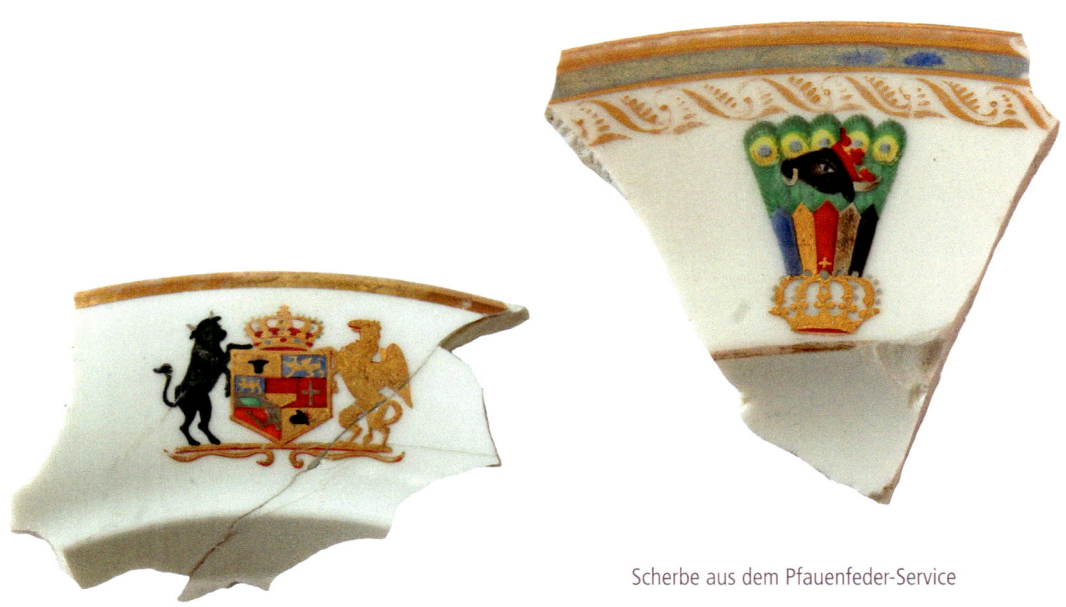

Scherbe aus dem Pfauenfeder-Service

Scherbe aus dem Service mit dem Wappen Mecklenburgs und den Schildhaltern Stier und Greif

Eine kleine Gruppe Scherben stammt von dem Service, das am Rand mit dem sie-benfeldrigen mecklenburgischen Wappen gekennzeichnet war. Die Fragmente gehö-ren zu einem Teller, einem großen Deckel und zwei Schalen. Zwar sind hierzu keine Vergleichsbeispiele bekannt, doch wie beschrieben, muss das Geschirr seit 1839 in beträchtlicher Stückzahl im Schweriner Schloss zur Verfügung gestanden haben (vgl. S. 111).

Bei der Grabung tauchten zudem viele Fragmente eines mit gelben und blauen Strei-fen bemalten, sehr einfachen Geschirrs auf, das aus der böhmischen Firma Fischer & Mieg in Pirkenhammer stammt. In der Sammlung des Museums befindet sich daraus eine runde Terrine, erworben aus dem restituierten Eigentum von Donata Herzogin zu Mecklenburg-von Solodkoff im Jahr 2014.

Andere Keramiken spielen in dem großen Fund nur eine untergeordnete Rolle. So kommen einzelne Beispiele von Porzellantassen aus der bei Paris gelegenen königlichen Manufaktur Sèvres aus der Zeit von Kaiser Napoleon III. Bonaparte vor, der von 1852 bis 1870 regierte. Aus der Porzellan-Manufaktur Meissen gibt es ein Service mit Streu-blumendekor und eines mit Zwiebelmuster, beide aus der Mitte des 19. Jahrhunderts. Einige wenige Gefäße sind aus Steingut oder Steinzeug gefertigt, so von Villeroy & Boch und von der Londoner Firma Royal Doulton. Kaum nennenswert bleiben zum Schluss Bruchstücke mit einem geschwungenen Monogramm »A« unter fünfbügeliger Krone, Scherben mit einer auffälligen hellblauen Schleife, ein Rest aus der Dresdener Porzellan-malerei und -handlung Carl Anhäuser sowie einige wenige Glasfragmente.

Die Saucieren der Firma Krister in Waldenburg mit dem Monogramm »FF«, wohl Mitte 19. Jahr-hundert

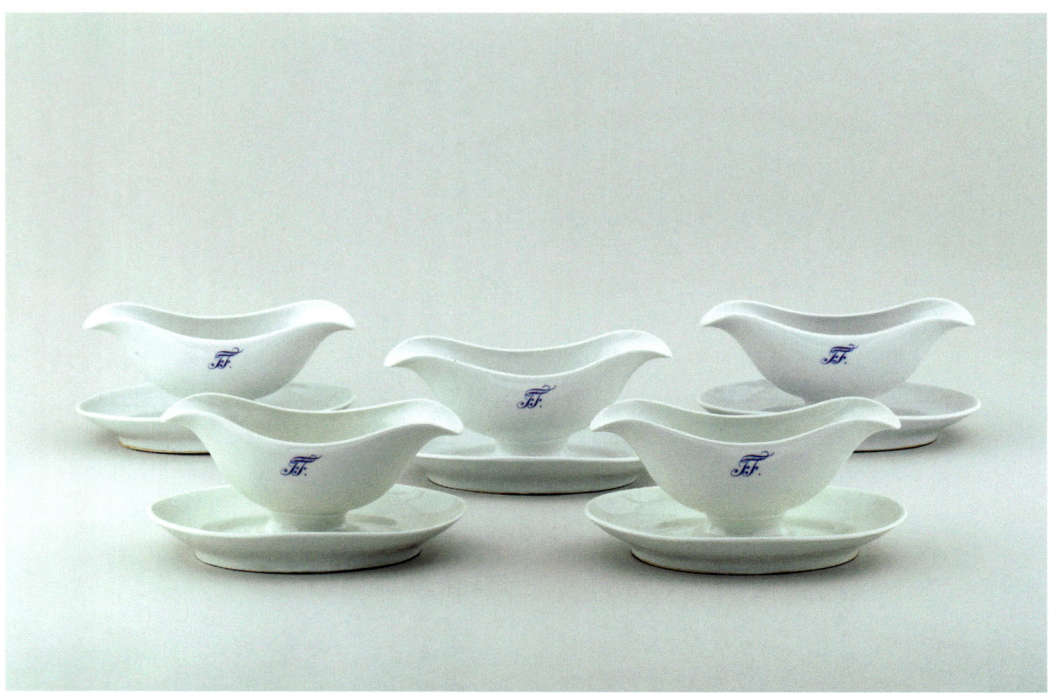

Scherben der Hochzeitsservices

Zwei Objekte jedoch ziehen noch einmal die Aufmerksamkeit auf sich. Kann man den gesamten Keramikfund mit dem Begriff »Alltagsgeschirr« umschreiben, so ragen die Bruchstücke, die von diesen beiden Porzellanen stammen, deutlich heraus. Es handelt sich jeweils um Teller aus einem Hochzeitsservice. Einer davon steht in Zusammenhang mit der spektakulären Vermählung des Erbprinzen Friedrich Ludwig von Mecklenburg-Schwerin mit der russischen Zarentochter Helena Paulowna 1799. Diese brachte einen so außerordentlich reichen Brautschatz mit nach Ludwigslust, dass man in Mecklenburg nur staunen konnte. Unter ihrer Mitgift befand sich ein über 1.100 Teile umfassendes Service aus der St. Petersburger Manufaktur,[148] und daraus stammt dieser mit italienischen Veduten und dem charakteristischen Rosenrand bemalte Teller.[149] Viele Stücke des Services befinden sich noch heute in der Obhut des Schweriner Museums. Der andere Tellerfund stammt aus einem nicht minder aufsehenerregenden Hochzeitsgeschenk, dem Service für die preußische Prinzessin Alexandrine, die 1822 den mecklenburgischen Thronfolger Paul Friedrich ehelichte. Es handelt sich um Teile einer Platte, verziert mit einer grün gemalten Efeuranke auf rosafarbenem Grund (vgl. S. 66).

Im Jahr 2019 wurde begonnen, weitere Teile der Porzellanschicht im Keller des Schlosses zu bergen. Die ersten Funde daraus lassen vermuten, dass es wieder neue Erkenntnisse zum Alltagsgeschirr und Hinweise auf bislang unbekannte Services geben wird. Beispielsweise wurde eine Scherbe mit der mecklenburgischen Helmzier und üppigem Pfauenfederschmuck gefunden, die zu keinem der bisher aufgetauchten Porzellane passt. Auf weitere Erkenntnisse darf man also gespannt sein.

148 Zur Mitgift von Helena Paulowna siehe Möller 2016, S. 199–201; weiterhin siehe Möller/Fischer 1999, S. 38–40.

149 Im Grabungsfund gibt es außerdem zwei Scherben, die anscheinend zu einem Deckel aus diesem Service gehören.

Des Königs Majestät, mein allergnädigster
Herr, haben bei Besichtigung der hier für Eure
Königliche Hoheit bestellten Porzelaintafel-
Service, nebst Aufsatz, zu befehlen geruhet,
dass dasselbe Eurer königl. Hoheit bal-
digst nach Schwerin übersandt werde.
Dessen Abgang ist also möglichst be-
eilet und der Geschirrverwalter Bran-
de Müller, mit dessen Hand Eure königl.
liche Hoheit dieses Schreiben auszuhändi-
gen wollen, beauftraget worden, dieses Service, samt Aufsatz, sorgfältig ein-
zupacken und nach einer zu überreichen-
den Specification dahin, wo ihm befohlen
werden wird, aufzustellen.

Bei der Aufstellung hatten Eure königliche Hoheit die Darstellung sämtlicher Uniformen des jetzigen königl. Preußischen Heeres
auf zu erhalten gewünscht und es sind nur
die Vorbilder dazu aus dem höchsten Kabinet
übersandt worden. Seine Majestät haben
über die sorgfältige Ausführung Allerhöchsten gnädigsten Beifall bezeigt und
Allen waren in der Gegend der Stellun-
gen aufgenommenen, auch die Classen nach
dargestellte, Ansichten mit höchstem Wohlgefallen bemerket; ich darf also hoffen, dass
auch in dieser Beziehungen, Eure königliche
Hoheit

ANHANG

Hinweise zum Katalog

Sofern nicht anders angegeben, befinden sich sämtliche abgebildeten Kunstwerke in den Sammlungen der SSGK. Materialangaben werden nur dann benannt, wenn es sich nicht um Porzellan handelt. Alle abgebildeten oder beschriebenen Porzellane sind Erzeugnisse aus der KPM Berlin, es sei denn, es ist ausdrücklich anders vermerkt.

Abkürzungen

D	Durchmesser
H	Höhe
Inv.-Nr.	Inventarnummer
GStA PK	Geheimes Staatsarchiv Preußischer Kulturbesitz Berlin
Kat.-Nr.	Katalognummer
LAKD M-V	Landesamt für Kultur und Denkmalpflege Mecklenburg-Vorpommern
LBMV	Landesbibliothek Mecklenburg-Vorpommern Günther Uecker im LAKD M-V
LHAS	Landeshauptarchiv Schwerin im LAKD M-V
Ö/L	Öl auf Leinwand
SMPK	Staatliche Museen Preußischer Kulturbesitz
SMS	Staatliches Museum Schwerin
SSGK	Staatliche Schlösser, Gärten und Kunstsammlungen Mecklenburg-Vorpommern
SPSG	Stiftung Preußische Schlösser und Gärten Berlin-Brandenburg

Speziell in den Akten des KPM-Archivs häufig verwendete Abkürzungen

⊙	Gold
□	viereckig
agl, gl	antikglatt, glatt
arab	Arabeske
bisk	Biskuit
coul	farbig
E	Euer/Eure
gekr	gekrümmt
guirl	Girlande
Hkl	Henkel
rd	Rand
Red:Sr	Rheden'sche Sorte
rel	Relief
S	Seine

Im »Conto Buch Sr. Majestät des Königs« von 1818 bis 1850 für Mecklenburg-Schwerin verzeichnete Geschenke[1]
Mit ergänzenden Hinweisen auf die in die Schweriner Museumssammlung gekommenen Porzellane (SSGK, Inv.-Nr. KG ...)

Eintrag 26.3.1819, Seite 36
Empfänger: Erbgroßherzog Friedrich Ludwig von Mecklenburg-Schwerin
»An Sr: Königl: Hoheit den Erb Groß Herzog von Mecklenburg Schwerin«
»1 Büste von verglühtem Porzellan die verstorbene hochselige Königin liegend vorstellend« [60 Taler]
»hierzu 1 Glas Kapsel zu der Büste und 1 schwarz gebeiztes Gestelle mit messingnen Rollen [19 Taler 16 Gr.] 12 Agl: Speiseteller No. 3 mit coul: Figuren Sujets die Monate vorstellend, nebst reicher Vergoldung [336 Taler]«
»Zu vorst: Tellern für Kiste in Leinen [2 Taler], 3 Kisten und Emballage Kosten [13 Taler] 2 Kisten und Emballage Kosten zu den Porzellan Geschenken von Sr: Majestät den König [11 Taler]«

Eintrag 2.10.1820, Seite 54
Empfänger: Großherzog Friedrich Franz I. von Mecklenburg-Schwerin
»Für Hern: Groß Herzog v. Meckbg: Schwerin«
»2 gl: Körbe mit Stäben, mit Amoretten, übrigens lapis lazuli und reicher Vergoldung [148 Taler]

1 SPSG, KPM-Archiv (Land Berlin), Conto Buch Sr. Majestät des Königs, 1818–1850, Pret 2. Die Auszüge aus dem Kontobuch fußen auf unredigierten Aufstellungen aus dem KPM-Archiv. Für die Zurverfügungstellung bin ich zu herzlichem Dank verpflichtet.

2 Postamente, drei bisk: Armoretten vergold: [148 Taler], pr: 2 Schrauben hinzu [12 Taler]
2 biskuit Rosenschalen vergoldet nebst 2 dreieckige Postamente glanz und graviert vergoldet [80 Taler], pr: 2 bronze Rosetten hinzu [20 Taler]«

Eintrag: 2.10.1820, Seite 54
Empfänger: Großherzog Friedrich Franz I. von Mecklenburg-Schwerin
»Für Hern: Groß Herzog v. Meckbg: Schwerin«
»2 gl: Vasen, Red:Sr: No. 1, mit coul: Landschaft rund herum und reicher Vergoldung [etc] [212 Taler] pr: 2 Schrauben hinzu [4 Taler], 2 gl: Postamente □, ganz vergoldet [etc] [24 Taler], 2 N: 15 in Linnen, darin 4 einges: Kisten [19 Taler 12 Gr.]«

Eintrag: 12.9.1821, Seite 70
Empfänger: Erbgroßherzog Paul Friedrich von Mecklenburg-Schwerin
»Erb Groß Herzog Mecklenburg-Schwerin«
»1 gl: Platte groß achteckig rund, in der Mitte mit Venus und Cupido als Gemmen gravirte Gold Medl: der übrige Fond mit Blumen ausgemalt [175 Taler], Für einen vergoldeten Rahmen hinzu [25 Taler]«

Eintrag: 30.5.1822, Seite 85
Empfänger: Großherzog Friedrich Franz I. von Mecklenburg-Schwerin
»Groß Herzog von Mecklenburg Schwerin«
»1 Vase mit gekrümmte Hkl: zum Avers coul: Figuren (der Aufgang der Sonne) in ⊙ grav: im gefaßten □. Zum revers coul: Sonnenblumen, blauen Winden und Caprifolium aus ⊙ grav: arab: in der gl: □ grav: arab: nebst reiche Vergoldung [296 Taler], 1 Bronze Schraube [4 Taler], 1 Postament □ groß, mit grauen Marmor fond u ⊙ grav: Leisten [18 Taler]
2 Vasen Red: No. 2, zum Avers u revers, coul: Schweitzer Prospekten in ⊙ grav: □. Uebrigens glanz ⊙ Fond, darauf ⊙ grav: arab: der Sockel Schwarzen marmor [392 Taler], 2 Bronze Schrauben [8 Taler], 2 Postamente □ groß mit Steinfarben Fond, darauf ⊙ arab: [56 Taler]
2 Vasen Red: No. 2, mit coul: Jagd=Thieren in Landschaft rund herum, unterhalb glanz Gold, darauf austeigende ⊙ grav: Laub, nebst reiche Vergoldung. Der Sockel schwarzen Marmor fond [352 Taler], 2 Bronze Schraube [8 Taler] 2 Bronze Sockels [rechteckig] [24 Taler]«

Eintrag: 2.10.1820, Seite 54
Empfänger: Großherzog Friedrich Franz I. von Mecklenburg-Schwerin
»Für Hern: Groß Herzog v. Meckbg: Schwerin«
»1 gl: Vase, gekr: Hkl: mit bisk: bas rel: Brustbild Sr: Majestät d. Königs auf der einen Seite und auf der anderen Seite coul: Prosp: von Potsdam, nebst Erbsf: Grund und mehrerer reichen Vergoldung [246 Taler] hinzu ein vergold: Schraube [4 Taler]
2 gl: Vasen Red: Sr: No. 2, mit coul: Blumen Guirl: rund herum, nebst reicher Golddekoration [392 Taler], pro 2 Schrauben hinzu [8 Taler]«
(SSGK, Inv.-Nrn. KG 1260, KG 1562, sowie Kriegsverlust Inv.-Nr. KG 1561; siehe Fischer 2002, S. 28, Nr. 43)

Eintrag: 30.5.1822, Seite 85
Empfänger: Großherzog Friedrich Franz I.
von Mecklenburg-Schwerin

»1 Tischplatte rund extra groß mit der Hebe als Gemme in der Mitte, in ☉ grav: Medaillon der übrige Fond mit coul: Blumen [216 Taler]«

Eintrag: 30.5.1822, Seite 85
Empfänger: Großherzog Friedrich Franz I.
von Mecklenburg-Schwerin

»1 Gr: Teller grün lackirt u reich vergoldete Bronze [154 Taler], p. 3 Kisten in Leinen [20 Taler]
Hiervon ab, die auf Allerhöchsten Befehl Sr: Majestät des Königs durch die General Militair=Casse foL 84. Dieses Conto Buch gezahlen als; für Porzellan [549 Taler], für 3 bronze Schrauben [12 Taler]«

Eintrag: 31.12.1822, Seite 87–88
Empfänger: Erbgroßherzogin Alexandrine
von Mecklenburg-Schwerin, geb. Prinzessin von Preußen

»Für Ihre Königl: Hoheit der Frau Erb=Groß Herzogin von Mecklenburg Schwerin«
»Ein Agl: Tafel und Dessert=Service zu 50 Couverts, bemalt außen Bord mit coul: Epheu guirl: in rosa fond, darunter breiten Glanzgold Streifen und Gold Kante nebst Gold Rand No.3
150 Speiseteller No. 3, 50 Suppenteller No. 3, 20 runde Schüsseln davon je 4 No. 2 u. 5, je 6 No. 3–4, 12 runde Saladieren davon je 4 No. 1–3, 12 viereckige Compottieren davon je 6 No. 1–2, je 6 Compottieren als Schiffchen tief u. achteckig, 20 ovale Bratenschalen davon 4 No. 2, je 6 No. 3–4, je 2 No. 5–6, 8 Compl: Saucieren mit Adler Hkl:, 8 Butterschalen auf Unterschale fuß, 8 Compl: Mostrichfäßchen en Vase, 16 Gefäße oval mit Füße zu Pfeffer u Salz, 4 Fruchtkörbe fein durchbrochen, 4 [dito] mit Bogen Durchbruch, 44 Schrauben, 4 Fruchtkörbe en Vase durchbrochen, 4 Schrauben, 8 Fruchtschalen mit biscuit Weinlaub Bord. 50 Gelée Becher en Vase ohne Deckel mit Hkl: Bemalt zum avers u revers mit coul: Prospecte in Gold □ oder Medaillons, nebst Glanzgold fond, darauf coul: Blumenfestons oder guirl: nebst reiche Vergoldung. 4 Terrinen oval mit Adler auf'm Deckel, 4 Postamente mit 4 Löwen, lapis lazuli u ☉, 12 Bouteillennäpfe No. 4, mit Löwenköpfe, 4 Glacieren en Vase mit gekr: Hkl: 50 Speiseteller No. 3/ Dessert/ mit coul: Preuß: Militair Figuren, als infantrie u Cavallerie auf'm Bord Gold gravirte Eichenlaub guirl: in rosa fond zwischen Vergoldung, darunter breiten Gold Streifen«
(SSGK, Inv.-Nrn. KG 789–792, 855, 860, 862, 866–870, 881, 883, 887–888, 8896, Z 24–25, Kriegsverluste KG 856–859, 861, 863–865, 885, 886, 893, 894, 860, 870, 882, 884, 889; siehe Fischer 2002, S. 29 f., Nrn. 50–66)

Eintrag: 31.12.1822, Seite 89–90
Empfänger: Erbgroßherzogin Alexandrine
von Mecklenburg-Schwerin, geb. Prinzessin von Preußen

»Für Ihre Königl: Hoheit der Frau Erb=Groß Herzogin von Mecklenburg Schwerin«
»Ein Tafel=Aufsatz bestehend aus 5 Plateaus
1 Vase mit gekrümte Henkel, mit coul: diverse Rosen auf dunkel grünen fond rund herum, nebst reiche Vergoldung [296 Taler] Schraube [4 Taler]
1 Postament □ groß mit nanquin fond, darauf Gold arabesque, die Leisten gravirt [30 Taler]
4 Blumenflaschen mit runden Fuß No. 2 mit Glanzgold Fond, unterhalb gravirt als Korb daraus coul Blumenstauden [96 Taler], 4 Postamente rund, mit lapis lazuli, nebst Glanzgold Felder, darin grav: arab: [36 Taler], 2 Nupcial Vasen mit bas relief Figuren rund herum, unterhalb coul: nebst sehr reiche Vergoldung [220 Taler] 2 Schrauben [4 Taler], 2 Postamente □ mit nanquin fond u Gold arab: [24 Taler], 8 Blumenflaschen No. 1 mit Glanzgold fond u gravirung [88 Taler]
2 Vasen Red: No. 1, aus Steinfarben, Grün u Gold Decoration [116 Taler], 2 Schrauben [4 Taler]
8 kl: Blumenvaschen als Wurm mit lapis lazuli u Gold gravirte Blätter, 8 Postamente □ ganz klein, mit Steinfarben fond u Gold arab: [40 Taler]
4 Confectschalen mit biscuit belegte Blumen guirl: und grün glasurt, darauf rosa und Gold Decoration, innerhalb Gold fond [92 Taler], 4 Schrauben [4 Taler]
4 Fruchtschalen mit biscuit belegte Rosen guirl: auf [sechseckig] Laubfuß, ganz vergoldet und gravirt [160 Taler], 4 bronze Rosetten [40 Taler]
2 Kandelaber, unterhalb lapis lazuli, die Adler wie der übrige Theil matt vergoldet und gravirt [308 Taler], bronze Armleuchter [400 Taler], 5 Plateaus grün lackirt, nebst reich vergoldeter bronze Einfaßung [600 Taler]
Emballage [110 Taler] Transportkosten [100 Taler] Künstliche Blumen u Kunstkarten [150 Taler]« [S. 92 vom 5.2.1823] »Für Reisekosten nach Mecklenburg Schwerin um das Service für den Erbgroß Herzog dort auszupacken u aufzustellen [55 Taler 2 1/2 Gr.]
Summe: 6884 Taler«
(SSGK, Inv.-Nrn. KG 789–792, 855, 860, 862, 866–870, 881, 883, 887–888, 8896, Z 24–25, Kriegsverluste KG 856–859, 861, 863–865, 885, 886, 893, 894, 860, 870, 882, 884, 889; siehe Fischer 2002, S. 29 f., Nrn. 50–66)

Eintrag: 29.2.1824, Seite 107–108
Empfänger: Erbgroßherzog Paul Friedrich
von Mecklenburg-Schwerin

»Erb Groß Herzog von Mecklenburg Schwerin«
»1 Vase Red: No. 2, coul: neue Wache und BrandenburgerThor nebst coul: und Gold Decoration [186 Taler] Schraube [4 Taler]
3 Vasen Red: No.1, als; 1 mit Mosaiquen, nebst mattgrün, darauf Gold arab: u Gold Decoration [64 Taler]

2 mit coul: Blumen rund herum, nebst Gold Decoration [140 Taler], 3 Schrauben [6 Taler]«

Eintrag: 29.2.1824, Seite 107–108
Empfänger: Erbgroßherzog Paul Friedrich
von Mecklenburg-Schwerin

»Erb Groß Herzog von Mecklenburg Schwerin«
»1 Suppennapf mit 3 Füßen, 1 Unterschale mit chamois Bord, darauf Gold arab: zwischen blaue Einfaßung [9 Taler 15 Gr.]«

Eintrag: 29.2.1824, Seite 107–108
Empfänger: Erbgroßherzog Paul Friedrich
von Mecklenburg-Schwerin

»Erb Groß Herzog von Mecklenburg Schwerin«
»6 Agl: Kindertassen, spiel: Kinder ☉ Rd [4 Taler 15 Gr.]
7 [dito] Teller [5 Taler 7 1/2 Gr.], 2 [dito] Schüßeln [1 Taler 25 Gr.], 2 [dito] Bratenschalen [2 Taler], 1 [dito] Terrine [1 Taler 15 Gr.]«

Eintrag: 13.9.1826, Seite 133
Empfänger: Erbgroßherzog Paul Friedrich
von Mecklenburg-Schwerin

»ErbGroß Herzog von Mecklenburg Schwerin«
»1 Vase mit gekr: Hkl: mit biscuit Bildniß Sr: Majestät. Zum revers aus coul: Berlin von der Nord Ostseite nebst blaß grünen fond, u reiche Gold Decoration [216 Taler] Schraube [4 Taler], Kiste r Linnen [3 Taler]«

Eintrag: 13.11.1826, Seite 136
Empfänger: Erbgroßherzog Paul Friedrich
von Mecklenburg-Schwerin

»Erb Groß Herzog von Mecklenburg Schwerin«
»1 Vase mit 2 Hkl: Baierische Form, mit Figuren und arabesquen gemmenartig gemalt, oben coul: Früchte nebst sehr reiche gravirte Dec:, [348 Taler] Schraube [2 Taler]«
(SSGK, Inv.-Nr. KG 689)

Eintrag: 6.3.1829
Empfänger: Erbgroßherzog Paul Friedrich
von Mecklenburg-Schwerin

»Erb=Großherzog von Mecklenburg Schwerin«
»1 große Platte achteckig mit Blumen auf'm ganzen fond [160 Taler], vergoldeter Holzrahm [20 Taler]«

Eintrag: 27.5.1830, Seite 168
Empfänger: Herzog Gustav von Mecklenburg-Schwerin (1781–1851), zweiter Sohn Friedrich Franz I.

»Für Sr. Hoheit Herzog Gustav von Mecklenburg-Schwerin«
»1 Vase mit 2 gekrümte Hkl: mit coul: Rumen, Vögel und Schmetterlingen en mosaique nebst coul: und sehr reiche Vergoldung [198 Taler], Schraube [2 Taler], pro Kiste und Verpackung in Linnen [2 Taler 15 Gr.]«
(SSGK, Inv.-Nr. KG 1259)

Eintrag: 18.2.1831, Seite 175
Empfänger: Erbgroßherzogin Alexandrine von Mecklenburg-Schwerin, geb. Prinzessin von Preußen
»Für Ihre Königl: Hoheit die Frau Erb=Großherzogin von Mecklenburg-Schwerin à Ludwigslust«
»12 Agl: Speiseteller No.3, mit coul: Figuren zu Pferde, aus dem Feste, der Zauber der weißen Rose, der Ganze Bord coul: fond darauf coul: Wappen und Schilder durch eine weiße Rosen guirl: zusammen verbunden nebst Schrift und Vergoldung [336 Taler], pro Kiste und Verpackung in Linnen zu obigen Teller [1 Taler 15 Gr.], pro Kiste und Verpackung in Linnen zu ein eingesandt: Bild [1 Taler 25 Gr.]«

Eintrag: 14.1.1832, Seite 182
Empfänger: Erbgroßherzogin Alexandrine von Mecklenburg-Schwerin, geb. Prinzessin von Preußen
»Für Ihre Königl: Hoheit der Frau ErbGroßHerzogin von Mecklenburg Schwerin«
»1 große runde Tischplatte, in der Mitte mit coul: Prospekt vom Museum und Umgebung in Gold grav: Schild, umgeben von Blumen [250 Taler], Hinzu das Tischgestelle reich vergoldet [190 Taler], pro Kiste No. 11 ord: zu 1 Vase nach Potsdam [1 Taler 20 Gr.], [pro Kiste No.] 12 in Linnen für Prinzeßin Friedrich [3 Taler 15 Gr.], [pro Kiste No.] 14 u 17 Lin für Frau ErbGroßHerzogin [10 Taler 15 Gr.]«

Eintrag: 17.9.1832, Seite 189
Empfänger: Erbgroßherzog Paul Friedrich von Mecklenburg-Schwerin
»Für Sr: Königl: Hoheit den ErbGroß Herzog von Mecklenburg-Schwerin«
»2 Vasen Red: Sorte No. 2 als; 1 mit coul: Prospekt vom Opernhaus u Schauspielhaus, unterhalb rosa fond, darauf Gold gravirte arab: [158 Taler] Schraube [2 Taler]
1 mit coul Prospekt vom Königs Palais u Schloß von der langen Brück, nebst rosa fond u Gold Decoration [158 Taler] Schraube [2 Taler]«

Eintrag: 23.12.1832, Seite 192
Empfänger: Herzog Albrecht von Mecklenburg-Schwerin (1812–1834), erster Sohn aus der zweiten Ehe Erbgroßherzog Friedrich Ludwigs
»Prinz Albrecht von Mecklenburg-Schwerin. Hoheit«
»1 Schreibzeug als Postament mit biscuit Amor mit Schale mit Bogen. Das Postament blau glasurt u Gold Dec: [12 Taler]«

Eintrag: 18.9.1833, Seite 198
Empfänger: Erbgroßherzog Paul Friedrich von Mecklenburg-Schwerin
»Für Sr: Königl: Hoheit des ErbGroß Herzogs von Mecl: Schwerin«
»1 Franz: Vase verz: Hkl: No. 4 mit coul: Prospekt von der neuen Wache u Königs Palais in Braun u ☉ Medaillon der ganze fond blau azur, darauf oben u

unten Braun u ☉ Decoration [141 Taler] Schraube [4 Taler]«

Eintrag: 18.3.1834, Seite 202
Empfänger: Erbgroßherzogin Alexandrine von Mecklenburg-Schwerin, geb. Prinzessin von Preußen
»Frau Erb Groß Herzogin von Mecklenburg Schwerin«
»1 Vase Münchner Sorte No. 2, mit 2 Hkl: mit coul: Blumen guirl: rund herum. Der Hals, unterhalb und Fuß Glanzgold, darauf arab: aus Braun u Gold [326 Taler] Schraube [4 Taler]«
(SSGK, Inv.-Nr. KG 1267)

Eintrag: 24.3.1835, Seite 211
Empfänger: Großherzog Friedrich Franz I. von Mecklenburg-Schwerin
»Für den Groß Herzog von Mecklenburg-Schwerin«
»in Gold □ nebst purpur coul: und reiche Gold Decoration gleichartig 1 Franz: Vase mit verz: Hkl: No. 6, mit coul: Krieger u sein Kind auf'm Arm [416 Taler]
1 Franz: Vase mit verz: Hkl: No. 6, Mit Krieger und Kind mit Trommel, [416 Taler] 2 Schrauben [8 Taler], 2 Postamente □ No. 20, Glanzgold fond [80 Taler], Kisten [17 Taler]«

Eintrag: 31.10.1837, Seite 134
[16.12.1837, S. 234]
Empfänger: Erbgroßherzog Friedrich Franz II. von Mecklenburg-Schwerin
»Für Sr: Königl: Hoheit des Erb Groß Herzogs von Mecklenburg-Schwerin / Sohn der GroßHerzogin Alexandrine«
»6 Agl: Perlenteller No. 3, mit eingedrehter Kante matt vergoldet. Der Bord Glanzgold, darauf coul: Bordüre. Im Spiegel coul: Prospekte als; 1 Gens d'Armes Markt in Berlin, 1 Neue Wache [in Berlin], 1 Bauschule [in Berlin], 1 PotsdamerThor [in Berlin], 1 Sternwarte [in Berlin], 1 Werdersche Kirche [in Berlin] [120 Taler]«
(SSGK, Inv.-Nrn. KG 936, 942, [fehlt], [fehlt], 940, 930)

Eintrag: 26.3.1838, Seite 135 [235]
Empfänger: Herzog Gustav von Mecklenburg-Schwerin (1781–1851), zweiter Sohn Friedrich Franz I.
»Für Sr: Hoheit den Herzog Gustav von Mecklenburg:Schwerin«
»1 franz: Vase mit verz: Hkl: No. 6, mit coul: Museum u Schauspielhaus in Berlin, in Gold □, nebst bleu azur fond, darauf mattgrün und Gold Decoration [296 Taler 10 Gr.] Schraube 3 Taler 20 Gr.]«

Eintrag: 2.4.1838, Seite 135 [235]
Empfänger: Großherzog Paul Friedrich von Mecklenburg-Schwerin
»Für Königl: Hoheit des Groß Herzogs von Mecklenburg:Schwerin«

»1 große Schale auf hohen runden Fuß, mit Adler und Lorbeerkränze aus mattgrün und Gold in blauen fond, oberhalb rund herum, nebst coul: u Gold Decoration. Die Schale außerhalb hellblau geflammten fond, [203 Taler] Schraube«

Eintrag: 17.12.1838, Seite 140 [240]
Empfänger: Erbgroßherzog Friedrich Franz II. von Mecklenburg-Schwerin
»Für Sr: Königl: Hoheit des ErbGroßHerzogs von Mecklenburg-Schwerin/Sohn der Prinzeß: Alexandrine«
»6 Agl: PerlenTeller No. 3 mit eingedreht Kante matt vergoldet, der Bord Glanzgold darauf coul: Bordüre. In Spiegel coul; Prospekte NB) Zu den Tellern passend welche 16 Decbr v. J. geliefert wurden 1 Schauspielhaus, 1 Opernhaus, 1 Brandenburger Thor, 1 Kreuzberg, 1 Glienickerbrücke bei Potsdam, 1 Kirche St: Petri u Paul zu Nicolskoi [120 Taler]«
(SSGK, Inv.-Nrn. KG 941, 927, 937, [fehlt], [fehlt], 945)

Eintrag: ohne Datum, Seite 142
[6.12.1839, S. 242]
Empfänger: Erbgroßherzog Friedrich Franz II. von Mecklenburg-Schwerin
»Für Sr: Königl: Hoheit des Erb GroßHerzogs von Mecklenburg:Schwerin«
»6 Agl: PerlenTeller No. 3, mit eingedrehter Kante matt vergoldet, Im Spiegel coul: Prospekte, der Bord Glanzgold mit coul: Bordüre als; 1 Palais des Prinzen Wilhelm in Berlin, 1 Schloß [des Prinzen Wilhelm] bei Potsdam, 1 Glienicke bei Potsdam, 1 Königs Palais, 1 Nicolai Kirche bei Potsdam, 1 Museum in Berlin, Summe: 120 Taler«
(SSGK, Inv.-Nrn. KG 929, [fehlt], 935, 946, [fehlt], 934)

Eintrag: 29.12.1840, Seite 245
Empfänger: Erbgroßherzog Friedrich Franz II. von Mecklenburg-Schwerin
»Für Sr: Königl: Hoheit des Erb GroßHerzogs von Mecklenburg:Schwerin«
»6 Agl: PerlenTeller No. 3, mit eingedrehter Kante matt vergoldet, Im Spiegel coul: Prospekte, der Bord Glanzgold mit coul: Bordüre als; 1 mit Potsdam, 1 mit Palais des Prinzen Karl in Berlin, 1 mit Palais des Prinzen Albrecht in Berlin, 1 mit Schloßbrücke und Bauschule, 1 mit lange Brücke in Potsdam, 1 mit Griechische Kirche bei Potsdam, Summe: 120 Taler«
(SSGK, Inv.-Nrn. KG 931, [fehlt], 933, wohl 939, 938)

Eintrag: 6.12.1841, Seite 148 [248]
Empfänger: Erbgroßherzog Friedrich Franz II. von Mecklenburg-Schwerin
»Für Sr: Königl: Hoheit den ErbGroßHerzog von Mecklenburg:Schwerin«
»6 Agl: PerlenTeller No. 3 mit eingedrehter Kante matt vergoldet. Der Bord Glanzgold, darauf coul:

Kante aus; 1 mit neuen Palais bei Potsdam
[20 Taler]
6 Agl: Perlen Teller No. 3, mit eingedrehte Kante
matt vergo det. Im Spiegel coul: Blumen bouqt der
Bord Glanzgold, darauf coul: Bordüre [117 Taler],
Schloß in Berlin v. d. l. Brücke [20 Taler], 1 Königl:
Haupt:Steueramt:Gebäude in Eerlin [20 Taler], 1
das Anhaltsche Thor in Berlin [20 Taler], 1 coul:
Lefkoyen aufm ganzen Spiegel [22 Taler], 1 d verse
Rosen [aufm ganzen Spiegel] [22 Taler]«
(SSGK, Inv.-Nrn. KG 932, 944, 943, 928, 912, 911)

Eintrag: 22.11.1842, Seite 155 [255]
Empfänger: Großherzog Friedrich Franz II.
von Mecklenburg-Schwerin
»Für Sr: Königl: Hoheit den GroßHerzog
von Mecklenburg: Schwerin«
»6 Agl: Perlen Teller No. 3, mit eingedrehte Kante
matt vergoldet. Im Spiegel coul: Blumen bouqt der
Bord Glanzgold, darauf coul: Bordüre [117 Taler]«
(SSGK, Inv.-Nrn. KG 910, 913, 914, 915, 916, 917)

Eintrag: 16.12.1843, Seite 259
Empfänger: Großherzog Friedrich Franz II.
von Mecklenburg-Schwerin
»Für Sr: Königl: Hoheit den GroßHerzog
von Mecklenburg: Schwerin«
»6 Agl: Perlen Teller No. 3, mit eingedrehte Kante
matt vergoldet. Im Spiegel ein in Goldschilden
coul: Figuren Sujets und Glanzgold Spiegel. Der
Bord Glanzgold, darauf coul: Bordüren [a 25 Taler]
[150 Taler]«
(SSGK, Inv.-Nrn. wohl KG 925, 923)

Eintrag: 20.12.1844, Seite 161 [261]
Empfänger: Großherzog Friedrich Franz II.
von Mecklenburg-Schwerin
»Für Sr: Königl: Hoheit den Groß Herzog
von Mecklenburg: Schwerin«
»6 Agl: Perlen Teller No. 3, mit eingedrehte Kante
matt vergoldet, um Bord coul: Bordüre in ☉ fond
als; 1 mit Mutter u Kind [30 Taler], 1 mit Mädchen
ins Wasser gehend [25 Taler], 2 mit Amor [48 Ta-
ler], 2 mit schwebende Figur [50 Taler] Summe 153
Talerc
(SSGK, Inv.-Nrn. KG 926, 924, 919, 920, 921, 922)

Eintrag: 19.12.1845, Seite 163 [263]
Empfänger: Großherzog Friedrich Franz II.
von Mecklenburg-Schwerin
»Für den Groß Herzog von Mecklenburg-
Schwerin«
»2 Ag: Teller flach No. 3 mit Perlenrand und einge-
drehte Kante, auf'm Bord mit coul: Bordüre in ☉
fond als; 1 mit Jagdstück [25 Taler] 1 mit Frucht-
stück [19 Taler], 8 Tambours zu Confect, mit reicher
Gold Decoration. Um den Fuß coul: Bordüre [129
Taler 10 Gr.] 8 Faßungen [14 Taler 20 Gr.].«
(SSGK, Inv.-Nrn. Fruchtstück= KG 918, Tambours=
KG 901, 902, 903, 1900)

Eintrag: 17.12.1846, Seite 266
Empfänger: Großherzog Friedrich Franz II.
von Mecklenburg-Schwerin
»Für Sr. Königl. Hoheit den GroßHerzog
von Mecklenburg Schwerin«
»4 Franz. Vasen Hkl. Nr. 2 [131 Taler 10 Gr] und
2 Vasen Nr. 3 [92 Taler 20 Gr], verz. ☉ grav. Dekor
und coul: Bordüren, 6 Schrauben«
(SSGK, Inv.-Nrn. KG 904, Kriegsverlust KG 905;
siehe Fischer 2002, S. 29, Nr. 44)

Eintrag: 14.12.1847, Seite 268
Empfänger: Großherzog Friedrich Franz II.
von Mecklenburg-Schwerin
»Für Sr. Königl. Hoheit den Groß Herzog
von Mecklenburg Schwerin«
»4 Franz. Fruchtkörbe ☐ Fuß [68 Taler], 12 agl. Teller
8-eckig Nr. 3 [104 Taler], 12 Blumenvasen en tute
Nr. 2 [72 Taler], 4 Franz. Fruchtkörbe auf 3 Füßen
[58 Taler]; [alles] mit coul: Fond nebs viele Vergoldung Bordüre mit Glanzgold. Summe: 302 Taler«
(SSGK, Inv.-Nrn. Fruchtkörbe auf quadratischem
Fuß KG 1897–1899, Teller KG 947, 948, Blumenvasen KG 1881–1892, Fruchtkörbe auf 3 Füßen
KG 1893–1896)

[Eintrag vom 8.12.1848 im Bestellbuch des
Königs von 1846 bis 1850 Archivsignatur
146, Seite 203]
Empfänger: Großherzog Friedrich Franz II.
von Mecklenburg-Schwerin
»Auf allerhöchsten Befehl Sr Majestät des Königs
soll zu Weihnachten 1848 an Sr. Königl. Hoheit des
Großherzogs von Mecklenburg-Schwerin [...] geliefert werden als:
1. biskuit: Figur als Venus in Muschel nebst vergoldeten Postament [84 Taler]
2. biskuit: Figuren als Amor auf Löwen: Panther
reitend nebst vergoldeten Postamenten [90 Taler]
Summe: 174 Taler«
(SSGK, Inv.-Nrn. Kriegsverluste KG 892, 891, 890)

Eintrag: 22.12.1849
Empfänger: Großherzog Friedrich Franz II.
von Mecklenburg-Schwerin
»Für Sr. Königl. Hoheit den Groß-Herzog
von Mecklenburg Schwerin«
»1 Franz. Vase verz. Hkl Nr. 5 mit coul: Prospekt
vom Neuen Palais in Sanssouci ohne Terasse und
Fontain in Braun und ☉ ☐ rosa Fond darüber
Glanzgold arab. Hals; Hkl u. Fuß vergoldet [116
Taler 20 Gr], Summe: 120 Taler«

Eintrag: 1850, Seite 9 a [Pret 3]
Empfänger: Großherzog Friedrich Franz II.
von Mecklenburg-Schwerin
»Für Se. Königl. Hoheit den [durchgestr.]
Großherzog von Meklenburg Schwerin«
»Zwei Französische Vasen No. 4 mit Ansichten von
dem Brandenburger Thor und Berlin vom Kreuz-
berge aus, den Königl. Schlössern zu Berlin und zu
Potsdam, Summe: 179, 50 Taler«

Dazugehörig dieser Eintrag im Conto-Buch:
12.12.1850
»Für Sr Königl. Hoheit den Groß-Herzog von
Mecklenburg Schwerin«
»2 Franz. Vasen verz Hkl. Nr. 4 mit coul. Prospekten
in Braun und ☉ ☐, rosa fond darauf Gold arab.
Decoration als 1 Berlin mit Kreuzberg und Brandenburger Thor in Berlin, 1 Schloß von Potsdam
in Charlottenhoff [169 Taler 10 Gr], 2 Schrauben
[6 Taler 20 Gr]«

Eintrag: 1850, Seite 9 5 [Pret 3]
Empfänger: Großherzogin Alexandrine
von Mecklenburg-Schwerin
»2 Vasen Nr. 9 mit Ansicht von Schloß Erdmannsdorf und Erdmannsdorf vom Rothersberg; Norwe-
gische Kirche zu Brücken und Schweizerhaus auf
dem Rothersberg nebst Postamenten Summe:
1301 Taler 20 Gr«

Im »Conto Buch Sr. Majestät des Königs«
von 1818 bis 1850 für Mecklenburg-Strelitz
verzeichnete Geschenke[2]

Eintrag: 8.8.1818, Seite 16
Empfänger: Großherzog Georg von
Mecklenburg-Strelitz
»Ferner geruheten Sr. Majestät der König zu befehlen An Sr: Hoheit den Herrn Groß Herzog v. Mecklenburg Stre:«
»12 Agl: Speiseteller No. 3 als;
1 mit coul: Prospekt vom Münzgebäude nebst
coul: und reiche Gold Decoration [26 Taler], 1 mit
coul: Prospekt von Freienwalde, nanquin Bord,
darauf Gold arab: [27 Taler 12 Groschen], 1 mit
coul: Prospekt vom Cavalierberge bei Hirschberg
chamois Bord darauf Gold arab: [29 Taler]
1 mit coul: Prospekt vom Thiergarten bei der Char-
lottenbuer Alleé auf'm Bord Gold grav: Laub und
Rosetten in chamois [30 Taler 12 Gr.], 1 mit coul:
Landschaft, um Bord erhaben Gold grav: Laub auf
steinfarben Bord [32 Taler], 1 mit coul: Prospekt.
Der gesprengte Thurm von Heidelberg, nebst Braun
und Gold graviten Bord [34 Taler], 1 mit coul: Ru-
ßische Bäuerin mit Kind, nebst coul: und Gold gra-
virten Bord [21 Taler 16 Gr.], 1 mit coul: Jagothier in
Landschaft, um Bord Gold gravirte Schmetterlinge
und Muscheln in chamois [33 Taler 12 Gr.], 1 mit
coul: Jäger Hirsch und Hunde in Landschaft um
Bord Gold grav: Laub, Muscheln u Schmetterlinge
[33 Taler 12 Gr.], 1 aus sepia mit den Pospekt. Von
Resten des Portals zur großen Grotte zu Heidelberg. Der Bord ganz vergoldet und gravirt [34 Taler 12 Gr.], 1 mit coul: Ruine en mosaique in Gold
grav: Rosette und cromium Spiegel, um Bord coul:
Florentiner Rosetten und grav: arab: in Glanzgold
[30 Taler], 1 mit Kriegs attribute aus grüner Bronze
und Gold geblickt, um Bord graue Adler in Glanzgold [34 Taler], Verpackung 1 Taler 2 Gr.«

2 Ebd.

Eintrag: 4.8.1819, Seite 41
Empfänger: Großherzog Georg von Mecklenburg-Strelitz
»Für Sr: Königl: Hoheit des regier: Groß Herzog von Meckl. Strelitz«
»12 Agl: Speiseteller No. 3 mit coul: Figuren Sujets die Monate vorstellend, nebst reicher Vergoldung [336 Taler], Zu vorst: Tellern für Kiste in Leinen [2 Taler]«

Eintrag: 5.8.1825, Seite 120
Empfänger: Großherzogin Marie von Mecklenburg-Strelitz, geb. Prinzessin von Hessen-Kassel
»Groß Herzogin von Mecklenburg-Strelitz«
»2 Körbe mit Stäben auf Postament mit 3 Amoretten, die Körbe mit chamois fond, darauf Gold arabesquen die Postamente mit lapis lazuli, nebst reiche Vergoldung [152 Taler] Faßung u Schrauben [8 Taler], pro 1 Kiste in Lein nebst eingesetzte Kiste [6 Taler]«

Eintrag: 1.8.1826, Seite 130
Empfänger: Großherzog Georg von Mecklenburg-Strelitz
»Groß Herzog v. Mecklenburg Strelitz«
»1 Große Schale glatt Kronprinzliche Sorte. In der Mitte mit coul: Figuren die 4 Jahreszeiten vorstellend, die übrige Fläche mit coul: allegorische Blumenguirl: außerhalb lapis lazuli fond, nebst hohen runden Fuß ganz vergoldet und gravirt [374 Taler] bronze Schraube [etc] [6 Taler], 2 Kisten in Linnen [4 Taler]«

Eintrag: 1.2.1829, Seite 159
Empfänger: Großherzogin Marie von Mecklenburg-Strelitz, geb. Prinzessin von Hessen-Kassel
»Frau GroßHerzogin v. Mecklenburg Strelitz«
»1 große godr: Schale auf hohem runden Fuß. Zu der Mitte mit coul: 3 Grazien auf dem flachen Bord coul: volle Blumen guirl: außerhalb matt und Glanzgold Streifen/ vermicellirt/ den Fuß vergoldet und gravirt, [425 Taler] bronze Schraube [7 Taler]«

Eintrag: 9.8.1830, Seite 170
Empfänger: Großherzog Georg von Mecklenburg-Strelitz
»Für Sr: Königl: Hoheit dHr: Groß Herzog von Mecklenburg=Strelitz«
»1 Vase mit gekrümmten Hkl: mit coul: Prospect vom Museum und der Werderschen Kirche, übrigens ganz vergoldet und gravirt [199 Taler], Schraube [1 Taler]«

Eintrag: 2.7.1831, Seite 180
Empfänger: Großherzog Georg von Mecklenburg-Strelitz
»Für Sr: Königl: Hoheit Herrn Groß=Herzog von Mecklenburg-Strelitz«
»1 Vase Persische No. 2, auf der Mitte rund herum mit coul: volle Blumen guirl: auf der ganzen Fläche,

unterhalb coul: und Gold gravirte Decoration. Der Deckel mit coul: Vögel nebst coul: und Gold gravirte Decoration. Die Henkel auf der oberen Fläche als coul: Steine decorirt, nebst sehr reiche Vergoldung, und das Ganze zum drehen eingerichtet [494 Taler], bronze Schraube u Faßung [26 Taler], pro Kiste u Verpackung in Linnen [3 Taler]«
(wohl SSGK, Inv.-Nr. KG 4734)

Eintrag: 9.3.1832, Seite 183
Empfänger: Großherzogin Marie von Mecklenburg-Strelitz, geb. Prinzessin von Hessen-Kassel
»Für Ihre Königl: Hoheit der Frau Groß=Herzogin von Mecklenburg Strelitz«
»1 Vase Münchner No. 2, mit Hkl: mit coul: Figuren Sujet in einen Kahn, in erhaben Gold □. Zum revers coul: Blumen bouqt: in ganz blaß grauen fond und erhaben Gold Schilde. Zur Decoration reiche Vergoldung und gravirung. Der Hals mit blaß grünen fond darauf gravirt arab: Die Henkel vergoldet und gravirt [322 Taler], bronze Sockel und Schraube zum drehen [12 Taler], Kiste No. 14 in Linnen [3 Taler 10 Gr.]«

Eintrag: 23.12.1832, Seite 192
Empfänger: Carl von Mecklenburg-Strelitz (1785–1837), Bruder der Königin Luise
»Für Sr: Hoheit Herrn Herzog Carl von Mecklenburg Strelitz zum Geburtstag bestimmt«
»2 godronirte Vasen mit 2 gewund: Schlangen Hkl: ohne Deckel mit coul: Victoria u Borussia, auf der Mitte mit coul: Bordüre übrigens reiche matte u Glanzvergold: [299 Taler 20 Gr.], 2 Schrauben [10 Taler]«

Eintrag: 6.3.1833, Seite 194–195
Empfänger: Großherzogin Marie von Mecklenburg-Strelitz,
geb. Prinzessin von Hessen-Kassel
»Für Ihre Königl: Hoheit der Frau GroßHerzogin von Mecklenburg-Strelitz«
»12 Agl: Speiseteller No. 3 als;
1 mit coul: männlichen u weiblichen Figuren nebst Hund. Im Hintergrund coul: militairische Figuren in Braun u Gold Schilde u Glanzgold Spiegel. Der Bord vergoldet, darauf Kante aus Braun u ⊙ [35 Taler], 1 mit coul: weiblicher Figur am Brunnen in ⊙ □ ⊙ Bord, darauf Kante aus Braun u Gold [35 Taler], 1 mit coul: weibliche Figur u 2 Kinder am Sonsten fond in Goldschild u glanzgold Spiegel. Der Bord vergoldet, darauf Kante aus Braun u Gold, [36 Taler], 1 mit coul: 2 Landleute, Hasen u Hund in Landschaft der Bord Glanzgold, darauf coul: arab: [35 Taler], 1 mit coul: weiblichen Figur und Kind auf'm Rücken tragend in ⊙ Schild u Glanzgoldspiegel. Der Bord vergoldet, darauf Kante aus Braun u Gold, [35 Taler], 1 mit coul: 2 Husaren zu Pferde u Windhund in Winterlandschaft. Der Bord Glanz ⊙ darauf arabesque aus grün u mattgold [30 Taler], 1 mit coul: Gebirgs=Prospect. Der Bord Glanzgold, darauf coul: arab: [30 Taler]

NB) Diesen Teller haben Sr: Majestät der König geruhet, zu befehlen, u in dessen Stelle 1 Teller No. 3 mit 14 kleinen Prospekten auf'n Bord u in der Mitte mit coul: Georginen bouqt: gegeben, siehe fol: 159 den den 1. Febr 1829, 2 mit coul: Figuren zu Pferde in coul: Landschaft. Der Bord Glanzgold, darauf arabesquen aus Grün und mattgold [60 Taler], 1 mit coul: Prospekt Les bain de Rosenhain. Der Bord Glanzgold, darauf Kante aus Braun u ⊙ [30 Taler], 1 coul: Fuchs in Landschaft im ganzen Spiegel der Bord Glanzgold, darauf Kante aus Braun u ⊙ [30 Taler], 1 coul: Jäger in Landschaft im ganzen Spiegel. Am Bord Glanzgold, darauf arab: gemmenartig [26 Taler], Verpackung [2 Taler 6 Gr.]
Summe: 382 Taler«

Eintrag: 11.3.1834, Seite 202
Empfänger: Großherzogin Marie von Mecklenburg-Strelitz, geb. Prinzessin von Hessen-Kassel
»Für Ihre Königl: Hoheit der Frau GroßHerzogin von Mecklenburg=Strelitz«
»12 Agl: Speiseteller No. 3, mit diversen Motiven in Glanzgold Spiegel. Die Bords Glanzgold, darauf Kettenkante auch Laub aus Braun u Gold als;
1 coul: weibliche Figur u Kind nebst Gewitter [32 Taler], 1 [coul: weibliche Figur] am Wasser stehend [32 Taler], 1 [coul: weibliche Figur] am Brunnen [32 Taler], 1 [coul: weibliche Figur] und Hund im Arm [32 Taler], 1 coul: weibliche Figur u Kind am Brunnen [34 Taler], 1 coul: Türkische Familie [40 Taler], 1 [coul:] Fuchs [30 Taler], 1 [coul:] Rehbock und Hund [30 Taler], 1 [coul:] Hirsch [30 Taler], 1 [coul:] Eber [30 Taler], 1 [coul:] 2 Jäger [32 Taler], 1 [coul:] 3 [Jäger] u Hund im Weinberge [32 Taler], Kiste [1 Taler 20 Gr.]«

Eintrag: 6.6.1838, Seite 138 [238]
Empfänger: Großherzog Georg von Mecklenburg-Strelitz
»Sr: Königl: Hoheit Groß Herzog von Mecklenburg Strelitz«
»1 Vase Münchner No. 3, mit 2 Hkl: mit coul: Blumen guirl: rund herum. Zur Decoration Glanzgold darauf mattgrün und Gold arabesquen, [780 Taler 22 1/2 Gr.] bronze Faßung [19 Taler 7 1/2 Gr.]«

Eintrag: 6.6.1838, Seite 138 [238]
Empfänger: Die beiden Töchter Großherzog Georgs von Mecklenburg-Strelitz
»Prinzeßin Louise u Caroline von Mecklenburg Strelitz«
»1 Vase Münchner No. 2, 1 [Vase Münchner No.] 2 mit coul: Blumen guirl: u Decoration wie vorstehend, [653 Taler 10 Gr.] 2 Schrauben [6 Taler 20 Gr.]«

Eintrag: -.5.1836, Seite 218 [?]
Empfänger: Großherzogin von Mecklenburg-Strelitz

»Für Ihre Königl: Hoheit der Frau Großherzogin von Mecklenburg-Strelitz«

»12 agl: Speiseteller No. 3 die Bords Glanzgold, darauf theils grün, theils braun Goldkettenband als 1 mit coul: Fuchs u Hahn [?], 1 [mit coul: ...] Hennen, 1 [mit coul:] Jägerin nebst männlicher Figur und Hund, 1 [mit coul:] Jäger und Hunde, 1 [mit coul:] Jäger und Fuchs, 1 [mit coul:] Jäger Hund u Ente 1 [mit coul:] 3 Kinder, Gänse u Hund, 1 [mit coul:] Mädchen im Kahn, 1 [mit coul:] Ritter [?] auf der Guitarre spielend, 1 [mit coul:] Mädchen u aufspringender Hund in ⊙ □ 1 [mit coul: Mädchen] am Brunnen, 1 [mit coul:] weibliche Figur u Kind aufm Schoß Summe: 376 Taler«

Eintrag: -.5.1836, Seite 218 (?)
Empfänger: Prinzessin Louise von Mecklenburg-Strelitz, Tochter Großherzog Georgs

»Für Ihre Hoheit der Prinzessin Louise Tochter der Frau Großherzogin von Mecklenburg-Strelitz«

»mit nachtblauen [?] Streifen, darauf grav. ⊙ arab. und weißen [?] Streifen, darauf Glanzgold, mit innen Vergodung
4 Tassen No. 171 [12 seitig?], 1 Café Kanne [12 seitig?], 1 Milchkanne [12 seitig?], 1 [Theepot ? 12 seitig?], 1 Zuckernapf [12 seitig?], 1 Spülnapf [12 seitig?]
Summe 67 Taler«

Für die Hofhaltung der Großherzöge von Mecklenburg-Schwerin bestellte Porzellane im Bestellbuch der KPM[3]

1. Das Wappenservice, 1839 und 1844

Eintrag am 11.11.1839

»Der Grosherzog von Mecklenburg Schwerin in Schwerin [...] zu Folge Schreiben des Großherzogl Mecklenburg Hofmarschalls [?] de dato Ludwigslust den 1ten October 39. Rechnung über«[4]
»aufm Bord mit Wappen auscoul :/mit Schildhalter/:«
Gesamtstückzahl: 892, Gesamtpreis: 1190.66 Taler
Im Einzelnen:
»1. Für die großherzogl. Mecklbr Hofhaltung« 700 flache und tiefe Teller verschiedener Größe«
2. Für die Großherzogl. Hofküche« 106 Stück (Saladieren, Kompottieren, ...)«
3. Für die Großherzogl. Hofconditorei« 86 Stück (Konfekt- und Geleeschalen, Glacieren, Teller)

Eintrag am 14.2.1844, »effectuirt am 19. April 1844«[5]
»Grosherzog von Mecklenburg Schwerin. empfing Preis Nota durch Abgabe an den Hausmarschall H. von Bülow« »Aufm Bord mit coul Wappen und Wapphalter und ⊙ rd No 2«Stückzahl: 434, sowie 222 Tassen in zwei verschiedenen Sorten, Preis: 581.17 Taler. Die Bestellung erfolgte zusammen mit dem Kronenservice, dem unbekannten Service mit Krone und Buchstabe F..., sowie mit Blumenflaschen und -vasen.

2. Unbekanntes Service mit bunten Blumen, 1842–1844

Eintrag am 9.8.1842, Preisnota vom 11.8.1842, »effectuirt am 24. September 1844«[6]
»Die Großherzogl. Mecklenburg Schwerinsche Hofhaltung in Ludwigslust empfing in Folge Schreiben des Hofmarschall Herrn v. Levetzow de dato Ludwigslust den 9ten Aug. 42. Preisnota über« »mit btn Blumen weißen Rand [...]« Stückzahl: 387, Preis: 244.25 Taler

3. Das Kronenservice, Februar und Dezember 1844, 1846, 1852

Eintrag am 14.2.1844, »effectuirt am 19. April 1844«[7]
»Grosherzog von Mecklenburg Schwerin. empfing Preis Nota durch Abgabe an den Hausmarschall H. von Bülow« »aufm Bord mit Krone/ [...]/: auscoul mit ⊙ rd No 2« Stückzahl: 434 sowie 222 Tassen in zwei verschiedenen Sorten, Preis: 393,73 Taler-
Die Bestellung erfolgte zusammen mit dem Wappenservice, dem unbekannten Service mit Krone und Buchstabe F..., sowie mit Blumenflaschen und -vasen.

Preisnota vom 11.12.1844
»Großherzog von Mecklenburg-Schwerin empfing Preis Nota über«
»Mit coul Krone auf Bord mit ⊙ rd No 2«[8]
Stückzahl: 434 sowie 150 Tassen von einer Sorte

Eintrag am 16.3.1846, »effectuirt am 3. Juli 46«[9]
»S. Königl. Hoheit der Großherzog von Mecklenburg Schwerin gab in Bestellung durch den H. Hofmarschall v. Bülow.«
»aufm Bord mit coul. Krone :/ wie im April 44 gefertigt, Bestellung No 800 v. 20/1. 44/: nebst ⊙ rd die Verzierungen Blau staffiert.«
Stückzahl: 378, Preis: 463.26 Taler
Bei der Bestellung ist nicht eindeutig geklärt, ob es sich tatsächlich um Teile aus dem Kronenservice handelt. Außerdem wurden mit dieser Bestellung

---

Teile aus dem Pfauenfeder-Service und aus weiteren, nicht identifizierbaren Servicen geliefert.

Rechnung vom 26.7.1852, »effectuirt am 27.October 1852«[10]
»Die Großherzogl. Hofhaltung zu Schwerin empfing auf persönl. Verlangen des Hofmarschall v. Bülow Rechnung über«
»auf Bord mit Krone aus coul und ⊙ rd Nr. 2«
Die Rechnung beinhaltet auch andere Serviceteile, z. B. aus dem Pfauenfeder-Service und aus einem unbekannten Service, Gesamtstückzahl: 852, davon mindestens 600 aus dem Kronenservice. Gesamtpreis der Rechnung: 789.24 Taler.

4. Unbekanntes Service mit Krone, Buchstabe F und Vergoldung, Februar und Dezember 1844

Eintrag am 14.2.1844, »effectuirt am 19. April 1844«[11]
»Grosherzog von Mecklenburg Schwerin. empfing Preis Nota durch Abgabe an den Hausmarschall H. von Bülow« »aufm Bord mit Krone auscoul. darunter g[...] Buchstb F. aus gold mit ⊙ rd No 2«
Stückzahl: 434, Preis: 337,4 Taler
Die Preisnota führt ebenso das Wappen- und das Kronenservice sowie die Blumenflaschen und -vasen auf.

Preisnota vom 11.12.1844
»Großherzog von Mecklenburg-Schwerin empfing Preis Nota über«
»Mit coul Krone darum unter 1. Buchstb Rand [?] ⊙ und O N 2«[12] Stückzahl: 434
Die Preisnota führt ebenso das Kronenservice auf.

5. Blumenflaschen und -vasen, Februar 1844

Vermerkt auf der Preisnota vom 14.2.1844 zusammen mit anderen Stücken, »effectuirt am 19. April 1844«[13]
»Grosherzog von Mecklenburg Schwerin. empfing Preis Nota durch Abgabe an den Hausmarschall H. von Bülow« (Die Preisnota betrifft außerdem das Kronenservice, das unbekannte Service mit Krone und Buchstabe F, sowie 2 verschiedene Sorten Tassen.)
»8. Blumenflaschen N 1. gold Fond, am Fuß ⊙ grav der Sockel Braun Marmor nach Mod A.
8. St Postamente □ on Chamois´ Fond [...] ⊙ [...] nach Mod B.
8 St Vasen lapislazuli Fond ⊙ grav Bl[...] und vergoldet nach Mod C.«

---

3 Redigiert durch die Autorin. Quelle für alle Angaben dieser Übersicht: SPSG, KPM-Archiv (Land Berlin), Bestellbuch der KPM vom 2. Januar 1838 bis 9. Dezember 1853. Archivsignatur 370.
4 S. 67.
5 S. 143.
6 S. 127.
7 S. 143.
8 S. 153.
9 S. 185.
10 S. 273.
11 S. 143.
12 S. 153.
13 S. 143.

Da auf dieser Preisnota für die Blumenflaschen und Postamente keine Stückzahlen und keine Preise vermerkt sind, wird dieser Teil der Bestellung möglicherweise nicht ausgeführt worden sein.

6. Pfauenfeder-Service, 1846, 1852

Nachbestellung am 16.3.1846,
»effectuirt am 3. Juli 1846«[14]
»S. Königl. Hoheit der Großherzog von Mecklenburg Schwerin gab in Bestellung durch den H. Hofmarschall v. Bülow.« »m Krone und Pfaufedern nebst blauen Rd zwis. ⊙ rd und ⊙ ring darunter ⊙ kante.« Stückzahl: mindestens 16 Stück aus dem Pfauenfeder-Service (Saucieren-Untersätze und Compottieren Wiener Art). Weiterhin beinhaltet die Bestellung das Kronenservice und Teile aus zwei weiteren, nicht identifizierbaren Servicen.

Rechnung vom 26.7.1852,
»effectuirt am 27.October 1852«[15]
»Die Großherzogl. Hofhaltung zu Schwerin empfing auf persönl. Verlangen des Hofmarschall v. Bülow Rechnung über«
»auf Bord mit Krone und Pfaufedern nebst ⊙ rd kl Ring und⊙ Kante«
Die Rechnung beinhaltet auch andere Serviceteile, z. B. aus dem Kronenservice und aus einem unbekannten Service, Gesamtstückzahl: 852, davon 222 aus dem Pfauenfeder-Service (hauptsächlich flache und tiefe Teller sowie Saladieren).

Bemerkung zu den 1846 und 1852 ausgelösten Bestellungen

Die beiden Bestellungen, die im Grunde Nachbestellungen von bereits vorhandenem Geschirr darstellen, belegen beispielhaft, dass am Schweriner Hof über lange Zeit mehrere Service gleichzeitig in Benutzung waren. Außerdem beschreiben sie Porzellane, von denen bislang keine Belegstücke bekannt sind:
Bestellung vom 16.3.1846, »effectuirt am 3. Juli 1846«[16]
»S. Königl. Hoheit der Großherzog von Mecklenburg Schwerin gab in Bestellung durch den H. Hofmarschall v. Bülow.«
– »3 Plateaux. auf Fuß mit [...]zender Bordüre und Perlen, die Bordüre mit [...] nebst reicher Vergoldung und Buchstabe am Fuß mit 1. vollstd. Wappen :/ wie unter N: 1833 d 25. aug. [?] 37 geliefert/:«[17]
– Serviceteile »m coul Kante ⊙ rd und blaue Stff«
– Serviceteile »aufm Bord coul Rosen und dergl Knospen=Guirlande auf ⊙ Fond, darunter ⊙ Kante und ⊙ Rand/ dgl. ohne coul Ansicht im ⊙

Ring Medaillon [?]/ dgl mit coul Ansicht Rosen [?] Teller 8:«
– Das bereits oben erwähnte unbekannte Service mit Krone, Buchstabe F und Vergoldung: »S[...] aufm Bord mit coul. Krone nebst ⊙ rd die Verzierungen Blau staffiert«

Rechnung vom 26.7.1852,
»effectuirt am 27.October 1852«[18]
»Die Großherzogl. Hofhaltung zu Schwerin empfing auf persönl. Verlangen des Hofmarschall v. Bülow Rechnung über« ca. 825 Teile für insgesamt 789.24 Taler, darunter 18 Saucieren aus dem unbekannten Service: »mit coul Wappen ⊙ rd Nr. 2«.

Jenseits der Porzellangeschenke nachgewiesene Präsente zwischen dem preußischen Herrscherhaus und der Großherzogin bzw. Großherzogin-Mutter Alexandrine von Mecklenburg-Schwerin

Vorbemerkung: In Bezug auf die Geschenke der beiden Kaiser Wilhelm I. und Wilhelm II. ist davon auszugehen, dass weniger als jede zehnte Schenkung archivalisch belegt ist.[19] Aus diesem Grund kann die hier zusammengestellte Übersicht nur einen kleinen Teil der tatsächlich erfolgten Schenkungen widerspiegeln.

Quellen
A) LHAS, 2.26 – 1/3 Großherzogliches Kabinett II, Hofhaltung I. K. H. der Großherzogin=Mutter. »Privat Eigenthum I. K. H. Frau Großherzogin Mutter« im Inventarverzeichnis der Silberkammer von Tafeldecker J. Block vom 1. October 1890
B) Entspricht Quelle A, mit einer genaueren Ausführung im undatierten »Inventarverzeichnis des Porzellans aus der Silberkammer I. K. H. Frau Großherzogin Mutter. Privat Eigenthum.« von J. Block
C) LHAS, 2.26 – 1/3 Großherzogliches Kabinett II, Sign. 1084, Hofhaltung I. K. H. der Großherzogin=Mutter. »Zahlungen á conto der Geldgeschenke von I. K. M. dem Kaiser und der Kaiserin zu Weihnachten und Geburtstag.« 1882–1892
D) LHAS, 2.26 – 1/3 Großherzogliches Kabinett II, Hofhaltung I. K. H. der Großherzogin=Mutter. Aufnahme des Glas- und Kellerei=Inventars am 1. October 1882
E) Wiese/Jandausch 2021 (geplant)
F) Jarchow 1998, S. 226
G) Briefe Wilhelms I. 1927

Weihnachts- und Geburtstagsgeschenke Friedrich Wilhelms III. an Alexandrine[20]
Zu einem unbekannten Anlass 4 Dutzend Dessertmesser mit Achatgriff und 4 Dutzend Dessertgabeln in einem roten, lederbezogenen Karton, »v. Sr. M. d. König Fr. W. III.«[21]/ 1834 ein Halsband, eine kleine Uhr/ 1833 für den zehnjährigen Sohn Alexandrines, Friedrich Franz (II.), ein Zelt.

Weihnachts- und Geburtstagsgeschenke Friedrich Wilhelms IV. und seiner Gemahlin Elisabeth an Alexandrine[22]
Zu einem unbekannten Anlass vor 1860 ein Porzellanservice bestehend aus sieben Teilen in einem hölzernen Kasten, »von I. M. der Königin Elisabeth«[23]/ 1826 ein gelbes Tuch/ 1830 A. dankt: »Der Papagei ist ganz deliciös [...] er macht hier den größten Effect«/ 1831 ein rosafarbenes Atlaskleid/ 1831 »Dank für das wunderhübsche Zeug«/ 1833 ein Kleid/ 1834 »ein Goldrosen Diadem mit Steinen«/ 1834 von Friedrich Wilhelm ein »Kragetuch« und eine Mappe mit Petersburger Ansichten, von Elisabeth eine Schnalle/ 1835 ein Armband/ 1837 Schmuck [?]/ 1838 eine Mütze, die sich Alexandrine von Elisabeth erbeten hatte/ 1838 ein Armband und ein Bild/ 1840 ein Armband/ 1840 ein Hut und ein »Gold Körbchen«/ 1841 A. dankt für »den schönen Kasten und den Ochsenkopf«/ 1841 ein Armband/ 1842 zwei Eckschränke/ 1856 A. schreibt: ein »Weihnachts Kind [...] stand mitten im Saal. Es wird, so lange ich lebe und dann nach meinem Tode, immer an Weihnachten seinen Platz mitten unter den Weihnachtsgaben behalten.« Weiterhin ein Kleid, welches sie bis zur Einweihung des Schlosses im Mai aufheben wird./ 1857 eine Abbildung von Elisabeths Zimmer in Sanssouci/ 1861 eine Büste Charlottes und zwei Aquarelle von Sanssouci/ 1862 ein Bild Elisabeths [wohl als Schmuck-Miniatur].

Gemeinsame Geschenke der Geschwister bzw. der Familie an Alexandrine[24]
1836 ein Lehnstuhl/ 1837 ein schönes »amoblement«/ 1856 ein Teppich.

Geschenke Wilhelms I. an Alexandrine[25]
1814 ein Flakon/ 1815 eine Brieftasche und ein Marienbild mit Christus/ 1868 »Photografie des

14 S. 186.
15 S. 273.
16 S. 185.
17 S. 186, auch im Folgenden.

18 S. 273.
19 Jarchow 1998, S. 226.

20 Für alle Angaben, soweit nicht anders angegeben: Quelle E.
21 Quelle A.
22 Für alle Angaben, soweit nicht anders angegeben: Quelle E.
23 Quelle B.
24 Quelle E.
25 Für alle Angaben, soweit nicht anders angegeben: Quelle G, S. 24, 5.1.1814/ S. 27, 23.7.1815/ S. 104, 20.5.1868/ S. 137, 21.4.1875/ S. 180, 23.2.1882/ S. 185, 9.4.1882/ S. 199, 30.3.1883/ S. 224, 22.2.1885/ S. 226, 11.4.1885/ S. 248, 22.2.1888.

Königs vor dem Schreibtisch«/ 1875 ein Fächer aus dem Nachlass der Königin Elisabeth/ vor 1882 ein Gläsersatz bestehend aus acht verschiedenen Gläsern und zwei Karaffen, »Geschenk Sr. Maj. des Kaisers«[26]/ 1882 ein »porte bonheur«-Armband/ 1882 ein Osterei/ 1882 Weihnachten und Geburtstag 1883: Geld für Möbel für das Greenhouse in Schwerin[27]/ 1883 ein KPM-Porzellanosterei/ 1884 Geld für Möbel (Tisch, Stühle)[28]/ 1885 W. schickt eine »kleine Zugabe zum Überzeugsgeschenk: eine Schulternadel, wie man jetzt sie viel trägt, die trotz ihrer Kleinheit doch ein Orchester enthält.«/ 1885 ein KPM-Porzellanosterei mit Darstellung des Niederwalddenkmals/ 1886 Weihnachten und Geburtstag 1887: Geld für Möbel (eine Chaiselongue und eine Causeuse) sowie das Beziehen der Möbel im Salon des Cottages in Heiligendamm[29]/ 1888 »Da du in diesem Jahr keine Gaben=Wünsche ausgesprochen hast, so senden wir Dir 2 chinesische Vasen, die wir auf dem Radziwill[schen] Bazar fanden«.[30]

Geschenke von Alexandrine an Wilhelm I.[31]
1814 Wilhelm dankt für eine »Binde, die ich gewiß tragen werde« und einen »Ballon von Deinen Haaren«/ 1814 »für die schöne Uhrkette«/ 1822 »für das allerliebste Lapis=Buch mit der schönen bedeutungsvollen Einschrift«/ 1830 »Für Deinen Anteil an den schönen türkischen Waffen«/ 1852 »für das Möbelgeschenk, welches du einst im obersten Babelsturmzimmer finden wirst.«/ 1863 für »Deine Teilnahme an den chinesischen Vasen, die ich von Euch allen erhielt.«/ 1880 »die Porträts zweier Stuten aus Fr[iedrichs] Zimmer[n].«/ 1886 die »Teilnahme am Familiengeschenk, was in einer Bronzegruppe besteht, die vier Kaiser darstellend, ich eben sitzend, Fritz rechts, Wilhelm links stehend, der kleinste auf der Stufe unten liegend mit einer Fahne in der Hand.«

Spätere Geschenke an Alexandrine[32]
1888 Armband, Geschenk von Kaiserin Augusta/ 1889 Geld, gemeinsames Geschenk unter Beteiligung der Kaiserin Augusta mit 180 M/ 1889 Weihnachten und Geburtstag 1890: Geld für einen Smyrna-Teppich von »Ihren Majestäten«. Der Teppich wird selbst besorgt, da er zu einem vorhandenen passen soll. Da davon Geld übrig blieb, wurde zusätzlich ein Paravent erworben./ 1892 KPM-Porzellanosterei von Wilhelm II.

26 Quelle D.
27 Quelle C.
28 Ebd.
29 Ebd.
30 Quelle F, S. 124, Kat. 11.
31 Quelle G: S. 23, 5.1.1814/ S. 26, 14.4.1814/ S. 40, 13.4.1822/ S. 60, 26.3.1830/ S. 77, 5.4.1852/ S. 167, 31.12.1880/ S. 241, 25.12.1886.
32 Quelle F: S. 133, Kat. 42/ S. 134, Kat. 51/ S. 136, Kat. 59/ S. 138, Kat. 69.

Literaturverzeichnis

Ausst.-Kat. Berlin 1987
Carl Daniel Freydanck 1811–1887. Ein Vedutenmaler der KPM, hrsg. von der Verwaltung der Staatlichen Schlösser und Gärten Berlin und der Staatlichen Porzellan-Manufaktur Berlin, Schloss Charlottenburg, Berlin 1987

Ausst.-Kat. Berlin 1981
Karl Friedrich Schinkel. Architektur Malerei Kunstgewerbe, Verwaltung der Staatlichen Schlösser und Gärten und Nationalgalerie Berlin, Staatliche Museen Preußischer Kulturbesitz, Ausstellung in der Orangerie des Schlosses Charlottenburg 1981

Ausst.-Kat. Berlin 2008
Macht und Freundschaft. Berlin-St. Petersburg 1800–1860, hrsg. von der Generaldirektion der Stiftung Preußische Schlösser und Gärten Berlin-Brandenburg, Leipzig 2008

Ausst.-Kat. Doorn 1994
Ostereier für Seine Majestät. Ausst.-Kat. Kastell Huis Doorn, mit Texten von Ilse Baer und Désirée Krikhaar, Rotterdam 1994

Ausst.-Kat. Völklingen 2009
Staatsgeschenke. 60 Jahre Deutschland. Katalog zur gleichnamigen Ausstellung im Weltkulturerbe Völklinger Hütte. Europäisches Zentrum für Kunst und Industriekultur 2009, hrsg. von Meinrad Maria Grewenig, Neustadt 2009

Baer 1988
Winfried Baer und Ilse Baer: Das Tafelservice der KPM für den Herzog Wellington 1817–1819, Ausst.-Kat. Staatliche Schlösser und Gärten Berlin, Schloss Charlottenburg, Berlin 1988

Baer 1983
Winfried Baer und Ilse Baer: … auf Allerhöchsten Befehl … Königsgeschenke aus der Königlichen Porzellan-Manufaktur Berlin-KPM, Berlin 1983 (= Veröffentlichungen aus dem KPM-Archiv der Staatlichen Porzellan-Manufaktur Berlin [KPM], 1)

Baer 2005
Winfried Baer: Karl Friedrich Schinkels Tafelaufsatz-Entwürfe im Rahmen ihrer europäischen Konkurrenz und sein Zusammenwirken mit der Bronzefabrik Werner und Mieth bzw. Werner & Neffen in Berlin, in: Jahrbuch der Berliner Museen, N. F., Bd. 47, Sonderdruck, Berlin 2005

Bartel/Schott 2009
Berna Bartel und Mathias Schott: Der Einzug in das Schloss Schwerin vor 150 Jahren und die Ereignisse von Samstag, 23. Mai bis Freitag, 29. Mai 1857, in: 150 Jahre Schloss Schwerin. Beiträge zur Bau-

und Nutzungsgeschichte, hrsg. vom Landtag Mecklenburg-Vorpommern und dem Landesamt für Kultur und Denkmalpflege, Schwerin 2009

Börsch-Supan 2011
Eva Börsch-Supan: Karl Friedrich Schinkel. Arbeiten für König Friedrich Wilhelm III. von Preußen und Kronprinz Friedrich Wilhelm (IV.), in: Karl Friedrich Schinkel. Lebenswerk, Bd. XXI, Berlin 2011, S. 332–346

Briefe Wilhelms I. 1927
Kaiser Wilhelms I. Briefe an seine Schwester Alexandrine und deren Sohn Großherzog Friedrich Franz II., hrsg. vom Kaiser-Wilhelm-Institut für deutsche Geschichte, bearbeitet von Johannes Schultze, Berlin und Leipzig 1927

Dann 2007
Thomas Dann: Die großherzoglichen Prunkappartements im Schweriner Schloss. Ein Beitrag zur Raumkunst des Historismus in Deutschland, Schwerin 2007

Fischer 2002
Dokumentation der kriegsbedingt vermissten Kunstwerke des Mecklenburgischen Landesmuseums, Bd. III: Keramik, bearbeitet von Antje Marthe Fischer, Staatliches Museum Schwerin, Schwerin 2002

Foelsch 2016
Torsten Foelsch: Das Residenzschloss zu Neustrelitz. Ein verschwundenes Schloß in Mecklenburg, Groß Gottschow 2016

Fried 2015
Torsten Fried: Geprägte Macht. Münzen und Medaillen der mecklenburgischen Herzöge als Zeichen fürstlicher Herrschaft, Köln u. a. 2015 (= Bei hefte zum Archiv für Kulturgeschichte, 76)

Gronert 1994
Ulrich Gronert: Berlin und Anderswo. Europäisches Kunsthandwerk von 1750 bis 1950, Berlin 1994

Grundmann 1989 (1)
Katharina Grundmann: Das KPM-Service für Maximilian II. In der Münchner Residenz, in: Keramos, Heft 125, Juli 1989, S. 11–80

Grundmann 1989 (2)
Katharina Grundmann: Am Bayerischen Hof wird russisch serviert – Zur Tafelkultur im 19. Jahrhundert am Beispiel des KPM-Services für Maximilian II, in: Keramos, Heft 126, 1989, S. 39–46

Heim 2016
Dorothee Heim: Die Berliner Porzellanplastik und ihre skulpturale Dimension 1751–1825. Der Sammlungsbestand des Kunstgewerbemuseums Staatliche Museen zu Berlin, Regensburg 2016

Janke 2016
Nico Janke: Möbeltischlerei und höfischer Raumausstattungen im (Groß-)Herzogtum Mecklenburg-Schwerin vom Ende des 18. bis zur Mitte des 19. Jahrhunderts, Diss. Humboldt-Universität Berlin, 2016

Jarchow 1998
Margarete Jarchow: Hofgeschenke. Wilhelm II. zwischen Diplomatie und Dynastie 1888–1914, Hamburg 1998

Kasten / Manke / Wiese 2015
Bernd Kasten, Matthias Manke und René Wiese: Die Großherzöge von Mecklenburg-Schwerin, Rostock 2015

Köllmann / Jarchow 1987
Erich Köllmann, Margarete Jarchow: Berliner Porzellan, München 1987

Manke 2011
Matthias Manke: Der turbulente Fürst. Friedrich Franz I. von Mecklenburg-Schwerin in der Wahrnehmung seiner Zeitgenossen, in: Mecklenburgische Jahrbücher 126, Jg. 2011, S. 191–252

Manke 2012
Matthias Manke: Der alternde Fürst. Großherzog Friedrich Franz I. von Mecklenburg-Schwerin in den Jahren 1819–1822, in: Alt werden in Mecklenburg im Wandel der Zeit, hrsg. von M. Manke und E. Münch, Lübeck 2012 (= Veröffentlichungen der historischen Kommission für Mecklenburg, Reihe B, NF, Bd. 3)

Meiske 2013
Peter Meiske: Preußische Prospekte. Einflüsse auf die Gestaltung der topografischen Darstellungen im Berliner Hochzeitsservice für Luise von Preußen (1825). Magisterarbeit Humboldt-Universität Berlin 2013

Möckl 1990
Karl Möckl: Hof und Hofgesellschaft in den deutschen Staaten im 19. und beginnenden 20. Jahrhundert, Boppard am Rhein 1990

Möller 2016
Karin Annette Möller: Die angewandte Kunst in Ludwigslust, in: Schloss Ludwigslust, hrsg. vom Staatlichen Museum Schwerin/Ludwigslust/Güstrow und den Staatlichen Schlössern und Gärten Mecklenburg-Vorpommern, Berlin 2016

Möller/Fischer 1999
Europäisches Porzellan. Ein Rundgang durch die Ausstellungsräume im Schweriner Schloss, hrsg. vom Staatlichen Museum Schwerin – Kunstsammlungen, Schlösser und Gärten, bearbeitet von Karin Annette Möller und Antje Marthe Fischer, Schwerin 1999

Münch 2008
Boddiensche Familienbriefe 1802–1856, hrsg. von Ernst Münch, Rostock 2008

Nicht 1982
Bilder auf Porzellan, hrsg. von der Generaldirektion der Staatlichen Schlösser und Gärten Potsdam-Sanssouci, Katalog zur gleichnamigen Ausstellung in den Römischen Bädern, bearbeitet von Jutta Nicht, Potsdam 1982

Ottomeyer / Völkel 2002
Die öffentliche Tafel. Tafelzeremoniell in Europa 1300–1900, hrsg. von Hans Ottomeyer und Michaela Völkel, Deutsches Historisches Museum Berlin, Wolfratshausen 2002

Ouvrier-Böttcher 1984
Marianne Ouvrier-Böttcher: Die Arbeiten der Königlichen Porzellanmanufaktur zwischen 1835 und 1890, Berlin 1984 (zugl. Diss. Technische Universität Berlin 1982)

Pachomova-Göres 1985
Wasilissa Pachomova-Göres: Schinkels Wirken für die Königliche Porzellanmanufaktur Berlin. Nachtrag zum Katalog der Ausstellung »Karl Friedrich Schinkel 1781–1841« der Staatlichen Museen zu Berlin/DDR 1980/81, in: Forschungen und Berichte, Staatliche Museen zu Berlin, Bd. 25, 1985, S. 154–167

Pachomova-Göres 2003
Wasilissa Pachomova-Göres: Preußische Landschaften im Spiegel des Porzellans – oder noch ein Wort zur Kunst der Romantik, Berlin 2003 (= Mitteilungen der Pückler Gesellschaft, Neue Folge, H. 18)

Schirmer 1996
August Wilhelm Ferdinand Schirmer (1802–1866). Ein Berliner Landschaftsmaler aus dem Umkreis Karl Friedrich Schinkels, Stiftung Preußische Schlösser und Gärten Berlin-Brandenburg, Ausstellungskatalog zur Ausstellung in den Römischen Bädern, Potsdam 1996

Siebeneicker 2002
Arnulf Siebeneicker: Offizianten und Ouvriers. Sozialgeschichte der Königlichen Porzellan-Manufaktur und der Königlichen Gesundheitsgeschirr-Manufaktur in Berlin 1763–1880, Berlin 2002 (= Veröffentlichungen der Historischen Kommission zu Berlin, Bd. 100)

Stamm-Kuhlmann 1990
Thomas Stamm-Kuhlmann: Der Hof Friedrich Wilhelms III. von Preußen 1797–1840, in: Möckl 1990, S. 275–320

Völkel 2010
Kronschatz und Silberkammer der Hohenzollern, hrsg. von SPSG, bearbeitet von Michaela Völkel, München 2010

Völkel 2015
Michaela Völkel: »Ihr gehört das Gut: Wie darf ich mich drum kümmern, was sie mit ihm thut?«. Zur materiellen Kultur hochadeliger Frauen in Brandenburg-Preußen, hrsg. von SPSG [= Kulturgeschichte Preußens – Vorträge und Forschungen, 2 (2015)], veröffentlicht auf Perspectivia, Publikationsplattform der Max Weber Stiftung: http://www.perspectivia.net/publikationen/kultgep-vortraege/voelkel_gut (24.11.2017)

Wiese 2014
René Wiese: Vormärz und Revolution. Die Tagebücher des Großherzogs Friedrich Franz II. von Mecklenburg-Schwerin 1841–1854, Köln u.a. 2014

Wiese / Jandausch 2021
René Wiese und Kathleen Jandausch: Vorabdruck der für 2021 geplanten Briefedition über den Schriftwechsel zwischen Alexandrine von Mecklenburg-Schwerin und ihrer Schwägerin Elisabeth von Preußen ab 1823, 2021 (geplant)

Wittwer 2007
Samuel Wittwer: Raffinesse und Eleganz. Königliche Porzellane des frühen 19. Jahrhunderts aus der Twinight Collection New York, hrsg. von Richard Baron Cohen und der SPSG, Katalog zur gleichnamigen Ausstellung in Berlin Schloss Charlottenburg, München 2007

Wittwer 2013
Samuel Wittwer: KPM – Gestalten, Benutzen, Sammeln. 250 Jahre Porzellan aus der Königlichen Manufaktur Berlin – Ein Fazit, sowie: Unbekannte Schätze aus Berliner Privatsammlungen, in: Keramos, Heft 221, 2013, S. 3–5 und 35–107

Wollschläger 2013
Eva Wollschläger: Das KPM-Archiv – Eine Sammlung stellt sich vor, in: Keramos, Heft 221, 2013, S. 5–21

Zuchold 2002
Gerd-H. Zuchold: Der Zauber der weissen Rose. Das letzte bedeutende Fest am preußischen Hofe. Tradition und Bedeutung, Ausstellungsführer der Universitätsbibliothek der Freien Universität Berlin 2002

Verzeichnis der Abbildungen, Bildnachweis

S. 92 Dekor auf dem Bauch der Vase SSGK, Inv.-Nr. KG 4734

S. 94 Residenzschloss Neustrelitz, Saal I des Landesmuseums, Ausschnitt aus einem Foto des Hoffotografen Rudolf Knöfel (1891–1948), Stadtarchiv Neustrelitz FS

S. 95 SSGK, Inv.-Nr. KG 8904, Foto: Michael Setzpfand

S. 97 SSGK, Inv.-Nrn. KG 1302, 1298, 1325, 1299, 1301, 1300

S. 99 SSGK, Inv.-Nrn. KG 1305, 1311, 1304, 1308, 1307, mit Kronen oder Adlern aus vergoldeter Bronze als Stöpsel

S. 100 SSGK, Inv.-Nr. KG 1319, SSGK, Inv.-Nr. KG 1320

S. 101 SSGK, Inv.-Nr. KG 1321

S. 102 Lithografie von Theodor Hosemann nach Johann Heinrich Stürmer *Zauber der Weißen Rose* am Neuen Palais bei Potsdam den 13. Juli 1829, handkolorierte Lithografie, 28,6 × 48,3 cm; SPSG, PK 5502/2, Foto: Daniel Lindner, SPSG

S. 104 Aquarell, 40 × 52 cm; GStA PK, BPH, Rep. 113 Oberhofmarschallamt, Nr. 1509/1, Bl. 108–110

S. 106 Ö/L, 42,1 × 65 cm, SSGK, Inv.-Nr. G 1913

S. 107 SSGK, Inv.-Nr. KG 8903

S. 108 Marken des Tellers SSGK, Inv.-Nr. KG 8903

S. 110 Leihgaben des Vereins der Freunde des Schweriner Schlosses e. V., sowie Detail der Platte

S. 111 Foto: LAKD M-V

S. 112 SSGK, Inv.-Nrn. Z 169, Z 129, Z 126

S. 113 Detail der Platte SSGK, Inv.-Nr. Z 126

S. 115 Aquarell, LHAS, 5.2-1 Großherzogliches Kabinett III, Nr. 142

S. 116 Foto: LAKD M-V

S. 117 Scherben aus der Grabung im Keller des Schweriner Schlosses 2016, LAKD M-V, Foto: SSGK, A. M. Fischer

S. 118 Betrieb für Bau und Liegenschaften Mecklenburg-Vorpommern, Aufnahme des Hoffotografen Fritz Heuschkel, Dezember 1913

S. 120 Scherben aus der Grabung im Keller des Schweriner Schlosses 2016, LAKD M-V, Foto: SSGK, A. M. Fischer

S. 121 Foto: LAKD M-V

S. 122 SSGK, Inv.-Nrn. Z 125, Z 166–168, Z 1015

S. 124 SPSG, KPM-Archiv (Land Berlin), Sign. 353, fol. 140, Foto: SPSG

Impressum

Die vorliegende Publikation erscheint anlässlich der Eröffnung der gleichnamigen Ausstellung der Staatlichen Schlösser, Gärten und Kunstsammlungen Mecklenburg-Vorpommern am 10. Oktober 2019 im Schloss Schwerin

Herausgeber: Antje Marthe Fischer
Staatliche Schlösser, Gärten und Kunstsammlungen Mecklenburg-Vorpommern.
Idee, Konzeption, Katalog und Ausstellung: Antje Marthe Fischer, Schwerin
Lektorat: Ilka Backmeister-Collacott
Einbandgestaltung, Layout und Satz: TypoGraphik Anette Bernbeck, Gelnhausen
Druck und Bindung: Grafisches Centrum Cuno, Calbe

Titelbild:
Biskuitvasen mit Allegorien der vier Elemente, 1847–1849, H: 40 cm, SSGK, Inv.-Nr.: KG 5374, 5375

Bibliografische Information der Deutschen Nationalbibliothek
Die Deutsche Nationalbibliothek verzeichnet diese Publikation in der Deutschen Nationalbibliografie; detaillierte bibliografische Daten sind im Internet über http://dnb.dnb.de abrufbar.

© 2019 Staatliche Schlösser, Gärten und Kunstsammlungen Mecklenburg-Vorpommern, Autorin und Fotografen

ISBN Museumsausgabe 978-3-86106-146-5

© 2019 Deutscher Kunstverlag GmbH Berlin München
Ein Unternehmen der Walter de Gruyter GmbH Berlin Boston
www.deutscherkunstverlag.de – www.degruyter.com

ISBN 978-3-422-98149-2